आधुनिकता : संवेदना और सम्प्रेषण

आधुनिकता : संवेदना और सम्प्रेषण

स.ही. वात्स्यायन अज्ञेय

सम्पादक

कृष्णदत्त पालीवाल

वाणी प्रकाशन

वाणी प्रकाशन
'लोगो' वाणी प्रकाशन : मक़बूल फ़िदा हुसेन

वाणी प्रकाशन, 4695, 21-ए, दरियागंज, नयी दिल्ली-110002
वाणी प्रकाशन, अशोक राजपथ (पटना कॉलेज के सामने), पटना (बिहार)

ADHUNIKTA : SAMVEDANA AUR SAMPRESHAN
by S.H. Vatsyayan Ajneya
Ed. by Krishnadutt Paliwal
Essays
ISBN : 978-93-5000-465-4

संस्करण 2010

मूल्य : 495/-
वाणी प्रकाशन

फोन : 0091#11#23273167, फोन व फैक्स 23275710
वेबसाइट : www.vaniprakashan.in
ई-मेल : vaniprakashan@gmail.com

आर.टेक ऑफसेट द्वारा दिल्ली-110095 में मुद्रित

अनुक्रम

	भूमिका	7
1.	आधुनिकता : संवेदन और सम्प्रेषण	20
2.	साहित्य-बोध : आधुनिकता के तत्त्व	28
3.	मेरी स्वाधीनता : सबकी स्वाधीनता	36
4.	लेखक और उसका समाज	41
5.	लेखक और परिवेश	48
6.	परिस्थिति और साहित्यकार	58
7.	निरन्तरता और स्वतन्त्रता	71
8.	साहित्य, संस्कृति और समाज परिवर्तन की प्रक्रिया	77
9.	भाषा, कला और औपनिवेशिक मानस	84
10.	रूढ़ि और मौलिकता	94
11.	शब्द, मौन, अस्तित्व	103
12.	नयी कविता	108
13.	सप्तकों की भूमिकाएँ	123
14.	आँखों देखी और कागद लेखी	144
15.	सौन्दर्य-बोध और शिवत्व-बोध	158
16.	संक्रान्ति-काल की कुछ साहित्यिक समस्याएँ	164
17.	हिन्दी-साहित्य : चौपाई	179
18.	आधुनिक उपन्यास और दृष्टिकोण	187
19.	आधुनिक उपन्यास की पृष्ठभूमि	192
20.	प्रेमचन्द और परवर्ती उपन्यास	199
21.	भाषा और अस्मिता	206
22.	रचनात्मक भाषा और सम्प्रेषण की समस्याएँ	217
23.	यथार्थ-सम्प्रेषण : कथा-भाषा की समस्याएँ	229

24. ललित, व्यक्ति-व्यंजक, व्यक्तित्व-रंजित 241
25. सावन किस रुत आएया 244
26. साहित्यकार और सामाजिक प्रतिबद्धता 251
27. कलाकार सतीश गुजराल 254
28. रूसी साहित्य और तुर्गनेव 258
29. स्मृति और काल 264
30. स्मृति और देश 274
31. खिलौनों का समाजशास्त्र 284
32. 'अज्ञेय' : अपनी निगाह में 289
33. आत्मकथा, जीवनी और संस्मरण 296
34. कथा-भाषा : समस्या के कुछ पहलू 303
35. छन्द-बोध : आधुनिक स्थितियाँ 314

भूमिका

स्वाधीन चिन्तन से जुड़े प्रश्न

हिन्दी-निबन्ध लेखन के क्षेत्र में अज्ञेय ने भारतेन्दु, बालकृष्ण भट्ट, प्रताप नारायण मिश्र, बालमुकुन्द गुप्त, आचार्य रामचन्द्र शुक्ल, प्रसाद, निराला, आचार्य हजारीप्रसाद द्विवेदी की परम्परा को नया अर्थ-सन्दर्भ दिया है। अज्ञेय के रचनाकार जीवन में ऐसे पड़ाव और मोड़ आते रहे हैं जहाँ उन्होंने निबन्ध-विधा का नये रूप में आविष्कार किया है। कविता की तरह अज्ञेय ने निबन्ध-विधा में भी कम प्रयोग नहीं किये हैं और नयी-नयी शैलियों में इस विधा को माँजा-चमकाया और निखारा है। अज्ञेय जी में यह 'पड़ाव' 'चिन्ता' काव्य-संग्रह के प्रकाशन के साथ ही आया। उन्होंने चिन्तन की छायावादी, उत्तर-छायावादी लीकों को तोड़ा और नयी सर्जनात्मक चिन्ताओं, प्रश्नाकुलताओं और जटिल संवेदना की समस्याओं को 'त्रिशंकु' के निबन्धों में स्थान दिया। इस निबन्ध-संग्रह का हिन्दी-निबन्ध की विकास-यात्रा में वही स्थान है जो जयशंकर प्रसाद के निबन्ध-संग्रह 'काव्य और कला तथा अन्य निबन्ध' का है। अज्ञेय ने साहित्य-संस्कृति के प्रश्नों को साहित्य-लेखन के बँधे घेरे से निकाल कर मुक्त चिन्तन दिया। उन्होंने निर्भय भाव से 'रूढ़ियों' का निषेध करते हुए समाज-संस्कृति-राजनीति के संगठनों की ओर ध्यान केन्द्रित किया है और स्वीकार किया है कि नयी सर्जनात्मकता पर आधुनिक जीवन का दबाव बढ़ गया है।

अज्ञेय जहाँ-जहाँ भ्रमण के लिए गये वहाँ-वहाँ से कुछ-न-कुछ मूल्यवान चिन्तन का खजाना कमाकर लाये। इसलिए उनकी यायावरवृत्ति का उनके निबन्धों की कला-कवि-दृष्टि पर गहरा प्रभाव पड़ा। उन्होंने सीप-घोंघे, पत्थर और चित्र सभी के 'कोलाज' से निबन्ध में एक नया प्रयोग किया। इन प्रयोगों ने उनके आत्माभिव्यंजक निबन्धों की सर्जनात्मकता में एक छवि-चित्रों का लोक ही खोल दिया। 'सच्चा' और 'चुप्पा', 'मौन' और आत्ममन्थन के अभ्यासी उनके रचनाकार ने हिन्दी-गद्य की सूरत ही बदल डाली। एक नये तरह का गद्य नयी वैचारिकता के साथ सामने आया। गद्य की बेहद सर्जनात्मकता ने सिद्ध किया कि 'कलाकार हूँ नहीं शिष्य साधक हूँ,' का अर्थ प्रियंवद अज्ञेय पर सटीक बैठता है। हिन्दी कविता की ही नहीं, हिन्दी-गद्य की—निबन्ध-उपन्यास-कहानी, यात्रा-संस्मरण, डायरी, पत्रकारिता—की असाध्यवीणा भी अज्ञेय के हाथों ही बजी है। अज्ञेय का ही यह कलेजा है कि हिन्दी-गद्य में विशेषकर निबन्ध, यात्रावृत्त, डायरी में परम्परा-संस्कृति की पोटली को खोलकर उन्होंने सभी को परोस दिया। आँखों देखी कबीर शैली में जीवन के राग-दीप्त सच को नयी रचना-स्थिति के साथ सम्बद्ध कर दिया और इस कला ने निबन्ध को पुनर्जीवित करने का अरमान बुलन्द किया। आँखों देखी इस अज्ञेय शैली का ही हुनर है कि यात्रा-संस्मरण हो, कहानी हो, डायरी या पत्रकारिता हो

निबन्ध-विधा में वैचारिक रसायन-प्रक्रिया से वे काया-कल्प कर देते हैं। फिर भी अगर कुछ बचा रहता है तो उसे वे किसी-न-किसी विधा में बदलकर 'रिसाइकलिंग' करके उसे नया प्रयोग रूप दे देते हैं। अपने को बदलने के लिए हर समय खुला रखने के कारण अज्ञेय में 'अपूर्वता' की शक्ति बढ़ जाती हे। सर्जनात्मकता की आधुनिक समस्याओं को बौद्धिक स्तर पर झेलने के कारण उनके निबन्धों में हल्की भावुकता, छिछली भावमयता का उच्छलन या उफान नहीं है। अनुभव-चिन्तन की चुनौती से दुहा गया वागर्थ है—जिसमें पानी मिलाया नहीं गया है। अज्ञेय के निबन्धों के अनुभव चाहे वे 'संस्कृति और परिस्थिति' या फिर 'संक्रान्तिकाल की कुछ साहित्यिक समस्याएँ' जैसे निबन्ध हों हमारे अन्तर्मन में धँस जाते हैं और हम भीतर-ही-भीतर स्वीकार-अस्वीकार के झूले में झूलते रहते हैं। भारत और पश्चिम से अज्ञेय का साक्षात्कार प्रश्नाकुल अनुभव होने के कारण उनकी भारतीयता का नया संस्कार करता है—आप चाहे तो इस निबन्ध चिन्तन को भारतीय आधुनिकता कह सकते हैं। देशी-विदेशी अनुभव जैसे 'रूढ़ि और मौलिकता' जैसे भावानुवादपरक निबन्ध में नये चिन्तन को आत्मसात करने की प्रक्रिया में जिस मौन आत्ममन्थन की शुरुआत हुई उसमें सांस्कृतिक अस्मिता के प्रश्नों ने पहली बार हिन्दी-निबन्ध की विकास-यात्रा में इतनी एकाग्रता और समग्रता से रूपाकार ग्रहण किया है।

अज्ञेय के निबन्ध निर्मल वर्मा के निबन्धों की तरह यह साक्ष्य जुटाते हैं कि आत्ममन्थन की यह मौन सर्जनात्मक प्रक्रिया उनमें तब तक श्रीगणेश नहीं बनती जब तक कि वे 'अन्य' के सम्पर्क में नहीं आते हैं। 'अरे यायावर रहेगा याद' तथा 'एक बूँद सहसा उछली' में जो अनुभव-संसार निवास करता है उसके पीछे भारतीय और पश्चिमी संस्कृति की गहरी समझ है। वह समझ आरम्भिक वर्षों के निबन्धों में उतनी नहीं है जितनी कि बाद के वर्षों के निबन्धों में 'अन्य' को लेकर मिलती है। 'उड़ चल हारिल' के संकल्प का रचनाकार आखिरकार निबन्धों में विचार का एक नया सबेरा प्रस्तुत कर देता है। पौ फटती है और नयी-नयी विचार किरणें प्रकाश से निबन्धों को भर देती हैं। एक औपनिवेशिक नागरिक होने के नाते अज्ञेय ने अन्य शीलवान शिक्षित भारतीयों की तरह निबन्धों में नयी दृष्टि की 'सभ्यता समीक्षा' में सृष्टि कर डाली। लेकिन उनके विरोधियों ने सब कुछ को नकल माना और उन्हें पश्चिमी ढंग का मक्कार बुद्धिजीवी, बर्बर व्यक्तिवादी घोषित किया। फलतः अज्ञेय के निबन्धों की मौलिकता और सर्जनात्मकता पर विचार ही नहीं हुआ। दो सौ वर्षों की गुलामी ने जिस गुलाम मानसिकता का पोषण किया था वह एक असहज स्थिति थी और उससे बाहर निकलकर सोच पाना, यूरोप की 'अन्यता' से मुक्त हो पाना तो वामपंथियों तक के लिए सम्भव न था—वे खुद मार्क्स-लेनिन के मानसिक गुलाम थे। लेकिन तमाम जोखिम उठाकर अज्ञेय ने मार्क्स-लेनिन की वैचारिक गुलामी को अस्वीकार किया। इसलिए अज्ञेय के निबन्धों में भारतीय-परम्परा का नचिकेता-भाव निरन्तर विद्यमान रहा है। उन्होंने साहित्य और साहित्यालोचन पर शंकाकुल होकर सन्देह उठाये हैं—उनकी बारीक—बौद्धिक छानबीन की है और पाण्डित्य को कभी भी कहीं भी, बोझ नहीं बनने दिया है। इस प्रश्नाकुल प्रेरणाशक्ति के कारण ही वे आचार्य हजारीप्रसाद द्विवेदी की निबन्ध परम्परा को आगे बढ़ा सके हैं और हिन्दी निबन्ध का एक नया साँचा और ढाँचा निर्मित करने में समर्थ हुए हैं।

अज्ञेय ने चिन्तन की प्रकृत-भावभूमि पर विचरण करने के कारण साहित्य-कला-संस्कृति, साहित्यालोचन से जुड़े निबन्धों में अपना कुँवारा सतर्क मौन नहीं खोया अपितु हमेशा कहा कि 'शब्द और सत्य' का संघर्ष जारी है और इस संघर्ष में अरमान यह है कि वे शब्द और अर्थ से नया रचनात्मक रिश्ता कायम करें। इस नये रिश्ते में हाय-हाय, झाँय-झाँय नहीं है, आत्मनिर्वासन नहीं है अकेलापन है,

जिसकी सामाजिकता में विष्णु पग धर रहे हैं। यह 'वामन' का तप-बल है जिसमें सजग बौद्धिक आत्मबोध मौजूद रहा है। आज भी अज्ञेय के निबन्धों की वामन-चरण कला का प्रताप सजग पाठक को चकित करता है। मैथिलीशरण गुप्त के शिष्य अज्ञेय साहित्यिक परम्पराओं में मौजूद रीतिवाद को विद्रोही तेवर से ध्वस्त करते हैं। इसी तेवर में 'तारसप्तक', 'दूसरा सप्तक', 'तीसरा सप्तक' 'रूपाम्बरा', 'पुष्करिणी' की भूमिकाओं के निबन्धपरक विचारों के कोणों को देखा जा सकता है। इसी दृष्टि से पन्त के 'पल्लव', मैथिलीशरण गुप्त के 'मेघनाथ वध' की भूमिका, निराला के 'अनामिका' की भूमिका, महादेवी की 'दीपशिखा' की भूमिका को देखा जा सकता है। 'तारसप्तक' की भूमिका ने इतना वैचारिक कोलाहल पैदा किया था कि छायावाद के नामी-गिरामी आलोचकों को समझ में नहीं आ रहा था: कि यह सब क्या है और क्यों है?

कहना होगा कि यह एक ऐसी चिन्तन-प्रधान निबन्ध यात्रा है जो विदेशी भूमि से होती हुई हमें अपने भारतीय आत्म-बोध तक लाती है। इस लम्बी अन्तर्यात्रा में कोलम्बस साहस है जो 'त्रिशंकु' के निबन्धों में दहाड़ता मिलता है।

अज्ञेय जब कभी 'परिस्थिति और साहित्यकार' जैसे निबन्ध लिखते हैं तो स्पष्ट कहते हैं कि परिस्थितिवश हमारी रुझान यान्त्रिकता की ओर है। हमारी सारी प्रगति, हमारे अस्तित्व का रुझान यान्त्रिकता की ओर हो रहा है। यह यान्त्रिकता हमारे जीवन को लीक पर डाल रही है और जीवन सस्ता, छिछला, घटिया और संस्कृति बेजान हो रही है। साथ ही 'आज के अधिकांश हिन्दी साहित्य में अतृप्ति-लालसा, दिवास्वप्न यौन प्रतीकों, इच्छित विश्वासों का साम्राज्य है। इस स्थिति में मौजूद अज्ञेय ऐसा 'जीनियस' है कि वह शृंखलाओं को तोड़कर अनाहत निकाल जाता है। वह निरा व्यक्ति नहीं है सामूहिक प्राणी है और समष्टि का अंग बनकर बोलता-विचार करता है। 'त्रिशंकु', 'हिन्दी साहित्य : एक आधुनिक परिदृश्य', 'आलवाल', 'अद्यतन', 'जोग लिखी' और 'धार और किनारे' जैसा कोई निबन्ध-संग्रह हो—वह पूरे मनोयोग से सर्जना और सन्दर्भ पर गहन विचार विश्लेषण-मन्थन करता है और विचार को एक 'पाठ' या टेक्स्ट में बदलकर उसका बासीपन छाँट देता है। वह पूरी हिम्मत से कह सकता है—"प्रगतिवाद का सिद्धान्त राजनीतिक और आर्थिक क्षेत्र में भले ही स्वीकार हो सके, साहित्य सृष्टि के क्षेत्र में अस्वीकार ही रहेगा।" (सर्जना और सन्दर्भ, पृ. 63) वह यह भी मानता है कि नीतियाँ सापेक्ष्य हैं, रूढ़ियाँ निरन्तर बदली रहती हैं अतः नैतिक कसौटियाँ सापेक्ष हैं, प्रगति भी सापेक्ष्य हैं। फलतः आज जो प्रगति है कल वह प्रतिगति हो सकती है। और यदि ऐसा है जो प्रगतिवादी आलोचक की कसौटियाँ साहित्यिक कसौटियाँ नहीं हैं, क्योंकि साहित्य आत्यन्तिक होने का दावा करता है। कला पर ऐच्छिक नियन्त्रण लगाने से, उसे किसी निर्दिष्ट दिशा में चलाने के प्रयत्न से, विज्ञान मिल सकता है, अर्थशास्त्र, राजनीति, समाजशास्त्र आदि मिल सकता है, साहित्य नहीं मिल सकता।

दरअसल, विरले ही निबन्धकार, चिन्तक-आलोचक, कवि-कथाकार होते हैं जो अज्ञेय की तरह या रवीन्द्रनाथ टैगोर की तरह या टॉलसटॉय की तरह आधी शताब्दी तक अपने समय के समग्र साहित्य-जगत् को निरन्तर प्रेरित-प्रभावित करते रह सकें। बल्कि उस पर ऐसी अमिट, प्रेरणार्थक छाप छोड़ सकें जो सर्जना परम्परा आधुनिकता, प्रयोग-प्रगति का दुर्निवार हिस्सा हो जाए। अज्ञेय के ये निबन्ध उनकी सुदीर्घ चुनौती भरे अन्तर्यात्रा के ऐतिहासिक दस्तावेज तो हैं ही वे साहित्य-चिन्तन के प्रतिमान भी हैं। ये निबन्ध हमारी उन सभी समस्याओं-चिन्ताओं, बहसों, वैचारिक मुठभेड़ों से हमारा साक्षात्कार कराते हैं जो एक आधुनिक भारतीय लेखन के रचना-कर्म से जुड़े हैं। इन लेखों ने अपने प्रकाशन काल में न

जाने कितनी तरह की साहित्यिक बहसों, वाद-विवादों को प्रेरित एवं प्रभावित किया है कि आज भी उन्हें पढ़ना-गुनना, उनके भीतर से गुजरना एवं सार्थक वैचारिक उत्तेजना को जीना है। सच बात तो यह है कि इनकी अर्थवान बहुवचनात्मकता केवल अज्ञेय के सृजन और चिन्तन को समझने तक ही सीमित नहीं है बल्कि वे अपनी परम्परा के मूल सर्जनात्मक विकास की समझ के लिए भी अपेक्षित हैं। ऐसी स्थिति के कारण इन निबन्धों का भारतीय चिन्तन-परम्परा में ही नहीं, तीसरी दुनिया के साहित्यालोचन और साहित्य-चिन्तन में एक दुर्निवार स्थान है क्योंकि ये निबन्ध आज भी भारतीय रचनाकार की चुनौतियों, चिन्ताओं, खतरों और झंझटों को नए कोणों से स्पष्ट करते हैं। और जिनका सामना हर हालत में संक्रमणशील समाज की सर्जनात्मक प्रतिभा को करना है। निरन्तर उत्तर-आधुनिकवाद, वृद्ध पूँजीवाद, उदारवाद, बाजार व्यवस्था, भूमण्डलीकरण का हमला इस देश की सभ्यता-संस्कृति पर हो रहा है। विचार के इस अँधेरे समय में अज्ञेय का निबन्ध-चिन्तन ही हमें नई दिशा और दृष्टि दे सकता है।

परम्परा-आधुनिकता, व्यक्ति-स्वातन्त्र्य, काव्य-प्रयोग, काव्यानुभूति, प्रतीक, बिम्ब, लय-नाद, संगीत, शब्द-अर्थ, काव्य-भाषा, सम्प्रेषण-व्यापार से जुड़े प्रश्नों पर अज्ञेय ने न जाने कितने निबन्धों में 'कितनी नावों में कितनी बार' बैठकर तन्मय चित्त से विचार किया है। विस्तार के कारण उन सभी की चर्चा यहाँ कर पाना सम्भव नहीं है लेकिन उनके विचारों की गूँज-अनुगूँज, प्रतिध्वनि इन निबन्धों की आत्मा में मिलेगी। अज्ञेय ने समय-समय पर उठनेवाली समस्याओं पर चिन्तन किया और उस चिन्तन को निबन्धों में पूरी व्यक्तित्व व्यंजकता से प्रस्तुत किया है। निबन्ध में खुलापन उसकी विधागत विशेषता है और इस विधा की स्वतन्त्रता का अज्ञेय ने पूरा उपयोग किया है। समाज, संस्कृति और धर्म से सम्बन्धित निबन्धों की यहाँ एक कोटि है तो दूसरी कोटि साहित्यिक आलोचनात्मक निबन्धों की है। कुछ ऐसे भी निबन्ध हैं जो अवनींद्र दास ठाकुर जैसे चित्रकारों-कलाकारों पर केन्द्रित हैं—कुछ निबन्ध साहित्य की समस्याओं पर केन्द्रित हैं और रचनाकारों की सृजन-प्रक्रिया पर भी विचार करते हैं। वे निबन्ध और लेख जो निबन्धों के कठघरे में फिट नहीं होते उन पर यात्रा-वृत्त, संस्मरण, डायरी, आत्मकथात्मक अंश आदि पर अलग से विचार किया गया है।

अज्ञेय ने ललित-निबन्ध या व्यक्तिव्यंजक निबन्ध 'कुट्टिचातन' नाम से लिखे हैं और 'सबरंग-कुछ राग' इसी तरह के ललित-निबन्धों का उनका संग्रह है। वैसे भी निबन्ध बड़ा व्यापक नाम है और लघु निबन्ध से लेकर शोध-निबन्ध तक अपने पैर फैलाए हुए हैं। इसलिए संस्मरण-डायरी-यात्रावृत्त से लेकर व्यक्तिव्यंजक निबन्ध सब इसी कोटि में समाहित हो जाते हैं। निबन्ध एक ऐसा माध्यम है जिसमें किसी भी क्षेत्र के चिन्तन को मुखर भाव से प्रस्तुत किया जा सकता है। इसलिए यह मानना आज गलत सिद्ध हो गया है कि निबन्ध अलोकप्रिय विधा या कठिन विधा है। और उपन्यास-कविता उसकी तुलना में ज्यादा लोकप्रिय विधाएँ हैं। गद्य को कवियों का निकष माननेवाले आज भी घोषित तौर पर कहते हैं कि कवि-कर्म की कसौटी तो निबन्ध है। कवि को काव्यानुभूति और लय का सहारा रहता है लेकिन निबन्धकार को ऐसा कोई सहारा नहीं रहता है। निबन्ध विचार-प्रधान हो या व्यक्तिव्यंजक ललित निबन्ध हो—उसमें विचार की क्रमबद्धता, रचना की रम्यता रहती है। तो वह ललित या 'रम्य रचना' का दर्जा पा जाता है। हालाँकि विद्यानिवास मिश्र जैसे ललित निबन्धकार दबे स्वर में कहते रहे हैं कि संस्कृत वाङ्मय में ललित शब्द का प्रयोग मनुष्य द्वारा सजाने-सँवारने का भाव रखता है। इसीलिए लालित्य निबन्ध में विशेष प्रयोजन से ही सटीक बैठता है। लालित्य का प्रयोजन

निबन्ध में अलंकरण या कृत्रिम शोभा बढ़ाना नहीं है अपितु भावक या पाठक के चित्त की विशदता या विस्तार ही है।

भाव या विचार की गहराई से निबन्ध कभी प्रतीकों की ओर बढ़ता है कभी उक्ति वैचित्र्य की विदग्धता से भाव-घनता की ओर। अपने चरम पर ललित-निबन्ध काव्यात्मक ऊँचाई पाकर कविता हो जाता है। उसमें व्यक्ति के व्यक्तित्व की व्यंजकता रहती है तो कुछ लोग उसे ललित न कहकर व्यक्ति-व्यंजक निबन्ध कहना अधिक समीचीन मानते हैं। कुछ का कहना है कि 'आत्म' की अभिव्यक्ति को प्रधानता देने के कारण उसे आत्मव्यंजक निबन्ध कहना अधिक उपयुक्त माना जा सकता है। क्योंकि 'आत्म' में 'आत्मा' की पुकार रहती है इसलिए सुमनस लोग सहज ही ग्रहण कर लेने में समर्थ हो जाते हैं। लेकिन यह आत्म-व्यंजक या व्यक्ति-व्यंजक निबन्ध कोरे व्यक्ति का वाचक नहीं है। उसमें प्रायः शक्ति 'अनुपस्थित' रहता है और नीचे तल से बोलता है। इसलिए उसका 'मैं' प्रायः 'हम' का पर्याय होकर आता है और पाठक का उससे साधारणीकरण होना सहज सम्भव होता है। पश्चिम के 'पर्सनल ऐसे' में 'मैं' की कोट ज्यादा नुकीली है लेकिन भारत का 'मैं' प्रायः 'हम' होकर आता है।

भारतीय निबन्ध का मुक्त फक्कड़पन भी 'सबका होकर' सबके घर में बैठकर दुनिया को देखता है। उसके भीतर से उसके मिथक देवता बोलते-बतियाते मिलते हैं। इसलिए निबन्ध में बतकही या बतरस का अपना मजा है। वैचारिक आधार को भूलकर केवल 'गप्प' को निबन्ध नहीं माना जा सकता। वह किस्सागोई की कला है—आख्यान है। फिर निबन्ध की दो मोटी कोटियाँ हैं—विचारप्रधान निबन्ध और ललित व्यक्तिव्यंजक निबन्ध। किन्तु दोनों में ही विचार का धागा ज्यादा या कम होकर अवश्य रहता है। सर्जनात्मकता का यह स्वभाव है कि विचार और भाव-भाषा में एकता स्थापित करती है। यही कारण है कि आचार्य रामचन्द्र शुक्ल के निबन्ध बौद्धिक गरमाहट की ऊँचाई छूने पर भी सर्जनात्मक हैं—'यात्रा के लिए निकलती रही है बुद्धि किन्तु हृदय को साथ लेकर' अर्थात् विचारप्रधान निबन्ध में हृदय-बुद्धि का सामंजस्य है। भारतीय दर्शन में तो प्रमाण-वार्तिक; शांकरभाष्य उसे सर्जनात्मक गद्य कहा गया है। ऐसा इसलिए कहा गया है कि विचारप्रधान निबन्ध में भावना तिरोहित नहीं होती—उसका एक भिन्न प्रकार का बौद्धिक-संस्कार हो जाता है। विचारप्रधान निबन्ध अपने तर्क से शक्ति पाता है और यह शक्ति ही लोक में आलोक भर देती है।

बौद्धिक रुझानों के इस युग में तर्क कर्कशता बढ़ी है और निबन्ध में हृदय की बहक को आदर नहीं दिया जाता है। निबन्धकार एक विचार से, एक प्रतीक से, एक मिथक से, एक प्रकरण प्रसंग-घटना से महीनों जूझता है और न जाने कितने संकटों से उबरकर एक विचारप्रधान निबन्ध लिख पाता है। इसलिए ललित-निबन्ध और विचारप्रधान निबन्ध की धातु एक-सी नहीं होती। विचार की घनता विचार की ठोस भूमि तलाशती है और विचारप्रधान निबन्ध 'बौद्धिक संवाद' बन जाता है। अज्ञेय के निबन्ध प्रायः बौद्धिक संवाद का स्थान ग्रहण कर लेते हैं। जैसे अज्ञेय का एक विचार प्रधान निबन्ध है—'साहित्य बोध : आधुनिकता के तत्त्व'। अज्ञेय यहाँ सुझाते हैं और सजग समझ-बूझ से सुझाते हैं कि समकालीन सन्दर्भ में 'साहित्य-बोध' की अपेक्षा 'संवेदना-बोध' ही अधिक सारमय संज्ञा है।' फिर प्रश्नाकुल भाव से पूछते हैं—क्या संवेदना के साथ 'नई या 'पुरानी' जैसा कोई विशेषण लगाना उचित है? क्या संवेदना ऐसे बदलती है? क्या मानव मात्र एक नहीं हैं? क्या यह एकता देश और काल दोनों के आयाम में एक-सी अखण्डित नहीं रहती? स्थिति के बदलते ही संवेदना बदलती है और

संवेदना विस्तार के साथ जगत् के नये-नये क्षेत्र खुलते हैं और उन क्षेत्रों की विकसित विवेक वयस्कता का संवेदनात्मक ज्ञान, ज्ञानात्मक संवेदना बनकर नैतिक बोध से जुड़ जाता है। नैतिक-अनैतिक, पाप-पुण्य के प्रश्न मानव की संवेदना को नियन्त्रित करने लगते हैं और तब विज्ञान आता है जो मानव की नैतिकता को ईश्वरपरक न मानकर मानव सापेक्ष्य मान लेता है। ध्यान में रखने की बात है कि अज्ञेय जी विज्ञान के विद्यार्थी रहे हैं और विज्ञान के अध्ययन-चिन्तन ने उनके निबन्धों की भाषा एवं व्यंजना-व्यापार को दूर तक प्रभावित किया है। निबन्ध में वे विषय के हर कोने पर विचार करते हैं और गबदी अतार्किकता, झूठी धार्मिकता को स्थान देना उनके निबन्धकार का रचना-धर्म नहीं। वे सोच-समझकर यह तय कर लेते हैं कि संवेदना का सम्बन्ध जैविक परिस्थिति से नहीं; सांस्कृतिक-परिस्थिति से है और प्रत्येक संस्कृति के मूल में एक जीवन-दर्शन होता है—जैसे-जैसे जीवन-दर्शन बदलता है वैसे ही संवदेना भी बदलती जाती है। नैतिकता की भावना बदलने का कारण है—धार्मिक या धर्म भावना का रूप-परिवर्तन। यही कारण है कि आज ईश्वर-धर्म के किनारे जाने से मनुष्य केन्द्र में आ गया है। दूसरा परिवर्तन का कारण है प्रकृति की नयी परिकल्पना। इस नयी परिकल्पना में वैज्ञानिक चिन्तन यान्त्रिक चिन्तन में बदल गया है और कोई मूल्य आत्यन्तिक या स्वयं सिद्ध मूल्य नहीं रहा। मम और ममेतर का सम्बन्ध बदल गया और एक नयी आधुनिक संवेदना का जन्म हुआ। आधुनिक संवेदना में जीवन की प्रक्रिया का यह बढ़ता ज्ञान, जीवन-यन्त्र की यान्त्रिक गति का बढ़ता हुआ परिचय अपने-आप में समस्या हो गया। जितना ही हमारा जीवन सतह पर आता जाता है उतनी ही सतह बढ़ती जाती है और आभ्यन्तर जीवन उतना ही सिकुड़कर छोटा होता जाता है—'छिछली, उथली, घनी चौंध से अन्ध घूमते हैं हम अपने रचे हुए मायावी उजियाले में।' फलतः संवेना में द्विभाजन हो गया। इधर आधुनिकता जो परिवर्तन लायी है—उसके कारण सम्प्रेषण की अनेक समस्याएँ उत्पन्न हुई हैं। आज आधुनिक लेखक और पाठक के बीच समस्या गहराई है। साथ ही संस्कृति को लेकर जो भ्रान्त धारणाएँ फैली हैं उन्होंने इस समस्या को और जटिल बना दिया है। हमें ध्यान रखना होगा कि अन्य संस्कृतियों की भाँति भारतीय संस्कृति भी एक मिश्र संस्कृति है—संग्राहक संस्कृति है। संस्कृति की भाँति हमारी भाषा भी मिश्र भाषा है।

अज्ञेय के निबन्धों के इतने प्रकार और रूप हैं कि उनका वर्गीकरण पाठकों को अनुचित प्रतीत होगा। फिर सभ्यता-समीक्षा के वैचारिक स्तर पर यह कोरी गड़बड़ी ही होगी। अन्य विधाओं में निबन्ध जितना खुलापन नहीं होता। निबन्ध की व्यापकता यह है कि वह नितान्त आत्मीय, अनौपचारिक और आत्माभिव्यंजक विधा है। उसका पूरा मिजाज विनोदी-मनमौजी और बतरसी होता है। उसकी गहराई नर्मदा की घाट होती है और चौड़ाई ब्रह्मपुत्र का पाट। निबन्ध में विचारों की ताकत सभी पुराने घाटों में बँधे ठाठ को तोड़ देती है—उसे बाँध में बाँधना भाता भी नहीं। स्वभाव से बिगड़ैल घोड़ा होता है जिस पर ठीक से सवारी ज्ञानी-ध्यानी ही कर पाता है। विचार-प्रवाह का अर्थ है कि उसमें नयी-से-नयी धार फूटती रहती है। भारतेन्दु-युग के निबन्धकारों का खुला-खिला गद्य, द्विवेदी युग के निबन्धकारों की अल्हड़ता, रीति-विरोधी अभियान की मुद्रा, छायावादी निबन्धकारों की क्लासिक संवेदना, प्रगतिवादी निबन्धकारों की निर्भय मुक्तता और नयी कविता युग के निबन्धकारों की विपुल अलमस्त उन्मुक्तता निबन्धों का सौन्दर्य कही जा सकती है। अज्ञेय को 'अभिजात' कहकर चाहे कितना ही कोसा जाये लेकिन यह सच है कि वे निबन्धों के अभिजात-चिन्तन से ऊपर उठकर उसका अतिक्रमण करते हैं; जैसे उनका निबन्ध है—'हिन्दी साहित्य : चौपाई'। उनके विचार से तुलसी की रामभक्ति भक्ति नहीं

थी, उसमें लोक-धर्म का सौन्दर्य भी था। तुलसीदास बिना दूर की संस्कृति से द्वेष किये बगैर अपनी संस्कृति में जान फूँकना चाहते थे। इस तरह के निबन्ध-प्रयोग अज्ञेय को निबन्ध की लोकतान्त्रिक विधा में बहुत सम्मान से देखने का हौसला देते हैं।

वास्तविकता यह है कि बीसवीं शताब्दी में नये-नये विचार-क्षेत्रों, सिद्धान्तों, साहित्य-मठों की प्रतिष्ठा बढ़ी। स्वाधीनता आन्दोलन की सर्जनात्मक हवा में मनुष्य की मुक्ति की आकांक्षा व उद्दाम-शक्ति-प्रवाह फूट-फट पड़ा। साहित्य-चिन्तन और साहित्यालोचन ने ऐसे क्षेत्रों में प्रवेश किया जो अकादमिक आलोचना से कहीं अधिक व्यापक थे और समय-समाज-संस्कृति को लेकर आगे बढ़ते थे। साहित्यालोचक और दर्शन के बीच निबन्ध ने नया मार्ग खोज निकाला। ग.मा. मुक्तिबोध ने 'नयी कविता का आत्म संघर्ष तथा अन्य निबन्ध' पुस्तक के निबन्धों से चिन्तन का पूरा इतिहास और समाजशास्त्र बदलकर साहित्य का एक नया साहित्य—सौन्दर्यशास्त्र विकसित करने का महत्त्वपूर्ण प्रयत्न किया। इसी प्रयत्न की पूरकता में अज्ञेय आये। अज्ञेय और मुक्तिबोध की पूरकता पर ध्यान कम दिया गया—एक-दूसरे को एक-दूसरे का विरोधी सिद्ध करने में आकाश-पाताल के कुलावे मिलाये गये। जब कि अज्ञेय और मुक्तिबोध दोनों ने अपने चिन्तन की विशिष्ट शैली से हिन्दी निबन्ध का विकास किया। इन दोनों रचनाकारों ने समय के बहुमुखी और संश्लिष्ट दबावों के नीचे नवीन चिन्तन सम्भावनाओं को उजागर किया—जिसके एक छोर पर पत्रकारिता और दूसरे छोर पर विचार-धाराओं की सिद्धान्त-दृष्टि का दबदबा रहा। अपने समय की सच्चाई को लेकर अज्ञेय ने 'नयी कविता' जैसा अद्भुत संवाद शैली में निबन्ध लिखा और कहा, 'मैं अकिंचन। केवल रुचि के कारण साहित्य पढ़ने वाला एक साधारण व्यक्ति। मैं नयी कविता पढ़ना चाहता हूँ।' यह भी नयी कविता पढ़ने के लिए ही लिखी जाती है। और नयी कविता कुछ है अवश्य। छायावाद के काल के प्रोफेसरगण नयी कविता पर हमला करते हुए अपनी तर्क विकृति का नमूना पेश कर रहे थे। उनकी निगाह में प्रगतिवाद एक राजनीतिक बिल्ला था और प्रयोगवाद एक गाली थी। अज्ञेय ने अध्येता बनकर छायावादी प्रोफेसर से कहा, 'नयी कविता सबसे पहले एक नई मनःस्थिति का प्रतिबिम्ब है—एक नये मूड का—एक नये राग-सम्बन्ध का।' अज्ञेय ने भवानी प्रसाद मिश्र, रघुवीर सहाय की कविताओं के उदाहरण देकर नयी संवेदना, नए रूपों, नये प्रयोगों को स्पष्ट किया। इस तरह निबन्ध विधा नये विचारों के रक्त से तगड़ी हो गयी। यह निबन्ध विधा की शक्ति का प्रमाण ही है कि उसने अज्ञेय को तमाम प्रहारों को झेलने की जीवट प्रदान की। अपने मन की बात अज्ञेय अपने पाठक समाज तक इन निबन्धों के माध्यम से ही पहुँचा सके। अज्ञेय को 'चिंपांजी' और 'मनहूस' कहनेवालों को इन निबन्धों ने ही करारा उत्तर दिया है। इन निबन्धों ने ही कई आलोचकों का वह चेहरा उजागर किया जिनकी आलोचना द्वेष के नरक के सिवा और कुछ नहीं है। इस तरह अज्ञेय के निबन्धों ने उनके स्वाधीन व्यक्ति और स्वाधीन चिन्तन की चेतना को वाणी दी और वे उस समय के संकट को अधिक घनता, अधिक गहराई और साहसपूर्ण निर्भयता से अभिव्यक्त कर सके। उन्होंने नये विचारों की सर्जनात्मकता से हिन्दी-निबन्ध साहित्य को यह गौरव प्रदान किया है जो उसे पहले प्राप्त नहीं था।

आज कितने आश्चर्य की बात लगती है कि अज्ञेय के लिए निबन्ध कभी भी छायावादियों की तरह आत्माभिव्यक्ति का माध्यम नहीं रहा—जबकि उनका 'आत्म' उसमें खुलकर व्यंजित हुआ है। रवीन्द्रनाथ और आचार्य हजारीप्रसाद द्विवेदी के निबन्धों की तरह अज्ञेय के निबन्ध एक गहन क्लासिकल विचार-यात्रा के दस्तावेज हैं—जिनकी अलग टोन है और अलग टेंपर। अज्ञेय के निबन्धों

को पढ़नेवाला प्रबुद्ध पाठक उनके आलोचनात्मक विवेक, विचार की सूक्ष्म से सूक्ष्म पकड़, नीर-क्षीर शैली, व्यंग्य वक्रोक्ति-ह्रास-कटाक्ष की ताजगी चकित करती है। कई बार मैं सोचता हूँ कि अज्ञेय ने अगर निबन्ध-विधा के अलावा किसी अन्य विधा में लिखा ही न होता तो क्या वे अपने टटके, प्रखर, मौलिक, तेजस्वी और एकदम क्रान्तिकारी चिन्तन के लिए याद न किये जाते? चिन्तन की गहराई में गोता लगाकर मोती लानेवाले को क्या पाठक का अपनापन प्राप्त न होता। निश्चय ही इस पनडुब्बा निबन्धकार को उनके अलीकी चिन्तन की मूल्यवत्ता के लिए अमर स्थान मिलता। अज्ञेय के कई आलेख, वक्तव्य, टिप्पणियाँ समय के तात्कालिक दबावों और सरोकारों को लेकर लिखे गये हैं। उनकी चिन्ताओं के केन्द्र में समय-सन्दर्भ रहे हैं और काल-चिन्तन का अभिनव नयापन। हिन्दी में पहली बार काल-चिन्तन पर किसी निबन्धकार ने इतनी मौलिक सूझ से विचार-मन्थन प्रस्तुत किया है। कहना होगा कि अज्ञेय के लिए निबन्ध लिखना समस्याओं-चिन्ताओं को सुलझाना उतना नहीं है जितना कि निरन्तर बदलते हुए परिप्रेक्ष्य में उन पर नये सिरे से विचार करना—नये विचारों की जटिलता का छाती तानकर सामना करना है। 'त्रिशंकु' के निबन्धों में संशय के विचार-कण हैं लेकिन आगे के निबन्ध-संग्रहों में पके हुए चिन्तन का विश्वास है।

यह बात भी भूलने के विरुद्ध है कि निबन्ध-विधा में नये विचार की लपट झुलसा देनवाली होती है—और योगी-भाव से उनका मुकाबला करना होता है। बड़े-बड़ों के पैर उखड़ जाते हैं चिन्तन-प्रवाह में। सन्देह और आस्था का अन्धकार निबन्धकार को घेरकर जाता है—वह हर नये मोड़ पर अपने को लहूलुहान करता है और उससे जूझते हुए सबेरे तक चलता है। फिर अज्ञेय तो कभी भी जानी-पहचानी पगडण्डी पर नहीं चले। हर बार नयी दिशा की ओर निकल पड़े। उन्हें न कभी पाने का गर्व हुआ न खो जाने की पीड़ा। भारतीय चिन्तन में परम्परा-संस्कृति-इतिहास के पदचिह्न जहाँ खो गये थे उन्हें अपने पिता हीरानन्द शास्त्री की तरह उन्होंने खुदाई करके पुनः पाने की कोशिश की। चिन्तन में वे वेदान्त के ऋषि की तरह कभी थके नहीं—अनथक यायावर रहे। अरविन्द-विवेकानन्द, तिलक, गांधी-लोहिया-जयप्रकाश नारायण, मानवेन्द्र राय, फ्रायड, हेडेगर, नीत्शे आदि न जाने कितने मनीषियों के प्रभाव-प्रवाह में आये लेकिन अपने चिन्तन की मौलिकता पर कभी आँच नहीं आने दी। उनका समग्र निबन्ध-चिन्तन एक पावनताजनित विवेक में रमता गया और अन्तिम दिनों में जानकी-यात्रा, ब्रज-भाव की यात्राओं पर उन्होंने अनुपम विचार के निबंन्ध लिखे। भारतीय सभ्यता-संस्कृति के खोए हुए रास्तों की तलाश में वे निरन्तर अन्वेषी भाव से निकलते रहे। उन्होंने पश्चिमी सभ्यता-संस्कृति-साहित्य-धर्म के भीतरी रहस्यों को समझकर पश्चिमी आधुनिकता के सत्यानाशी पक्षों को अपने निबन्धों में उजागर किया। नयी राहों के इस अन्वेषी ने गाली खाकर भी अपने चेहरे पर कहीं भी झुर्रियाँ नहीं पड़ने दीं और सच के दरवाजों को हर जोखिम झेलकर खटखटाया और मानव-केन्द्रित पश्चिमी चिन्तन के सामने भारतीय चिन्तन के विकल्प को प्रस्तुत किया। अपनी सांस्कृतिक-अस्मिता की भूली हुई पहचान के साथ जातीय-स्मृति को, प्रतीकों-मिथकों के पुराणों-रूपकों के नये अर्थ सन्दर्भों का जादुई पिटारा खोल दिया। भाई लोग अज्ञेय के चिन्तन को विदेशी नकल, विदेशी जूठन, टी. एस. इलियट, डी. एच. लारेंस, प्रूस्त, टामसमान, नीत्शे, हेडेगर के विदेशी छायानुवाद कहकर ठुकराते रहे। लेकिन अज्ञेय न रुके, न झुके—एकाग्र चिन्तन समाधि में अपने 'आत्म' की पहचान को समर्पित रहे।

स्वतन्त्रता पाने से पूर्व और स्वतन्त्रता प्राप्ति के बाद जिस सांस्कृतिक नवजागरण का श्री गणेश नये संकल्प के साथ हुआ था उसकी अमिट छाप अज्ञेय के निबन्ध-साहित्य में मिलती है। हमारे पुरखों

ने पुराणों-वेदों-उपनिषदों-रामायण-महाभारत के चिन्तन से जो सजग आत्मबोध की आग को हमें सौंपा था उसे पश्चिमी झंझावातों में भी अज्ञेय ने नष्ट नहीं होने दिया है। हाँ, यह प्रश्न बार-बार उठाया है कि हमने पश्चिमी नकल के चक्कर में अपने को कैसा बना लिया? क्या वह छवि, जिसे हमने बीसवीं शताब्दी के आरम्भ में अपनी परम्परा-संस्कृति की स्मृति को जगाकर पाया था और अब स्वतन्त्रता प्राप्ति के बाद भुला दिया। ऐसी स्थिति में हमारी जीवन संस्कृति का होगा क्या? हम क्यों फिर से पश्चिम के उपनिवेश बनने की तैयारी कर रहे हैं। अपना स्वाभिमान खोकर हम उनके पीछे दौड़ रहे हैं। भाषा, धर्म, दर्शन, परम्परा, देश-प्रेम, जैसी तमाम अवधारणा को सिर्फ बौद्धिक विलास समझकर हम भारतीय आधुनिकता के उज्ज्वल पक्षों को मलिन कर रहे हैं। अज्ञेय अपने निबन्धों में 'काल का डमरू नाद' जैसा निबन्ध हो या 'उन्मेषशालिनी प्रतिभा' जैसा निबन्ध निरन्तन संस्कृति के प्रतीकों-मिथकों पर पुनर्विचार करते हैं और पुनर्भाष्य करते हुए हमें भाषा और अस्मिता की ओर लौटने की प्रेरणा देते हैं। अज्ञेय के निबन्धों का केन्द्रीय विचार है अपनी जड़ों की तलाश।

अज्ञेय के साहित्य, संस्कृति और समाज-परिवर्तन की प्रक्रिया से गहरे जुड़े निबन्धों में भाषा के सरोकार इसलिए भी ज्यादा हैं कि उनकी बुनियादी चिन्ता भाषा-संस्कृति से जुड़ी चिन्ता है। पचास वर्षों से अधिक की अवधि में निरन्तर रचना-कर्म के सरोकारों से जुड़े रहने के कारण 'कवि हूँ, आधुनिक हूँ, नया हूँ' का चिन्तन तनाव भी रहा और खूब रहा। अध्ययन, आलेख और सम्पादन में अविराम प्रवृत्त रहने पर भी उनमें काव्य-विवेक के प्रवक्ता का दम्भ नहीं जागा। पिछले पचास वर्षों में उनके ऊपर बार-बार शत्रु से आक्रमण होते रहे—और इस आलोचना-प्रत्यालोचना से भी उन्होंने लाभ उठाया। वे अपने निबन्धों में इस विचार पर अडिग रहे कि कविता भाषा में नहीं, बल्कि शब्द में होती है। काव्य-सर्जना और काव्यात्मक उक्ति का आधार शब्द होता है। भाषा को काव्य-सर्जना का आधार मान लेने पर कविता पर उसका अनिष्टकारी प्रभाव पड़ता है। कुछ लोगों ने अज्ञेय के विचारों को ठुकराने के लिए 'सपाट बयानी के सिद्धान्त' भी गढ़े और उन्हें कविता के प्रतिमान के नाम से चलाना चाहा। ग्रेशम के नियम के अनुसार इन काव्य-प्रतिमानों के खोटे सिक्कों ने हिन्दी आलोचना से असली सिक्कों को गायब कर दिया। लेकिन अज्ञेय डटे रहे और लय-संगीत, नाद, छन्द के बोध को पाठक के सामने बार-बार व्यंजित करते हैं। अज्ञेय के निबन्धों का बहुत ही रचनात्मक असर पाठकों पर हुआ। बोलचाल की लय की चुनौतियों ने छन्द और लय पर गहरा प्रभाव डाला। छन्द-लय के क्षेत्र में पन्त-निराला के ठोस उदाहरण देने के बाद अज्ञेय ने बेझिझक भाव से कहा "स्वयं मेरी कविता में छन्द और लय की दृष्टि से जो परिवर्तन आये और जो विकास लक्षित होगा उन पर विचार तीन आरम्भ बिन्दुओं से किया जा सकता है। कुछ परिवर्तनों की मूल प्रेरणा ही लय और छन्द के प्रयोग अथवा तत्सम्बन्धी कुतूहल से है। संस्कृत-हिन्दी-प्राकृत-अपभ्रंश के छन्दों से जुड़े हुए प्रयोग तो इसमें शामिल हैं ही, लोकगीतों की धुन, उर्दू की बहर और अंग्रेजी के स्वर-मात्रा विचारक का असर उसमें देखा जा सकता है। छन्द और लय सम्बन्धी प्रयोगों की दूसरी कोटि का आधार सामान्य भाषा व्यवहार है और उसमें जुड़ा हुआ काव्य पंक्ति की यति के साथ व्याकरण-सम्मत वाक्य का सम्बन्ध, दोनों का मेल अथवा उनकी टकराहट, उससे उत्पन्न तनाव और लय में इस तनाव की उपयोगिता। एक नाटकीय तत्त्व अज्ञेय के रचना-कर्म में बराबर मौजूद रहा है और जो एक ओर उन्हें ब्राउनिंग से जोड़ता है—दूसरी ओर भर्तृहरि से।

अज्ञेय के निबन्धों में वाक्‌देवी की चैतन्य शक्ति का प्रसार है। उनका निबन्ध 'शब्द, मौन,

अस्तित्व', साक्षी है कि इच्छा, क्रिया, ज्ञान के सामंजस्य का सौन्दर्य ही उन्हें प्रिय है—यह प्रियता चिन्तन की ईमानदारी से जुड़ी है। वे कहते हैं 'क्योंकि लेखक पागल होता ही है। यह कोई बड़ी मौलिक बात नहीं है। लेकिन मौलिकता शब्द इस चिरन्तन आविष्कार का ही नाम है। कला के क्षेत्र में वास्तव में नया कुछ नहीं होता। यहाँ तक कि जो नये पन का आभास देता है वह नये के रूप में तब तक प्रतिष्ठित नहीं होता जब तक कि हम उसमें अथवा उसके द्वारा, जो कुछ उससे पहले था उसके नये मूल्यांकन का आधार न पा लें और उससे एक अर्थवान सम्बन्ध न स्थापित कर लें। दूसरे शब्दों में जब तक कि हम उसमें वह न पहचान लें जो कि 'नया नहीं' है। रचनाकार को तनाव शक्ति देता है—वही लिखने की प्रेरणा देता है। 'शायद कलाकार में जो शक्ति सृजन की प्रेरणा बनती है वह यही तनाव है। अगर ताकतवर संवेदन है तो नया जीवनानुभव सृजन-तनाव पैदा करता है। कलाकार 'चिरत्रायी' का प्रतीक है। इसका अर्थ हुआ कि कलाकार दूरी को निरन्तर मिटाता रहता है और सही शब्द को तलाशता रहता है। शब्द की, सही शब्द की खोज ही असली समस्या है।

एक प्रकार से अज्ञेय के निबन्ध उनके रचना-कर्म की 'पोयट्री वर्कशाप' कहे जा सकते हैं— वे 'वाई-प्रोडक्ट' हैं और अज्ञेय का पूरा कवि-संघर्ष शब्द-संघर्ष का पर्यायवाची है। वे साफ कहते हैं—'केवल सही शब्द मिल जाएँ तो सर्जनात्मकता में भराव आ जाये। मेरी खोज भाषा की खोज नहीं है, केवल शब्दों की खोज है। भाषा का उपयोग मैं करता हूँ निस्सन्देह, लेकिन कवि के नाते जो मैं कहता हूँ वह भाषा के द्वारा नहीं केवल शब्दों के द्वारा। मेरे लिए यह भेद गहरा महत्त्व रखता है।' इस प्रकार वे लेखक के नाते कला-सृजन के माध्यमों में सबसे अधिक वेध माध्यम का उपयोग करते हैं। ऐसे माध्यम का जिसको निरन्तर दूषित और संस्कारच्युत किया जाता रहता है। निस्सन्देह अन्य कलाएँ भी वैध हैं। इन सभी को व्यापारिक, लौकिक, पापुलर बनाया जा सकता है और निरन्तर बनाया जाता है। लेकिन चित्रकारी के बिना, गाये बिना, पत्थर या लकड़ी उकेरे बिना भी सामाजिक हुआ जा सकता है, बोले बिना सामाजिक नहीं हुआ जा सकता।' भाषा में अनन्त क्षमता है। उसका हीनतर उपयोग उसे 'संस्कारच्युत' करता है—उसका 'बल्गराइजेशन' है कवि का उद्देश्य केवल शब्द की निहित सत्ता का पूरा उपयोग करना है, बल्कि उसकी जानी है सम्भावनाओं के परे तक उसका विस्तार करना है।' ध्यान रखना होगा कि ये निबन्ध एक विद्रोही कवि के द्वारा लिखे गए निबन्ध हैं। इसलिए उनमें भाव-विचार की बारीकी ज्यादा है। फिर ये निबन्ध व्यक्तित्व व्यंजकता की शक्ति से सम्पन्न हैं और इनमें कवि का अनुभव रचा-बसा हुआ है। कवि-मन की उमड़न-घुमड़न ने इन व्यक्तिव्यंजक निबन्धों का आन्तरिक संसार निर्मित किया है। घुमड़न होती रहे, मन उन्मथित होता रहे और लिखने की लाचारी बनी रहे यही अज्ञेय का अरमान है—कवि टेंपर है। सामान्य जीवन की छोटी-छोटी घटना को व्यापक सामाजिक सन्दर्भ में वे झंकृत करते रहते हैं। इसलिए उनका निबन्ध केवल रिपोर्ट नहीं है, वह रचनानुभव का सन्दर्भ लिये रहता है। अज्ञेय का कवि-मन उसमें काट-छाँट तराश करता रहा है। इसलिए एक-एक शब्द नपा-तुला रहता है। अज्ञेय का कथाकार-संस्मरणकार भी उनके कवि के पीछे चलता है—वे मूलतः कवि हैं बाद में और कुछ। उनमें भीतर से जुड़े बाहर के सन्दर्भ प्रस्तुत विषय को अप्रस्तुत से जोड़कर गहराई-व्यापकता और वृहत्तर सामाजिकता की निष्पत्ति करते हैं। अज्ञेय की कवि संवेदना में विराजमान शिव प्रतिमा का सौन्दर्य है उनकी बहुलता-बहुश्रुतता। यहाँ बहुश्रुत का अर्थ किताबी-कीड़ा नहीं है। बहुश्रुत का अर्थ है कि वह अनेक ज्ञान-विज्ञान के स्रोतों से रस-ग्रहण करता है और उन रसों को एक चिन्तन-प्रवाह में बदल देता है। अज्ञेय जानते हैं कि पाण्डित्य के बोझ से न कविता लिखी जा सकती

है न अच्छा सर्जनात्मक निबन्ध। भावुक कवि अच्छा गीतपरक प्रबन्ध तो लिख सकता है, एक संयम से भरा, विचारों से निथरा निबन्ध नहीं लिख सकता।

यह तो अज्ञेय की शक्ति ही है कि वे लोक और शास्त्र दोनों की संस्कृति को छानकर निबन्ध में लाते हैं। इसलिए उनके गम्भीर चिन्तन से पाठक ऊबता नहीं है—वह जिज्ञासु पाठक बनता है। वे सन्दर्भों को जोड़ने में माहिर हैं और समसामयिक घटनाओं के भाष्य में चौकन्ने। उनके निबन्धों का प्राणतत्त्व है बिखरे सूत्रों को जोड़ना, सुलझाना और सूत्रों को संश्लिष्ट करके कौशल से प्रत्यक्ष कर देना। सन्दर्भों का दुरुपयोग न हो इसलिए वे पाण्डित्य-प्रदर्शन से बचते हैं। उन्हें ध्यान रहता है कि उनका भाव-बोध केवल उनका 'निजी' भाव-बोध नहीं है। इसलिए भाव-बोध की 'निजता' सनातनता की ओर बढ़ जाती है और समूची संस्कृति की बन जाती है। इसमें पाठक पाता है कि व्यास-वाल्मीकि, कालिदास-भवभूति, कबीर-तुलसीदास, सूरदास-घनानन्द, भारतेन्दु-मैथिलीशरण गुप्त, प्रसाद की पूरी परम्परा बोलती-बजती है।

अज्ञेय धुनी निबन्धकार हैं, पागलपन की हद तक धुनी। उनके भीतर का बहुश्रुत विद्वान समग्र जीवन पर, देश-विदेश पर ध्यान लगाता है और वे विडम्बनाओं, यातनाओं को सम्भावना बना लेते हैं। यही उनकी चिन्तन कला का मायावी चमत्कार है। यह चमत्कार पाठक को सन्दर्भ तक ले जाता है—लेकिन ये सन्दर्भ बोझ नहीं बनते हैं, भीतर के राग दीप्त सच का साक्षात्कार कराते हैं। वे बराबर चौकसी बरतते हैं कि विचार के सूक्ष्म ताने-बाने न टूटने पायें और उसमें परिवेश की चेतना भी उजागर हो। पाठक परिवेश की स्मृति से जुड़कर एक नये अनुभव के भीतर से 'आत्मदर्शन' कर सके। उदाहरण के लिए अज्ञेय का निबन्ध 'कविता : श्रव्य से पठ्य तक' देखा जा सकता है।

अज्ञेय का एक निबन्ध है—'मार्गदर्शन' जिसमें आदमी रास्ता पूछ रहा है और कोई भी ठीक से बता नहीं पा रहा है। आचार्य हजारीप्रसाद द्विवेदी के निबन्धों में कुछ शब्द ऐसे गढ़े जाते हैं कि गढ़ने की प्रक्रिया में ही शब्द का गहरा संस्कार हो जाता है। अज्ञेय शब्दों को गढ़ने में आचार्य द्विवेदी जितने प्रवीण नहीं हैं लेकिन शब्द-चयन में संयमी और सावधान हैं इसलिए स्मृति को जागृत करने में दक्षता बरतते हैं। निबन्ध की बनावट और बुनावट में वे भारतीय संस्कृति का मजबूत टाँका लगाते हैं ताकि संस्कृति की सम्पूर्णता में पहचान हो सके। उनमें शब्दों की नयी सम्भावनाओं की खोज के साथ शब्दों का नया अर्थ-सन्दर्भ देने की कला है। वे एक खास ढंग से आचार्य हजारीप्रसाद द्विवेदी, विद्यानिवास मिश्र, मुक्तिबोध और विजयदेव नारायण साही की तरह जीवन के बहुमुखी अनुभवों के निबन्धकार हैं। ये सभी निबन्धकार अपने समूचे लेखन में एक युगान्तर उपस्थित करते हैं। बौद्धिक संवदेना और स्वाधीनता पर अज्ञेय का बल ज्यादा है इसलिए 'अद्यतन', 'धारा और किनारे' जैसे निबन्ध-संग्रहों में 'भवन्ती', 'अन्तरा', 'शेषा' जैसी डायरियों का यह विचार-सूत्र बार-बार सामने लाते हैं कि मनुष्य के लिए सबसे बड़ा मूल्य है स्वाधीनता। स्वाधीन मनुष्य ही स्वाधीन चिन्तन कर सकता है और एक आलोचक राष्ट्र के निर्माण का सपना देख सकता है। 'त्रिशंकु' अज्ञेय के आलोचनात्मक निबन्धों का पहला संग्रह है—उसके विचारों की नवीनता ने हिन्दी चिन्तन के ठहराव को तोड़ा था। आज भी उस निबन्ध संग्रह का चिन्तन अर्थवान है और उसका एक गौरवपूर्ण ऐतिहासिक स्थान हिन्दी निबन्ध की विकास-यात्रा में है।

निस्सन्देह, अज्ञेय ने हिन्दी-निबन्ध को एक नया मोड़ दिया है और एक नया रचनात्मक संस्कार भी। अपने व्यक्तित्व के अन्यतम स्पर्श से वे रागमूलकता के साथ व्यंग्यवक्रता पैदा करने में चतुर

सुजान हैं। अहं का विसर्जन कविता और निबन्धों दोनों में हम पाते हैं और पाते यह भी हैं कि मुक्ति की आकांक्षा पूरे चिन्तन को आलोक से भर रही है। अज्ञेय के निबन्धों की संवादधर्मी विश्लेषणात्मकता निरन्तर नये बौद्धिक प्रश्न उठाती है और कभी-कभार यह कहने का साहस भी रखती है कि आजादी के बाद के राजनीतिक माहौल ने भारतीय-समाज को गुमराह किया है। साहित्य-क्षेत्र का दुर्भाग्य यह कि परख के लिए पश्चिम की कसौटी को लेकर पूछा जाता है कि भारत के लेखक में मौलिक क्या है? अगर भारतीय लेखक पश्चिम की कसौटियों पर खरा उतरता है तो उसे 'नकलची' कहकर अपमानित किया जाता है और जो अच्छा है उसका श्रेय रचनाकार-निबन्धकार को न देकर पश्चिम को दिया जाता है। इस गुलाम औपनिवेशिक मानसिकता को लेकर वे भारतीय कृतिकार की मौलिकता को आँकते हैं। इसी दृष्टि के करण हम न अज्ञेय के कवि-कर्म का मूल्यांकन ठीक से कर सके हैं न उनके निबन्धकार-पत्रकार-संस्मरणकार का। यह ठीक है कि अज्ञेय ने विदेश का साहित्य डटकर पढ़ा है और जो अच्छा है उससे प्रभावित भी हुए हैं। इन प्रभावों ने उन्हें विचलित भी किया है। लेकिन उन प्रभावों ने ही उन्हें कवि-कथाकार, जर्नलिस्ट, डायरी लेखक, निबन्धकार बनाया हो ऐसा नहीं है। उनमें प्रबल भारतीय संस्कार ही क्रियाशील हैं।

अज्ञेय के निबन्ध विचारों की नयी आग से पाठक को सुख देते हैं। वे कहते हैं—'मिट्टीः तावः साधनाः उँगलियाँ। रूपाकारः प्रभावः मन। सब मैं हूँ। सबको स्वीकार करता हूँ। फिर भी मैं मैं ही हूँ। मैं रचता हूँ। मुझमें रचा जाता है। नया होता है।' इसलिए अज्ञेय के साथ 'परायापन' खटका पैदा करता है। क्योंकि मूल्य तभी हैं जब मनुष्य है। यदि मनुष्य एक यन्त्र भर है तो मूल्य कुछ नहीं है, केवल यान्त्रिक दक्षता के नियम हैं। आज कठिनाई यह है कि हम अच्छी यन्त्र प्रणालियों के सहारे पक्की मूल्य व्यवस्था भी चाहते हैं।' कविता हो या निबन्ध वे मिथकों में कतर-ब्यौंत नहीं करते। कतर-ब्यौंत करनेवाली मूल्यमूढ़ आधुनिकता के समर्थन नहीं हैं। क्योंकि मिथक फैशन की पोशाक की तरह नहीं होते कि बदलती रुचि के साथ-साथ इधर-उधर से काटकर या खोलकर उसे नयी रुचि के अनुकूल बना लिया जाये। यदि आप आधुनिक होना चाहते हैं तो भी आप उस शक्ति स्रोत को घटाने का प्रयत्न मत कीजिए। क्योंकि मिथक एक कहानी भर नहीं, एक चुनौती होता है। हर मिथक के भीतर एक गुठली होती है। गुठली के भीतर एक शक्ति-बीज। जैसे कर्ण के कवच-कुण्डल सहजन्मा ही हो सकते हैं वैसे ही गुठली भी मिथक की सहजन्मा होती हैं—उससे अलग नहीं की जा सकती। मिथक में परम्परा जीती है और परम्परा सातत्य और परिवर्तन की सनातनता का नाम है। इस अर्थ में कविता और निबन्ध दोनों विराट् रूप का दर्शन करते हैं। यहाँ विराट् रूप मानो आत्मकथन है, एक तर्क है, एक विचार है—एक विचार-बीज और पल्लव। अपनी मिथक चेतना के कारण ही अज्ञेय नये अमरीकी साहित्यालोचक जो हमारे देश में पॉप-संस्कृति बेचने आते हैं; विज्ञापनी भड़ैती करते हैं, भौतिकी संस्कृति का छिछोरापन परोसते हैं उनका समर्थन नहीं करते। अज्ञेय के निबन्ध नयी पीढ़ी को जगाने वाले निबन्ध हैं, बहलानेवाले नहीं। अज्ञेय का निबन्धकार समाज-संस्कृति को भीतर से देखता है, भीतर घुसता है—वह यथार्थ का आभ्यन्तरीकरण करता है जिससे कि वह उसकी पकड़ में आ सके और सच्चाई से आ सके। भीतर से देखकर ही वे कहते हैं कि हमारे राजनीतिज्ञ भाषा के कबाड़िए हैं। वे न लोकतन्त्र का अर्थ समझते हैं—न धर्म का, न धर्मनिरपेक्षता का। भारतीय संस्कृति उनके लिए अर्थहीन है क्योंकि इस संस्कृति से उनका लगाव नहीं है।

अज्ञेय के निबन्धों की ध्वन्यर्थ व्यंजना का सार यह है कि आधुनिक जीवन की सबसे असहनीय

देन है—'आत्म-उन्मूलन' का बोध। एक ऐसा मरुस्थल जहाँ आत्म, ईश्वर, प्रकृति, परम्परा, जीवन लय सब छूटते जाते हैं जिनसे यह जीवन गठित हुआ था या आत्मनिर्मित हुआ था। यही वह कीड़ा है जो हमारे अस्तित्व की जड़ से चिपका है और आत्म-बोध की स्वाधीनता को लीले जा रहा है। यही केन्द्रीय 'थीम' इन निबन्धों में है जो 'आधुनिक', 'बुद्धिजीवी' और 'आधुनिकता' को लेकर चिन्तित है। हमारे समय के मूर्धन्य चिन्तक अज्ञेय इन निबन्धों में हमारे समय-समाज-रचना स्थिति की सामाजिक-सांस्कृतिक चिन्ताओं का ऐतिहासिक दस्तावेज प्रस्तुत करते हैं। इन निबन्धों के गद्य की सर्जनात्मकता और विचारों की उन्मुक्तता ने हिन्दी-निबन्ध के वैचारिक स्तर को ऊँचा उठाने में ऐतिहासिक भूमिका अदा की है।

इस पुस्तक में संकलित निबन्ध पाठकों की पुरानी चिन्ताओं को नयी निगाह से तौलने-परखने का मौका देंगे, ऐसा मेरा विश्वास है।

—कृष्णदत्त पालीवाल
प्रोफेसर एवं पूर्व अध्यक्ष,
हिन्दी विभाग, दिल्ली विश्वविद्यालय,
दिल्ली

आधुनिकता : संवेदन और सम्प्रेषण

आधुनिकता के विषय में आपके समक्ष कुछ कहना मैंने स्वीकार तो कर लिया, लेकिन अब अपनी बात एक स्वीकारोक्ति से ही आरम्भ करना चाहता हूँ। सच बात यही है कि आधुनिकता क्या है, मैं नहीं जानता। यह भी सच है कि मुझे कभी इस बात की विशेष चिन्ता भी नहीं हुई कि मैं आधुनिक हो ही जाऊँ, या कि यह पड़ताल करूँ कि मैं आधुनिक हूँ या नहीं हूँ। अपने इस अज्ञान को आरम्भ से ही स्वीकार कर लेना मुझे इसलिए आवश्यक जान पड़ता है कि आगे जो कुछ कहूँ उसके बारे में कोई गलतफ़हमी आप को न हो। यह भी स्वीकार कर लूँ कि इस अज्ञान के बावजूद मैंने यहाँ आ कर बोलने का निमन्त्रण क्यों स्वीकार कर लिया, इसका जवाब यही है कि मुझ प्रकृत यायावर को एक नया और अपरिचित प्रदेश देखने का चाव था और यह आशा भी थी कि विद्वानों के बीच थोड़ी देर बैठ कर आधुनिकता के बारे में कुछ सुन और सीख सकूँगा।

यों ऐसा तो हुआ है कि लेखकों के बीच, और कभी-कभी लेखकों तथा पण्डितों के बीच, आधुनिकता को लेकर गर्मागर्म बहस सुनने का अवसर मुझे मिला है। वैसी बहसें प्रायः निष्परिणाम होती रही हैं।—अगर इसी को परिणाम में माना जाय। उनके बाद मैं स्वयं इस प्रश्न से जूझता रहा हूँ कि आधुनिकता आखिर है क्या। जैसा मैंने कहा, इस प्रश्न का उत्तर मैं नहीं जानता; अपने सामने ही प्रश्न रखते समय मैं उसका निरूपण कुछ बदल कर यों करूँ कि "आधुनिकता क्या है" इस की परिभाषा में न जा कर हम क्यों न यह सवाल पूछें, कि आधुनिकता हो तो क्या होनी चाहिए? और विशेष रूप से साहित्य में किन लक्षणों से हम पहचानेंगे कि आधुनिकता वहाँ है या नहीं? यों तो मैं यह भी कह सकता हूँ कि यह प्रश्न पूछने लगना ही एक तरह की आधुनिकता है। उस पहली सीढ़ी के बाद दूसरी सीढ़ी यह है कि हम उस की अपरिभाषेयता स्वीकार कर के उस के प्रभावों और लक्षणों के बारे में ही सजग हो जायें।

ईसाई सन्त आगुस्तीन ने काल के बारे में विचार करते हुए एक बड़े मार्के की बात कही थी, "जब तक कोई मुझ से नहीं पूछता कि काल क्या है तब तक मैं इस प्रश्न का उत्तर जानता हूँ। लेकिन जब कोई पूछता है तो मैं नहीं जानता।" कदाचित् आधुनिकता के बारे में भी यह कहा जा सकता है। आधुनिकता के सन्दर्भ में ईसाई सन्त की यह बात याद करना एक और दृष्टि से भी उपयोगी है । यह तो है ही कि आधुनिकता का सवाल युग अथवा काल के विषय में ही है—आधुनिक होना किसी-न-किसी विशेष अर्थ में युगीन अथवा समकालीन होना ही है। लेकिन आधुनिकता के सन्दर्भ में काल की बात उठाना उसे सिर्फ ऐतिहासिक सन्दर्भ से जोड़ना नहीं है। काल के साथ आधुनिकता का सम्बन्ध इस से

कहीं अधिक गहरा है—या अपने अज्ञान को याद रखते हुए इसी बात को एक स्थापना के रूप में न कहकर अनुमान के रूप में कहूँ कि आधुनिकता का काल से सम्बन्ध कहीं अधिक गहरा होना चाहिए। यह कहने में मैं बात को ऐतिहासिक सन्दर्भ से और गहरे ले जाकर संवेदन के क्षेत्र में ले जाता हूँ। निःसन्देह एक ऐतिहासिक संवेदन भी होता है; वह संवेदन का केवल एक आयाम है जब कि आधुनिकता के विचार में हमें इससे आगे भी बढ़ना चाहिए।

तो यों कहूँ कि मेरी समझ में आधुनिकता काल के साथ एक नये प्रकार का सम्बन्ध है या होना चाहिए। आधुनिकता मूलतः एक नये ढंग का कालबोध है और हमारे संवेदन का उस पर आधारित रूपान्तर बड़े दूरव्यापी परिणाम रखता है। काल के साथ सम्बन्ध बदल जाने से बहुत-सी चीज़ों के साथ हमारे सम्बन्ध अनिवार्यतया बदल जाते हैं, इतिहास के साथ, सामाजिक परिवेश के साथ, तन्त्र और श्रम के साथ, पूँजी के साथ, शासन-व्यवस्था के साथ, कला और साहित्य और उनके सौन्दर्यशास्त्र के साथ। मेरा यह अनुमान कोई नयी बात नहीं है, लेकिन आधुनिकता के विचार में संवेदन और काल-बोध के प्राथमिक महत्त्व पर ज़ोर देना इसलिए आवश्यक जान पड़ता है कि आधुनिकता की चर्चा में प्रायः लोग इस आधारभूमि की उपेक्षा कर जाते हैं और केवल ऊपर की संरचनाओं और संस्थानों की ओर ध्यान देते रह जाते हैं। समाजशास्त्री और अर्थशास्त्र के पण्डित शायद इस दिशा में सबसे अधिक भटकते हैं; लेकिन आज क्योंकि आधुनिकता को आधुनिक वैज्ञानिक चिन्तन के साथ जोड़ा जाता है, और समाजशास्त्र तथा अर्थशास्त्र दोनों को विज्ञान की बिरादरी में नया-नया प्रवेश मिला है, इसलिए बहुत से साहित्यकार भी समाजशास्त्रियों और अर्थशात्रियों के पीछे चलते हुए अपने रास्ते से भटक जाते हैं, यद्यपि उन्हें तो संवेदन के प्राथमिक महत्त्व की उपेक्षा नहीं करनी चाहिए।

मैं कह सकता हूँ कि काल-बोध पर मैं इतना ज़ोर इसीलिए दे रहा हूँ, और एक नये काल-बोध पर आधारित संवेदन को आधुनिकता के विचार के केन्द्र में इसीलिए रख रहा हूँ कि आधुनिकता का प्रश्न प्रथमतः समाजशास्त्रियों और अर्थशास्त्रियों ने ही उठाया है जिनके दिग्भ्रमित हो जाने की मैंने चर्चा की है। निश्चय ही दर्शनशास्त्री को भी इस विषय पर कहने को बहुत कुछ है, लेकिन उसकी दृष्टि समाजशास्त्री और अर्थशास्त्र के पण्डितों से इसलिए भिन्न हो जाती है कि आगमों को वह कुछ दूसरे रूप में देखता है और इसलिए, चाहे आनुषंगिक रूप से ही, संवेदन की उपेक्षा नहीं करता—संवेदन के विचार के परम्पराओं से गहरे सम्बन्ध को वह कुछ अधिक महत्त्व देता है। समाजशास्त्री के पीछे चलते हुए साधारण व्यक्ति—पढ़ा-लिखा व्यक्ति भी—प्रायः यह भूल कर बैठता है कि आधुनिकता, जो कि एक दृष्टि है, संवेदन का एक संस्कार है, और आधुनिकीकरण, जो कि समाज का अथवा आर्थिक संस्थान का बाहरी रूपान्तरण है, दोनों को पर्यायवाची मान लेता है। आधुनिकीकरण, शहरीकरण, यान्त्रिकीकरण और यहाँ तक कि पश्चिमीकरण—इन सबको पर्यायवाची मानते हुए आधुनिकता के साथ जोड़ लेने की भूल प्रायः सभी करते हैं, भले ही इन सब प्रक्रियाओं की ओर ध्यान दिलाने पर उन्हें यह भी पहचान लेने में कोई कठिनाई नहीं होगी कि ये अलग-अलग हैं; और ऐसा भी सम्भव है कि इन में से किसी एक की अनुपस्थिति में भी दूसरी सम्पन्न हो जाये—बल्कि किन्हीं दो में विरोध का भी निर्वाह होता रहे। उदाहरण के लिए, यह बिल्कुल सम्भव है कि बाहर से हम पूरी तरह शहरी साहब हो जायें, हर आधुनिक यान्त्रिक उपकरण घर में लगा लें और फिर इस आधुनिकीकरण, शहरीकरण, यान्त्रिकीकरण और पश्चिमीकरण के बाद भी हमारा संवेदन और हमारी दृष्टि घोर रूप से अनाधुनिक रह जाये—चेतना के स्तर पर हम किसी प्राचीन काल में ही जीते रहें। ऐसा तो नहीं है कि इस बाहरी

रूपान्तर का कोई प्रभाव हमारे संवेदन पर नहीं होगा, लेकिन वैसा प्रभाव जो तनाव पैदा करेगा उसे हम लम्बे अरसे तक आसानी से झेलते चले जा सकते हैं, इस का प्रमाण आज आपको किसी भी भारतीय शहर के जीवन में दीख जायेगा। मनसा और संस्कारतः घोर रूढ़िग्रस्त लेकिन ऊपर से आधुनिक—हमारा शहरी भद्रवर्ग ऐसे लोगों से भरा पड़ा है। और इस स्थिति का तनाव लगातार झेला जा कर भी प्रभावरहित नहीं होता यह हम प्रतिदिन अखबारों से समझ सकते हैं—घरों में स्त्रियों का कथित 'आत्मदाह' उस का केवल एक विस्फोट है।

दूसरी ओर यह भी सम्भव है कि संवेदन के स्तर पर एक पढ़ा-लिखा व्यक्ति आधुनिकता का पूरा संस्कार ग्रहण कर ले, लेकिन उस के बाह्य जीवन में इन दूसरी प्रक्रियाओं के लक्षण न दीखें। निस्सन्देह इसके उदाहरण उतनी आसानी से नहीं मिलेंगे और यह भी है ही कि उन्हें पहचानना भी कुछ कठिनतर होगा क्योंकि बाहरी वास्तविकता तो तत्काल दीख सकती है और नये कालबोध के लिए व्यक्ति के आभ्यन्तर से परिचय आवश्यक होगा जो समयसाध्य ही होगा। लेकिन दुर्लभ हो कर भी ऐसे उदाहरण जब सामने आते हैं तो चौंका जाते हैं : उदाहरण के लिए परम्परावादी परिवारों से सार्वजनिक जीवन में आने वाली अनेक स्त्रियों ने अपनी आत्मविश्वास-भरी आधुनिक दृष्टि से लोगों को चकित किया है।

यदि एक बार इस बात को हम अच्छी तरह समझ लें, और गाँठ बाँध लें, कि आधुनिकता संवेदन का एक संस्कार है और बाह्य रूपान्तर की जिन प्रक्रियाओं का उल्लेख मैंने किया है उनसे सर्वथा अलग है, तो आधुनिकता को नये काल-बोध के साथ जोड़ना कठिन नहीं रहेगा और उसके सभी विस्तारों को समझना भी आसान हो जायेगा।

क्या संवेदन और सम्प्रेषण की बात को जोड़ना आवश्यक है? मानना होगा कि आवश्यक नहीं है, लेकिन फिर यह भी देखना होगा कि यदि हम आधुनिकता की चर्चा साहित्य के अथवा कलाओं के सन्दर्भ में काम करने वाले हैं तो इन दोनों को जोड़कर रखना अनिवार्य हो जायेगा। साहित्य—कला मात्र—मूलतः एक सम्प्रेषण है; अभिव्यक्ति भी है तो दूसरे पर अपनी अभिव्यक्ति है, दूसरे तक पहुँचना है; इसलिए कला और साहित्य-जगत् में संवेदन का विचार सम्प्रेषण से अलग रखकर किया ही नहीं जा सकता। अब अगर हम आधुनिकता की मेरी ही दी हुई परिभाषा को ध्यान में रखते हुए संवेदन और सम्प्रेषण की चर्चा करेंगे, तो प्रश्न का रूप कुछ यों बन जायेगा कि 'एक नये प्रकार के काल-बोध को कवि अथवा कलाकार कैसे दूसरे तक पहुँचाता है और दूसरे को कैसे उसमें दीक्षित करता है?' इसी प्रश्न का विस्तार यह होगा कि क्या काल के नये बोध के साथ वस्तु भी बदलती है, यथार्थ भी बदलता है और सम्प्रेषण की परिस्थितियाँ भी बदलती हैं? बदली हुई परिस्थिति के साथ क्या सम्प्रेषण की पद्धतियों और प्रक्रियाओं का भी रूपान्तर होता है? इन सभी प्रश्नों का उत्तर स्वीकारात्मक है; लेकिन इस बदलाव की स्वीकृति से स्वयं अनेक समस्याएँ कलाकार अथवा साहित्यकार के सामने उठ खड़ी होती हैं। उन्हें हम केवल आधुनिकता की समस्या न कहकर सन्दर्भ के साथ जोड़ते हुए देख सकते हैं—आधुनिक कला की समस्याएँ, आधुनिक काव्य की समस्याएँ, आधुनिक उपन्यास की समस्याएँ, इत्यादि। क्योंकि प्रत्येक क्षेत्र में नया काल-बोध यथार्थ की नयी पहचान कराता है, उसके साथ नये सम्बन्ध जोड़ता है; और उन सम्बन्धों की पहचान कराने की, उनके सम्प्रेषण की नयी समस्याएँ खड़ी करता है; हर विधा का आधुनिक कलाकार अपनी विधा के भीतर इन नयी चुनौतियों का सामना करने

और अपनी कठिनाइयों का हल निकालने के लिए नयी शिल्प-विधियों का आविष्कार करता है, नये 'समय' (Convention) स्थापित करता है। अगर हम नयी परिस्थिति को और उससे उत्पन्न होने वाली चुनौतियों को नहीं पहचानते तो हम विभिन्न कलाओं और कला-विधाओं में आने वाले परिवर्तनों को भी ठीक-ठीक नहीं समझ सकते, उनके मूल कारणों के साथ नहीं जोड़ सकते। और ऐसी स्थिति में हमारी आलोचना भी सतही लक्षणों के पंजीकरण तक सीमित रह जायेगी। वास्तव में आलोचना के साथ ऐसा ही हुआ भी है। अधिकतर समीक्षाओं और विद्यालयों में पढ़ायी जाने वाली आलोचनाओं में भी यही देखने को मिलेगा कि सतही लक्षणों और परिवर्तनों के आधार पर श्रेणियाँ और वर्ग बना दिये जाते हैं, श्रेय दे दिया जाता है अथवा उससे वंचित कर दिया जाता है, और किसी भी लक्षण अथवा परिवर्तन के लिए सर्जक कलाकार के निजी परिवेशगत तनावों की ओर ध्यान न देकर उसके लिए कोई न कोई विदेशी माडल खोजने का प्रयत्न किया जाता है। यह बात प्रसंगान्तर जैसी दीखती है, लेकिन वास्तव में है नहीं। अगर हमारे आलोचक और आलोचनाशास्त्र के अध्यापक काल के साथ नये सम्बन्ध को पहचानते और उसकी उपपत्तियों को समझते तो समालोचना की इस विकृति से बच सकते, पाठक और अध्येता को बचा सकते। वह नहीं होता इसीलिए हमारा आधुनिकीकरण, शहरीकरण और यान्त्रिकीकरण आदि तो सब कुछ होता जाता है पर आधुनिकता ही हमें उपलब्ध नहीं होती—संवेदन का ही संस्कार हमें नहीं मिलता। शंकर ने कभी दूसरे सन्दर्भ में कहा था, "मन्त्रविद् ही रह गया, आत्मविद् नहीं हुआ"—हम कहें कि हम लगातार यन्त्रविद् ही होते जा रहे हैं, आत्मविद् नहीं होते।

मैंने प्रश्न के स्पष्ट प्रस्तुतीकरण की दृष्टि से उसे यों रखा कि 'क्या काल के नये प्रकार के बोध के साथ वस्तु भी बदलती है, यथार्थ भी बदलता है और सम्प्रेषण की स्थितियाँ और विधियाँ भी बदलती हैं?' मेरा उद्देश्य संवेदन और सम्प्रेषण को केन्द्र में रखने का भी है। किन्तु यह तो स्पष्ट होना चाहिए—न हो तो मैं ही उसे स्पष्ट स्वीकार करूँ— कि ये सारे सम्बन्ध ऐसे हैं कि किसी एक को कारण और अन्य को कार्य नहीं माना जा सकता। सांस्कृतिक प्रक्रिया में ऐसे सरल कारण-कार्य सम्बन्ध नहीं होते, परस्पर प्रमादों का एक जटिल विस्तार होता है। अतः परिस्थिति के बदलने से काल-बोध बदलता है; सम्प्रेषण की कोई नयी युक्ति उपलब्ध हो जाने से सम्प्रेष्य यथार्थ भी बदलता है, इत्यादि। बल्कि इसी अन्योन्य आश्रय के कारण ही समाजशास्त्री के लिए यह सम्भव होता है कि वह सामाजिक परिवेश के आधार पर आधुनिकता की बात करे, या अर्थशास्त्री को यह सुविधा रहती है कि वह आर्थिक सम्बन्धों को और उनके परिवर्तनों को आधार बनाकर आधुनिकता की परिभाषा करे। वैसे निरूपण ग़लत नहीं होते, केवल तदर्थ होते हैं; अपनी परिधि में उपयोगी भी होते हैं और भविष्य के अनुमान में, परियोजनाओं में भी राहायक भी हो सकते हैं। साहित्य के अथवा कला के लिए ये निरूपण अपनी तदर्थता के कारण ही अप्रासंगिक हो जाते हैं। साहित्य भविष्य नहीं बनाता न उसका परियोजन करता है : साहित्य में भविष्य जीता है तो इसी अर्थ में जिसमें अतीत भी उसमें जीता है। वर्तमान की उस अचूक पहचान में जिसमें अतीत और भविष्य दोनों अनुक्षण बदलते जाते हैं। क्योंकि हमारा प्रत्येक अनुभव, ऐसा नहीं है, कि हमारे अतीत को ही बदलना है; अतीत का हर बदलता मूल्यांकन, स्मृति अथवा इतिहास का हर पुनःसंगठन, भविष्य की हमारी अपेक्षाएँ और सम्भावनाएँ भी बदल देता है; इस प्रकार हमारे कर्म की दिशा बदल जाती है अर्थात् भविष्य बदल जाता है। हमारी स्मृतियों की यह गत्यात्मक परस्परभेदकता एक शक्ति है जिसके सहारे हम अनुक्षण अपने को भी जानते हैं; घटना-क्रम में अथवा 'इतिहास' में अपने को स्थापित करते हैं; केवल गोचर अनुभूतियों से

आगे बढ़कर मानवीय संवेदन की परिधि में आते हैं। और इसीलिए एक अनिवार्य और अविराम पुनःसंगठन में लगे रहने के कारण ही हमें समाजशास्त्री की अथवा अर्थशास्त्री की तदर्थ परिभाषाएँ अग्राह्य हो जाती हैं। वे लोग एक अनुक्रमिक ऐतिहासिक काल को मानते हुए उसके किसी एक बिन्दु पर ठहरकर अपने अनुमान गढ़ते हैं, साहित्य-सर्जक एकगत्यात्मक आनुभविक काल को पहचानते हुए उसकी धारा के बीच तैरना चाहता है।

और अपनी पहले प्रस्तुत की गयी कामचलाऊ परिभाषा की ओर लौटकर कहूँ कि आधुनिकता जिस नये प्रकार का काल-बोध है, वह दोनों प्रकार के काल की अवधारणा को स्वीकार करता है और समान्तर रखता है, समपदीय महत्त्व देता है, और इतना ही नहीं, यह भी समझता है कि विज्ञान की प्रगति ने भी यह सम्भव बनाया है कि हम काल की इतने प्रकार की गतियों को पहचानें और एक साथ स्वीकार करें। और काल-गति का यह स्वीकार ही वास्तव में आधुनिक संवेदन है, आधुनिकता है। आधुनिकता सबकुछ को सापेक्ष बनाती है। लेकिन इस प्रकार सापेक्ष बनाना, मूल्यों अथवा मूल्य-दृष्टियों को नष्ट कर देना नहीं है जैसा कि कुछ लोग समझते हैं। इस काल-सापेक्षता में ऐसा नहीं है कि काल एक स्थिर तत्त्व है जिसकी कसौटी पर सब बदलती हुई चीज़ों की पैमाइश हो रही है; बल्कि काल स्वयं एक बदलती हुई और सापेक्ष चीज़ है : एक साथ ही एक काल भी है और अनेक काल भी हैं जिन सभी पर हम लगातार परखे जा रहे हैं, जिन सभी पर हम अपने प्रत्येक अनुभव और विश्वास के परखने को बाध्य हैं। इस प्रकार 'आधुनिक' हो जाने पर यह नहीं कि मूल्यों की प्रेरकता अथवा समाज-नियामकता नष्ट हो जाती है या कि मूल्य-निरपेक्ष हो जाना ही आधुनिक हो जाना है, बल्कि मूल्यों के प्रति सतर्कता की हमारी जिम्मेदारी बढ़ जाती है—लगातार उनका परीक्षण करते रहना हमारा कर्त्तव्य हो जाना है जिससे ऐसा न हो कि हम ऐसे मूल्यों की दुहाई देते रहें—या उनके अनुशासन में जीने का उपक्रम करते रहें—जो गतिहीन होकर निष्प्राण हो गये हैं और अब धारा को अवरुद्ध ही करते हैं।

विज्ञान की प्रगति ने हमें काल की नयी अवधारणा दी, नया काल-बोध दिया। विज्ञान ने पहले हमें अन्धविश्वासों के बीच एक निश्चयात्मकता दी—और फिर स्वयं अपनी प्रत्येक ध्रुवता पर प्रश्नचिह्न लगाकर हमें संशयात्मा बना दिया—लेकिन वहाँ तक लाकर जहाँ हम इस डर से भी मुक्त रह सकें कि संशयात्मा विनश्यति। वैज्ञानिक संशय, विनाश की देहरी नहीं है, केवल जिज्ञासा की देहरी है, प्रश्नाकुलता है जो कि आधुनिक बोध का एक मुख्य आयाम है। विज्ञान ने बताया कि दिक्काल का एक सातत्य है, इसलिए एक के बिना दूसरे की पहचान नहीं हो सकती; फिर उसने यह बताया कि काल अनिर्णीत और वास्तव में अप्रमेय है, इस प्रकार काल के साथ दिक् भी अनिश्चित हो गया और इसी अनिश्चय के द्वीप पर हम लगातार जीते हैं—यही हमारी आधुनिकता है।

थोड़ी देर अपनी इस अवस्थिति पर विचार करें जो हमारे संवेदन को गढ़ती है। निश्चय ही एक समय था जब हम एक दूसरे प्रकार के काल में जीते थे : हमारे संवेदन की आधार-भित्ति दूसरी थी। समाज अपेक्षया स्थिर था—कभी वह स्थितिशील और रूढ़िवादी भी था, लेकिन वैसा आग्रह नहीं रखने पर भी उसमें परिवर्तन की गति बहुत धीमी थी, समाज-संस्थान भी स्थिर था, उसमें भी कुछ बदलना लक्षित नहीं होता था, न कहीं कोई डगमगाहट थी, उस संस्थान को टेक देकर चलाने वाले विश्वास भी स्थिर और निष्कम्प थे। आज वैसा समाज नहीं है, आज वैसा काल भी नहीं है, न वैसे विश्वास हैं। आज हम

स्थिर संस्थान और अभ्यस्त कर्म की बात नहीं सोचते, नये फ़ैशन की बात सोचते हैं। चीज़ों के साथ हमारा सम्बन्ध दूसरा है क्योंकि काल के साथ सम्बन्ध दूसरा है। आज बच्चा भी 'बोर' होना समझता है, पारम्परिक समाज में लोग जानते ही नहीं थे कि बोरियत क्या होती है!

यह दोहरा देना अनुचित न होगा कि इनमें से किसी एक को कारण मानना भूल होगा; भौतिक स्थितियों से लेकर अस्मिता-बोध तक सभी चीज़ें बदलीं और सबने एक-दूसरे को प्रभावित किया। हम संवेदन को केन्द्र में रखते हैं क्योंकि हम साहित्य-सर्जन की प्रक्रियाओं को केन्द्र में रखते हैं—अन्य अनेक प्रक्रियाओं और प्रमादों का उल्लेख और स्वीकार काफ़ी है। ऐतिहासिक और आर्थिक प्रक्रियाएँ भी रहीं ही, यन्त्रविकास की प्रक्रिया भी रही जिसका वैज्ञानिक पक्ष अपना महत्त्व रखता है और सत्ताधिकरण पक्ष अपना—और कहने की ज़रूरत नहीं कि सत्ताधिकरण पक्ष में फिर ऐतिहासिक और आर्थिक प्रक्रियाओं का चाहें तो अलग-अलग विचार कर सकते हैं।

संवेदन किसी भी प्रक्रिया के प्रभाव से अछूता नहीं है। लेकिन फिर भी ध्यान रखने की बात है कि संवेदन प्रभावित उतनी जल्दी नहीं होता जितनी जल्दी वह कर्म को प्रभावित करता है; और दूसरे प्रभावित होता भी है तो सीधे-सीधे नहीं। इस प्रकार अगर आधुनिक संवेदन मौजूद है तो यह अपेक्षा हम रख सकते हैं कि वह आधुनिकीकरण की ओर प्रेरित करेगा; पर आधुनिकीकरण होने से ही हम आधुनिक संवेदन होना भी निश्चित नहीं मान सकते—बल्कि यह भी निश्चित नहीं मान सकते कि संवेदन में जो परिवर्तन होगा वह आधुनिकीकरण का समर्थन करने वाला ही होगा।

बदले हुए संवेदन के अन्य प्रभावों और कर्म प्रेरणाओं से हमें यहाँ प्रयोजन नहीं है। किन्तु साहित्य में या कलाओं के क्षेत्र में आधुनिकता कैसे क्रियाशील हुई और किन समस्याओं का सामना करती है वह अवश्य हमारे लिए प्रासंगिक है।

आधुनिकता—बदले हुए काल-बोध—की सबसे महत्त्वपूर्ण समस्याएँ आख्यान-साहित्य (फ़िक्शन) में प्रकट होती हैं। क्योंकि नयी दृष्टि एक ओर समाज को नये ढंग से देखती है, समाज में नयी चीज़ों की ओर देखती है अर्थात् नया यथार्थ देखती है, दूसरी ओर वह उसे सम्प्रेषण करना चाहती है—सम्प्रेषण तो उसका अनिवार्य कर्त्तव्य है बल्कि सम्प्रेषण ही तो साहित्य है। और काल की नयी पहचान अपने आप में सम्प्रेषण की अनेक समस्याएँ हमारे सामने ले आती थी—जिनमें सबसे पहली तो यही थी कि हमारे अनुभव में काल ऐतिहासिक क्रम से उलटे क्रम में चलता है—परिणाम पहले आता है और कारण बाद में। इस प्रकार अनुभव की 'यथार्थ घटना' इतिहास की घटना से उलटी चलती है। दूसरे यह भी हम ने जाना कि हमारा संवेदन घटनाओं के अनेक स्तरों और आयामों को एक साथ ग्रहण करता है—अर्थात् बाहर की एक घटना संवेदन के संसार में असंख्य घटनाओं का संघट्ट है जो सब अनुक्रम नहीं, एक साथ घटित हुई हैं। इस प्रकार यथार्थ अनुभव का यथार्थ सम्प्रेषण तभी हो सकता है अगर कथा भी उसी तरह कही जा सके—यानी क्रम से नहीं, समूची एक साथ—जो कि असम्भव है—अपने-आप में असम्भव है और भाषा की सीमा के कारण भी असम्भव है—भाषा भी अनिवार्यतया पूर्वापरक्रमिकता माँगती है जबकि अनुभव क्रमातीत होता है। उपन्यास की विधा में जो परिवर्तन आये, उन्हें हम चाहें तो केवल काल-बोध के नये विस्तार का सम्प्रेषण करने की समस्या के निराकरण की प्रक्रिया के रूप में देख सकते हैं। यह बात उपन्यास पर सबसे अधिक लागू होती है क्योंकि वही सबसे आधुनिक विधा है और आधुनिकता के सम्प्रेषण की चुनौती सबसे अधिक उसके सामने आयी। उपन्यास से भी अधिक आधुनिक विधा सिनेमा मानी जा सकती है—और नये काल-बोध के सम्प्रेषण की चुनौती उपन्यास से अधिक तीव्रता से कहीं अनुभव की गयी तो सिनेमा में ही। किन्तु किसी भी कला में

आधुनिकता की विकास-प्रक्रिया देखने चलें तो हम पायेंगे कि उसके मूल में यह नया काल-बोध ही है, काल के साथ नया सम्बन्ध ही है। मानस का विखण्डन, खण्डित बिम्ब, अमूर्तन, अतियार्थ की प्रस्तुति, मिथक और फ़ैंटेसी, कारण और कार्य में विपर्यय अथवा 'अहेतुक' घटना, मुक्त छन्द, ताल और लय की टकराहट अथवा संकर–किसी भी कला में कोई भी नयी प्रवृत्ति लीजिए तो वह कहीं-न-कहीं नये बालबोध से और उसके सम्प्रेषण के प्रयत्न से जुड़ जायेगी। कहा जा सकता है कि ये सब बातें तो रूपाकार अथवा शिल्प से सम्बद्ध हैं और आधुनिकता अवश्य ही शिल्प से आगे की भी चीज़ है : यह बात निश्चय ही सच है कि आधुनिकता के सामाजिक आयाम दूसरे भी हैं। पर उनका कलागत अथवा साहित्यगत प्रस्तुतीकरण अनिवार्यतया रूपाकार और शिल्पीय युक्तियों के प्रश्न सामने लाता है कि जिन्हें कलाकार को हल करना ही होगा नहीं तो वह दूसरे तक पहुँच ही नहीं सकता–और प्रस्तुतीकरण तो नाम से स्पष्ट कर देता है कि वह दूसरे तक पहुँचना है।

मैंने जिस आत्मस्वीकार से आरम्भ किया था, एक बार फिर आप को उसका स्मरण दिलाकर कहूँ कि अपने अज्ञान को अपने सामने रखते हुए मैंने इस बात का प्रयत्न नहीं किया कि आधुनिकता की कोई सर्वसम्मत परिभाषा आप के सामने रखूँ : मेरा प्रयत्न यही रहा कि अगर आधुनिकता हो तो वह क्या होनी चाहिए, इस विषय में अपनी अटकलें आप के समक्ष रखूँ। और अगर वैसी आधुनिकता होगी तो उसके क्या प्रभाव और परिणाम भी होने चाहिए उसकी भी एक रूपरेखा प्रस्तुत करूँ।

मेरे अनुमान यदि युक्तिसंगत हैं तो आधुनिकता को–क्योंकि वह नये काल-बोध पर आधारित एक दृष्टि है–नयेपन और परिवर्तन को न केवल स्वीकार करना चाहिए बल्कि अनिवार्य मानना चाहिए। आधुनिकता परिवर्तन के प्रति अनुकूलता और लगातार उसका प्रयत्न है। लेकिन उसके साथ ही वह केवल क्षणिक नये के मोह में भी नहीं पड़ेगी–काल के साथ नया सम्बन्ध अविवेकी अथवा आलोचना बुद्धिरहित नहीं होगा। और यह परिवर्तन मूल्य-दृष्टि में होगा, सामाजिक संस्थान में होगा, आत्मदर्शन में होगा–और दूसरों के साथ सम्बन्धों की परिकल्पना के बदलाव के कारण सम्प्रेषण की हर विधा और प्रक्रिया का परिवर्तन भी होगा।

नये काल का एक और पक्ष भी विचारणीय है। वह केवल परिवर्तन को ही स्वीकार नहीं करता, उसकी द्रुततर गति को भी स्वीकार करता है। लेकिन क्या द्रुततर परिवर्तन को स्वीकार करना हर चालू फ़ैशन को स्वीकार करना है? मैं कहना चाहूँगा कि नहीं, पर यह तो देखना होगा कि हमारे समाज में ऐसे समीकरण की सम्भावना काफ़ी है : उन सभी देशों में है जो आज 'नवविकाससमान' देश कहलाते हैं और जो कल तक विकसित यन्त्रोद्योग वाले पश्चिमी देशों के उपनिवेश थे। औपनिवेशिक इतिहास का एक अवशेष यह है कि हम अभी तक उधर से आने वाले प्रभावों के सामने निरस्त्र और अरक्षित हैं–हमारी खिड़कियाँ उधर से आने वाली हवा के लिए खुली ही रहती हैं, भले ही वह हवा कितनी ही दूषित क्यों न हो। इस स्थिति से हमारा समाज मुक्त हो सकेगा या नहीं, या कब मुक्त हो सकेगा, इसके बारे में कोई भविष्यवाणी मैं नहीं करूँगा–न वह मेरा काम है, न उसके लायक मेरा ज्ञान है। इतना ही कह सकता हूँ कि जाग्रत् विवेक-बुद्धि के सिवा कोई दूसरा प्रतिरोध नहीं हो सकता।

पर द्रुततर गति की एक बात इससे आगे भी बनी रहती है। विज्ञान का नियम है कि ऊर्जा के प्रवाह की मात्रा या गति बढ़ती है तो वैविध्य कम होता है। इस प्रक्रिया को हम प्रतिमानीकरण कहकर उसका स्वागत करें, या एकरूपता कहकर उसे संकट मानें–यह प्रक्रिया औपनिवेशिक अतीत से बिल्कुल अलग है : उस कोटि का वैज्ञानिक सत्य है जिसे काल-निरपेक्ष कहा जा सकता है। इस

प्रक्रिया को हम विकास की निम्नतर सीढ़ी के वानस्पतिक अस्तित्व से लेकर समकालीन मानव-निर्मित शहरी यन्त्र-संस्कृति तक सर्वत्र देख सकते हैं। व्यापार में भी रेपिड टर्नओवर तथा स्टैंडडाईजेशन का सम्बन्ध इसी प्रक्रिया का एक पहलू है। तो क्या आधुनिक होने में हम क्यों कि श्लथप्रवाही ऊर्जा की व्यवस्था से एक द्रुतप्रवाही ऊर्जा-व्यवस्था में आ रहे हैं, इसलिए हमें जीवन का और संस्कृतियों का वैविध्य खोकर एक सर्वग्रासी एकरूपता का शिकार हो जाना होगा? यह प्रश्न आज कितना संगत है, यह संकट कितना निकट आसन्न, इसे हम केवल हर शहरी घर में नहीं, हर गँवई झोंपड़े तक में देख सकते हैं : खेत में काम करते किसान के हल से टँगे ट्रांजिस्टर का गीत तक इस आसन्न संकट का संकेत देता है। क्या प्रगति ज़रूरी तौर पर एकरूपता लायेगी? इस प्रश्न का भी उत्तर मैं नहीं दूँगा—नहीं दे सकता—पर यह प्रश्न हर उस व्यक्ति के सामने रहना चाहिए जो अपने को आधुनिकता की देहरी पर खड़ा पाता है या समझता है। कदाचित् इसका भी कोई एक उत्तर नहीं है : सवाल एक सन्तुलन का होगा जिसका एक समाजव्यापी रूप होगा तो एक बिल्कुल निजी रूप भी होगा : और शायद यही उसका उत्तर है क्योंकि वह उसे फिर बाहरी स्थितियों और उपकरणिक परिवेश से ऊपर उठा कर संवेदन के घेरे में ले आता है। आधुनिकता है तो संवेदन का एक नया आयाम है—काल के साथ एक नया सम्बन्ध है—निरा ऐतिहासिक सम्बन्ध नहीं, एक आनुभविक और आस्तित्विक सम्बन्ध।

साहित्य-बोध : आधुनिकता के तत्त्व

शीर्षक में यह स्वीकार कर लिया गया है कि लेखक का विषय 'साहित्य-बोध' है; पर वास्तव में इस अर्थ में इसका प्रयोग चिन्त्य है। यह मान भी लें कि लोक-व्यवहार बहुत-से शब्दों को ऐसा विशेष अर्थ दे देता है जो यों उनसे सिद्ध न होता, तो भी अभी तक ऐसा जान पड़ता है कि समकालीन सन्दर्भ में 'साहित्य-बोध' की अपेक्षा 'संवेदना-बोध' ही अधिक सारमय संज्ञा है। इसलिए शीर्षक में प्रचलन के नाम पर साहित्य-बोध का उल्लेख करके लेख में वास्तव में आधुनिक संवेदना की ही चर्चा की जायेगी।

क्या संवेदना के साथ 'नयी' या 'पुरानी' ऐसा कोई विशेषण लगाना उचित है? क्या संवेदना ऐसे बदलती है? क्या मानव मात्र एक नहीं है और इसलिए क्या उसकी संवेदना भी एक नहीं है? क्या यह एकता देश और काल दोनों के आयाम में एक-सी अखण्डित नहीं रहती?

निस्सन्देह मानव एक है। किन्तु जब हम विकासशील जीव-तत्त्व की बात करते हैं तब परिवर्तन के सिद्धान्त को भी मान लेते हैं। चेतना स्वयं विकासशील है। संवेदना वह यन्त्र है जिसके सहारे जीव-व्यष्टि अपने से इतर सब कुछ से सम्बन्ध जोड़ती है—वह सम्बन्ध एक साथ ही एकता का भी है और भिन्नता का भी, क्योंकि उसके सहारे जहाँ जीव-व्यष्टि अपने से इतर जगत् को पहचानती है वहाँ उससे अपने को अलग भी करती है।

मानव-प्राणी की संवेदना न केवल दूसरे जीवों से और जड़ परिस्थिति से प्रतिक्रिया करती है, बल्कि अपनी प्रतिक्रियाओं का मूल्यांकन भी करती है। जीव अपने को परिस्थिति के अनुकूल बनाता है, मनुष्य परिस्थिति को अपने अनुकूल बनाने का चेतन और अवचेतन प्रयत्न करता है। ज्यों-ज्यों उसकी संवेदना विस्तार करती है, अर्थात् ज्यों-ज्यों जगत् से उसके सम्बन्ध नये-नये क्षेत्रों में प्रवेश करते जाते हैं, त्यों-त्यों उसका विवेक विकसित होता जाता है और निरी संवेदना के साथ एक अनिवार्य नैतिक बोध भी जुड़ जाता है। अच्छा और बुरा, ऊँचा और नीचा, मंगलमय और अमंगल, समाज-हितकारी और असामाजिक, ऐसी अनेक कोटियों के विचार उस के कर्म को ही नहीं, उसकी संवेदना को भी नियन्त्रित करने लगते हैं क्योंकि वह अपनी भावनाओं को भी बुद्धि और विवेक की कसौटी पर परखने लगता है।

मानव और मानवेतर के सम्बन्ध के विकास का अथ से आज तक अध्ययन करना यहाँ अनावश्यक है। यहाँ इतना ही कहना यथेष्ट होगा कि विज्ञान की उन्नति के साथ-साथ मानव का मूल्य बढ़ता गया है और मानवेतर का मूल्य घटता गया है। विज्ञान ने नैतिकता को ईश्वरपरक न मानकर मानव-सापेक्ष मान लिया है, मानव की उसकी परिकल्पना चाहे कितनी भी विस्तीर्ण हो। ईश्वर के

दरबार में सब प्राणी समान हो सकते थे; मनुष्य के दरबार में स्वभावतः वैसा नहीं हो सकता क्योंकि वह मनुष्य का दरबार है। इस प्रकार संसार का मानदण्ड मनुष्य को मानते ही हमारी नैतिकता के आधार में बहुत से अवश्यंभावी परिवर्तन होने लगते हैं। दूसरे शब्दों में, हमारी संवेदना का रूप बदल जाता है।

यह नहीं कि संवेदना नैतिक बोध का पर्याय है। किन्तु पाप-पुण्य की भावना बदलते ही हमें सुख या पीड़ा देने वाली परिस्थितियों का रूप भी बदल जाता है, हमें चिन्तित करने वाले का उत्साह देने वाले तत्त्व भी दूसरे हो जाते हैं। पुराने आदर्श हास्यास्पद का दुर्बोध हो जाते हैं; जो बातें एक समय नगण्य थीं वे जीवनादर्श का सामर्थ्य ग्रहण कर लेती हैं। एक समय था जबकि चींटी या खटमल के लिए अपने प्राणों को जोखिम में डालने वाला पुण्यात्मा होता था, एक समय है कि कौओं और बन्दरों को रोटी खिलाने वाला समाजद्रोही गिना जाता है क्योंकि मानव के लिए रोटी की कमी है। एक समय था जबकि धर्म के लिए जान गँवाने वाला सर्वोच्च सम्मान पाता था, एक समय है कि थोड़े-थोड़े समय के लिए दो-तीन बार धर्म-परिवर्तन कर लेना भी अनुचित नहीं समझा जाता, बल्कि कुछ परिस्थितियों में अनुमोदित भी होता है।

वास्तव में जहाँ तक साहित्य या किसी भी कला का प्रश्न है, संवेदना से हमारा अभिप्राय निरी ऐन्द्रिय चेतना से बिल्कुल भिन्न कुछ होता है। गर्म और ठण्डा, उजला और अँधेरा, सादा और रंगीन, खट्टा और मीठा, नरम और कठोर, कर्कश और मधुर, यह सब भी इन्द्रिय-संवेद्य है। और संवेदना का यह स्तर नैतिकता से परे है। यह कह लीजिए कि यह उसका जैविक स्तर है, मानवीय स्तर नहीं। इस कोटि की संवेदना जीव मात्र में होती है और मानव में भी उसके जीव होने के नाते ही। किन्तु जो संवेदना उसके नैतिक बोध के साथ गुँथी हुई है वह दूसरे स्तर की है। वह अनन्य रूप से मानव की है और उसी के कारण जीवों में मानव अद्वितीय है। इसी बात को हम दूसरे शब्दों में कह सकते हैं : संवेदना का सम्बन्ध जैविक परिस्थिति से नहीं, सांस्कृतिक परिस्थिति से है। जिस संवेदना की बात हम कर रहे हैं, जिसे 'साहित्य-बोध' का या और व्यापक स्तर पर कला-बोध का नाम दिया गया है, वह वास्तव में सांस्कृतिक बोध ही है और इसलिए संस्कृति के साथ-साथ बदलता भी रहता है।

2

प्रत्येक संस्कृति के मूल में एक जीवन-दर्शन होता है। इसीलिए प्रत्येक कला के मूल में भी एक जीवन-दर्शन होता है। आवश्यक नहीं कि उसके प्रति कला सचेत भी हो; वह अंशतः या सम्पूर्णतया अवचेतन भी हो सकता है। पर उसका होना अनिवार्य है। कलाकार का विवेक उसी पर आश्रित है, उसी से उसके मूल्य या प्रतिमान निःसृत होते हैं। कलाकार या साहित्यकार की शिक्षा अथवा संस्कार के कारण यह जीवन-दर्शन कम या अधिक चेतन हो सकता है। उसी के साथ-साथ उस दर्शन की उस कलाकार द्वारा की गयी व्याख्या भी उतनी ही कम या अधिक विश्वसनीय होती है।

जैसे-जैसे जीवन-दर्शन बदलता है वैसे ही संवेदना भी बदलती जाती है।

ऊपर जीव के प्रति सम्मान के बदलते रूप का संकेत किया गया है। मानव का जीव किसी आत्यन्तिक स्तर पर पशु के जीव से अधिक मूल्यवान् है, यह सिद्ध करना कठिन है। किन्तु फिर भी मानव का वध हत्या है; इसके लिए प्राणदण्ड की व्यवस्था है। जीव के वध के लिए केवल कुछ परिस्थितियों में दण्ड की व्यवस्था है जबकि वह वध के लिए नहीं बल्कि उससे सम्बद्ध अनावश्यक क्रूरता के लिए दिया जाता है। और हम स्वीकार करते हैं कि यह व्यवस्था-भेद उचित और नैतिक और

न्याय-संगत और धर्म-सम्मत है। एक दूसरे स्तर पर जीव-दया के आदर्श में हम एक नये प्रकार का अन्तर्विरोध देखते हैं। एक ओर करुणा अर्थात् पर-दुःख-कातरता का आदर्श है तो दूसरी ओर दुःख को माया मानकर एक सामाजिक दृष्टि से निष्करुण भाव का प्रदर्शन भी, जिसके कारण सभी पश्चिमी लोग सभी पूर्वीय लोगों को हृदयहीन मानते हैं।

नैतिकता की भावना बदलने का पहला कारण हुआ है धर्म-भावना का अथवा ईश्वर की परिकल्पना का रूप-परिवर्तन। जिसके कारण सृष्टि का, या कम-से-कम मानव के उससे सम्बन्ध का, केन्द्र ईश्वर न रहकर स्वयं मनुष्य हो गया है। इस परिवर्तन को धर्मवान् मनुष्य ने भी स्वीकार कर लिया है, चण्डीदास की प्रसिद्ध उक्ति इसका एक उदाहरण है।

परिवर्तन का दूसरा कारण है 'प्रकृति की नयी परिकल्पना'। विज्ञान की पहली प्रगति ने मनुष्य को यह विश्वास दिया कि बुद्धि सब प्रश्नों का उत्तर दे सकती है। निस्सन्देह ऐसा अखण्ड विश्वास विज्ञान की भी आधुनिक परिस्थिति में नहीं पाया जाता, किन्तु अनुसन्धान और परीक्षण की परम्परा अब भी विज्ञान की मुख्य पद्धति है। फिर भौतिक और जैविक विज्ञान की प्रगति की जो दो उपलब्धियाँ थीं, उन्होंने विकास की क्रिया को कुछ ऐसा यान्त्रिक रूप दे दिया कि वैज्ञानिक चिन्तन भी एक प्रकार का यान्त्रिक चिन्तन हो गया। जड़ से चेतन की उत्पत्ति और प्राथमिक जीवकोष से क्रमशः जटिलतर भीतरी रचना वाले जीवों की रचना की लम्बी शृंखला के अन्त में मानव-जीवन का विकास : ये विज्ञान की मुख्य उपलब्धियाँ रहीं जिन्होंने परवर्ती मनोविज्ञान को भी एक यान्त्रिक ढाँचा दे दिया। अगर मन भी एक यन्त्र है, और बाहरी प्रभावों को नियन्त्रित करके उसकी सभी क्रियाओं को अनुशासित और निर्दिष्ट किया जा सकता है, तो नैतिक बोध भी केवल एक यन्त्रशासित कल्पना है। कोई मूल्य आत्यन्तिक अथवा स्वयंसिद्ध मूल्य नहीं है; जैसे किसी मशीन को संचालित करने वाले कण्ट्रोल की अलग-अलग सुइयाँ या बटन अमुक एक स्थिति में रख देने से उस यन्त्र का काम अमुक स्तर पर सम्पूर्ण रूप से निर्दिष्ट हो जाता है उसी तरह मन के भी अलग-अलग कण्ट्रोल निश्चित करके उसकी सभी क्रियाओं, उसके मूल्य-बोध और नैतिक बोध आदि को नियन्त्रित किया जा सकता है; और यह नियन्त्रण गुण और मात्रा दोनों पर एक-सा लागू हो सकता है।

नैतिकता सापेक्ष है, इस परिणाम तक पहुँचने के दूसरे कारण भी हुए। सापेक्षवाद के सिद्धान्त ने देश-काल के ही नहीं, पदार्थ मात्र को एक संशयास्पद रूप दे दिया। पदार्थ के छोटे-से-छोटे अविभाज्य अंश को अणु मानकर इस परिभाषा पर अपना सारा शोध-कार्य आधारित करने वाला भौतिक विज्ञान जब उस बिन्दु पर पहुँचा जहाँ यह भी सन्दिग्ध हो गया कि अणु अनिवार्यतया पदार्थ ही है और यह सम्भावना सामने आयी कि पदार्थ और शक्ति दोनों अनवरत एक-दूसरे में परिवर्तित होते रहते हैं और एक ही तत्त्व कभी स्थूल रूप में अणु हो जाता है और कभी सूक्ष्म से लेकर विशुद्ध वैद्युतिक आवेश अथवा शक्ति हो जाता है, तब वैज्ञानिक का यान्त्रिक चिन्तन भी सन्दिग्ध हो गया और एक नये प्रकार के अनिश्चय ने जन्म दिया। स्फट (क्रिस्टल) की रचना के अनुसन्धान ने पदार्थ की असारता को और भी स्पष्ट किया। स्फट की आन्तरिक रचना की परीक्षा ने जहाँ इस बात को क्रमशः और स्पष्ट किया कि उसके भीतर अनेक स्तर और 'चेहरे' होते हैं, वहाँ इस प्रश्न का कोई उत्तर नहीं दिया कि वे चेहरे, स्तर, कटाव और कोण होते किस 'पदार्थ' के हैं। अर्थात् स्फट के शोध ने रचना या गठन का और गति का प्रमाण तो दिया, किन्तु इसका कोई संकेत नहीं दिया कि वह रचना या गति किस तत्त्व की है। बल्कि यह भी कहा जा सकता है कि उसे यह संकेत मिला कि तत्त्व कुछ है ही नहीं, रचना ही रचना

है और गति ही गति है। परवर्ती भौतिक शोध ने पदार्थ के साथ 'प्रति-पदार्थ' की उद्भावना करके स्थिति को और उलझाया है। हम जानते हैं कि ऊर्जा ही निरन्तर स्वल्प या अनत्यल्प काल के लिए द्रव्य-रूप लेती रहती है। वास्तव और अवास्तव के अलावा आज एक 'प्रति-वास्तव' भी हमारे सामने है!

वास्तव में शोध ने इस प्रकार जिस नयी अवास्तविकता को जन्म दिया, उसमें संवेदना के प्रकार का बदल जाना स्वाभाविक है।

3

पदार्थ मात्र की हमारी कल्पना में परिवर्तन तक जाना कदाचित् अनावश्यक है, यद्यपि जीवन-दर्शन का यह एक आवश्यक तत्त्व है क्योंकि मम और ममेतर का परस्पर सम्बन्ध जीव और जीवेतर के सम्बन्ध के व्यापकतर क्षेत्र का एक छोटा-सा हिस्सा-भर है। फिर भी यदि हम उतनी गहराई तक न जाकर अपने को प्राणि-समाज तक ही नहीं बल्कि उसके एक अंग मानव-समाज तक ही सीमित रखें, तब भी हम देख सकते हैं कि समाज-विज्ञान और अर्थविज्ञान की प्रगति ने कैसे सृष्टि में मनुष्य के स्थान को क्रमशः बदल दिया है।

मनुष्य जाति का वैज्ञानिक नाम 'होमो सेपिएंस' (ज्ञान-सम्पन्न प्राणी) ही इस बात को स्पष्ट कर देता है कि विज्ञान ने मनुष्य को उसके विवेक के कारण दूसरे जीवों से विशिष्ट माना है। भारतीय परम्परा 'धर्मो हि तेषामधिको विशेषः' मानती आयी थी; किन्तु विज्ञान ने जहाँ मनुष्य की बुद्धि को आत्यन्तिक माना वहाँ धर्म को सापेक्ष मान लिया—क्योंकि विवेक या नैतिक भावना परिस्थितिजन्य और प्रभावों के अनुशासन द्वारा परिवर्तनीय मान ली गयी। इस प्रकार इतर जीवों से मनुष्य को विशिष्ट करने वाली बुद्धि ने मनुष्य की बुद्धि के लिए एक नया संकट उत्पन्न किया; विशिष्ट करने वाली बुद्धि ही यह बताने लगी कि मानव किसी तरह भी पशु से भिन्न नहीं है। कहा जा सकता है कि पशु से मनुष्य को पृथक् करने वाला विज्ञान मनुष्य को पशु बनाने लगा—यन्त्र से मनुष्य को अलग करने वाला विज्ञान मनुष्य को यन्त्र बनाता गया, और नैतिक बोध को निरूपित करने वाला विज्ञान नैतिकता को सन्दिग्ध करता गया।

यह इस प्रगति का परिणाम है कि आज मानव की स्थिति को इस प्रकार निरूपित किया जाता है कि वह 'एक नीतिविहीन अथवा अतिनैतिक (क्योंकि यान्त्रिक) समाज में रहने वाला नैतिक जीव' है। वास्तव में आज के सामाजिक रोग इसी अन्तर्विरोध के परिणाम हैं। यदि आधुनिक मानव व्यक्ति भी आधुनिक यन्त्र की भाँति नैतिकताविहीन या अतिनैतिक होता तो भी उसकी चेतन में गुत्थियाँ न पड़तीं, और यदि समाज नैतिक होता तो भी यह परिस्थिति न आती।

आधुनिक मनोवैज्ञानिक उपचारों का भी आधार यही है। वे नैतिकता के किसी प्रश्न का हल नहीं बताते, न समाज को परिवर्तित करने के सम्बन्ध में कोई संकेत देते हैं। वे केवल अनैतिक समाज में रहने के तनाव को दूर कर देते हैं—यह सम्भव बना देते हैं कि नैतिकता-सम्पन्न व्यक्ति बिना अनावश्यक क्लेश के उस अनैतिक समाज में रह सके। मनोविज्ञान की परिभाषाओं के अनुसार मानव-समाज को बदलने या सुधारने की, समाज-कल्याण की कोई भी चेष्टा ऐसा मन या व्यक्तित्व नहीं कर सकती जिसे स्वस्थ या साधारण (नॉर्मल) कहा जा सके, समाज को आगे ले जाने वाले व्यक्ति का अस्वस्थ और असन्तुलित होना उन परिभाषाओं के अनुसार अनिवार्य है—इससे मनोवैज्ञानिकों को

कोई चिन्ता या उलझन नहीं होती। उन्हें यह नहीं दीखता कि यदि ऐसा है तो कहीं उनका मनोविज्ञान अधूरा है या उनका 'ऐप्रोच' ग़लत है।

साहित्यकार को, साहित्यिक कृतिकार को, शायद यह सब थोड़ा-थोड़ा दीखता है, भले ही धुँधला और स्पष्ट दीखता हो।

4

जिसे यहाँ आधुनिक संवेदना कहा गया है, और जिसको ही लेख के शीर्षक में आधुनिक साहित्य-बोध की संज्ञा दी गयी है, उसकी पृष्ठिका में कहीं यह सबकुछ है। ऐसा नहीं है कि वे सब विचार और तर्क-वितर्क सभी आधुनिक लेखकों के चेतन में हों, या कि सब में समान रूप से हों। बल्कि यह भी नहीं कहा जा सकता कि सब में ये विचार हैं ही। किन्तु इतना अवश्य है कि आज का लेखक अपेक्षया अधिक चेतन है और इसलिए परिस्थिति के प्रभावों को अधिक तेजी से और अधिक मात्रा में ग्रहण करता है।

कहा जा सकता है कि इस ढंग की परिस्थिति-चेतना कृतिकार के लिए हितकर नहीं है। एक प्रकार से आत्मचेतन (सेल्फ़-कॉन्शस) होना आधुनिक साहित्यकार का अभिशाप है। अभिशाप नहीं तो दण्ड तो है ही! उसकी लाचारी ही है कि वह अपनी संवेदना और प्रतिभा में होने वाली उपलब्धि भर पाठक, श्रोता अथवा ग्राहक के सामने रखकर सन्तोष कर लेना चाहे तो भी नहीं कर सकता, वह बाध्य होता है कि इससे आगे वह यह भी स्वयं समझाये कि आधुनिक संवेदना क्या है और क्यों है—वह आधुनिक क्यों है और संवेदना भी क्यों है।

5

जीवन की प्रक्रिया का यह बढ़ता हुआ ज्ञान, जीवन-यन्त्र की यान्त्रिक गति का बढ़ता हुआ परिचय अपने-आप में एक समस्या है। जितना ही अधिक हमारा जीवन सतह पर आता जाता है उतना ही सतह बढ़ती जाती है; अर्थात् उसके अनुपात में आभ्यन्तर जीवन उतना ही छोटा होता जाता है। जितना ही अधिक हम सतह पर जीते हैं, उतना ही सतह पर भीड़ भी होती जाती है, स्वयं सतहों की भीड़ होती जाती है। जीवन-स्फटिक रचना ही रचना है, गति ही गति है; तत्त्व कुछ है या नहीं, हम नहीं जानते।

हम बार-बार गहरे उतरे—
कितना गहरे!—पर
जब-जब जो कुछ भी लाये
उस से बस
और सतह पर भीड़ बढ़ गयी।
सतहें—सतहें—
सब फेंक रही हैं लौट-लौट
वह कौंध
जिसे हम भर न रख सके
प्याले में।
छिछली, उपली, घनी चौंध से अन्ध

घूमते हैं हम
अपने रचे हुए
मायावी उजियाले में।

आधुनिक साहित्यकार के लिए इस परिस्थिति को अनदेखा करना असम्भव है। लेकिन देखकर स्वीकार कर लेना भी असम्भव है। जितना ही वह दीखती है उतना ही उसे भेदकर भीतर गहराई में पैठना और आवश्यक हो जाता है।

इस प्रकार संवेदना में द्विभाजन हो जाता है। एक तो संवेदना नयी, उस पर इस प्रकार द्विभाजित, यह बात आधुनिक साहित्यकार की समस्या को अपने पाठक से उसकी दूरी को एक नया आयाम दे देती है।

द्विभाजन को दूर करना, सतह और गहराई के विरोध को हल करना, यह साहित्यकार की भीतरी समस्या है—गहराई की समस्या है। अपने इस प्रयत्न को अपने सामने रखना, चेतन रखना, यह उसकी बाहरी समस्या है—सतह की समस्या है। किन्तु भीतरी और बाहरी का यह भेद उसके लिए अत्यन्त महत्त्वपूर्ण और उसकी दृष्टि से आत्यन्तिक होकर भी पाठक के साथ उसके सम्बन्ध को अन्तिम रूप से निरूपित नहीं करता है। क्योंकि प्रयत्न करने और प्रयत्न को सामने रखने के अलावा पाठक के सन्दर्भ में एक और उत्तरदायित्व भी उसका है—कि वह अपने प्रयत्न को ही अपने सामने न रखे बल्कि उस खण्डित यथार्थ को भी सामने रखे जिसके कारण वह प्रयत्न है और जो पाठक के और उसके बीच सम्बन्ध का आधार है।

6

इस सन्दर्भ में हिन्दी के बारे में क्या कहा जा सकता है? हिन्दी और हिन्दी मात्र का लेखक होते हुए उसके बारे में कुछ कहने में संकोच करना स्वाभाविक है। एक तो कृतिकार का समकालीन साहित्य के बारे में कुछ भी कहना जोखिम का काम होता है जब तक कि पाठक इतना सतर्क और उदार न हो कि कृतिकार और समीक्षक की बातों का मूल्यांकन करने की अलग-अलग कसौटियाँ रख सके और यह समझ सके कि यह अलगाव पाखण्ड नहीं बल्कि दृष्टि है। दूसरे, यह व्यक्ति-विशेष न तो अपने को हिन्दी की ओर से व्यापक रूप से कुछ कहने का अधिकारी मानता है, न साधारणतया दूसरों ने ही कभी उसमें इसकी पात्रता देखी है! अपने विचारों में वह अकेला तो कदाचित् नहीं है, पर बहुत ही अल्प मत का है और उस अल्प मत का ही अधिभाग कदाचित् हिन्दीतर भारतीय भाषाओं में पाया जायेगा, यह सम्भावना उसके सम्मुख रहती है।

हिन्दी के विषय में यहाँ जो कुछ कहा गया है वह इस मर्यादा के साथ ही ग्रहण किया जाना चाहिए और मान्य अथवा अमान्य ठहराया जाना चाहिए।

हिन्दी की दृष्टि भारत की दूसरी भाषाओं की अपेक्षा अधिक व्यापक, अधिक 'भारतीय' दृष्टि रही है। इसके ऐतिहासिक कारण रहे हैं। किन्तु आज वह दृष्टि अधिक वैज्ञानिक भी है, ऐसा नहीं कहा जा सकता। यों कह लीजिए कि ऐसा नहीं जान पड़ता कि आधुनिक विज्ञान की प्रगति का प्रभाव उस पर अधिक पड़ा है उसमें अधिक लक्षित होता है। हिन्दी का पाठक अभी तक केवल हिन्दी का या मुख्यतया हिन्दी का है। हिन्दी का आलोचक भी केवल हिन्दी का, या अधिक-से-अधिक संस्कृत के परिवेश से लेकर हिन्दी का आलोचक है। ऐसा मानने का कारण है कि हिन्दी का लेखक इन दोनों की

अपेक्षा कुछ अधिक खुला है। यह भी दीखता है कि कुछ दूसरी भारतीय भाषाओं के लेखक हिन्दी लेखक की अपेक्षा अधिक खुले हैं। अपवाद प्रत्येक वर्ग में और प्रत्येक भाषा में होंगे; किन्तु यहाँ न अपवादों की बात की जा रही है, न कोई निरपवाद की स्थापना की जा रही है। गुण-दोष, अच्छाई-बुराई की बात भी यह नहीं है, केवल वैज्ञानिक प्रगति के प्रभावों के प्रति खुलेपन की बात है और विनयपूर्वक यह स्वीकार करना चाहिए कि विज्ञान की उपलब्धियों को ग्रहण करने, उनका चिन्तन और मनन करने के प्रति हिन्दी का लेखक उतना सजग नहीं है जितना वह हो सकता है; और हिन्दी का पाठक या समीक्षक तो उतना भी सजग नहीं जितना कि लेखक है।

7

आधुनिक साहित्यकार की संवेदना का कुछ-कुछ निरूपण इन बातों से हो गया होगा। आधुनिकता जो परिवर्तन लायी है, और उनके कारण सम्प्रेषण की जो समस्याएँ उत्पन्न हो गयी हैं, उनका कुछ अनुमान भी इनसे हो गया होगा। आधुनिक लेखक और आधुनिक पाठक के बीच जो समस्या है, या दूसरे शब्दों में साहित्यकार की समस्या लेखक और पाठक के सम्बन्ध के क्षेत्र में जो रूप लेती है, उसके बारे में कुछ शब्द और कहे जा सकते हैं।

मूल्यों की परिवर्तनशीलता अथवा शाश्वत मूल्यों के मतवाद और विवाद यहाँ प्रासंगिक नहीं हैं। यह नहीं कहा जा रहा है कि शाश्वत मूल्य कुछ नहीं हैं, न ही यह कहा जा रहा है कि मूल्यों में कोई परिवर्तन नहीं आया है। प्रेषणीयता अब भी बुनियादी साहित्यिक मूल्य है और सम्प्रेषण साहित्यकार का बुनियादी काम, किन्तु बदलती हुई परिस्थितियों में प्रेष्य वस्तु और प्रेषण के साधन दोनों बदल गये हैं। यह लेखक को जानना है, पाठक को समझना है और आलोचक को मानना है। और सभी को यह यत्न करना है कि जहाँ वे दूसरे पक्ष से यह माँग करें कि उनका काम कम कठिन बनाया जाये वहाँ स्वयं भी अपनी क्षमता बढ़ाने की ओर दत्तचित्त हों।

संस्कृति के सम्बन्ध में जो भ्रान्त धारणाएँ फैली हुई हैं वे समस्या को और उलझाती हैं। हमारे अनेक पूर्वग्रह कुछ बुनियादी असत्यों पर आधारित हैं। जब तक सत्य का शोध न किया जाये तब तक इन पूर्वग्रहों से मुक्ति पाना कठिन है। जो लोग भारतीय संस्कृति की दुहाई देते हैं वे प्रायः भूल जाते हैं कि अन्य सभी संस्कृतियों की भाँति भारतीय संस्कृति भी एक मिश्र अथवा सामाजिक संस्कृति है—कि संस्कृति मात्र समन्वित होती है क्योंकि एक समन्वित दृष्टि ही उसकी एकता का आधार होती है। दोनों में अभिन्न सम्बन्ध होने पर भी 'परम्परा' केवल इतिहास अथवा घटना-क्रम नहीं है; वह घटना-क्रम से मिलने वाला जातिगत अनुभव है—अनुभव ही नहीं बल्कि उस अनुभव का ऐसा जीवित स्पन्दन जो जाति को अभिप्रेरित करता है। हम भारतीय साहित्य के सन्दर्भ में पश्चिम के प्रभाव की चर्चा करते हैं अथवा दूसरे एशियाई देशों पर भारत के प्रभाव की बात करते हैं; लेकिन यह भूल जाते हैं कि प्रभावित होने या प्रभाव ग्रहण करने की भी एक प्रतिभा होती है और कुछ अवदानों का श्रेय दाता को नहीं, प्राप्ता को मिलना चाहिए। जो सांस्कृतिक दाय दूसरों को हमसे मिला, किन्तु उसके बाद दूसरों के जातिगत अनुभवों में जीवित रहा और हम में खो गया, उसका श्रेय लेने का हमें क्या अधिकार है? या उन्हें क्या हमें परदेशीय मानना चाहिए? वह मूलतः भारतीय होकर भी जब उनकी परम्परा का अंग हो गया है तब उनका है, हमारे इतिहास का होकर भी जब हमारी परम्परा से च्युत हो गया है और हममें क्रियमाण नहीं है तब हमारा नहीं है। पश्चिम के रोमांटिक आन्दोलनों में हमारा बड़ा प्रभाव रहा,

किन्तु वह प्रभाव वहाँ क्यों और कैसे प्रकट हुआ, इसका उत्तर वहीं के जातीय जीवन और अनुभव से मिलेगा। वह पूर्व से आया होकर भी हमारा दान नहीं, उनका उपार्जन था। इसीलिए हमने जब फिर उस प्रभाव को ग्रहण किया तब यह भाव हम में नहीं था कि वह अपनी ही खोयी या बहुत दिनों की भूली वस्तु हमें मिल गयी। और आलोचक वर्ग तो आज भी आग्रहशील है कि हमने पश्चिम का अनुकरण किया! दूसरी ओर छायावाद में पश्चिम का प्रभाव जिस रूप में प्रकट हुआ उसका उत्स पश्चिम से होकर भी पश्चिम को अधिकार नहीं है कि वह उस पर गर्व करे, वह हमारी उपलब्धि है।

संस्कृति की भाँति ही हमारी भाषा भी मिश्र भाषा है। इसका परिणाम यह हुआ कि अलग-अलग वर्गों में अलग-अलग प्रकार की भाषा बोली जाती है और साहित्य-समीक्षा के क्षेत्रों में भी कई परिभाषाएँ हो गयी हैं जो अपने-अपने व्यवहार करने वालों में परस्पर संवेद्य नहीं होती हैं। आचार्य-वर्ग में ऐसा कहने वाले अनेक हैं कि 'आज की आलोचना दुर्बोध अथवा अबोध्य है।' किन्तु क्या आज के पाठक के लिए शास्त्रीय आलोचना कम दुर्बोध अथवा अबोध्य है? इतना ही नहीं, क्या वह अपर्याप्त, और बहुत-कुछ अप्रासंगिक अथवा अनुपयोगी भी नहीं हो गयी है?

हमारा उद्देश्य किसी को ललकारने, चुनौती देने या किसी पर आरोप करने या अभियोग लगाने का नहीं है। वादी या पक्षधर या किसी पक्षधर का पैरोकार होना हमें अभीष्ट नहीं—या अधिक-से-अधिक साहित्य-कर्मी मात्र का पैरोकार होना अभीष्ट है और इस संज्ञा की परिधि के भीतर लेखक, पाठक और आलोचक तीनों को ग्रहण कर लिया गया है। आधुनिक संवेदना का प्रश्न तीनों के लिए समान रूप से महत्त्व रखता है क्योंकि तीनों का अपना-अपना प्रश्न है। आधुनिकता की, आधुनिक जीवन की चुनौती सब के लिए एक-सी है और उसका सामना वे सहकर्मी होकर ही कर सकते हैं।

मेरी स्वाधीनता : सबकी स्वाधीनता

स्वाधीनता की अवधारणा उतनी ही कठिन और धुँधली होती है जितना उसका अनुभव प्रत्यक्ष और स्फूर्ति देने वाला। यह नहीं कि स्वाधीनता का अनुभव भी कुछ कम जटिल होता है; कदाचित् वास्तविक अन्तर इस बात में है कि उस अनुभव के लिए शब्द अनावश्यक होते हैं।

मेरे लिए स्वाधीनता एक विविधता-भरा रंगीन अनुभव रहा है। शायद इसी बात को पलटकर यों कहूँ तो सच्चाई के निकटतर होगा कि बहुत-से परस्पर भिन्न और रंगीन अनुभवों ने मिलकर मेरे भीतर धीरे-धीरे स्वाधीनता का एक समग्र बोध जगाया है। एक प्रकार की स्वाधीनता का बचकाना और अचिरजीवी अनुभव मुझे तब हुआ था जब बचपन में मैं घर से भाग गया था और निकट के जंगल में जा छिपा था। घर छोड़ा था तब मन विद्रोह से भरा हुआ था। वन में घूमता हुआ कुछ समय तक तो मैं नाना प्रकार के उत्तेजक और रोमांचक अनुभवों का संग्रह करता रहा, लेकिन तीसरे पहर तक स्थिति कुछ बदलने लगी और साँझ होते न होते मैं थका-हारा, हतप्रभ और भूख से व्याकुल घर लौट आया। अनन्तर स्वाधीनता के और भी पहलुओं से परिचय होता गया और स्वाधीनता की खोज की आकुलता भी मैंने जानी—एक गुप्त षड्यन्त्रकारी संगठन के सदस्य के रूप में, एक भूमिगत क्रान्तिकारी आन्दोलन के उद्यम कर्मी के रूप में, एक राजनीतिक बन्दी के रूप में और फिर, हाँ, एक सैनिक अधिकारी के रूप में। सैनिक अधिकारी के रूप में स्वाधीनता की एक नये ढंग की पहचान हुई, क्योंकि मुझे यह काम सौंपा गया था कि भारत के पूर्वी प्रदेशों में जापानी आक्रान्ता के घुस आने की स्थिति में (और उस समय इसे केवल सम्भावना नहीं, एक आसन्न संकट माना जा रहा था) उसका विरोध करने के लिए सेना को जिस तरह के भूमिगत नागरिक सहयोग की आवश्यकता होगी उसके संगठन की ज़मीन तैयार करना। यूरोप में नात्सी जर्मनी के विरुद्ध जिस तरह के प्रतिरोध संगठन काम करने लगे थे, और जिनकी सहायता से ही मित्र शक्तियों की सेनाएँ फिर यूरोप को मुक्त कर सकीं, उसी ढाँचे के प्रतिरोध आन्दोलन के गुप्त संगठन का काम मेरी टोली को सौंपा गया था। स्वाधीनता से मेरी पहचान वहीं समाप्त नहीं हुई; इससे आगे कवि, कृतिकार और सम्पादक के रूप में उससे परिचय बढ़ा—और इन सबके अन्त में एक घुमन्तू, निर्बन्ध, प्रकृत संस्थान-विरोधी के रूप में भी—जो रूप, ऐसा कहा जा सकता है, आज भी मेरा है। ठीक अराजकतावादी तो नहीं हूँ; लेकिन अनुशासन की यही स्थिति मुझे आदर्श के रूप में काम्य है जिसे संस्कारवान् व्यक्ति स्वेच्छा से ओढ़ता है क्योंकि उसमें समष्टि का कल्याण पहचानता है।

इन विविध और कभी-कभी परस्पर-विरोधी अनुभवों ने स्वाधीनता की मेरी समझ को ही गहराई

नहीं दी, जिस स्वाधीनता का मैं अनुभव कर रहा था और लगातार जिसकी खोज में रत था उसको भी नयी गहराई दी; यद्यपि यह मैं फिर भी नहीं कह सकता कि इन सारे अनुभवों से स्वाधीनता की अवधारणा अथवा परिभाषा का काम कुछ सरलतर हो गया। जो बात मैंने सीखी, और जो दावे के साथ कह सकता हूँ, वह यह थी कि स्वाधीनता कोई स्थिर अथवा स्थावर वस्तु नहीं है; ऐसी सम्पत्ति या ऐसा रत्न नहीं है जिसे कोई एक बार प्राप्त करके कहीं सँजोकर रख दे सकता है। बल्कि इसके विपरीत स्वाधीनता एक ऐसी चीज़ है जो निरन्तर आविष्कार, शोध और संघर्ष माँगती है, यहाँ तक कि उस शोध और संघर्ष की ही, स्वाधीनता की अन्तहीन ललक को ही स्वाधीनता का सारतत्त्व कह सकते हैं।

जिन अनेक अनुभवों से स्वाधीनता की मेरी समझ बढ़ी और जिन्होंने समझ की ही नहीं, स्वाधीनता को भी एक नयी गहराई दी, उनमें से कुछ तो ऐसे थे कि इलहाम या दिव्य-दर्शन जैसे जान पड़ें... उनका आविर्भाव इतना अचानक, इतना अप्रत्याशित, इतना चौंकाने वाला और इतना स्मरणीय था। इन्हीं अनुभवों में से एक को यहाँ ज्यों का त्यों रख देना शायद स्वाधीनता की सबसे अच्छी परिभाषा होगी।

मैं इंग्लैण्ड के एक उद्यान में घूम रहा था। एक हरी घाटी पार करके एक दूसरी हरियाली के शिखर तक पहुँचते न पहुँचते मैंने एकाएक सामने देखा—खुली हरियाली में खड़ा एक अकेला पेड़। बस, केवल एक पेड़—एक महाकाय वृक्ष, एक और धूप-सनी हरियाली के बीचो बीच अपने भव्य अकेलेपन में सीधा खड़ा हुआ। महज़ एक पेड़; लेकिन 'खुले में खड़ा पेड़' देखकर मुझे एक अद्भुत प्रतीति हुई। उस बोध से मुझे रोमांच हो आया। उससे पहले मैंने ऐसा पेड़ कभी नहीं देखा था—एक पेड़, जो बिना किसी बाधा, बिना किसी क्षति के अपने सम्पूर्ण परिपक्व विकास चोटी तक पहुँचा हो। इस वृक्ष की डालियों और फुनगियों को उसकी किशोरावस्था में गाय-बकरियों ने कुतरा नहीं था; उसकी डालियों से भोर के सैलानियों ने दँतवनें नहीं बनायी थीं; लकड़हारों ने ईंधन के लिए उसकी डालें नहीं काटी थीं, न ही सड़क या बिजली मजदूरों ने सड़क की सीध या बिजली के तारों के बचाव के लिए उसकी कपाल-क्रिया की थी...एक पेड़—केवल एक पेड़—लेकिन उसे वह आकार पा लेने दिया गया था जो प्रकृति ने उसके लिए आयोजित किया था—एक वृक्ष जो अपने आत्यन्तिक वृक्षत्व की चरम सम्भावनाओं को प्राप्त कर चुका था। भारत में हम लोग हर बढ़ती, विकसती चीज़ के लिए सम्मान का दर्शन बघारते हैं; पेड़-पौधों की हम पूजा करते हैं, लेकिन भारत में कदाचित् ही कभी ऐसा पेड़ देखने को मिलता है जिसे स्वाधीन बढ़ने दिया गया हो। मैं ठिठककर बहुत देर तक उस पेड़ की ओर ताकता रहा, इतना निश्चय होकर, मानो स्वयं मैंने वहाँ जड़ें डाल दी हों। उस समय कोई शब्द मेरे मन में नहीं मँडराये,...लेकिन एक शब्दहीन विचार वहाँ गूँजता रहा : स्वाधीन विकास, स्वाधीनता में विकास, स्वाधीनता की ओर विकास, अपनी चरम सम्भावनाओं की सम्पूर्ण उपलब्धि...

अनन्तर मैं किसी तरह वहाँ से हट आया। कह सकता हूँ कि मैं एक विशेष अर्थ में उस पेड़ को अपने साथ लेता आया और तब से वह सर्वदा मेरे साथ रहा है और मेरे भीतर पनपता रहा है। यह बात अगर बहुत अधिक काव्यमय अथवा रूपकमय जान पड़ती है तो इसके बदले यह कहूँ कि वहाँ से स्वाधीनता की एक परिभाषा मुझे मिली जो तब से सर्वदा मेरे साथ रही है। स्वाधीन होना अपनी चरम सम्भावनाओं की सम्पूर्ण उपलब्धि के शिखर तक विकसित होना है।

लेकिन पेड़ से ऐसी समझ लेकर चले आना—पेड़ को साथ लेते हुए चले आना आसान काम नहीं है। और एक बोझ धारण किये रहना भी आसान नहीं है। क्योंकि पेड़ को साथ ले आने का मतलब है

एक बहुत बड़ा बोझ और एक उत्तरदायित्व साथ ले आना। कई बार मैंने अपने भीतर उस पेड़ को पनप कर फैलते हुए अनुभव किया है; और उस अनुभव का दबाव और तनाव कभी-कभी असह्य जान पड़ा है क्योंकि उस महावृक्ष का वाहन होने का एक अर्थ यह भी है कि उसके बोध के साथ-साथ उन असंख्य बौने और बुच्चे पेड़ों के जंगल का भी एक बोध भीतर धधक उठता है और छटपटाहट पैदा करता है जिनसे हम निरन्तर घिरे रहते हैं—जिन्हें निरन्तर अपने आस-पास देखते हुए हर कोई अपने से ही यह पूछने को लाचार हो जाता है, "तब क्या मैं भी अपने को स्वाधीन मान सकता हूँ? क्या कोई अकेला स्वाधीन हो सकता है?" क्योंकि कोई भी व्यक्ति अपनी सम्पूर्ण सम्भावनाओं को ऐसे ही परिवेश में पा सकता है जिसमें दूसरे भी अपनी चरम सम्भावनाओं को पूरी तरह प्राप्त करने के लिए समान रूप से स्वाधीन हों। और ठीक यहीं पर स्वाधीनता का ऐसा बोध मानो तपस्या की यन्त्रणा बन जाता है, क्योंकि वह मानव मात्र की समान स्वाधीनता के प्रयत्न की अनिवार्यता बन जाता है। किसी ने कहा है, 'मानव स्वाधीन जन्म लेता है, लेकिन सर्वत्र बन्धनों में जीवन बिताता है' : यह भी कहा जा सकता है कि 'मानव करुणा-सम्पन्न प्राणी है, लेकिन सर्वत्र ऐसे समाज में जीता है जो निष्करुण और अन्यायपूर्ण है।' यह भी कहा जा सकता है मानव मूल्यों का स्रष्टा है, लेकिन प्रतिदिन मूल्य मात्र को पैरों तले रौंदा जाता देखने को बाध्य है। इस प्रकार स्वाधीनता एक सुविधा अथवा विलास-वस्तु न रहकर युयुत्सा बन जाती है। जो एक बार उसका अनुभव करता है वह सनातन काल तक उसके लिए संघर्ष करने को बाध्य हो जाता है। स्वाधीन होना संक्रमण का सिपाही बन जाना है। और यह सैनिक कर्म बोझ नहीं है, बाधा नहीं है, बल्कि स्वाधीनता-बोध का एक अनिवार्य अंग है।

गौतम बुद्ध के जीवन-वृत्त से मेरा परिचय बहुत जल्दी हो गया था—बुद्ध से, तथागत से, महाभिनिष्क्रमण की देहरी पार करके निकल जाने वाले उस ज्योति-पुरुष से। उस बोधिसत्व की कथा कई वर्षों बाद सुनी जिसने मानवमात्र की मुक्ति के लिए स्वयं अपनी मुक्ति का उत्सर्ग कर दिया था। और यह तो इसके भी कुछ वर्ष बाद समझ में आया कि यह उत्सर्ग ही सच्चा और एकमात्र स्वाधीन कर्म है। या शायद इस बात की समझ आ गयी होने का दावा करना भी बड़बोलापन है। शायद इतना ही कहना सच्चाई के अधिक निकट होगा कि ज्यों-ज्यों वर्ष बीतते जाते हैं, त्यों-त्यों मैं क्रमशः इस समझ की ओर बढ़ रहा हूँ कि बोधिसत्व के समक्ष विकल्प क्या था और उसने जो स्वतन्त्र वरण किया वह क्या था। बोधिसत्व का स्वाधीन कर्म; उसका स्वतन्त्र वरण एक ऐसा कर्म था जिसके द्वारा स्वाधीनता अपने आप में एक अनिवार्यता बन जाती है। किशोरावस्था में मेरे विचार एक ऐसे युग में से गुज़रे जिसमें मैं समझता था कि करुणा-सम्पन्न होना एक झंझट मोल लेना ही है, क्योंकि करुणा से व्यक्ति की कर्म की स्वाधीनता मर्यादित हो जाती है। या उतना नहीं तो कम से कम इतना तो अवश्य कि जिस व्यक्ति को युद्ध लड़ना है उसके लिए करुणा एक मुसीबत ही होती होगी। आज वयस्कता में जो जानता हूँ कि वह इससे कुछ भिन्न है; और मैं आशा करता हूँ कि आज जो जानता हूँ कि वह अधिक सत्य है। करुणा-रहित योद्धा केवल स्वयं आततायी हो सकता है या आततायी का उपकरण हो सकता है। स्वाधीनता के योद्धा को सबसे पहले एक करुणा-सम्पन्न स्वाधीन कर्मी होना होगा, जो दूसरे की स्वाधीनता के लिए अपनी स्वाधीनता का बलिदान करने को सदैव प्रस्तुत है। स्वाधीनता की सच्ची कसौटी 'मैं' नहीं 'ममेतर' है। ममेतर के दर्पण में ही मुझे मेरी अपनी अस्मिता का सच्चा प्रतिबिम्ब दीख सकता है। शायद मसीही धर्म-ग्रन्थ में जब यह कहा गया कि 'ईश्वर ने अपनी प्रतिच्छवि में मानव को बनाया' तब आशय यही था कि ईश्वर को भी अपने को पहचानने के लिए उस

प्रतिच्छवि की ज़रूरत महसूस हुई।

शायद इतनी बात पढ़कर कोई पाठक अपने आप से ही पूछ सकता है। "लेकिन अगर वह व्यक्ति लेखक है, और कवि है, तो क्या स्वाधीनता के नाम पर उसे बौद्धिक स्वातन्त्र्य की बात नहीं करनी चाहिए?" शायद करनी चाहिए। लेकिन मैंने प्रायः लक्ष्य किया है कि जब हम बौद्धिक व्यक्ति की बात करते हैं तो केवल कवि या लेखक तक सीमित न रहकर डॉक्टरों, वकीलों, इंजीनियरों, वैज्ञानिकों और सभी प्रकार के यन्त्रविदों की बात सोच रहे होते हैं; लेकिन जब बौद्धिक की स्वाधीनता की बात करते हैं तब दो चीज़ों को अलग-अलग कर लेते हैं—वैज्ञानिक और दर्शन शास्त्री या अध्यापक की स्वाधीनता एक तरफ़ और साहित्यकार, कलाकार की स्वाधीनता दूसरी तरफ़। डॉक्टर की या वकील की या इंजीनियर की स्वाधीनता की चर्चा करते हुए लोगों को शायद ही कभी सुना गया हो! तब क्या यह एक प्रकार का पाखण्ड है कि साहित्यकार, सर्जक और कलाकार को बौद्धिकों के वर्ग में रख लिया जाता है जबकि वास्तव में हम उसे उस कोटि का नहीं मानते? या कि ऐसा भी हो सकता है कि उसकी स्वाधीनता एक विशेष प्रकार की स्वाधीनता है—दूसरे शब्दों में क्या कलाकार की स्वाधीनता एक विशेष प्रकार का उत्तरदायित्व है?

वैज्ञानिक की स्वाधीनता की सीधी परिभाषा हो सकती है : 'सत्य के शोध की स्वाधीनता'। लेकिन जहाँ तक लेखक अथवा कलाकार का प्रश्न है, यह स्पष्ट है कि इतनी परिभाषा काफ़ी नहीं है। कलाकार की स्वाधीनता में अनिवार्यतया मूल्य के शोध की स्वाधीनता भी सम्मिलित होनी चाहिए। यह नहीं कि सत्य एक मूल्य नहीं है। तात्पर्य यह है कि कलाकार अथवा कवि का सत्य निरा 'विषयी-निरपेक्ष' सत्य नहीं है—इस पद का वैज्ञानिक के लिए जो भी आशय होता हो। कलाकार का और कवि का सत्य विषयी का सत्य है। कलाकार एक विशेष रूप से संवेदनशील और ग्रहणशील यन्त्र है जिसके लिए सत्य 'विषयी का सत्य' होकर भी केवल उसका अपना सत्य नहीं है बल्कि दूसरे का सत्य भी है; केवल मम नहीं ममेतर का सत्य भी है। और मुझे जान पड़ता है कि इससे अनिवार्यतया यह बात भी निकलती है कि कलाकार की विशेष स्वाधीनता यह है कि उसका यह विशेष अधिकार और उत्तरदायित्व है कि वह 'असहमति के अधिकार' का संरक्षक हो।

वैज्ञानिक एक ऐसे समाज में भी स्वाधीन हो सकता है जो समाज स्वाधीन नहीं है। वह कैसे समाज में अपने को पाता है, इस बात से तटस्थ होकर भी वह सत्य के शोध में रत हो सकता है—'वैज्ञानिक' अथवा 'विषयी-निरपेक्ष' सत्य के शोध में। यहाँ तक कि शासन भी उसके लिए ऐसी परिस्थितियाँ सुरक्षित कर दे सकता है कि वह शोध कर्म में लगा रहे। लेकिन साहित्यकार ऐसे समाज में स्वाधीन नहीं हो सकता जो समाज स्वाधीन नहीं है। न ही शासन उसकी स्वाधीनता की सुरक्षा की गारण्टी दे सकता है। शासन ऐसा तभी कर सकता है जब वह स्वयं समाज की स्वाधीनता को प्रतिबाधित करे—जिसका अर्थ है कि शासन दोनों ही पक्षों को धोखा देता रहा होगा। यह लेखक का विशेष उत्तरदायित्व हो जाता है कि वह स्वाधीनता के परिमण्डल के लिए संघर्ष करे। और यही उत्तरदायित्व है जो उसे दूसरे प्रकार के बौद्धिकों से अलग करता है। उसकी स्वाधीनता केवल उसकी नहीं होती बल्कि जिस समाज का वह अंग होता है उस पूरे समाज के हर सदस्य की स्वाधीनता को भी वह अपने में सम्मिलित करता है। और यह अधिकार ऐसा नहीं है कि जिसकी सुरक्षा सरकार या शासन के अधीन हो। शासन उदार और विवेकवान् हो तो यह कर सकता है कि लेखक के पथ की बाधाएँ यथासम्भव कम करता रहे। जहाँ तक लेखक के उत्तरदायित्व अथवा अधिकार की बात है, वह

शासन के मुकाबले में खड़े होकर ही सार्थक हो सकता है—कभी-कभी सरकार से लड़कर भी। मैंने पहले कहा कि मैं अपने को एक निर्बन्ध प्रतिपक्षी के रूप में देखता हूँ, मेरी समझ में यह अधिकार, यह गौरव, आप चाहें तो कह लीजिए यह प्रतिष्ठा, मेरे लिए स्वाधीनता का निचोड़ है।

और मैं यहाँ यह भी कह सकता हूँ कि यही मुझको मिल सकने वाली एकमात्र ऐसी स्वाधीनता है जो किसी दूसरे पर निर्भर नहीं करती। इस अर्थ में वह एकान्त और सम्पूर्ण मेरी है और यह मेरा एक स्वेच्छिक कर्म है कि मैं, कलाकार मैं, अपने आप को समूचे समाज के लिए उत्तरदायी बनाता हूँ, अपनी स्वाधीनता को अपने समूचे समाज की स्वाधीनता के साथ जोड़ देता हूँ। यह एक स्वेच्छापूर्वक वरा गया कर्म है, एक स्वाधीन कर्म है। मैं इसलिए स्वाधीन हूँ कि मैं स्वाधीनकर्मी हूँ, कर्ता हूँ।

लेखक और उसका समाज

समाज के सन्दर्भ में रचना-साहित्य की चर्चा करने के लिए कई तरह की परिधियाँ बाँधी जा सकती हैं। कवि और समाज, कविता और समाज—ऐसे किसी शीर्षक के अधीन भी सार्थक चर्चा की जा सकती है। लेकिन आरम्भ में ही यह स्पष्ट कर देना उचित होगा कि 'लेखक' और 'कवि' के भेद को हम उतना महत्त्व न भी दें—क्योंकि यहाँ पर दोनों ही से हमारा आशय सामान्य रूप से साहित्य-सर्जक का ही होगा—तो भी समाज और 'लेखक के समाज' में जो अन्तर है उसे आरम्भ में ही स्पष्ट कर लेना चाहिए। समाज अथवा सोसायटी का एक सामान्य अर्थ है जिसमें वे सब लोग भी सम्मिलित हैं जो रचना को नहीं पढ़ेंगे या नहीं पढ़ सकते, या जिन्हें रचनाकार सम्प्रेषण की प्रक्रिया का दूसरा पक्ष मान कर नहीं चल रहा है। रचना के सम्प्रेषण की प्रक्रिया जिनके बीच सम्पन्न होती है उन्हीं में से दूसरे पक्ष को—रचना के सामाजिक को उसका समाज मानकर यहाँ कुछ बातें कहना चाहता हूँ।

सामान्य अर्थ में भी समाज बदलता रहा है, लेकिन साहित्य का सामाजिक—अथवा दूसरे शब्दों में लेखक का समाज—एक विशेष रूप से बदला है। इस बदलाव को लक्ष्य करना ज़रूरी है क्योंकि इसके बिना हम न उन परिवर्तनों को समझ सकते हैं जो रचना में आये और न उन समस्याओं को जो सम्प्रेषण की आज की परिस्थिति में उठती हैं।

लेखक का पुराना समाज एक प्रत्यक्ष समाज था। पारम्परिक परिस्थितियों में काव्य का सम्प्रेषण एक प्रत्यक्ष स्थिति में होता था; अर्थात् कवि अथवा काव्य-वाचक के सामने उसका सामाजिक प्रत्यक्ष रूप से रहता था। काव्य हमेशा गोष्ठी अथवा समाज में ही सुना जाता था और श्रव्य रूप में ही ग्रहण किया जाता था। रचना और गृहीता के बीच दिक्काल की कोई दूरी नहीं होती थी और ग्रहण के बाद गृहीता अर्थात् सामाजिक पक्ष की जो प्रतिक्रिया होती थी वह भी तत्काल वाचक-कवि तक पहुँचती थी—उसके प्रतिग्रहण में भी कोई देर या बाधा नहीं होती थी। उस स्थिति में गृहीता अथवा सामाजिक के पद से हम कवि से यह भी नहीं पूछते थे कि सम्प्रेषित रचना किसकी है। स्पष्ट है कि यह परिस्थिति आज की उस स्थिति से सर्वथा भिन्न थी जिसमें रचना प्रत्यक्ष सम्प्रेषण में न जी कर किताब में जीती है। रचना छपी हुई किताब में रहती है जिसे कोई चाहे तो उठाकर पढ़ सकता है और न चाहे तो महीनों, वर्षों तक ताक पर पड़ी रहने दे सकता है। इस प्रकार ताक पर रखी हुई पुस्तक के भीतर पड़ी हुई रचना पढ़ी जाये बिना भी 'अमुक कवि की रचना' के रूप में अपना एक अस्तित्व बनाये रखती है।

इन दो स्थितियों की तुलना करके स्थितिजन्य प्रभावों का विचार उपयोगी है। पहली अथवा प्रत्यक्ष सम्प्रेषण की स्थिति में क्रिया और प्रतिक्रिया एक संवाद की स्थिति में और तत्काल होती हैं और इस बात का महत्त्व बहुत कम होता है कि कविता 'किसकी' है। कविता प्रत्यक्ष सम्प्रेषण की स्थिति में ही प्राणवान् रूप में अवतरित होती है और आस्वादन ही उसकी प्राणवत्ता का निर्णय करता है। दूसरी तरफ़ छपी हुई कविता के लिए किताब मानो दोनों पक्षों के बीच एक खाई या दीवार बनकर रहती है। इस स्थिति में कविता को हम आस्वाद्य अथवा 'सद्यःआस्वादित अपनी वस्तु' के रूप में न पहचानकर 'किसी दूसरे की सम्पत्ति' के रूप में ही जानते हैं—किसी कवि की अभी तक अनास्वादित रचना। यह आस्वाद्य है, इससे पहले इस बात का महत्त्व होता है कि वह अमुक की है। पारम्परिक स्थिति में कवि के व्यक्तित्व का कोई मूल्य या महत्त्व नहीं होता था; रीति का ही महत्त्व अधिक होता था क्योंकि सम्प्रेषण के लिए संवेदन के जो सामान्य संस्कार चाहिए वे उसी से बनते थे। हम चाहें तो इस बात को यों भी कह सकते हैं कि पारम्परिक स्थिति में किसी भी युग के काव्य में एक युगीन एकरूपता होती थी और कवि के व्यक्तित्व की झलक उसमें लगभग नहीं मिलती थी। यों तो युगीन लक्षण हर युग की कविता में पहचाने जाते हैं, लेकिन आधुनिक स्थिति में अर्थात् छपी हुई कविता के पढ़कर ग्रहण किये जाने की स्थिति में, कवि के व्यक्तित्व का स्थान कुछ दूसरा ही हो जाता है। इस स्थिति में रीति सर्वथा गौण हो जाती है और रचनाकार का व्यक्तित्व तथा व्यक्ति-वैशिष्ट्य बहुत महत्त्वपूर्ण हो जाता है। इस स्थिति में जहाँ एक तरफ़ कवि को यह छूट मिलती है कि अपने व्यक्तित्व और उसके ऐकान्तिक वैचित्र्य को अभिव्यक्ति दे सके, वहाँ दूसरी तरफ़ सामाजिक की ओर से भी यह माँग होती है कि कवि का व्यक्तित्व उसकी रचना में बोले, उसकी छाप रचना में स्पष्ट पहचानी जा सके। आज की स्थिति में हर रचना में व्यक्तित्व की छाप नहीं मिलती तो उसे घटिया माना जाता है; रीति के निर्वाह को केवल गतानुगतिकता समझा जाता है। पारम्परिक कवि श्रद्धापूर्वक अपने पूर्ववर्तियों का सम्मान करते हुए अपने को उनका अनुवर्ती सिद्ध करने में गौरव का अनुभव करता था; नयी स्थिति में कवि सबसे पहले अपने पूर्ववर्ती सभी कवियों को नकार कर अपनी अद्वितीयता के दावे से आरम्भ करता है। पारम्परिक कविता सम्प्रेषण की प्रक्रिया में ही जीवन्त होती थी, उसका कोई पूर्वनिर्धारित 'पाठ' नहीं होता था। निस्सन्देह उस कविता का रूप ऐसा था कि आसानी से कण्ठस्थ हो जाये, इसलिए एक बार सुनी हुई रचना दोबारा सुनने पर सामाजिक की कुछ बनी-बनायी अपेक्षाएँ भी होती थीं; लेकिन इसके बावजूद प्रत्येक सम्प्रेषण एक स्वतन्त्र घटना होता था और उसमें कवि को यह छूट रहती थी कि न केवल प्रस्तुति को नया रूप दे सके बल्कि शब्द अथवा पद भी बदल दे सके। छपी हुई रचना में कवि को यह छूट नहीं रहती। उसका एक निर्धारित पाठ होता है और उसे बदलने की छूट हम स्वयं कवि को भी नहीं देते, यद्यपि हम उससे उसके व्यक्तित्व की छाप की माँग भी कर रहे होते हैं !

छपी हुई कविता का एक निश्चित पाठ ही नहीं, एक स्पष्ट आकार भी हमारे सामने होता है। इसके भी कई महत्त्वपूर्ण परिणाम होते हैं। एक स्पष्ट आकार हमारे सामने है—इससे हम उसे पढ़कर ग्रहण करने से भी पहले काल के एक आयाम में बाँध लेते हैं—इस रचना के पढ़कर आस्वादन में लगभग इतना समय हमें लगेगा।' साथ ही आकार सामने होने से उसकी संरचना की ओर भी हमारा ध्यान जाता है। इसीलिए काव्य रचना के सन्दर्भ में 'संरचना' का विचार भी तभी से आरम्भ होता है जब कविता एक मूर्त्त आकार में हमारे सामने आती है। श्रुति-परम्परा की कविता में संरचना का विचार

नहीं होता, न शास्त्र में इसकी परिभाषा ही होती है। आप ने लक्ष्य किया होगा कि अभी तक कवि-सम्मेलनों अथवा मुशायरों में जब कविता सुनी जाती है तो अन्तिम पद प्रस्तुत करने से पहले कवि आप को सूचना देता है 'यह अन्तिम पद है' अथवा 'आख़िरी शेर है' अथवा 'मक्ता अर्ज़ है।' वाचन करते समय आस्वादन की प्रक्रिया में यह व्याघात क्यों? क्योंकि वास्तव में यह व्याघात नहीं है; यह आस्वादक को इस बात की सूचना है कि प्रक्रिया अब समाप्त होने वाली है और इसलिए अपने अनुभव को एक समग्रता दे देने का काम उसे आरम्भ कर देना चाहिए। इस सूचना से उसे इसमें सहायता मिलती है कि जिस समग्र रूप को वह 'देख' नहीं सकता (जो कि छपी हुई रचना में बराबर सम्भव रहता है) उसे यह संकेत पाकर श्रवण की प्रक्रिया में ही पहचान ले। इस प्रकार जब वाचन समाप्त होता है तब उसे अनुभव की एक सम्पूर्णता का बोध होता है, एक टूटन अथवा बाधा का नहीं।

संरचना के विभिन्न आयामों में रचना का एक कालगत आयाम भी है। इसका एक संकेत भी मैंने ऊपर दे दिया है। लेकिन काल के साथ रचना के और अनेक प्रकार के सम्बन्ध हैं जिनमें परिवर्तन आते हैं और ये परिवर्तन भी लेखक और उसके सामाजिक के सम्बन्धों के विचार में महत्त्व रखते हैं।

देहात का वह किसान जिसकी कृषि-सम्बन्धी क्रियाओं का समय नक्षत्रों की स्थिति से या बादलों की गति से या पक्षी विशेष के प्रकट होने से और इन सब लक्षणों पर आधारित घाघ और भड्डरी के उक्तियों से निर्धारित होता है, और बड़े शहर का वह कर्मचारी जो बिजली की गाड़ी से दफ़्तर जाता है—दोनों का काल-बोध अलग-अलग ढंग का होता है और यहाँ तक कहा जा सकता है कि उनके लिए काल की संरचना अलग-अलग प्रकार की होती है, वे काल के अलग-अलग आयामों में जीते हैं। इन बातों का मैंने अन्यत्र विस्तार से विश्लेषण किया है और उसे यहाँ दोहराना नहीं चाहूँगा। लेकिन पारम्परिक स्थिति में लेखक और उसके सामाजिक का जो सम्बन्ध था और जो आज है उसके बीच अन्तर के कुछ दूसरे पहलुओं की ओर ध्यान दिलाना आवश्यक है क्योंकि बिना इस परिवर्तन को समझे आज का लेखक पा सकता है कि उसके और उसके सामाजिक के बीच एक खाई है जो चौड़ी ही होती जा रही है और जिसे वह पाटने की आशा नहीं कर सकता।

दो बातों की ओर मैं विशेष ध्यान दिलाना चाहता हूँ जिनमें एक हमारे समाज की संरचना से सम्बन्ध रखती है और दूसरी साहित्य अथवा कला मात्र के स्वभाव से या कह लीजिए कि उसकी भारतीय समझ से।

हमारी साहित्य-शिक्षा में और साहित्य के सन्दर्भ में हमारे समाज-विवेचन में समाज का एक मोटा विभाजन कर लिया जाता है। एक अभिजात वर्ग होता था, उसके लिए एक अभिजात-वर्गीय और अभिजात-संस्कारी साहित्य होता था। और एक दूसरा लोक-समाज था जिसके लिए लोक-साहित्य और लोक-कलाएँ होती थीं। तनिक-सा भी विचार स्पष्ट कर देगा कि ऐसा स्थूल विभाजन केवल समाज की संरचना को सरलीकृत रूप में देखना है, बल्कि साहित्य-सम्प्रेषण की सारी प्रक्रिया को बड़े विकृत रूप में देखना है। समाज में पहले भी कई स्तर रहे और कह सकते हैं कि प्रत्येक की अपनी-अपनी कला-दृष्टि भी रही। प्रत्येक स्तर पर साहित्य का भी सम्प्रेषण होता रहा और कला-रचना भी होती रही। जिसे हम लोक अथवा लोक-समाज कहेंगे उसके भीतर भी लोक-रंजन के लिए कई प्रकार का साहित्य प्रचलित था और कई स्तरों पर कलाओं की प्रस्तुति भी होती थी। आज हमारे लिए जो बात एक विशेष समस्या के रूप में सामने आती है वह यह है कि वाचिक सम्प्रेषण की स्थिति से पठन की स्थिति में

आ जाने पर साहित्य-रचना के स्वभाग में तो बहुत बड़ा अन्तर आयेगा, लेकिन हमारे समाज के दो-तिहाई भाग के अब भी निरक्षर ही बने रहने से एक नये प्रकार का संकट हमारे सामने है। एक छोटा और पढ़ने वाला साक्षर समाज है इसके भीतर भी वर्ग हैं, लेकिन पढ़ने वाला होने के कारण साहित्य से उसकी अपेक्षाओं में एक तरह की समानता भी है, जिस तक पहुँचना, जिसके द्वारा समझा जाना और सम्मानित होना लेखक चाहेगा और जो साहित्य पढ़कर उससे प्रभावित ही नहीं होगा बल्कि दूसरों को प्रभावित करने का सामर्थ्य भी रखेगा। दूसरी तरफ़, वह विशालतर परन्तु निरक्षर समुदाय है जो संस्कारहीन तो नहीं है, लेकिन जो छपी हुई पुस्तक नहीं पढ़ सकता; जिसकी ग्रहण और आस्वादन की परिपाटियाँ श्रवण पर ही आधारित हैं और जो वैसे ही साहित्य का अभ्यस्त है जो समूह में ही सुना जाने के लिए रचा जाता था। लेखक इस बड़े समाज की उपेक्षा नहीं कर सकता, नहीं करना चाहता; वह तो उसे अपनी सहानुभूति के घेरे में लाना और उसके साथ तादात्म्य स्थापित करना भी चाहेगा—लेकिन छपे हुए अथवा छपी पुस्तक के लिए तैयार किये गये साहित्य के द्वारा यह कैसे हो? और अगर वह उसी समाज को अपना लक्ष्य बनाये तो उस दूसरे पक्ष तक कैसे पहुँचे जिसके पास पहले पक्ष को प्रभावित करने के लिए ही नहीं, सारे संसार की विकास-गति को प्रभावित करने और उसकी दिशा निर्धारित करने का सामर्थ्य है?

इस प्रश्न का कोई एक उत्तर नहीं है। प्रत्येक लेखक इसके उत्तर के लिए स्वयं अपने सामर्थ्य और अपनी प्रवृत्तियों का, अपनी भाविक क्षमता का भी विचार करेगा। सभी उत्तर उसी मूल्यांकन के प्रकाश में किये गये व्यावहारिक समझौते होंगे। इसका अर्थ यह नहीं है कि इनमें कहीं पराजय निहित होगी। अपनी उच्चतम आकाक्षाओं को, अपनी श्रेष्ठ उपयोगिता को और अपने अधिकतम सामर्थ्य को ध्यान में रखकर निर्धारित किया गया मार्ग पराजय का मार्ग नहीं है, उस संघर्ष का मार्ग है जो बदलती परिस्थितियों के अनुरूप लगातार अपना स्वरूप बदलता रहता है।

दूसरी बात जिसकी ओर मैं ध्यान दिलाना चाहता हूँ साहित्य की भारतीय परम्परा से सम्बन्ध रखती है। मैंने कहा साहित्य की भारतीय परम्परा, लेकिन जो बात लक्ष्य करने की है वह यह कि इस परम्परा में साहित्य ही नहीं, सभी सर्जनात्मक कलाओं के बारे में एक समग्र दृष्टि रही। यों तो शायद मध्यकाल के पश्चिम के बारे में भी यही बात कही जा सकती है; मध्य काल से पहले का पश्चिम तो प्रायः बर्बर अवस्था में था, और यह कहना कठिन है कि उसकी कोई भी कला-दृष्टि थी। और मध्य काल के बाद वहाँ जैसा विघटन हुआ उसी से तो अलग करके मैं भारतीय दृष्टि को रेखांकित करना चाहता हूँ। यह ज़रूर कह सकते हैं कि साधारणतया पूर्वी देशों की दृष्टि में इस मामले में एक समानता रही। लेकिन यह कहना अनुचित नहीं होगा कि यह समग्र कला-दृष्टि भारत में विशेष रूप से पनपी। इन सभी कलाओं का एक सामान्य और समग्र आधार रहा। और उसका एक सौन्दर्य-शास्त्र भी विकसित हुआ। ऐसा नहीं रहा कि चित्रकला का अलग सौन्दर्य-शास्त्र हो, मूर्तिकला का अलग, काव्य-कला का अलग और नाटक का अलग। इस अलगाव का एक विचित्र परिणाम हुआ। आज देश में देख सकते हैं कि पश्चिम के आलोचना-शास्त्र में दीक्षित लोग आधुनिक चित्रकला में उन्हीं प्रवृत्तियों की बड़े जोर-शोर से प्रशंसा करेंगे जिनके हमारे साहित्य में लक्षित होने पर वे उतने ही जोरे-शोर से उसकी भर्त्सना करेंगे। उदाहरण के लिए, एक ही आलोचक चित्रकला में अतियथार्थवाद या अमूर्तन की प्रशंसा करेगा और काव्य में इन्हीं को रोगी प्रवृत्तियाँ घोषित करेगा; और इसमें जो अन्तर्विरोध स्पष्ट है उसकी ओर उसका ध्यान भी नहीं जायेगा! ऐसा कैसे हो सकता है कि एक ही संवेदन—और संवेदन

का एक युगीन सन्दर्भ तो होगा ही—इस दोहरी दृष्टि का निर्वाह करता चले?

जिस समग्र कला-दर्शन की बात मैं कर रहा हूँ उसमें वाणी की कला ही प्राथमिक कला थी और कला-दर्शन सबसे पहले काव्य-दर्शन था। इसी का परिणाम यह था कि कलाओं के बीच वैसी दूरी नहीं आयी—नहीं लायी गयी और आने नहीं दी गयी—जैसी पश्चिम में हाल तक दीखती रही है। मैंने वाचिक स्थिति और वांचिक सम्प्रेषण का उल्लेख किया; साथ ही मैंने यह भी कहा कि काव्य का और कलाओं का सम्प्रेषण और आस्वादन हमारे समाज में बराबर के स्तरों पर और कई प्रकार के संस्कारों की परिधियों में होता रहा। सम्प्रेषण के और आस्वादन के इस वैविध्य का एक महत्त्वपूर्ण पहलू यह भी रहा कि चाहे आभिजात्य के स्तर पर, चाहे लोक स्तर पर, सभी कलाओं के सम्प्रेषण में प्रयोग अथवा परफ़ार्मेंस का एक विशेष महत्त्व रहा। और परफ़ार्मेंस आर्ट हमेशा एक मल्टीपल आर्ट के रूप में फलता-फूलता रहा। आज का पढ़ा-लिखा व्यक्ति इस बात से चौंकता है कि साहित्य अथवा काव्य भी एक परफ़ार्मेंस आर्ट है। लेकिन यह चौंकना आधुनिक अज्ञता का ही परिणाम है, जिसका एक पहलू यह भी है कि आज के कवियों में से बहुत ही कम ऐसे हैं जिन्हें कविता पढ़कर सुनानी आती है—स्वयं अपनी कविता भी वे प्रभावशाली ढंग से नहीं सुना सकते।

राजस्थान में आज भी पड़ बाँची जाती है। पड़ बाँचना कला-सम्प्रेषण की एक विशेष पद्धति है जिसमें धीरे-धीरे खुलती हुई चित्रपटी (पड़) के साथ प्रस्तोता वाचन भी करता चलता है। यह भी सम्भव है कि इस वाचन के साथ-साथ प्रस्तोता की साथिन आंगिक अभिनय भी प्रस्तुत करती चले। इस प्रकार पड़ बाँचने में यद्यपि कथा-काव्य की ही प्राथमिकता है (इसीलिए तो इसे बाँचना कहते हैं), तथापि समस्त प्रस्तुति में श्रव्य के साथ दृश्य कला का भी योग है और दृश्य में भी चित्र के साथ-साथ नाट्य का भी। आप सोच सकते हैं कि यह पड़ बाँचना तो लोक स्तर का कलारंजन है, लेकिन सम्पन्नतर अथवा अभिजात वर्गों में जो चित्र देखे जाते थे उनके साथ काव्य का अभिन्न योग रहता था—चित्रफलक पर सामने या पीछे कोई न कोई छन्द भी लिखा रहता था—कवित्त, सवैया, दोहा या श्लोक—जिसका चित्र के साथ अन्योन्य सम्बन्ध होता था। चित्र छन्द के अभिप्राय को मूर्त करता था और छन्द चित्र के आशय को बखानता था। ऐसा भी होता था कि चित्र 'दिखाये' जाते थे और सहृदय को चित्र दिखाने वाला साथ-साथ सन्दर्भित छन्द का सस्वर वाचन भी करता जाता था। यहाँ भी सम्प्रेषण की प्रक्रिया में परफ़ार्मेंस का एक स्पष्ट योगदान होता था और आस्वादन भी एक साथ कई इन्द्रियों के सहारे होता था—कला एक साथ ही श्रव्य, दृश्य और (चित्रफलक को ध्यान में रखते हुए) स्पृश्य भी होती थी। आज का चित्रकार प्रायः, साहित्यिक अभिप्रायों पर नाक-भौं सिकोड़ता है और ऐसी कला को 'इलस्ट्रेटिव आर्ट' अथवा दृष्टान्त कहकर उसकी खिल्ली उड़ाना चाहता है। लेकिन पारम्परिक कला ऐसे अनेकायामी आस्वादन में कोई त्रुटि नहीं देखती थी उसके लिए इससे रस और भी सघन रूप से आस्वादित होता था। आज की विडम्बना यह भी है कि आज एक बार फिर कई कलाएँ ऐसे संश्लिष्ट रूप के लिए नाना प्रयोग कर रही हैं और अगर ऐसे प्रयोग पश्चिम से हमारे देश में आते हैं तो उन्हें नया, श्लाघ्य और अनुकरणीय मान लिया जाता है। लेकिन अगर उन्हें अपनी परम्परा से जुड़ा हुआ और परम्परा का स्वाभाविक विकास सिद्ध कर दिया जाय तो उन्हीं आलोचकों के लिए वे उपेक्षणीय हो जाते हैं।

रचना और सामाजिक के सम्बन्धों में जो गहरा बदलाव आया है उसे समझने के लिए उसमें निरन्तरता के सूत्र को भी पकड़े रहना चाहिए। परम्पराएँ टूटती भी हैं, नष्ट भी हो जाती हैं; लेकिन

बदलाव के बीच निरन्तरता के सूत्र भी बने रहते हैं क्योंकि बदलते हुए या विकासमान जाति-समूह में एक जातीय स्मृति भी काम करती रहती है। श्रुति-परम्परा से पठनीय रचना तक आने में जो निरन्तरता बनी हुई है उसे भुलाना नहीं चाहिए। यहाँ भी पश्चिम के सिद्धान्त मुझे अधूरे जान पड़ते हैं। पश्चिम में भी यह तो स्वीकार किया जाता है कि वाचिक रचना या स्वभाव और उसकी रचना-प्रक्रिया छपी हुई और पाठ्य रचना के स्वभाव और उसकी प्रक्रिया से बिल्कुल अलग है, लेकिन पश्चिम का पण्डित एक स्थिति से दूसरी का संक्रमण सम्भव नहीं मानता; वह यही मानता है कि वाचिक परम्परा को समूल नष्ट करके ही दूसरे प्रकार की रचना सामने आती है। वहाँ के अध्येताओं ने अन्य अनेक देशों का अध्ययन तो किया है जहाँ वाचिक परम्परा समाप्त हो चुकी है; भारत को वे अपने अध्ययन के लिए अप्रासंगिक मान लेते हैं क्योंकि वेदाध्ययन की परिपाटी को वे वाचिक रचना के सन्दर्भ से अलग रखते हैं। अब वेदपाठ की परम्परा को अलग रखना तो सही है क्योंकि भारतीय परम्परा में वेद अपौरुषेय हैं, उनका सुनिर्दिष्ट पाठ है जिसमें ज़रा भी व्यतिक्रम नहीं होने दिया जा सकता। वैदिक श्रुति-परम्परा एक पाठ को अविकृत रूप में सुरक्षित रखने की परम्परा है, और उसका काव्य-रचना से कोई सम्बन्ध नहीं है। लेकिन भारत में काव्य की भी एक स्वतन्त्र वाचिक परम्परा रही है और आज भी जीवित है। इसका आरम्भ से ही रचना और सम्प्रेषण से अविच्छिन्न सम्बन्ध रहा है; किसी पाठ को सुरक्षित रखने से इसका सरोकार नहीं है। इस प्रकार वाचिक रचना के स्वभाव और उसकी रचना-प्रक्रिया तथा सम्प्रेषण-विधि समझने के लिए और नयी परिस्थिति से उसकी तुलना के लिए भारत ही आदर्श क्षेत्र है। इसके प्रति पश्चिम की उपेक्षा कहाँ तक अज्ञान का परिणाम है और कहाँ एक दारुण पूर्वग्रह का, यह सोचने की बात है। पूर्वग्रह का पक्ष और भी प्रबल तब हो जाता है जब हम देखते हैं कि इस देश में दोनों परम्पराएँ न केवल साथ-साथ जी रही हैं—भले ही एक क्रमशः जीर्णतर होती जा रही है—बल्कि दोनों के बीच संक्रान्ति की कई अवस्थाएँ भी देखी जा सकती हैं। प्रेस के और छपी हुई पुस्तक के आविर्भाव के बाद भारत में पहले जो काव्य-साहित्य छपा वह सभी उस समय प्रचलित वाचिक परम्परा का साहित्य था—अर्थात् उस समय जो काव्य सुना-सुनाया जाता था, जो किस्से-कहानियाँ और आख्यान सुने-सुनाये जाते थे, उन्हीं का कोई एक प्रचलित पाठ। इतना तो स्वाभाविक था और सहज ही समझ में आ जाता है। लेकिन इसके तुरन्त बाद ही जो नयी रचना होने लगी—जिसके सामने स्पष्ट ही छपकर पुस्तकाकार सम्प्रेषण का आदर्श था—उसने भी अपने आपको वाचिक रचना के साँचे में ही ढालकर रचा और बहुधा इस बात की स्पष्ट घोषणा भी की कि वह रचयिता की कल्पना से निकली होकर भी सुपरिचित साँचे में ढाली गयी है। बहुधा कवि या कथाकार ने अपने मॉडल का उल्लेख भी कर दिया जिससे परम्परा से अभ्यस्त पाठक को अपनी नयी स्थिति में कोई कठिनाई न हो।

संक्रमण की प्रक्रिया के विस्तार में जाना तो आवश्यक नहीं है, लेकिन संक्रमण की स्थितियाँ होती हैं और अभी तक वाचिक परम्परा भारतीय लेखक को प्रेरणा दे सकती है, सम्प्रेषण की नयी युक्तियाँ सुझा सकती हैं, इस बात को ध्यान में रखना आवश्यक है—इसलिए और भी अधिक आवश्यक है कि हमारे समाज का दो-तिहाई भाग अभी निरक्षर है। निरक्षर होकर वह किताब से सीधा लाभ तो नहीं उठा सकता, लेकिन क्योंकि निरक्षर होकर भी संस्काररहित नहीं है, ऐसा बहुत कुछ ग्रहण तो कर सकता है जिसके लिए निरी साक्षरता काफ़ी न होती। इस विषम स्थिति में आज का लेखक पठित समाज की अपेक्षाओं की अवज्ञा किये बिना कैसे ऐसी रचना भी कर सकता है जो इस वृहत्तर समाज तक पहुँच सके और उसे मानसिक पुष्टि दे सके? इसका जवाब तभी मिल सकेगा जब वाचिक परम्परा के

अभ्यस्त सामाजिक की मानसिकता का भी अध्ययन किया जाय और उसकी परिचित सम्प्रेषण विधियों को भी काम में लाया जाय। रंगमंच के क्षेत्र में तो ऐसा हुआ है, लेकिन रंगमंच तो दृश्य रचना की प्रस्तुति का क्षेत्र है। समाज का जो भाग पढ़ नहीं सकता उस तक दृश्य माध्यम से पहुँचा जा सकता है इतना तो स्वतःसिद्ध है। लेकिन काव्य और कथा-साहित्य भी उस तक पहुँचाया जा सकता है यदि श्रुति-परम्परा को, वाचिक रचना के स्वभाव और उसकी प्रक्रिया को समझकर उसकी विधियों का भी उपयोग किया जाय।

साहित्य और परिवेश के विस्तृत क्षेत्र में लेखक और समाज के एक सीमित क्षेत्र की ही चर्चा मैंने की है। मैं इतना ही करूँगा यह तो मैंने आरम्भ में ही स्पष्ट कर दिया था। लेकिन, जैसा मैंने आरम्भ में कहा था, साहित्य के सामाजिक की स्थिति में, सम्प्रेषण की प्रक्रिया में, प्रेषक और गृहीता पक्ष की स्थितियों में जो बदलाव आते हैं और आ गये हैं। उन्हें अच्छी तरह समझकर ही हम नयी स्थिति में सम्प्रेषण की समस्याओं का सामना कर सकेंगे। नहीं तो छपाई के और छपी हुई पुस्तक के कारण ही जहाँ एक तरफ़ एक बहुत बड़ा पाठक समाज हमारी पहुँच की परिधि में आ जाता है, वहाँ पुस्तक के आविर्भाव के साथ ही लेखक और उसके सामाजिक के बीच एक दूरी भी आ जाती है, किताब ही मानो दोनों के बीच एक ओट बन जाती है जिसके पीछे लेखक अदृश्य हो जाता है। अलगाव और अजनबीपन के जिन नाना रूपों की चर्चा आज होती है, उनमें एक बुनियादी अजनबीपन इस नयी स्थिति से ही पैदा होता है। किताब मानो अलगाव की पहली सीढ़ी है जिस पर पैर रखते ही लेखक वाचिक स्थिति के अपने प्रत्यक्ष सामाजिक से दूर चला जाता है। इस दूरी को मिटाया जा सकता है अवश्य, लेकिन उसे मिटाने का उपक्रम करने से पहले उसके स्वरूप और उसके कारणों को पहचानना ज़रूरी है।

लेखक और परिवेश

परिवेश की समस्या को कई तरह से देखा जा सकता है। मैं लेखक की दृष्टि से ही देखना चाहता हूँ। मानो सबसे पहले अपने को ही यह चेतावनी दे देना जरूरी है कि मैं लेखक हूँ। लेखक हूँ, इसलिए परिवेश की समस्या मेरे लिए लेखक की समस्या है। मैंने बार-बार देखा और सुना है कि लेखक भी जब इस समस्या पर विचार करते हैं तो मानो वह बुनियादी बात भूल जाते हैं।

यह नहीं कि दार्शनिक या अर्थशास्त्री, समाजशास्त्री या नृतत्त्वज्ञ या इतिहासवेत्ता के पाये हुए या पेश किये हुए जवाब मेरे काम के नहीं हैं। जरूर काम के हैं। लेकिन बात यह है कि उनके पाये या सुझाये हुए जवाबों में से मेरा जो कुछ लाभ हो सकता है, उसका उपयोग जब मैं कर चुकता हूँ तब जो समस्या बचती है वही मेरी समस्या है : मुझ लेखक की असल समस्या!

और बात दोहराना लेखक की दृष्टि से शब्द-शक्ति का अपव्यय है। उनकी यात्राएँ मैं क्यों दोहराऊँ जबकि वे सब मिलकर एक मंजिल तक मुझे पहुँचा गये हैं और वहीं से मेरी अपनी यात्रा आरम्भ होती है?

उनकी कृपा से (या उनके परिश्रम से) मुझको यह दुविधा मिली है कि मैं बहुत-सी बातें मानकर चल सकूँ—जिसे स्वयंसिद्ध कह सकता हूँ, उसे सिद्ध करने का परिश्रम न करूँ।

परिवेश बदलता है, और उसके साथ मूल्य बदलते हैं, यह मैं दिया हुआ मानकर चलता हूँ; इसका उदाहरण या इसका प्रमाण आवश्यक मानता हूँ।

परिवेश—जो मेरे आस-पास है—वह केवल काल नहीं है; उसका होना जितना ज़रूरी है उसका आस-पास होना भी उतना ही ज़रूरी है! परिवेश केवल देश भी नहीं है; उसके आस-पास होने का बोध जितना ज़रूरी है उतना ही उसके होने का बोध भी ज़रूरी है।

परिवेश, यानी देश-काल—यह कह देने से भी काम नहीं चलता क्योंकि इससे इसमें एक स्थितिशीलता का आभास मिलता है जो समस्या के रूप को ही विकृत कर देता है। काल स्थिर है, ऐसा कोई नहीं मानता; काल की गतिशीलता पर बल देने की ज़रूरत नहीं है; फिर भी यह चीज़ भाषा के भी और हमारे भी मानो स्वभाव में भी है कि देश-काल की बात करते ही हम मान लेते हैं कि वह कुछ है, यह भूल जाते हैं कि वह निरन्तर हो रहा होना ही है।

परिवेश मेरे लिए देश-काल का सतत परिवर्तनशील सम्बन्ध है—बल्कि उस सम्बन्ध का भी वह रूप है जो मेरी चेतना को छूता है। क्योंकि निस्सन्देह ऐसा भी बहुत-कुछ हो रहा होगा—हो रहा है—जो मेरी चेतना से परे है; उसे मैं अपना परिवेश कहने का दम कैसे भरूँ। जब जहाँ वह मेरी चेतना को

छुएगा, चाहे उसके बढ़ते हुए दबाव के कारण, चाहे मेरी चेतना की ग्रहणशीलता के विकास के कारण, तब और वहाँ वह मेरा परिवेश हो जायेगा। नहीं तो मेरे विश्व ब्रह्माण्ड सौरमण्डल के आस-पास लाखों-करोड़ों और ऐसे विश्व ब्रह्माण्ड बिखरे पड़े हैं।

लेखक पहले भी होते थे; लेखक का होना केवल आज की नयी बात नहीं है। लेकिन प्राचीन काल के लेखक को परिवेश की और बदलते हुए मूल्यों की उतनी चिन्ता नहीं थी—उतनी मुखरचिन्ता नहीं थी—जितनी आज मुझे है। ऐसा क्यों? क्या मैं चिन्ता की दुहाई देकर अपने को प्राचीन लेखक से बड़ा या अच्छा या अधिक सूक्ष्मग्राही लेखक सिद्ध करना चाह रहा हूँ? नहीं, बल्कि प्रकारान्तर से मैं उसकी देन स्वीकार कर रहा हूँ क्योंकि मुझसे पहले के सब अच्छे लेखकों ने देश-काल की परिधि का लगातार विस्तार किया। विज्ञान का कहना कि दुनिया दिन-ब-दिन छोटी होती जाती है; वह एक अर्थ में सही है, लेकिन साहित्य में यह बात सच नहीं है; हर बड़ा लेखक दुनिया को थोड़ा और बड़ा करके अपने परवर्तियों को दे जाता है। इसलिए आज अगर मैं कहता हूँ कि मेरी चिन्ता का कारण यह है कि मैं अपने पूर्वजों की अपेक्षा कहीं बड़ी दुनिया में रहता हूँ तो यह उनकी देन का स्वीकरण ही है। उनके यज्ञों का, उनकी दिग्विजय-यात्राओं का ही यह परिणाम है कि आज संवेदना-जगत्, में एक प्रकार चक्रवर्तित्व मैं भोग सकता हूँ। मुझ पर यह भी बोझ है कि इस अपने पाये हुए जगत् का मैं और विस्तार करूँ, और अगर मैं अच्छा लेखक हूँगा तो अवश्य यह करूँगा—या बात को उलटकर कहूँ कि अगर और जिस हद तक मैं ऐसा करूँगा तभी और उसी हद तक मैं अच्छा लेखक हूँगा।

लेकिन आभार-स्वीकार के बाद भी यह बात तो सच रह ही जाती है कि प्राचीन लेखक का संसार मेरे संसार से इस अर्थ में छोटा था कि वह एक स्थितिशील परिवेश में रहता था। उसका संसार सीमित था। जब-तब उस संसार में वृद्धि होती थी—नये देश, प्रदेश उसमें जोड़े जाते थे, लेकिन यज्ञानुष्ठानपूर्वक उनके जोड़ लिये जाने तक वे संसार से बाहर ही रहते थे—यानी परिवेश ज्यों का त्यों रहता था। अनुष्ठान द्वारा नयी भूमि को अपने संसार में प्रतिष्ठित कर लेने पर एक नया, अपेक्षया बड़ा आयाम और सम्बन्धों की दृष्टि से कुछ बदला हुआ संसार-परिवेश मिल जाता था; लेकिन यह केवल एक नयी स्थिति होती थी; परिवेश की स्थितिशीलता में इससे कोई अन्तर नहीं पड़ता था। और यह बात देश के विस्तार के बारे में जितनी सच थी, काल के नियन्त्रण के बारे में उतनी ही सच थी। क्योंकि काल भी यज्ञ के द्वारा अपने स्थान पर प्रतिष्ठित किया जाता था। कितनी दुखद, सहज और सीमित थी वह स्थिति, जिसमें यज्ञ के द्वारा काल को अपनी धुरी पर फिर से स्थापित कर दिया जा सकता था। हैमलेट ने कहा था : टाइम इज़ आउट ऑफ़ जॉएंट। हम इस उक्ति के त्रास का साझा कर सकते हैं, लेकिन वैदिक ऋषि के लिए वह निरर्थक या निरर्थकप्राय थी—निरर्थकप्राय इसलिए कि उसकी चूल उखड़ भी गयी होती तो यज्ञ के द्वारा काल को फिर ठीक ठिकाने प्रतिष्ठित कर दिया जा सकता था—उसमें घबराने की बात क्या थी?

मैंने शम्बूक की कथा पढ़ी है। मैं उसे कभी उस अर्थ में नहीं ग्रहण कर पाया जिस अर्थ में मुझे समझाई जाती रही है। शम्बूक वेदाध्ययन कर रहा था या कि यज्ञ करने जा रहा था, वर्णान्तर कर्म का यह छोटा-सा अपराध कदापि उस दण्ड का भागी नहीं था जो उसे मिला। इतना ही क्यों, यह प्रश्न कोई क्यों नहीं पूछता कि शूद्र की तपस्या में इतना बल था कि ब्राह्मण का बेटा मर जाये, तो ब्राह्मण का ब्राह्मणत्व का बल कहाँ चला गया था? क्या उसकी सीमा यही थी कि राजा के सामने जाकर रिरिया

ले? क्यों नहीं राम ने भी उस ब्राह्मण से यह पूछा कि वह क्यों इतना हीनतेज हुआ?

शम्बूक का पाप असल में यह नहीं था कि त्रिवर्ण की सेवा का कर्त्तव्य छोड़कर वह वर्णान्तर कर्म अपना रहा था, उसका असली अपराध यह था कि वह जब त्रिवर्ण से बाहर होने के नाते आर्य विश्व से बाहर था तब वह कैसे विश्व के देश-काल सम्बन्ध नियन्त्रित करने का, उसे यथास्थान प्रतिष्ठित करने का अधिकार पाने की स्पर्धा कर रहा था? इसी स्पर्धा का दण्ड उसे दिया गया; नहीं तो ब्राह्मण-पुत्र को जिलाना तो राम के लिए कदाचित् शम्बूक को मारे बिना भी सम्भव होता।

तो प्राचीन लेखक का विश्व-परिवेश सदैव स्थितिशील होता था : वह दिया हुआ होता था। कभी बदलता था तो एक नयी स्थिति सामने आ जाती थी; विश्व-परिवेश नया तो होता था लेकिन फिर भी दिया हुआ होता था। यानी स्थितिशीलता ही उसका शील था—समय-समय पर बदलकर भी उसके परिवेश का शील वही रहता था। परिवर्तन होते थे, लेकिन प्रत्येक परिवर्तन एक सन्तुलित स्थिति से दूसरी सन्तुलित स्थिति तक ही उसे ले जाता था।

और आज मेरी स्थिति ऐसी नहीं है। आज मैं समय को उसकी धुरी पर प्रतिष्ठित नहीं कर सकता—न शम्बूक होकर, न ब्राह्मण होकर, न राम होकर। आज की वृहत्तर दुनिया में ये सब नाम हैं; कथा के चरित्रों के नाम होने के नाते सब बराबर हैं। कथा में नायक और प्रतिनायक और साधारण पात्र होते हैं, इस नाते उनका पद ऊँचा-नीचा होता है, लेकिन उनकी वास्तविकता में ऊँच-नीच नहीं होता; सब एक बराबर होते हैं। राम और शम्बूक भी बराबर हैं। बल्कि राम शायद कम बराबर हैं, क्योंकि शम्बूक स्थिति को, स्थितिशीलता को, परिवेश को बदलना चाहता है, और राम उसे बनाये रखना चाहते हैं।

आज की बड़ी दुनिया में मेरा परिवेश स्थितिशील नहीं है, वह सतत चलनशील है! सभी सम्बन्ध भी गतिशील हैं। उनका जो रूप मेरी चेतना को छूता है वह छूने-छूने में बदलता जाता है। बल्कि वह छुअन ही मानो नाड़ी की छुअन है या एक घूमते हुए पहिये के नेमे की—जिसका स्पर्श भी यह नहीं कहता कि 'मैं हूँ'; यही कहता है कि मैं हो रहा हूँ...याकि इससे भी आगे 'मैं होते-होते यह—यह नहीं वह होता जा रहा हूँ'...जिस परिवर्तन के बीच में रहता हूँ—यानी मेरा जो परिवेश है वह एक असन्तुलन से दूसरे असन्तुलन तक का है।

यहाँ पश्चिम के विज्ञान का नाम लेना ज़रूरी नहीं है—या कि विज्ञान के नाम के साथ पश्चिमी का विशेषण ज़रूरी नहीं है—लेकिन सुविधा के लिए उसे पश्चिमी विज्ञान कहते हुए माना जाये कि आधुनिक दुनिया को इतना बड़ा कर देने में और इस प्रकार मेरी समस्या कठिनतर बना देने में उसका महत्त्वपूर्ण योग है। यह योग ज्ञान की परिधि के विस्तार में ही नहीं है, ज्ञान के स्वभाव में भी है; विकासवाद के सिद्धान्त ने जीव-जातियों के विकास की बात से आरम्भ करके केवल प्राणियों को ही नहीं, हर चीज को सापेक्षता के एक क्रम में रख दिया है : जीव को, मन को, नैतिकता को, मूल्यों को, यथार्थ को। जो कुछ भी हमारे ज्ञान की पकड़ में आ सकता है या आता है सब बदल रहा है।

लेकिन लेखक के नाते मेरे लिए बात यहाँ आकर भी खत्म नहीं होती। प्राचीन काल के लेखक की उलझन एक स्थिर परिवेश को लेकर थी, मेरी समस्या यह है कि मेरी चेतना एक अनुपल बदलते हुए परिवेश से उलझ रही है। (कहना न होगा कि यह स्थिरता और यह बदलना, और यह चेतना भी अब न केवल सापेक्ष है बल्कि ये जाने हुए सापेक्ष हैं) पर मेरी एक अतिरिक्त समस्या भी है।

वह यह कि अपनी उलझन के दौरान एक ऐसे स्थल पर पहुँच जाता हूँ जहाँ मैं भी अपना परिवेश हो जाता हूँ।

मैं जो आज लिखता हूँ कल वह छपकर लोगों में बँट जाता है। कभी ऐसा भी होता है कि आज ही तीसरे पहर लिखता हूँ और शाम को वह रेडियो द्वारा प्रसारित हो जाता है। स्वयं मेरे साथ कम-से-कम एक बार ऐसा भी हुआ है कि मेरा अधलिखा उपन्यास ही छपकर कई लोगों तक पहुँच गया है और शेषांश लिखने से पहले उनकी टीका-टिप्पणी और उनके सुझाव भी मुझ तक पहुँच गये हैं—ऐसे लोगों के जो प्रतिष्ठित लेखक और समालोचक हैं और जिनकी राय का मैं स्वयं सम्मान करता हूँ। और यह तो आये दिन होता है कि लोग पिछले लिखे हुए आधार पर आगे लिखे जाने वाले के बारे में अनुमान करते हैं, धारणाएँ बनाते हैं, आशाएँ और तकाज़े करते हैं और भविष्यत् लेखन पर फैसले दे देते हैं। आज का हर लेखक इस स्थिति से परिचित होगा जिसमें उसका बीते कल का लेखक उस के आज के या आगामी कल के लेखन पर हॉवी हो रहा है, पुराने ज़माने में विशुद्ध कवि सम्मेलनी कवि को एक हद तक ऐसा अनुभव हुआ हो तो हुआ हो ; लेखक की साधारण अवस्था का अंग यह कभी नहीं रहा होगा कि लेखक रूपी सिंदबाद जहाज़ी खुद अपने ही बूढ़े को अपनी पीठ पर लादे अनन्त काल तक ढोते चलने को लाचार हो।

लेकिन आज का लेखक इस प्रकार अपने परिवेश से दबा है—अपने परिवेश के उस भाग से जो कि वह स्वयं है। और जितना ही अच्छा लेखक है उतना ही अधिक वह अपना परिवेश है; जितना ही सफल लोकप्रिय लेखक है उतनी ही जल्दी वह अपना परिवेश बन जाता है। गुलशन नन्दा और प्यारे लाल आवारा, मुद्राराक्षस और प्रभाकर माचवे भी उसी प्रकार अपना परिवेश आप हो गये हैं जिस प्रकार धर्मवीर भारती और मोहन राकेश या इन्द्रनाथ मदान और नगेन्द्र, 'बच्चन' और 'दिनकर' या देवराज और सुमित्रानन्दन पन्त।

यह नहीं कि अच्छा लेखक इस बन्धन को काट नहीं सकता; बल्कि एक तरह से यह उसकी प्रतिभा और उसके सामर्थ्य को ललकार है कि अपना परिवेश बन जाना स्वीकार न करके उसके बन्धन से मुक्त हो और उसे बदले। लेकिन पुरानी और नयी परिस्थिति में यह जो अन्तर है इसे अनदेखा नहीं करना होगा।

परिवेश का व्यूह पूरी तरह पहचानने के लिए एक दीवार और देखनी है। आज मैं जिस दुनिया में जीता हूँ वह असल में एक दुनिया न होकर दो दुनियाओं की संगम-रेखा या चाहें तो कह लीजिए संघात-रेखा है। मेरी तो अवश्य, और हममें से नब्बे प्रतिशत की शिक्षा ने भी हमें ऐसी जगह पर ला खड़ा करने में मदद की है जहाँ हमको दोनों तरफ से निरन्तर मार भी पड़ती रहे और निरन्तर सहारा भी मिलता रहे। जिस सन्धि-रेखा अर्थात् विग्रह-रेखा पर हम चलने को बाध्य हैं वहाँ पूर्व और पश्चिम, प्राचीन और नवीन दोनों की संस्कृतियों में हमें बराबर रसद-पानी और गोला-बारूद भी मिल रहा है और दोनों ही हम पर गोले बरसाते हुए हमारे सम्पूर्ति के साधन नष्ट भी करते जा रहे हैं। यह सन्धि-विग्रह-रेखा मूल्यों की युद्ध-रेखा है। मूल्यों के संघर्ष से यहाँ की हवा घुटन-भरी हो रही है। यानी जहाँ हम जी रहे हैं वह एक ऐसी जगह है जहाँ आकर मूल्य भी परिवेश हो जाते हैं।

संक्षेप में लेखक के नाते यही मेरी परिवेश की समस्या और मेरा संकट है। मैं, लेखक, एक आत्यन्तिक विभूति, जिसका काम है मूल्य की खोज और प्रतिष्ठा, खड़ा हूँ तो वहाँ जहाँ मैं स्वयं भी केवल परिवेश हूँ और मूल्य भी केवल परिवेश है।

अगर सचमुच ऐसी कोई जगह है—और मैंने कहा कि ठीक ऐसी ही जगह हम खड़े हैं, जी रहे हैं, जीते चले जाने को बाध्य हैं, तो इस जगह सभी कुछ परिवेश है—हम भी, मूल्य भी। यहाँ सभी परिवेश है—परिवेश ही परिवेश है।

यही अस्मिता का संकट है। वह जिसे साठोत्तरी लेखक अपनी हिन्दी में आइडेंटिटी का क्राइसिस कहता है।

निस्सन्देह इस संकट का बोध सबको एक-सा नहीं है, हो नहीं सकता। और क्यों हो? निस्सन्देह जिनको संकट का जितना भी बोध है उन सबकी प्रतिक्रिया भी एक-सी नहीं है। क्यों हो? पर इतना शायद निर्विवाद रूप से कहा जा सकता है कि इस संकटग्रस्त अस्मिता का बोध सब आधुनिकों को है। भूति और अस्ति का अस्तित्ववादी (एग्ज़िस्टेंशियलिस्ट) पचड़ा उठाने की ज़रूरत नहीं है क्योंकि मैं लेखक के नाते की बात कर रहा हूँ। और लेखक के लिए भूति और अस्ति के सूक्ष्म पारिभाषिक भेद में पड़े बिना भी संकटग्रस्त अस्मिता की बात की जा सकती है जिसका बोध हर आधुनिक को है।

क्योंकि बोध के स्तर या विस्तार हैं और प्रतिक्रियाओं की मात्राएँ या प्रकार हैं, इसलिए बहुत-सी विकृतियाँ भी देखने में आती हैं। उनके दर्शन भी बन गये हैं। अस्मिता के संकट की अनेक प्रतिक्रियाएँ आज के आलोचना साहित्य में (या कि अभी उसे आलोचना-पत्रकारिता भी कहा जाये) दीखती हैं और प्रायः सभी पत्र-पत्रिकाओं में कुछ पुस्तकाकार भी, छपे हुए कृति-साहित्य में देखी जा सकती हैं—विशेष रूप से कविता और कहानी में जो कि सुनते हैं, इधर के साहित्य की सबसे समर्थ विधाएँ हैं—अव्वल नम्बर पर कहानी, दोयम पर कविता।

अस्मिता के संकट से नकार की अनेक मुद्राओं को भी प्रेरित किया है। नकार एक तो वह है, जो पहचानकर मानता है कि जब मैं और मूल्य दोनों परिवेश ही हो गये तब न मैं रहा और न मूल्य रहे। एक दूसरा नकार है जो इस नगण्य कर दिये जाने के विरोध की चीख है : एक इतर अस्मिता या दूसरे स्तर के लिए मूल्य का आग्रह है।

भय, सन्त्रास, अजनबीपन, 'ड्रेड', 'एलिनिएशन', मतली—एकाएक बहुत से शब्द हमारी आलोचना और हमारे साहित्य में आ गये हैं, कुछ मूल विदेशी भाषा में और कुछ देशी पर्याय-रूप में, लेकिन पर्याय की खोज में मिडसमर नाइट्स ड्रीम के बॉटम की तरह 'वास्तव में अनूदित' होकर। यह नहीं कि अस्मिता का संकट पश्चिम में ही हुआ है और हमने खाहमखाह ओढ़ लिया है। संकट हमारा अपना भी है। लेकिन पश्चिम की अस्मिता अलग थी और उसके संकट के कारण भी दूसरे; हमारी अस्मिता और हमारे संकट के कारण अलग हैं। इसलिए शब्दों के पर्यायत्व का कोई खास मतलब नहीं है। फिर भी अगर हमने एक तरफ कोश में दिये पर्याय भी लिये और दूसरी ओर उनगें मनमाना अर्थ भी भरा तो यह कोई ऐसी अनहोनी बात नहीं है, हर भाषा में शब्दों के अर्थ-विकास या अर्थान्तर की प्रक्रिया चलती रहती है।

नकार की मुद्राओं के नाम भी गिनाने होंगे? नवनास्तिवाद, नग्नवाद, देहवाद—न-कुछ को ही नये कुछ-पन से मढ़ने की ये प्रक्रियाएँ उसी के कुछ पहलू हैं। लेकिन अगर मैं सचमुच वहाँ हूँ जहाँ हूँ (जो कहाँ है यह मैं नहीं जानता और जो कहीं है ऐसा मानने के विरुद्ध स्वयं तर्क देता आया हूँ), तो क्या इस स्थिति से उबरने का कोई रास्ता नहीं है? क्या ये सब प्रतिक्रियाएँ और वाद और नकार की मुद्राएँ, उबरने के रास्ते हैं? नहीं, स्पष्ट ही ये रास्ते नहीं हैं; ये केवल समस्या के दबाव की प्रतिक्रियाएँ हैं। तो

रास्ता कौन-सा है? रास्ते क्या हैं भी?

रास्ते नहीं हैं यह तो नहीं कहूँगा, नहीं मानूँगा। मेरा स्वभाव भी यह मानने का नहीं है कि कोई रास्ता नहीं है; और जब मैं आरम्भ से यह मानकर चला हूँ कि लेखक और लेखक के नाते ही परिवेश की समस्या को देख रहा हूँ तो उसमें भी निहित है कि मानता हूँ कि रास्ता है। जब लेखक रहते हुए कोई रास्ता नहीं दीखेगा तब लेखक रहने की भी कोई अनिवार्यता नहीं दीखेगी।

रास्ते ज़रूर हैं। पर अगर हैं तो वे राजमार्ग हैं यह कहना कठिन है। शायद झूठ भी होगा। रास्ते हैं, होंगे, पर सभी बीहड़ होंगे और सबके अपने-अपने अलग-अलग रास्ते होंगे। शायद लेखक होकर चलने में यह निहित भी है कि राजमार्ग का दावा छोड़ दिया गया होगा, अपना रास्ता बनाते हुए ही चलना होगा।

मुझे तो इसमें कहीं साहित्य की पहचान की एक कसौटी भी दीखती है : मूल्य दीखता है। जिस साहित्य में रास्ते की पहचान का संकेत मिलेगा वह साहित्य टिकेगा। जो नितान्त प्रतिक्रियात्मक है, जिसमें आज के भय, संत्रास, अजनबीपन, मतली आदि का भरपूर वार पाठक अथवा गृहीता पर पड़े, हो सकता है कि वैसा साहित्य आज की स्थिति के आस्वाद का आभास अधिक दे। पर रास्ते की चाह भी स्थिति का एक अन्यतम तत्त्व है; इस तत्त्व की उपेक्षा नहीं की जा सकती और जिस साहित्य में आज के आस्वाद के दूसरे सब रस हैं, लेकिन इस चाह और पहचान का आस्वाद नहीं मिलता, वह उस हद तक स्थिति का अधूरा ही सम्प्रेषण कर रहा है : आस्वाद का जो आभास है उसमें थोड़ा धोखा भी, आभास भी है; तत्त्व की उतनी कमी है।

न सही राजमार्ग; बीहड़ रास्ते सही, पगडण्डियाँ सही, सब के अलग-अलग चोर-रास्ते भी सही। लेकिन समस्या अगर यह है कि अस्मिता का संकट है तो लक्ष्य भी स्पष्ट है : कि संकट का निवारण करके अस्मिता की रक्षा की जाये, अस्ति-बोध फिर से प्रतिष्ठित किया जाये। और जब ये दो बिन्दु निश्चित हैं तो कुछ तो संकेत होना चाहिए कि रास्ते क्या और कैसे हैं या हो सकते हैं।

एक रास्ता तो सीधा है। यह कर्म का—एक्शन का—रास्ता है। लेकिन यह ज़रूरत से ज़्यादा सीधा रास्ता है। कर्म के द्वारा अस्मिता की उपलब्धि, कर्म में अस्ति की पहचान (निस्सन्देह यह एक प्रकार का कर्मयोग है, आधुनिक कर्मयोग, और उसका भी वह रूप जिसे पश्चिम आसानी से ग्रहण करेगा), रास्ता तो है, पर यह साहित्य-कर्म से अलग ले जाने वाला रास्ता है—यानी इस अर्थ में साहित्य-लेखन 'कर्म' नहीं है।

दूसरा साहित्य से कम हटता हुआ रास्ता वह है जिसके लिए इधर बहुत से नाम चल रहे हैं : कुछ अंग्रेज़ी-फ्रांसीसी में, कुछ उन्हीं के ढंग के, कुछ उनके अनुवाद, और कुछ ऐसे भी अनुवाद जो कि वास्तव में मूल शब्द के अर्थ का प्रत्याख्यान करते हैं। लेकिन अब एक विशेष अर्थ में चला दिये हैं तो चलते मान लिए गये हैं। कमिटमेंट, एंगेजमेंट, इन्वाल्वमेंट, प्रतिबद्धता, निष्ठा, व्यक्तित्व की खोज, ईमानदारी...

अवश्य ही कुछ साहित्यकारों ने पहला रास्ता अपनाया। उसके बाद कितने इस लायक रहे कि फिर भी उन्हें साहित्यकार गिना जाये, इस पर बहस हो सकती है। (हाँ, 'भूतपूर्व' साहित्यकारों का एक वर्ग हो तो उसमें उन्हें ज़रूर रखा जा सकता होगा, लेकिन अपने देश में इस तरह की सच बातें कहने का चलन नहीं रहा—न ब्रूयात् सत्यमप्रियम्।) ऐसों में से कुछ अगर संसद में भी पहुँच गये तो भी ऐसा

नहीं है कि दूसरे पहलू से भी प्रश्न न उठाया जा सके—कि क्या सचमुच उन्होंने कर्म का मार्ग चुना? या कि संसद और विशेष रूप से राज्यसभा, द्रविड़ प्राणायाम द्वारा पेंशन देने का ही एक तरीका नहीं है?

शायद ये दो छोर हैं—दो प्रकार की अतियाँ हैं। क्या ऐसा नहीं हो सकता कि लेखक अपना समय इन दोनों के बीच में बाँटता रहे? बल्कि क्या अस्ति की पहचान का सबसे अच्छा रास्ता यही नहीं है? कर्म में उसकी पहचान—अर्थात् बाह्य अथवा सामाजिक यथार्थ में उसकी पहचान और इस पहचान के द्वारा सामाजिक यथार्थ में अपनी प्रतिष्ठा (प्रतिष्ठा सम्मान के अर्थ में नहीं, मजबूती से पैर जमा कर खड़े होने के अर्थ में), और दूसरी ओर कमिटमेंट—प्रतिश्रुति, परस्पर आबद्धता—अस्ति की आभ्यन्तर पहचान, आभ्यन्तर यथार्थ में अपनी स्थिति की पहचान। उस अस्ति की पहचान जो कि बाह्य यथार्थ के साथ प्रतिकृत होती है, उस पर अपनी छाप डालती और उसको बदलती है, उसकी छाप अपने पर ग्रहण करती और उसके द्वारा बदली जाती है। महायान बौद्ध-धर्म में ऐसी व्यवस्था है कि कर्मजीवी सीमित किन्तु नियत अवधि के लिए संन्यस्त होकर चिन्तन-धर्मा हो जाये; क्यों नहीं साहित्यधर्मा भी बीच-बीच में न्यायपूर्वक कर्मजीवी हो सकता? क्या इससे दोनों पक्षों के समृद्धतर होने की सम्भावना नहीं है? (और आज तो जब हम उस राजनीतिक कर्मी की ओर देखते हैं, जो हमारा 'शासक' है तो लगता है कि यह वर्ग तो चिन्तन करने वाला क्या, चिन्तन की परिभाषा भी जानने वाला नहीं है। जो लोग कम-से-कम पच्चीस वर्ष पहले (और पच्चीस वर्ष से लेकर चालीस वर्ष पहले तक कभी) चाहे कितनी भी छोटी अवधि के लिए जेल गये थे और उस जेल यात्रा के बल पर आज इंटेलेक्चुअल से लेकर शहीद तक सबकुछ होने का दावा करके अपने को राजकर्मी मानते हैं (यहाँ तक कि राज करने के सिवाय कोई काम अपने लायक नहीं मानते) उन्हें ऐसा सावधि मगर अनिवार्य संन्यास देकर थोड़ा सोचने का मौका दिया जाये तो क्या बुरा हो!)

थोड़ा विषयान्तर हो गया, या शायद वह भी नहीं, विषय के वृत्त के बाहर एक और बड़ा वृत्त खिंच गया जिसमें से फिर केन्द्र की ओर लौटना ऐसा कठिन नहीं है।

मैंने कहा कि संकटापन्न अस्मिता का बोध हर आधुनिक लेखक को है। यह नहीं कि यही मात्र उसके आधुनिक होने की पहचान है; इतना ही कि आधुनिक स्थिति की पहचान होते ही वह इस संकट को भाँप लेगा और पहचान लेगा कि यह दूसरों का ही नहीं, उसका भी संकट है; भले ही कुछ दूसरों के सिर पर सवार हो और खुद उसके सिर पर सवार न हो तो कैंची लगाकर उसे पटकी देने की तैयारी कर रहा हो।

और यह मैंने कहा तो नहीं, लेकिन देखने की कोशिश की, कि इस संकट का सामना करने का क्या रास्ता हो सकता है। या कि क्या-क्या रास्ते हो सकते हैं जिनमें से कौन-सा रास्ता शायद अच्छा है—या कि लेखक के नाते सबसे अधिक अनुसरणीय है।

यह सन्दर्भ है जिसमें लेखक के नाते मैं जीता हूँ या कि जिसमें अपने को जीता हुआ पहचानता हूँ। मैंने कहा कि मेरा परिवेश बहुत बड़ा है। यह बात आपेक्षिक रूप से भी सच है और आत्यन्तिक रूप से भी। मेरा परिवेश प्राचीन लेखक के परिवेश की तुलना में भी बहुत बड़ा और अपने आप में भी बहुत बड़ा है। उसमें एटमबम है और भूदान है; ई. ई. सी. है और नाटो है, पी. एल. 480 है और वियतनाम है, 'हिन्दी-चीनी भाई-भाई' है और नाथू-ला है, कांचिका चेकला और तिम्मा रेड्डी हैं और लूनिक और यूरी गगारिन हैं, अफ्रो-एशियाई एकता और कांगो और अंगोला हैं, भारत का स्वाधीन राष्ट्र है और पीलू

मोदी हैं, हाइपोथालामस ग्रन्थि है और शतदल पद्म है—सभी कुछ है। जो बहुत से लोगों के लिए 'था' हो गया है, वह भी है, जो बहुत से लोगों के लिए 'होगा' की कोटि का है वह भी है, और जो है वह तो है ही और निरन्तर फैलता जा रहा है जैसे कि यह विश्व ब्रह्माण्ड भी फैलता जा रहा है।

मेरा परिवेश जितना बड़ा है और बड़ा होता जाता है, उतना ही मैं छोटा और छोटा होता जाता हूँ, यह तो ठीक ही है। बल्कि इसे तो स्वयंसिद्ध मान लिया जा सकता है। पर सन्दर्भ के नाते वह जितना बड़ा है या होता जाता है, उतना मेरा संवेदन भी विस्तृत और गहरा होता जाता है, और उतना ही मेरा सम्प्रेषण भी विशालतर और गम्भीरतर होता जाता है।

यह संवेदन का विस्तार, यह सम्प्रेषण की संवृद्धि, मेरे लेखन-कर्म की चुनौती भी है, यही उसकी सम्भाव्य उपलब्धि भी है। चुनौती केवल मेरी है, उसका सामना मुझको ही करना है। लेकिन उपलब्धि शायद एकान्त मेरी नहीं है, मेरे पाठक के नाते आपकी भी है। यानी अगर मेरी होगी तो आपकी भी होगी। यों शायद मुझे यह भी कह ही देना चाहिए कि चुनौती को भी मैं केवल विनयवश ही अपने तक सीमित रख रहा हूँ, यह कैसे हो सकता है कि वह चुनौती पाठक को भी न हो जबकि वह भी उसी संसार में रहता है, और जबकि लेखक के नाते मेरा अविराम प्रयत्न यह है कि मेरा और मेरे पाठक का संसार एक हो और जिस-जिस दशा या आयाम में दोनों एक न हों वहाँ विस्तार द्वारा उन्हें एक कर दिया जाये—उतना और वैसा एक जिसके लिए ज्यामिति की भाषा में कहा जाता है कांग्रुएंट इन ऑल रेस्पैक्ट्स!

नये लेखक और पुराने लेखक में—प्राचीन काल के लेखक और समकालीन लेखक में, भेद स्पष्ट करते हुए मैं भूल गया था कि आज भी कुछ नये लेखक हैं जो पुराने हैं जैसे कि प्राचीन काल में कुछ लेखक रहे होंगे जो नये लगें। आज भी कुछ ऐसे लेखक हैं जो अभी सन्दर्भ में जीते हैं। परिवेश की उनकी संकल्पना उसी अर्थ में स्थितिशील है। उनमें से कुछ प्रगति में भी विश्वास करते हैं लेकिन प्रगति भी उनके लिए एक प्रक्रिया नहीं, स्थितियों का एक क्रम है—एक स्थिति से दूसरी स्थिति में अवतरित (या कि जब प्रत्यय पर उनकी ओर से सम्भाव्य आपत्ति का विचार करके कहूँ उत्तरित) होने का क्रम। ऐसे भी हैं जो प्राचीन काल के सन्दर्भ को पूरी तरह आत्मसात् करते हुए सनातन यज्ञ करते हुए तो नहीं जी सकते, लेकिन मान लेते हैं कि आज भी वेदों की यादभर से ऋतु को फिर प्रतिष्ठित कर लेंगे। वेद मेरे लिए अत्यन्त मूल्यवान् हैं, बल्कि जो हैं उनके लिए मूल्यवान् शब्द कुछ ओछा ही पड़ता है। उन्हें थोड़ा-थोड़ा करके पढ़ता भी हूँ और जब तक एक-एक शब्द में एकाएक ऐसा नया अर्थ मिलता जान पड़ता है (मेरे लिए नया, सम्भव है कि वास्तव में वह बहुत पुराना अर्थ था या बहुत ही पुराने अर्थों में से एक रहा हो), जिसे उन्मेष, नयी दृष्टि भी कहा जा सकता है और जिसके सहारे पुराना पड़ा हुआ बहुत-सा एकाएक निरा पढ़ा हुआ न रहकर जाना हुआ हो जाता है—निरी जानकारियों का एक समूह विद्या हो जाती है। और ऋतु की परिकल्पना को मैं धर्म-प्रतिभा की महत्तर उपलब्धियों में मानता हूँ। 'क्या मैं ऋतु में जीता हूँ?' यह प्रश्न अपने से पूछना ही, पूछ सकने की स्थिति में अल्पमत क्षण के लिए होना भी, भीतर-बाहर से धुल जाने के बराबर लगता है—आस्तिक के लिए गंगा-स्नान से अधिक पावनकर।

यह सब है; लेकिन उस प्राचीन काल के लेंबुक का भोला विश्वास मुझमें नहीं है, नहीं हो सकता, मैं नहीं मानूँगा कि हो सकता है, मैं ज़रूरी नहीं समझता कि हो; मैं चाहता भी नहीं कि कोशिश करूँ

कि वह फिर से मुझे मिल जाये। अपने सांस्कृतिक दाय का मैं सम्मान करता हूँ, लेकिन अपनी मूल्यवान् सम्पत्ति के साथ तिजोरी में स्वयं बन्द हो जाना न बुद्धि का मार्ग है न जीवन का।

श्रद्धा की उपलब्धियों का सैकड़ों-हजारों वर्ष का संस्कार मुझमें जीता है। लेकिन मैं आज के विज्ञान में जीता हूँ। मेरा सन्दर्भ आधुनिक विज्ञान का जगत् है, सनातन श्रद्धा का सन्दर्भ मैं—यह आज का तनावजीवी मैं।

ऐसे भी हैं जो कह सकते हैं, कहते हैं कि परिवेश की बात छोड़ो, परिवेश तो दिन-दिन बदलता है, क्षण-क्षण बदलता है, जो ऐसा बदलने वाला है उसकी बात क्या करना? परिवेश की चर्चा छोड़ें, जो स्थायी है उसी की बात करें। मूल्य की बात करें। बल्कि मूल्यों में भी शाश्वत मूल्य की बात करें, साहित्य का मूल्य है रसवत्ता।

हाँ, है। ऐसे लोग भी हैं, उनके बारे में क्या कहूँ? भाग्यवान् हैं वे! भाग्यवान् हैं वे, लेकिन किस अर्थ में भाग्यवान्?? बोदलेयर ने कहा था :

भाग्यवान् हैं वेश्याओं के प्रेमी
भाग्यवान् और प्रसन्न और तृप्त
किन्तु मैं—मेरी भुजाएँ टूट गयी हैं क्योंकि मैंने उनके घेरे में
आकाश को बाँध लेना चाहा था।

'बाँध लेना चाहा था।' मैं जानता हूँ कि इकारस की यह कल्पना रोमांटिक है। इकारस का मिथक अति प्राचीन है लेकिन बोदलेयर उसे जिस रूप में देख रहा है, इकारस पर जिन भावनाओं का आरोप कर रहा है वे रोमांटिक हैं। अपने को मर्माहत महदाकांक्षी के रूप में देखना अपने को हीरो मानना है, भले ही परास्त हीरो। यह भी रोमांटिक अन्दाज़ है। जबकि जिस युग में मैं जीता हूँ वह ऐंटी-हीरो है। (यों तो ऐंटी बहुत-कुछ है, लेकिन और बहुत से ऐंटित्व सतही लहरियों जैसे भी हैं, ऐंटी-हीरो तो नीचे का प्रवाह है—ज्वार का भराव है। लेकिन यह अन्दाज़ रोमांटिक अन्दाज़ कब किस अवस्था में है? तभी न, जब हर 'चाहा था' पर बल दें यानी महदाकांक्षी होने की बात स्वीकार करें। स्वीकार ही क्यों करें, दावा करें कि हम महदाकांक्षी थे, आकाश को भुजाओं के घेरे में बाँध लेना चाहते थे।

न; 'चाहा था' पर मैं ज़रा भी ज़ोर नहीं देता। वह दावा मैं छोड़ता हूँ—बिल्कुल छोड़ता हूँ। मैंने वैसा चाहा था यह मैं नहीं कह सकता; मैं जानता ही नहीं कि ऐसा मैंने चाहा था। चाहने का कभी ख़याल ही मुझे नहीं हुआ। लेकिन जो तथ्य है वह मेरे सामने है। उसे मैं न छिपाना चाहता हूँ न छिपा सकता हूँ। बल्कि वही तो मेरे इस अस्तित्व का प्रकाण्ड सत्य है जो मुझे सन्दर्भ देता है और हाँ, जो मुझे अपनी अस्ति का बोध देता है।

और वह तथ्य यह है, कि यह मैं हूँ, ये मेरी झुलसी हुई भुजाएँ हैं, और यह पास ही उग्र जलता हुआ सूर्य है।

यह तथ्य है। इस तथ्य के साथ मैं गहरे राग-सम्बन्ध में बँधा हुआ हूँ। इसलिए यह तथ्य ही नहीं, यह सत्य है, यह वास्तविकता है।

यह सम्बन्ध—वास्तविकता का और मेरा यह सम्बन्ध—सम्बन्ध का वह रूप जो मेरी चेतना को छूता है, झकझोरता है, झुलसाता है—यह सम्बन्ध हमारा परिवेश है।

हम दोनों एक-दूसरे के सन्दर्भ हैं; झुलसता हुआ मैं और जलता हुआ यह सूर्य। इसी निरन्तर

झुलसते जाने में मेरी मूल्यों की खोज जारी है। मैंने ऐसा चाहा है यह मैं नहीं कहूँगा; हीरो बनने की ललक मुझमें नहीं है और वह अन्दाज़ मुझे एक झूठ के चक्कर में फँसा देगा यह भी मैं जानता हूँ। लेकिन यह ऐसा है और ऐसा रहेगा—यह मेरा झुलसना और सूर्य का तपना और यह मेरी मूल्य की खोज।

जो स्वयंसिद्ध है उसको सिद्ध करने की मैंने कोई ज़रूरत नहीं समझी। लेकिन जो स्वयंसिद्ध नहीं है उसे सिद्ध करने का मेरे पास क्या साधन है?

जो मैं पहचानता हूँ वह मैं पहचानता हूँ।

(माधव महाविद्यालय, उज्जैन में दिये गये एक प्रत्युत्पन्न वक्तव्य का विकसित लिखित रूप।)

परिस्थिति और साहित्यकार

अब से पाँच वर्ष पहले एक फ्रांसीसी मित्र से हिन्दी साहित्य के सम्बन्ध में बात करते-करते सुनने को मिला, 'देखा है तुम्हारा हिन्दी साहित्य! नब्बे फ़ीसदी हिन्दी लेखक अपनी बीवी की कहानियाँ लिखते हैं।'

एक और मनचले साथी भी बैठे सुन रहे थे। मज़ाक का अवसर देखकर बोले, 'और बाकी दस?'

मैंने फ्रांसीसी मित्र पर आक्षेप करते हुए, कुछ कटुता के साथ कहा, 'ये कहेंगे, कि बाकी दस फ़ीसदी कहानी अपनी लिखते हैं और छापते हैं बीवी के नाम से।'

पाँच वर्ष पहले की यह बातचीत आजकल बार-बार याद आती है...

भौगोलिक स्थिति, पूर्व परम्परा, देशीय वातावरण, राजनैतिक प्रगति—बीसियों कारणों ने मिलकर हिन्दी को ऐसी जगह डाल दिया है कि कहना सम्भव है, उसका सितारा उठ रहा है। इस सम्भावना को हमने जैसे दाँतों से पकड़ लिया है और यन्त्रवत् दुहराते जा रहे हैं। जो सम्भावना असन्दिग्ध थी, उसको घटित में बदल देने की नहीं, केवल यन्त्रवत् दुहराने की ही विवशता हमने स्वीकार की है और यह यन्त्रवत्ता हमें बाँधे ले रही है।

जो पाठक बुद्धिमान है और स्वयं यन्त्रवत् नहीं हो गया है, वह तत्काल देख लेगा कि हम आलंकारिक भाषा में बोल रहे हैं—अतिरंजना कर रहे हैं, लेकिन अतिरंजना परिणाम की नहीं, केवल एक कारण की ही है। निस्सन्देह हमारे यन्त्रबद्धता की ओर बहने का यही आवृत्ति ही एकमात्र कारण नहीं है, और भी अनेक कारण हैं; हमारी सारी प्रगति—हमारे अस्तित्व का ही रुझान यान्त्रिकता की ओर हो रहा है। यह यान्त्रिकता कैसे हमारे जीवन को एक लीक में डाल रही है, और परिणामतः कैसे जीवन घटिया और सस्ता, और संस्कृति छिछली और बेजान हो रही है; इसकी पड़ताल हम यहाँ नहीं करेंगे, उसका स्थान दूसरा है।[1] आधुनिक जीवन की परिस्थितियों और बाध्यताओं का अध्ययन करके हम समझ सकते हैं कि किस प्रकार उन परिस्थितियों में व्यक्ति सस्ती ही अनुभूतियाँ चाहता या चाह सकता है। इस साधारण स्थापना के साथ हम भारतीय व्यक्ति की आर्थिक और सामाजिक-गार्हस्थिक हीनावस्था को ध्यान में रखें, तो दीख जायेगा कि क्यों उनकी तृप्ति के साधन और भी घटिया और दूषित होंगे। इससे यह भी समझा जा सकता है कि क्यों अधिकांश भारतीय—या अपने ज्ञान की बातें कहें तो हिन्दी के—साहित्यकार हवाई किलों में रहते हैं और अपने स्वप्नलोकों का आरोप अपने परिवार पर किया करते हैं। अपनी स्त्री का आदर्शीकरण, स्त्री के नाम से कहानियाँ छपाकर 'लेखिका'

1. देखिए 'संस्कृति और परिस्थिति'।

('संस्कृत') स्त्री पाने की इच्छापूर्ति (विशफुल्फ़िल्मेंट)—ये सब प्रवृत्तियाँ इस प्रकार समझी जा सकती हैं। लेकिन ये सब हमारे साहित्य में व्याप्त होने वाली कुण्ठा का एक ही पहलू है, और इस समय हम इस पहलू पर विचार करना नहीं चाहते। यहाँ बाह्य परिस्थिति के दबाव से उत्पन्न हुई मजबूरियों को छोड़कर हम कुछ आन्तरिक अथवा मानसिक परिस्थितियों और उनमें पैदा होनेवाली प्रवृत्तियों पर विचार करेंगे। शायद यहाँ पाठक को शंका हो कि इस विवेचन से फ्रांसीसी मित्र के चुटकुले का क्या सम्बन्ध है, अतः कुछ विश्लेषण करने से पहले विश्लेषण का परिणाम और चुटकुले से उसका सम्बन्ध, भरसक एक ही चौंका देनेवाले वाक्य में पाठक के आगे रख दिया जाये :

आज का हिन्दी साहित्य अधिकांश में अतृप्ति का, या कह लीजिए लालसा का, इच्छित विश्वास (विशफ़ुल थिंकिंग) का साहित्य है।

परिणाम से प्रारम्भ करना ठीक नीति नहीं है। ऐसा करने के मूल में यह आशा काम कर रही है कि शायद पाठक चौकन्ना होकर उठ बैठे और आगे के विश्लेषण और स्थापनाओं पर अधिक दत्तचित्त होकर विचार कर सके।

इस भूमिका के बाद आधुनिक हिन्दी लेखक की आन्तरिक परिस्थितियों की ओर बढ़ा जा सकता है।

1

हम अपना अध्ययन ऐसे व्यक्ति से आरम्भ करें, जो औसत से कुछ ऊपर है—कुछ ही ऊपर। जो व्यक्ति औसत से बहुत ऊँचा है, प्रतिभाशाली है, 'जीनियस' है, वह परिस्थिति से नहीं बँधता और कैसी भी शृंखला को तोड़कर अनाहत निकल सकता है; लेकिन जीनियस के बारे में कोई स्थापना नहीं की जा सकती। दूसरी ओर औसत से कुछ ऊपर की मेधा पर ज़ोर देना भी आवश्यक है, क्योंकि जो वास्तव में औसत व्यक्ति है, वह शायद साहित्य की ओर प्रेरित ही नहीं होगा।

ऐसा व्यक्ति निरा सामूहिक प्राणी (हर्ड एनिमल) नहीं है, वह समष्टि का एक अंग होने के अलावा एक सचेतन व्यक्ति भी है। व्यक्ति-ता का अधूरा भी ज्ञान होते ही उसमें इच्छा होती है कि उसकी रुचियाँ, उसके विचार और दृष्टिकोण, उसकी भावनाएँ, सामाजिक स्वीकृति पायें।[1] यों कहा जाये कि व्यक्ति-ता का अनुभव होते ही उसमें माँग होती है कि वह अपने को एक सन्तोषजनक

---

1. परदेश में आकर कभी व्यक्ति को ऐसा लगता है—जिसे हम 'घर की याद आना' कहते हैं, तनिक उस दौर्हृद की ओर ध्यान दीजिए। शायद इस प्रकार की घर की याद साधारण सामाजिक जीवन का अंग है। 'घर' से अभिप्राय केवल किसी एक इमारत का नहीं, जीवन के उस समूचे परिचित ढाँचे से है—वस्तुएँ, संस्थाएँ, रूढ़ियाँ इष्टजन—जिसके बीच व्यक्ति रहता है और जिसके साथ उसका व्यवहार पूर्व-निर्दिष्ट नियमों के अनुसार संचालित होता है। लेकिन 'घर की याद' आने में भी सबसे अधिक वेदना परिचित व्यक्तियों के लिए होती है। इसीलिए आजकल की सामाजिक परिस्थिति में, जहाँ लोग प्रायः 'अपनों' के बीच से उच्छिन्न होकर अपरिचित स्थानों में रहते और नौकरी करते हैं, ड्रॉइंग रूम और इस प्रकार की बहुत-सी गैरज़रूरी चीज़ों का महत्त्व बढ़ता जाता है—शायद ऐसे परिचित फ़र्नीचर के द्वारा लोग उस स्थिरता और निर्विघ्नता का भ्रम पैदा कर लेना चाहते हैं जो 'अपनों' के बीच रहने से मिलती है। आधुनिक नौकरी-पेशा लोगों के घरों में बहुत कम होंगे, जिनमें आवश्यकता से कहीं अधिक फ़र्नीचर नहीं होता—और भारतीय ढंग से जिनका सम्बन्ध जितना ही अधिक टूटता जाता है, उतना ही वे उस अनावश्यक बोझ से लदते जाते हैं। अस्तु, इन अनुमानों को छोड़कर मुख्य बात पर आयें—कि मानव-मात्र के लिए 'अपनों' की आवश्यकता रहती है—यानी मानव-मात्र चाहता है अपनी रुचियाँ, अपनी इच्छाएँ, अपने दृष्टिकोण और अपने मनोभाव दूसरों के साथ बँटाये और दूसरों से उनके लिए स्वीकृति प्रदान करे।

सामाजिक संगठन अथवा परिवृत्ति का अंग महसूस करे। यहाँ 'सामाजिक परिवृत्ति' का अर्थ समझ लेना चाहिए—कोई व्यक्ति किस दल का अंग है या हो सकता है इसका निर्णय करने के लिए उसकी प्रवृत्तियों की ओर ध्यान देना आवश्यक है। यदि आधुनिक औद्योगिक समाज में से एक व्यक्ति निकलकर अफ्रीका के जंगलों में जा पहुँचे तो वहाँ के जुलू और बांटू समाज के बीच में रह कर भी वह अपने को उससे अलग और किसी दूरस्थ देश के समाज से सम्बद्ध मान सकता है। इसी प्रकार आधुनिक सभ्य-समाज में रहने वाला एक व्यक्ति अपनी विशेष प्रवृत्तियों या दृष्टिकोण के कारण किसी असभ्य जंगली जाति में ही अधिक अन्तरंग सम्बन्ध का अनुभव कर सकता है। 'समाज' के बजाय 'सामाजिक परिवृत्ति' कहने का यही कारण है—**'समानशीलव्यसनेषु सख्यं'**। किसी सामाजिक दल या गुट का सदस्य होने का अभिप्राय केवल खान-पान का भागी होना नहीं, उसमें आचरण और अनुभूति की समानता भी निहित है। वैसे तो कोई भी एक रुचि मिल जाने से एक विशेष प्रकार का सम्बन्ध स्थापित हो जाता है और हर एक दिशा में व्यक्ति अपने को एक सामाजिक संगठन का अंग मान सकता है; लेकिन पूर्णतया सन्तोषजनक वही सामाजिक दल या परिवृत्ति हो सकती है, जो न केवल दैनिक हुक्का-पानी और रोटी-बेटी में साथ दे वरन् अपने सदस्यों की अधिक सूक्ष्म और महत्त्वपूर्ण प्रवृत्तियों और कृतियों को भी अपना और परख सके। इस बात का यह अभिप्राय नहीं है कि प्रतिभाशाली व्यक्ति तभी सन्तुष्ट अथवा स्वस्थ हो सकता है, जब उसका समूचा समाज ही प्रतिभाशाली व्यक्तियों का हो। अभिप्राय यह है कि उस व्यक्ति को, और उसके समाज को, यह स्वीकार करना चाहिए कि व्यक्ति की सर्वोत्तम कृतियों की बुनियाद अन्ततोगत्वा उन्हीं मान्यताओं पर कायम है जो समाज द्वारा स्वीकृति हैं, यह स्वीकृति हो तभी वह समाज व्यक्ति के लिए पूर्ण सन्तोषदायी हो सकता है, अन्यथा नहीं।

इस स्थापना से एक कदम और आगे बढ़ा जाये। यदि हमारा लेखक—वह व्यक्ति जिसे हमने अपने अध्ययन का विषय माना है—ऐसा व्यक्ति है, जिसकी रुचियाँ और अन्तरंग प्रवृत्तियाँ उसकी सामाजिक परिवृत्ति के साथ मेल नहीं खातीं और उसकी प्रवृत्तियों से सम्बन्ध नहीं रखतीं, तब उस व्यक्ति को समाज से सन्तोष नहीं प्राप्त होता—वह समाज से किसी गहरे सम्बन्ध का अनुभव नहीं करेगा और इसलिए समाज के प्रति आस्था का भाव भी उसमें नहीं होगा।

एक और परिणाम भी इससे निकलता है, यद्यपि उसकी अवधारणा इतनी आसान नहीं है। मान लीजिए कि व्यक्ति अपने को ऐसे सामाजिक दल में पाता है, या अनुभव करता है कि वह ऐसी परिवृत्ति में है, जो रूढ़िग्रस्त और ह्रासोन्मुख है। ऐसे समाज से उसका सम्बन्ध पहले ही अनिच्छापूर्ण और शिथिल होगा, फिर ऐसे समाज को स्वीकृत और चालू मान्यताओं का खण्डन और विरोध करने की, उसके मानदण्डों को तोड़ने और पुनः गढ़ने की प्रेरणा भी विशेष बलवती होगी। जो प्रतिभावान है, जीनियस है, वह इस परिस्थिति में पड़कर एक हड़कम्प पैदा कर देगा और निर्मम होकर अपना मार्ग निकालेगा लेकिन जो जीनियस से कुछ भी कम है, उसके लिए ऐसी परिस्थिति का परिणाम केवल इतना ही होगा कि समाज द्वारा स्वीकृति पाने की जो मौलिक आवश्यकता है, व्यक्ति की व्यक्ति-ता की जो पहली ही माँग है, वह छिप जायेगी, कुण्ठित हो जायेगी। इससे एक असन्तोष उत्पन्न होगा जो रचनाशील नहीं, जो केवल एक अतृप्ति, एक भूख, एक अस्पष्ट, अशक्त कामना भर होगी—एक दौर्हृद मात्र—जो ठीक 'घर की याद' के दौर्हृद जैसा होगा! अंग्रेजी में इसे 'नोस्टेल्जिया' कहते हैं, अर्थात् वापस लौटने का दर्द (नोस्टोस, वापस लौटना, एल्गोस, दर्द)।

2

इस सैद्धान्तिक विश्लेषण से जिन स्थापनाओं पर हम पहुँचे हैं, वे शायद तीव्र विरोध का कारण नहीं बनेंगी। किन्तु इनको प्रयोग में लाने पर भी ऐसी ही स्वीकृति उन्हें मिल सकेगी या नहीं, इसमें हमें सन्देह है। तथापि सिद्धान्त को यथार्थ की कसौटी पर आँकना तो होगा ही।

हमारा युग संक्रान्ति का युग है। सब ओर परिवर्तन एक नियति-सा हमें खींचे लिये जा रहा है। इस कथन की लम्बी-चौड़ी व्याख्या करने की आवश्यकता नहीं—जिधर भी नज़र फिरायें इसके मुख्य प्रमाण मिल सकेंगे। समाज के संगठन में, राज्य-व्यवस्था में, नीति और आचार में—साहित्य की ओर आयें तो पाप और पुण्य, ऊँच और नीच की व्याख्या में, वस्तु और शैली में, तुक और छन्द में—सर्वत्र घोर परिवर्तन हो रहा है। अतएव जीवन का दबाव व्यक्ति के मन पर बहुत बढ़ गया है। भौतिक जीवन पर यान्त्रिक संगठन का, और आन्तरिक जीवन पर इस तीव्र परिवर्तन का—इस दोहरे दबाव के नीचे आज के व्यक्ति की स्थिति शान्तिजनक नहीं है—विशेषतया वैसे व्यक्ति की जिसको हमने अपने अध्ययन का केन्द्र बनाया है। भारतीय साहित्यिक पाता है उसके आस-पास सब कुछ बदल रहा है, जो मान्यताएँ ध्रुव-सी अटल मानी जा रही थीं वे सब सहसा सन्दिग्ध हो उठी हैं। इस डगमग स्थिति में, आमूल परिवर्तन की लहर से सहसा हतबुद्धि होकर वह किसी आश्रय की, किसी आड़ की, 'घर' की खोज में विह्वल हो उठा है। या फिर कभी ऐसा भी हुआ है कि वह स्वयं अपने को ही अपने समवर्तियों से भिन्न पाता है—अनुभव करता कि वही बदल गया है, तीव्र जीवनानुभव के दबाव ने उसे जो गति दी है, पर उसके पास-पास का समाज अचल है, जड़ है, गतिहीन खड़ा है। दोनों स्थितियों का असर एक-सा होता है—व्यक्ति 'बिन पानी की मछली' सा महसूस करता है, अनुकूलता के लिए छटपटाता है, 'सन्तोषजनक सामाजिक दल' की माँग करता है—'घर लौटना' चाहता है।

न्यूनाधिक मात्रा में यह क्रिया सभी देशों में और सभी कालों में होती रहती है। लेकिन शान्ति और समृद्धि के वातावरण में वह उतनी तीखी और स्पष्ट नहीं होती। हमारे देश की आधुनिक अवस्था में यह अनुकूलता की, सन्तोषजनक सामाजिक परिवृत्ति की माँग दुस्सह हो उठी है।

इस माँग के कुण्ठित हो जाने से जो दौहृद, जो क्लान्त अतृप्ति पैदा होती है, वह एक विशेष प्रकार के साहित्य को ही प्रेरित कर सकती है।

3

निस्सन्देह उपर्युक्त स्थापना एक भोंड़ी और अतिव्याप्तिदोष-पूर्ण स्थापना है। यह नहीं कहा जा सकता कि किसी विशेष परिस्थिति में अनिवार्य रूप से ऐसी प्रतिक्रिया होगी। किसी लेखक को सन्तोषजनक सामाजिक परिवृत्ति क्यों नहीं प्राप्त होती, क्यों वह व्यक्ति की मौलिक सामाजिक माँग पूरी नहीं कर सकता, यह समझने के लिए केवल उसके समय की नहीं, उसके व्यक्ति-जीवन की भी पृथक् छानबीन करनी होगी। क्योंकि, जैसे यह आवश्यक नहीं है कि यह माँग अपने निकटवर्ती समाज द्वारा ही पूरी हो, इसी तरह यह भी आवश्यक नहीं है कि इसके लिए किसी समकालीन सामाजिक दल की ही

अनिवार्य आवश्यकता हो। ऐसा सर्वथा सम्भव है कि कोई व्यक्ति अपनी रुचियों और इच्छाओं और कृतियों के लिए स्वीकृति (सैंक्शन) अपने समकालीनों से नहीं, किसी बीते युग में चालू मानदण्डों और मान्यताओं के आधार पर पाले।[1] ऐसी दशा में वह आजकल के लोगों के लिए एक 'अजायबघर का नमूना' होगा, लेकिन अपने में वह सन्तुष्ट और सम्पूर्ण होगा; अतृप्ति का दौर्हद, अनुकूलता की, 'घर' की माँग उसमें नहीं होगी।

ऊपर एकाधिक बार कहा गया है कि व्यक्ति अपनी रुचियों और इच्छाओं के लिए समाज की 'स्वीकृति' चाहता है। 'स्वीकृति पाने' का ठीक अभिप्राय क्या है, महत्त्व क्या है? स्पष्ट है कि समाज द्वारा स्वीकृति पाने का महत्त्व तभी है, जबकि स्वीकृति न मिलने का परिणाम भी उतना ही महत्त्व रखता हो। समाज द्वारा अस्वीकृत होना, अनादृत होना, बहुत बड़ी बात हो, तभी तो स्वीकृति और समादर महत्त्व पायेगा? इससे यहाँ स्पष्ट है व्यक्ति को स्वीकृति पाने के लिए किसी हद तक समाज की या उसकी मान्यताओं की ओर ध्यान देना पड़ेगा। वह किसी व्यक्ति के, या किसी दल के या नियम के आगे झुके न भी, तो भी यह तो उसे मानना ही होगा कि अन्य व्यक्तिगत अनुभव और दल का समष्टिगत अनुभव, उसकी निजी अनुभूति के साथ गहरा सम्बन्ध रखते हैं और उसका मूल्य आँकने के लिए अवश्य विचारणीय हैं। इस प्रकार समष्टिगत अनुभव, अर्थात् दल अथवा जाति की परम्परा व्यक्ति के लिए मान्य नहीं तो प्रासंगिक और विचारणीय अवश्य होती है। अपनी अनुभूति को जातिगत या समूहगत अनुभवों पर जाँचते-जाँचते व्यक्ति का व्यक्तित्व क्रमशः पुनर्निर्मित होता चलता है, और उसमें सामाजिक मान्यताओं और परम्परा तथा संस्कृति की भावना अधिक गहरी होती चलती है। ज्यों-ज्यों व्यक्ति अपनी अनुभूति को समाज की अनुभूति पर घटित करता चलता है, अपनी अनुभूति को उसके प्रकाश में देखता चलता है, त्यों-त्यों उसका वह अंश, जिसे वह अभिन्नतम अपना, मौलिक, विशिष्ट, अभूतपूर्व समझता है, छोटा होता चलता है। छोटा होने के साथ-साथ वह अधिक महत्त्वपूर्ण भी होता चलता है, क्योंकि वह व्यक्ति की मौलिकता का घनीभूत रस है, व्यक्तित्व का प्राणवायु है। यही अंश है जो परम्परा के अनुकूल अपने को नहीं बनाता वरन् पूर्ण स्वीकृति चाहता है। वह परम्परा को गढ़ता है, उसे विकसित और विवर्धित करता है। अभिन्नतम व्यक्तिगत अनुभूति से समूह का अनुभूति-पुंज अधिक समृद्ध और गहरा होता है। वही व्यक्ति की देन है।

तो एक विशेष सीमा तक व्यक्ति समाज के अनुकूल अपने को गढ़ता है—स्वीकृति पाने का यह मूल्य वह चुकाता है। उसके बाद, जब व्यक्ति का मर्म छुआ जाता है, तब वह आहत होकर विद्रोह या चीत्कार कर उठता है। किसी भी लेखक में यदि कुछ भी अंश ऐसा विशिष्ट है, तब एक सीमा ऐसी अवश्य होगी, जिस पर पहुँच कर डी. एच. लारेंस की तरह फुफकार उठेगा—

You say I am wrong.

Who are you, who is any body to say I am wrong ?

---

1. परम्परा का, संस्कृति का महत्त्व यहाँ स्पष्ट हो जाता है। इसीलिए संस्कृति की ओर उन्मुख होने वाले लोग प्रायः रूढ़िवादी हो जाते हैं—अतीत की मान्यताओं द्वारा अपनी जीवनचर्या को सिद्ध करने में यह खतरा तो रहता ही है। ऐसा होना अनिवार्य कदापि नहीं है—संस्कृति का महत्त्व ठीक समझने पर वह गतिदायिनी ही होती है, गतिनाशिनी नहीं।

I am not wrong.[1]

लारेंस तो कहीं भी 'अनुकूल' होने को तैयार नहीं था, बिना प्रतिदान किये अपना समूचा व्यक्तित्व ज्यों-का-त्यों स्वीकृत कराना चाहता था; पर उतना उग्र न होकर भी महत्त्वपूर्ण लेखक को ऐसी मनोवृत्ति 'रिज़र्व' में तो रखनी ही होगी। कहना चाहिए कि प्रत्येक महत्त्वपूर्ण लेखक अग्निगर्भ होता है; बुद्ध के बोधिसत्व होते हैं, तो महान् लेखकों को भी अनिवार्य रूप से विद्रोहसत्व होना चाहिए।

(4)

सिद्धान्त की इस दूसरी स्थापना के बाद फिर हमें यथार्थ की ओर लौटना चाहिए। लेकिन इससे पहले एक बात स्पष्ट कर लेनी होगी। यदि व्यक्ति में एक विशिष्ट स्वत्त्व है—और हमने सिद्ध किया है कि महत्त्व का अंश वही है—तब उसमें अनुकूलता की माँग भी होगी ही, सन्तोषजनक सामाजिक परिवृत्ति न मिलने की कसक भी होगी ही—तब क्या हम फिर उसी भोंड़ी अतिव्याप्ति की ओर लौट आयें? क्या परिणाम यह निकला कि सभी अच्छा साहित्य अनिवार्य रूप से अतृप्ति का साहित्य होगा?

इसके उत्तर में यह कहना चाहिए कि अतृप्ति का अनुभव तो निस्सन्देह प्रत्येक अच्छे लेखक को होना चाहिए। बल्कि, यदि किसी आधुनिक लेखक में इस माँग की सम्पूर्ण अनुपस्थिति दीख पड़े, तब उसी के बारे में शंकित होना चाहिए—क्योंकि इस अनुपस्थिति से यह अनुमान कर लेना स्वाभाविक है कि उस लेखक ने या तो आज के अर्थ-पिशाचों के स्वार्थों के साथ अपने को मिला लिया है, या अपने को किसी पण्डिताऊ दल के संकुचित दायरे का कूप-मण्डूक बना लिया है, या गुटबन्दियों में उलझा लिया है—साधारण रूप से यह समझ लेना चाहिए कि परम्परा को जाँचने-परखने की वृत्ति, ज़ीवन के प्रति सतर्कता, उसमें बिल्कुल नहीं है। किन्तु दूसरी ओर यदि लेखक की रचनाओं का स्थायी भाव ही यह 'घर लौटने की माँग' है तब उसे भी जीवन से पराजित, असमर्थ और असफल लेखक समझना चाहिए। ऐसे व्यक्तियों के जीवन में गहरा देखने से हम प्रायः यह पायेंगे कि सामाजिक दबाव का प्रतिरोध करने में अविवेक से वह दौर्हृद, वह स्थायी कुण्ठितावस्था उत्पन्न होती है। निस्सन्देह यह निर्णय बहुत कठिन है कि कहाँ तक परम्परा के आगे झुका जाय और कहाँ प्रतिघात के लिए तैयारी की जाय, विनय और पराजय के सूक्ष्म भेद को निरन्तर देखते रहने की, अपने समीक्षकों की समीक्षा करते रहने की, अचूक योग्यता एक महान् निधि है। और यह भी है कि जो व्यक्ति जितना ही अधिक बलशाली और समर्थ हो उतना ही अधिक उसमें रूढ़ि और परम्परा और समाज के विरुद्ध विद्रोह कर उठने की अधीरता होगी—विवेकपूर्ण विनय उतना ही कठिन होगा! लेकिन विनय और आत्मगौरव का यह सूक्ष्म सामंजस्य जहाँ स्थापित नहीं हो सका है, वहाँ आश्रय की माँग एक स्थायी लालसा बनकर जम जायेगी और उसकी कुण्ठा उस लेखक के साहित्य में छायी रहेगी।

इस प्रकार हम यह स्थापना कर सकते हैं कि यद्यपि अतृप्ति का अनुभव प्रत्येक लेखक में होना चाहिए, तथापि उसकी रचनाओं का महत्त्व आँकने के लिए यह देखना चाहिए कि अन्ततोगत्वा अपनी इस अनुभूति के प्रति उसकी स्थिति क्या है। यदि अपनी अनुभूति के प्रति उसकी आलोचक बुद्धि जाग्रत है, यदि उसने धैर्यपूर्वक अपनी आन्तरिक माँग का सामना किया और उसे समझा है, यदि उसके

1. तुम कहते हो कि मैं गलती पर हूँ।
कौन हो तुम, कौन है कोई भी मुझे यह कहने वाला कि मैं ग़लती पर हूँ?
मैं ग़लती पर नहीं हूँ।

उद्वेग ने उसमें प्रतिरोध और युयुत्सा की भावनाएँ जगायी हैं, उसे वातावरण या सामाजिक गति को तोड़कर नया वातावरण और नया सामाजिक संगठन लाने की प्रेरणा दी है, तभी उसकी रचनाएँ महान् साहित्य बन सकेंगी। यदि उसकी आलोचक बुद्धि क्षीण हो गयी है, यदि वह अपनी आन्तरिक माँग को न समझता हुआ केवल उसमें बहा है, यदि उसके उद्वेग ने केवल अनिश्चय, घबराहट और पलायन की भावनाएँ जगायी हैं, तब उसकी रचनाएँ मधुर होकर भी घटिया रहेंगी। किसी अपरिचित को देखकर बच्चे की यह वृत्ति होती है कि माँ का आँचल खोजे और उसके भीतर दुबक जाय, उसे मुँह पर तान ले। इस सहज क्रिया पर करुणा आ सकती है, वह आकर्षक भी हो सकती है; लेकिन यह चेष्टा वयस्क मानव के लिए अशोभन है। जिस आश्रय की अथवा अनुकूल सामाजिक परिवृत्ति की माँग की चर्चा हमने की है, वह भी एक ऐसे ही 'माँ के आँचल' की माँग है। इस माँग की प्रतिक्रिया शिशु में और प्रौढ़ व्यक्ति में एक-सी नहीं होगी, न होनी चाहिए। उपर्युक्त स्थापना को इस तरह भी कहा जा सकता है कि यदि लेखक की प्रतिक्रिया प्रौढ़ है, तभी वह सत्साहित्य की रचना कर सकता है। नहीं तो वह कितनी भी सुन्दर शब्द-योजना करे, 'माँ के आँचल' के भीतर कितने ही मधुर स्वप्न देखे, कल्पनालोक खड़े करे, अन्ततः उसका सारा प्रयास बाहर के उस विकराल अपरिचित 'कुछ' की अनदेखी कर जाने का प्रयत्न है, एक शैशवोचित चेष्टा है।

5

अब, हम समझते हैं, हमें अधिकार मिल गया है कि इन स्थापनाओं के आधार पर हम आधुनिक साहित्य के बारे में कुछ 'तुक्के' चलाएँ। सबसे पहले प्रेमचन्दजी को लिया जाय। हमारा अनुमान है कि 'सेवा-सदन' और 'प्रेमाश्रम' के अन्त में जिस सदन और आश्रम की उद्भावना की गयी है, वे ठीक वैसा ही 'आश्रय' खोजने का प्रयत्न हैं, जिसका उल्लेख ऊपर हुआ है। निस्सन्देह प्रेमचन्दजी में अपने समाज की त्रुटिपूर्णता, 'अपर्याप्तता' की भावना तीव्र थी, और फलतः मनोनुकूल समाज की माँग उतनी ही प्रबल। हमारा अनुमान है कि आरम्भ में इस बात को स्पष्ट रूप से वह नहीं देखते थे, और इसीलिए 'सेवा-सदन' और 'प्रेमाश्रम' के 'यथार्थवाद' में 'विशफ़ुल थिंकिंग' का एक हल्का-सा परदा है—दोनों में जो संस्थाएँ समस्या के हल के रूप में पेश की गयी हैं, वे वास्तव में तर्कसिद्ध सुधार-चेष्टा का परिणाम नहीं, एक अस्पष्ट अपर्याप्तता को पूरने के लिए खड़े किये गये स्वप्न हैं—'युटोपियो' हैं।

यह प्रेमचन्द की निन्दा नहीं है। हम ऊपर से कह आये हैं कि आधुनिक युग में ऐसी लालसा या वेदना का न होना शंकनीय है; हाँ, यह भाव स्थायी नहीं होना चाहिए। और हम देखते हैं कि प्रेमचन्दजी में ऐसे युटोपिया रचने की वृत्ति क्रमशः कम होती गयी है। 'गोदान' में वह सर्वथा लुप्त हो गयी है—'गोदान' में भी दोष हैं—उसका उच्चवर्ग वैसा यथार्थ और विश्वासोत्पादक नहीं है जैसा कि कुछ विदेशी लेखकों का (उदाहरणतया गॉल्सवर्दी का फ़ारसाइट परिवार), 'गोदान' में होरी ही यथार्थ है, न कि मेहता। लेकिन यह दोष या तो परिचय की कमी का परिणाम है, या 'व्यक्ति' की बजाय 'टाइप' रचने की वृत्ति का,[1] 'इच्छित विश्वास' या 'आश्रय की माँग' का नहीं। वह दोष सुधारक का दोष है, यथार्थ से पलायनमान शतुरमुर्ग का नहीं। अतएव यह स्वीकार करना होगा कि प्रेमचन्दजी निरन्तर साहसपूर्वक यथार्थ की ओर अग्रसर होते रहे और विजयोन्मुख रहे।

1. जो कि सुधारक में अधैर्य के कारण प्रायः ही आ जाती है, जैसे 'सुदर्शन' जी में, जिनके पात्र प्रायः उसी 'टाइप' होते हैं, व्यक्ति नहीं, क्योंकि वे एक नैतिक स्थापना के अनुगामी, अधीन होकर आगे आते हैं।

जैनेन्द्र कुमार में भी हम उपर्युक्त क्रिया के उदाहरण पा सकते हैं 'परख' के भावाक्रान्त आदर्शोन्मुख यथार्थवाद के बाद 'सुनीता' जैसे समस्या-उपन्यास की रचना जिसकी समस्या यथार्थ-जीवन की नहीं, सम्पूर्णतया कल्पित (हाइपोथेटिकल) है और जिसे व्यंजित करने वाले पात्र भी यथार्थ नहीं, संश्लिष्ट (सिंथेटिक) और काल्पनिक (हाइपोथेटिकल) हैं—एक बौद्धिक व्यायाम भी समझी जा सकती, यदि उसके बाद फिर लेखक यथार्थ की ओर उन्मुख न होता। लेकिन 'सुनीता' की विशुद्ध टेकनिकल विजय भी इशारा करती है कि लेखक की मानसिक प्रगति में कहीं कुछ अकल उत्पन्न हो गयी है। उसके बाद जब हम उन्हें क्रमशः अधिकाधिक काल्पनिक—अथवा कि दार्शनिक—तत्त्वों के निरूपण के लिए और भी अधिक काल्पनिक पात्रों की सृष्टि करता पाते हैं, तब वह शंका पुष्ट होती है। निस्सन्देह जैनेन्द्रकुमार की रचनाओं में कथावस्तु अथवा पात्र की उद्‌भावना के पीछे उनका जीवन-दर्शन भी है, निस्सन्देह उनके अनेक काल्पनिक पात्र वास्तव में प्रतीक पुरुष हैं, जिनके निमित्त से वह नीरस बुद्धिवाद के विरुद्ध आस्था के, विश्वास के, श्रद्धा के विद्रोह (या कि प्रति-द्रोह?) के अपने जीवनदर्शन को प्रतिपादित करना चाहते हैं। और हमें यह भी ध्यान में रखना चाहिए कि आज के युग में विश्वास कायम रख सकना ही एकमात्र आशासूत्र है। पर उनका बुना हुआ झिलमिल ताना-बाना सबका सब 'आदर्शवाद' नहीं है; और अनेक स्थलों में वह केवल-मात्र वही आश्रय की माँग का मोहक आवरण है जिसमें सुन्दर स्वप्न-रंग भरे गये हैं। कहीं उनकी रचनाओं में झलकने वाली अखृअतृप्ति सत्यान्वेषी[1] की स्वाभाविक उलझन या घबराहट है, लेकिन सर्वत्र ऐसी बात नहीं है—अनेक स्थलों पर एक दूसरी चीज़ को झूठा गौरव दिया गया है, रचना को किसी ऐसे अबोधगम्य, अलौकिक सत्य की ओर संकेत करने वाला दिखाया गया है, जो वास्तव में उससे ध्वनित नहीं होता, उसके पीछे है ही नहीं। 'नीलमदेश की राजकन्या' में राज्यकन्या का अकारण 'सूना-सूना' अनुभव करना, कुछ चाहना—'कुछ वह कि जाने क्या!'—इन सब अस्पष्ट, आकार-हीन चाहनाओं में किसी 'चिरन्तन की पुकार' की ध्वनि नहीं है, ये किसी दिव्य सम्बन्ध में संकेत नहीं हैं, यह सीधी-सीधी एक पर्याप्त, अनुकूल, तोषप्रद सामाजिक परिवृत्ति की माँग है। वयःसन्धि-प्राप्त राजकन्या की अज्ञात लालसाओं, 'प्रतीक्षाओं', राजकुमार की कल्पनाओं द्वारा लेखक नारी-जीवन का कोई गूढ़ सत्य, या नारी के धर्म अथवा स्वभाव के बारे में कोई दार्शनिक दृष्टिकोण, या आत्मा और परमात्मा के रहस्यमय सम्बन्ध का कोई संकेत नहीं पेश कर रहा है। ऐसी ध्वनि अगर उसमें है, तो वह आरोपित है, लेखक द्वारा या पाठक द्वारा हेतुवाद का परिणाम है। नहीं तो 'नीलमदेश की राजकन्या' आश्रय की माँग का शुद्ध नमूना है।

यह कहना मूर्खता होगी कि वह वस्तु जैनेन्द्रकुमार की रचनाओं में स्थायी रूप से जम गयी है। निजी परिचय के आधार पर कोई यह भी कह सकता है कि उन जैसा जिज्ञासु और अन्वेषी व्यक्ति यहीं तक आकर अटक नहीं जायेगा, आगे भी बढ़ेगा। उदाहरण के रूप में 'त्यागपत्र' का भी उल्लेख हो सकता है। हम उसके दृष्टिकोण से सहमत न हों, नारी की परिकल्पना हम दूसरे रूप में करें, लेकिन 'त्यागपत्र' में एक विशेष-दृष्टिकोण है अवश्य, उसमें जैनेन्द्रकुमार का दर्शन है, उनके विचार का फल है। मनोविश्लेषण की दृष्टि से देखा जाय तो कुण्ठा उस दर्शन में भी है, वह दर्शन किसी विशेष दिशा में कुण्ठित हुए व्यक्ति का ही दर्शन है, लेकिन ऐसी बात किस दार्शनिक के बारे में नहीं कही जा सकती? यहाँ हमें इसी से मतलब है कि वह कुण्ठा 'पर्याप्त', तोषप्रद सामाजिक परिवृत्ति की माँग' की

1. हिन्दी गल्प-साहित्यिक क्षेत्र में जैनेन्द्रकुमार शायद सबसे अधिक प्रयोगशील लेखक हैं—वस्तु में भी और शैली में भी उन्होंने अनेक प्रयोग किये हैं जो सफल चाहे हुए हों चाहे नहीं, साहित्य में अपना एक स्थान रखेंगे।

कुण्ठा नहीं है। हो सकता है कि 'त्यागपत्र' के लेखक ने इसको समझकर उसके प्रति ठीक दृष्टिकोण अख्तियार कर लिया हो—स्वीकृति का नहीं, युयुत्सा का भाव उनमें जागा हो। यदि ऐसा हुआ है, तब इस माँग का अनुभव कर चुके होने से उनकी रचना में गहराई ही आयेगी।

श्रीमती कमला चौधरी की कहानियों में इस तरह की माँग और भी स्पष्ट है। बल्कि यहाँ तक कहा जा सकता है कि कुछ कहानियों को छोड़कर शेष की बुनियाद ही इस पर है। और यह नहीं कि यह माँग प्रतिपाद्य विषय है[1]—वैसा होता, तब तो शायद वह तटस्थ हो सकतीं—बल्कि लेखिका की रचनाओं की मूल प्रेरणा ही वह है। एक बार फिर कहना होगा कि ऐसी माँग का अनुभव करना ही कोई दोष नहीं है, वह केवल इस बात का संकेत है कि व्यक्ति अपने समाज से तृप्त और तुष्ट नहीं हो रहा है। लेकिन कमला चौधरी की रचनाओं में इस माँग की आपूर्ति का विरोध करने की, सामाजिक परिवृत्ति से लड़ने अथवा उसे बदलने की इच्छा प्रायः कहीं नहीं झलकती, केवल माँग के खण्डित हो जाने से उत्पन्न होने वाला धूमिल असन्तोष, घर लौट चलने की चेष्टा ही उनमें अभिव्यंजित होती है। जिस समाज से आत्मा को तृप्ति नहीं मिली, उससे सम्पूर्णतया विमुख होकर एक काल्पनिक घर की अस्पष्ट चाहना करती हुई आत्मा का प्रतिबिम्ब—साहित्य-स्रष्टा का सम्पूर्ण पलायन—ही उनकी कहानियों से लक्षित होता है।

यदा-कदा महादेवी वर्मा की कविता में भी इस माँग के लक्षण मिलते हैं। यद्यपि वह उस श्रेणी में हैं, जो किसी-न-किसी तरह का सामंजस्य पा चुकी हैं, तथापि उनकी कविता निरपवाद रूप से रहस्यवाद की कविता नहीं है। हम केवल रोमांटिक झलक की बात नहीं कहते, हमारा अभिप्राय यह है कि उसमें भी कहीं-कहीं वैसी ही अस्पष्ट अकारण व्यथा है जो स्वयं अन्त है, किसी अधिक गहरी या व्यापक क्रिया का संकेत नहीं। 'घर आने' पर जो विशेष मनःस्थिति हमारी होती है—जो अकारण व्यथा-सी मन में होती है, जो दौर्हृद पैदा होता है, कविता में भी वैसी वेदना को उसी कारण उत्पन्न हुआ जानना चाहिए, वह भी केवल तोषप्रद परिवृत्ति की, 'घर लौटने की' माँग है, किसी रहस्यमय इष्ट-पुरुष की अलौकिक विरह-वेदना नहीं। ध्यान रहे कि ऐसी झलक महादेवी वर्मा की कविता में यदा कदा मिलती है, व्यापक नहीं है।

'बच्चन' जी की कविता में भी—

संघर्ष से टूटा हुआ,
दुर्भाग्य से लूटा हुआ,
परिवार से छूटा हुआ,
कितना अकेला आज मैं।

आदि पद्यों में इस माँग का संकेत बिल्कुल स्पष्ट है—'एकान्त संगीत' तो प्रायः निरपवाद के रूप से संघर्ष में कुण्ठित, 'परिवार से छूटा हुआ' होने की भावना से ओत-प्रोत विषण्ण हृदय का आर्त्तनाद है।

अन्य अनेक सम्भव उदाहरण न देकर हम संक्षेप में सियारामशरण गुप्त की ओर ध्यान खींचकर 'प्रसाद' की ओर बढ़ेंगे, क्योंकि उनके काव्य से हमें एक और सिद्धान्त की उपलब्धि करनी है—

1. इसे स्पष्ट करना इसलिए ज़रूरी है कि आजकल के हिन्दी आलोचक बहुधा इस भेद को भूल जाते हैं और कथा के पात्र की बातों या हरकतों का आरोप लेखक पर करते हैं। इस माँग का चित्रण करने वाला स्वयं माँगने वाला हो भी सकता है, पर अनिवार्य रूप से नहीं है; हिस्टीरिया का वर्णन करने वाला स्वयं हिस्टीरिकल हो भी सकता है, पर अनिवार्य रूप से नहीं है; वैसे ही जैसे विवाह का वर्णन करने वाला स्वयं विवाहित हो भी सकता है पर अनिवार्य रूप से नहीं।

सियारामशरण गुप्त भी उन सूक्ष्मानुभवी कवियों में से हैं, जिनसे यह अपेक्षा नहीं हो सकती थी कि वे अपनी सामाजिक परिवृत्ति को ज्यों-का-त्यों स्वीकार कर लेंगे; उसे अपर्याप्त, अतोषप्रद नहीं पायेंगे। उन्होंने रूढ़ि का काफी सम्मान किया है, लेकिन अन्त में वे भी उस सीमा पर पहुँच गये हैं, जिसके आगे समाजानुकूलता शक्य नहीं है, क्योंकि उससे व्यक्ति के मर्म को आघात पहुँचता है। उनकी कविता में कवि का आहत-मर्म बोलता है। लेकिन आहत होने के डर से वह घोंघे के वासी की तरह एक जड़ आड़ के भीतर छिप नहीं गया है। समाज को अपर्याप्त पाकर, अपने अभीप्सिततम मर्म के लिए समाज से 'स्वीकृति' न पाकर इस कवि ने अनुकूल परिस्थिति की कल्पना तो की है, उसकी इच्छा की तीव्रता का अनुभव भी किया है, 'पथ' जैसी कविताओं में ऐसा स्वप्न भी देखा है कि जाने चलते-चलते उस स्वप्नलोक तक भी कभी पहुँचा जा सके, जहाँ के समाज से स्वीकृति बिना माँगे मिल जाय! किन्तु ऐसी लालसाओं और मरीचिकाओं ने उन्हें भुलाया नहीं है। उनकी आत्मा ने कर्मण्यता की ही प्रेरणा पायी है। यह ध्वनि उनकी रचनाओं में सर्वत्र मिलेगी। उनके लिए आत्मा चिर-यात्री है, पर उसके पथ पर चलना है, भागना नहीं। स्वप्नों का, आदर्शों का, पाथेय सच है, तो पथ की धूल और काँटे भी झूठ नहीं हैं।

'प्रसाद' की कविता की—कविता ही क्यों, उनकी सब रचनाओं की—जाँच करते समय हम अनुभव करेंगे कि जिन सिद्धान्तों की स्थापना हमने अब तक की है, वे पर्याप्त नहीं हैं। क्योंकि 'प्रसाद' भी किसी भिन्न लोक की कल्पना करते हैं, वे भी गाते हैं—

ले चल वहाँ भुलावा दे कर मेरे नाविक धीरे-धीरे,
जिस निर्जन में सागर लहरी,
अम्बर के कानों में गहरी,
निश्छलप्रेम कथा कहती हो तज कोलाहल की अवनी रे!

लेकिन वहाँ बहुत जल्दी स्पष्ट हो जाता है कि उनकी इस परिकल्पना में और—उदाहरण के लिए—कमला चौधरी की 'साधना का उन्माद' की नायिका साधना की अस्पष्टतया अभीप्सित परिस्थिति में एक मौलिक भेद है। वह भेद क्या है, यह समझने के लिए हमें फिर सिद्धान्तों की थोड़ी खोजबीन करनी होगी।

6

'प्रसाद' के उपर्युक्त उदाहरण में एक कल्पित देश की ओर जाने की लालसा दीखती है। लेकिन यह कहना कठिन है कि यहाँ लालसा 'तोषप्रद, अनुकूल, सामाजिक परिवृत्ति की माँग' के खण्डित हो जाने से, अपनी प्रौढ़ और विकसित रुचियों के लिए सामाजिक स्वीकृति न पाने की कुण्ठा से ही उत्पन्न हुई है। बल्कि इससे यह अनुमान होता है कि कवि इन प्रौढ़, विकसित, उलझी हुई, आधुनिक रुचियों या मनःस्थितियों को ही छोड़कर एक सरल और अधिक सुखद जीवन-प्रणाली की ओर जाना चाह रहा है, जिसमें व्यक्ति की आवश्यकताएँ कम, और उनकी पूर्ति अपेक्षाकृत सुगम हो। हमारे जीवन का ढंग ज्यों-ज्यों अधिक विकास पाता है, त्यों-त्यों वह अधिकाधिक गूढ़ और उलझा हुआ होता चलता है; यह स्वाभाविक है किन्तु यहाँ नूतन स्थिति श्रमसाध्य होती है और इस श्रम से भागने की—पुरानी और सरलतर जीवन प्रणाली अपना लेने की—प्रवृत्ति भी स्वभावतया उदित होती है। इसमें और ऊपर वर्णित प्रवृत्ति में भेद है। निस्सन्देह ये दोनों प्रवृत्तियाँ बहुधा साथ-साथ भी देखने में आती हैं, क्योंकि जिस

व्यक्ति ने अनुकूल सामाजिक परिवृत्ति, सामाजिक स्वीकृति नहीं पायी है और जो इस कारण खण्डित हो गया है, उसमें इस दूसरी प्रकार की पलायन चेष्टाएँ भी अधिक तीव्र होंगी। उदाहरणतया जैनेन्द्रकुमार का 'अबुद्धिवाद' आधुनिक बौद्धिक उलझन से पलायन का परिणाम है। साहित्य से बाहर की बात कहें, तो गांधीवाद का आर्थिक दर्शन आधुनिक जीवन की उलझन से बचकर एक पुरानी, अधिक सरल; आयासहीन जीवनचर्या की ओर जाने की, आधुनिकता के दबाव से पलायन की, चेष्टा से अनुप्राणित है। यदि यह बात पाठक को अप्रासंगिक लगे, तो हिन्दी साहित्य से और उदाहरण मिलेंगे। 'प्रसाद' की रचनाओं—काव्य और नाटक—में जिस काल की कल्पना की गयी है, उसमें रचयिता की दिलचस्पी केवल इतिहासवेत्ता की दिलचस्पी नहीं है, उस दिलचस्पी की आड़ में एक लालसा भी है। (यहाँ हम दोनों प्रकार की प्रवृत्तियों का एक और भी सम्बन्ध देख सकते हैं—अतीत के किसी युग में जाने की लालसा में दोनों प्रकार की प्रवृत्तियाँ हो सकती हैं—पलायन की इसलिए कि वह अतीत आज की कठिनाइयों से मुक्त था, अतृप्ति की इसलिए कि 'आज की कठिनाइयाँ' प्रायः अनुकूल सामाजिक परिवृत्ति की अनुपस्थिति से सम्बन्ध रखती हैं।) राजनैतिक (अथवा आर्थिक) जीवन में 'रामराज्य' की कामना, और साहित्य में 'प्रसाद' के नाटक अथवा काव्य में चित्रिल युग की कामना, दोनों एक ही प्रकार की प्रतिगामी (रिग्रेसिव) चेष्टाएँ हैं, दोनों आज के यथार्थ की उलझन से बचने के लिए 'कल' का सरलतर जीवन-संगठन चाहती हैं।

कुछ आगे बढ़कर देखें तो मृत्यु का 'चिर-निद्रा' अथवा 'मुक्ति के रूप में आह्वान और स्वागत' करना भी इस पलायन-चेष्टा का एक रूप है। इसकी मूल प्रेरणा यह नहीं है कि आगे बढ़कर मृत्यु का सामना किया जाय, मूल प्रेरणा यह है कि ऐसी अवस्था को लौट जाया जाय जहाँ प्रयास नहीं है—'तज कोलाहल की अवनी रे'—ऐसी अवस्था, जा शायद मातृगर्भ में ही मिलती है, उसके बाद मृत्यु तक नहीं। यथार्थ यदि असह्य हो, तब जो स्वाभाविक प्रवृत्ति होती है उसको तर्क की चार सीढ़ियों में व्यक्त किया जा सकता है—

(1) यथार्थ असह्य है, और उससे पीड़ा हो रही है।

(2) यथार्थ की अनुभूति से ही वह पीड़ा होती है।

(3) चेतना-धर्म ही है यथार्थ की अनुभूति।

अतएव (4) उस अनुभूति से मुक्ति पाने के लिए चेतना से मुक्ति पाना अनिवार्य है।[1]

इस प्रकार यथार्थ के दबाव से पलायन की दिशा स्पष्टतया यह होगी कि चेतना जड़ हो जाय और हम उससे पहले की किसी अवस्था को प्राप्त कर लें।[2] इसका परिणाम या तो मृत्यु के स्वागत का रूप लेगा,[3] या फिर शैशवावस्था के आह्वान का।

---

1. यह न समझा जाय कि व्यक्ति सचमुच ऐसी तर्कना करके परिणाम निकालता है। हम स्वाभाविक पलायन चेष्टा का क्रमिक विकास दिखाने के लिए यह सीढ़ी बना रहे हैं—यह तर्क-परम्परा व्यक्ति के चेतन मन में नहीं आती।
2. वयःसन्धि में लोग जो कहानियाँ लिखते हैं, उनका अन्त प्रायः नायक-नायिका की आत्महत्या द्वारा होता है; यह वयःसन्धि-काल में प्रौढ़ता के कटु दायित्व से पलायन की ही चेष्टा है। इसीलिए इस सन्धिकाल में सभी लेखक प्रायः एक-सी रचना करते हैं। चिन्तनीय अवस्था वह होती है, जब व्यक्ति इस सन्धिकाल से आगे बढ़ने में इनकार कर दे—और भी सोचनीय तब जब एक लेखक समुदाय ही जीवन के प्रति यह दृष्टिकोण अख्तियार कर ले!
3. कम-से-कम एक तरुण 'कवियशः प्रार्थी' ने हिन्दी साहित्य में सवाधिवाद नाम का नया वाद चलाने का संकल्प किया है!

किन्तु जब पर्वत पड़ा आ
शीश पर मैं सह न पाया,
जब उठा हो भार जीवन
तब लगाया ओठ प्याला।

—बच्चन

रूपसि तेरा घन केश पाश!
इन स्निग्ध लटों से छा दे तन
पुलकित अंगों में भर विशाल
झुक सस्मित शीतल चुम्बन के
दुलरा दे ना बहला दे ना
यह तेरा जग-शिशु है उदास!

—महादेवी वर्मा

इन बातों को ध्यान में रखकर इन दो प्रकार की प्रवृत्तियों में भेद किया जा सकता है। 'स्वीकृति पाने की माँग का खण्डन'—नोस्टेल्जिया—वहीं अनुमित होना चाहिए जहाँ वर्णित भाव 'घर की याद आने' के समय के भावों से मिलता-जुलता हो—अर्थात् किसी विशिष्ट, निश्चित कारण के बिना भी व्यथा का, दौर्हृद का अनुभव, और उसके साथ यह भावना कि व्यक्ति की परिस्थिति नयी, अपरिचित, गैर और किसी अज्ञात, अस्पष्ट रूप से असन्तोषप्रद और अस्वीकरणीय है। जहाँ ऐसा भाव न झलकता हो—निस्सन्देह इसका निर्णय बहुत कुछ पाठक की भावज्ञता पर निर्भर करता है—वहाँ ऐसी खण्डितावस्था का अनुमान गलत होगा। जहाँ पर जीवन की कठिनाई से बचकर किसी सरलतर जीवन की कल्पना या कामना हो, वहाँ प्रतिगामी वृत्तियाँ ही अनुमित होंगी।

7

यह भारी शब्द-जाल रचने के बाद पाठक के मन में प्रश्न होगा, साहित्य की आलोचना में इस सब विश्लेषण का और इन स्थापनाओं का क्या स्थान है, क्या महत्त्व है? क्या साहित्य का मूल्यांकन इन प्रवृत्तियों की उपस्थिति या अनुपस्थिति के आधार पर होता है?

हमारी समझ में रचना का गुण-दोष-विवेचन ही आलोचना का अन्त नहीं है। जो आलोचना इस गुण-दोष-विवेचन से आगे नहीं बढ़ती, उसको लाँघकर रचयिता के मन को नहीं परखती, वह आलोचना निस्सार है, बन्ध्या है। और हमारी समझ में कलाकार के मन की परख के लिए यह देखना आवश्यक है कि अपनी परिवृत्ति से उसका सम्बन्ध कैसा है, यथार्थ के आघात के प्रति उसका रवैया क्या है, उससे क्या प्रतिक्रिया उसमें होती है। 'घर लौटने की' या सरलतर जीवन प्राप्त करने की, इच्छा होना ही अस्वाभाविक नहीं है, दोष नहीं है, लेकिन उस इच्छा के उदित होने पर क्या प्रेरणा कलाकार को मिलती है—बलप्रद या नकारात्मक, रचनात्मक या विनाशक—यही उसकी मानसिक शक्ति की कसौटी है। उपर्युक्त विश्लेषण का महत्त्व इसीलिए है; उसके द्वारा पाठक चाहे तो रचना से आगे जाकर रचयिता के मानस की गढ़न देख सकता है। इससे जो परिणाम निकलेंगे, वे गणित के सवालों की तरह निश्चित और नपे-तुले नहीं होंगे, लेकिन इससे उनकी उपादेयता कम नहीं हो जायेगी। हमने जो अनुमान ऊपर

लगाये हैं, उनके भी अन्तिम और आत्यन्तिक होने का दावा हम नहीं करते—वे परीक्षण के एक अंग के उदाहरण हैं। हमें यह आशा है कि इस ढंग से जो परिणाम हमने निकाले हैं, जो सिद्धान्त प्रतिपादित किये हैं और उनका जो प्रयोग आधुनिक हिन्दी साहित्य के मूल्यांकन में किया है, वह सर्वमान्य न होकर भी विचारोत्तेजक अवश्य होगा। हमें डर है कि कलाकार के मानस की इन प्रवृत्तियों और प्रक्रियाओं को हम नहीं समझे तो जिस सन्धिकाल तक हमारा तरुण साहित्य इतने उत्साह से आया है, वह सन्धिकाल स्थायी हो जायेगा—साहित्य प्रौढ़ता को प्राप्त नहीं होगा।

अन्त में हम एक उद्धरण सियारामशरण गुप्त का, और एक टी. एस. इलियट का देकर समाप्त करेंगे—इन उद्धरणों के प्रतिगामी इच्छाओं का सामना करते हुए स्वस्थमना कवि का युयुत्सु-भाव तो झलकता है ही, साथ ही हमारे लिए एक आशाजनक संकेत भी है।

अरे ओ मेरे मार्ग महान्,
कंटकों से तू क्यों छाया?
× × ×
बन्धु, यदि है तुझ को कुछ इष्ट
नहीं तो ये कंटक भी क्लिष्ट।
× × ×
तुझे होगा जो पीड़ा बोध,
वही तेरे पथ-ऋण का शोध।

—सियारामशरण गुप्त

Beacuse I can not drink,
There where trees flower and springs flood,
for there is nothing again,
Beacuse I cannot hope to turn again,
Consequently I rejoice, having to construct
something upon which to rejoice.[1]

—टी. एस. इलियट

हमारा साहित्य, हमारा साहित्यकार भी 'वहाँ पान करने की आशा' छोड़कर जहाँ 'वृक्ष फूलते हैं और झरने बहते हैं', 'जिस निर्जन में सागर-लहरी अम्बर के कानों में गहरी निश्छल प्रेम-कथा कहती हो' 'आनन्दित हो सकता है' कि उसे 'कुछ निर्माण करना पड़ेगा जिसके आधार पर वह आनन्दित हो सके।' हमारी मानसिक प्रौढ़ता की यही परीक्षा होगी—इस निर्माण की आवश्यकता का सामना हम कैसे करते हैं?

---

1. क्योंकि मैं वहाँ पान नहीं कर सकता
जहाँ वृक्ष फूलते हैं, और झरने बहते हैं,
क्योंकि कुछ भी दुबारा नहीं होता।
क्योंकि फिर लौटने की आशा मैं नहीं कर सकता,
इसलिए मैं आनन्दित होता हूँ कि कुछ निर्माण करना पड़ेगा
जिसके आधार पर मैं आनन्दित हो सकूँ!

निरन्तरता और स्वतन्त्रता

देश-काल की जिस परिस्थिति में आज हम रहते हैं, उसमें बहुत कम अवसरों को गम्भीरतापूर्वक ग्रहण किया जाता है। ऐसी स्थिति में यह मानकर चलना, कि दीक्षान्त-समारोह ऐसा अवसर होगा—विशेषतया उन नव-दीक्षितों के लिए जिन्हें उपाधियाँ बाँटना ही इसका निमित्त है—एक भूल भी हो सकती है। आज के मुहावरे में कहें तो 'युग के तेवर बदल गये हैं' : आज किसी भी मौक़े या चीज़ को 'सीरियसली नहीं लिया जाता।' दीक्षान्त तो दूर, जिस दीक्षा का वह अन्त है—जिसके पूरा हो गये होने का प्रमाण-पत्र दिया जा रहा है, और जिसके सांगोपाँग समापन के उपलक्ष्य से ही एक वक्ता से अपेक्षा की जाती है कि वह स्नातकों-स्नातिकाओं का समयानुकूल 'उद्‌बोधन' करेगा—उस दीक्षा को ही कितनों ने गम्भीरतापूर्वक ग्रहण किया होगा, यह भी एक खुला प्रश्न ही है। बल्कि अगर खुला प्रश्न न होगा, तो जो भी पूर्वग्रह होगा वह ऐसा मानने के विरुद्ध ही होगा। विद्यार्थी जगत् में सर्वत्र जो अशान्ति उद्वेलन, हलचल और कभी-कबाह तोड़-फोड़ तक देखी जा रही है, उसका संकेत तो सही है कि और चाहे जो-कुछ 'सीरियसली' किया जा रहा हो, कम-से-कम शिक्षा तो उन चीज़ों में नहीं है जिसके प्रति गम्भीर उत्तरदायित्व का जीवन्त बोध युवा-समाज को है!

पर क्या अखबारों के प्रतिदिन वर्णित अनुशासनहीनता और तोड़-फोड़ से यह परिणाम निकाल लेना संगत होगा—क्या वस्तु-स्थिति का पूरा चित्र उसमें बँट जायेगा—कि युवा-वर्ग ग़ैर-ज़िम्मेदार है, कि उसमें गम्भीरता का अभाव है और इसलिए उसके समक्ष गम्भीर बात रखना समय नष्ट करना है? कम-से-कम मैंने ऐसा कभी नहीं माना; और अब भी जो कुछ कहूँगा यही मानकर कहूँगा कि यह एक गम्भीर अवसर है जिसकी गम्भीरता और महत्ता से आप स्वयं अवगत हैं। दीक्षा को आप सबने गम्भीरतापूर्वक ग्रहण किया हो या न भी किया हो—दीक्षान्त आपकी जीवन-यात्रा का एक अत्यन्त महत्त्वपूर्ण मोड़ होगा, यह बोध मैं समझता हूँ कि आप सभी को होगा।

क्योंकि शायद यह अनुमान भी ग़लत नहीं है कि औपचारिक दृष्टि से 'महत्त्वपूर्ण' समझे जाने वाले अनेक अवसरों के प्रति जो उपेक्षा का भाव आज युवा-समाज में लक्षित होता है, वह वास्तव में गैर-जिम्मेदारी का लक्षण नहीं, इस बात का लक्षण है कि युवा-समाज अपने समकालीन जीवन के दबाव को अधिक गहराई के साथ अनुभव कर रहा है। जो उपेक्षा-भाव दीख़ता है वह जीवन्त प्रश्नों के प्रति ग़ैर-ज़िम्मेदारी से नहीं उत्पन्न हुआ; बल्कि उन प्रश्नों को केवल औपचारिक ढंग से देखने का या 'सुलझाने' के नाम पर छिछले ढंग से प्रस्तुत करने के पाखण्ड के विरोध का परिणाम है। क्योंकि इसमें सन्देह नहीं कि आज का जीवन—आज के विद्यार्थी का भी जीवन—पहले से कहीं जटिलतर है,

जटिलतर समस्याओं से पग-पग पर टकराता है; और आज के युव-जन इस बात को पहचानते भी हैं। समस्याओं का सही निरूपण वे कर पाते हों या न कर पाते हों, उनकी प्रतिक्रियाएँ परिपक्व विवेक का परिचय देती हों या न देती हों, उन समस्याओं के अस्तित्व की अनदेखी वे नहीं करते—कर ही नहीं सकते, यह असन्दिग्ध है।

और क्योंकि मैं ऐसा मानता हूँ, इसलिए आपके समक्ष प्रस्तुत होने में अधिक संकोच मुझे नहीं है। थोड़ा संकोच तो अवश्य है, क्योंकि जहाँ एक ओर विद्यार्थी-समाज में आना और उनके साथ सह-चिन्तन करना मुझे अच्छा लगता है, वहाँ दूसरी ओर इस तरह के सार्वजनिक आयोजनों से मैं यथासम्भव बचना भी चाहता हूँ ताकि अपना समय उसी कार्य को दे सकूँ जो वास्तव में मेरा है। फिर यह भी है कि शिक्षा का क्षेत्र मेरा नहीं है; उसके बारे में कुछ विचार या सिद्धान्त भी मेरे हों, पर उसका न मुझे कोई विशेष अनुभव है, न कोई विशेष जानकारी; न किसी ऐसे प्रशिक्षण का ही सुयोग मुझे मिला है जिसके आधार पर मैं विशेषज्ञता का दावा कर सकूँ। न ही मैं राजनीति के क्षेत्र का व्यक्ति या पेशेवर नेता हूँ, जिसे जानकारी की कमी से कोई झिझक नहीं होती बल्कि जो जितना कम जानता है उतना ही अधिक धड़ल्ले से अपनी बात कह जाता है। मेरे जीवन में अनेक बार ऐसे अवसर आये हैं कि उन नेताओं को—जो 'साहित्य' के नाम पर वर्ष में एक भी पुस्तक न पढ़ते होंगे, या जिनका सम्पूर्ण 'साहित्यज्ञान' रेलगाड़ी या हवाई जहाज में यात्रा के दौरान पढ़े गये अढ़ाई सस्ते उपन्यासों और सभा-समाजों में गाये-सुने गये गीतों तक ही सीमित होगा—विस्तार से लेखकों को यह उपदेश देते हुए सुनूँ कि उन्हें कैसे साहित्य-रचना करनी चाहिए। निस्सन्देह आपके जीवन में भी ऐसे अवसर आये होंगे जब नेता आपको बता गये हों कि शिक्षा कैसी होनी चाहिए—ऐसे नेता, जो आपको कभी मुड़कर यह पूछने का अवसर नहीं देंगे कि वैसी शिक्षा सुलभ करने के लिए उन्होंने क्या किया है, या कि स्वयं उनकी शिक्षा कैसी हुई! और ऐसा प्रश्न कोई मनचला पूछ ही डाले तो उसकी जिज्ञासा को 'अनुशासनहीनता' का एक और प्रमाण मान लिया जायेगा।

लेकिन फिर मुझे अधिक संकोच क्यों नहीं है? एक तो इसलिए कि मैं आपको यह बताने नहीं जा रहा हूँ कि शिक्षा कैसी होनी चाहिए। उसके बारे में मेरी कोई सम्मति हो भी तो मैं जानता हूँ कि यह उसका स्थान नहीं है। यह काम मैं शिक्षा-मन्त्रियों के लिए ही छोड़ देता हूँ कि वे विद्यार्थियों को तो बतायें (और वह भी उनकी शिक्षा पूरी हो चुकने पर!) कि शिक्षा कैसी होनी चाहिए, पर प्रबन्ध करते रहे किसी दूसरे ही प्रकार का। (और स्वयं अपने बच्चों को शिक्षा दिलायें तीसरे प्रकार की संस्थाओं में।)

मैं इस यथार्थ से आरम्भ करता हूँ कि आपकी शिक्षा—जैसी भी वह थी—हो चुकी है। कम-से-कम उसका एक बड़ा और उपचार-निबद्ध अंश तो सम्पन्न हो ही चुका है; और उसमें निष्णात होने का प्रमाण आप दे चुके हैं—तभी तो आज प्रमाण-पत्र वितरित हो रहे हैं। अब—उस शिक्षा को प्राप्त कर लेने के बाद—आप जिस बिन्दु पर हैं, उससे आगे क्या परिदृश्य आपके सामने खुलता है या खुल सकता है, उस भविष्यत् यात्राओं में यह शिक्षा आपके किस काम आ सकती हैं, उसमें जो त्रुटियाँ रहीं—अगर रहीं, और अवश्य ही रही होंगी क्योंकि आज तो सिद्धान्ततः भी शिक्षा वैसी 'श्रेष्ठ की साधना' (पर्स्यूट ऑफ़ एक्सेलेंस) नहीं रही है जिसकी बात यूनानी दार्शनिक गुरु करते थे; फिर व्यवहारतः श्रेष्ठता कहाँ से आयेगी!—आपकी शिक्षा में जो त्रुटियाँ रह गयीं उनका निराकरण आप स्वयं कैसे कर ले सकेंगी, कैसे अपने आभ्यन्तर जीवन को समृद्धतर बनाती रह सकेंगी? इसी प्रश्न पर मैं अपना ध्यान केन्द्रित करना चाहता हूँ। क्योंकि इस प्रकार शायद मेरे पास कुछ कहने को हो जो

आपका पहले से जाना हुआ न हो, और शायद आपके लिए उपयोगी सिद्ध हो सके। 'उद्‌बोधन' करने या 'उपदेश देने' का कोई दावा मेरा नहीं है—मेरा स्वभाव भी वह नहीं है—पर अगर यह कहूँ कि एक साहित्यकार और कवि को जीवन के जिस आभ्यन्तर वैभव की झाँकी जब-तब मिल जाती है, जिसके सहारे उसका अपना जीवन तो समृद्धतर होता ही है, दूसरों के लिए भी वह जहाँ-तहाँ ऐसी दरारें बना देता है कि प्रकाश की किरणें फूटती रहें और अँधेरे या धुँधले प्रदेशों को आलोकित करती चलें, उस वैभव के अस्तित्व का, और उसके आप सबके लिए भी सुलभ होने का सन्देसा लेकर ही मैं आया हूँ, तो इसे दम्भोक्ति न समझें। सचमुच वैसा आभ्यन्तर वैभव होता है, और वह सर्व-सुलभ हो सकता है—और आज की शिक्षा उसके द्वार नहीं खोलती; (अधिक से अधिक यही कि बन्द नहीं कर देती।) पर फिर भी व्यक्ति-मात्र की सहज प्रतिभा और संकल्पना शिक्षा की इस कमी को दूर कर सकती है, अँधेरी घाटी का अतिक्रमण करके प्रकाश के देश में प्रवेश पा सकती है।

मैंने शिक्षा की त्रुटियों की बात कही। उसका एक पक्ष तो यह है कि वह 'व्यावहारिक' नहीं है। पर व्यावहारिक हम किसे कहें? और हम क्या वास्तव में निर्द्वन्द्व, असन्दिग्ध भाव से यह कह भी सकते हैं कि शिक्षा को उस अर्थ में 'व्यावहारिक' होना चाहिए जिसमें बहुत-से लोग समझ लेते हैं? क्या 'व्यवहार' की बजाय, 'सन्दर्भ' की बात करना ही ज़्यादा संगत और उचित न होगा? शिक्षा जीवन-सन्दर्भ से कटी हुई न हो, यह माँग सर्वथा उचित है। और यह भी उतना ही सच है कि आज की शिक्षा का अधिकतर भाग ऐसा ही है—जीवन-सन्दर्भ से कटा हुआ और इसलिए अर्थ-हीन। वह हमें जीवन के योग्य नहीं बनाता, बनाने में कोई योग नहीं देता, बल्कि हमारी सहज योग्यता को भी कुण्ठित ही करता है। पर 'व्यावहारिक' का—या 'जीवन के योग्य बनाने' का भी!—अर्थ अगर यह समझा जाये कि वह हमें नौकरी के योग्य बनाये, तो क्या हम बहुत बड़ी भूल नहीं कर रहे होंगे? क्या शिक्षा की जो त्रुटियाँ रह गयीं उन्हें और बढ़ा नहीं रहे होंगे? इधर कई बार सुनने में आया है कि दीक्षान्त समारोहों में स्नातकों ने डिग्रियाँ फाड़ फेंकीं और नारे लगाये कि "हमें डिग्री नहीं नौकरी चाहिए।" बढ़ते दामों और बढ़ती बेरोज़गारी के आज के संकट में उन लोगों से सहानुभूति तो भरपूर हो सकती है जो शिक्षा-दीक्षा में माता-पिता की गाढ़ी कमाई फूँककर अपने सामने केवल लम्बी बेकारी का अँधेरा दृश्य देखते हैं। पर प्रश्न उठता है कि जो शिक्षा आरम्भ से ही केवल डिग्री के लिए थी, उसके बारे में किसी ने कोई भ्रम पाला क्यों? और अगर केवल डिग्री की दरकार नहीं थी, तो शुरू से ही वैसी शिक्षा पर एतराज़ क्यों नहीं किया? दूसरे ढंग की शिक्षा की ही माँग क्यों नहीं की?

यों तो यही अपने आप में उस—या किसी भी—शिक्षा की सबसे बड़ी आलोचना है कि दीक्षान्त के समय स्नातक की अपेक्षाओं की चरम सीमा—उसकी इतिश्री—नौकरी पाना-भर रह जाये। जीवन-मूल्यों का कैसा विकृत बोध है यह, कि शिक्षा से हमारी अपेक्षाओं का शिखर हो यह कि वह हमें नौकरी दिला देगी! यह शिक्षा नहीं, शिक्षा की विडम्बना है जिसका अन्तिम लक्ष्य है—पुरुष के लिए नौकरी, और स्त्री के लिए पति; और इसे स्नातक-स्नातिका की ट्रैजेडी ही मानना होगा अगर यही परिणाम हो कि वर्षों के अध्ययन के बाद चरम मूल्य के रूप में इतना-भर सामने आये।

यह इसलिए नहीं कि नौकरी—या पति!—चाहने में कोई दोष है। यह बात बिल्कुल स्पष्ट होनी चाहिए। जीवन-निर्वाह के साधन का अधिकार हर किसी को है, और उसकी व्यवस्था हर किसी के लिए होनी चाहिए। जीवन में आश्वस्तता, निश्चिन्तता, सेक्योरिटी भी एक साधारण मानवीय लक्ष्य है ही।

पर जब शिक्षा नौकरी के लिए और पति-प्राप्ति के लिए वांछित हो जाती है, तब युवा व्यक्तित्व की क्या गति हो रही होती है? इस तरह की शिक्षा तो उस सेक्योरिटी को लक्ष्य बनाती है जो पर-निर्भरता से मिलती है। कहने को कहते हैं **सा विद्या या विमुक्तये**—पर माँगते हैं वह शिक्षा जो केवल पर-निर्भरता चाहती है! जो विद्या मुक्त नहीं करती, वह विद्या नहीं है; जो शिक्षा स्वतन्त्र व्यक्तित्व का निर्माण नहीं करती, उसके निर्माण में योग नहीं देती, वह व्यर्थ है।

मैं नहीं जानता कि इस कसौटी पर आप अपनी शिक्षा को कहाँ तक सफल पायेंगी। लेकिन इतना विश्वास मुझे है कि वह शिक्षा उत्तम न भी रही हो तो भी उसने आपको इतना पंगु तो नहीं बनाया होगा कि आप स्वयं एक स्वतन्त्र व्यक्तित्व का विश्वास न कर सकें—शिक्षा को विद्या में परिणत न कर सकें। यह हमारे-आपके समय की ही बात है कि साक्षरता-प्रसार के आग्रह में बहुत दूर तक साक्षरता और शिक्षितता का भेद अनदेखा कर दिया गया है; और साक्षरों की संख्या बढ़ाने में हम शिक्षितों का अनुपात और कम करते गये हैं। पुराने निरक्षर भी उतने कम शिक्षित नहीं थे; आज के बहुत-से साक्षर, बल्कि सुपठित साक्षर भी प्रायः अशिक्षित हो गये हैं क्योंकि वे पहले से कम स्वतन्त्र व्यक्तित्व-सम्पन्न हो गये हैं : उनका व्यक्तित्व भी क्षीणतर हुआ है, उनका विवेक भी कुन्द हुआ है, उनका स्वातन्त्र्य भी कुण्ठित और नये जीवन के प्रति अनुकूलन की उनकी शक्ति और प्रतिभा तो और भी जर्जर हो गयी है।

सैनिक अनुशासन के बारे में कहा जाता था कि 'फ़ौज एक बालिग आदमी को लेती है और ठोक-पीट कर उसे बच्चा बना देती है, क्या शिक्षा के बारे में भी हमें इस बात को थोड़ा बदलकर यों कहना होगा कि हमारी शिक्षा-संसथाएँ एक विवेकवान् स्वतन्त्र मानव प्राणी को लेती हैं और ऐसे एक निर्बुद्धि पशु या स्वयंचालित यन्त्र बनाकर छोड़ देती हैं? स्कॉटी कवि रॉबर्ट बर्न्स ने तो लिखा ही था :

"A set of dull, conceited hashes
Confuse their brains in college classes
They gang in stirks—and come out asses,"

—यानी विद्यार्थी जब कॉलेज जाते हैं तब बछेरे होते हैं, पर निकलते हैं तो घोड़े बनने की बजाय गधे बनकर! लेकिन बर्न्स के इस उपेक्षा-भाव का कारण यह भी रहा हो सकता है कि उसे स्वयं कॉलेज की शिक्षा का सुयोग नहीं मिला था। और यह तो है ही कि गधा हो या घोड़ा, स्वतन्त्र विवेकवान् मानव-पुत्र तो फिर भी अलग ही कोटि का प्राणी रहेगा!

लेकिन वह क्या चीज़ है जो शिक्षा को मुक्ति देने वाली बनाती है—स्वतन्त्र व्यक्तित्व के निर्माण और विकास में योग देने वाली बनाती है? पिछले महायुद्ध में अंग्रेज़ सैनिक असम-बर्मा सीमान्त के जंगलों में मानो बिल्कुल खो जाते थे—उनके बढ़िया सैनिक प्रशिक्षण ने उन्हें वन्य परिस्थितियों के बिल्कुल अयोग्य बना दिया था—अनुकूलन की क्षमता उनमें बहुत कम थी। मुझे स्मरण है कि उनकी एक रिपोर्ट में सगर्व इस बात का उल्लेख किया गया था कि 'तीन महीने के बाद वे जंगल के इतने अभ्यस्त हो गये थे कि 'लीची' नाम का एक जंगली बेर खाना सीख गये थे'! दूसरी ओर जिन समाज-शास्त्रियों ने उन्मूलित वन-जातियों का अध्ययन किया है, उन्होंने अनेक बार आश्चर्य के साथ यह लक्षित किया है कि सर्वथा नये और अपरिचित परिवेश में भी कुछ असभ्य, वज्र निरक्षर जातियाँ भी फ़ौरन अपने को प्रतिष्ठापित और सुरक्षित भी कर लेती हैं। एक उदाहरण में तो एक समुदाय ने नये

परिवेश में एक वर्ष के भीतर नितान्त अपरिचित तीन सौ बूटियों को न केवल नये नाम दे दिये थे वरन् उनकी तासीर की भी पूरी जानकारी प्राप्त कर ली थी। वे साक्षर नहीं थे—शिक्षा ने उन्हें इतना पंगु बना नहीं दिया था कि नये परिवेश के साथ नया, अर्थवान् सम्बन्ध न जोड़ सकें; साक्षर होते तो शायद तोता-रटन्त से आगे न बढ़ पाते, या पहले उन्हें सब सीखा-पढ़ा भूलने के लिए दो वर्ष का समय दरकार होता!

'परिवेश के साथ नया, अर्थवान् सम्बन्ध।' 'जीवन-सन्दर्भ'। व्यावहारिकता'। 'उपयोगिता'। एक तरफ़ ये, और दूसरी तरफ़ 'विवेक', 'स्वतन्त्र व्यक्तित्व', अनुकूलन की क्षमता और 'प्रतिभा'। मैं आशा करता हूँ कि मेरा आशय आपके सामने कुछ स्पष्ट हुआ होगा : कि उसे लेकर आप अपनी अब तक की शिक्षा के आगे प्रश्न-विराम लगा रहे होंगे। प्रश्न-विराम केवल उस शिक्षा को रद्दी घोषित करने के लिए नहीं, इस उद्देश्य से कि पहचान सकें, उस शिक्षा के द्वारा, या उसके बावजूद, कहाँ तक आप अपनी प्रतिभा को केवल परिवेश के साथ अर्थवान् सम्बन्ध जोड़ने में लगा सकते हैं।

जीवन-सन्दर्भ की बात ही कह रहा हूँ तो सन्दर्भगत एक और बात का उल्लेख आपके समक्ष करना चाहता हूँ। इसलिए भी कि आपके लिए उसे उपयोगी ही नहीं, आवश्यक भी मानता हूँ; इसलिए भी कि आज ऐसी बात कहने वाले कम रह गये हैं। मैंने युग के बदले हुए तेवर की बात कही थी; चढ़े हुए तेवर जिस उत्तेजित मनोवृत्ति को अभिव्यंजित करते हैं, उसमें जीवन-सन्दर्भों के इस पक्ष की उपेक्षा हो जाना या होती रहना स्वाभाविक है, क्योंकि यह पक्ष बड़ी ठण्डी सोच माँगता है।

'परिवेश के साथ अर्थवान् सम्बन्ध हो'—इतनी बात तो लोग आसानी से मान लेंगे। वे भी मान लेंगे जो उसे पूरी तरह समझे भी नहीं, क्योंकि वह बात युगानुकूल जान पड़ती है। पर वह अर्थवान् सम्बन्ध होता कैसे है? परम्परा का, कंटिन्युइटी का, उसमें क्या स्थान या योग होता है? इस प्रश्न के उठते ही बहुत से लोग बिदकने लगेंगे। क्योंकि अंग्रेजी का शब्द कंटिन्युइटी चाहे अच्छा भी लग जाये, देशी शब्द 'परम्परा' से उन्हें तुरन्त दकियानूसी की गन्ध आने लगती है। परम्परा का अर्थ पहले वह लगाते हैं ट्रैडिशन, और ट्रैडिशन (का अर्थ रूढ़ि! फिर मान लेते हैं कि वह जो भी हो उसे तोड़ना ही अभीष्ट है क्योंकि वही मॉडर्न और प्रोग्रेसिव प्रवृत्ति है—और आज कौन है जो कहेगा कि मैं मॉडर्न होना नहीं चाहता?

पर कंटिन्युइटी के, परम्परा के बिना 'परिवेश के साथ अर्थवान् सम्बन्ध' जुड़ ही नहीं सकता। नैरन्तर्य का रिश्ता जोड़े बिना परिवेश से कोई रिश्ता ही नहीं जुड़ता; नये परिवेश के साथ भी जो सम्बन्ध बनता है उसकी अर्थवत्ता में इस नैरन्तर्य का बड़ा महत्त्वपूर्ण योग होता है। आधुनिक, मॉडर्न, होने के लिए इतिहास आवश्यक होता है; बिना ऐतिहासिकता के बोध के मॉडर्न होना ही सम्भव नहीं है, और यह बात तो हमारे देश में और भी महत्त्व रखती है, जहाँ इतिहास को निरवधि महाकाल के फैलते हुए महावृत्त में एक छोटा-सा आवर्त्त-भर माना गया। पर अगर ऐतिहासिकता के बिना आधुनिक होना सम्भव नहीं है, तो उससे पहले यह ध्यान में रखने की बात है कि निरन्तरता के बिना इतिहास का कोई अर्थ नहीं है। निरन्तरता की पहचान ही वास्तव में इतिहास-बोध का मूल और आरम्भ है। यह निरन्तरता प्रकृति में भी है, प्रकृति और मानव के बीच भी, मानव और मानव के बीच भी। प्रकृति में हम उसे ऋतुओं के आवर्त्तन में देखते हैं, प्रकृति और मानव के बीच वहाँ जहाँ मानव अपने देश परिवेश से जुड़ता है। मानव और मानव के बीच वह नैरन्तर्य ही समाज और सामाजिक संस्थानों को जन्म देता है और अकेले मानव में नैरन्तर्य के बोध से ही उसका व्यक्तित्व बनता है, उसमें अस्मिता की पहचान

उमगती है। और जहाँ तक मानवीय प्रतिभा का प्रश्न है, इस निरन्तरता का उत्कर्ष वहाँ होता है जहाँ यह सर्जनशील हो जाती है। वह सर्जनशील निरन्तरता ही है जो नाना रूपों में प्रकट होती है। वैदिक परिकल्पना में जहाँ स्रष्टा को 'कवि' कहा गया, वहाँ भी उसकी निरन्तर सर्जनशीलता–सर्जन-रत निरन्तरता–की ओर संकेत था, जिसके उत्ताप के कारण वह अविराम असंख्य रूपों से रचना हुआ फेंकते-बिखेरता जा रहा था। अपने छोटे आयाम से कहूँ तो सभी कला-स्रष्टा–चित्रकार, मूर्तिकार, कवि–अपने-अपने स्तर पर उस निरन्तरता में नित्य नयी कड़ी जोड़ते चलते हैं।

इसी नैरन्तर्य और इस सर्जनशीलता को आप सब अपने में पहचान सकते हैं–आपकी शिक्षा चाहे जैसी रही हो। और अगर पहचान सकते हैं, तो आप स्वयं अपने जीवन के स्रष्टा हो सकते हैं–आपकी शिक्षा चाहे जैसी रही हो। और अगर आप अपने जीवन के स्रष्टा हैं, तो आप स्वतन्त्र हैं या हो सकते हैं, आपकी शिक्षा चाहे जैसी रही हो। और अगर आप स्वतन्त्र हैं, या हो सकते हैं तो आप अपने जीवन-परिवेश से अर्थवान् सम्बन्ध जोड़ सकते हैं–आपकी शिक्षा चाहे जैसी रही हो। आप सभी जिसे हम 'ऐतिहासिक' कारणों से 'आज़ादी का युग' कहते हैं उसकी उपज हैं; आप सभी निजी अनुभवों के आधार पर जानते हैं कि वह आज़ादी कितनी अधूरी और उसकी परिस्थितियाँ कई बार कितनी त्रासद और गुस्सा दिखाने वाली रही हैं। निस्सन्देह आप से यह अपेक्षित होगा कि उस अधूरेपन को आप दूर करें, उन त्रासद परिस्थितियों को सुधारें या बदलें। पर उससे भी बड़ी बात यह है–उस सुधार की क्षमता भी आप में तभी होगी जब आप जानें–कि स्वयं आप में एक सम्पूर्णतर स्वतन्त्रता की सृष्टि करने की क्षमता है–आपकी शिक्षा जैसी भी रही हो।

आज मुझे जो अवसर मिला है, उसमें आपको इसी आभ्यन्तर शक्ति की याद दिलाना चाहता हूँ। और अगर आप अपने से प्रश्न पूछकर उस शक्ति को चेता सकते हैं, काम में ला सकते हैं, तो भविष्य आपके हाथों में है–हमारा भी भविष्य और आपका भी भविष्य। और उस भविष्य को आपके हाथों में सौंपते हमें कोई अन्देशा नहीं होना चाहिए।

साहित्य, संस्कृति और समाज परिवर्तन की प्रक्रिया

यदि मैं यह मानता होता कि साहित्य का—और यहाँ साहित्य से मेरा आशय रचना अथवा कृति साहित्य का ही है—सामाजिक परिवर्तन में कोई योग नहीं होता, अथवा साहित्यकार का समाज के प्रति कोई ऐसा उत्तरदायित्व नहीं है जिसमें यह भी निहित हो कि समाज को बदलने का कुछ यत्न भी उस से अपेक्षित है, तो शिविर में विचार के लिए इस विषय का प्रस्ताव मैंने न किया होता। इतना तो स्वयंसिद्ध जान पड़ता है, लेकिन इससे आगे यह भी कहूँ कि उस दशा में मैंने अपने साहित्यिक कर्म के बारे में भी नये सिरे से विचार किया होता क्योंकि आज अपने को साहित्यकार का नाम देकर मैं जिस तरह के गौरव का अनुभव करता हूँ उसका कोई आधार न रहा होता। तब साहित्य कर्म भी दूसरे पेशेवर कर्मों अथवा व्यवसायों की तरह आजीविका का एक साधनमात्र होता और ऐसा सोचने का कोई आधार न रहता कि साहित्यकार होने के नाते अपने समाज के साथ मेरा एक विशेष प्रकार का सम्बन्ध है—समाज से मेरा आशय चाहे हिन्दीभाषी समाज हो जो मेरा पहला पाठक होगा, चाहे भारतीय समाज जिसके दिक्काल-संचित अनुभव को मैं वाणी दे रहा हूँगा, चाहे मानव समाज हो जो शब्द मात्र में अभिव्यक्त होने वाले मूल्यों की अन्तिम कसौटी है—बल्कि जो उनका स्रोत भी है।

विशेष पद का यह दावा या गौरव-बोध का यह स्वीकार किसी आभिजात्य का दावा नहीं है। यह केवल रचना-कर्म के स्वभाव की पहचान है। सभी लेखन साहित्य नहीं होता और सभी साहित्य रचना भी नहीं होता। जब किसी साहित्यिक कृति को हम रचना का पद देते हैं तब विहित अथवा निहित रूप से हमने उसमें कुछ गुणों की सत्ता मान ली होती है। इसी से वह विशिष्ट होती है और इसी से उस सत्ता को प्रतिष्ठापित करने वाला होने के नाते साहित्यकार विशिष्ट हो जाता है।

सर्जक के नाते विशिष्ट होकर भी साहित्यकार ऐसा नहीं है कि साधारण नागरिक नहीं रहता अथवा नागरिक कर्मों से और नागरिक जीवन के उत्तरदायित्वों से मुक्ति पा जाता है। उन दायित्वों को यहाँ गिनाना आवश्यक नहीं है, न इस साधारण स्थापना के बाद साहित्यकार के साधारण नागरिक कर्त्तव्यों का प्रश्न फिर से उठाने की कोई आवश्यकता होगी। इतना ही काफी है कि नागरिक पर कुछ चीजों को बनाये रखने की भी जिम्मेदारी होती है क्योंकि व्यवस्था में एक प्रकार के स्थायित्व के बिना सामाजिक और सांस्कृतिक जीवन भी सम्भव नहीं रहता; दूसरी ओर चीज़ों के लगातार परीक्षण और उनको बदलने के आयोजन की भी जिम्मेदारी नागरिकता का एक अंग है क्योंकि लगातार और नियोजित ढंग से बदलाव लाते रहते बिना व्यवस्था भी व्यवस्था नहीं बनी रह सकती, निरी जकड़बन्दी

बन जाती है जिसे तोड़ना ही स्वस्थ जीवन का एकमात्र उपाय रह जाता है। साहित्यकार के जिन वृहत्तर अथवा गम्भीरतर उत्तरदायित्वों की ओर मैं संकेत करना चाहता हूँ उनका सम्बन्ध केवल व्यवस्था के स्थायित्व और व्यवस्थित परिवर्तन के नियोजन से नहीं है, बल्कि उन आधारभूत मूल्यों से है जिनसे इसका निर्णय होता है कि वांछित दिशाएँ कौन-सी हैं, और जहाँ वांछित परिणामों और हितों की टकराहट दीखती है, वहाँ पर अभिमूल्यों का उच्चावच क्रम कैसे निर्धारित होता है।

इससे यह न समझा जाय कि मैं साहित्यकार के लिए समाज के नियन्ता का या मूल्यों के किसी चरम निर्णायक का पद आरक्षित करके उसे समाज से अलग करना चाह रहा हूँ या समाज से ऊँचे पद पर बिठाना चाह रहा हूँ। लेकिन सर्जन कर्म का दृष्टि से जो अनिवार्य सम्बन्ध है उससे इनकार नहीं किया जा सकता। कुछ अधिक देख पाना, कुछ अधिक दूर तक देख पाना, कुछ अधिक गहराई तक या गहराई से देख लेना, कुछ समय से पहले देख लेना, जो स्पष्ट दीख रहा है उससे भिन्न या उसके प्रतिकूल भी कुछ देखना अथवा भाँप लेना, गति की जो दिशा स्पष्ट है अथवा स्वीकृत है उससे भिन्न दिशा में होने वाली गति को देख लेना या उसके प्रतिकूल दिशा का संकेत दे देना—ये सभी उस दृष्टि का अंग हैं जिसका श्रेय हम सर्जक को देते हैं, जिसकी अपेक्षा उससे रखते हैं और जिसके आधार पर ही इसका निर्णय करते हैं कि उसकी कृति कहाँ तक सर्जना है, रचना है। सर्जक साहित्यकार को, कवि को हम कालजित्, त्रिकालदर्शी, अनागतदर्शी, मनीषी, परिभू, स्वयम्भू आदि कहते हैं तो इसीलिए। यह बात अलग है कि आज जिन कृतियों को हम साहित्य के नाम से पढ़ते हैं उनमें इनी-गिनी ही इस कोटि में आती हैं; जिन्हें हम साहित्य-स्रष्टा और कवि कहते हैं उनमें भी विरला ही उस कसौटी पर खरा उतरेगा जिसकी ओर संकेत किया गया है। ऐसा कवि हमें आस-पास नहीं दीखता, लेकिन ऐसा कवि होता है—हमारा यह विश्वास नहीं डिगता। साधु, महात्मा, योगी भी हमें आस-पास नहीं दीखते, लेकिन योगी होता है—यह आस्था हमारी नहीं टूटती। आप कहें कि इन आस्थाओं का तथ्यों से कोई सम्बन्ध नहीं है, केवल मानवी आकांक्षा से है, तो उससे कोई अन्तर नहीं पड़ता क्योंकि यह आकांक्षा भी मनोजगत् में प्रतिष्ठित एक मूल्य अथवा एक आदर्श की ओर संकेत करती है। ऐसे ही आधारभूत मूल्य तो वे हैं जिन्हें सर्जक-साहित्यकार की अन्तर्दृष्टि समय-समय पर या बार-बार देख लेती है, दिखा देती है; उसके आलोक में सारा परिदृश्य बदल जाता है और सारी व्यवस्थाएँ, सारे समाज, सारी बिरादरियाँ अपनी कर्म-प्रवृत्तियों को फिर से देखने को बाध्य हो जाती हैं। अपने संवेदनों पर ही प्रश्नचिह्न लगा देती हैं।

लेकिन अगर मैं मानता भी हूँ कि समाज को बदलने में साहित्य का योग होता है, कि उसमें साहित्यकार की भी कुछ जिम्मेदारी होती है, तो भी आज साहित्यिक रचना और सामाजिक परिवर्तन में जैसा सीधा समीकरण बनाया जा रहा है उसे मैं बिल्कुल स्वीकार नहीं करता। मैं समझता हूँ कि पिछले लगभग पचास वर्षों से इस तरह का सीधा सम्बन्ध बनाने और सिद्ध करने का जो एक प्रयत्न होता रहा है उसने साहित्य का बहुत अहित किया है। आलोचना को, जिसका लोचन से सम्बन्ध ही स्पष्ट करता है कि उसे स्वच्छ प्रकाश की अनिवार्य आवश्यकता है, उसने एक धुँधलके में भटका दिया है। रचना की दृष्टि को एक रंगीन चश्मा पहनाकर उसने एकांगी और असमर्थ बना दिया है। उसके राजनीतिक और आर्थिक आग्रह सतह को और केवल सतह को महत्त्व देकर वहीं दीखने वाले तनाव और संघर्ष को वास्तविक मानना और मनवाना चाहते हैं, और गहराई में काम करने वाली शक्तियों को देखने से

साहित्यकार और पाठक को विरत करना चाहते हैं। प्रगति का अर्थ केवल आर्थिक विकास बल्कि आर्थिक विकास की एक दिशा रह गया है, यहाँ तक कि संस्कृति की अथवा सांस्कृतिक मूल्यों की चर्चा को निरी विलासिता मान लिया गया है।

ऐसा चिन्तन साहित्य और साहित्यकार को न केवल सीधे-सीधे सामाजिक परिवर्तन से जोड़ता है बल्कि इसे अपना अधिकार समझता है कि साहित्यकार को बताये कि कौन-सा सामाजिक परिवर्तन सही और वांछनीय है। और इसके लिए यह योजना बनाकर साहित्यकार को देना चाहता है—जिस योजना का साहित्यकार की अपनी दृष्टि या अपने विवेक से आत्यन्तिक सम्बन्ध होना वह आवश्यक नहीं मानता।

मैंने आरम्भ में कहा कि अगर मैं मानता होता कि साहित्य और साहित्यकार का कोई योग सामाजिक परिवर्तन में नहीं है तो मैंने न केवल शिविर के लिए इस विषय का प्रस्ताव न किया होता बल्कि स्वयं अपने साहित्यकारत्व के बारे में फिर से विचार किया होता। अब मैं यह कहूँ कि अगर मैं मानता कि रचना और सामाजिक परिवर्तन में वैसा सीधा सम्बन्ध है, या होता है या हो सकता है, जिसका मैंने अभी उल्लेख किया, कि अगर योजना बनाकर साहित्य लिखना (बल्कि लिखवाना, क्योंकि योजना बनाने वाले और परिवर्तन की दिशा निर्धारित करने वाले तो दूसरे होंगे)—योजना बनाकर साहित्य लिखना ही वास्तविक और सही साहित्यिक कर्म है तो मैंने साहित्य-रचना बहुत पहले छोड़ दी होती और किसी दूसरे काम में अपने को लगाया होता।

लेकिन अगर सामाजिक परिवर्तन के साथ रचना का ऐसा सीधा सम्बन्ध नहीं है, फिर भी मैं मानता हूँ कि समाज को बदलने में साहित्य का भी योग है और साहित्यकार का भी उत्तरदायित्व है, तो इस विरोधाभास का निरसन कैसे होता है? मैं तो समझता हूँ कि इस प्रश्न के उत्तर का कुछ संकेत मैंने अपने निरूपण में दे दिया है। लेकिन संकेत ही दिया है। शायद कुछ बातों को अधिक विस्तार से निरूपित करना उपयोगी होगा।

2

साहित्यिक कर्म रचना-कर्म है यह मानने में तो किसी को कठिनाई नहीं होगी। कम-से-कम यह सोचने के लिए तो कोई नहीं रुकेगा कि वह रचना-कर्म है कि नहीं, मान लेगा कि सोचने का काम पहले हो चुका है और सिद्धान्त सामने हैं। लेकिन क्या साहित्यिक कर्म सांस्कृतिक कर्म भी है? यह सवाल पूछने पर साहित्यकार और आलोचक और सिद्धान्तों के प्रतिपादक लोग चौकन्ने होते हैं। न केवल इस रूप में प्रश्न प्रायः रखा नहीं जाता, वरन् जिससे पूछा जाता है उसे यह सन्देह होता है कि कहीं इसमें कोई पेच तो नहीं है, 'हाँ' कह देने पर कहीं मैंने अनजाने अपने को ऐसा बाँध तो न लिया होगा कि आगे तर्क में मेरा पक्ष गिर जाय? इसलिए इस सवाल का जवाब कई खण्डों या सीढ़ियों में तैयार करना पड़ता है। दोनों कल्पना का सहारा लेते हैं, और कल्पना सर्जन का आधार है। दोनों समाज से जुड़े हैं, दोनों का स्वरूप समाज पर निर्भर करता है और दोनों समाज को अभिव्यक्ति देते हैं—समाज के इतिहास को भी, उसकी वर्तमान स्थिति को भी और उसकी आकांक्षा को भी। ऐसा है तो दोनों लगातार उसके द्वारा बदले भी जाते हैं और स्वयं उसमें बदलाव लाने का भी आधार बनते हैं। प्राचीन इतिहास और वर्तमान वास्तविकता की अभिव्यक्ति होने के कारण दोनों में एक अनिवार्य गम्भीरता भी होती है, लेकिन दोनों में कल्पना का महत्त्वपूर्ण योग होने के कारण उनमें एक लीला अथवा क्रीड़ा-भाव भी बना

रहता है। बल्कि दोनों की सर्जक सत्ता अनिवार्यतया लीला-भाव से भी जुड़ी हुई है। जिन संस्कृतियों में लीला-भाव नहीं रहता वे उस हद तक वन्ध्य और स्थितिशील हो जाती हैं, भले ही गम्भीरता उनमें बनी रहे। बल्कि उनकी यह गम्भीरता भी परम्परा के आग्रह का रूप ले लेती हैं। और जिन साहित्यों में लीला-भाव नहीं रहता वे भी स्थितिशील हो जाते हैं और उनकी गम्भीरता भी रीति और परम्परा के आग्रह का रूप ले लेती है, प्रयोग से कतराती है। फिर उनमें भी गम्भीरता भले ही बनी रहे और वह वास्तविकता को देखने के, जिम्मेदार होने के दावे में भले ही परिणत हो जाय। विमर्श की इतनी सारी सीढ़ियाँ चढ़कर—या अनिच्छा को ध्यान में रखते हुए कहें कि उतरकर—लोग मान लेते हैं कि 'हाँ, साहित्यिक कर्म भी सांस्कृतिक कर्म है, साहित्य रचना भी एक तरह से संस्कृति की रचना है और साहित्य के सांस्कृतिक परिवेश की उपेक्षा नहीं की जा सकती, लेकिन—'

यह 'लेकिन' यथार्थ स्थिति का एक विचारणीय तथ्य है। इस 'लेकिन' के बाद कोई तर्क प्रस्तुत किये जायें या न किये जायें, इतना तो इससे स्पष्ट हो ही जाता है कि मन में कहीं एक गाँठ है। इस बात को स्वीकार करने में अनिच्छा की एक बाधा है कि साहित्य से संस्कृति बनती है जैसे कि संस्कृति से साहित्य बनता है। संस्कृति, समाज, साहित्य और ऐसी अन्य अवधारणाओं में परस्परता और अन्योन्याश्रय का गहरा सम्बन्ध है। इनमें से किन्हीं भी दो को उठाकर उनके सम्बन्धों का विचार हो सकता है और वह विचार उपयोगी भी हो सकता है, लेकिन तभी जब इस बात को कभी न भुलाया जाय कि ऐसी किसी भी जोड़ी का एक व्यापकतर सन्दर्भ है और केवल विचार ही नहीं, ये संज्ञाएँ भी उस सन्दर्भ से जुड़ी रहती ही अर्थवान् हैं। साथ ही यह भी ध्यान में रखने की आवश्यकता है कि किन्हीं भी दो संज्ञाओं को चुन कर विचार करते समय हम प्रत्येक पर अपने पूर्वग्रहों पर आरोप कर देते हैं। यह नहीं कि दूसरी सब मान्यताओं का हम एकान्त रूप से खण्डन कर देते हों; इतना ही कि हमारी दृष्टि कुछ पहलुओं पर केन्द्रित हो जाती है जिसके कारण परिदृश्य बदल जाता है। उदाहरण के लिए, संस्कृति की चर्चा में कहीं यह अलक्ष्य या अघोषित पूर्वग्रह हो सकता है कि वह परम्परा का, सामूहिक अनुभव के नित्य पक्ष का भण्डार होती है। यह बात गलत नहीं है, लेकिन जिसका आग्रह इसी पक्ष पर होगा वह संस्कृति को केवल एक आस्था के रूप में नहीं, एक स्थितिशील आस्था के रूप में देखता हुआ चलेगा। अब संस्कृति समाज को स्थायित्व देती है, यह असन्दिग्ध है, लेकिन फिर भी संस्कृति न निरी स्थिति है, न निरी स्थितिशीलता है। वह एक गत्यात्मक प्रक्रिया भी है। इसी तरह वह अन्तर्दृष्टि भी है, ऐसी अन्तर्दृष्टि जो सत्यों को,—ध्रुव सत्यों को भी और नये सत्यों को भी—आलोकित कर जाती है, हमें उनमें आस्था भी दे देती है। लेकिन इसके साथ ही संस्कृति लीला भी है, निरा खिलवाड़ भी है, अटकल भी है, साहस-कर्म भी है। अनुमान और रूपकमयी भाषा में वह स्वप्न-महल भी खड़े करती है, जिन्हें वह एक साथ ही सच मानने को और छूकर ढहा देने को सदैव प्रस्तुत भी है। बिना इसके संस्कृति जी नहीं सकती, पनप नहीं सकती। हम कहें कि पुराण और परम्परा के नाम पर जिन बहुत-सी चीजों का संचय और परिग्रह हम किये रहते हैं उसमें से बहुत-सी इसी तरह की हैं—साहसपूर्ण कल्पना की ऐसी सृष्टि जिसे हम शब्दशः सत्य नहीं मानते क्योंकि हम बराबर जानते हैं कि वह हमारी सृष्टि है, हमारी कल्पना-सृष्टि है, हममें से उपजी होने के कारण शून्य में से नहीं उपजी है जैसे कि हम भी शून्य में से नहीं उपजे हैं। इतना ही नहीं, वह हमारे सामूहिक और सामाजिक स्वास्थ्य का एक आधार है, हमारी अस्मिता की पहचान का एक अंग है। उसे हम एकान्त मिथ्या तभी मान सकते हैं जब अपने को भी एकान्त मिथ्या मान लें।

पूर्वग्रहों के व्यापक प्रभाव की इतने विस्तार से चर्चा का कारण है; जैसे कि संस्कृति की चर्चा का भी कारण है। संस्कृति के बारे में जो कुछ कहा गया है सब साहित्य पर भी पूरी तरह लागू है। साहित्य भी यथार्थ और कल्पना की सीमा-रेखा पर साहसपूर्वक बढ़ता है और उसी सन्धि-भूमि पर उसका सर्जकत्व क्रियाशील होता है। साहित्य भी अस्मिता की पहचान कराता है—सामूहिक, सामाजिक, व्यक्तिगत और आस्तित्विक अस्मिता की। साहित्य भी स्थितिबोध जगाता है, जड़ों की पहचान कराता है, उनके द्वारा अपनी मिट्टी से रस खींचने की प्रेरणा देता है, प्रक्रिया सिखाता है, दक्षता बढ़ाता है। साहित्य भी बदलाव की पहचान कराता है, बदलाव की सम्भावनाएँ उजागर करता है, बदलने की प्रेरणा देता है। साहित्य भी सपने देखता है, कल्पना के महल खड़े करता है (और गिराता है), अटकल लगाता है, भूल करने का साहस करता है और भूल को काटकर अलग कर देने का निर्ममत्व भी रखता है।

संस्कृति के विचार की तरह साहित्य के विचार में भी हम उसे किसी दूसरी एक संज्ञा के साथ जोड़ ले सकते हैं। और वैसा विचार, जरूरी नहीं है कि सिर्फ इसलिए अर्थहीन हो जाये कि उसमें भी पूर्वग्रह काम कर रहे होंगे। मंशा यही है कि हम पूर्वग्रह की सम्भावना और व्याप्ति को पहचानते रहें और इस बात को भी न भूलें कि विचार के लिए जो भी जोड़ा हमने चुना है वह विचार की सुविधा के लिए ही चुना है। इसलिए नहीं कि व्यापकतर सन्दर्भ से इन दो संज्ञाओं को किसी तरह भी अलग किया जा सकता है। दूसरे शब्दों में कहें कि कोई भी जोड़ा चुनना अपने आप में एक पूर्वग्रह की अभिव्यक्ति है। साहित्य और सामाजिक परिवर्तन भी इसी तरह का एक जोड़ा है—यहाँ तक कि साहित्य और साहित्यकार भी एक जोड़ा है जो पूर्वग्रह से मुक्त नहीं होता और जो सन्दर्भ से कटकर अर्थहीन हो जायेगा।

3

संस्कृतियाँ लगातार बदलती हैं। समाज लगातार बदलते हैं। साहित्य लगातार बदलता है।

आप लक्ष्य करेंगे कि इन तीनों वाक्यों का ढाँचा एक-सा है, लेकिन तीसरे में हम बहुवचन से एकवचन पर आ गये हैं। थोड़ा रुककर सोचिए कि अगर इस बात को हम आँखों-ओट हो जाने देते हैं तो अनजाने कितना बड़ा पूर्वग्रह हमने निगल लिया है।

दोनों उक्तियों को अलग-अलग एकवचन और बहुवचन में रखकर देखिए। संस्कृति बदलती है, समाज बदलता है, साहित्य बदलता है। ऐसा कहने में हम समग्र मानव जाति, समग्र मानव समाज की बात सोच रहे होते हैं और साहित्य की भी अमूर्त्त सैद्धान्तिक अवधारणा कर रहे होते हैं। लेकिन जब हम कहते हैं कि संस्कृतियाँ बदलती हैं, समाज बदलते हैं, तब हम एक दूसरी कोटि की सच्चाई की बात कर रहे होते हैं; संस्कृति और समाज की एक दूसरी परिभाषा लेकर चल रहे होते हैं। इस स्थूलतर मूर्त्त सन्दर्भ में हमें साहित्य की नहीं, साहित्यों की बात करनी चाहिए और बहुवचन में ही कहना चाहिए कि साहित्य बदलते हैं।

मानव संस्कृति की बात करते हुए हम आरम्भ यहाँ से भी कर सकते हैं कि मानव पहला आत्म चेतन प्राणी है—ऐसा प्राणी जो पूछ सकता है मैं कौन हूँ, मैं कहाँ जा रहा हूँ—ऐसा प्राणी जो अपनी मृत्यु की पूर्व-कल्पना कर सकता है और इसलिए अमरत्व और सन्तानता की भावना के साथ जोड़ सकता है—जो इस प्रकार इतिहास का स्रष्टा बन जाता है, जैविक स्तर पर अपने विकास को प्रभावित करने का सामर्थ्य पा लेता है, संस्कृति का उद्भव-स्रोत बन जाता है। स्पष्ट है कि ऐसा मानव प्राणी न केवल

संस्कृति को बदलने में समर्थ है बल्कि लगातार उसे बदलता चलता है। परिवर्तन की कामना, योग्यता और उसका संकल्प उसकी आत्मा-चेतना का सहज विस्तार है।

स्पष्ट है कि मानव संस्कृति के बारे में जो कुछ कहा गया है वह सब मानव समाज के बारे में भी कहा जा सकता है।

यह भी स्पष्ट होना चाहिए, पर प्रायः उतने स्पष्ट रूप में हमारे सामने नहीं रहता, कि मानव समाज और मानव संस्कृति की बात करते हुए कहीं भी हम संस्कृति और समाज की उस दूसरी अवधारणा का खण्डन नहीं कर रहे होते हैं जो देश-काल से बँधी होती है। भारतीय संस्कृति, यूनानी संस्कृति, मध्यकालीन संस्कृति, आधुनिक संस्कृति इत्यादि अवधारणाएँ कहीं भी उस व्यापकतर परिकल्पना में आड़े नहीं आतीं। दो प्रकार की अवधारणाओं को हम अलग-अलग स्तरों पर रख लेते हैं—या ज्यादा सही ढंग से यों कहें कि एक बड़े वृत्त के भीतर अनेक छोटे वृत्तों का अस्तित्व मानते हुए चलते हैं।

यह भी स्पष्ट होना चाहिए कि परिवर्तन और उसकी गत्यात्मकता और परिवर्तन के संकल्प की बात करते हुए भी हम बदलाव के दो आयामों की बात सोच रहे होते हैं—एक सीमित देश-काल द्वारा मर्यादित और दूसरा जैविक विकास और प्राणि-समाज का वृहत्तर सन्दर्भ लिए हुए।

साहित्य की चर्चा करते हुए जैसे हम बहुवचन से एकवचन पर आ गये थे और इसकी ओर ध्यान दिलाना आवश्यक हुआ था, वैसे ही यहाँ भी एक झिझक उठती है जिसे सामने ले आना चाहिए। साहित्य के साथ विशेषण के रूप में मानव जोड़ते हुए—'मानव साहित्य' की बात करते हुए जबान अटक जाती है। क्यों? यह पूछने पर अटपटा-सा उत्तर आयेगा कि क्या मानवेतर साहित्य भी होता है जो हम मानव साहित्य की बात करें? ऐसा उत्तर देने के बाद स्वाभाविक है कि स्वयं हमारे सामने यह प्रश्न भी उठ आये कि क्या मानवेतर संस्कृति भी होती है जो हम मानव संस्कृति की बात करें? इसी प्रकार यह प्रश्न भी गूँज जाता है कि क्या मानवेतर समाज भी होते हैं कि हम मानव समाज की चर्चा करें?

ये प्रश्न अर्थहीन नहीं होते और नृतत्त्व-विज्ञान आरम्भ से ही इन्हीं प्रश्नों से उलझता है। हम क्रमशः पहचानने लगते हैं कि विकास के क्रम में सामाजिकता की भावना उच्चतर प्राणियों में आयी है। मृगों की और बन्दरों की अनेक प्रजातियों में सामूहिक आचरण और परस्पर सहयोग की कुछ मर्यादाएँ हम पहचानने लगते हैं और उन्हें सामाजिकता का मूल मानकर क्रमशः आदिम वन-जातियों, कबीलों और जन-जातियों की सामाजिकता के साथ जोड़ने लगते हैं। फिर इस सामाजिकता को संस्कृति की परिभाषा के साथ जोड़कर हम अपनी तर्क-परम्परा का उलटे क्रम से विस्तार करते हैं। कम-से-कम कुछ दूर तक तो उसका निर्वाह हो जाता है और उसमें निरर्थकता की झलक हमें नहीं मिलती। फिर भी उससे आगे हम उसे नहीं ले जाते; सादृश्य के धुँधलके के छोर पर उसे छोड़ देते हैं जहाँ अनजाने ही यह माने रहना सम्भव हो कि वैसी ही समानताएँ वहाँ भी काम कर रही होंगी।

लेकिन यहाँ भी साहित्य पर इस तर्क-परम्परा का आरोप हम सम्भव नहीं पाते, सादृश्य-मूलक तर्क का भी नहीं। जन-जातियों, कबीलों और आदिम वन-जाजियों के नृत्यों और गीतों को निश्चय ही हम साहित्य की परिधि में ले आते हैं और साहित्य के आदि स्रोत को प्राचीनतम सामूहिक अनुष्ठान के साथ जोड़ लेते हैं। उन अनुष्ठानों के साथ जुड़े हुए गीत कैसे रहे होंगे यह हम नहीं जानते, न जान सकते हैं; इसलिए यह स्पष्ट है कि यहाँ भी हम ज्ञान के आधार पर नहीं, सादृश्य के तर्क के आधार पर ही बढ़ते हैं। लेकिन उसके आगे—अथवा पीछे, प्राचीनतर काल में—सादृश्य के तर्क के सहारे भी

हम जाने को तैयार नहीं हैं, यद्यपि संस्कृति और सामाजिकता की जड़ें खोजते हुए हम मानव-पूर्व प्राणियों के समाज, समूह, यूथ अथवा झुण्ड तक जाने में विशेष कठिनाई नहीं, देखते।

साहित्य के मामले में यह झिझक क्यों?

उसका एक अत्यन्त महत्त्वपूर्ण कारण है। यही कारण है कि मानव संस्कृति और मानव समाज की बात करते हुए भी हम मानव साहित्य की बात नहीं कर पाते; और वही कारण है कि जिस प्रकार हम सामाजिकता की चर्चा को सादृश्य के सहारे मानव-पूर्ण प्राणियों के संसार में ले जाते हैं, वैसे साहित्य को नहीं ले जाते, ले जाने का प्रयत्न करने को भी तैयार नहीं होते।

और वह कारण यही है कि वैसे प्रयत्न हम कर ही नहीं सकते क्योंकि साहित्य की ही नहीं, मानव की ही हमारी परिभाषा उसे असम्भव बना देती है। वह कारण यह है कि साहित्य भाषा की अपेक्षा रखता है, 'साहित्यिक' शब्द की अपेक्षा रखता है। किसी-न-किसी प्रकार का सम्प्रेषण तो मानवेतर अथवा मानव-पूर्व प्राणियों में भी होता है और सम्प्रेषण ही सामाजिकता की नींव है; लेकिन अर्थवान् शब्द और रूपकार्थ की अवधारणा मनुष्य की सृष्टि है और यही सर्जकत्व उसे अन्य सभी प्राणियों से ऐसे आत्यन्तिक रूप से अलग कर देता है कि साहित्य के विचार का वैसा विस्तार हमारे लिए असम्भव हो जाता है जैसा हम संस्कृति अथवा सामाजिकता का कर सकते हैं।

इसीलिए साहित्य के साथ विशेषण के रूप में मानव नहीं लगता—क्योंकि दूसरा कोई साहित्य न केवल होता नहीं बल्कि उसकी कल्पना भी नहीं की जा सकी। साहित्य की बात हम एकवचन में भी कर सकते हैं और बहुवचन में भी; जब एकवचन में भी कर रहे होंगे तब भी उसका सन्दर्भ मानवीय ही होगा, लेकिन उस विशेषण की कोई गुंजाइश नहीं होगी क्योंकि वह परिभाषा में ही निहित है। और जब बहुवचन में करेंगे तो देश-काल में बँधे समाजों और संस्कृतियों के साथ जोड़कर कर रहे होंगे।

4

बदलाव की प्रक्रिया और संकल्प, उसके प्रयत्न के दो स्तरों अथवा आयामों की चर्चा हम कर चुके हैं। साहित्य में भी निश्चय ही दो स्तरों की बात हो सकती है, लेकिन साहित्य को बदलाव के साथ जोड़ते हुए हम एक और बात कर रहे होते हैं जिसकी ओर ध्यान दिलाना आवश्यक है। संस्कृति अथवा समाज में बदलाव अथवा उसके संकल्प की बात करते समय हमारे सोच की परिधि यही रहती है कि संस्कृति कैसे संस्कृति को बदलती या बदल सकती है; समाज कैसे समाज को बदलता या बदल सकता है। निस्सन्देह यह हम जानते हैं।

भाषा, कला और औपनिवेशिक मानस

अब मैं यह तो नहीं कह सकता कि व्याख्यान देने का मेरा अभ्यास नहीं है, क्योंकि पिछले कुछ वर्षों में व्याख्यान देने के मामले में मार-मार कर हकीम बनाने वाली प्रक्रिया मेरे साथ होती रही है, यह कदाचित् आप में से भी बहुत से लोग जानते होंगे। इस प्रक्रिया से बना हुआ हकीम कैसा होता है इसका मुझे कोई अनुभव नहीं है। वक्ता कैसा होता है वह आप देख ही लेंगे : अपनी ओर से कहूँ कि वह बहुत आत्मविश्वासी नहीं होता। आत्मविश्वास की कमी कभी-कभी दुराग्रह का जामा ओढ़ ले सकती है ज़रूर, लेकिन उससे बात बहुत बदलती नहीं है। यही आशा कर सकता हूँ कि वक्ता बनाये जाने से भी पहले मेरा अभ्यास क्योंकि स्वयं अपने से भी प्रश्न पूछते रहने का ही रहा है इसलिए आप के समक्ष जो कुछ निवेदन करूँगा उसमें आग्रह का प्रयत्न न करके अपनी जिज्ञासाओं का साझा करने का और आप में स्वतन्त्र जिज्ञासा जाग्रत करने का प्रयत्न मेरा होगा।

अभी कुछ ही दिन पहले विदेश में एक सम्मेलन में भाग लेने के लिए भेजा गया था। उस सम्मेलन का कोई सम्बन्ध प्रस्तुत विषय से नहीं था, लेकिन और भी जो लेखक उसके लिए जुटे थे उनमें से कुछ के साथ अनौपचारिक बातचीत के दौरान एक प्रश्न उठा कि समुन्नत पश्चिम और तीसरी दुनिया के देशों के लोगों के बीच आदान-प्रदान कैसा होना चाहिए। आदान-प्रदान की बात सरकारों के व्यवहार से अलग रखकर सोची जा रही थी—निहित रूप से यह मान लिया गया था कि लेखकों का ऐसे ही आदान-प्रदान के बारे में विचार करना सार्थक होगा।

मैं बातचीत चुपचाप सुन रहा था, कुछ बोला नहीं था। अंग्रेजी के अलावा फ्रेंच और जर्मन का भी योग बीच-बीच में हो जाता था—ये तीनों भाषाएँ तो लगभग सभी समझ लेते थे। कभी-कभार एक-आध वाक्य दूसरी किसी भाषा का भी स्वगत रूपसे सुनाई पड़ जाता था।

कुछ देर बाद मेरी चुप्पी लक्ष्य कर ली गयी और किसी ने मुझसे सीधा प्रश्न किया, “आप तो स्वयं उस तीसरी दुनिया के हैं जिसकी बात हो रही है—आपका क्या विचार है?”

मैंने कहा, “जिन क्षेत्रों की बात हो रही है उनकी मेरी जानकारी कम है। यह ठीक है कि आप लोग जानकारी की इस कमी की भी बात कर रहे हैं। लेकिन मुझे तो लगता है कि आपकी सोचने की जड़ ही कमजोर है। मुझे इस नाम ‘तीसरी दुनिया’ से ही आपत्ति है। मैं अपने को तीसरी दुनिया का नहीं मानता, बल्कि मैं सोचता हूँ कि तीसरी दुनिया की बात ख़तरनाक बात भी हो सकती है।”

मेरा स्वर आरोप का नहीं था। मेरा विश्वास था—और है—कि जो लोग बातचीत में भाग ले रहे थे

उनकी भारत के प्रति सच्ची सद्भावना थी—भारत ही नहीं, सामान्यतया जिन देशों की बात वे उठा रहे थे उन सभी के प्रति। लेकिन सभी कुछ अचकचाये-से मेरी ओर देख रहे थे। मैंने बात जारी रखते हुए कहा, "देखिए, आप लोग तो लेखक हैं, सरकार या सरकार के प्रतिनिधि नहीं हैं, आप तीसरी दुनिया की बात कैसे करते या सहते हैं? दुनिया तो सिर्फ़ एक है जिसे हिस्सों में बाँट लिया गया है और अब उस बाँट को स्थायी मानकर..."

किसी ने मेरी बात काटते हुए कहा, "यह तो बिल्कुल आदर्शवादी अवधारणा है।"

मैंने भी उसी तरह उनकी बात काटते हुए कहा, "बिल्कुल ठीक कहा आपने। दुनिया एक है, यह आदर्शवादी धारणा है, लेकिन यह कोरा आदर्शवाद नहीं है, यह साहित्यकार को पहचान सकना चाहिए। नहीं तो जिसे हम-आप साहित्य मानते हैं वह भी आज निरा आदर्शवाद है और हमें उसकी भी बात नहीं करनी चाहिए।"

किसी और ने उदार होकर मुझे बात कहने का अवसर देने के स्वर में कहा, "आपकी यह आपत्ति हम मान लेते हैं कि दुनिया एक है और इसलिए तीसरी दुनिया की बात कुछ ग़लत हो जाती है, लेकिन यह तो परिभाषा का सवाल है। जब हम स्पष्ट कर देते हैं कि तीसरी दुनिया से हमारा आशय क्या है तो..."

मैंने कहा, "आपने मेरे विचार जानने चाहे हैं तो मेरी बात पहले पूरी सुन लीजिए। धोखा परिभाषा में भी होता है। मैं भी कहूँ कि मैं सिर्फ़ भौगोलिक सच्चाई की बात नहीं, परिभाषा की ही बात कर रहा हूँ जब मैं कहता हूँ कि दुनिया केवल एक है और उसमें संकट पैदा करने वाले ऐसे विशाल यन्त्र खड़े हो गये हैं जिनकी टक्कर से सारी दुनिया को संकट है। ये दो दुनियाएँ नहीं हैं, दो यन्त्र हैं और इनसे संकट तीसरी दुनिया नाम के अंश को नहीं है बल्कि पूरी दुनिया को है। इसमें इतना और जोड़ दे सकता हूँ कि क्योंकि ये दो यन्त्र काफ़ी बड़े भूभाग पर छाये हुए हैं इसलिए आगे जो संकट है वह मुख्यतया तीसरे शेष भाग पर ही है। तो क्या मैं यह भी नहीं कह सकता कि असल में तो तीसरी दुनिया ही वह एक दुनिया है जिसे हम बची हुई दुनिया कह सकते हैं? क्या आपको इस पर बहुत आपत्ति होगी? आप देखेंगे कि है यह भी परिभाषा की ही बात। लेकिन परिभाषा से ही दुनिया बदल गयी है। क्या आप यह मानने को तैयार हैं और अपना सोच यहाँ से आरम्भ करने को तैयार हैं जिसे पश्चिम की दो मशीनी आवाज़ें तीसरी दुनिया कह रही हैं वही असली दुनिया है? या सोच यहाँ से आरम्भ करने को न भी तैयार हों तो क्या इतना पहचानने को तैयार हैं कि ऐसे सोचने वाले भी हो सकते हैं?"

थोड़ी देर बाद किसी ने कहा, "ऐसे बुनियादी सवाल उठ जायेंगे तो बात कैसे आगे बढ़ेगी। हम लोग मोटे तौर पर यह मान लेते हैं कि दो समूह हैं जो विकसित देशों के हैं और जिनकी पद्धतियाँ—यन्त्रोद्योग की, शासन की और लोक-व्यवस्था की—इतनी अलग-अलग हैं कि उनमें टकराहट भी हो सकती है; और एक तीसरा देश समूह है जो इस दृष्टि से कम उन्नत है और..."

मैंने फिर बात काटते हुए कहा, "क्षमा करें, आप कोई नयी बात नहीं कह रहे हैं। मैंने जो सवाल उठाया वह आपकी बात को मानते हुए है। इस विकास या उन्नति की बात को ही लीजिए। क्या आपने ने उन्नति की भी उसी तरह केवल एक ही कसौटी नहीं रख ली थी जो आपकी कसौटी है? आप ही लोग जब मानव जाति के विकास या उसकी उन्नति की बात करते हैं तो इन शब्दों का अर्थ

बिल्कुल दूसरा होता है। वहाँ आप सांस्कृतिक विकास की बात करते हैं। क्या यह कहने का कोई आधार है कि यूरोप या अमेरिका या रूस सांस्कृतिक दृष्टि से भारत या चीन या दक्षिणी-पूर्वी एशिया से ज़्यादा उन्नत हैं?"

किसी ने कहा, "आपकी यह आपत्ति भी ठीक है, लेकिन जिस दावे को आप काट रहे हैं वह तो किसी ने किया नहीं। फिर तीसरी दुनिया में तो एशिया के अलावा अफ़्रीका और दक्षिण अमेरिका के देश भी शामिल हैं। हम भी पलटकर पूछें कि क्या आप अफ़्रीका के सब देशों को भी सांस्कृतिक दृष्टि से उतना ही उन्नत या विकसित मानते हैं? तीसरी दुनिया नाम से इसीलिए तो यह स्पष्ट हो जाता है कि सवाल सांस्कृतिक उन्नति का नहीं है।"

मैंने कहा, "क्यों नहीं है? मैं तो बात को यहीं तक ले जाना चाहता हूँ कि बहुत से असली सवाल टाले जा रहे हैं। आपने एशिया और अफ़्रीका के देशों का नाम लिया—यह 'अफ़्रेशियाई' विशेषण भी एक दूसरा टालमटोल का रास्ता है। बल्कि ऐसा भी सन्देह होता है—नहीं, निरे सन्देह की बात नहीं है, ऐसी धारणा बनती है—कि यह नाम भी उसी मनोवृत्ति का एक पहलू है जिसका दूसरा पहलू तीसरी दुनिया का नाम है। हमारी इकलौती दुनिया को केवल शाब्दिक आधार पर तीन हिस्सों में बाँटने के दो तरीक़े हैं जिनमें से एक तथाकथित तीसरे हिस्से को वह नाम देकर अपना भोज्य बना लेना चाहता है और दूसरा उसे अफ़्रोएशियाई नाम दे कर धीरे-धीरे वश में कर लेना चाहता है। दोनों हिस्से तीसरी अथवा अफ़्रोएशियाई दुनिया को पिछड़ा हुआ, अविकसित, निर्बल और परमुखापेक्षी मानते हुए उसे सहारा और प्रोत्साहन देने का दम भरते हैं जिससे कि वह भी अपने को निर्बल और असहाय मानने लगे और परमुखापेक्षी बनने की उसकी आदत बन जाय। अगर यह उपनिवेशवाद नहीं है तो क्या है? इतना कह सकते हैं कि यह उसका मँजा हुआ तरीक़ा है। जहाँ आपको अपना बल न दिखाना पड़े बल्कि दूसरा ही अपने को असहाय मानकर आपका शरणागत हो जाय। मैंने जिन दो यन्त्रों की बात की उन्हीं के गढ़े हुए ये बिल्ले हैं। आपने बिल्कुल ठीक कहा कि अफ़्रीका और एशिया के देशों में कम समानताएँ हैं। मैं कहूँ कि इसीलिए तो एक नकली मगर आकर्षक रिश्ता जोड़ने के लिए यह नाम गढ़ा गया। इन ऐसे और नामों का इतिहास देखें तो यह बात स्पष्ट हो जाती है कि एक की जगह में एक नाम गढ़ा जाता रहा है। उपनिवेशवाद के सिक्के का दूसरा पहलू यही है कि जिन देशों पर अधिकार करना या बनाये रखना है वहाँ ऐसी उपनिविष्ट मानसिकता पैदा कर दी जाय।"

कुछ लोगों के चेहरे पर यह भाव दीखने लगा था कि चुप बैठे हुए आदमी को छेड़कर नाहक एक बवाल खड़ा कर लिया। न उससे सवाल पूछा गया होता, और न बहस यों पटरी से उतर गयी होती। किसी तरह बात को समाप्त करने के ढंग से एक ने पूछा, "तो आप स्थिति का निरूपण कैसे करना चाहेंगे?"

मेरा उद्देश्य क्योंकि प्रभुत्व के एक संस्कार को झकझोरना था और वह एक अंश तक पूरा हो गया था, इसलिए कुछ मुस्कराकर मैंने कहा, "मेरे पास कोई बने-बनाये जवाब थोड़े ही हैं। मैंने तो इतना ही कहा था कि साहित्यकार को कुछ दूसरी तरह से सोच सकना चाहिए। अब मैं अपनी तरफ़ से कुछ न भी कहूँ और जो तथ्य सामने लाये गये हैं उन्हीं के आधार पर दूसरी अवधारणा करूँ तो आपको कैसा लगेगा? आप ने एशिया की पुरानी और सम्पन्न संस्कृतियों की ओर इशारा किया। अब यह मानते हुए कि दुनिया एक है—और मैं समझता हूँ कि इस बात का खण्डन तो आप में कोई नहीं करना चाहेगा—अगर मैं कहूँ कि इस दुनिया में कई देश ऐसे रहे और हैं जो सदियों से सांस्कृतिक विकास

और उसके आधारभूत नैतिक मूल्यों को महत्त्व देते रहे, और दूसरे और कई देश ऐसे हैं जिन्होंने सम्पत्ति को और उसके आधारभूत आर्थिक नियमों को अधिक महत्त्व दिया। और फिर यह भी कहूँ कि इस दूसरे पक्ष ने सम्पत्ति के अधिग्रहण करने वाले दो तरह के आर्थिक संगठनों के मॉडल हमारे सामने रखे—तो कैसा लगेगा?" तनिक-सा रुककर मैंने कहा, "यानी बात तीसरी दुनिया की नहीं है, एक ही दुनिया की है जिसके एक बहुत बड़े हिस्से को यह मानने को लाचार किया जा रहा है कि इन दो आर्थिक संगठनों में से एक में शामिल हुए बिना आपका निस्तार नहीं है—वह किसी एक में शामिल हो जाय तो वहाँ से उसको पूरी मदद मिलने लगेगी।"

किसी ने मानो कुछ रियायत दिखाते हुए स्वर में कहा, "आज दुनिया की जो हालत है उसे दिखाने का, हाँ, यह भी एक तरीक़ा हो सकता है। दो में से एक रास्ता चुनने की लाचारी हमें दिखायी जा रही है और सवाल यही है कि क्या हम दोनों को अस्वीकार करके अपना रास्ता खोजने की बात नहीं कर सकते? और कुछ देश ठीक यही तो कर रहे हैं—कह रहे हैं कि अपने इतिहास, अपने संस्कार और अपनी प्रतिभा के आधार पर ही हम अपना रास्ता चुनेंगे और अपनी संस्थाएँ विकसित करेंगे।"

मैंने कहा, "लेकिन मैं भाषा के धोखे की भी बात कर रहा था। मान लीजिए कि मैं अब चालू परिभाषा न स्वीकार करके यह कहूँ कि विकसित और कम विकसित अथवा विकासमान की वर्तमान परिभाषा छोड़कर विकास की दिशाओं अथवा आग्रहों की बात कहें। उदाहरण के लिए यह कहें कि कुछ देश विकसित संस्कृतियों वाले हैं और कुछ दूसरे देश विकसित अर्थ-तन्त्रों वाले और दोनों को सहारे की ज़रूरत है या कि दोनों पर कुछ पाने की ही नहीं, कुछ देने की भी ज़िम्मेदारी आती है। तो..."

किसी ने आश्चर्य और अविश्वास के स्वर में पूछा, "क्या आप यह दलील देना चाहेंगे कि पश्चिम के देश सांस्कृतिक दृष्टि से पिछड़े हुए नहीं तो कम विकसित या विकासमान हैं?"

मैंने हँसकर कहा, "क्यों नहीं? सांस्कृतिक दृष्टि से पिछड़े हुए न होते तो सदियों तक लूट-पाट और हिंसा के आधार पर ही अपनी प्रभुता और सम्पन्नता बढ़ाने में कैसे लगे रहे होते? बहस को कड़वा कर देने का मेरा उद्देश्य नहीं है, न उसकी कोई ज़रूरत है। तथ्यों पर भी कोई बहस शायद नहीं है। केवल रिश्तों को सजा-सवाँरकर प्रस्तुत करने की बात है। पश्चिम—और यहाँ पर यह स्पष्ट कर दूँ कि जिन दो यन्त्रों की बात मैंने कही दोनों ही हमारे लिए पश्चिम हैं—पश्चिम कुछ अपने अतीत पर और कुछ अपने वर्तमान पर पर्दा डालकर अपने सामर्थ्य को एक रूप में प्रस्तुत करना चाहता और पूर्व—और यहाँ पर पूर्व के साथ ऐसा भी बहुत कुछ जुड़ जाता है जिसे दक्षिण कहना शायद ज़्यादा संगत हो, लेकिन जो प्राचीन के अर्थ में तो पूर्व ही हो जाता है—पूर्व भी अतीत की कुछ चीज़ों पर पर्दा डालकर अपने को दूसरे रूप में समर्थ दिखाना चाहता है। ये अगर धोखे हैं तो बराबरी के धोखे हैं, बल्कि ये क्योंकि लोक-व्यवहार के नियमों के अनुसार चल रहे हैं और उन नियमों को दोनों पक्ष जानते हैं, इसलिए उन्हें धोखा भी नहीं कहना चाहिए, केवल व्यवहार कहकर ही काम चल सकता है। पश्चिम में दोनों यन्त्र अपने कुकर्मों पर पर्दा डालना चाहते हैं—कुछ पुराने कुकर्मों पर और कुछ ऐसे भी जो पुराने नहीं हैं, जो हमारे जीवन काल में किये गये हैं, बल्कि कुछ तो इस समय किये जा रहे हैं; और पूर्व अपनी कमज़ोरियों पर पर्दा डालना चाहता है। कमज़ोरी को छिपाना चाहना कोई अच्छी बात तो नहीं है, लेकिन कुकर्मों को छिपाना चाहने से कम बुरी और दूसरों के लिए कम ख़तरनाक तो है ही।"

मैंने एक बार रुककर सबकी ओर देखा और कहा, "आप लोग सोचते होंगे तो हम कहाँ पहुँचे? पहुँचे यहाँ कि स्थिति को सामने रखने का एक यह भी तरीक़ा हो सकता है कि सभी दूसरे-दूसरे

आधारों पर अपने बड़प्पन या अपने सामर्थ्य का दावा करें। बिल्कुल ज़रूरी नहीं है कि दावे मान ही लिये जायें, नहीं भी माने जा सकते हैं। इसका मतलब यह है कि आप के दावे उतने ही निराधार माने जा सकते हैं जितने दूसरों के। असल सवाल सम्बन्धों को नयी रोशनी में देखने का है और एक समग्र व्यापक परस्पर-निर्भरता देखने का है। दुनिया पहली, दूसरी और तीसरी नहीं है; दुनिया एक है और उसका कोई हिस्सा दूसरे हिस्सों के सहारे के बिना नहीं जी सकता। और यह बात अकेले एक आर्थिक स्तर की नहीं है। रिश्तों में हमें यह भी पहचानना होगा कि आर्थिक सन्तुलन भी प्राकृतिक, जैविक और सांस्कृतिक सन्तुलनों से अलग या उनके बिना नहीं है—कोई सन्तुलन ही नहीं है जब तक कि मानव के समग्र विकास, समग्र आकांक्षा, समग्र उपलब्धि को ध्यान में न रखा जाये।" थोड़ा रुककर मैंने अपनी तरफ़ से बात समाप्त करते हुए कहा, "इतना अधिक बोलने के लिए मैं आप सबसे क्षमा माँगता हूँ। यह अपराध मैं रोज़-रोज़ नहीं करता, लेकिन साहित्यकार जब इकट्ठा होते हैं साहित्य के नाम पर और खोने लगते हैं दूसरी चीज़ों में तब कभी-कभी उनका ध्यान इस बात की ओर दिलाना पड़ जाता है कि भाषा एक तरफ़ सर्जना का आधार है तो दूसरी तरफ़ समूचे मानव-व्यापार का माध्यम भी। वह सर्वदा और सर्वथा वेध्य है। और यह पहचान और याद दिलाते रहने का काम सर्जक का है।"

सभी ने राहत की साँस ली और बातचीत समाप्त हुई। मैंने भी छुट्टी पायी।

लेकिन अब विदेश की उस गोष्ठी से लौटकर और यहाँ आपके सामने प्रस्तुत होकर कहूँ कि जहाँ बात समाप्त हुई यहाँ वहीं से आरम्भ करना चाहता हूँ। लेकिन इतनी लम्बी भूमिका से आप घबराइए नहीं। बात उसी अनुपात में लम्बी नहीं होगी क्योंकि बहुत-सी बात इस भूमिका में आ गयी है। वहाँ जिस परिणाम पर मुझे पहुँचना था और यहाँ जो पहली स्थापना में करना चाहता हूँ वह यही कि हमारे पूर्वग्रह भाषा को लगातार एक रंगत देते चलते हैं और वह रंगत नये पूर्वग्रह भी पैदा करती हुई हमारे विचारों को प्रभावित करती हैं, चिन्तन के लिए बने-बनाये नये साँचे हमें दे देती हैं। यह सर्जक का काम है कि इन साँचों को तोड़ता रहे और भाषा को मुक्त करता रहे। निस्सन्देह इस तरह मुक्त की गयी भाषा फिर भी उतनी ही वेध्य होगी और पूर्वग्रहों की उसी प्रक्रिया में से गुज़रेगी। फिर नये साँचे भी गढ़ देगी। लेकिन वे फिर तोड़े भी जा सकेंगे और यह काम फिर सर्जक को ही करना होगा। इनमें से कुछ पूर्वग्रह तो प्रत्यक्ष भी होंगे; कुछ को सूझ-बूझ के साथ पकड़ना और उभाड़ना होगा। यह बात कुछ विचित्र लग सकती है कि पूर्वग्रह प्रत्यक्ष हों और फिर भी हमें छल न सकें। लेकिन यह चीज़ तो भाषा के स्वभाव में है। भाषा व्यवहार की चीज़ होने के नाते समाजगत समयों का समूह होती है और स्पष्ट पूर्वग्रह भी समाजव्यापी होने के नाते ही स्पष्ट होते हैं।

इस स्थापना के बाद मैं प्रत्यक्ष पूर्वग्रहों के एक-दूसरे समूह की ओर आता हूँ जिनका सीधा सम्बन्ध हमारे कला-बोध और कला-समीक्षा से है।

2

आज हम भारतीय कला और स्थापत्य के जिन गौरव-स्थलों का नाम लेते हैं वे अधिकतर ऐसे हैं जिन्हें हमने उपेक्षा और विस्मृति के मलबे के दब जाने दिया था और जिनका पिछले डेढ़-दो वर्षों में पुनरुद्धार हुआ। इस पुनरुद्धार का बहुत कुछ श्रेय विदेशियों को जाता है और अधिकतर उन्हीं को जो औपनिवेशिक सत्ता के प्रतिनिधि के रूप में ही यहाँ आये थे। इतना ही नहीं, खोज और जीर्णोद्धार का बहुत-सा महत्त्वपूर्ण काम उसी युग में ही हुआ जब उपनिवेशवादी मनोवृत्ति भी अपने उत्कर्ष पर थी।

यह एक तथ्य है। यह भी तथ्य है कि जीर्णोद्धार और संरक्षण का यह काम कुछ भारतीय जाति के आत्मगौरव को टेक देने के लिए नहीं हुआ, बल्कि एक दूसरी ही ऐतिहासिक दृष्टि का परिणाम था। इसी तरह यह भी तथ्य है कि जो जाति किसी भ्रष्ट किये गये मन्दिर को अथवा खण्डित मूर्ति को धार्मिक दृष्टि से निष्प्रयोजन और इसलिए सर्वथा उपेक्षणीय मानने की अभ्यस्त हो गयी थी उसने इस विदेशी ऐतिहासिक चिन्तन के सम्पर्क से इस भग्नावशेषों को एक नयी दृष्टि से देखना स्वीकार किया। लेकिन जहाँ हम इस कला-चेतना को जगाने का बहुत-सा श्रेय विदेशी शासक, विदेशी खोज और विदेशी कलाविद् को देते हैं, और उचित देते हैं, वहाँ हमें यह भी देखना चाहिए कि इस नयी दीक्षा के साथ हमें जो कला-चेतना मिली और उसे अभिव्यक्त करने की जो भाषा मिली उस पर उपनिवेशवादी चिन्तन की छाप कितनी गहरी है।

एलुरा और ऐसे ही अन्य स्थलों का यत्नपूर्वक उद्धार करके जो लोग उन्हें फिर से हमारे सामने ला रहे थे उनकी धारणा उनके सम्बन्ध में कैसी थी, इसको कम-से-कम एक उद्धारक ने बड़े स्पष्ट शब्दों में रखा ही था, यह बताते हुए कि किस प्रकार ऐसे अनेक मन्दिर, गुफा मन्दिर और अन्य स्थल ध्वस्त किये गये थे। उसने अपनी यह भी स्पष्ट राय दी थी कि “ये सब इसी योग्य थे जैसे वह जाति भी इसी योग्य थी जिसकी अपरूप कल्पना की ये कृतियाँ थीं।” एक तरफ़ इन स्थलों का उद्धार जिनकी कला के लिए ‘ज़लील, विकृत, निगति-प्राप्त’ आदि विशेषण उद्धारकों को सही जान पड़ते थे, दूसरी तरफ़ हिन्दी जाति मात्र के प्रति ऐसी अवहेलना का भाव जिसके लिए ये विशेषण भी उन्हें हल्के से जान पड़ते थे—जिन्हें इसमें विरोधाभास दीखता है उन्हें यह समझना चाहिए कि ये दोनों ही निर्णय भारत के इतिहास को उस रूप में प्रस्तुत करने में सहायक होते थे जो उपनिवेशवादी मानस की रचना के लिए ज़रूरी था। वास्तव में यह जीर्णोद्धार समय उसके शासक की दृष्टि में यह प्रमाणित करने में सहायक ही था कि हिन्दू जाति क्योंकि डिजेनरेट थी, इसलिए इसी योग्य थी कि दूसरे उस पर शासन करें और क्रमशः उसे सुधारते हुए फिर थोड़ा-बहुत स्वशासन के योग्य बनायें। दूसरे शब्दों में यह जीर्णोद्धार उसी नीति का दूसरा पहलू था जिसकी घोषणा मैकाले ने अपनी शिक्षा नीति में की थी। आज कोई यह पूछ सकता है कि उस समय शासकों की भले ही यह नीति रही हो, उसका फल तो वैसा नहीं हुआ और उदाहरण के रूप में हमारा ध्यान एलोरा से हटाकर कोणार्क और खजुराहो की ओर ले जा सकता है। एलोरा की मूर्तियाँ कम्पनी बहादुर के कलापारखी को ‘अपरूप’ भले ही लगी हों, ‘अश्लील’ तो नहीं थीं; पर क्या आज इसके बावजूद इतने लोग इतने उत्साह से कोणार्क और खजुराहो देखने नहीं जाते? देशी भी और विदेशी भी? और क्या ये लोग खजुराहो-कोणार्क के मन्दिरों को डिजेनरेट जाति की डिजेनरेट कृतियाँ मानते हैं?

मैं इस प्रश्न का सीधा जवाब नहीं दूँगा। जवाब पाने का काम आप पर छोड़ देता हूँ लेकिन एक प्रतिप्रश्न आपके सामने रखकर। क्या आपने लक्ष्य किया है कि विनोबा की इन्दौर यात्रा से लेकर अब तक जब-जब सिनेमा पोस्टरों और रंगीन पत्रिकाओं के विज्ञापनों में अश्लीलता के विरुद्ध आवाज उठी है; तब-तब अंग्रेजी पत्रों में उस अश्लीलता की सफ़ाई में एक दलील यह भी दी गयी है कि सिनेमा पोस्टर तो उन दृश्यों से आगे कभी नहीं जाते तो खजुराहो में चित्रित हैं। क्या आप ने यह भी विचार किया है कि सफाई की इस दलील की बुनियादी प्रतिज्ञाएँ क्या हैं? धर्म दृष्टि की बात तो छोड़ दीजिए—मैं भी चाहता हूँ कि कला मूल्यों का विचार धर्म-निरपेक्ष दृष्टि से ही करें—लेकिन क्या यह प्रश्न नहीं उठता कि जो लोग ऐसी दलील दे सकते हैं उनके पास क्या दृष्टि है भी? वे भी क्या तथ्यों

का उपयोग एक विशेष प्रकार के प्रभुत्व की स्थिति बनाये रखने के लिए नहीं कर रहे हैं?

वास्तव में मैकाले ने जिस तरह से नकली साहब बनाने का स्वप्न देखा था—स्वप्न ही नहीं देखा था बल्कि सुनियोजित कार्य-पद्धति की घोषणा की थी—वैसा नकली साहब आज भी न केवल हमारे बीच में है बल्कि हमारे मन पर अपनी सत्ता बनाये रखने में जुटा हुआ है—और मानना होगा कि बहुत दूर तक सफल भी है। आज़ादी के युग की नीतियों ने और विशेष रूप से भाषा नीति ने उसकी मदद ही की है। यह नकली साहब ही जब इस सन्दर्भ में मानो हिन्दू जाति की पीठ थपथपाता हुआ कहता है, "सेक्स के मामले में तो हिन्दू जाति की दृष्टि हमेशा बड़ी उदार रही," तब वह एक तरफ़ तो अपनी जीवन-परिपाटी के लिए समर्थन प्राप्त कर लेता है, दूसरी तरफ़ समस्त हिन्दू शास्त्र और वाङ्मय और कला को ऐसे सन्दर्भ में रख देता है जिसे स्वीकार करने के साथ-साथ हम पश्चिम की तुलना में उनकी हीनता भी स्वीकार कर लेते हैं—क्योंकि जो मूल्य वास्तव में उनमें प्रतिष्ठित रहे, जिनकी साधना हिन्दू जाति के इतिहास का अंग रही, उन सबको इस प्रकार हम अनदेखा करने की सुविधा पा जाते हैं—सेक्स ही हमारी एकमात्र कसौटी रह जाती है।

आधुनिक भारतीय कला—अब इस नाम से जो भी कृतियाँ आपकी आँखों के सामने आती हों—आधुनिक भारतीय कला के विकास की ओर ध्यान दें तो वहाँ भी यही दीखता है कि एक राष्ट्रीय पुनर्जागरण अथवा एक से अधिक पुनरुद्धारों के बावजूद वहाँ भी भारतीयता का लोप ही हुआ है—और आधुनिकता की उपलब्धि हुई है या नहीं यह सन्दिग्ध है। इतना अवश्य है कि कला की समीक्षा के लिए एक शब्दावली हमें मिल गयी है जिसका भारतीय कला-चिन्तन अथवा सौन्दर्य-शास्त्रीय परम्परा से कोई सम्बन्ध है ही नहीं—उस पश्चिम की कला से भी अगर है जिससे वह प्रेरित हुई है तो इतना ही कि उसने नकल को एक शास्त्रीय आधार दे दिया है। दूसरे शब्दों में यूरोपियन मानस को एक प्रतिष्ठा दे दी है।

उन्नीसवीं शती में—या कह लीजिए कि अठारहवीं शती के अन्तिम चरण से लेकर उन्नीसवीं के मध्य तक—भारत की अपनी चित्रकला परम्परा लगभग पूरी तरह मिट गयी क्योंकि उसके संरक्षक देशी रजवाड़ों में ही बचे थे। उनके ह्रास और विलय के साथ-साथ भारतीय परम्परा के कलाकार भी निराश्रय हो गये और वह कला भी लुप्त हो गयी। आज के सब कला-आलोचक ही आधुनिक धारा के कलाकार यह कहते पाये जायेंगे कि वह कला घटिया थी, 'इलेक्ट्रेटिव' थी या उसमें किसी कथा-अभिप्राय की अनिवार्यता या प्रधानता थी। एक तो यही बात कई तरह के संकेत देती है जिनकी पड़ताल होनी चाहिए। उदाहरण के लिए यही कि इस देश की चित्रकला में ही नहीं, मूर्तिकला में भी बल्कि नृत्य में भी कथा-अभिप्राय हमेशा से रहा जो कि काव्य-चिन्तन में वाक् की प्राथमिकता का प्रतिबिम्ब था। इस अर्थ में यह तथाकथित 'इलस्ट्रेटिव' प्रवृत्ति अथवा कला-अभिप्राय की उपस्थिति चित्र अथवा मूर्ति को केवल कला परम्परा के साथ ही नहीं जोड़ती थी, उस ग्रहीता समाज के साथ भी जोड़ती थी जिसके बीच में वह पनपती थी और जिस तक पहुँचना उसका प्रयोजन था। इस कला के लोप के साथ कम्पनी शैली के जो चित्र आये, सच तो यह है कि वह भी कुछ कम इलस्ट्रेटिव नहीं थे; फ़र्क इतना ही है कि उनकी इलस्ट्रेटिव प्रवृत्ति का आधार कथा-वृत्तान्त न होकर दृश्य का रूपायन हो गया था, यानी नेरेटिव के बदले वे डेस्क्रिप्टिव हो गये। जो आलोचक आज रवि वर्मा के चित्रों की भर्त्सना करते हैं—और अगर आधार सही होता तो भर्त्सना भी उचित होती—लेकिन वे इस बात का सामना नहीं करते कि रवि वर्मा का शिल्प और तन्त्र-कौशल विदेशी होने पर भी उनके चित्र लोकप्रिय भी थे और संस्कारवान् भारतीयों

के घरों में भी इसलिए स्थान पाते थे कि वे जाने हुए कथा-अभिप्रायों को अपना आधार बनाते थे और उन्हीं के सहारे भारतीय मानस को छूते थे। कुछ चित्र उन्होंने डेस्क्रिप्टिव भी ज़रूर बनाये, लेकिन फिर ये चित्र उन्हीं साहबी घरों में पहुँचे और वहीं समादृत हुए जो अंग्रेज़ी सैरों (लैंडस्केप) की शैली की ओर आकृष्ट होना अपना कर्त्तव्य समझने लगे थे, या जो विदेशी की देखादेखी 'सँपेरा', 'बाजीगर', 'राजपूत' आदि शीर्षकों वाली तथाकथित शबीहें (पोर्ट्रेट्) खरीदने और सजाने लगे थे।

उन्नीसवीं शती के अन्त और बीसवीं के प्रारम्भिक वर्षों में ज़रूर एक महत्त्वपूर्ण कला-आन्दोलन इस देश में हुआ, लेकिन इसके बावजूद आधुनिक अंग्रेज़ीदाँ आलोचक और भारत के मॉडर्न आर्ट के पेशेवर आर्टिस्ट का रवैया विलक्षण है। बंगाल स्कूल नाम का यह आन्दोलन फिर से जिलाया नहीं जा सकता जैसे कि कोई भी आन्दोलन चुक जाने पर दोबारा जिलाया नहीं जा सकता—लेकिन उसकी उपलब्धियों की बड़ी दुःखद उपेक्षा हुई है और मैं कहना चाहता हूँ कि उस उपेक्षा के कारण भारतीय चित्रकला के सहज विकास में बड़ी विकृति भी आयी है। हैवेल के प्रोत्साहन और ठाकुर परिवार तथा शान्तिनिकेतन के संरक्षण में पनपने वाला यह आन्दोलन स्वाभाविक और अनिवार्य भी था, भारतीय भी था, अपने समय में आधुनिक भी था और आज भी यह कहना चाहता हूँ कि सही भी था क्योंकि वह बड़ी गहराई में भारत की प्रतिभा और आकांक्षा के साथ जुड़ा हुआ था और उसे रूपायित भी कर रहा था। शिल्प और कलातन्त्र की दृष्टि से उसने कई देशों से प्रेरणा ली, लेकिन मुख्यतया उन्हीं देशों से जिन्होंने दूसरे युगों में भारत से प्रेरणा ली थी—अर्थात् उसने भारतीय अस्मिता की खोज को वृहत्तर भारत के साथ ही जोड़ा। मैंने कहा कि यह कला आन्दोलन भारत की तत्कालीन आकांक्षा और प्रतिभा से प्रेरणा भी ले रहा था और उसे रूप भी दे रहा था। लेकिन यह भी उसका एक पक्ष ही है। यह भी उल्लेखनीय है—और यह बात मैं उसकी प्रशंसा में कह रहा हूँ, उसकी भर्त्सना के लिए नहीं—कि उसका रूप कभी ऐसा नहीं हुआ कि वह भारतीय जनमानस के लिए असंवेद्य हो क्योंकि उसने भी कथा-अभिप्राय को त्याज्य नहीं माना बल्कि लोक तक पहुँचने का साधन बनाया। जो लोग उसकी आलोचना में उसके समकालीन वानगोख और गोगें का नाम लेते हैं और यूरोप के चित्रकारों को संस्थान-विरोधी और क्रान्तिकारी दिखाते हुए बंगाल स्कूल के चित्रकार को कट्टरपन्थी अतीतोन्मुखी बताते हैं वे इस बात को अनदेखा करते हैं कि इन यूरोपीय चित्रकारों का समाज उस समय भी विस्तारवादी था और अनूठे विदेशी अर्थात् एग्जोटिक को सहज भाव से ग्रहण करता था, जबकि दूसरी ओर भारत की समस्या स्वरूप की पहचान और एक सही आत्मबिम्ब की प्रतिस्थापना की थी जिसका इसलिए नये आयात के प्रति शंकालु होना स्वाभाविक था। इसमें उसका भाव प्रतिष्ठान के प्रति स्वीकार का नहीं, पूरे समाज के साथ एकप्राणता का था। बंगाल स्कूल क्रमशः निगति को प्राप्त हुआ, लेकिन इसकी जवाबदेही उतनी उसके कलाकार पर नहीं है जितनी उस समय और उसके बाद के कलाचिन्तक और आलोचक पर है जिसने न उसकी प्रेरणाओं को सही ढंग से निरूपित किया, न उसकी उपलब्धियों को सही पहचाना। न उसने आज तक इस तथ्य का सामना किया है कि बंगाल स्कूल तो अपने निष्प्राण हो जाने तक समाज से जुड़ा रहा, उसके द्वारा 'समझा जाता रहा'; जबकि उसे उखाड़ फेंकने वाली आधुनिक कला की आज भी यह स्थिति नहीं है। यहाँ अगर मैं अलग से यामनी राय का नाम नहीं लेता तो उनकी कला के प्रति अवज्ञा से नहीं बल्कि केवल इसलिए कि जिस तरह उन्होंने एक सीमित प्रादेशिक परम्परा से अपने को जोड़ते हुए नया कुछ प्राप्त किया था, उसी तरह दूसरे कई प्रदेशों में कई चित्रकारों ने भी किया। मुख्य धारा से हटकर छोटी-छोटी देशज परम्पराओं से प्रेरणा लेने की

व्यापक प्रवृत्ति के एक उदाहरण वह ज़रूर हैं। इसी तरह मैं अगर अमृता शेरगिल का नाम भी अलग से नहीं लेता तो यह उनकी कला अथवा उनके अवदान की उपेक्षा नहीं है। और अब नाम लेता हूँ तो यह भी कहना चाहता हूँ कि जिस तरह आनुवंशिक रूप में उनमें दो जाति-परम्पराएँ मिली थीं उसी तरह उनकी कला में भी मिलीं तो यह एक सहज और स्वाभाविक बात थी। और अगर दोनों क्षेत्रों में लगातार तनाव रहा जिसने कि उनको रचनात्मक प्रेरणा भी दी तो यह तनाव भी स्थिति का अनिवार्य परिणाम था। निश्चय ही उस तनाव का रचनात्मक उपयोग करने के लिए अमृता शेरगिल की जितनी प्रशंसा की जाय कम है। लेकिन कला के आलोचक उन्हें पारम्परिक और आधुनिक को जोड़ने वाले कलाकार का पद देते हुए परम्परा और आधुनिकता के बारे में और जो कुछ कहते हैं तनिक उसकी ओर भी तो ध्यान दें। बंगाल स्कूल और विशेष रूप से गगनेन्द्रनाथ ठाकुर,नन्दलाल बोस, क्षितीन मजूमदार, विनोद बिहारी मुखर्जी आदि के साथ जो अवज्ञा बरती गयी है उसका उल्लेख तो मैंने किया है। जिसे आधुनिक कला कहा जाता है उसकी मुद्रा की भी कितनी निराधार स्फीति की जाती रही है यह भी तो देखना चाहिए। अमृता शेरगिल आदि आधुनिक थीं तो उनकी आधुनिकता में भारत के साथ जुड़ने की ललक का दर्द भी था क्योंकि वह स्वयं भी एक तनाव-भरे ढंग से भारत के साथ जुड़ी थीं। लेकिन आज के आधुनिक कलाकार? वे तो कहीं वैसे जुड़े भी नहीं, न जुड़े होने का दर्द या तनाव उनकी कृतियों में है। वे तो कटे हुए ही हैं और कटे होने का दर्द भी सब में तो नहीं है, किसी रचनाशील रूप में नहीं है। और अपनी स्थिति को लेकर कोई तकलीफ़ भी उन्हें नहीं क्योंकि कुल मिलाकर यह स्थिति आराम की, मुनाफ़े की और एक उच्चताबोध की ही स्थिति है जिसे समकालीन आलोचक से भरपूर सहारा मिलता है। स्वयं उस आलोचक की भी यही स्थिति है : वह अंग्रेज़ी में आलोचना करता है, अंग्रेजी के सिवा किसी भाषा में कर ही नहीं सकता क्योंकि कोई दूसरी भाषा उसने वह करने लायक स्तर तक सीखी ही नहीं। कला की किसी भारतीय भाषा की शब्दावली का ज्ञान तक उसे नहीं है और अंग्रेज़ी की जिस पारिभाषिक शब्दावली का इस्तेमाल वह करता है उनके संस्कार या तो इतने पराये हैं कि वे शब्द यहाँ लागू ही नहीं हो सकते, या जो शब्द लागू हो सकते हैं उनका इतिहास उपनिवेशवाद के साथ इतना जुड़ा हुआ है कि उनके सहारे भारतीय कला को देखना परायी दृष्टि से देखना ही है।

जिन्हें यह बात अतिरंजित या अन्यायपूर्ण लगेगी उन्हें मैं यह भी याद दिला दूँ कि भारतीय संगीत की आलोचना में यह स्थिति नहीं है और नृत्य की आलोचना में भी अधिकांशतः नहीं है क्योंकि उनकी परम्पराएँ नष्ट नहीं हुई थीं और उनकी पारम्परिक शब्दावली की अनुपलब्ध-सी नहीं हो गयी थी। इसलिए इस क्षेत्र में औपनिवेशिक मानस को वैसी छूट नहीं मिली और उसका मुकाबला कर सकने वाले विद्वान् आलोचक भी बराबर मिलते रहे। साहित्य के क्षेत्र में रंगमंच के साथ ज़रूर बहुत कुछ वैसा ही हुआ जैसा चित्र अथवा मूर्ति कला के साथ वहाँ भी जीर्णोद्धार का काम तो हो रहा है लेकिन दृष्टि में अपेक्षित स्वच्छता नहीं है और अभी तक तो इसकी काफ़ी सम्भावना है कि उद्धार किये गये ये रूप एक तथाकथित आधुनिक रंगमंच के लिए उपयोज्य नमूने हो जायेंगे जिस तरह तथाकथित आधुनिक चित्रकला के लिए देवनागरी अथवा अन्य लिपियों के अक्षर हुए जा रहे हैं—अक्षर जो विद्या के माध्यम हैं, केवल भाषा के वर्ण नहीं हैं—वे केवल दृश्य के अलंकरण के अभिप्राय रह गये हैं—और अब सार्थक अभिप्राय भी नहीं, अर्थात् अभिप्राय भी नहीं, क्योंकि उनमें अभिप्रेत तो कुछ रहा ही नहीं; वे केवल निरर्थक चिह्न रह गये हैं।

3

मैं नहीं जानता कि शीर्षक से आपकी जो भी अपेक्षा बनी होगी उसे मैं पूरा कर पाया हूँ या नहीं। यदि आपको निराशा हुई तो क्षमा माँगने में मुझे कोई संकोच नहीं है। यदि नहीं हुई और सोचने को कुछ सामग्री मिली—भले ही आप मुझसे सहमत न हों—तो मैं अपने को सफल समझूँगा। लेकिन अपना निवेदन समाप्त करने से पहले एक बार फिर आपको प्रस्तुत विषय से तो नहीं, प्रस्तुत समाज से दूर और वापस उसी गोष्ठी तक ले चलना चाहता हूँ जिसकी चर्चा से मैंने बात आरम्भ की थी।

वह गोष्ठी जब बिखर गयी और दूसरे सब लोग हट गये तब एक व्यक्ति ने मेरे पास आकर कहा, "मुझे आपकी बातें बहुत दिलचस्प लगीं। आपने इस विषय में कुछ लिखा भी है या इस विषय पर और कुछ सामग्री मुझे दे सकते हैं?"

पता लगा कि वह सज्जन भाषा-विज्ञान के अध्यापक भी हैं और भाषा के समाज-शास्त्रीय अध्ययन के क्षेत्र में उनके देश में भी कुछ चर्चा ऐसी चली है कि उपनिवेशवादी चिन्तन का प्रभाव भाषा पर पड़ता है। अभी तक इस बात को गम्भीरता के साथ नहीं लिया जाता और इसलिए यदि मैं उन्हें इस अवधारणा का समर्थन करने वाली कुछ दलीलें दे सकूँ तो वह आभारी होंगे। यों उन्हें इस बात से बल मिला ही कि एक भूतपूर्व उपनिवेश का साहित्यकार इस प्रश्न पर इस दृष्टि से विचार कर रहा है।

मैंने इस विषय पर अभी तक कुछ नहीं लिखा, यह तो मैं उन्हें बता ही चुका था। भाषा का समाज-विज्ञान मेरा विषय भी नहीं है, इसलिए उस क्षेत्र में कोई शास्त्रीय स्थापना करने का कोई अनधिकार प्रयत्न मैं नहीं करूँगा, लेकिन समाज में रहता हूँ, भाषा को व्यवहार के लिए ही नहीं, रचना के लिए भी अनिवार्य पाता रहा हूँ। यथासम्भव ढंग से सोचने की दीक्षा विज्ञान से ही पायी है। कलाओं में बचपन से ही रुचि रही है और कलाकारों के बीच बैठने, उनसे विचार-विमर्श करने का अवसर जब-तब मिलता रहा है। इस प्रकार जो दलीलें मैंने आपके सामने रखी हैं उनके बारे में कोई वैज्ञानिक स्थापना करने का अधिकार तो मेरा नहीं बनता, लेकिन इतना कह सकता हूँ कि जिन प्रवृत्तियों की चर्चा मैंने की है उनके बारे में अनजान नहीं हूँ और जो चिन्ता मैंने आपके सामने प्रकट की है उसे मैं गम्भीर और महत्त्वपूर्ण मानता हूँ। साधनों की कमी के कारण हमारे देश का औसत आदमी अब भी साहित्य की वाचिक परम्परा को छोड़कर दूसरी कलाओं की उपलब्धियों से बहुत कुछ वंचित है। औपनिवेशिक इतिहस ने उसे दरिद्रतर ही बनाया। आज़ाद होकर भी देश अपनी प्रतिभा की सृष्टियों को न केवल उस तक पहुँचा नहीं सका बल्कि उस विशाल समाज और एक छोटे से सुविधासम्पन्न तथाकथित अभिजात वर्ग के बीच की खाई को बढ़ने ही देता गया है। आजाद देश में भी औपनिवेशिक मानसिकता अभी बनी हुई है। उसने जान लिया है कि भाषा को भी अपना साधन बनाया जा सकता है और भारत की भाषायी स्थिति में तो उसके लिए यह काम बहुत ही आसान हो जाता है। जब तक हम भारतीय मानस को उपनिवेशवाद के इस शिकंजे से मुक्त नहीं करते, तब तक स्वाधीनता विशेष फलवती होने वाली नहीं है और सांस्कृतिक क्षेत्र में तो वह लगातार परती को ऊसर, ऊसर को बंजर और बंजर को विस्तीर्ण मरुस्थल में ही परिवर्तित करती जायेगी।

क्या यही हम हो जाने देना चाहते हैं? यदि नहीं तो अपना कर्त्तव्य हमें पहचानना और करना चाहिए।

रूढ़ि और मौलिकता

The more perfect the artist, the more completely separate in him will be the man who suffers and the mind which creates.[1] **–टी. एस. इलियट**

'भारतवासी रूढ़िवादी हैं,' यह कथन हम सबने कभी-न-कभी सुना है। प्रायः वह स्वीकार भी होता रहा है। एक दिन इस कथन में सराहना का भाव था–यह भारतीयों का गुण समझा जाता था कि वे रूढ़ियों को मानते हैं; आज जब चारों ओर 'प्रगति' की इतनी चर्चा है तब रूढ़ियाँ हमारे जीवन-नाटक के खलनायक के पद पर शोभित होने लगी हैं। साहित्य में भी, विशेषतया आलोचना के प्रसंग में, यह फ़ैशन-सा हो गया है कि रूढ़ि का तिरस्कार किया जाय। जब यह तिरस्कार इतना स्पष्ट नहीं भी होता, तब भी हम किसी आधुनिक लेखक की समकालीनता अथवा कि 'आधुनिकता' का मूल्यांकन इसी कसौटी पर करते हैं कि वह किस हद तक रूढ़ियों को मानता अथवा तोड़ता है। उदाहरणतया हम प्रायः कहते हैं कि 'हरिऔध' रूढ़िवादी हैं, तथा पन्त और 'निराला' आधुनिक हैं यानी रूढ़ियों के प्रति विद्रोही हैं।

आलोचना के वर्तमान फ़ैशन की ओर तनिक ध्यान दें तो हम देखेंगे, आजकल हिन्दी में (हिन्दी में ही क्यों, प्रायः सर्वत्र ही) लेखक अथवा कवि की रचनाओं के 'मौलिक', 'व्यक्तिगत' विशेष गुणों पर जोर देने की परिपाटी-सी चल पड़ी है। आजकल का साहित्यकार अपनी 'भिन्नता' के लिए ही प्रशंसा पाता है, 'मौलिकता' 'भिन्नता' का ही पर्यायवाची बन गया है। कवि को हम उसके पूर्ववर्तियों से, विशेषकर निकट पूर्ववर्तियों से, उच्छिन्न करके देख सकें तभी हमें सन्तोष होता है। आलोचकों के आगे यह कहना अपने को हास्यास्पद बना देना होगा कि कभी-कभी साहित्यकार का गौरव, उसकी रचना का महत्त्व, इस बात में भी हो सकता है कि उसमें साहित्यकार के पूर्ववर्तियों की लम्बी परम्परा, उसके साहित्य की रूढ़ि, पुनः जी रही और मुखर हो रही है।

लेकिन हास्यास्पद बनने का खतरा उठाकर भी यही कहना आवश्यक जान पड़ता है कि रूढ़ि-परम्परा के विषय में अपनी धारणाओं की दोबारा जाँच करना अनिवार्य हो गया है। क्या हमारी धारणा ठीक है? क्या 'रूढ़ि' की परिभाषा 'पुराने साहित्य की अग्राह्य और खण्डनीय परिपाटियाँ' ही है? क्या परम्परा को निबाहना, गयी हुई पीढ़ियों की रीतियों और सफलताओं के अन्धानुकरण का ही नाम है? रूढ़ि क्या है?

---

1. कलाकार जितना ही सम्पूर्ण होगा, उतना ही उसके भीतर भोगने वाले प्राणी और रचने वाली मनीषा का पृथक्त्व स्पष्ट होगा।

परम्परा का साहित्य में क्या स्थान है, और साहित्यकार के लिए क्या मोल?

रूढ़ि की रूढ़िगस्त परिभाषा हमें छोड़नी होगी, हमें उदार दृष्टिकोण से उसका नया और विशालतर अर्थ लेना होगा। हमें सबसे पहले यह समझना होगा कि रूढ़ि अथवा परम्परा कोई बनी-बनायी चीज़ नहीं है जिसे साहित्यकार ज्यों-का-त्यों पा या छोड़ सकता है, मिट्टी के लोंदे की तरह अपना या फेंक सकता है। हमें यह किंचित् विस्मयकारी तथ्य स्वीकार करना होगा कि परम्परा स्वयं लेखक पर हॉवी नहीं होती, बल्कि लेखक चाहे तो परिश्रम से उसे प्राप्त कर सकता है, लेखक की साधना से ही रूढ़ि बनती और मिलती है। और हम यह भी सिद्ध करेंगे कि रूढ़ि की साधना साहित्यकार के लिए वांछनीय ही नहीं, साहित्यिक प्रौढ़ता प्राप्त करने के लिए अनिवार्य भी है।

रूढ़ि की साधना, परम्परा के प्रति जागरूकता, कैसे प्राप्त हो सकती है और किस प्रकार साहित्यकार के मानस को, उसके कार्य के मूल्य को, प्रभावित करती है? इस जागरूकता का मुख्य उपकरण है एक ऐतिहासिक चेतना—अर्थात् जो कालानुक्रम में बीत गया है, अतीत है, उसके बीतेपन की ही नहीं, उसकी वर्तमानता की भी तीखी और चिर-जाग्रत अनुभूति। साहित्यकार के लिए आवश्यक है साहित्य में और जीवन में 'आसीत्' का और 'अस्ति' का, जो 'अचिर' हो गया है उसका और जो 'चिर' है उसका, और इन दोनों की परम्परा, अन्योन्याश्रयता का, ज्ञान उसमें बना रहे। आधुनिक हिन्दी लेखक में यदि यह ऐतिहासिक चेतना होगी, तो उसकी रचना में न केवल अपने युग, अपनी पीढ़ी से उसका सम्बन्ध बोल रहा होगा; बल्कि उससे पहले की अनगिनत पीढ़ियों की, और उनके साथ अपनी पीढ़ी की संलग्नता और एकसूत्रता की भी तीव्र अनुभूति स्पन्दित हो रही होगी। जो 'है', उसकी साधना में ऐसा साहित्यकार उसे एक ओर हटाकर नहीं फेंक सकेगा जो 'था', वह अनुभव करेगा कि 'अतीत' उसी का नाम है जो पहले से वर्तमान है, जबकि 'आज' वह है जो वर्तमान होना आरम्भ हुआ है। अतीत और वर्तमान के इस दोहरे अस्तित्व की, उनकी पृथक् वर्तमानता और उनकी एकसूत्रता की, निरन्तर अनुभूति ही ऐतिहासिक चेतना है; और इस चेतना का अनवरत स्पन्दनशील विकास ही परम्परा का ज्ञान। काल की प्रवहमानता के ऐसे ज्ञान के बिना साहित्यकार उस प्रवाह में अपना स्थान भी नहीं जान सकता, आधुनिक क्या किसी भी युग में जम नहीं सकता। ऐसे ज्ञान से हीन साहित्यकार ऐसा अंकुर है जो कहीं से भी प्राण-रस खींचने का मार्ग नहीं स्थापित कर सका; 'काल के महाप्रांगण' में कहीं भी अपनी जड़ें नहीं जमा सका, जो उच्छिन्न होकर ही फूटा है।

इस बात को उदाहरण द्वारा स्पष्ट करने का प्रयत्न किया जाय। इसके लिए हम आज का कोई भी कवि ले लें—'नूतन' अथवा 'विद्रोही' माना जाने वाला कवि ही—मान लीजिए, सूर्यकान्त त्रिपाठी 'निराला'। क्या इन्हें समझना, इनकी समीक्षा करना साहित्य के विकास में इनका स्थान और महत्त्व निश्चित करना, इनकी रचना का मूल्य आँकना, केवल उन्हीं को अकेले-अकेले देखकर सम्भव है? क्या उनकी तत्कथित विशेषता, भिन्नता को देखने के लिए भी हम उन्हें उनके पूर्ववर्त्तियों के बीच नहीं रखेंगे, उनसे तुलना नहीं करेंगे? क्या उन पर, किसी भी कवि पर, कोई भी मत स्थिर करने से पहले हम उसके पूर्ववर्त्ती साहित्यकारों और कवियों के साथ उसके सम्बन्ध की जाँच-पड़ताल नहीं करेंगे।

इस प्रकार का अन्वेषण केवल 'ऐतिहासिक' विवेचन के लिए नहीं, कलात्मक विवेचन के लिए भी नितान्त आवश्यक है। कोई भी कला-वस्तु, चाहे कितनी भी नयी क्यों न हो, ऐसी वस्तु नहीं है जो अकस्मात् अपने आप 'घटित' हो गयी है; वह ऐसी वस्तु है, जो अपने आप में नहीं, अपनी पूर्ववर्त्ती तमाम कला-वस्तुओं की परम्परा के साथ घटित हुई है। जितनी भी वह नयी है, उतनी ही महत्त्वपूर्ण

घटना कलावस्तुओं की परम्परा के साथ घटित हुई है; उतना ही परम्परा के साथ उस सम्बन्ध का अन्वेषण करना प्रासंगिक हो गया है! क्योंकि जो पहले से वर्तमान है, उसकी तो एक बनी-बनायी परम्परा थी, उसमें एक प्रवहमान स्थिरता, एक सामंजस्य था जो कि एक नयी वस्तु के आविर्भाव से डाँवाँडोल हो गया है। पुनः किसी प्रकार का सामंजस्य स्थापित होने के लिए, एक नया तारतम्य प्राप्त करने के लिए, समूची परम्परा को पुनः जमाना होगा, फिर इसके लिए आवश्यक परिवर्तन चाहे कितना ही अल्प अथवा सूक्ष्म क्यों न हो।

परिणाम यह निकला कि प्रत्येक नयी रचना के आते ही, पूर्ववर्त्ती परम्परा के साथ उसके सम्बन्ध, उनके परस्पर अनुपात और सापेक्ष्य मूल्य अथवा महत्त्व का फिर से अंकन हो जाता है, तथा 'पुरातन' और 'नूतन', 'रूढ़' और 'मौलिक', परम्परा और प्रतिभा में एक नया तारतम्य स्थापित हो जाता है। इसका अभिप्राय यह नहीं है कि हम वर्तमान को अतीत के मानदण्ड पर नाप रहे हैं, अथवा कि अतीत को ही वर्तमान द्वारा आँक रहे हैं। वास्तव में इस क्रिया द्वारा दोनों विभूतियाँ परस्पर एक-दूसरे के योग पर, घटित होती हैं। आधुनिक साहित्यकार को मानना पड़ता है, कि वह चाहे या न चाहे, उसे अतीत द्वारा, रूढ़ि द्वारा, उतना ही नियमित होना पड़ता है जितना वह स्वयं उसे परिवर्तित अथवा परिवर्धित करता है।

निस्सन्देह ऐसा ज्ञान आधुनिक साहित्यकार के उत्तरदायित्व को बहुत बढ़ा देता है। बल्कि यह भी कहा जा सकता है कि इससे साहित्य-रचना में कठिनाइयाँ भी उत्पन्न होती हैं। क्योंकि इससे लेखक में यह चेतना उत्पन्न होती है कि एक विशेष अर्थ में वह अतीत द्वारा जोखा जा रहा है, उसके आगे परीक्षार्थी है। लेकिन उसे समझना चाहिए कि वह अतीत द्वारा जोखा ही जाता है, कुण्ठित नहीं होता। अतीत का निर्णय खण्डित करने वाला, बाँधने वाला नहीं है—आधुनिक लेखक की आलोचना पूर्ववर्त्तियों जैसा या पूर्ववत्तियों से अच्छा या बुरा कहकर नहीं की जा सकती। न ही आधुनिक साहित्य का मोल पूर्ववर्त्ती आलोचकों की कसौटियों पर आँका जा सकता है। अतीत द्वारा जोखे जाने का अर्थ अतीत मानदण्डों द्वारा जोखा जाना नहीं है। **अतीत के कृतित्व का अन्धानुकरण विघातक होगा। निरी गतानुगतिकता से कला की परम्परा की रक्षा कदापि नहीं होती; क्योंकि जो केवल आवृत्ति है वह नूतन नहीं है और नूतनता के चमत्कार के बिना वह कला ही नहीं है।** अतीत के द्वारा जोखे जाने का अभिप्राय इतना ही है कि नूतन रचना उसके साथ एक तारतम्य स्थापित कर सके, एकसूत्र हो सके, उसमें परम्परा की प्रवहमानता स्पन्दित हो। यदि ऐसा नहीं होता, और जब तक ऐसा नहीं होता—यदि नयी रचना के साथ कला की रूढ़ि का कोई सम्बन्ध नहीं बनता, वह एक विलग, असम्बद्ध खण्डित इकाई के रूप में रहती है—तब और तब तक, वह कला के क्षेत्र में महत्त्व नहीं रखती, प्राणवान् नहीं होती है। बिना एक गतियुक्त और वर्धमान (ऑर्गेनिक) परम्परा के, एक जीवित रूढ़ि के, कला का अस्तित्व टिक नहीं सकता। इस चौंका देने वाली और किंचित् शंकनीय उक्ति को तनिक और स्पष्ट करके कहना होगा। इसका अभिप्राय यह नहीं है कि कोई रचना इसीलिए महत्त्व रखती है कि वह परम्परा के अनुकूल है; अभिप्राय केवल इतना ही है कि यह अनुकूलता अथवा तारतम्य उसके महत्त्व का सूचक हो सकता है। रूढ़ि के साथ सम्बन्ध अथवा तारतम्य स्वयं ही रचना का मूल्य अथवा महत्त्व नहीं है; मूल्य अथवा महत्त्व उस गतियुक्त और वर्धमान परम्परा में, रूढ़ि की सजीव प्रवहमानता में है जो इस तारतम्य से व्यंजित होती है।

यह परिभाषा, यह सूक्ष्म भेद, इतना महत्त्व रखता है कि पुनरावृत्ति दोष का सामना करके भी इसे और स्पष्ट करने का प्रयत्न करना होगा। यों कहें कि कोई भी लेखक अतीत को ज्यों-का-त्यों, सत्तू के

गोले की तरह निगल नहीं सकता, लेकिन साथ ही वह अपनी रचना के लिए किसी एक-डेढ़ कलाकार को आदर्श बनाकर, अथवा किसी विशेष काल का अनुसरण करके भी नहीं चल सकता। एक कवि या कवि समुदाय को आदर्श मानकर उसके ढंग अथवा शैली की साधना करना वयःसन्धि प्राप्त लेखक के लिए रुचिकर या हितकर हो सकता है; एक युग की अनुगतिकता साहित्यिक व्यायाम अथवा रुचि-परिष्कार के लिए उपयोगी हो सकती है। लेकिन प्रौढ़ और बलिष्ठ साहित्य इस तरह नहीं चल सकता। साहित्यकार को कला की, साहित्य-दृष्टि की मुख्य प्रवृत्ति से, साहित्यिक परम्परा की निरन्तर विकासशील प्रवहमानता से परिचित होना ही होगा; अतीत में से निकट अतीत और उसमें से वर्तमान के विकास की भी परम्परा के प्रति ऐतिहासिक जागरूकता उसे पानी ही होगी। उसे अपने निजी, व्यक्तिगत, भिन्न, अकेले मन के प्रति ही नहीं, अपने साहित्य के, अपने समाज के, अपनी सांस्कृतिक परिवृत्ति के, अपने देश के समष्टिगत मन के—यदि उसकी क्षमता उतनी है तो जन-मन, विश्व-मन के—प्रति भी सचेतन होना होगा; क्योंकि उसे इसका भी अनुभव करना होगा कि यह विशालतर मन उसके निजी मन से कहीं अधिक गौरव रखता है, और जितने ही बड़े मन की जितनी गहरी चेतना उसमें है, उतना ही अपने युग के साथ उसका सम्बन्ध फलप्रद है। इतना ही नहीं, उसे यह भी जानना होगा कि इस सामूहिक मन में परिवर्तन हो सकता है और होता है, वह विकासशील है, पर इस विकास और परिवर्तन में वह अपने किसी अंग का परित्याग अथवा बहिष्कार नहीं करता, उसके प्रति एक नयी चेतना पैदा कर देता है। वाल्मीकि के लिए वेदों को, कालिदास के लिए वाल्मीकि को, तुलसीदास के लिए कालिदास को, या मैथिलीशरण गुप्त के लिए तुलसीदास को, वह छोड़ नहीं देता; वह इन सबको अपनी प्रवहमानता के लम्बे सूत्र में पिरोता चलता है। उस मन में 'अतीत' कुछ भी नहीं होता, केवल 'पहले से वर्तमान' की वह परम्परा बढ़ती चलती है जिसमें 'नया आया हुआ वर्तमान' अपना स्थान बनायेगा। अचिर के साथ चिर के तारतम्य की यही बाध्यता, अचिर की माला में गुँथ जाने का चिर का अधिकार, साहित्यकार के लिए रूढ़ि अथवा परम्परा का यही 'शापमय वरदान' है।

शायद इतना ही पर्याप्त नहीं होगा, शायद साहित्यकार को इससे भी अधिक कुछ जानना होगा। एक तो उसे यह समझना होगा कि 'कला की, साहित्य रचना की मुख्य प्रवृत्ति' का युग के सबसे उल्लेखनीय कवियों की ही रचनाओं में प्रतिबिम्बित होना अनिवार्य नहीं है। बहुत सम्भव है कि एक युग की मुख्य चिन्ताधारा ऐसे कवियों में लक्ष्य हो जो अपने युग में या कभी भी प्रसिद्धि नहीं पा सके। इस कठिनाई का सामना करते हुए उसे युग की नब्ज़ पहचाननी होगी, युग की चेतना का विशालतर रूढ़ि की चेतना के साथ सम्बन्ध जोड़ना होगा।

दूसरी कठिनाई उसके आगे यह होगी कि यद्यपि सामूहिक मन निरन्तर बदल रहा है, तथापि यह प्रमाणित नहीं किया जा सकता कि यह परिवर्तन अनिवार्य रूप से 'उन्नति' का परिणाम है—कि इस परिवर्तन द्वारा हम कलात्मक दृष्टि से (अथवा मनोवैज्ञानिक दृष्टि से भी, कम-से-कम उस हद तक जितनी की कल्पना की जा सकती है) पहले से अच्छे हो गये हैं। निश्चयपूर्वक केवल इतना ही कहा जा सकता है कि **कला की सामग्री निरन्तर बदलती रहती है, कला शायद नहीं बदलती**। सम्भव है सामूहिक मन का परिवर्तन केवल जीवन के संगठन की क्रमशः बढ़ती हुई उलझन का ही परिणाम है, और स्वयं एक अधिक उलझी (कॉम्प्लेक्स) विचार-संघटना का पर्यायवाची है। किन्तु वह चाहे जो हो, यह तो स्पष्ट ही है कि उस परिवर्तन द्वारा प्राचीन और नवीन में एक अन्तर आ जाता है। अतीत और वर्तमान के इस अन्तर को हम यों कह सकते हैं कि जागरूक वर्तमान, अतीत की **एक नये ढंग की**

और नये परिमाण में अनुभूति का नाम है, जैसी और जितनी अनुभूति उस अतीत को स्वयं नहीं थी। वर्तमान में रहने वाले साहित्यकार के लिए अतीत का, परम्परा का, यही महत्त्व है।

आधुनिक साहित्यकार के लिए रूढ़ि के ज्ञान को, ऐतिहासिक चेतना को इतना महत्त्व देना पाठक को अनुचित जान पड़ सकता है। वह कह सकता है कि ऐसी चेतना के लिए बहुत पढ़ाई की, प्रकाण्ड पाण्डित्य की आवश्यकता होगी, और इतिहास का साक्ष्य दे सकता है कि कलाकार पण्डित नहीं होते, न पण्डित कलाकार। वह कह सकता है कि बहुत अधिक कोरे 'ज्ञान' से अनुभूति-क्षमता कम होती है। सरसरी दृष्टि से यह तर्क बहुत माकूल जान पड़ता है। लेकिन सूक्ष्म दृष्टि से देखा जाय, तो इसमें एक भ्रान्त धारणा निहित है। ज्ञान अथवा शिक्षण केवल किताबी जानकारी का, परीक्षाएँ पास करने के लिए या रोब डालने के लिए इकट्ठे किये हुए इतिवृत्त का नाम नहीं है। निस्सन्देह साहित्यकार को अपनी ग्रहणशीलता अक्षुण्ण बनाये रखते हुए अधिक से अधिक जानकारी प्राप्त करनी चाहिए,[1] लेकिन रूढ़ि के ज्ञान के लिए, परम्परा के सजीव स्पन्दन की चेतना के लिए, निरी जानकारी और पाण्डित्य अनिवार्य नहीं है। ऐतिहासिक चेतना प्राप्त करने के लिए—निजी मन के साथ-साथ और उसके ऊपर, सामूहिक मन का अनुभव करने के लिए—कुछ को बहुत परिश्रम करना पड़ सकता है; कुछ उसे अनायास ही प्राप्त कर सकते हैं। भारत के ग्राम्य-मन की जो जीवित अनुभूति गांधी में है, या हिन्दी साहित्य क्षेत्र में प्रेमचन्द में थी, वह पाण्डित्य के सहारे नहीं आयी। जो सांस्कृतिक चेतना 'प्रसाद' में गूढ़ अध्ययन के सहारे जागी जान पड़ती हैं,[2] वह अधिक स्वाभाविक और स्वच्छ रूप में सियारामशरण गुप्त में लक्षित होती है। कोई लोग धोख कर ज्ञान प्राप्त करते हैं, कोई अनायास सोख कर। पाण्डित्य पर हमारा आग्रह नहीं, आग्रह इस बात पर है कि **साहित्यकार में अतीत की चेतना होनी या आनी चाहिए,** और उसे आजीवन इसको पुष्ट और विकसित करने का प्रयत्न करना चाहिए।

किसी ने कहा है, 'The dead writers are removed from us because we *know* so much more than they did.' अर्थात् 'हम पूर्ववर्त्ती लेखकों से इसलिए अलग हैं कि उनसे कहीं अधिक जानते हैं।' वह अधिक क्या है? स्वयं हमारे पूर्ववर्त्ती लेखक, जिन्हें हम जानते हैं। यही परम्परा के निर्माण की क्रिया का खुलासा है। इसी बात को दूसरी तरह कहें, तो कह सकते हैं कि रूढ़ि के, परम्परा के, विरुद्ध हमारा कोई विद्रोह हो सकता है तो यही कि हम अपने को परम्परा के आगे जोड़ दें!

और यह योग किस प्रकार होता है? साहित्यकार के आत्मदान द्वारा। कलाकार निरन्तर अपने व्यक्तिगत मन को, अपने तात्कालिक, अधिक क्षणिक अस्तित्व को, एक महानतर मन में और एक विशालतर अस्तित्व के ऊपर निछावर करता है, अपने निजी व्यक्तित्व को एक वृहत्तर व्यक्तित्व के निर्माण के लिए मिटाता रहता है। यह आत्म-निवेदन मृत्यु नहीं है—ऐतिहासिक चेतना के सहारे कलाकार को जानना चाहिए कि **व्यक्तित्व का उत्सर्ग उसका विनाश नहीं है,** क्योंकि उसके द्वारा वह उस परम्परा को भी परिवर्धित कर रहा है जिस पर वह निछावर है।[3] छोटे व्यक्तित्व से निरन्तर बड़े

---

1. और हमारा अनुमान है कि आज के हिन्दी साहित्यकारों में अधिकांश में इतनी जानकारी नहीं है। जितनी उनकी ग्रहणशीलता अथवा अनुभूति-क्षमता है, उसे कम किये बिना भी निरी जारकारी बढ़ाने की बहुत काफी गुंजाइश है।
2. इस आयास-सिद्ध सांस्कृतिक चेतना के साथ 'प्रसाद' में एक प्रतिगामी चेष्टा भी है; अपने युग के साथ उनका तारतम्य नहीं स्थापित हुआ। देखिए 'परिस्थिति और साहित्यकार'।
3. इस सम्बन्ध में देखिए 'परिस्थिति और साहित्यकार'।

व्यक्तित्व की ओर बढ़ते जाना—यही कलाकार की प्रगति और उन्नति है। और ऐतिहासिक चेतना-परम्परा के स्पन्दन की अनुभूति—इस उन्नति का साधन और मार्ग है।

Poetry is not a turning lose of emotion, but an escape from emotion; it is not the expression of personality, but an escape from personality.[1] —टी. एस. इलियट

साहित्य के निर्माण को समझने के लिए, रूढ़ि के आगे व्यक्ति के आत्मोत्सर्ग की इस क्रिया का, जिसे ऊपर भी और अन्यत्र भी स्पष्ट करने का यत्न किया गया है, विशेष महत्त्व है। अतएव इसे और निकट से देखने का प्रयास असंगत न होगा।

आलोचना का विषय साहित्य है, साहित्यकार नहीं, कविता है, कवि नहीं; यद्यपि जैसा कि अन्यत्र भी सूचित किया गया है, साहित्य और काव्य की जाँच के लिए भी हमें निरन्तर उस मन के गुण (क्वालिटी) परखने होंगे जिससे साहित्य उद्‌भूत हुआ है। स्पष्ट रहे कि 'मन की परख' व्यक्तित्व की या व्यक्तिगत इतिहास की जाँच से बिल्कुल भिन्न है क्योंकि 'अनुभव करने वाला प्राणी' और 'रचना करने वाला मन' अलग-अलग हैं या होने चाहिए। इस प्रकार किसी साहित्यिक कृति का मूल्यांकन करने के लिए हमें अन्य साहित्यिक कृतियों के साथ उसके सम्बन्ध की ओर तो ध्यान देना ही होगा, साथ ही साथ हमें यह भी जाँच करनी होगी कि रचना का उसके निर्माता के साथ—रचना करने वाले मन के साथ—क्या सम्बन्ध है। 'प्रौढ़' और कच्ची कवि-प्रतिभा का अन्तर कवियों के 'व्यक्तित्व' के अनुपात में निहित नहीं है, इसमें नहीं है कि किसका 'व्यक्तित्व' कितना बड़ा अथवा कितना आकर्षक है, कौन अधिक रोचक है, अथवा किसके पास अधिक 'सन्देश' है। वास्तविक अन्तर की पहचान यह है कि कौन-सा कवि-मानस किन्हीं विशेष अथवा परस्पर भिन्न, 'उड़ती हुई' अनुभूतियों के मिश्रण और संयोग और चिरनूतन संगम के लिए अधिक परिष्कृत और ग्रहणशील माध्यम है।

अंग्रेज़ी कवि-आलोचक टी.एस. इलियट ने इस क्रिया की तुलना एक रासायनिक क्रिया से की है। सल्फ़र डाई-ऑक्साइड और ऑक्सीजन से भरे हुए पात्र में यदि प्लाटिनम का चूर्ण प्रविष्ट किया जाय तो वे दोनों गैसें मिलकर सल्फ्यूरस एसिड में परिवर्तित हो जाती है। यह क्रिया प्लाटिनम की उपस्थिति के बिना नहीं होती, तथापि बनने वाले अम्ल में प्लाटिनम का कोई अंश नहीं होता, न प्लाटिनम में किसी प्रकार का कोई परिवर्तन ही दीखता है—वह ज्यों-का-त्यों पड़ा रह जाता है। इलियट कवि-मानस की तुलना इस प्लाटिनम के चूर्ण से करता है। कवि-मानस भी किन्हीं विभिन्न अनुभूतियों पर असर डालकर उसके मिश्रण और संगम का माध्यम बनता है; उस संगम से एक कलावस्तु निर्मित होती है जो विभिन्न तत्त्वों का जोड़-भर नहीं, उससे कुछ अधिक है, एक आत्यन्तिक एकता रखती है; और जो बिना कवि-मानस के माध्यम के अस्तित्व नहीं प्राप्त कर सकती थी।

ध्यान रहे कि यद्यपि कवि-मानस ही इस संयोग से चमत्कार उत्पन्न करता है, और इस क्रिया में भाग लेने वाले तत्त्व कुछ अनुभूतियाँ हैं जो कवि के अपने जीवन के घटित से भी उपजी हो सकती हैं (या उसके आत्म-घटित से बाहर की भी हो सकती हैं), तथापि कलावस्तु का निर्माण निरी निजी अनुभूतियों से नहीं होता—कलावस्तु बनती है उन अनुभूतियों से—उन अनुभूतियों और भावों के संगम से—जिनसे कवि स्वयं अलग, तटस्थ है, जिन पर उसका मन काम कर रहा है। एक दूसरी उपमा की

1. कविता भावों का उन्मोचन नहीं है बल्कि भावों से मुक्ति है; वह व्यक्तित्व की अभिव्यंजना नहीं बल्कि व्यक्तित्व से मोक्ष है।

शरण लें तो कवि का मन एक भट्ठी है जिसके ताप में विभिन्न धातु पिघलकर एकरस हो जाते हैं। ढला हुआ धातु विभिन्न तत्त्वों से बना है, उनमें से कुछ धातु स्वयं भट्ठी के स्वामी की सम्पत्ति भी हो सकते हैं, तथापि भट्ठी के स्वामी से भट्ठी का, और भट्ठी से धातु का अलगाव और स्वतन्त्र अस्तित्व अक्षुण्ण बना रहता है। कलाकार जितना ही बड़ा होगा, उतना ही व्यक्ति-जीवन और रचनाशील मन का यह अलगाव भी आत्यन्तिक होगा। उतना ही रचना करने वाला कवि-मानस अनुभव करने वाले मानव से दूर और पृथक् होगा; उतना ही चमत्कारपूर्ण उन अनुभूतियों और भावों का संगम होगा जो कवितारूपी प्रतिमा की मिट्टी है—फिर चाहे ये अनुभूतियाँ और भाव कवि के निजी अनुभव के, व्यक्तिगत जीवन के फल क्यों न हों। यों कहें कि जितना ही महान कलाकार होगा उतनी ही उसकी माध्यमिकता परिष्कृत होगी।

जिस मिट्टी से काव्यरूपी प्रतिमा बनती है, जिन तत्त्वों द्वारा कवि-मानस का असर एक चमत्कारिक योग उत्पन्न करता है, वे तत्त्व क्या हैं? उन्हें दो श्रेणियों में बाँटा जा सकता है—स्थायी भाव (इमोशन) और संचारी भाव। कवि इनसे जो चमत्कार उत्पन्न करता है, पाठक के मन पर जो प्रभाव डालता है, वह कला के क्षेत्र से बाहर कहीं किसी तरह प्राप्त नहीं हो सकता—**कला का 'रस' कला ही में प्राप्तव्य** है; उस अनुभूति की कला के बाहर की किसी अनुभूति से तुलना नहीं की जा सकती। यह अनुभूति एक ही भाव के द्वारा उत्पन्न हो सकती है, या अनेक भावों के सम्मिश्रण से, या भावों और अनुभूतियों के संयोग से; और यह अनुभूति उत्पन्न करने के लिए कवि कई प्रकार के साधन काम में ला सकता है, कई प्रकार के चित्र खड़े कर सकता है। इस सृष्टि के साधन अनेक और उलझे हुए होते हैं, पर उन साधनों द्वारा उत्पन्न होने वाले चमत्कार में एक आत्यन्तिक एकता होती है। वास्तव में कलाकार का मन एक भण्डार है जिसमें अनेक प्रकार की अनुभूतियाँ, शब्द, विचार, चित्र इकट्ठे होते रहते हैं उस क्षण की प्रतीक्षा में जब कि कवि-प्रतिभा के ताप से एक नया रसायन, एक चमत्कारिक योग नहीं उत्पन्न हो जायेगा।

कविता की, कलावस्तु की, श्रेष्ठता उसमें वर्णित विषय की या भाव की श्रेष्ठता या 'भव्यता' में नहीं है; और लेखक के लिए उन विषयों या भावों के महत्त्व में, या उसके जीवन में उनकी व्यक्तिगत अनुभूति में तो बिल्कुल नहीं है। **कविता का, कलावस्तु का गौरव, उसकी 'भव्यता' है उस रासायनिक क्रिया की तीव्रता में जिसके द्वारा ये विभिन्न भाव एक होते हैं और चमत्कार उत्पन्न करते हैं।** कविता की—काव्यानुभूति की—तीव्रता और कविता में वर्णित अनुभूति की तीव्रता, परस्पर भिन्न न केवल हो सकती है बल्कि अनिवार्य रूप से होती है। कला के भावों और व्यक्तिगत भावों का पार्थक्य अनिवार्य है। पाठक के लिए कवि या साहित्यकार का महत्त्व उसकी निजी भावनाओं के कारण उसके अपने जीवन के अनुभवों से पैदा हुए भावों के कारण नहीं है। यह दूसरी बात है कि काव्य-रचना की क्रिया में अन्य भावों और अनुभूतियों के साथ, उसके अपने भाव और अपनी अनुभूतियाँ भी एक इकाई में ढल जायें—या कि केवल अपने भाव और अनुभूतियाँ ही उस क्रिया का उपकरण बनें। **रचयिता का महत्त्व रचना करने की क्रिया की तीव्रता में है।** यही बात ऊपर दूसरे ढंग से कही गयी है—कि जितना ही कलाकार महान् होगा उतनी ही उसकी माध्यमिकता परिष्कृत होगी। वास्तव में काव्य में कवि का व्यक्तित्व नहीं, वह माध्यम प्रकाशित होता है जिसमें विभिन्न अनुभूतियाँ और भावनाएँ चमत्कारिक योग में युक्त होती हैं। **काव्य एक व्यक्तित्व की नहीं, एक माध्यम की अभिव्यक्ति है।**

काव्य की निर्वैयक्तिक परिभाषा से एक परिणाम और भी निकलता है। काव्य में नूतनता—और बिना नूतनता के कला कहाँ है?—लाने के लिए कवि को नूतन अनुभव खोजने की आवश्यकता नहीं है। ऐसी खोज—नूतन मानवीय अनुभूतियाँ प्राप्त करने की लहक—उसे मानवीय वासनाओं के विकृत रूपों की ओर ही ले जायेगी, और उस पर पुष्ट होने वाला साहित्य या काव्य मानवीय विकृति (पर्वर्सिटी) का ही साहित्य होगा। कवि का कार्य नये अनुभवों की नये भावों की खोज नहीं है, प्रत्युत पुराने और परिचित भावों के उपकरण से ही ऐसी नूतन अनुभूतियों की सृष्टि करना जो उन भावों से पहले प्राप्त नहीं की जा चुकी हैं। वह नये धातुओं का शोधक नहीं है; हमारे जाने हुए धातुओं से ही नया योग ढालने में और उससे नया चमत्कार उत्पन्न करने में उसकी सफलता और महानता है।

यह स्थापना शंकनीय जान पड़ सकती है। लेकिन विश्व का महान् साहित्य उठाकर देख डालिए—हमारे परिचित भाव ही हमें मिलेंगे, किन्तु नूतन योगों में और हम यह भी पायेंगे कि इस या उस महान् कलाकार की रचना का वैशिष्ट्य उसकी व्यक्तिगत अनुभूतियों की 'नूतनता' में नहीं, उसके उपकरणों के परस्पर अनुपात और योग के प्रकार की विभिन्नता में और सृजन की क्रिया की तीव्रता की भिन्नता में है। और यह क्रिया, इस प्रकार की तीव्रता—विभिन्न परिचित उपकरणों से नूतन चमत्कारिक वस्तु का निर्माण—चेष्टित नहीं है, वह स्वयं चमत्कारिक है।

इसका यह अभिप्राय नहीं है कि कला-वस्तु के निर्माण में चेष्टित अथवा आयास-सिद्ध कुछ भी नहीं है। निस्सन्देह कवि-कर्म का बहुत बड़ा अंश चेष्टित है, आयासपूर्वक सिद्ध होने वाला है, किन्तु वह अंश उपर्युक्त क्रिया की तीव्रता से सम्बन्ध नहीं रखता। बल्कि छोटे कवि में दोष यही होता है कि जहाँ परिश्रम आवश्यक है वहाँ वह 'प्रतिभा' पर निर्भर करता है और जहाँ 'प्रतिभा' का क्षेत्र है वहाँ आयासपूर्वक तीव्रता लाना चाहता है। ये दोनों बात उसकी रचना को 'व्यक्तिगत' बनाती हैं और हमारी निर्वैयक्तिक परिभाषा के अनुसार दोष हैं।

व्यक्तिगत अनुभूति की दृष्टि से देखा जाय, तो लेख के इस खण्ड के ऊपर दी गयी टी. एस. इलियट की उक्ति से कोई छुटकारा नहीं है—कि कविता निजी अनुभूति की मुक्ति—अभिव्यक्ति—नहीं, वह अनुभूति से मुक्ति है; व्यक्तित्व का प्रकाशन नहीं, व्यक्तित्व से छुटकारा है। यद्यपि जैसा कि इलियट ने कहा है, इनसे छुटकारा पाने का अर्थ वही समझ सकते हैं जिनके पास अनुभूतियाँ और व्यक्तित्व हैं।

काव्य के लिए महत्त्व रखने वाले भावों का अस्तित्व कवि के जीवन या व्यक्तित्व में नहीं, स्वयं काव्य में होता है। व्यक्तिगत भावों की अभिव्यक्ति प्रत्येक पाठक समझ सकता है, 'टेकनीक' की खूबियाँ भी अनेक पहचान सकते हैं, जबकि काव्य के निर्वैयक्तिक भाव को परखने वाले व्यक्ति थोड़े ही होंगे—यह कहने से उपर्युक्त स्थापना खण्डित नहीं होती। कला के भाव व्यक्तित्व से परे होते हैं; निर्वैयक्तिक होते हैं। और कदि इस निर्वैयक्तिक भावों का ग्रहण और आयास-हीन अभिव्यंजना तभी कर सकता है जब वह व्यक्तित्व की परिधि से बाहर निकलकर एक महत्तर अस्तित्व के प्रति अपने को समर्पित कर सके, अर्थात् जब उसका जीवन वर्तमान क्षण ही में परिमित न रहकर अतीत की परम्परा के वर्तमान क्षण में भी स्पन्दित हो; जब उसकी अभिव्यक्ति केवल उसी की अभिव्यक्ति न हो जो जी रहा है, बल्कि

उसकी भी जो पहले से जीवित है। कवि का जीवन आज में बद्ध नहीं है, वह त्रिकाल-जीवी है।

इन स्थापनाओं से कुछ लोग चौंक सकते हैं। उन्हें लग सकता है कि यह आलोचना का एक नया फ़ैशन भर है, जिसमें सार कुछ नहीं, क्योंकि आधुनिकता केवल परम्परा को मुँह बिचकाने का ही दूसरा नाम है। इन लोगों से हमारा निवेदन है कि हम परम्परा की अवज्ञा करना तो दूर, परम्परा के महत्त्व पर आग्रह कर रहे हैं। इस पर आपत्ति किसी को हो सकती है तो उनको जो परम्परा का अस्तित्व ही मिटा डालना चाहते हैं; यद्यपि होनी उन्हें भी नहीं चाहिए।

हम यह कहेंगे कि हमारी स्थापनाओं पर आपत्ति करने वाले वे ही लोग होंगे जो स्वयं अपनी परम्परा से परिचित नहीं हैं—फिर आपत्ति चाहे परम्परा के नाम पर हो चाहे प्रगति के। क्योंकि ये स्थापनाएँ ऐसी नयी नहीं हैं; हमारे ही शास्त्र का विकास हैं। कुप्पी नयी है, लेकिन आसव पुराना है।

हमारे आचार्यों ने भी रूढ़ियों के अध्ययन पर ज़ोर दिया है। यह भी उन्होंने माना है कि यद्यपि काव्य का सरोकार सभी मानवीय अनुभूतियों से है, साधारण भी और असाधारण भी, तथापि कला की खोज नूतन, अवर्णित और अज्ञात भावों के लिए नहीं है, जैसा कि देश और विदेश के कई आधुनिक कवि समझते रहे हैं। यह भी उन्होंने प्रतिपादित किया है—प्रत्यक्ष सिद्धान्त के रूप में नहीं तो अप्रत्यक्ष उपसिद्धान्त के रूप में—कि कला के भाव निरे मानवीय भाव नहीं हैं, वे उन भावों के चमत्कारिक योग से उत्पन्न होने वाले और उनसे भिन्न तत्त्व हैं। काव्यानुभूति की नूतनता इस योग की नूतनता है। काव्य का 'रस' कवि में, या कवि के जीवन में, या वर्ण्य विषय अथवा अनुभूति में, या किसी शब्द विशेष में नहीं है वह काव्य-रचना की चमत्कारिक तीव्रता में है।

प्रगति-पक्ष से भी आपत्ति हो सकती है—कि इस स्थापना द्वारा प्रगति को धक्का पहुँचेगा। लेकिन इस आपत्ति का उत्तर लेख के पूर्वार्ध में है—**परम्परा का निकट परिचय उसका अन्धानुकरण नहीं है, बल्कि उसे विकसित करने की तत्परता है।**

हम अतीत को मिटाना नहीं चाहते, उसे छोटा भी करना नहीं चाहते, लेकिन हम उसकी दुहाई भी नहीं देते, परास्त होकर उसके आगे झुकते भी नहीं। हम अतीत के प्रति एक नये दृष्टिकोण की माँग करते हैं; वर्तमान में उसके स्थान की एक नयी परिकल्पना करते हैं; हमारे लिए वयस्कता, शैशवावस्था का खण्डन नहीं है; उससे सम्बद्ध और प्रस्फुटनशील विकास का बोध है। हम परम्परा की एक विकसित परिभाषा करते हैं—कि वह वर्तमान के साथ अतीत की सम्बद्धता और तारतम्य का नाम है।

शब्द, मौन, अस्तित्व

मैं क्यों लिखता हूँ? यह प्रश्न अब मैं अपने से नहीं पूछता, क्योंकि पूछना होता तो कम-से-कम तीस वर्ष पहले पूछना चाहिए था। और इसकी तो और भी कम सम्भावना करता हूँ कि दूसरा कोई मुझसे एकाएक यह सवाल पूछ बैठेगा। फिर भी, मन के भीतर कहीं गहरे में, हर लेखक के पास इसका कोई उत्तर होना ही चाहिए; और जब-तब इसकी पड़ताल कर लेना भी अच्छा ही है कि क्या वह उत्तर अब भी सन्तोषजनक है?

ईमानदारी का उत्तर—और ऐसा उत्तर जो दिया जा सकता है—एक ही है। या कि दो हैं, लेकिन दूसरा तो पहले की व्याख्या भर है।

पहला उत्तर है : 'मैं नहीं जानता कि क्यों।' और दूसरा : 'शायद इसलिए कि मैं पागल हूँ।'

क्योंकि लेखक पागल होता ही है। यह कोई बड़ी मौलिक बात नहीं है। लेकिन मौलिकता शायद इस चिरन्तन का आविष्कार का ही नाम है कि कला के क्षेत्र में वास्तव में नया कुछ नहीं होता। यहाँ तक कि जो नयेपन का आभास देता है वह नये के रूप में तब तक प्रतिष्ठित नहीं होता जब तक कि हम उसमें, अथवा उसके द्वारा, जो कुछ उससे पहले था उसके नये मूल्यांकन का आधार न पा लें और उससे एक अर्थवान् सम्बन्ध न स्थापित कर लें—दूसरे शब्दों में जब तक कि हम उसमें वह न पहचान लें जो कि 'नया नहीं' है।

लेकिन अगर मैं इसलिए लिखता हूँ, कि मैं ज़रूर पागल हूँ, और इससे आगे अपने भीतर गहरे में कहीं इस प्रश्न का उत्तर पाना भी ज़रूरी है कि मैं क्यों लिखता हूँ, तो क्या इसका अर्थ यह नहीं हुआ कि मैं जानता हूँ कि मैं क्यों लिखता हूँ?

हाँ, हुआ तो। लेकिन जानने और जानने में अन्तर होता है और इसीलिए पाये हुए उत्तर और दिये जा सकने वाले उत्तर में भेद करना आवश्यक हो जाता है।

वास्तव में **इन दो उत्तरों के बीच में जो तनाव रहता है वही मुझे लिखने की प्रेरणा देता है।** शायद कला मात्र में जो शक्ति सृजन की प्रेरणा बनती है वह यही तनाव है—जाने हुए उत्तर और दिये जा सकने वाले उत्तर के बीच का तनाव। लेखन इस तनाव को हल या उसे हल करने का प्रयत्न है। निस्सन्देह यह हल अन्तिम नहीं हो सकता, क्योंकि अगर संवेदन है तो **नया अनुभव नया तनाव पैदा करता है**—ज्ञान के क्षेत्र के विस्तार के साथ जाने हुए उत्तर और दिये जा सकने वाले उत्तर के बीच नयी दूरी पैदा हो जाती है।

इसी से हमें लेखक—अथवा कलाकार मात्र—के लिए **चिरयात्री** का प्रतीक मिलता है। अपने से

इतर उस दूसरे की ओर अपनी यात्रा में, वह बीच की दूरी को—दूरी को ही, निरन्तर मिटाता चलता है।—उस दूसरे की ओर अपनी यात्रा में, **जिसमें वह जानता है कि उसकी अपनी प्रतिमूर्ति भी है।** यह सहज ज्ञान ही उसे यह आस्था देता है कि उस दूसरे तक पहुँचा जा सकता है और उससे सम्पर्क स्थापित किया जा सकता है—कि उससे समालाप सम्भव है, कि सम्पर्क की एक भाषा अवश्य है, केवल सही शब्द मिल जायें तो।

आँगन के पार
द्वार खुले
द्वार के पार आँगन
भवन के ओर-छोर
सभी मिले—
उन्हीं में कहीं खो गया भवन।
कौन द्वारी
कौन आगारी, न जाने
पर द्वार के प्रतिहारी को
भीतर के देवता ने
किया बार-बार पा-लागन।

(आँगन के पार द्वार)

'केवल सही शब्द मिल जायें तो।' लेखक के नाते, और उससे भी अधिक कवि के नाते मैं अनुभव करता हूँ कि यही समस्या की जड़ है। मेरी खोज भाषा की खोज नहीं है, केवल शब्दों की खोज है। भाषा का उपयोग मैं करता हूँ, निस्सन्देह; लेकिन कवि के नाते जो मैं कहता हूँ वह भाषा के द्वारा नहीं केवल शब्दों के द्वारा। मेरे लिए यह भेद गहरा महत्त्व रखता है।

भाषा का मैं उपयोग करता हूँ। उपयोग करता हूँ लेखक के नाते, कवि के नाते, और एक साधारण सामाजिक मानव प्राणी के नाते, दूसरे सामाजिक मानव प्राणियों से साधारण व्यवहार के लिए। इस प्रकार एक लेखक के नाते मैं कला-सृजन के माध्यमों में **सबसे अधिक वेध्य माध्यम** का उपयोग करता हूँ—ऐसे माध्यम का जिसको निरन्तर दूषित और संस्कारच्युत किया जाता रहता है। अथच उसका उपयोग मैं ऐसे ढंग से करना चाहता हूँ कि वह नये प्राणों से दीप्त हो उठे। ऐसा मैं कैसे करता हूँ या कर सकता हूँ? अपना ध्यान शब्द पर—हमेशा शब्द पर—केन्द्रित करके ही।

निस्सन्देह दूसरी कलाएँ भी वेध्य हैं। इन सभी को व्यापारिक, लौकिक, पापुलर बनाया जा सकता है और निरन्तर बनाया जाता है। लेकिन चित्रकारी किये बिना, गाये बिना, पत्थर या लकड़ी उकेरे बिना भी सामाजिक हुआ जा सकता; **बोले बिना सामाजिक नहीं हुआ जा सकता। भाषा को ही यह चिन्त्य विशिष्टता प्राप्त है कि उसे निरन्तर और अनिवार्य हीनतर संस्कार का शिकार बनना पड़ता है।**

शायद 'हीन' संस्कार का प्रयोग मैं जैसे कर रहा हूँ उसका कुछ स्पष्टीकरण आवश्यक है। भाषा के बारे में कोई झूठा आभिजात्य या स्नॉबरी मुझमें नहीं है। लेकिन इस बात पर मैं जोर देना चाहता हूँ कि **जो विभिन्न प्रक्रियाएँ काम कर रही होती हैं उनमें गुणात्मक भेद होता है। किसी भी कला-माध्यम का जितनी उसकी क्षमता है उससे कम कहने के लिए उपयोग करना उसे घटिया संस्कार देना है,** संस्कार भ्रष्ट करना है, उसका वल्गराइज़ेशन है। कवि का उद्देश्य केवल शब्द की निहित सत्ता का पूरा

उपयोग करना नहीं बल्कि उसकी जानी हुई सम्भावनाओं के परे तक उसका विस्तार करना है। जैसे साधारण व्यवहार में किसी नये व्यक्ति से परिचित होने पर हम जब कहते हैं कि हम कृतार्थ हुए अथवा मुग्ध हो गये तो हमारा अभिप्राय कुल इतना ही होता है कि हम आशा करते हैं कि यह नया सम्पर्क सुखद अथवा प्रीतिकर होगा; या कि जब हम जो केवल साधारण रम्य है उसे मर्मस्पर्शी अथवा विमुग्धकारी कहते हैं, तब हम इन अर्थगर्भ शब्दों का बहुत ही साधारण अर्थ के सम्प्रेषण के लिए उपयोग करते हैं। दूसरी ओर जिस किसी ने भी अच्छा काव्य पढ़ा है उसने लक्ष्य किया होगा कि कवि शब्दों का न केवल भरपूर सार्थक प्रयोग करता है बल्कि कभी-कभी शब्दों या वर्णों का उपयोग न करके ही अर्थ की वृद्धि करता है—यानी **शब्दों का ही अर्थगर्भ उपयोग नहीं, अर्थगर्भ मौन का भी उपयोग करता है।** मुझे हमेशा लगा है कि **यही भाषा का श्रेष्ठ कलात्मक उपयोग है**—जिसमें न केवल शब्दों के निहित और सम्भाव्य अर्थों का पूरा उपयोग किया जाता है बल्कि उन अर्थों का भी जो कि शब्दों के बीच के शब्दहीन अन्तराल में भरे जा सकते हैं। मैंने जब कहा "केवल सही शब्द मिल जायें तो", उसका यही आशय है। सही शब्द वे ही हैं जो उनके बीच के अन्तराल का सबसे अधिक उपयोग करें—अन्तराल के उस मौन द्वारा भी अर्थवत्ता का पूरा ऐश्वर्य सम्प्रेषित कर सकें—इतना ही क्यों, पूर्व की एक परम्परा के उत्तराधिकारी के नाते मैं यहाँ तक कह सकता हूँ कि कविता भाषा में नहीं होती, वह शब्दों में भी नहीं होती; **कविता शब्दों के बीच की नीरवताओं में होती है।** और कवि सहज बोध से जानता है कि उससे दूसरे तक पहुँचा जा सकता है, उससे संलाप की स्थिति पायी जा सकती है, क्योंकि वह जानता है कि **मौन के द्वारा भी सम्प्रेषण हो सकता है।**

मुझे तीन दो शब्द
कि मैं कविता कह पाऊँ।
एक शब्द वह :
जो न कभी जिह्वा पर लाऊँ।
और दूसरा :
जिसे कह सकूँ
किन्तु दर्द मेरे से
जो ओछा पड़ता हो।
और तीसरा : खरा धातु
पर जिसको पाकर पूछूँ
क्या न बिना इसके भी काम चलेगा?
और मौन रह जाऊँ।
मुझे तीन दो शब्द
कि मैं कविता कह पाऊँ।

एक समय था जब मैं एक क्रान्तिकारी संगठन का सदस्य था और ब्रितानी साम्राज्यवाद के विरुद्ध लड़ रहा था; उस युद्ध में मैंने सभी साधनों का उपयोग किया...शब्दों का भी। पिछले महायुद्ध के समय मैं भारतीय सेना के एक सदस्य के रूप में भारत के सीमान्त पर था; भारतीय सेना तब अभी ब्रितानी सेना ही थी। उस समय भी मैंने कई साधनों का उपयोग किया जिनमें क्रान्तिकारी जीवन में प्राप्त किये हुए कौशल भी थे। अवसर आया होता तो और भी साधनों का उपयोग मैंने किया होता। आज मैं दिल्ली से

एक राजनैतिक समाचार-साप्ताहिक का सम्पादन कर रहा हूँ। इनमें से किसी कार्य का भी मुझे अनुशोच या परिताप नहीं है। इनमें से कोई भी कलाकार के जीवन का अनिवार्य अंग नहीं है; पर दूसरी ओर इन कामों में और काव्य-रचना में कोई विरोधाभास भी दीखता है तो मैं अपनी सफाई में निस्संकोच वाल्टर ह्विटमैन की एक उक्ति का सहारा ले सकता हूँ :

मैं अपनी बात का खण्डन करता हूँ।
तो ठीक है, मैं अपनी बात का खण्डन करता हूँ।
मैं विराट हूँ : मुझमें विविध समूह समा जाते हैं।

लेकिन विरोध का केवल आभास है, वह वास्तविक नहीं है। वास्तव में उन सब अनुभवों ने मुझे जो मैं हूँ वह बनाया है और अपनी बात कहने का साहस दिया है—अपनी भूलें स्वीकार करने का और अपने विश्वासों को घोषित करने का—यह मानते हुए भी कि वे विश्वास निराधार भी सिद्ध हो सकते हैं और उन्हें बदलना, शोधना या छोड़ भी देना पड़ सकता है। **लेखक के नाते मैंने समाज में कोई विशिष्ट स्थान या सहूलियत नहीं चाही है। समाज के एक सदस्य के नाते मैंने स्वतन्त्रता के लिए, सामाजिक न्याय के लिए और मानव-व्यक्तित्व की प्रतिष्ठा के लिए, विशालतर सामान्य उद्देश्यों की सिद्धि के प्रयत्नों के लिए आग्रह करना अपना कर्त्तव्य समझा है, कवि के नाते मैंने उस कर्त्तव्य से मुक्ति कभी नहीं चाही। बल्कि इसके प्रतिकूल कवि के नाते भी मैंने कुछ मूल्यों पर आग्रह करना आवश्यक समझा है। और इन मूल्यों के लिए अपने प्रयत्नों पर किसी तरह की रोक या नियन्त्रण लगाने का समाज का कोई अधिकार मैं नहीं मानता। ये मूल्य और ये प्रयत्न हैं मेरे कला माध्यम और सभी कला माध्यमों की शुद्धि और संस्कारिता के लिए अनवरत प्रयत्न : व्यावहारिकता या प्रत्युत्पन्न लाभ से ऊपर स्थायी नैतिक मूल्यों की प्रतिष्ठा—(यह मानते हुए कि ज्ञान-क्षेत्र के विस्तार के साथ नैतिक मूल्य अपने आप परिवर्तित हो सकते हैं), अनुभूति की प्रामाणिकता, सोचने, मानने, अभिव्यक्त करने, वरण करने और होने अर्थात् अस्तित्व रखने की व्यक्ति की स्वतन्त्रता...**सम्पृक्तता (कमिटमेंट) का विवाद और देशों की भाँति मेरे देश में भी होता रहा है और अब भी जारी है। इसकी सहायता अभी आवश्यकता भी है क्योंकि अभी शायद बहुत से लोगों को इसमें निहित प्रश्नों का स्पष्ट निरूपण करना है। लेकिन जहाँ तक मेरा सवाल है, यद्यपि मैं अब भी हर किसी की बात ध्यान से सुनता हूँ और कभी-कभी विवाद में भाग भी लेता हूँ, मुझे लगता है कि अनुभव ने मुझे संघर्ष के शोर और धुएँ से बाहर निकालकर ऐसी जगह पहुँचने का मार्ग दिखा दिया है जहाँ से मैं परिवेश को भी देख सकूँ और साधनों और उपकरणों का अधिक सोद्देश्य उपयोग कर सकूँ। **लेखक न केवल असम्पृक्त नहीं होता बल्कि उसकी सम्पृक्ति दोहरी होती है—वह निरन्तर दो मोर्चों पर लड़ता है।** यह तो सम्भव है कि वह कभी एक मोर्चे पर और कभी दूसरे मोर्चे पर बल संग्रह करें; लेकिन किसी एक मोर्चे को छोड़ देने में वह भारी जोखिम उठायेगा।

बात को यों कहने में लग सकता है कि लेखक की परिस्थिति बड़ी संकटपूर्ण और अप्रीतिकर है। वास्तव में ऐसा नहीं है। वास्तव में उसकी परिस्थिति अत्यन्त रुचिकर और रसमय है। मुझे एक पौराणिक दृष्टान्त याद आता है जिसका समकालीन अर्थ भी है बल्कि जो 'कन्दिस्यों यूमेन'—मानव नियति—का उसके आधुनिक पश्चिमी अस्तित्ववादी निरूपण की अपेक्षा कहीं अधिक सच्चा प्रतिबिम्ब है।

बाघ से बचने के लिए एक मनुष्य पेड़ पर चढ़ता है और उसकी दूरतम शाखा तक पहुँच जाता है। उसके बोझ से शाखा झुककर उसे एक अन्धे कुएँ में लटका देती है। ऊपर दो चूहे शाखा को काट

रहे हैं। नीचे कुएँ में अनेक साँप फुफकारते हुए उसके गिरने की प्रतीक्षा कर रहे हैं। इस अत्यन्त संकटापन्न परिस्थिति में वह देखता है कि कुएँ की जगत से घास की एक पत्ती उसकी ओर झुकी हुई है और उसकी नोक पर मधु की एक बूँद काँप रही है। वह जीभ बढ़ाकर मधु चाट लेता है—और कितना सुस्वादु है वह मधु...

कितना सुस्वादु, अनिर्वचनीय स्वादिष्ट मधु...हम सभी ने, प्रत्येक ने अपने अलग ढंग से उस मधु का स्वाद जाना है जो कि हमारा जीवन है। लेकिन मैं समझता हूँ कि **जिन्होंने मधु के साथ-साथ अपनी अवस्थिति का भी आस्वादन किया है, उन्होंने अस्तित्व का गम्भीरतर अनुभव प्राप्त किया है, क्योंकि उनके लिए अवस्थिति का स्वाद भी मधु के स्वाद का एक अंग बन गया है**। और उसके लिए **मधु के प्रति सम्पृक्ति में अवस्थिति के साथ सम्पृक्ति (कमिटमेंट) भी अनिवार्यतया निहित है**। और दृष्टान्त का सार तो यही है कि यह (अस्तित्ववादी मुहावरे की) 'चरम परिस्थिति' कोई ऐसी चरम परिस्थिति नहीं है, क्योंकि वह सार्वलौकिक है, साधारण है। **महत्त्व की बात इसके प्रति चेतन होना ही है** : पहचान होते ही व्यक्ति की अवस्थिति व्यापक सार्वलौकिक अवस्थिति से एकात्म हो जाती है और हमारी तात्कालिक चिन्ताएँ उस एक **चरम चिन्तन** में परिणत हो जाती हैं जो कि आधुनिक व्यक्ति के लिए **आस्था, विश्वास, धर्म या उसे और जो कुछ भी नाम दे दें उसका पर्याय है—वह ठोस आधारशिला जिस पर वह मूल्यों की इमारत खड़ी करता है—इस आशा के साथ ही कि वे टिकाऊ सिद्ध होंगे।**

भीड़ों में
जब-जब जिस-जिससे आँखें मिलती हैं
वह सहसा दिख जाता है
मानव :
अंगार-सा—भगवान्-सा
अकेला।
और हमारे सारे लोकाचार
राख की युगों-युगों की परतें हैं।

बेओग्राद (बैलग्रेड) रेडियो से जून, 1966 में प्रसारित वक्तव्य। मूल हिन्दी वक्तव्य के कुछ अंश और कविता के उद्धरण लेखक के स्वर में प्रसारित किये गये थे, पूरे वक्तव्य का सुप्की-ख्रावात्सी (सर्ब्रो-क्रोएशियन) अनुवाद पढ़ा गया था।

नयी कविता

छायावादी : मैं छायावादी हूँ। यों तो छायावादी के लिए अपने बारे में ऐसा स्पष्ट दावा करना भूल है, लेकिन भौतिकता के उपासकों के बीच में पड़कर किया क्या जाये? 'नयी कविता' के बारे में क्या बात की जा सकती है, मेरी कल्पना से बाहर है—मेरी कल्पना के!—वह फिर कहाँ हो सकती है? क्योंकि मैं तो कल्पना के सुकुमार पंखों पर—**(रुककर मुग्ध भाव से)** अपिकल्पने सुकुमारि!

प्रोफ़ेसर : मैं प्रोफ़ेसर हूँ। हिन्दी का सही, पर प्रोफ़ेसर हूँ। पढ़ाता हूँ, रिसर्च का निर्देशन करता हूँ। पाठ्य-क्रम निर्धारित करता हूँ। मैं किसी विषय पर सहसा कोई राय नहीं देता—मुझे राय कायम करने में तीन सौ वर्ष लगते हैं। निर्णायक का काम जल्दी का नहीं है। कोई नयी चीज़ मैं तीन सौ वर्षों तक नहीं पढ़ता—क्योंकि वह साहित्य नहीं है—नहीं हो सकता। और जब तीन सौ वर्ष हो जाते हैं, तब मैं वह पढ़ाने लग जाता हूँ—तब मुझे पढ़ने की आवश्यकता नहीं रहती! मेरे प्रत्येक निर्णय के लिए निर्धारित मानदण्ड होता है।

अध्येता : मैं आप दोनों महानुभावों को प्रणाम करता हूँ। आप गुरुजन हैं। मैं अकिंचन हूँ—केवल रुचि के कारण साहित्य पढ़ने वाला एक साधारण व्यक्ति। मैं नयी कविता पढ़ता हूँ।

छायावादी : पढ़ते हैं? तो कविता पढ़ी जाती है?

प्रोफ़ेसर : पढ़ते हैं। यानी नयी कविता कुछ है भी—

अध्येता : जी! पढ़ता हूँ। सुन भी लेता हूँ कभी; पर नयी कविता अधिकाधिक पढ़ी ही जाती है—पढ़ने के लिए ही लिखी जाती है। और नयी कविता कुछ है अवश्य।

प्रोफ़ेसर : **(सव्यंग्य)** और वह पढ़ने के लिए लिखी जाती है—यानी आँखों के लिए। यानी दृश्य काव्य हो गयी है—जो परिभाषा से ही श्रव्य थी! इससे आगे और अब क्या कहना है?

अध्येता : तो आप 'श्रव्य' कहकर क्या काव्य को मन से अलग कर देते थे—श्रव्य क्या केवल कान सुनता था और वहीं रसास्वादन की क्रिया पूरी हो जाती थी?

प्रोफ़ेसर : नहीं। पर...

अध्येता : तो फिर विशेष अन्तर नहीं है : आज भी बुद्धि से कविता ग्राह्य होती है, पर पहले स्मृति जो काम देती थी, अब छपा पृष्ठ वह काम देता है इसलिए केवल कान नहीं, आँखें भी उपकरण हो गयी हैं। और कम-से-कम छायावादी कवि को तो इस पर आपत्ति नहीं होनी चाहिए—वह तो सदैव दृश्य उपकरणों का व्यवहार करता रहा है।

छायावादी : कैसे?

अध्येता : जैसे स्वयं अपनी देह का...अपने लघु-लघु गीता, सुन्दर सजीले केश, अनेक प्रकार के हस्तों और आंगिक अभिनय का; नयी कविता तो इस सबके बदले केवल छपे पृष्ठ का सहारा लेती है...

छायावादी : ओऽ, आप व्यंग्य कर रहे हैं! पर नयी कविता आप कहते किसे हैं? प्रगतिवादी तो...

अध्येता : आप लोगों के सामने क्या कहूँगा! पर प्रगतिवादी, प्रयोगवादी आदि बिल्ले नयी कविता के सामने ओछे पड़ते हैं—उसके साथ न्याय नहीं करते।

छायावादी : अँय! तो फिर?

अध्येता : जी। तो फिर...यही असल प्रश्न है। हम प्रयोगशील-प्रगतिशील आदि नहीं कहना चाहते, इसलिए कहते हैं 'नयी कविता'। क्योंकि वह है ही नयी कविता : प्रगतिवाद तो एक राजनीतिक बिल्ला है; और प्रयोगवाद एक गाली!

छायावादी : वाह! यह आप कैसे कहते हैं? बहुत-से आधुनिक कवि अपने प्रयोगों का दावा करते हैं।

अध्येता : मैंने कहा न, मैं केवल अध्येता हूँ, कवि होता तो कुछ और बात होती। और अध्येता के नाते मैं तो मानता हूँ कि कवि चाहे जो कहे—यानी कविता के बाहर जो कहे—हमें अपना मत निर्धारित करना है तो कविता पर ही करना चाहिए—बाकी सब अप्रासंगिक है।

प्रोफ़ेसर : तो स्वयं कविता से आप क्या धारणा बनाते हैं?

अध्येता : यही कि ये नाम—प्रगतिवादी-प्रयोगवादी—नयी कविता को समझने में केवल बाधा हैं, ये नाम ग़लत हैं। उतने ही ग़लत जितना कभी 'छायावादी' नाम ग़लत था—ग़लत और निरर्थक।

प्रोफ़ेसर : मगर हम तो उसका अर्थ समझते हैं...

अध्येता : **(हँसकर)** हालाँकि तीन सौ वर्ष अभी नहीं हुए हैं! बधाई। पर मैं कहूँ कि आपके समझने से भी वह नाम उपयुक्त नहीं हो जाता, आप समझ लेते हैं ऐतिहासिक परिपार्श्व के कारण। भविष्य में, ऐतिहासिक दूरी पा लेने पर—शायद प्रगतिवाद, प्रयोगवाद भी समझे जाने लगेंगे। पर इस समय ये नाम केवल भ्रान्ति पैदा करने वाले हैं। क्योंकि दोनों नामों के पीछे राजनैतिक आग्रह या पूर्वग्रह या विरोध है, और राजनैतिक सम्मान नयी कविता की प्रवृत्ति का एक पहलू है, नयी कविता का नयापन दोनों से अधिक व्यापक है, और उसकी प्रवृत्तियाँ केवल राजनीति से कहीं अधिक दिशाएँ रखती हैं।

प्रोफ़ेसर : तो यह भ्रान्ति फैली कैसे? कौन फैलाता है—क्यों ?

अध्येता : मेरी समझ में तो पाठक के अलावा सभी इसे फैलाते हैं—चाहे जान-बूझकर, चाहे अनजाने। कवियों का ऐसा करना स्वाभाविक है—कृतिकार में कोई-न-कोई आग्रह होना स्वाभाविक है और जब कृति पर राजनीति का आरोप भी हो तो वह अनिवार्य हो जाता है। इसीलिए मैंने कहा कि हमें कवियों के वक्तव्य पर उतना नहीं जाना चाहिए जितना उनकी कविता पर—वहीं से जो प्रकाश मिले।

छायावादी : मगर वक्तव्य सभी कवियों ने दिये हैं—छायावादी काल के भी—बाद के भी। क्या सब भ्रामक ही हैं?

अध्येता : एक सीमा तक। यह वक्तव्य देने का रोग छायावाद के काल से चला। उससे पहले तो कवि ऐसी बात की कल्पना भी नहीं कर सकता था। दूर क्यों जायें, अपने ही समय में शायद राष्ट्रवादी मैथिलीशरण गुप्त ही एक हैं, जिन्होंने अपनी कविता के बारे में वक्तव्य नहीं दिये—पचास साल तक कविता लिखते रहने के बावजूद! और जब ध्यान दिया जाये कि वही एक हैं जिन्हें आप छायावादी आदि कोई बिल्ला नहीं दे सकते, तो यह जिज्ञासा होती ही है कि इन दो बातों में क्या कोई सम्बन्ध नहीं है?

प्रोफ़ेसर : और आलोचक? हमारे साहित्य के विद्वान् अध्यापकगण?

अध्येता : आलोचक भी भ्रान्ति फैलाने में क्या सहायक नहीं हैं? और जब से आलोचना के राजनैतिक शास्त्र का प्रचलन हुआ है तब से तो—

प्रोफ़ेसर : हाँ, आलोचना और राजनीति के मिश्रण के तो हम घोर विरोधी हैं। लेकिन हमारे विद्वान्—शुद्ध साहित्य के पण्डित—

अध्येता : वे भी। एक तो वे नया साहित्य पढ़ते नहीं—उसका नया होना ही उनके मत में उसके विरुद्ध जाता है। दूसरे उनके मानदण्ड भी दूषित हैं! साहित्य के मान आत्यन्तिक नहीं होते वे साहित्यिक कृति से ही उद्‌भूत और सिद्ध होते हैं, इस तथ्य को वे भूल जाते हैं। या यों कह लीजिए कि एक सीमा तक तो वे परिवर्तनों को ग्रहण करते हैं, फिर उससे आगे नहीं—ठीक वैसे ही जैसे आचार-नीति के क्षेत्र में एक सीमा तक तो विकास और परिवर्तन मानते हैं पर उससे आगे रुक जाते हैं और परिवर्तन की कल्पना को भी नीति-द्रोह मानते हैं।

प्रोफ़ेसर : मगर पुराने स्मृतिकार तो ऋषि थे—उनके वचन आर्ष वचन थे।

अध्येता : लेकिन यह बताइए, कोई पहले ऋषि हो जाता है, फिर कुछ वचन कहता है, या उसके वचनों से हम उसका ऋषित्व पहचान जाते हैं? इसी प्रकार हम कविता से कवि पहचानते हैं, या किसी को कवि मानकर उसकी कृति को कविता! ऋषि बनते थे, यह तो आप मानेंगे?

छायावादी : हाँ, यह तो मानेंगे। वसिष्ठ-विश्वामित्र का संघर्ष इसका ज्वलन्त प्रमाण है।

प्रोफ़ेसर : किन्तु उसमें भी एक बात है : विश्वामित्र का इतना आग्रह क्यों था कि वशिष्ठ उन्हें स्वीकार करें? इसका अर्थ यही तो है कि आर्ष पद के लिए भी सनद चाहिए? इतना ही तो हम आज भी कहते हैं—कि शास्त्र की सम्मति मिल जाये तो—

अध्येता : प्रोफ़ेसर साहब, आपकी तर्क-पद्धति में जो दोष है वह आप स्वयं नहीं देख रहे इस पर मुझे आश्चर्य होता है। लेकिन यह भी सोचता हूँ कि वह ऐसा मौलिक दोष है कि स्वयं न दीखे तो शायद दिखाया भी नहीं जा सकता।

प्रोफ़ेसर : **(रुष्ट)** आप क्या कहना चाहते हैं?

अध्येता : कुछ नहीं; जो मैं कह चुका उससे अधिक कुछ नहीं। पर ऋषियों की जो बात शास्त्र-सम्मत नहीं होती थी उसे क्या 'आर्य प्रयोग' कहकर टीका से नहीं बचा जाता था?

प्रोफ़ेसर : हाँ, जिसे पहले ऋषि मान लिया, उसके नये प्रयोग—

अध्येता : **(सव्यंग्य)** ओह!

छायावादी : मालूम होता है, गाड़ी यहाँ अटक गयी—आपकी बातचीत बन्द कूचे में आ गयी।

अध्येता : **(हँसकर)** हाँ, उस कूचे में केवल छायावादी का प्रवेश हो, ऐसा तो नहीं है!

छायावादी : ओह! **(लम्बी साँस के साथ)** 'बहुत बेआबरू होकर तेरे कूचे से हम निकले'।

अध्येता : जी—स्वयं अपने कूचे से!

प्रोफ़ेसर : **(व्यंग्य)** वह विश्रम्भालाप समाप्त हो गया हो तो आगे चलें?

अध्येता : हाँ-हाँ, आप आगे चलने को उत्सुक हों तो और क्या चाहिए!

प्रोफ़ेसर : आप यह बताइए कि आप नयी कविता किसे कहते हैं? परिभाषा कीजिए।

अध्येता : एकदम परिभाषा से न शुरू करके ज़रा परिपार्श्व को देखते हुए बढ़ें तो कैसा रहे? पहली स्थापना मैं यह करना चाहूँगा कि नयी कविता सबसे पहले एक नयी मनःस्थिति का प्रतिबिम्ब है—एक नये मूड का—एक नये राग-सम्बन्ध का। किसका किससे राग-सम्बन्ध? इसका जवाब देने के पहले मैं कहूँगा, जरा आप छायावाद के आविर्भाव के कारणों का स्मरण कीजिए। वह एक गीति-मूलक विद्रोह या प्रतिवाद या वाद का दावा था—उससे पूर्ववर्त्ती वर्णनात्मक नैतिक प्रवृत्ति के विरुद्ध गीतितत्त्व का आग्रह। वह एक मनःस्थिति के विरुद्ध एक दूसरी मनःस्थिति का विद्रोह था—एक बाह्याग्रही प्रवृत्ति के विरुद्ध एक अन्तराग्रही स्थिति की अवधारणा; और इसमें पश्चिमी रोमांटिकवाद की प्रेरणा का बहुत महत्त्व था। आजकल पश्चिम की देन को अस्वीकार करने का चलन है, इसलिए लोग इस ऋण को स्वीकार करना नहीं चाहते, पर किसी भी सतर्क अध्येता के लिए इसकी अनदेखी करना असम्भव है। यह दूसरी बात है कि हमारे सब कवियों ने वह प्रभाव सीधे पश्चिम से न लिया हो—बंगला की मार्फ़त लिया हो या बंगला के अनुवाद की मार्फ़त। जैसे कोई बायरन या ऋणी न हो, माइकेल मधुसूदन दत्त का हो, या मधुसूदन का भी न होकर **'मेघनाद-वध'** के हिन्दी अनुवाद का हो। इस काव्य पर रोमांटिक प्रभाव इतना स्पष्ट है कि कट्टर से कट्टर मताग्रही भी इससे इनकार नहीं कर सकता।

छायावादी : छायावाद के आविर्भाव पर पश्चिमी रोमांटिक काव्य का प्रभाव माना भी जा सकता है—पन्त जी ने **'पल्लव'** की भूमिका में जो विचार प्रकट किये हैं उनसे इसके समर्थन में कई दलीलें भी मिल सकती हैं शायद, पर इस सबसे नयी कविता का क्या सम्बन्ध है?

अध्येता : यों तो अधिक नहीं। पर जिस तरह छायावाद एक नये 'मूड' का प्रतिबिम्ब था उसी प्रकार नयी कविता भी नये 'मूड' का प्रतिबिम्ब है। और यह नया परिवर्तन उस पहले परिवर्तन से गहरा और अधिक व्यापक है।

प्रोफ़ेसर : छायावादी परिवर्तन का मूल सूत्र आपने बताया वर्णनात्मक नैतिक प्रवृत्ति के विरुद्ध गीतिमूलक विद्रोह। क्या इस परिवर्तन का भी ऐसा मूल सूत्र बना सकते हैं?

अध्येता : प्रयत्न कर सकता हूँ। वैसे वह भी एक अति सरलीकृत सूत्र है—यहाँ भी शायद वह दोष आ जाये। पर सूत्र में वह तो होता ही है—अति-संक्षेप में या तो गूढ़ता आ जाती है, या फिर कुछ अति-सरलता। लेकिन उसके बाद मैं अपनी बात की कुछ व्याख्या भी कर दूँगा।

छायावादी : तो यह व्याख्या का रोग आप को भी लगा! **(हँसी)**

अध्येता : महाजनो येन गतः—लेकिन मेरे महाजन राष्ट्रकवि ही हैं। मैं तो गद्य की गद्य व्याख्या करने जा रहा हूँ—वह भी कृति की नहीं, व्याख्या की व्याख्या!

प्रोफ़ेसर : खैर, कहिए तो।

अध्येता : मैं कहूँगा कि नयी कविता की मूल विशेषता है मानव और मानव-जाति का नया सम्बन्ध—और वह मानव-जाति और सृष्टि-मात्र के सम्बन्ध के परिपार्श्व में।

छायावादी : ज़रा फिर से कहिए।

अध्येता : **(धीरे-धीरे)** सृष्टि और मानव-जाति के सम्बन्ध के परिपार्श्व में मानव-जाति और मानव का नया सम्बन्ध : यही नयी कविता की मूल विशेषता है।

प्रोफ़ेसर : **(अनाश्वस्त स्वर से)** यह तो हुआ सूत्र। अब पहले व्याख्या भी सुन लें तो—

अध्येता : व्याख्या ही जब है, तब थोड़ा घुमाव-फिराव अनिवार्य है। आपने छायावाद में एक बात लक्ष्य की थी—की है?

छायावादी : क्या?

अध्येता : कि छायावादी सभी आस्तिक थे।

छायावादी : तो?

प्रोफ़ेसर : और नया कवि आस्तिक है!

अध्येता : नहीं। 'तो' कुछ नहीं। इतना ही कि नयी कविता के बारे में यह नहीं कह सकते। वह नास्तिक ही है, ऐसा भी नहीं कह सकते। उसमें आस्तिक ध्वनि भी मिलेगी, नास्तिक ध्वनि भी। पर उसमें किसी भी ध्वनि का कोई महत्त्व नहीं है।

प्रोफ़ेसर : **(सुर से)** 'यह भी नहीं, वह भी नहीं'! न स्वीकार, न अस्वीकार। यह भी कोई स्थिति है?

अध्येता : क्यों? आपके दोनों आक्षेपों में ही उनका उत्तर है—दोनों से क्या-कोई प्रतिध्वनि नहीं होती—एक की कविता के क्षेत्र से, एक की राजनीति के क्षेत्र से? **(हँसता है)** पर यह भी बात अप्रासंगिक है। नयी कविता में उल्लेख्य बात यह है कि आस्तिकता नास्तिकता का प्रश्न उसमें कम-से-कम अप्रासंगिक तो हो ही गया है। मैं जब कहता हूँ कि उसमें नये मानव-सम्बन्धों का दावा है, तो यह न समझा जाये कि यह अनिवार्यतः मानव और स्रष्टा के सम्बन्धों का खण्डन है; या कि मानव के मानवत्व का आग्रह ईश्वर के ईश्वरत्व का खण्डन या उससे इनकार है। इतना ही वह प्रसंग की बात नहीं रही, उससे कवि को काव्य के क्षेत्र में सरोकार नहीं है। बाहर दूसरी बात है। वहाँ इनकार भी है और साग्रह है; और स्वीकृति भी है ही, चाहे उतने आग्रह के साथ न हो।

छायावादी : तो नतीजा क्या निकला?

अध्येता : मानव के मानवत्व के आग्रह के दो पहलू हैं। एक में मानव 'व्यक्ति' पर आग्रह है। मानव की जैविक परम्परा का अध्ययन कर, व्यक्तित्व के विकास के आधार पहचान कर, मानव के मन को समझना, उसके राग-विकार आदि को जानना और इस पृष्ठभूमि पर मानव सम्बन्धों का वाहक बनना—यह एक पहलू है। दूसरे में मानवी 'समष्टि' पर आग्रह है। वह सामाजिक संगठन और विकास का अध्ययन करके सामूहिक आचार के आधार ढूँढ़ता है और आर्थिक सम्बन्धों का वाहक और व्याख्याता बनना चाहता है।

प्रोफ़ेसर : तो ये दो विरोधी प्रवृत्तियाँ हैं। इन्हें आप नाम भी देंगे?

अध्येता : **(हँसकर)** लीजिए—आपने तुरन्त लेबल लगाने का आग्रह कर दिया। लेकिन अभी तो पढ़ाने का प्रश्न है नहीं, तो वर्ग-विभाजन की जल्दी क्या है? वैसे आलोचक वर्ग ने—और मैं कहूँ कि या तो कुण्ठित प्रोफ़ेसर आलोचक बनता है या कुण्ठित आलोचक। प्रोफ़ेसर—आलोचक-वर्ग ने लेबल लगाना शुरू कर ही रखा है।

प्रोफ़ेसर : अब तक तो सुनता था कि खण्डित कवि ही आलोचक बनता है...

अध्येता : **(हँसकर)** न। खण्डित कवि तो साधारण पाठक बनता है—जैसे मैं!

प्रोफ़ेसर : **(व्यंग्य से)** असल में साधारणत्व का दावा करने में बड़ी सुविधा है—जो चाहो कह लो, और उत्तरदायित्व से बच भी जाओ।

अध्येता : **(अनाहत)** बिल्कुल ठीक पहचाना आपने। उत्तरदायित्व सिर आ पड़े तभी लेना चाहिए—'आ बैल मुझे मार' वाली स्थिति मेरी नहीं है।

छायावादी : **(चोट का स्मरण दिलाता हुआ)** अब इस विश्रम्भालाप के बाद—

अध्येता : हाँ-हाँ। मैं कह रहा था कि दो पहलू हैं। मगर ये विरोधी प्रवृत्तियाँ नहीं हैं, पूरक प्रवृत्तियाँ हैं।

प्रोफ़ेसर : तो आप मानते हैं कि एक में विषयवस्तु पर आग्रह है, एक में रूप-विधान पर?

अध्येता : न। वह अतिसरलीकरण है—बल्कि उसकी भी अति! सूत्रात्मकता के दोष को उस सीमा तक तो मैं भी नहीं ले जाता।

प्रोफ़ेसर : तो ?

अध्येता : पहली में भी विषय पर आग्रह है—सजीव विषय पर; विषय पर आग्रह के साथ वह सौन्दर्य के—एस्थेटिक के—प्रतिमानों को और रूप-विधान को स्वीकार करती हुई चलती है। दूसरी का आग्रह विषय पर नहीं, विषय की स्थिति पर है—निर्जीव परिस्थिति पर, और वह सौन्दर्यशास्त्र की कोई परवाह नहीं करता। यहाँ तक कि कोई-कोई उसे एक उलझन या अड़ंगा मात्र समझते हैं। पर यह अतिवाद ही है, क्योंकि यह असम्भव नहीं है कि परिस्थिति पर आग्रह रूप-चेतना के साथ चले।

छायावादी : क्या यह अच्छा न हो कि आप कुछ उदाहरण भी दें—आप अध्येता हैं तो पढ़ा हुआ कुछ तो याद ही होगा ?

अध्येता : हाँ, उदाहरण देना अच्छा तो होगा। इतना है कि उसमें बिल्लों को स्वीकृति देकर चलना होगा। पर खैर...यहाँ तक बचे रहकर अब उनसे डर भी नहीं है—क्योंकि अब अधिक भ्रान्ति नहीं होनी चाहिए। जिन दो पहलुओं—पूरक प्रवृत्तियों की बात मैंने की, उनमें एक को प्रायः 'प्रयोगवादी' या 'प्रयोगशील' कहा जाता है; दूसरी को 'प्रगतिवादी'। मेरी धारणा है कि दोनों प्रकार की उत्तम रचनाओं के रूप-विधान का आग्रह समान होता है—या कह लीजिए कि निर्वाह समान होता है। यों अतिवादी ऐसे भी हैं जो या तो प्रयोग के नाम पर, या सिद्धान्त के नाम पर, कविता का कचूमर निकालते हैं। और प्रयोगवादी तो कचूमर निकालकर ही रह जाता है, प्रगतिवादी फिर उसे रौंदता भी है; क्योंकि अतिवादी प्रगतिवादी बँधे घोड़े की तरह मिट्टी खूँदते रहने को भी प्रगति मानता है—उससे अभ्यास बना रहता है!

प्रोफ़ेसर : आप फ़तवे ही देते जा रहे हैं। उदाहरण दीजिए।

अध्येता : ओह क्षमा कीजिए। हाँ, उदाहरण। प्रयोग की अति का उदाहरण नहीं दूँगा। नयी कविता में कोई भी असफल कविता ले लीजिए, आप पायेंगे कि उसकी असफलता का मूल यही है कि कवि ने प्रयोग को इष्ट मान लिया, जब कि काव्य केवल सफल प्रयोग का नाम है। कोई जितनी से जितनी गहरी डुबकी लगाता है, या डुबकी लगाकर मर भी जाता है, इसका मोती के पारखी के लिए कोई मूल्य नहीं है; मूल्य मोती का है। जो मोती लाये, उसी के मुँह से हम यह सुनने को तैयार हो सकते हैं कि वह बड़े परिश्रम से लाया है।

प्रोफ़ेसर : मगर इतना तो है कि डुबकियों के जोखिम के कारण मोती का मूल्य बढ़ता है।

अध्येता : हाँ, और प्रयोग के जोखिम के कारण सफल कविता का भी; पर कविता का ही मूल्य बढ़ता है, प्रयोग का नहीं। तो प्रगतिवादी को अति का एक उदाहरण दूँ : श्री नागार्जुन की एक कविता है—**'और माँजो'** इसमें—

छायावादी : पहले कविता सुन लें।

अध्येता : लीजिए :

नहीं-नहीं, अभी नहीं
अभी तो सिरिफ़ श्रीगणेश है
अपने पदों को
बार-बार माँजो
माँजो और माँजो, माँजते जाओ
लय करो ठीक फिर-फिर गुनगुनाओ
मत करो परवाह—क्या है कहना
कैसे कहोगे, इस पर ध्यान रहे
चुस्त हो सेंटेंस, दुरुस्त हों कड़ियाँ
पकें इतमीनान से गीत की बड़ियाँ
ऐसी जल्दी भी क्या है?
तल कर, घोल कर, बघार कर कहो
वस्तु है भूसी, रूप है चमत्कार
ध्वनि और व्यंग्य पर मरता है संसार
वाच्य या आशय पर कौन देता ध्यान
तर्ज़ और तरन्नुम है शायरी की जान...

प्रोफ़ेसर : तो इसके बारे में आप क्या कहना चाहते थे?

अध्येता : नागार्जुन में प्रतिभा है। जिन कविताओं में उन्होंने रूप-विधान को स्वीकार किया है, वे सुन्दर भी हैं, प्रभावशाली भी। इससे भी इनकार नहीं कि वे प्रगतिवादी हैं। पर यहाँ उन्होंने क्या किया है? रूप-विधान को अस्वीकार तो किया ही है, उसे लताड़ना भी चाहा है। परिणाम? स्वयं चारों खाने चित गिरे हैं।

छायावादी : यह तथाकथित कविता तो मैंने पढ़ी थी। पर मुझे याद आता है कि जिस पत्रिका में पढ़ी थी, उसी में सम्पादक ने लेखकों को यह परामर्श दिया था कि उन्हें अपनी रचनाओं को बराबर माँजते रहना चाहिए, जब तक कि...

अध्येता : (हँसकर) अच्छा—तब तो आप भी अच्छे पाठक हैं। असल में लोगों को यह ध्यान में रखना चाहिए कि अगर काव्य को या साहित्य को हथियार की तरह ही बरतना है, तो भी आखिर उसकी शक्ति को ही बरतना है न? और रोचकता, सुन्दरता उसकी एक बड़ी शक्ति है। अगर सिद्धान्त के नाम पर उसे नितान्त अपठ्य और असुन्दर बना दिया गया, तो उसका उपयोग क्या हुआ, खाक? तलवार को इतना भारी बना दो कि कोई उसे उठा ही न सके, तो वह किस काम की? ऐसी कविता केवल काव्य-माध्यम को नष्ट करती है और पाठक की भावक यन्त्र-प्रणाली को नुकसान पहुँचाती है।

प्रोफ़ेसर : लेकिन प्रयोगवादी कविता पर यह आरोप होता है कि उसमें विचार-वस्तु नहीं होती।

अध्येता : प्रयोगशील कविता में विचार-वस्तु हमेशा महत्त्वपूर्ण होती है, ऐसा नहीं कहा जा सकता—कभी वह बहुत हल्की भी होती है। पर उसका कलात्मक उद्देश्य कभी सन्दिग्ध या अस्पष्ट नहीं होता, घटिया कविता में भी नहीं। घटिया प्रगतिवादी कविता में तो कलात्मक उद्देश्य होता ही नहीं। निकृष्ट तल पर तुलना करें, तो यह अन्तर है। उच्च तल पर तो मैं कह चुका कि ऐसा विरोध नहीं है।

प्रोफ़ेसर : तो यह नयी कविता का आन्दोलन शुरू कब से हुआ?

अध्येता : आन्दोलन उसे न कहिए। यों नयी कविता का आरम्भ तो छायावाद के युग में ही हो गया था। उसके बीज़ तो 'प्रसाद' की भी मुक्त वृत्तात्मक कविता में मिल जायेंगे। पन्त और 'निराला' में जो चीज शुरू से थी, वही बाद की कविताओं में उभर आयी। **'कुकरमुत्ता'** या **'खजोहरा'** या **'राजे ने दिवाली की'** जैसी कविताएँ सहसा नहीं आरम्भ हो गयीं—वे कुकरमुत्ते जैसी उपज नहीं थीं बल्कि उनके सूत्र 'निराला' की कविता में पहले से थे। मैं केवल मुक्त वृत्त की बात नहीं कहता—नयी कविता सब मुक्त-वृत्त नहीं है। 'निराला' की परवर्ती गज़ल के ढंग की चीज़ों में भी वह नयापन है। यों तो नयेपन के कई लक्षण होंगे जो कविताओं की पड़ताल से उभर आयेंगे, पर साधारण बोलचाल की भाषा मुहावरे और पद-विन्यास की ओर आना उसकी एक मुख्य प्रवृत्ति थी। साथ ही कविता के प्रति एक अवज्ञा-भाव भी : मानो कवि चाहता हो कि यह 'कविर्मनीषी स्वयं-भूः' वाली बात ढकोसला है : वाक् कोई दैवी शक्ति नहीं है, कविता यानी छन्द निरा माध्यम ही तो है। 'निराला' की **गर्म पकौड़ी** आपने पढ़ी है?

गर्म पकौड़ी
ऐ गर्म पकौड़ी
तेल में भुनी
नमक-मिर्च मिली
ऐ गर्म पकौड़ी
मेरी जीभ जल गयी
सिसकियाँ निकल रहीं

लार की बूँद कितनी टपकीं
पर दाढ़ तले तुझे दबा ही रक्खा मैंने
कंजूस ने ज्यों कौड़ी।
पहले तूने मुझको खींचा
दिल लेकर फिर कपड़े-सा फींचा
अरी, तेरे लिए छोड़ी
बम्हन की पकायी
मैंने घी की कचौड़ी।

इस कविता में वस्तु ही में नयापन हो, ऐसा नहीं है। वस्तु को जो रूप दिया गया है उसमें, और उसके प्रति स्वयं कवि के रवैये में, एक नयापन है। 'निराला' जी का अपना व्यक्तित्व चाहे आतंककारी रहा हो, उन्होंने कविता का आतंक मिटा दिया। "कविता हौआ थोड़े ही है? यह देखो!" कहकर **'राम की शक्ति-पूजा'** के लेखक ने **'गर्म पकौड़ी'** सामने फैला दी। भाषा को साधारण बोलचाली गद्य के निकट लाने का जो कार्य उन्होंने आरम्भ किया, उसी को भवानीप्रसाद मिश्र ने दुहराया—**"जिस तरह हम बोलते हैं उस तरह तू लिख!"** और उसी की परासीमा रघुवीर सहाय में देखिए—उनकी कुछ कविताओं में तो पद-विन्यास में रत्ती-भर भी अन्तर नहीं है, जहाँ भावसंकुल हो वहाँ भी नहीं।

शक्ति दो, बल दो, हे पिता
जब दुख के भार से मन थकने आय
पैरों में कुली की-सी तुपकती चाल छटपटाय
इतना सौजन्य दो कि दूसरों के बक्स-बिस्तर
घर तक पहुँचा आएँ
कोट की पीठ मैली न हो, ऐसी दो व्यथा—
शक्ति दो।
और यह नहीं दो, तो यही कहो, यही कहो
अपने पुत्रों मेरे छोटे भाइयों के लिए यही कहो
कैसे तुमने अपनी पीढ़ी में किया होगा क्या उपाय
कैसे सहा होगा, पिता, कैसे तुम बचे होगे?
तुम से मिला है जो विक्षत जीवन का दाय
उसे क्या करें?
तुम ने जो दी है अनाहत जिजीविषा
उसे क्या करें? कहो—अपने पुत्रों, मेरे छोटे
भाइयों के लिए यही कहो।

प्रोफ़ेसर : लेकिन भाई साहब, किसी ऐतिहासिक क्रम से तो चलिए? 'निराला' से रघुवीर सहाय—कोई बात हुई भला? और बीच में नरेन्द्र शर्मा से लेकर—अ—जहाँ तक भी हो वहाँ तक—बाक़ी

सब कवि क्या हुए? हाँ, केदार और गिरिजाकुमार माथुर और भवानीप्रसाद मिश्र और वह—क्या नाम है उनका?

अध्येता : धर्मवीर भारती?

प्रोफ़ेसर : न-न, ज़रा रहस्यमय-सा नाम है।

छायावादी : कौन—'अश्क' जी?

प्रोफ़ेसर : उहुँक्—हाँ, 'अज्ञेय'!

अध्येता : ओह, 'अज्ञेय'। उन्हें तो मैं कवि नहीं मानता यद्यपि कुछ कविताएँ उन्होंने लिखी हैं और उन्हें पढ़ना भी बुरा नहीं मालूम होता।

छायावादी : यह क्या बात?

अध्येता : वह असल में तरह-तरह की कविता कर देते हैं—दतनी की सन्देह होने लगता है, क्या वह सचमुच उस सबको सीरियसली लेते हैं, या कि लोगों को बना या चिढ़ा रहे हैं।

प्रोफ़ेसर : कोई अचम्भा नहीं। वह जब-तब नया शगूफ़ा खिलाते रहते हैं और प्रोफ़ेसरों को ख़ास तौर से चिढ़ाते हैं।

अध्येता : मैं नेपथ्य से कहता हूँ—इसमें तो मुझे उनसे हमदर्दी है!

प्रोफ़ेसर : लेकिन हम बहक रहे हैं।

अध्येता : हाँ, हवा ही बहकी है। आपने 'अज्ञेय' की एक हाल की रचना पढ़ी है, 'बहकी हवाओं पर'?

"बह चुकीं बहकी हवाएँ चैत की
कट गयीं पूलें हमारे खेत की
कोठरी में लौ जला कर टीप की
गिन रहा होगा महाजन सेंत की!"

यह अब रामविलास शर्मा ने लिखी होती तो प्रगतिशील गिनी जाती, पर 'अज्ञेय' की है इसलिए प्रयोगशील कहलायेगी। यों इसमें विशेषताएँ दोनों की हैं, यानी यह नयी कविता का नमूना हो सकता है। अति-संक्षेप उसका एक गुण है, इसकी दो-दो लाइनों में दो चित्र हैं, दोनों में प्रत्यक्ष कोई सम्बन्ध नहीं है, पर इसी से गहरा सम्बन्ध और नाटकीय प्रभाव के साथ सामने आता है और इसमें महाजनी शोषण का विरोध भी बिना तद्वत् शब्दाभिव्यक्ति के आ गया है—यहीं 'प्रगति' और 'प्रयोग' नामधारी प्रवाहों में अन्तर होता है। जैसे शमशेर बहादुरसिंह कहते हैं **"बात बोलेगी, हम नहीं"** पर यही कहने के लिए बोलते हैं, जनता को बुलवाते हैं :

बात बोलेगी
हम नहीं
भेद खोलेगी
बात ही

सत्य का मुख

झूठ की आँखें
क्या देखें!
सत्य का रुख
समय का रुख है :
अभय जनता को
सत्य ही सुख है,
सत्य का सुख।

सत्य का
क्या रंग?
पूछो
एक संग
एक-जनता का
दुख : एक।
हवा में उड़तीं पताकाएँ
अनेक...

पर शमशेर भी दोनों प्रवृत्तियों के मेल और सन्तुलन के अच्छे उदाहरण हैं। कवियों में सबसे अधिक 'कवि' शायद वही हैं—यद्यपि सबसे सफल वह हैं, वह बहुत सन्दिग्ध है।

छायावादी : इसका अर्थ नहीं समझा। अधिक कवि के अर्थ क्या हैं?

अध्येता : उनमें मौलिकता है। तीव्र और गहरी संवेदना है। भाव-संवेदना के साथ स्वर-संवेदना भी है। और व्यापक और साहसपूर्ण प्रयोगशीलता है—यानी माध्यम की सब शक्तियों से वह प्रयोग करते हैं, इस या उस एक से नहीं। जैसे गिरिजाकुमार माथुर ने छन्द ही के प्रयोग किये हैं—बड़े सफल प्रयोग।

प्रोफ़ेसर : उदाहरण?

अध्येता : जैसे सवैये की गति में लिखी गयी कविता—**'केसर रंग रँगे वन'**

आज हैं केसर रंग रँगे वन
रंजित शाम भी फागुन की खिली पीली कली-सी
केसर के वसनों में छिपा तन
सोने की छाँह-सा
बोलती आँखों में
पहले वसन्त के फूल का रंग है।
गोरे कपोलों पै हौले-से आ जाती
पहले ही पहले के
रंगीन चुम्बन की-सी ललाई।
आज है केसर रंग रँगे—

गृह, द्वार, नगर, वन
जिन के विभिन्न रंगों में है रँग गयी
पूनो की चन्दन चाँदनी।

अध्येता : नयी कविता के बहुत से प्रयोग छन्द के ही हैं, इसी से कई लोग नयी कविता का मतलब केवल छन्द की अनर्गलता ही समझ लेते हैं। पर यह नयी कविता के और उसके अनूठे रस के साथ अन्याय है।

प्रोफ़ेसर : रस? आप रस की बात कहते हैं? नयी कवित और रस!

अध्येता : जी हाँ, रस। और ऐसा मिश्र-रस कि आप विश्लेषण करते और तालिकाएँ बनाते रह जायें। भवानीप्रसाद मिश्र की कविता **'गीत-फ़रोश'** आपने पढ़ी या सुनी है?

छायावादी : प्रोफ़ेसर साहब तो पढ़ते-सुनते...

अध्येता : अरे, मैं भूल गया! आपने न पढ़ी होगी। सुनिए—

जी हाँ, हुजूर, मैं गीत बेचता हूँ।
मैं तरह-तरह के
गीत बेचता हूँ
सभी किसिम के गीत
बेचता हूँ :
जी, माल देखिए, दाम बताऊँगा
बेकाम नहीं है, काम बताऊँगा;
कुछ गीत लिखे हैं मस्ती में मैंने
कुछ गीत लिखे हैं मस्ती में मैंने
यह गीत सख्त सर-दर्द भुलायेगा
यह गीत पिया को पास बुलायेगा।
जी पहले कुछ दिन शर्म लगी मुझको
पर पीछे-पीछे अक्ल जगी मुझको
जी, लोगों ने तो बेच दिये ईमान।
जी, आप न हों सुनकर ज़्यादा हैरान।
मैं सोच-समझ कर आख़िर
अपने गीत बेचता हूँ;
जी हाँ, हुजूर मैं गीत बेचता हूँ।
जी बहुत ढेर लग गया, हटाता हूँ।
गाहक की मर्ज़ी अच्छा जाता हूँ।
मैं बिल्कुल अन्तिम और दिखाता हूँ...
या भीतर जाकर पूछ आइये आप—
है गीत बेचना बिल्कुल पाप
क्या करूँ मगर लाचार हार कर
गीत बेचता हूँ।
जी हाँ, हुजूर, मैं गीत बेचता हूँ।

प्रोफ़ेसर : मिश्रजी का मिश्र रस! खूब! खूब!

अध्येता : अच्छा, यह बताइए, इसकी सबसे बड़ी विशेषता आप को क्या लगी?

प्रोफ़ेसर : (रुकते हुए) विशेषता? इसका विषय—नहीं, विषय को प्रस्तुत करने की अदा।

अध्येता : मैं इसी बात को कुछ दूसरे ढंग से कहूँ? नाटकीयता तो ख़ैर इसमें है, पर असल विशेषता यह है कि इसकी गम्भीर बातों को हल्के ढंग से कहा गया है। नयी कविता में यह भी है, और इससे ठीक उल्टा भी है, बहुत हल्की बात को गम्भीरता से कहना—या कम-से-कम चमत्कारपूर्वक कहना—या कह लीजिए कि छोटी-छोटी बात में से चमत्कार खोज लेना। बल्कि उसका एक सिद्धान्त यह हो सकता है कि छोटी बात कोई है ही नहीं; उसे देखने में ही सारा चमत्कार निहित है। इसके कई उदाहरण दिये जा सकते हैं—जैसे नरेन्द्र शर्मा की **'ट्वीड का कोट'**। और भी कई उदाहरण हो सकते हैं—प्रभाकर माचवे, गिरिजाकुमार माथुर, रघुवीरसहाय आदि से।

छायावादी : और क्या विशेषता आप बतायेंगे?

अध्येता : यों तो कई हैं। पर एक-दो और बता दूँ। एक विशिष्टता है लोकगीतों या लोक-प्रचलित धुनों की ओर झुकाव—यह उसकी बड़ी महत्त्वपूर्ण प्रवृत्ति है। कारण चाहे राजनीति का जनवाद हो, चाहे अधिक आसान या गहरी प्रतिक्रिया उत्पन्न करने वाले रूपाकारों की खोज। जहाँ ये प्रयोग सफल हुए हैं, वहाँ बड़ी ही प्यारी चीज़ें लिखी गयी हैं—और ऐसे प्रयोग किये हैं बहुत-से कवियों ने। केदारनाथ अग्रवाल और नागार्जुन-जैसे शुद्ध जनवादियों ने, गिरिजाकुमार-जैसे संगीत-खोजियों ने, नरेश मेहता सरीखे उभय-पन्थियों ने और 'अज्ञेय'-जैसे संस्कारियों ने। इसके साथ समवेत गायन की सम्भावनाओं, की भी पड़ताल हुई है, ख़ास कर जनवादी कवियों ने ऐसी चीज़ें लिखी हैं जो गायी जा सकती हैं—कभी समवेत, कभी ग्रीक कोरस के स्ट्रोफ़ी और एंटीस्ट्रोफी के ढंग पर—कविता वह हो या न हो। केदार की 'जनयुग' में इसका उपयोगी उदाहरण है।

ये जो दीवारें घेरे हैं
ढह जायेंगी
ये जो सीमाएँ रोके हैं
मिट जायेंगी
ये जो आत्माएँ बन्दी हैं
खुल जायेंगी
धरती की उन्मुक्त दिशाएँ
मुसकायेंगी...

प्रोफ़ेसर : तो इस सबसे परिणाम यह निकला कि नयी कविता में पुरानी का कुछ है ही नहीं, सब नया ही नया है। फिर भी नये कवि कहते यही जाते हैं कि परम्परा में...

अध्येता : वाह, यह परिणाम आपने कैसे निकाला? नये के पुरानेपन का एक उदाहरण आपको दूँ? चाहे आपकी तसल्ली के लिए? नरेशकुमार मेहता ने उषस् को लेकर कई कविताएँ लिखी हैं। जैसे—

उदयाचल से किरन-धेनुएँ,
हाँक ला रहा वह प्रभात का ग्वाला!
पूँछ उठाये, चली आ रही
क्षितिज जंगलों से टोली
दिखा रहे पथ, इस भूमी का
सारस सुना-सुना बोली
गिरता जाता फेन मुखों से
नभ में बादल बन तिरता,
किरन-धेनुओं का समूह
यह आया अन्धकार चरता,
नभ की आम्र छाँह में बैठा, बजा रहा वंशी रखवाला!

उषस् वैदिक देवता है। इन कविताओं का मुहावरा वैदिक ढाँचे में ढला है, और उपमाएँ भी वहीं से ली गयी हैं। इस प्रकार इसमें नया कुछ नहीं है; फिर भी उसमें ताजगी है—जैसी कमरे का फ़र्नीचर नयी तरतीब से लगा देने पर आती है। इस तरह के कई प्रयोग नयी कविता में हुए हैं और उनकी ताज़गी प्रशंसनीय है।

प्रोफ़ेसर : आपकी पर्यवेक्षण-शक्ति तेज़ है या कि इसे आपकी सूझ कहूँ?

अध्येता : **(सविनोद)** सब आपकी शिक्षा है, वरना मैं अकिंचन...

छायावादी : लेकिन यह बताइए, नरेशकुमार तो प्रगतिवादी हैं न?

अध्येता : आपका बिल्लों का मोह नहीं छूटा? वह क्या है, यह मैं निश्चयपूर्वक नहीं जानता। यह संगृहीत है प्रयोगशील कविता के संग्रह में—पर दावा शायद उनका उससे भिन्न, या अधिक हो...

छायावादी : मगर इसमें प्रगतिवाद कहाँ आया?

अध्येता : मैं तो यही कहकर सन्तोष कर लूँगा कि नहीं आया—या कि इस क्षेत्र में उसके आने का प्रश्न ही नहीं उठता। क्योंकि अगर उठता तो मानना पड़ता कि पुराने मुहावरे या रूपक को पुनः संजीवित करना या करना चाहना केवल पुनरुत्थानवाद है, जो प्रगतिवादी तर्कना से प्रतिक्रिया का रूप है। मुहावरे के क्षेत्र में प्रगतिशील या नया मुहावरा यन्त्र-युग का मुहावरा होगा, धेनु-सभ्यता का मुहावरा नहीं। किसी बिगड़ैल के सहसा भभक पड़ने पर जिस व्यक्ति ने कहा था, 'अरे, यह करंट मारता है!' उसने आधुनिक अतः प्रगतिशील मुहावरे का प्रयोग किया था।

प्रोफ़ेसर : पहले की 'बालू में से तेल निकालने' की बात स्पष्टतया कोल्हू युग का मुहावरा है; अगर मैं कहूँ कि आप मिट्टी में से तेल निकाल रहे हैं तो यह प्रगतिशील प्रशंसा होगी न? **(हँसता है)**

अध्येता : आप हँसे तो! क्या मैं कहूँ कि यह इस बात का प्रमाण है कि नयी कविता में अभी दम है?

छायावादी : नयी और कम नयी तो सापेक्ष हैं। प्रश्न यह है कि क्या कविता मात्र में अभी दम है? या कि कविता मर गयी?

अध्येता : अरे, यह तो धर्मवीर भारती की एक कविता की पंक्ति है। उसी कविता में आपके प्रश्न का उत्तर भी है!

लाद कर ये आज किस का शव चले
और उस छतनार बरगद के तले
फिर अभागिन का जनाजा है रुका
बैठ इसके पाँयते गरदन झुका
कौन कहता है कि कविता मर गयी?
भूख ने उसकी जवानी तोड़ दी।
यों बड़ी ही नेक थी कविता
मगर धनहीन थी, कमजोर थी;
और बेचारी गरीबन मर गयी।
मर गयी कविता ?
जवानी मर गयी
मर गया सूरज, सितारे मर गये
मर गये सौन्दर्य सारे मर गये
सृष्टि के आरम्भ से चलती हुई
प्यार की हर साँस पर पलती हुई
आदमीयत की कहानी मर गयी।
झूठ है यह
आदमी इतना नहीं कमजोर है...
और कविता सृजन की आवाज़
फिर उभर कर कहेगी कविता
"क्या हुआ दुनिया मरघट बनी
अभी मेरी आखिरी आवाज़ बाक़ी है
हो चुकी हैवानियत की इन्तेहा
आदमीयत का अभी आग़ाज़ बाक़ी है
लो, तुम्हें मैं फिर नया विश्वास देती हूँ,
नया इतिहास देती हूँ,
कौन कहता है कि कविता मर गयी?

अध्येता : मैं तो नहीं कहता। आगे आप गुरुजन हैं। मैं आपको प्रणाम करता हूँ।

परिशिष्ट-1

सप्तकों की भूमिकाएँ

राहों के अन्वेषी

तारसप्तक का प्रकाशन सन् 1943 में हुआ था। दूसरे संस्करण की भूमिका सन् 1963 में लिखी जा रही है। बीस वर्ष की एक पीढ़ी मानी जाती है। वयमेव याता : के अनिवार्य नियम के अधीन सप्तक के सहयोगी, जो 1943 के प्रयोगी थे, सन् 1963 के सन्दर्भ हो गये हैं। दिक्कालजीवी को इसे नियति मानकर ग्रहण करना चाहिए, पर प्रयोगशाली कवि के बुनियादी पैंतरे में ही कुछ ऐसी बात थी कि अपने को इस नये रूप में स्वीकार करना उसके लिए कठिन हो। बूढ़े सभी होते हैं, लेकिन बुढ़ापा किस पर कैसा बैठता है, यह इस पर निर्भर रहता है कि उसका अपने जीवन से, अपने अतीत और वर्तमान से (और अपने भविष्य से भी क्यों नहीं?) कैसा सम्बन्ध रहता है। हमारी धारणा है कि 'तारसप्तक' ने जिन विविध नयी प्रवृत्तियों को संकेतित किया था, उनमें एक यह भी रही कि कवि का युग-सम्बन्ध सदा के लिए बदल गया था। इस बात को ठीक ऐसे ही सब कवियों ने सचेत रूप से अनुभव किया था, यह कहना झूठ होगा; बल्कि अधिक सम्भव यही है कि एक स्पष्ट, सुचिन्तित विचार के रूप में यह बात किसी भी कवि के सामने न आयी हो। लेकिन इतना असन्दिग्ध है कि सभी कवि अपने को अपने समय से एक नये ढंग से बाँध रहे थे। *उत्पत्स्यते तु मम कोऽपि समानधर्मा* वाला पैंतरा न किसी कवि के लिए सम्भव रहा था, न किसी को स्वीकार्य था। सभी सबसे पहले समाजजीवी मानव प्राणी थे और समानधर्मा का अर्थ उनके लिए कविधर्मा से पहले मानवधर्मा था। यह भेद किया जा सकता है कि कुछ के लिए आधुनिकधर्मा होने का आग्रह पहले था और अपनी मानवधर्मिता को वह आधुनिकता से अलग नहीं देख सकते थे, और दूसरे कुछ ऐसे थे जिनके लिए आधुनिकता मानवधर्मिता का एक आनुषंगिक पहलू अथवा परिणाम था।

सप्तक के कवियों का विकास अपनी-अपनी अलग दिशा में हुआ है। सर्जनशील प्रतिभा का धर्म है कि वह व्यक्तित्व ओढ़ती है। सृष्टियाँ जितनी भिन्न होती हैं स्रष्टा उससे कुछ कम विशिष्ट नहीं होते, बल्कि उनके व्यक्तित्व की विशिष्टताएँ ही उनकी रचना में प्रतिबिम्बित होती हैं। यह बात उन पर भी लागू होती है, जिनकी रचना प्रबल वैचारिक आग्रह लिए रहती है जब तक कि वह रचना है, निरा वैचारिक आग्रह नहीं है। कोरे वैचारिक आग्रह में अवश्य ऐसी एकरूपता हो सकती है कि उसमें व्यक्तित्वों को पहचानना कठिन हो जाये। जैसे शिल्पाश्रयी काव्य पर रीति हॉवी हो सकती है, वैसे ही

मताग्रह पर भी रीति हॉवी हो सकती है। सप्तक के कवियों के साथ ऐसा नहीं हुआ, सम्पादक की दृष्टि में यह उनकी अलग-अलग सफलता (या कि स्वस्थता) का प्रमाण है। स्वयं कवियों की राय इससे भिन्न भी हो सकती है—वे जानें।

इन बीस वर्षों में सातों कवियों की परस्पर अवस्थिति में विशेष अन्तर नहीं आया है। तब की सम्भावनाएँ अब की उपलब्धियों में परिणत हो गयी हैं—सभी बोधिसत्व अब बुद्ध हो गये हैं। पर इन सात नये ध्यानी बुद्धों के परस्पर सम्बन्धों में विशेष अन्तर नहीं आया है। अब भी उनके बारे में उतनी ही सच्चाई के साथ कहा जा सकता है कि उनमें मतैक्य नहीं है, सभी महत्त्वपूर्ण विषयों पर उनकी राय अलग-अलग है—जीवन के विषय में, समाज और धर्म, राजनीति के विषय में, काव्य-वस्तु और शैली के, छन्द और तुक के, कवि के दायित्वों के—प्रत्येक विषय में उनका आपस में मतभेद है। और यह बात भी उतनी ही सच है कि वे परस्पर एक-दूसरे पर, दूसरे की रुचियों, कृतियों और आशाओं-विश्वासों पर और यहाँ तक कि एक-दूसरे के मित्रों और कुत्तों पर भी हँसते हैं। (सिवाय इसके कि इन पंक्तियों को लिखते समय सम्पादक को जहाँ तक ज्ञान है कुत्ता किसी कवि के पास नहीं है, और हँसी की पहले की सहजता में कभी कुछ व्यंग्य या विद्रूप का भाव भी आ जाता होगा!)।

ऐसी परिस्थिति में ऐसा बहुत कम है जो निरपवाद रूप से सभी कवियों के बारे में कहा जा सकता है। ये मन के इतने भिन्न हैं कि सबको किसी एक सूत्र में गूँथने का प्रयास व्यर्थ ही होगा। कदाचित् एक बात—मात्रा-भेद की गुंजाइश रखकर—सबके बारे में कही जा सकती है। सभी चकित हैं कि 'तारसप्तक' ने समकालीन काव्य-इतिहास में अपना स्थान बना लिया है। प्रायः सभी ने यह स्वीकार भी कर लिया है। अपने कार्य का या प्रगति का मूल्यांकन जो भी, जैसा भी कर रहा हो, जिसकी वर्तमान प्रवृत्ति जो हो, सभी ने यह स्थिति लगभग स्वीकार कर ली है कि उन्हें नगर के चौक में खम्भे से या मील के पत्थर से बाँधकर नमूना बनाया जाये : यह देखो और इससे शिक्षा ग्रहण करो! कम-से-कम एक कवि का मुखर भाव ऐसा है, और कदाचित् दूसरों के मन में भी अव्यक्त रूप से हो, कि अच्छा होता अगर मान लिया जा सकता कि वह 'तार सप्तक' में संगृहीत था ही नहीं। इतिहास अपने चरित्रों या कठपुतलों को इसकी स्वतन्त्रता नहीं देता कि वे स्वयं अपने को न हुआ मान लें। फिर भी मन का ऐसा भाव लक्ष्य करने लायक और नहीं तो इसलिए भी है कि वह परवर्ती साहित्य पर एक मन्तव्य भी तो है ही—समूचे साहित्य पर नहीं तो कम-से-कम सप्तक के अन्य कवियों की कृतियों पर (और उससे प्रभावित दूसरे लेखन पर) तो अवश्य ही। असम्भव नहीं कि संकलित कवियों को अब इस प्रकार एक-दूसरे से सम्पृक्त होकर लोगों के सामने उपस्थित होना कुछ अजब या असमंजसकारी लगता हो। लेकिन ऐसा है भी, तो उस असमंजस के बावजूद वे इस सम्पर्क को सह लेने को तैयार हो गये हैं, इसे सम्पादक अपना सौभाग्य मानता है। अपनी ओर से वह यह भी कहना चाहता है कि स्वयं उसे इस सम्पृक्ति से कोई संकोच नहीं है। परवर्ती कुछ प्रवृत्तियाँ उसे हीन अथवा आपत्तिजनक भी जान पड़ती हैं और निस्सन्देह इनमें से कुछ का सूत्र 'तारसप्तक' से जोड़ा जा सकता है या जोड़ दिया जायेगा; तथापि सम्पादक की धारणा है कि 'तार सप्तक' ने अपने प्रकाशन का औचित्य प्रमाणित कर लिया। उसका पुनर्मुद्रण केवल एक ऐतिहासिक दस्तावेज को उपलभ्य बनाने के लिए नहीं, बल्कि इसलिए भी संगत है कि परवर्ती काव्य-प्रगति को समझने के लिए इसका पढ़ना आवश्यक है। इन सात कवियों का एकत्रित होना अगर केवल संयोग भी था तो भी वह ऐसा ऐतिहासिक संयोग हुआ जिसका प्रभाव परवर्ती काव्य-विकास में दूर तक व्याप्त है।

इसी समकालीन अर्थवत्ता की पुष्टि के लिए प्रस्तुत संस्करण को केवल पुनर्मुद्रण तक सीमित न

रखकर नया संवर्द्धित रूप देने का प्रयत्न किया गया है। 'तारसप्तक' के ऐतिहासिक रूप की रक्षा करते हुए जहाँ पहले की सब सामग्री—काव्य और वक्तव्य—अविकल रूप दे दी जा रही है, वहाँ प्रत्येक कवि से उसकी परवर्ती प्रवृत्तियों पर भी कुछ विचार प्राप्त किये गये हैं। सम्पादक का विश्वास है कि यह प्रत्यवलोकन प्रत्येक कवि के कृतित्व को समझने के लिए उपयोगी होगा और साथ ही 'तारसप्तक' के पहले प्रकाशन से अब तक के काव्य विकास पर भी नया प्रकाश डालेगा। एक पीढ़ी का अन्तराल पार करने के लिए प्रत्येक कवि की कम-से-कम एक-एक नयी रचना भी दे दी गयी है। इसी नयी सामग्री को प्राप्त करने के प्रयत्न में सप्तक इतने वर्षों तक अनुपलभ्य रहा : जिनके देर करने का डर था उनसे सहयोग तुरत मिला; जिनकी अनुकूलता का भरोसा था उन्होंने ही सबसे देर की—आलस्य उदासीनता के कारण भी, असमंजस के कारण भी, और शायद अनभिव्यक्त आक्रोश के कारण भी : जो पास रहे वे ही तो सबसे दूर रहे। सम्पादक ने वह हठधर्मिता (बल्कि बेहयाई!) ओढ़ी होती जो पत्रकारिता (और सम्पादन) धर्म का अंग है, तो सप्तक का पुनर्मुद्रण कभी न हो पाता : यह जहाँ अपने परिश्रम का दावा है; वहाँ अपनी हीनतर स्थिति का स्वीकार भी है।

पुस्तक के बहिरंग के बारे में अधिक कुछ कहना आवश्यक नहीं है। पहले संस्करण में जो आदर्शवादिता झलकती थी, उसकी छाया कम-से-कम सम्पादक पर अब भी है, किन्तु काव्य-प्रकाशन के व्यावहारिक पहलू का नया विचार करने के लिए अनुभव ने सभी को बाध्य किया है। पहले संस्करण से उपलब्धि के नाम पर कवियों को केवल पुस्तक की कुछ प्रतियाँ ही मिलीं; बाकी जो कुछ उपलब्धि हुई वह भौतिक नहीं थी! सम्भाव्य आय को इसी प्रकार के दूसरे संकलन में लगाने का विचार भी उत्तम होते हुए भी वर्तमान परिस्थिति में अनावश्यक हो गया है। रूप-सज्जा के बारे में भी स्वीकार करना होगा कि नये संस्करण पर परवर्ती सप्तकों का प्रभाव पड़ा है। जो अतीत की अनुरूपता के प्रति विद्रोह करते हैं, वे प्रायः पाते हैं कि उन्होंने भावी की अनुरूपता पहले से स्वीकार कर ली थी! विद्रोह की ऐसी विडम्बना कर सकना इतिहास के उन बुनियादी अधिकारों में से है, जिसका वह बड़े निर्ममत्व से उपयोग करता है। नये संस्करण से उपलब्धि कुछ तो होगी, ऐशी आशा की जा सकती है। उसका उपयोगी कौन कैसे करेगा, यह योजनाधीन न होकर कवियों के विकल्प पर छोड़ दिया गया। वे चाहें तो उसे 'तार सप्तक' का प्रभाव मिटाने में या उसके संसर्ग की छाप धो डालने में भी लगा सकते हैं।

अर्थ-प्रतिपत्ति

'तार सप्तक' का प्रकाशन जब हुआ, तब मन में यह विचार जरूर उठा था कि इसी प्रकार की पुस्तकों का एक अनुक्रम प्रकाशित किया जा सकता है, जिसमें क्रमशः नये आने वाले प्रतिभाशाली कवियों की कविताएँ संगृहीत की जाती रहें—ऐसे कवियों की जिनमें इतनी प्रतिभा तो है कि उनकी संगृहीत रचनाएँ प्रकाशित हों, लेकिन जो इतने प्रतिष्ठापित नहीं हुए हैं कि कोई प्रकाशक सहसा उनके अलग-अलग संग्रह निकाल दे। 'तार सप्तक' का आयोजन भी मूलतः इसी भावना से हुआ था, यद्यपि इसमें साथ ही यह आदर्शवादी आरोप भी था कि संग्रह का प्रकाशन सहकार-मूलक हो। (जिन पाठकों ने संग्रह देखा है वे शायद स्मरण करेंगे कि इस आदर्श की रक्षा तब भी नहीं हो सकी थी; 'दूसरा सप्तक' में तो उसे निबाहने का यत्न ही व्यर्थ मान लिया गया था।)

तो 'तार सप्तक' के कवि ऐसे कवि थे, जिनके बारे में कम-से-कम सम्पादक की यह धारणा थी कि उनमें कुछ है, और वे पाठक के सामने लाये जाने के पात्र हैं; यद्यपि वे हैं नये ही, केवल कवियशः

प्रार्थी ही और इसलिए काव्यक्षेत्र के अन्वेषी ही। यह तो नहीं कहा जा सकता कि उनमें सभी अनन्तर काव्य-क्षेत्र में आगे बढ़े—कम-से-कम एक ने तो न केवल ऐलान करके कविता छोड़ दी, बल्कि क्रमशः कविता के ऐसे आलोचक हो गये कि उसे साहित्य-क्षेत्र से ही खदेड़ देने पर तुल गये; और बाकी में से दो-एक और भी कविता के उपराम-से हैं! फिर भी, हम आज भी समझते हैं कि 'तार सप्तक' का प्रकाशन—प्रकाशन ही नहीं, उसका आयोजन, संकलन, सम्पादन—न केवल समयोजित और उपयोगी था, बल्कि उसे हिन्दी काव्य-जगत् की एक महत्त्वपूर्ण घटना भी कहा जा सकता है। और आलोचकों द्वारा उसकी जितनी चर्चा हुई है, उसे सप्तक के प्रभाव का सूचक मान लेना कदाचित् अनुचित न होगा।

'दूसरा सप्तक' में फिर सात नये कवियों की संगृहीत रचनाएँ प्रस्तुत की जा रही हैं। सात में से कोई भी हिन्दी-जगत् का अपरिचित हो, ऐसा नहीं है, लेकिन किसी का कोई स्वतन्त्र कविता-संग्रह नहीं छपा है, अतः यह कहा जा सकता है कि प्रकाशित कविता-ग्रन्थों के जगत् में ये कवि इसी पुस्तक के साथ प्रवेश कर रहे हैं। और हमारा विश्वास है कि हिन्दी में सम्प्रति जो काव्य-संग्रह छपते हैं; उनमें कम ऐसे होंगे जिनमें अच्छी कविताओं की इतनी बड़ी संख्या एकत्र मिले, जितनी 'दूसरा सप्तक' में पायी जायेगी।

क्या ये रचनाएँ प्रयोगवादी हैं? क्या ये कवि किसी एक दल के हैं, किसी मतवाद—राजनीतिक या साहित्यिक—के पोषक हैं? प्रयोगवाद नाम के नये मतवाद के प्रवर्तन का दायित्व क्योंकि अनचाहे और अकारण ही हमारे मत्थे मढ़ दिया गया है, इसलिए हमारा इन प्रश्नों के उत्तर में कुछ कहना आवश्यक है, और नहीं तो इसीलिए कि 'दूसरा सप्तक' के संगृहीत कवि आरम्भ से ही किसी पूर्वाग्रह के शिकार न बनें, अपने कृतित्व के आधार पर ही परखे जायें।

प्रयोग का कोई वाद नहीं है। हम वादी नहीं रहे, न ही हैं। न प्रयोग अपने आप में इष्ट या साध्य है। ठीक इसी तरह कविता का भी कोई वाद नहीं है; कविता भी अपने आप में इष्ट या साध्य नहीं है। अतः हमें 'प्रयोगवादी' कहना उतना ही सार्थक या निरर्थक है, जितना हमें 'कवितावादी' कहना। क्योंकि यह आग्रह तो हमारा है कि जिस प्रकार कविता-रूपी माध्यम को बरतते हुए आत्माभिव्यक्ति चाहने वाले कवि को अधिकार है कि उस माध्यम का अपनी आवश्यकता के अनुरूप श्रेष्ठ उपयोग करे, उसी प्रकार आत्म-सत्य के अन्वेषी कवि को, अन्वेषण के प्रयोग-रूपी माध्यम का उपयोग करते समय उस माध्यम की विशेषताओं को परखने का भी अधिकार है। इतना ही नहीं, बिना माध्यम की विशेषता, उसकी शक्ति और उसकी सीमा को परखे और आत्मसात् किये उस माध्यम का श्रेष्ठ उपयोग हो ही नहीं सकता। जो लोग प्रयोग की निन्दा करने के लिए परम्परा की दुहाई देते हैं, वे यह भूल जाते हैं कि परम्परा, कम-से-कम कवि के लिए, कोई ऐसी पोटली बाँधकर अलग रखी हुई चीज नहीं है, जिसे वह उठाकर सिर पर लाद ले और चल निकले। (कुछ आलोचकों के लिए भले ही वैसा हो।) परम्परा का कवि के लिए कोई अर्थ नहीं है जब तक वह उसे ठोक-बजाकर, तोड़-मरोड़कर, देखकर आत्मसात् नहीं कर लेता; जब तक वह एक इतना गहरा संस्कार नहीं बन जाती कि उसका चेष्टापूर्वक ध्यान रखकर उसका निर्वाह करना अनावश्यक न हो जाये। अगर कवि की आत्माभिव्यक्ति एक संस्कार-विशेष के वेष्टन में ही सहज सामने आती है, तभी वह संस्कार देने वाली परम्परा कवि की परम्परा है, नहीं तो—वह इतिहास है, शास्त्र है, ज्ञान भण्डार है, जिससे अपरिचित ही रहा जा सकता है। अपरिचित ही रहा जाये, ऐसा आग्रह हमारा नहीं है—हम पर तो बौद्धिकता का आरोप लगाया जाता है!—पर उससे अपरिचित रहकर भी परम्परा से अवगत हुआ जा सकता है और कविता की जा सकती है।

प्रयोग अपने आप में इष्ट नहीं है, वह साधन है। और दोहरा साधन है, क्योंकि एक तो वह उस सत्य को जानने का साधन है जिसे कवि प्रेषित करता है, दूसरे उस प्रेषण की क्रिया को और उसके साधनों को जानने का भी साधन है। अर्थात् प्रयोग द्वारा कवि अपने सत्य को अधिक अच्छी तरह जान सकता है और अधिक अच्छी तरह अभिव्यक्त कर सकता है। वस्तु और शिल्प दोनों के क्षेत्र में प्रयोग फलप्रद होता है। यह इतनी सरल और सीधी बात है कि इससे इनकार करना चाहना कोरा दुराग्रह है; ऐसे दुराग्रही अनेक हैं और उस वर्ग में हैं, जो साहित्य-शिक्षण का दायित्व लिये है, इससे हमें आतंकित न होना चाहिए। जिस वर्ग की घोषित नीति यह है कि उसके द्वारा ग्राह्य होने के लिए कोई वस्तु या रचना तीन सौ वर्ष पुरानी तो होनी ही चाहिए, उस वर्ग से आज की कविता पर बहस करके क्या लाभ? उससे तो तीन सौ वर्ष बाद बात करना अलम् होगा—और तब कदाचित् वह अनावश्यक होगा क्योंकि आज का प्रयोग तब की परम्परा हो गयी होगी—उनकी परम्परा! छायावाद जब एक जीवित अभिव्यक्ति था, तब वह जिन्हें अग्राह्य था, आज वे उसके समर्थक और प्रतिपादक हैं जब वह मृत हो चुका; आज वे उसे उनसे बचाना चाहते हैं, जिनमें आज का जीवित सत्य अभिव्यक्ति खोज रहा है, भले ही अटपटे शब्दों में।

प्रयोग का हमारा कोई वाद नहीं है, इसको और भी स्पष्ट करने के लिए एक बात हम और कहें। प्रयोग निरन्तर होते आये हैं, और प्रयोगों द्वारा ही कविता या कोई भी कला, कोई भी रचनात्मक-कार्य आगे बढ़ सका है। जो कहता है कि मैंने जीवन-भर कोई प्रयोग नहीं किया, वह वास्तव में यही कहता है कि मैंने जीवन-भर कोई रचनात्मक-कार्य करना नहीं चाहा : ऐसा व्यक्ति अगर सच कहता है तो यही पाया जायेगा कि उसकी कविता कविता नहीं है, उसमें रचनात्मकता नहीं है; वह कला नहीं, शिल्प है, हस्तलाघव है। जो उसी को कविता मानना चाहते हैं, उनसे हमारा झगड़ा नहीं है। झगड़ा हो ही नहीं सकता, क्योंकि हमारी भाषाएँ भिन्न हैं, और झगड़े के लिए भी साधारणीकरण अनिवार्य है! लेकिन इस आग्रह पर स्थिर रहते हुए भी हमें यह भी कहना चाहिए कि केवल प्रयोगशीलता ही किसी रचना को काव्य नहीं बना देती। हमारे प्रयोग का पाठक या सहृदय के लिए कोई महत्त्व नहीं है; महत्त्व उस सत्य का है, जो प्रयोग द्वारा हमें प्राप्त हो। हमने सैकड़ों प्रयोग किये हैं—यह दावा लेकर हम पाठक के सामने नहीं जा सकते हैं, जब तक हम यह न कह सकते हों कि देखिए, हमने प्रयोग द्वारा यह पाया है। प्रयोगों का महत्त्व कर्ता के लिए चाहे जितना हो, सत्य की खोज, लगन, उसमें चाहे जितनी उत्कट हो, सहृदय के निकट वह सब अप्रासंगिक है। पारखी मोती परखता है, गोताखोर के असफल उद्योग नहीं। गोताखोर का परिश्रम का प्रयोग अगर प्रासंगिक हो सकता है तो मोती को सामने रखकर ही—इस मोती को पाने में इतना परिश्रम लगा—बिना मोती पाये उसका कोई महत्त्व नहीं है।

इस प्रकार 'प्रयोग' का 'वाद' और भी बेमानी हो जाता है। जो सत्य को शोध में प्रयोग करता है, वह खूब जानता है कि उसके प्रयोग उसके निकट जीवन-मरण का ही प्रश्न क्यों न हों, दूसरों के लिए उनका कोई महत्त्व नहीं। महत्त्व होगा शोध के परिणाम का। और वह यह भी जानता है कि ऐसा ही ठीक है। स्वयं वह भी उस सत्य को अधिक महत्त्व देता हे, नहीं तो उस शोध में इतना संलग्न न होता।

हम समझते हैं कि इस भूमिका के बाद उन आक्षेपों का उत्तर देना अनावश्यक हो जाता है जो हमें 'प्रयोगवादी' कहकर हम पर किये गये हैं। कुछ आक्षेपों को पढ़कर तो बड़ा क्लेश होता है। इसलिए नहीं कि उनमें कुछ तत्त्व है, इसलिए कि उनमें तर्क-परिपाटी की ऐसी अद्भुत विकृति दीखती है, जो आलोचक से अपेक्षित नहीं होती। आलोचक में पूर्वग्रह हो सकता है; पर कम-से-कम तर्क-पद्धति का

ज्ञान उसे होगा, और उसे वह विकृत नहीं करेगा—ऐसी आशा उससे अवश्य की जाती है। श्री नन्ददुलारे वाजपेयी का 'प्रयोगवादी रचनाएँ' शीर्षक निबन्ध तर्क-विकृति का आश्चर्यजनक उदाहरण है। इस प्रकार के आक्षेपों का उत्तर देना एक निष्फल प्रयोग होगा; और हम कह चुके कि निष्फल प्रयोगों का कोई सार्वजनिक महत्त्व नहीं है। लेकिन साधारणीकरण के प्रश्न पर कुछ विचार कर लेना कदाचित् उचित होगा।

'तार सप्तक' के कवियों पर यह आक्षेप किया गया कि वे साधारणीकरण का सिद्धान्त नहीं मानते। यह दोहरा अन्याय है, क्योंकि वे न केवल इस सिद्धान्त को मानते हैं, बल्कि इसी से प्रयोगों की आवश्यकता भी सिद्ध करते हैं। यह मानना होगा कि सभ्यता के विकास के साथ-साथ हमारी अनुभूतियों का क्षेत्र भी विकसित होता गया है और अनुभूतियों को व्यक्त करने के हमारे उपकरण भी विकसित होते गये हैं। यह कहा जा सकता है कि हमारे मूल राग-विराग नहीं बदले—प्रेम अब भी प्रेम है और घृणा अब भी घृणा, यह साधारणतया स्वीकार किया जा सकता है। पर यह भी ध्यान में रखना होगा कि राग वही रहने पर भी रागात्मक सम्बन्धों की प्रणालियाँ बदल गयी हैं; और कवि का क्षेत्र रागात्मक सम्बन्धों का क्षेत्र होने के कारण इस परिवर्तन का कवि-कर्म पर बहुत गहरा असर पड़ा है। निरे 'तथ्य' और 'सत्य' में—या कह लीजिए 'वस्तु-सत्य' और 'व्यक्ति-सत्य' में—यह भेद है कि सत्य वह तथ्य है जिसके साथ हमारा रागात्मक सम्बन्ध है; बिना इस सम्बन्ध के वह एक बाह्य वास्तविकता है, जो तद्वत् काव्य में स्थान नहीं पा सकती। लेकिन जैसे-जैसे बाह्य वास्तविकता बदलती है, वैसे-वैसे हमारे उससे रागात्मक सम्बन्ध जोड़ने की प्रणालियाँ भी बदलती हैं—और अगर नहीं बदलतीं तो उस बाह्य वास्तविकता से हमारा सम्बन्ध टूट जाता है। कहना होगा कि जो आलोचक इस परिवर्तन को नहीं समझ पा रहे हैं, वे उस वास्तविकता से टूट गये हैं, जो आज की वास्तविकता है। उससे रागात्मक सम्बन्ध जोड़ने में असमर्थ वे उसे केवल बाह्य वास्तविकता मानते हैं, जबकि हम उससे वैसा सम्बन्ध स्थापित करके उसे आन्तरिक सत्य बना लेते हैं। और इस विपर्यय से साधारणीकरण की नयी समस्याएँ आरम्भ होती हैं। प्राचीनकाल में, जब ज्ञान का क्षेत्र सीमित था और अधिक संहत था, जब कवि, वैज्ञानिक, साहित्यिक आदि अलग-अलग बिल्ले अनावश्यक थे और जो पठित या शिक्षित था, सभी ज्ञानों का पारंगत नहीं तो परिचित था ही, साधारणीकरण की समस्या दूसरे प्रकार की थी। तब भाषा का केवल एक मुहावरा था या कह लीजिए कि शिक्षित-वर्ग का एक मुहावरा था—'जन का एक और।' एक संस्कृत था, एक प्राकृत। लेकिन आज क्या यह स्थिति है? विशेष ज्ञानों के इस युग में भाषा एक रहते हुए भी उसके मुहावरे अनेक हो गये हैं। भाषा आज भी प्रेषण का माध्यम है; यह कोई नहीं कहता कि उसने अपनी सार्वजनिकता की प्रवृत्ति छोड़ दी है या छोड़ दे। लेकिन वह अब प्रवृत्ति है, तथ्य नहीं। ऐसी कोई भाषा नहीं है जिसे सब समझते हों, सब बोलते हों। अंग्रेजी है, अंग्रेजी के बड़े-बड़े कोश हैं, जो शब्दों के सर्व-सम्मत अर्थ देते हैं, पर गणितज्ञ की अंग्रेजी दूसरी है, अर्थशास्त्री की दूसरी और उपन्यासकार की दूसरी। ऐसी स्थिति में जो कवि एक क्षेत्र का सीमित सत्य (तथ्य नहीं, सत्य : अर्थात् उस सीमित क्षेत्र में जिस तथ्य से रागात्मक सम्बन्ध है वह) उसी क्षेत्र में नहीं, उससे बाहर अभिव्यक्त करना चाहता है, उसके सामने बड़ी समस्या है। या तो वह यह प्रयत्न ही छोड़ दे; सीमित सत्य को, सीमित क्षेत्र में, सीमित मुहावरे के माध्यम से अभिव्यक्त करे—यानी साधारणीकरण तो करे पर साधारण का क्षेत्र संकुचित कर दे—अर्थात् एक अन्तर्विरोध का आश्रय ले; या फिर वह बृहत्तर क्षेत्र तक पहुँचने का आग्रह न छोड़े और इसलिए क्षेत्र के मुहावरे से बँधा न रहकर उससे बाहर जाकर राह खोजने की

जोखिम उठाए। इस प्रकार वह साधारणीकरण के लिए ही एक संकुचित क्षेत्र का साधारण मुहावरा छोड़ने को बाध्य होगा—अर्थात् एक दूसरे अन्तर्विरोध की शरण लेगा! यदि यह निरूपण ठीक है, तो प्रश्न इतना ही है कि दोनों अन्तर्विरोधों में से कौन-सा अधिक ग्राह्य—या कम अग्राह्य—है। हम इतना ही कहेंगे कि जो दूसरा पथ चुनता है उसे कम-से-कम एक अधिक उदार, अधिक व्यापक दृष्टि से देखने या देखना चाहने का श्रेय तो मिलना चाहिए—उसके साहस को आप साहसिकता कह लीजिए पर उसकी नीयत को बुरा आप कैसे कह सकते हैं।

जरा भाषा के मूल प्रश्न पर—शब्द और उसके अर्थ के सम्बन्ध पर—ध्यान दीजिए। शब्द में अर्थ कहाँ से आता है, क्यों और कैसे बदलता है, अधिक या कम व्याप्ति पाता है? शब्दार्थ-विज्ञान का विवेचन यहाँ अनावश्यक है; एक अत्यन्त छोटा उदाहरण लिया जाये। हम कहते हैं गुलाबी, और उससे एक विशेष रंग का बोध हमें होता है। निस्सन्देह इसका अभिप्राय है गुलाब के फूल के रंग जैसा रंग; यह उपमा उसमें निहित है। आरम्भ में गुलाबी शब्द से उसे एक रंग तक पहुँचने के लिए गुलाब के फूल की मध्यस्थता अनिवार्य रही होगी; उपमा के माध्यम से ही अर्थ लाभ होता रहा होगा। उस समय यह प्रयोग चमत्कारिक रहा होगा। पर अब वैसा नहीं है। अब हम शब्द के सीधे रंग तक पहुँच जाते हैं; फूल की मध्यस्थता अनावश्यक है। अब उस अर्थ का चमत्कार मर गया है, अब वह अभिधेय हो गया है। और अब इससे भी अर्थ में कोई बाधा नहीं होती कि हम जानते हैं, गुलाब कई रंगों का होता है—सफेद, पीला, लाल, यहाँ तक कि लगभग काला तक। यह क्रिया भाषा में निरन्तर होती रहती है और भाषा के विकास की एक अनिवार्य क्रिया है। चमत्कार मरता रहता है और चमत्कारिक अर्थ अभिधेय बनता रहता है। यों कहें कि कविता की भाषा निरन्तर गद्य की भाषा होती जाती है। इस प्रकार कवि के सामने हमेशा चमत्कार की सृष्टि की समस्या बनी रहती है—वह शब्दों को निरन्तर नया संस्कार देता चलता है और वे संस्कार क्रमशः सार्वजनिक मानस में पैठकर फिर ऐसे हो जाते हैं कि—उस रूप में—कवि के काम के नहीं रहते। बासन अधिक घिसाने से मुलम्मा छूट जाता है। कालिदास ने जब 'रघुवंश' के आरम्भ में कहा था :

वागर्थाविवसम्पृक्तौ वागर्थप्रतिपत्तये
जगतः पितरौ वन्दे पार्वतीपरमेश्वरौ।

तब इस बात को उन्होंने समझा था और इसीलिए वाक् में अर्थ की प्रतिपत्ति की प्रार्थना की थी। जो अभिधेय है, जो अर्थ वाक् में है ही, उसकी प्रतिपत्ति की प्रार्थना कवि नहीं करता! अभिधेयार्थयुक्त शब्द तो वह मिट्टी, वह कच्चा माल है जिससे वह रचना करता है; ऐसी रचना जिसके द्वारा वह अपना नया अर्थ उसमें भर सके, उसमें जीवन डाल सके। यही वह अर्थ-प्रतिपत्ति है, जिसके लिए कवि वागर्थाविवसंपृक्त पार्वती-परमेश्वर की वन्दना करता है। और इस प्रार्थना को निरा वैचित्र्य या नयेपन की खोज कहकर उड़ाना चाहना कवि-कर्म को बिल्कुल न समझते हुए उसकी अवहेलना करना है। जब चमत्कारिक अर्थ मर जाता है और अभिधेय बन जाता है, तब उस शब्द की रागोत्तेजक-शक्ति भी क्षीण हो जाती है। उस अर्थ से रागात्मक सम्बन्ध नहीं स्थापित होता। कवि तब उस अर्थ की प्रतिपत्ति करता है, जिससे पुनः राग का संचार हो, पुनः रागात्मक सम्बन्ध स्थापित हो। साधारणीकरण का अर्थ यही है। नहीं तो, अगर भाव भी वही जाने-पुराने हैं, रस भी, और संचारी-व्यभिचारी सब की तालिकाएँ बन चुकी हैं तो कवि के लिए नया करने को क्या रह गया है? क्या है जो कविता को आवृत्ति नहीं, सृष्टि का गौरव दे सकता है? कवि नये तथ्यों को, उनके साथ नये रागात्मक सम्बन्ध जोड़कर, नये सत्यों का

रूप दे, उन नये सत्यों को प्रेष्य बनाकर उनका साधारणीकरण करे—यही नयी रचना है। इसे नयी कविता का कवि नहीं भूलता। साधारणीकरण का आग्रह भी उसका कम नहीं है; बल्कि यह देखकर कि आज साधारणीकरण अधिक कठिन है, वह अपने कर्त्तव्यों के प्रति अधिक सजग है और उसकी पूर्ति के लिए अधिक बड़ा जोखिम उठाने को तैयार है। यह किसी हद तक ठीक है कि जहाँ कवि की संवेदनाएँ अधिक उलझी हुई हैं, वहाँ ग्राहक या सहृदय में भी उन्हीं परिस्थितियों के कारण वैसा ही परिवर्तन हुआ है और इसलिए कवि को प्रेक्षण की कुछ सुविधा भी मिलती है। पर ऊपर ज्ञान के विशेष विभाजनों की जो बात कही गयी है—उसका हल इसमें नहीं है, बल्कि वह प्रश्न और भी जटिल हो जाता है। आधुनिक ज्ञान-विज्ञान की समूची प्रगति और प्रवृत्ति विशेषीकरण की है, इस बात को पूरी तरह समझकर ही यह अनुभव किया जा सकता है कि साधारणीकरण का काम कितना कठिनतर हो गया है—समूचे ज्ञान-विज्ञान की विशेषीकरण की प्रवृत्ति को उलाँघकर, उससे ऊपर उठकर, कवि को विभाजित सत्य को समूचा देखना और दिखाना है। इस दायित्व को वह नहीं भूलता है। लेकिन यह बात उसकी समझ में नहीं आती कि वह तब तक के लिए कविता ही छोड़ दे जब तक कि सारा ज्ञान फिर एक होकर सबकी पहुँच में न आ जाये—सब अलग-अलग मुहावरे फिर एक होकर एक भाषा, एक मुहावरा के नारे के अधीन न हो जायें। उसे अभी कुछ कहना है जिसे वह महत्त्वपूर्ण मानता है, इसलिए वह उसे उनके लिए कहता है जो उसे समझें, जिन्हें वह समझा सके; साधारणीकरण को उसने छोड़ नहीं दिया है, पर वह जितनों तक पहुँच सके उन तक पहुँचता रहकर और आगे जाना चाहता है, उनको छोड़कर नहीं। असल में देखें तो वही परम्परा को साथ लेकर चलना चाहता है, क्योंकि वह कभी उसे युग से कटकर अलग होने नहीं देता, जबकि उसके विरोधी परिणामतः यह कहते हैं कि कल का सत्य कल सब समझते थे, आज का सत्य अगर आज सब एक साथ नहीं समझते तो हम उसे छोड़कर कल ही का सत्य कहें—बिना यह विचारे कि कल के उस सत्य की आज क्या प्रासंगिकता है, आज कौन उसके साथ तुष्टिकर रागात्मक-सम्बन्ध जोड़ सकता है।

2

यहाँ तक हम 'तार सप्तक' और उसकी उत्तेजनाप्रसूत आलोचनाओं से उलझते रहे हैं। 'दूसरा सप्तक' की भूमिका को इससे आगे आना चाहिए। बल्कि यहाँ से उसे आरम्भ करना चाहिए, क्योंकि एक पुस्तक की सफाई दूसरी पुस्तक की भूमिका में देना दोनों के साथ थोड़ा अन्याय करना है। हम यहाँ 'तार सप्तक' का उल्लेख करके आलोचकों के तत्सम्बन्धी पूर्वग्रहों को इधर न आकृष्ट करते, यदि यह अनुभव न करते कि दोनों पुस्तकों का नाम-साम्य और दोनों का एक सम्पादकत्व ही इसके लिए काफी होगा। उन पूर्वग्रहों का आरोप अगर होना ही है, तो क्यों न उनका उत्तर देते चला जाये?

'दूसरा सप्तक' के कवियों में सम्पादक स्वयं एक नहीं है, इससे उसका कार्य कुछ कम कठिन हो गया है। कवियों के बारे में कुछ कहने में एक ओर हमें संकोच कम होगा, दूसरी ओर आप भी हमारी बात को आसानी से एक ओर रखकर कविताओं पर स्वयं अपनी राय कायम कर सकेंगे। इन नये कवियों को भी कदाचित् प्रयोगवादी कहकर उनकी अवहेलना की जाये, या—जैसाकि पहले भी हुआ—अवहेलना के लिए यही पर्याप्त समझा जाये कि इन कवियों ने जो प्रयोग किये हैं वे वास्तव में नये नहीं हैं, प्रयोग नहीं हैं। ऐसा कहना इन कवियों के बारे में उतना ही उचित या अनुचित होगा जितना कि पहले सप्तक के; हमारी धारणा है कि उससे भी कम उचित होगा। यद्यपि सब कवियों में

भाषा का परिमार्जन और अभिव्यक्ति की सफाई एक-सी नहीं है और अटपटेपन की झाँकी न्यूनाधिक मात्रा में प्रत्येक में मिलेगी, तथापि सभी को ऐसी उपलब्धि हुई है जो प्रयोग को सार्थक करती है। प्रयोग के लिए प्रयोग इनमें से भी किसी ने नहीं किया है, पर नयी समस्याओं और नये दायित्वों का तकाजा सबने अनुभव किया है और उससे प्रेरणा सभी को मिली है। 'दूसरा सप्तक' नये हिन्दी काव्य को निश्चित रूप से एक कदम आगे ले जाता है और कृतित्व की दृष्टि से लगभग सूने आज के हिन्दी क्षेत्र में आशा की नयी लौ जगाता है। ये कवि भी विरामस्थल पर नहीं पहुँचे हैं, लेकिन उनके आगे प्रशस्तपथ है और एक आलोकित क्षितिज-रेखा। गुप्त, प्रसाद, निराला, पन्त, महादेवी, बच्चन, दिनकर, इस सूची को हम आगे बढ़ाएँगे तो निस्सन्देह 'दूसरा सप्तक' के कुछ कवियों का उल्लेख उसमें होगा। और फुटकर कविताओं को लें तो, जैसाकि हम ऊपर भी कह आये हैं, एक जिल्द में संख्या में इतनी अच्छी कविताएँ इधर के प्रकाशनों में कम नजर आयेंगी।

यह फिर कहना आवश्यक है कि इन सात कवियों का एकत्र होना किसी दल या गुट के संगठन का सूचक नहीं है। पहली बार हमने कवियों के आपसी मतभेद की बात की थी; नन्ददुलारे जी ने यह परिणाम निकाला कि प्रयोगवादी कविता उन कवियों की कविता होती है जिनमें आपस में मतभेद हो; अब हम कहें कि प्रस्तुत संग्रह में ऐसे भी कवि हैं जिन्हें हमने आज तक देखा ही नहीं, तो कदाचित् उन्हें प्रयोगवाद की एक नयी परिभाषा यह भी मिल जाये कि प्रयोगवादी वे होते हैं जो एक-दूसरे का मुँह देखे बिना एक-सी कविता लिखते हैं! उन्हें यह अवसर देने में हमें संकोच नहीं, उनके तर्क पढ़ने में रोचक हैं और उत्तर की अपेक्षा नहीं रखते। लेकिन कहना हम यह चाहते हैं कि ये सात कवि भी विचार-साम्य या समान राजनीतिक या साहित्यिक मतवाद के कारण एकत्र नहीं हुए या किये गये। कुछ से हमारा व्यक्तिगत परिचय भी हुआ अवश्य, पर उनके यहाँ एकत्र होने का कारण उनकी कविता ही है। उसी की शक्ति ने हमें आकृष्ट किया और उसी का सौन्दर्य इस सप्तक की मूल प्रेरणा है। कवियों की ओर से इस संग्रह में भी उतना ही कम, उतना ही अन्यमनस्क और विलम्बित सहयोग मिला, जितना पहले सप्तक में मिला था; बल्कि इस बार कठिनाई कुछ अधिक थी, क्योंकि इस बार प्रस्ताव उनका नहीं था कि एक सहकारी प्रकाशन किया जाये इस बार हमारा आग्रह था कि नये काव्य का एक प्रतिनिधि संग्रह निकाला जाये। जो हो, संग्रह आप के सामने है; आप कविताओं को उन्हीं के गुण-दोष के आधार पर देखें; उन्हीं से कवि की सफलता-असफलता और उसके आदर्शों की परख करें! हमने जो कुछ कहा, इसी आशा से कि आप आलोचकों द्वारा आरोपित पूर्वग्रहों की मैली ओट से इन्हें न देखें, अपनी स्वच्छ सहृदयता से ही देखें; हमारा विश्वास है कि इस संग्रह से आपको तृप्ति मिलेगी।

नयी कविता के आयाम

तार सप्तक की भूमिका प्रस्तुत करते समय इन पंक्तियों के लेखक में जो उत्साह था, उसमें संवेदना की तीव्रता के साथ निस्सन्देह अनुभवहीनता का साहस भी रहा होगा। संवेदना की तीव्रता अब कम हो गयी है, ऐसा हम नहीं मानना चाहते; किन्तु इसमें सन्देह नहीं कि अनुभव ने नये कवियों का संकलन प्रस्तुत करते समय दुविधा में पड़ना सिखा दिया है। यह नहीं कि 'तीसरा सप्तक' के कवियों की संगृहीत रचनाओं के बारे में हम उससे कम आश्वस्त, या उनकी सम्भावनाओं के बारे में कम आशामय हैं, जितना उस समय 'तार सप्तक' के कवियों के बारे में थे। बल्कि एक सीमा तक इससे उलटा ही सच होगा। हम समझते हैं कि 'तीसरा सप्तक' के कवि अपने-अपने विकास-क्रम में अधिक परिपक्व

और मँजे हुए रूप में ही पाठकों के सम्मुख आ रहे हैं। भविष्य में इनमें से कौन कितना और आगे बढ़ेगा, यह या तो ज्योतिषियों का क्षेत्र है या स्वयं उनके अध्यवसाय का। 'तीसरा सप्तक' के कवि भी एक ही मंजिल तक पहुँचे हों, या एक ही दिशा में चले हों, ऐसा नहीं कहा जा सकता। निस्सन्देह 'तार सप्तक' में भी यह स्पष्ट कर दिया गया था कि संगृहीत कवि सब अपनी-अपनी अलग राह का अन्वेषण कर रहे हैं।

दुविधा और संकोच का कारण दूसरा है। 'तार सप्तक' के कवि अपनी रचना के ही प्रारम्भिक युग में नहीं, एक नयी प्रवृत्ति की प्रारम्भिक अवस्था में सामने आये थे। पाठक के सम्मुख उनके कृतित्व की माप-जोख करने के लिए कोई बने-बनाये मापदण्ड नहीं थे। उनकी तुलना भी पूर्ववर्ती या समवर्ती दिग्गजों से नहीं की जा सकती थी—क्योंकि तुलना के कोई आधार ही अभी नहीं बने थे। इसलिए जहाँ उनकी स्थिति झारखण्ड की झाड़ी पर अप्रत्याशित फूले हुए वन-कुसुम की-सी अकेली थी, वहाँ उन्हें यह भी दुविधा थी कि उनके यत्किंचित् अवदान की माप झारखण्ड के ही सन्दर्भ में हो सकती थी—दूर के उद्यानों से कोई प्रयोजन नहीं था।

अब वह परिस्थिति नहीं है। द्विवेदी काल के श्री मैथिलीशरण गुप्त या छायावादी युग के श्री निराला जैसा कोई शलाका-पुरुष नयी कविता ने नहीं दिया है (न उसे अभी इतना समय ही मिला है); फिर भी तुलना के लिए और नहीं तो पहले दोनों सप्तकों के कवि तो हैं ही, और परम्पराओं की कुछ लीकें भी बन गयी हैं। पत्र-पत्रिकाओं में नयी कविता ग्राह्य हो गयी है, सम्पादक-गण (चाहे आतंकित होकर ही!) उसे अधिकाधिक छापने लगे हैं, और उसकी अपनी भी अनेक पत्रिकाएँ और संकलन-पुस्तिकाएँ निकलने लगी हैं। उधर उसकी आलोचना भी छपने लगी है, और धुरन्धर आलोचकों ने भी उसके अस्तित्व की चर्चा करना गवारा किया है—चाहे अधिकतर भर्त्सना का निमित्त बनाकर ही।

और कृतिकारों का अनुधावन करने वाली, स्वल्प पूँजी वाली प्रतिभाएँ भी अनेक हो गयी हैं।

कहना न होगा कि इन सब कारणों से नयी कविता का अपने पाठक के और स्वयं अपने प्रति उत्तरदायित्व बढ़ गया है। यह मानकर भी कि शास्त्रीय आलोचकों से उसे सहानुभूतिपूर्ण तो क्या, पूर्वग्रह-रहित अध्ययन भी नहीं मिला है, यह आवश्यक हो गया है कि स्वयं उसके आलोचक तटस्थ और निर्मम भाव से उसका परीक्षण करें। दूसरे शब्दों में परिस्थिति की माँग यह है कि कविगण स्वयं एक-दूसरे के आलोचक बनकर सामने आयें।

पूर्वग्रह से मुक्त होना हर समय कठिन है। फिर अपने ही समय की उस प्रवृत्ति के विषय में, जिससे आलोचक स्वयं सम्बद्ध है, तटस्थ होना और भी कठिन है। फिर जब समीक्षक एक ओर यह भी अनुभव करे कि यह प्रवृत्ति विरोधी वातावरण से घिरी हुई है और सहानुभूति ही नहीं, समर्थन और वकालत भी माँगती है, तब उसकी कठिनाई की कल्पना की जा सकती है।

लेकिन फिर भी नयी कविता अगर इस काल की प्रतिनिधि और उत्तरदायी रचना-प्रवृत्ति है, और समकालीन वास्तविकता को ठीक-ठीक प्रतिबिम्बित करना चाहती है, तो उसे स्वयं आगे बढ़कर यह त्रिगुण दायित्व ओढ़ लेना होगा। कृतिकार के रूप में नये कवि को साथ-साथ वकील और जज दोनों होना होगा। (और सम्पादक होने पर साथ-साथ अभियोक्ता भी!)

'तीसरा सप्तक' के सम्पादन की कठिनाई के मूल में यही परिस्थिति है। 'तार सप्तक' एक नयी प्रवृत्ति का पैरवीकार माँगता था, इससे अधिक विशेष कुछ नहीं। 'तीसरा सप्तक' तक पहुँचते न पहुँचते

प्रवृत्ति की पैरवी अनावश्यक हो गयी है, और कवियों की पैरवी का तो सवाल ही क्या है? इस बात का अधिक महत्त्व हो गया है कि संकलित रचनाओं का मूल्यांकन सम्पादक स्वयं न भी करे तो कम-से-कम पाठक की इसमें सहायता अवश्य करे।

नयी कविता की प्रयोगशीलता का पहला आयाम भाषा से सम्बन्ध रखता है। निस्सन्देह जिसे अब 'नयी कविता' की संज्ञा दी जाती है, वह भाषा-सम्बन्धी प्रयोगशीलता को वाद की सीमा तक नहीं ले गयी है—बल्कि ऐसा करने को अनुचित भी मानती रही है। यह मार्ग प्रपद्यवादी ने अपनाया, जिसने घोषणा की कि चीजों का एकमात्र नाम होता है और वह (प्रपद्यवादी कवि) प्रयुक्त प्रत्येक शब्द और छन्द का स्वयं निर्माता है।

नयी कविता के कवि को इतना मानने में कोई कठिनाई न होती कि कोई शब्द किसी दूसरे शब्द का सम्पूर्ण पर्याय नहीं हो सकता, क्योंकि प्रत्येक शब्द के अपने वाच्यार्थ के अलावा अलग-अलग लक्षणाएँ और व्यंजनाएँ होती हैं—अलग संस्कार और ध्वनियाँ। किन्तु प्रत्येक वस्तु का अपना एक नाम होता है, इस कथन को उस सीमा तक ले जाया जा सकता है जहाँ कि भाषा का एक नया रहस्यवाद जन्म ले ले और अल्लाह के निन्यानबे नामों से परे उसके अनिर्वचनीय सौवें नाम की तरह हम प्रत्येक वस्तु के सौवें नाम की खोज में डूब जायें। भाषा-सम्बन्धी यह निन्यानबे का फेर प्रेषणीयता का और इसलिए भाषा का ही बहुत बड़ा शत्रु हो सकता है। शब्द अपने आप में सम्पूर्ण या आत्यन्तिक नहीं है; किसी शब्द का कोई स्वयंभूत अर्थ नहीं है। अर्थ उसे दिया गया है, वह संकेत है जिसमें अर्थ की प्रतिपत्ति की गयी है। एकमात्र उपयुक्त शब्द की खोज करते समय हमें शब्दों की यह तदर्थता नहीं भूलनी होगी : वह एकमात्र इसी अर्थ में है कि हमने (प्रेषण को स्पष्ट, सम्यक् और निर्भ्रम बनाने के लिए) नियत कर दिया है कि शब्द-रूपी अमुक एक संकेत का एकमात्र अभिप्रेत क्या होगा।

यहाँ यह मान लें कि शब्द के प्रति यह नयी, और कह लीजिए मानववादी दृष्टि है; क्योंकि जो व्यक्ति शब्द का व्यवहार करके शब्द से यह प्रार्थना कर सकता था कि 'अनजाने उसमें बसे देवता के प्रति कोई अपराध हो गया हो तो देवता क्षमा करे' वह इस निरूपण को स्वीकार नहीं कर सकता—नहीं मान सकता कि शब्द में बसने वाला देवता कोई दूसरा नहीं है, स्वयं मानव ही है, जिसने उसका अर्थ निश्चित किया है। यह ठीक है कि शब्द को जो संस्कार इतिहास की गति में मिल गये हैं, उन्हें मानव के दिये हुए कहना इस अर्थ में सही नहीं है कि उनमें मानव का संकल्प नहीं था—फिर भी वे मानव द्वारा व्यवहार के प्रसंग में ही शब्द को मिले हैं और मानव से अलग अस्तित्व नहीं रख या पा सकते थे।

किन्तु एकमात्र सही नामवाली स्थापना को इस तरह मर्यादित करने का यह अर्थ नहीं है कि किसी शब्द का सर्वत्र, सर्वदा सभी द्वारा ठीक एक ही रूप में व्यवहार होता है—बल्कि यह तो तभी होता जबकि वास्तव में एक चीज का एक ही नाम होता और एक नाम की एक ही चीज होती! प्रत्येक शब्द का प्रत्येक समर्थ उपभोक्ता उसे नया संस्कार देता है। इसी द्वारा पुराना शब्द नया होता है—यही उसका कल्प है। इसी प्रकार शब्द वैयक्तिक प्रयोग भी होता है और प्रेषण का माध्यम भी बना रहता है, दुरूह भी होता है और बोधगम्य भी, पुराना परिचित भी रहता है और स्फूर्तिप्रद अप्रत्याशित भी।

नये कवि की उपलब्धि और देन की कसौटी इसी आधार पर होनी चाहिए। जिन्होंने शब्द को नया कुछ नहीं दिया है, वे लीक पीटने वाले से अधिक कुछ नहीं हैं—भले ही जो लीक वह पीट रहे हैं वह अधिक पुरानी न हो। और जिन्होंने उसे नया कुछ देने के आग्रह में पुराना बिल्कुल मिटा दिया है, वे ऐसे देवता हैं जो भक्त को नया रूप दिखाने के लिए अन्तर्धान ही हो गये हैं! कृतित्व का क्षेत्र इन

दोनों सीमा-रेखाओं के बीच में है। यह ठीक है कि बीच का क्षेत्र बहुत बड़ा है, और उसमें कोई इस छोर के निकट हो सकता है तो कोई उस छोर के। दुरूहता अपने आप में कोई दोष नहीं है, न अपने आपमें इष्ट है। इस विषय को लेकर झगड़ा करना वैसा ही है जैसा इस चर्चा में कि सुराही का मुँह छोटा है या बड़ा, यह न देखना कि उसमें पानी भी है या नहीं।

प्रयोक्ता के सम्मुख दूसरी समस्या सम्प्रेष्य वस्तु की है। यह बात कहने की आवश्यकता नहीं होनी चाहिए कि काव्य का विषय और काव्य की वस्तु (कंटेंट) अलग-अलग चीजें हैं; पर जान पड़ता है कि इस पर बल देने की आवश्यकता प्रतिदिन बढ़ती जाती है! यह बिल्कुल सम्भव है कि हम काव्य के लिए नये से नया विषय चुनें पर वस्तु उसकी पुरानी ही रहे; जैसे यह भी सम्भव है कि विषय पुराना ही रहे पर वस्तु नयी हो...निस्सन्देह देश-काल की संक्रमणशील परिस्थितियों में संवेदनशील व्यक्ति बहुत कुछ नया देखे-सुने और अनुभव करेगा और इसलिए विषय के नयेपन के विचार का भी अपना स्थान है ही; पर विषय केवल नये हो सकते हैं, मौलिक नहीं—मौलिकता वस्तु से ही सम्बन्ध रखती है। विषय सम्प्रेष्य नहीं है, वस्तु सम्प्रेष्य है। नये (या पुराने भी) विषय की, कवि की संवेदना पर प्रतिक्रिया, और उससे उत्पन्न सारे प्रभाव जो पाठक-श्रोता-ग्राहक पर पड़ते हैं और उन प्रभावों को सम्प्रेष्य बनाने में कवि का योग (जो सम्पूर्ण चेतन भी हो सकता है, अंशतः चेतन भी, और सम्पूर्णतया अवचेतन भी)—मौलिकता की कसौटी का यही क्षेत्र है। यही कवि की शक्ति और प्रतिभा का भी क्षेत्र है—क्योंकि यही कवि मानस की पहुँच और उसके सामर्थ्य का क्षेत्र है। कहाँ तक कवि नयी परिस्थिति को स्वायत्त कर सका है (आयत्त करने में रागात्मक प्रतिक्रिया भी और तज्जन्य बुद्धि-व्यापार भी है, जिसके द्वारा कवि संवेदना का पुतला-भर न बना रहकर उसे वश में करके, उसी के सहारे उससे ऊपर उठकर उसे सम्प्रेष्य बनाता है), इसी से हम निश्चय करते हैं कि वह कितना बड़ा कवि है। [और फिर सम्प्रेषण के साधनों और तन्त्र (टेकनीक) के उपयोग की पड़ताल करके यह भी देख सकते हैं कि वह कितना सफल कवि है—पर इस पक्ष को अभी छोड़ दिया जाये!]

यहाँ स्वीकार किया जाये कि नये कवियों में ऐसों की संख्या कम नहीं है जिन्होंने विषय को वस्तु समझने की भूल की है, और इस प्रकार स्वयं भी पथ-भ्रष्ट हुए हैं और पाठकों में नयी कविता के बारे में अनेक भ्रान्तियों के कारण बने हैं।

लेकिन नकलचियों से सावधान! की चेतावनी असली माल वाले प्रायः नहीं देते; या तो वे देते हैं जिन्हें स्वयं अपने माल की असलियत के बारे में कुछ खटका हो, या फिर वे दे सकते हैं जो स्वयं माल लेकर उपस्थित नहीं हैं और केवल पहरा दे रहे हैं। अर्थात् कवि स्वयं चेतावनी नहीं देते; यह काम आलोचकों, अध्यापकों और सम्पादकों का है। यह भी उन्हीं का काम है कि नकली के प्रति सावधान करते हुए असली की साख भी न बिगड़ने दें—ऐसा न हो कि नकली से धोखा खाने के डर से सारा कारोबार ही ठप हो जाये!

इस वर्ग ने यह काम नहीं किया है, यह सखेद स्वीकार करना होगा। बल्कि कभी तो ऐसा जान पड़ता है कि नकलची कवियों से कहीं अधिक संख्या और अनुपात नकली आलोचकों का है—धातु उतना खोटा नहीं है, जितनी कि कसौटियाँ ही झूठी हैं! इतनी अधिक छोटी-मोटी एमेच्योर (और इम्मेच्योर) साहित्य-पत्रिकाओं का निकलना, जबकि जो दो-चार सम्मान्य पत्रिकाएँ हैं—वे सामग्री की कमी से क्षयग्रस्त हो रही हैं, इसी बात का लक्षण है कि यह वर्ग अपने कर्त्तव्य से कितना च्युत हुआ है। यह ठीक है कि ऐसे छोटे-छोटे प्रयास एक आस्था की घोषणा करते हैं और इस प्रकार एक शक्ति

(चाहे कितनी स्वल्प) के लक्षण हैं, पर यह भी उतना ही सच है कि इस प्रकार व्यापक, पुष्ट और दृढ़ आधार वाले मूल्यों की उपलब्धि और प्रतिष्ठा का काम क्रमशः कठिनतर होता जाता है।

पर नकलची हर प्रवृत्ति के रहे हैं, और जिनका भण्डाफोड़ अपने समय में नहीं हुआ, उन्हें पहचानने में फिर समय की दूरी अपेक्षित हुई है। अधिक दूर न जायें तो न तो द्विवेदी-युग में नकलचियों की कमी रही, न छायावाद-युग में। और न ही (यदि इसी सन्दर्भ में उनका उल्लेख भी उचित हो, जिनकी उपलब्धि भी प्रयोगवादी सम्प्रदाय से विशेष अधिक नहीं रही जान पड़ती) प्रगतिवाद ने कम नकलची पैदा किये? हमें किसी भी वर्ग में उनका समर्थन या पक्ष-पोषण नहीं करना है—पर यह माँग भी करनी है कि उनके अस्तित्व के कारण मूल्यवान् की उपेक्षा न हो, असली को नकली से न मापा जाये।

शिल्प, तन्त्र या टेकनीक के बारे में भी दो शब्द कहना आवश्यक है। इन नामों की इतनी चर्चा पहले नहीं होती थी। पर वह इसीलिए कि उन्हें एक स्थान दे दिया गया था जिसके बारे में बहस नहीं हो सकती थी। यों साधना की चर्चा होती थी, और साधना अभ्यास और मार्जन का ही दूसरा नाम था। बड़ा कवि वाक्‌सिद्ध होता था, और भी बड़ा कवि रससिद्ध होता था। आज वाक्‌शिल्पी कहलाना अधिक गौरव की बात समझा जा सकता है—क्योंकि शिल्प आज विवाद का विषय है। यह चर्चा उत्तर-छायावाद काल से ही अधिक बढ़ी, जबकि प्रगति के सम्प्रदाय ने शिल्प, रूप, तन्त्र आदि सबको गौण कहकर एक ओर ठेल दिया, और शिल्पी एक प्रकार की गाली समझा जाने लगा। इसी वर्ग ने नयी काव्य-प्रवृत्ति को यह कहकर उड़ा देना चाहा है कि वह केवल शिल्प का, रूप-विधान का आन्दोलन है, निरा फार्मेलिज्म है। पर साथ-साथ उसने यह भी पाया है कि शिल्प इतना नगण्य नहीं है; कि वस्तु से रूपाकर को बिल्कुल अलग किया ही नहीं जा सकता कि दोनों का सामंजस्य अधिक समर्थ और प्रभावशाली होता है; और इसी अनुभव के कारण धीरे-धीरे वह भी मानो पिछवाड़े से आकर शिल्पाग्रही-वर्ग में आ मिला है। बल्कि अब यह भी कहा जाने लगा है कि प्रयोजनवाद के जो विशिष्ट गुण बताये जाते थे (जैसा बताने वाले वे ही थे!) उनका प्रयोगवाद ने ठेका नहीं लिया है—प्रगतिवादी कवियों में भी वे पाये जाते हैं। इससे उलझी परिस्थिति और भ्रामक हो गयी है। वास्तव में नयी कविता ने कभी अपने को शिल्प तक सीमित रखना नहीं चाहा, न वैसी सीमा स्वीकार की। उस पर यह आरोप उतना ही निराधार था, जितना दूसरी ओर यह दावा कि केवल प्रगतिवादी-काव्य में सामाजिक चेतना है, और कहीं नहीं। यह मानने में कोई कठिनाई न होनी चाहिए कि प्रगतिवाद उससे अधिक समाजाग्रही रहा है; पर केवल इसी से यह नहीं प्रमाणित हो जाता कि उस वाद के कवियों में गहरी सामाजिक चेतना है या कि जैसी है वही उसका स्वस्थ रूप है—उसकी पड़ताल प्रत्येक कवि में अलग करनी ही होगी।

खैर, यहाँ पुराने झगड़ों को उठाना अभीष्ट नहीं है। कहना यह है कि नया कवि नयी वस्तु को ग्रहण और प्रेषित करता हुआ शिल्प के प्रति कभी उदासीन नहीं रहा है, क्योंकि वह उसे प्रेषण से काटकर अलग नहीं करता है। नयी शिल्प-दृष्टि उसे मिली है; यह दूसरी बात है कि वह सबमें एक-सी गहरी न हो, या सब देखे पथ पर एक-सी सम गति से न चल सके हों। यहाँ फिर मूल्यांकन से पहले यह समझना आवश्यक है कि यह नयी दृष्टि क्या है, और किधर चलने की प्रेरणा देती है।

संकलित कवियों के विषय में अलग-अलग कुछ कहना कदाचित् उनके और पाठक के बीच व्यर्थ एक पूर्वग्रह की दीवार खड़ी करना होगा। एक बार फिर इतना ही कहना अलम् होगा कि ये कवि किसी एक सम्प्रदाय के नहीं हैं; न सबकी साहित्यिक मान्यताएँ एक हैं, न सामाजिक, न राजनीतिक; न ही उनकी जीवन-दृष्टि में ऐसी एकरूपता है। भाषा, छन्द, विषय, सामाजिक प्रवृत्ति, राजनीतिक

आग्रह या कर्म की दृष्टि से प्रत्येक की स्थिति या दिशा अलग हो सकती है; कोई इस छोर के निकट पाया जा सकता है, कोई उस छोर के, कोई बायें तो कोई दाहिने, कोई आगे तो कोई पीछे, कोई सशंक तो कोई साहसिक। यह नहीं कि इन बातों का कोई मूल्य न हो। पर 'तीसरा सप्तक' में न तो ऐसा साम्य कलन का आधार बना है, न ऐसा वैषम्य बहिष्कार का। संकलनकर्ता ने पहले भी इस बात को महत्त्व नहीं दिया है कि संकलित कवियों के विचार कहाँ तक उसके विचारों से मिलते हैं या विरोधी हैं; न अब वह इसे महत्त्व दे रहा है। क्योंकि उसका आग्रह रहा है कि काव्य के आस्वादन के लिए इससे ऊपर उठ सकना चाहिए और उठना चाहिए। सप्तकों की योजना का यही आधारभूत विश्वास है। प्रयोजनीय यह है कि संकलित कवियों में अपने कवि-कर्म के प्रति गम्भीर उत्तरदायित्व का भाव हो, अपने उद्देश्यों में निष्ठा और उन तक पहुँचने के साधनों के सदुपयोग की लगन हो। जहाँ प्रयोग हो वहाँ कवि मानता हो कि वह सत्य का ही प्रयोग होना चाहिए। यों काव्य में सत्य क्योंकि वस्तुसत्य का रागाश्रित रूप है, इसलिए उसमें व्यक्ति-वैचित्र्य की गुंजाइश तो है ही, बल्कि व्यक्ति की छाप से युक्त होकर ही वह काव्य का सत्य हो सकता है। क्रीड़ा और लीला-भाव भी सत्य हो सकते हैं—जीवन की ऋजुता भी उन्हें जन्म देती है और संस्कारिता भी। देखना यह होता है कि वह सत्य के साथ खिलवाड़ या फलर्टेशन मात्र न हो।

इन कवियों के एकत्र पाये जाने का आधार यही है। ऐसा दावा नहीं है कि जिस काल या पीढ़ी के ये कवि हैं, उसके यही सर्वोत्कृष्ट या सबसे अधिक उल्लेख्य कवि हैं। दो-एक और आमन्त्रित होकर भी इसलिए रह गये कि वे स्वयं इसमें आना नहीं चाहते थे—चाहे इसलिए कि दूसरे कवियों का साथ उन्हें पसन्द नहीं था, चाहे इसलिए कि सम्पादक का सम्पर्क उन्हें पसन्द नहीं था, चाहे इसलिए कि सम्पादक का सम्पर्क उन्हें अप्रीतिकर या हेय लगा, चाहे इसलिए कि वे अपने को पहले ही इतना प्रसिद्ध और प्रतिष्ठित मानते थे कि नये कवियों के साथ आने में उन्होंने अपनी हेठी या अपना अहित समझा। एक इसलिए रह गये कि उनकी स्वीकृति के बावजूद दो वर्ष के परिश्रम के बाद भी उनकी रचनाएँ न प्राप्त हो सकीं। एक-दो इसलिए भी छोड़ दिये गये कि एकाधिक स्वतन्त्र संग्रह प्रकाशित हो चुकने के कारण उनका ऐसे संकलन में आना अनावश्यक हो गया था—स्मरण रहे कि मूल योजना यही थी कि सप्तक ऐसे कवियों को सामने लायेंगे, जिनके स्वतन्त्र संग्रह प्रकाशित नहीं हुए हैं और जो इस प्रकार भी नये हैं। यदि प्रस्तुत संकलन के भी दो-एक कवियों के स्वतन्त्र संग्रह प्रकाशित हो चुके हैं तो वह इसी बात का द्योतक है कि 'तीसरा सप्तक' की पाण्डुलिपि बनने और उसके प्रकाशन के बीच एक लम्बा अन्तराल रहा है। यों हम तो चाहते हैं कि सभी कवियों के स्वतन्त्र संग्रह छपें, बल्कि सप्तक में उन्हें लाने का कारण ही वह विश्वास है कि उनके अपने-अपने संग्रह छपने चाहिए।

इन शब्दों के साथ हम ओट होते हैं। भूमिका का काम भूमि तैयार करना है; भूमि तैयार वही है जिस पर चलने में उसकी ओर से बेखटके होकर उसे भुला दिया जा सके। पाठक से अनुरोध है कि अब वह आगे बढ़कर कवियों से साक्षात्कार करे। उपलब्धि वहीं है।

काव्य का सत्य

दूसरों की रचनाओं के लिए भूमिका लिखने का काम मुझे हमेशा कठिन जान पड़ा है। साधारणतया उसका कारण यह होता है कि वह एक औपचारिक काम होता है। प्रस्तुत संकलन की भूमिका औपचारिक काम तो नहीं है; चयन और संकलन स्वयं मैंने अपनी रुचि और योजना के अनुसार किया

है और यदि संकलित कवि मुझे महत्त्वपूर्ण लगे हैं, उनकी रचनाएँ मुझे अच्छी लगी हैं तो उनके बारे में कुछ कहने में औपचारिकता अनावश्यक है। इसके बावजूद भूमिका लिखने का काम अत्यन्त दुष्कर जान पड़ा रहा है। इसके कुछ कारण व्यक्तिगत हैं। फिर भी उनकी चर्चा से बचना उचित अथवा संगत नहीं होगा, क्योंकि उससे सम्पादक के प्रति ही नहीं, संकलित कवियों के प्रति भी अन्याय हो जायेंगा।

पहले तीन सप्तकों के बाद यह 'चौथा सप्तक' अपेक्षया लम्बे अन्तराल से प्रकाशित हो रहा है। इस लम्बी अवधि में हिन्दी में कविता प्रचुर मात्रा में लिखी गयी है। सब अच्छी नहीं है, यह कहना किसी रहस्य का उद्घाटन करना नहीं है। और शायद अगर यह भी कहूँ कि प्रकाशित कविता का अधिकांश घटिया रहा है तो उसे पाठक एक अनावश्यक स्पष्टोक्ति भले ही मान लें, गलत नहीं मानेंगे। किसी भी युग के काव्य के बारे में ऐसा ही कहा जा सकता है—अच्छा काव्य अनुपात की दृष्टि से थोड़ा ही रहता है। लेकिन इस लम्बे अन्तराल की रचना में एक अंश छाँटना—सैकड़ों कवियों में से केवल सात चुनना और फिर उनकी रचनाओं में से चयन करना—केवल इसलिए कठिन नहीं है कि कवियों की बहुत बड़ी संख्या में से सात कवि चुनने हैं। कठिनाई जितनी बाहर प्रस्तुत सामग्री में है, उतनी ही चयन करने वाले आभ्यन्तर परिवर्तनों में और उनके कारण कवियों के बदले हुए सम्बन्धों में भी है। निस्सन्देह प्रत्येक सप्तक के साथ यह कठिनाई कुछ बढ़ती गयी। तार सप्तक का जब प्रकाशन हुआ, तो उसमें संकलित अन्य कवि सभी प्रायः मेरे समवयसी और साथी थे और उनकी रचनाओं के चयन में एक सहजता थी। उनके बारे में कुछ कहना भी इसी कारण कम कठिन था। जब 'दूसरा सप्तक' प्रकाशित हुआ तब भी परिस्थिति में कुछ परिवर्तन आ गया था, और 'तीसरा सप्तक' में तो परिस्थिति स्पष्टतया बदली हुई थी। 'तार सप्तक' एक हद तक सहयोगी प्रकाशन था, जिसे सहयोगियों ने एक न एक दिशा देने के लिए संयोजित किया था; 'तीसरा सप्तक' स्पष्टतया एक सम्पादक की काव्य-दृष्टि और उसके काव्य-विवेक का प्रतिफलन था।

इतनी बात तो 'चौथा सप्तक' के बारे में भी सच है। और भी स्पष्ट करके कहूँ कि यह घोषित रूप से, एक सम्पादक की काव्य-दृष्टि, साहित्यिक-रुचि और साहित्यिक-विवेक का प्रतिफलन है। लेकिन 'तीसरा सप्तक' के समय की अपेक्षा आज यह काम कितना कठिनतर हो गया इसकी ओर पाठक का ध्यान दिलाना आवश्यक है। शायद उस कठिनाई को स्पष्ट कर देने का सबसे अच्छा तरीका यही हो कि मैं यह स्वीकार करूँ कि पहले तीन सप्तकों का सम्पादन करते हुए मैं यह अनुभव करता रहा था कि मैं काव्य में कुछ ऐसी नयी प्रवृत्तियों का व्याख्याता और वकील हूँ, जिनके साथ मेरी पूरी सहानुभूति है। अर्थात् पहले तीन सप्तक मेरी दृष्टि में एक तरह के साहित्यिक आन्दोलन और युग-परिवर्तन के अंग थे। 'तीसरा सप्तक' के बाद मुझे ऐसा जान पड़ा कि वे नयी प्रवृत्तियाँ काव्यप्रेमी समाज में पूरी तरह स्वीकृति पा गयी हैं। ऐसी स्थिति में उनके लिए और आन्दोलन अथवा वकालत की कोई आवश्यकता नहीं रही। और मन ही मन मैं इस परिणाम पर भी पहुँच चुका था कि अब सप्तकों के क्रम में और कोई संकलन जोड़ना अनावश्यक हो गया है। बल्कि उसके बाद के कुछ वर्षों में तो ऐसा अनुभव हुआ कि स्वीकार की प्रक्रिया इतनी आगे बढ़ गयी है कि नयी रचनाओं का दोष देखना भी कठिन हो गया है : उस धारा में बहकर आने वाला सभी कुछ स्वीकार कर लिया जाता है और यहाँ तक कि पत्र-पत्रिकाओं के सम्पादकों को अपने विवेक से काम लेते डर लगता है! मैंने कहा कि किसी भी युग का समूचा काव्य-साहित्य समान रूप से अच्छा नहीं होता; कुछ अच्छी रचनाओं के साथ बहुत ही साधारण कोटि की या उससे भी निचले स्तर की रचनाएँ प्रकाश में आती रहती हैं। जिस

स्थिति में पत्रिकाओं की बाढ़ हो और उसके साथ-साथ प्रतिमान सामने रखने वाली कोई सर्वमान्य पत्रिका न हो, साधारण और घटिया रचनाओं का प्रसार और भी बढ़ जाता है। लेकिन यह मान लेने के साथ इस बात का उल्लेख भी आवश्यक है कि 'तार सप्तक' के सम्पादक को 'तीसरा सप्तक' के बाद के युग की स्थिति से कुछ अतिरिक्त क्लेश इसलिए भी होने लगा कि वय के अन्तर के साथ संवेदन का अन्तर भी स्वभावतः बढ़ने लगा। मैं नहीं जानता कि 'तार सप्तक' के जो कवि आज जीवित हैं वे सभी इस बात को स्वीकार करेंगे या नहीं; लेकिन उनके स्वीकार न करने पर भी मैं तो यही मानूँगा कि यह बात उनके बारे में भी उतनी ही सच होगी।

ऐसी बढ़ती हुई दूरी अनिवार्य है उसके साथ-साथ इच्छा रहते भी समानता का कठिनतर होते जाना भी स्वाभाविक है। इससे एक परिणाम तो यह निकलता ही है कि आज जो कविता लिखी जा रही है, उसे अगर एक मुकदमे के रूप में प्रस्तुत करना है तो उसका वकील उसी में से निकलना चाहिए—आज जो लिखा जा रहा है उसका सच्चा वकील आज का लिखने वाला ही होना चाहिए। वैसे संकलन प्रकाशित होते भी रहे हैं, अभी हाल में दो-तीन हुए हैं। मुकदमे का विचार जिन्हें करना हो उन्हें अवश्य ही वे संग्रह देखने चाहिए और उनकी भूमिकाओं में अथवा कवियों के वक्तव्यों में दी गयी दलीलों का विचार करना ही चाहिए। लेकिन अगर मैं उस दरजे का वकील नहीं हो सकता तो इसमें एक अनिवार्यता है, जिसे मैं न केवल स्वीकार करना चाहता हूँ, बल्कि जिसकी ओर पाठक का ध्यान भी दिला देना चाहता हूँ। क्योंकि यह बात स्पष्ट हो जानी चाहिए कि 'चौथा सप्तक' में जिन कवियों की रचनाएँ मैं चुनकर प्रस्तुत कर रहा हूँ, उनका मैं प्रशंसक तो अवश्य हूँ लेकिन उन्हें पाठक के सामने प्रस्तुत करते हुए उनके साथ एक दूरी, एक तटस्थता का भी बोध मुझ में है। मैं उनका प्रशंसक हूँ, मैं उनमें से एक नहीं हूँ—या हूँ तो उसी अर्थ में, जिस अर्थ में किसी भी युग का कोई भी कवि किसी दूसरे युग के कवि के साथ होता है। कवियों की बिरादरी में भी किसी भी दूसरी बिरादरी की तरह एक बन्धन समकालीनता का होता है तो एक अनुक्रमिकता का। मैं नहीं चाहूँगा कि मेरी लाचारी का दण्ड संकलित कवियों को मिले। इस मामले में मेरी सतर्कता और बढ़ जाती है, क्योंकि मैं जानता हूँ कि उनका जोखिम अधिक है। 'तीसरा सप्तक' के बाद के लम्बे अन्तराल का एक परिणाम यह भी हुआ है कि 'चौथा सप्तक' में रखे गये कवियों के बीच वयस की दृष्टि से काफी अन्तर है। यह तो सम्भव था कि इससे बचने के लिए सभी कवि युवतर वर्ग में से चुने जाते; लेकिन उससे भी एक दूसरे प्रकार का अन्याय हो जाता—केवल बीच की पीढ़ी के छूट जाने वाले कवियों के प्रति नहीं, बल्कि संकलित कवियों के प्रति भी, इसलिए कि पाठक उनकी रचनाओं का मूल्यांकन करते हुए उन कवियों को भी सामने रखता, जो बीच के अन्तराल के प्रमुख कवि थे। यों तो अब भी यह सम्भावना बनी ही रहेगी, क्योंकि सात की संख्या को सीमा बना लेने से कवि छूट जाते हैं। लेकिन यह बात तो पाठक बहुत आसानी से समझ सकेंगे।

पाठक को एक और बात याद दिला देना उचित होगा। कवियों को चयन करते समय एक बात यह भी मेरे ध्यान में थी कि जिन कवियों के एक से अधिक स्वतन्त्र संग्रह प्रकाशित हो चुके हैं, उन्हें छोड़ भी दिया जा सकता है, क्योंकि वे तो पाठक के सामने मौजूद हैं। मुझे यह प्रयत्न करना चाहिए कि जो अच्छे रचनाकार अभी अपेक्षा कम प्रसिद्ध हुए हैं, उन्हें सामने लाया जाये। 'चौथा सप्तक' के संकलित कवियों में से दो-तीन की रचनाएँ पुस्तकाकार छप चुकी थीं, लेकिन कारण चाहे जो रहा हो, काव्यप्रेमी जनता के सामने नहीं आ सकी थीं। यह भी सम्भव है कि चयन की प्रक्रिया आरम्भ होने से

लेकर इस पुस्तक के प्रकाशन तक की अवधि में संगृहीत और अभी दो-एक कवियों के एकल संग्रह प्रकाशित हो जायें। मैं नहीं समझता कि उससे मेरा प्रयत्न दूषित होगा। मुझे तो प्रसन्नता होगी कि जिन कवियों को मैं उल्लेख्य मानता हूँ, उनके नये स्वतन्त्र संग्रह सामने आ रहे हैं।

2

मैं कह आया कि तीन सप्तकों के प्रकाशन से मुझे वह प्रक्रिया पूरी हो गयी जान पड़ी थी, जो नयी काव्य-प्रवृत्तियों की प्रतिष्ठा के लिए आवश्यक थी। मैंने यह भी कहा कि उसके बाद कभी-कभी ऐसा भी अनुभव हुआ कि गुण-दोष-विवेक अपना आधार खो बैठा है। ऐसा लगने लगा कि एक पक्ष की वकालत कर चुकने के बाद अब प्रतिपक्ष की ओर से भी कुछ कहना आवश्यक हो गया है। लेकिन कविता के प्रतिपक्ष का मेरे लिए तो कुछ अर्थ नहीं है—मैं सदैव सत्काव्य का समर्थक हूँ और बना रहना चाहूँगा। समकालीन काव्य के दोषों अथवा उसकी त्रुटियों का उल्लेख करूँगा तो प्रतिपक्षी भाव से नहीं, वरन् उसके श्रेष्ठ कर्तृत्व को सामने लाने के लिए ही। और उसमें यह भी कहना उचित होगा कि काव्य के गुण-दोष की ओर ध्यान दिलाते हुए समकालीन आलोचना की त्रुटियों और उसकी एकांगिता को भी अनदेखा न करना होगा। इस एकांगिता ने नयी रचना का बहुत अहित किया है। उसने नये रचनाकार को दिग्भ्रमित किया है और पाठक को भी इसलिए पथभ्रष्ट किया है कि उसने पाठक के सामने जो कसौटियाँ दी हैं, वे स्वयं झूठी हैं। नयी कविता ने एक बार फिर रचयिता और गृहीता समाज का सम्बन्ध स्थापित किया था, संचार की प्रणालियाँ बनायी थीं और खोली थीं। संकीर्ण और मताग्रही आलोचना ने फिर उन्हें अवरुद्ध कर दिया है। कवियों की संख्या कम नहीं हुई है—हो सकता है कि कुछ बढ़ ही गयी हो—लेकिन कवि समुदाय पाठक अथवा श्रोता समाज के न केवल निकटतर नहीं आया है, बल्कि उस समाज में उसने फिर एक उदासीनता का भाव पैदा कर दिया है। इसके कारणों की कुछ पड़ताल अपेक्षित है।

यह तो कहा जा सकता है कि आज की कविता में जो प्रवृत्तियाँ मुखर हुई हैं, उनके बीज उससे पहले की कविता में मौजूद थे—उस कविता में भी, जिसे प्रयोगवादी कहा जाता है और उसमें भी, जिसे प्रगतिवादी नाम दिया जाता है। (दोनों ही नाम गलत हैं लेकिन उस बहस में अभी न पड़ा जाये।) यह बात वैसे ही सही होगी जैसे यह बात कि प्रयोगवादी अथवा प्रगतिवादी प्रवृत्तियों के बीज छायावादियों में थे और छायावाद के बाद उससे पहले के इतिवृत्तात्मक काव्य में इत्यादि। ऐसा तो होता ही है, क्योंकि कविता कविता में से ही निकलती है, लेकिन इसके कारण हम किसी एक युग अथवा धारा अथवा आन्दोलन की प्रवृत्तियों के गुण-दोष का विवेचन करते समय सारी जिम्मेदारी उसके पूर्ववर्तियों पर नहीं थोप देते। किसी भी युग के आग्रह उसी युग के होते हैं और उनकी जिम्मेदारी उसी पर होती है।

आज की कविता में वक्तव्य का प्राधान्य हो गया है। उसके भीतर जो आन्दोलन हुए हैं और हो रहे हैं, वे सभी इस बात को न केवल स्वीकार करते हैं बल्कि बहुधा इसी को अपने दावे का आधार बनाते हैं। कविता में वक्तव्य तो हो सकता है और वक्तव्य होने से ही वह अग्राह्य हो जाये ऐसा भी नहीं है। लेकिन वक्तव्य के भी नियम होते हैं और उनकी अपेक्षा काव्य के लिए खतरनाक होती है। यह बात उतनी ही सच है जितनी यह कि काव्य में कवि वक्ता के रूप में भी आ सकता है, लेकिन उत्तम पुरुष के प्रयोग की जो मर्यादाएँ हैं, उनकी उपेक्षा करने से कविता का 'मैं' कवि न होकर एक अनधिकारी आक्रान्ता ही हो जाता है। आज कविता पर दावे करने वाला 'मैं' बुरी तरह छा गया है।

कविता में 'मैं' भी निषिद्ध नहीं है, दावे भी निषिद्ध नहीं हैं, कविता प्रतिश्रुत और प्रतिबद्ध भी हो सकती है, लेकिन कहाँ अथवा कहाँ तक इन सबका काव्य में निर्वाह हो सकता है और कहाँ ये काव्य के शत्रु बन जाते हैं, यह समझना आवश्यक है।

मंच पर हम नाटक देखते हैं तो उसमें आने वाला प्रत्येक चरित्र वक्ता होता है, उत्तम पुरुष में अपना वक्तव्य देता है, प्रतिश्रुत और प्रतिबद्ध होता है; हमारे सामने अभिनेता होता है, लेकिन हम देखते हैं तो अभिनेता को नहीं, उसके माध्यम से प्रस्तुत होते हुए चरित्र को। हम यह कभी नहीं भूलते कि हमारे सामने एक अभिनेता है, लेकिन फिर भी देखते हैं हम चरित्र को ही। अभिनेता कहता है 'मैं' लेकिन वह 'मैं' हमारे लिए चरित्र के वक्तव्य का स्वर होता है। ऐसी स्थिति में नाटक के डायलॉग अत्यन्त काव्यमय भी हो सकते हैं। लेकिन उन्हीं शब्दों में वही वक्तव्य यदि अभिनेता द्वारा प्रस्तुत किये गये चरित्र का न होकर स्वयं अभिनेता का होता, मंच पर बोलने वाला 'मैं' यदि वह चरित्र न होता, जो होकर भी वहाँ नहीं है, उसके बदले में स्वयं अभिनेता होता तो बिल्कुल जरूरी नहीं है कि वही वक्तव्य उस स्थिति में भी हमें काव्यमय जान पड़ता या हमें सहन भी होता। अभिनेता द्वारा प्रस्तुत किये गये चरित्र को हम अपना वक्तव्य उत्तम पुरुष एकवचन में देने का अधिकार देते हैं; अभिनेता को वह अधिकार हम नहीं देते, यानी एक चेहरा, मास्क अथवा पर्सोना हमें स्वीकार है, स्वयं नट हमें स्वीकार नहीं है।

काव्य में इस बात का महत्त्व है। संस्कृत में काव्य का एक दृश्य रूप था और एक श्रव्य; काव्य दोनों ही थे। और पर्सोना अथवा अभिनेय चरित्र के साथ सम्बन्ध दृश्य-काव्य में ही नहीं, श्रव्य-काव्य में भी अपना महत्त्व रखता है। काव्य में बोलने वाला हर 'मैं' पर्सोना होता है, अभिनेय चरित्र होता है। जब कवि स्वयं अपनी बात भी कहता है तो वह हमें तभी स्वीकार होती है—मैं कह सकता हूँ कि तभी सह्य भी होती है—जब वह कथ्य अथवा वक्तव्य प्रत्यक्ष रूप से कवि का न होकर एक पर्सोना अथवा अभिनय चरित्र के रूप में उसका हो।

मैं इस अत्यन्त महत्त्वपूर्ण बात को आज की कविता के अधिसंख्य कवि भूल गये हैं और विस्मृति में आज के आलोचक ने उनकी सहायता की है। मास्क अथवा चेहरे अथवा मुखौटे के प्रति जिस अवज्ञा-भाव को इतना बढ़ावा दिया गया है, उसने यह भी भुला देने में हमारी मदद की है कि "मुखौटे केवल धोखा देने के लिए नहीं, बल्कि सच्चाई को प्रस्तुत करने के लिए भी लगाये जाते हैं।" साधारण जीवन में मुखौटा फरेब है, लेकिन नाटक में वही मुखौटा एक वृहत्तर यथार्थ में हमें लौटा लाने में सहायक हो सकता है—ऐसे वृहत्तर यथार्थ में, जिसका सामना शायद हम बिना मुखौटे के कर ही न सकें। सारे संसार के नाट्य में हम इस बात का प्रमाण पा सकते हैं, जहाँ भी साधारण सच्चाइयों से आगे बढ़कर विराट् को स्थापित करने का प्रयत्न होता है, वहाँ मुखौटे आते हैं।

कविता के लिए—काव्य के श्रव्य के रूप के लिए—इस बात का क्या महत्त्व है? यही कि वक्तव्य, वक्तव्य होने के नाते अग्राह्य नहीं है, तब अग्राह्य हो जाता है जब उसमें केवल कवि-रूपी इकाई का 'मैं' अथवा अहम बोलता है। अग्राह्य नहीं तो महत्त्वहीन तो वह हो ही जाता है, क्योंकि हमारा प्रयोजन कविता से है, कवि से नहीं, या कवि से है तो बिल्कुल साधारण-सा।

और हर युग के महान् कवि इस बात को पहचानते रहे हैं। यह नहीं है कि कवियों ने अपनी भावनाएँ, अपने राग-विराग, अपनी लालसाएँ और आकांक्षाएँ व्यक्त नहीं कीं, लेकिन जब की हैं और काव्य-रूप में की हैं तो किसी दूसरे चरित्र पर उनका आरोप करके। भक्त कवियों ने प्रेम अथवा विरह

की जिन अवस्थाओं का वर्णन कृष्ण और राधा अथवा गोपियों के माध्यम से इतने मार्मिक ढंग से किया है, ऐसा नहीं है कि उन भावनाओं से वे अपने जीवन में अपरिचित रहे होंगे, लेकिन उन्हीं भावनाओं को वे अपनी, कवि की निजी, भावनाओं के रूप में प्रस्तुत करते तो वे न केवल श्रेष्ठ काव्य की कोटि में न आतीं, वरन् असमंजस का कारण भी बनतीं–लगभग अश्लील जान पड़ने लगतीं। और भक्त कवियों तक ही क्यों सीमित रहें–कोई कह सकता है कि भक्ति की बात तो लौकिक और अलौकिक के बीच के सम्बन्ध की है–शुद्ध लौकिक स्तर पर रहकर हम रीति के कवियों का भी उदाहरण लें : वहाँ भी 'मैं' कभी नहीं आता, नायक अथवा नायिका आती है, यद्यपि उन पर आरोपित भावनाएँ बिल्कुल मानवीय हैं और माना जा सकता है कि कवि अथवा कवयित्री के निजी जीवनानुभव से सम्बद्ध रही हैं। वक्तव्य वहाँ हैं निजी और अन्तरंग, ऐसे भावों की अभिव्यक्ति भी हैं, जो साधारण जीवन में सामने आने पर असमंजस का, अस्वस्ति भाव पैदा कर सकते हैं, लेकिन रीति-काव्य के छन्दों में क्यों वे इतने ग्राह्य, इतने आकर्षक, इतने मार्मिक हो जाते हैं? क्योंकि वहाँ कवि 'मैं' के रूप में आपके सामने नहीं आता। वह यह दावा नहीं करता कि यह मेरा भोगा हुआ यथार्थ है। भोगा हुआ तो वह अवश्य है, लेकिन जिसका भोगा हुआ है वह दावेदार बनकर आप के सामने नहीं आता, वह उसे एक-दूसरे को सौंप देता है।

इस सौंप देने का एक विशेष महत्त्व है। यह सौंप दे सकना अपने-आप में साधारणीकरण की एक कसौटी है। कवि जहाँ 'मैं' के रूप में पाठक अथवा श्रोता के समक्ष होकर अपना वक्तव्य देता है, वहाँ इस बात की कोई गारण्टी नहीं है कि वह वक्तव्य या उसमें प्रकट किये गये भाव अथवा विचार एक सार्वभौम सत्ता पा चुके हैं। दूसरे शब्दों में यह सिद्ध नहीं हुआ है कि वे बहुजन-संवेद्य हो गये हैं, सम्प्रेष्य हो गये हैं। उन्हीं को जब हम दूसरे चरित्र के माध्यम से–नायक अथवा नायिका अथवा पर्सोना के माध्यम से–प्रस्तुत करते हैं, तब इस कसौटी पर हम अपनी परीक्षा करवा चुके होते हैं।

तो एक बार अपनी बात मैं दोहरा दूँ। आज की कविता का बहुत बड़ा और शायद सबसे बड़ा दोष यह है कि उस पर एक 'मैं' छा गया है, वह भी एक अपरीक्षित और अविसर्जित 'मैं'। आज की कविता बहुत बोलती है, जबकि कविता का काम बोलना है ही नहीं।

3

यदि यह कहा जाये कि आज कवि के पास सामान्यतया पिछड़ी पीढ़ी के कवि से अधिक जानकारी होती है और वह साधारण व्यावहारिक परिस्थितियों और आवश्यकताओं के बारे में अधिक सजग और सतर्क होता है तो इसे कोई आश्चर्यजनक स्थापना नहीं समझा जायेगा, क्योंकि यह समूचे समाज के विकास की दिशा के अनुरूप ही है, और यदि इस व्यापकतर व्यावहारिक जागरूकता का एक पहलू राजनीतिक जागरूकता है तो वह भी स्वाभाविक है, क्योंकि व्यावहारिक जीवन में राजनीति का स्थान और महत्त्व लगातार बढ़ता गया है। लेकिन जो बात चिन्त्य है वह यह कि कवि की राजनीतिक चेतना के साथ राजनीतिक मतवाद का आरोप कहाँ तक उचित है? क्या कविता को अनिवार्यतया किसी राजनीतिक सन्देश की वाहिका होना चाहिए? और जो कविता संकल्पपूर्वक किसी राजनीतिक मत का प्रतिपादन करने नहीं चलती वह क्या इसीलिए अनिवार्यता घटिया हो जायेगी? क्या काव्य केवल एक साधन है?

सप्तकों की परम्परा में कभी इस बात को आवश्यकता से अधिक महत्त्व नहीं दिया गया कि संकलित कवियों के राजनीतिक विचार क्या हैं। राजनीतिक पक्षधरता को कभी कसौटी नहीं बनाया

गया। 'चौथा सप्तक' में भी उस कसौटी से काम नहीं लिया गया है और पाठक जानेंगे—जैसा कि सम्पादक भी जानता है—कि संकलित कवियों के राजनीतिक विचार और उनके राजनीतिक सम्पर्क अथवा आस्थाएँ बिल्कुल अलग-अलग हैं। लेकिन इस बात पर बल देकर इस ओर भी ध्यान देना चाहिए कि आज का राजनीतिक और साहित्यिक वातावरण पहले से बहुत बदला हुआ है और राजनीति में मतवादों के साथ-साथ साहित्य में मतवादी चिन्तन का दावा बढ़ता गया है। शायद राजनीति में भी उसके कुछ दुष्परिणाम हुए हैं, लेकिन उनकी चर्चा को विषयान्तर मानकर छोड़ दें तो यह कहना होगा कि मतवादी साहित्य-चिन्तन ने काव्य का अहित ही किया है। साहित्य और राजनीति के सम्बन्धों की चर्चा तो पचास वर्ष पहले शुरू की गयी थी, लेकिन अपने प्रारम्भिक दिनों में प्रगतिशीलता का आन्दोलन उन सभी लोगों को साथ लेकर चलने का प्रयत्न कर रहा था, जिनके विचारों को साधारण तौर पर प्रगतिशील कहा जा सके। उस दौर के कवियों को भी नये चिन्तन से प्रेरणा मिली और उनकी काव्य-रचना ने भी राजनीतिक आन्दोलन को बल दिया। उसके बाद कैसे बढ़ती हुई वैचारिक संकीर्णता और असहिष्णुता के कारण प्रायः सभी बड़े साहित्यकार एक-एक करके निकाल दिये गये या स्वयं अलग हट गये और इससे कैसे आन्दोलन ही मृतप्रायः हो गया, ये बातें समकालीन साहित्य के इतिहास का अंग हो गयी हैं। जिस काल की रचनाओं से 'चौथा सप्तक' के कवि और उनकी कविताएँ ली गयी हैं, उसमें फिर राजनीतिक पक्षधरता के आन्दोलन एक से अधिक दिशाओं में आरम्भ हुए और ध्रुवीकरण के नाम पर फिर एक व्यापक असहिष्णुता का वातावरण बन गया। आपातकाल ने एक लगभग देशव्यापी आतंक की सृष्टि की तो उसकी परिधि के भीतर विभिन्न प्रकार की असहिष्णुताएँ आतंक के छोटे-छोटे मण्डल बनाती रहीं। आपातकाल की समाप्ति से आतंक का तो अन्त हो गया, लेकिन मतवादी असहिष्णुताओं के ये वृत्त अभी कायम हैं। 'चौथा सप्तक' के सभी कवि इस परिस्थिति से न केवल परिचित रहे हैं, बल्कि उसके दबाव का तीखा अनुभव भी करते रहे हैं और कुछ ने उसके कारण कष्ट भी सहा है। इसीलिए अगर मैं कहूँ कि संकलित कवियों के राजनीतिक विचारों के होते हुए भी एक स्तर पर वे एक सामान्य अनुभव की बिरादरी में आ जाते हैं तो यह कथन अनुचित न होगा और वह सामान्य अनुभव है—एक स्वातन्त्र्य का अनुभव। कवि के संसार की स्वायत्तता का एक बोध संकलित सभी कवियों की रचनाओं में मिलता है—कुछ में अधिक परिपक्व तो कुछ में कम, लेकिन सर्वत्र काव्य के सवर में अपनी एक विशेष गूँज मिलाए हुए। यह कदाचित् 'चौथा सप्तक' के कवियों का—और उनके युग की अच्छी कविता का—विशेष गुण है। और आशा की जा सकती है कि एक सार्वभौम मौलिक मूल्य के इस आग्रह के कारण 'चौथा सप्तक' की कविताएँ न केवल स्वयं लोकप्रिय हो सकेंगी वरन् कविता के प्रति जिस उदासीनता की बात मैंने पहले की है, उसे भी कुछ कम कर सकेंगी।

4

मैं नहीं जानता कि संकलित सातों कवियों के बारे में अलग-अलग कोई समीक्षात्मक टिप्पणी अथवा संस्तुति मुझसे अपेक्षित है या नहीं। लेकिन हो भी तो वह काम मैं अभी नहीं करने जा रहा हूँ। यों भी यही उचित है कि पाठक इन कवियों से साक्षात्कार करते समय और उनके काव्य-संसार में प्रवेश करते समय मेरे पूर्वग्रहों का बोझ न लेकर चले, मेरे चश्मे से न देखे। इसके अलावा मैं यह भी नहीं चाहता कि मेरी संस्तुतियों की प्रतिकूल प्रतिक्रिया का दण्ड इन कवियों को मिले—और मैं कटु अनुभव से

जानता हूँ कि ऐसा प्रायः होता आया है! निश्चय ही जिस पीढ़ी का जिन दशकों से ये कवि चुने गये हैं उनमें और भी अच्छी रचनाएँ हुई हैं, पर उनका अथवा उनके कवियों का यहाँ न पाया जाना इस बात का द्योतक नहीं है कि मैं उनकी अवमानना करना चाहता हूँ। मेरा दावा इतना ही होगा कि संकलित कवि इस अवधि की अच्छी कविता का प्रतिनिधित्व करते हैं, कि उनकी रचनाएँ किसी बिन्दु पर आकर ठहर नहीं गयी हैं, बल्कि उनकी काव्य-प्रतिभा का अभी और विकास हो रहा है, कि इसीलिए मेरा विश्वास है कि निकट भविष्य में इन कवियों के कृतित्व की छाप समकालीन हिन्दी काव्य पर और गहरी पड़ेगी।

और यह बात संकलित कवियों के प्रति मेरी शुभाशंसा भी है, 'चौथा सप्तक' के पाठक को मेरा आश्वासन भी।

आँखों देखी और कागद लेखी

आत्मकथ्य के रूप में मैंने कभी कुछ प्रस्तुत न किया हो, ऐसा नहीं है पर **मेरी दृष्टि : मेरी सृष्टि** के सामान्य शीर्षक के अधीन कुछ कहने में मुझे संकोच होता है। पहले भी होता; अब बहुत अधिक होता है क्योंकि बढ़ता हुआ अनुभव 'मैं' की संरचना के बारे में ही इतना कुछ सिखा रहा है कि दृष्टि सृष्टि को 'मेरी' कहने की अहन्ता की नींव हिल जाती है। फिर रचना का आग्रह निबाहते हुए भी अपनी करनी को 'सृष्टि' कहना कुछ कम अहम्मन्य नहीं लगता। दृष्टि मेरी नहीं है यह तो नहीं कहता, पर 'सृष्टि' के बराबर उसे रखने पर उसका जो अर्थोत्कर्ष होता है वह भी झिझक पैदा करता है। सोचता था कि 'मेरी स्थिति : मेरी कृति' कहने से शायद इस संकट से बच सकूँ और साथ ही विषय पूरी माला से जुड़ा हुआ-सा जान पड़े (और तुक का भी निर्वाह हो जाये!)—पर स्थिति की बात भी कैसे कहूँ जब निरन्तर यात्रा करता आया हूँ? अतः इस भूमिका के साथ अपनी सारी बात को एक तदर्थ पद देकर ही आरम्भ करता हूँ।

मैं बार-बार कहता आया हूँ, और आज भी दोहराता हूँ, वहीं से आरम्भ करता हूँ, कि अगर कोई वास्तव में कृतिकार है तो उसकी दृष्टि जो कुछ है उसकी कृति में ही दीखनी चाहिए और उसी से उसको पहचानना और ग्रहण करना चाहिए। उसके बारे में जो कुछ वह कहता है, उससे यह तो सम्भव है कि नया कुछ जानने को मिले, लेकिन जो उसने कहा है उसे ज्यों का त्यों स्वीकार नहीं कर लेना चाहिए। उस पर आँख मूँदकर विश्वास नहीं करना चाहिए। मैं स्वयं भी किसी दूसरे के कहे पर नहीं करता। और आपको शुरू में यह चेतावनी देना चाहता हूँ कि मैं अभी आपके सामने जो कुछ निवेदन करूँगा उससे या अपनी 'दृष्टि' के बारे में मैंने जब भी जो कुछ कहा है उससे, आपको नया या उपयोगी कुछ मिलता हो तो ठीक है, लेकिन ज्यों-का-त्यों उस पर विश्वास न कीजिए। यह इसलिए नहीं कि उसमें कोई छल है। दृष्टि के बारे में तो कहीं भी, और खास तौर से जब यह प्रश्न रचनाकार के सामने आता है तो उसके पास, कोई बने-बनाये उत्तर नहीं होते रचनाकार जब-तब जो उत्तर देता भी है वे सब तात्कालिक या आरज़ी उत्तर होते हैं; वास्तव में वे सोचने की प्रक्रिया का एक अंग होते हैं। किसी बात पर पहुँचकर वह उसे बता रहा हो ऐसा नहीं होता—पहुँचने के प्रयत्न में ही वह कुछ कह देता है। इतने से ही उस पर कोई ऐसी लाचारी नहीं आती कि वह उससे बँध जाये। दो दिन बाद अगर आप उससे पूछें कि 'दो दिन पहले तुमने यह कहा था, आज इसके बारे में तुम्हें क्या कहना है?' तो वह यह उत्तर भी दे सकता है कि 'मुझे याद नहीं कि मैंने परसों वह कहा था', यह भी कह सकता है कि 'परसों मैंने वैसा कहा था पर आज नहीं कह रहा हूँ। यहाँ तक कि वह यह भी कह सकता है कि

'परसों मैंने जो कहा था क्या ज़रूरी है कि आज मैं जानता होऊँ ही कि उसका मतलब क्या था?' कवियों ने ऐसे उत्तर दिये भी हैं। एक कवि के बारे में तो प्रसिद्ध ही है कि उससे उसकी एक कविता का अर्थ पूछा गया तो उसने कहा : 'जब मैंने लिखी थी तब दो जन उसका अर्थ जानते थे—एक भगवान् और एक मैं; अब तो सिर्फ़ भगवान् ही जानता है।' यह बात सच भी है। लेकिन आप, जैसा मैंने कहा, इसको ज्यों-का-त्यों मानेंगे तो यह पायेंगे कि यह विश्वसनीय नहीं है, एक अंश में झूठ है। कवि जानता है कि उसका अर्थ क्या है, लेकिन बता नहीं सकता। अगर दूसरे शब्दों में बता सकता तो उन शब्दों में लिखता क्यों जिनमें पहले लिखा था!

फिर भी एक हद तक मैं इस तरह की जिज्ञासा को संगत भी मानता हूँ कि आज के युग में कवि से भी यह प्रश्न पूछा जाये कि उसकी दृष्टि क्या रही है और उस समय क्या है। उसकी कही हुई बातों के सन्दर्भ में उसकी कृतियों की नये सिरे से पहचान करने में भी सहायता मिल सकती है। और नहीं तो इसीलिए कि हम लोग आज एक पूर्वग्रहों-दुराग्रहों से दूषित वातावरण में रहते हैं जहाँ किसी रचना को समझने वाले, मनन करने वाले, लोग कम हैं। अध्यापक लोग भी समझाने का प्रयत्न नहीं करते, समझ को विकृत करने का प्रयत्न अधिक करते हैं। सब अध्यापक जान-बूझकर ऐसा करते हों ऐसा नहीं है, लेकिन वे यह मानकर चलते हैं कि पहले उनको इस पर कोई अन्तिम निर्णय दे देना है कि कृति अच्छी है या बुरी है या कि सच्ची है या नकली है; और समझाने की बात बाद में शुरू होती है। यह प्रचलित विश्वविद्यालयी शिक्षा का एक पहलू है कि हर अध्यापक समझता है कि किसी चीज़ को समझना-समझाना आवश्यक नहीं है, उसके मूल्य पर पहले निर्णय ले लेना आवश्यक है। मैंने कहा कि सब अध्यापक ऐसे नहीं हैं; और कुछ जो यह करते हैं वे जान-बूझकर ऐसा नहीं करते; लेकिन बहुत दूर तक यह होता है।

यह एक दुःखद परिस्थिति है कि कवि अपने वकील भी हो बैठते हैं। ऐसा नहीं होना चाहिए। पर आधुनिक युग की लाचारियों में से—कवि और काव्य दोनों का अहित करने वाली लाचारियों में से—एक है कि आजकल अधिकांश कवि अपने वकील हैं। इस समय कम-से-कम मैं अपने वकील के रूप में पेश नहीं हूँ; अभियुक्त के रूप में ही खड़ा हूँ। लेकिन अभियुक्त के रूप में भी अपनी सफ़ाई तो दे ही रहा हूँ!

अपनी दृष्टि की बात करते हुए भी जब सोचने बैठता हूँ कि किन-किन विषयों की चर्चा हो सकती है और कैसे उनको अलग-अलग किया जा सकता है या किसी क्रम में रखा जा सकता है, तो पाता हूँ कि बहुत से ऐसे विषय हैं जिनमें मेरी रुचि रही है और जिनके बारे में मेरी जिज्ञासा ने और मेरे विचारों ने मेरी रचना को प्रभावित किया है। अगर ऐसा है तो यह प्रश्न उठता है कि क्या उन सब की चर्चा होनी चाहिए या उनमें से कुछ छोड़ दिये जाने चाहिए? अगर कुछ छोड़ता हूँ तो क्या इसको भी एक प्रकार का संकेत नहीं माना जायेगा कि अमुक-अमुक विषयों को मैंने महत्त्व दिया और अमुक-अमुक को छोड़ दिया? क्या इसी को एक दृष्टि नहीं माना जायेगा? अवश्य माना जायेगा! लेकिन ये प्रायः सभी प्रश्न एक-दूसरे से जुड़े हुए हैं। कैसे इनको अलग किया जा सकता है, मैं नहीं समझ पाता हूँ। उदाहरण के लिए मैंने सोचा कि 'यथार्थ' के बारे में मेरी दृष्टि क्या रही उसकी चर्चा करूँ, तुरन्त मैंने पाया कि भाषा की समस्या की चर्चा किये बिना मैं यथार्थ की चर्चा नहीं कर सकता। दूसरी तरफ मैंने पाया कि समाज की चर्चा किये बिना भी नहीं कर सकता; समाज की चर्चा करता हूँ तो फिर समाज की समस्याओं पर चर्चा अनिवार्य हो जाती है; संस्कृति की चर्चा भी अनिवार्य हो जाती है। संस्कृति की चर्चा की ओर बढ़ता हूँ तो धर्म और परम्परा की चर्चा आवश्यक हो जाती है; फिर

दर्शन की समस्याएँ उभर आती हैं; मनुष्य की क्या अवधारणा है उसकी चर्चा आवश्यक हो जाती है। मनुष्य की चर्चा करता हूँ तो स्वाधीनता की चर्चा अनिवार्य हो जाती है; स्वाधीनता की चर्चा करता हूँ तो राजनीति की और समकालीन समाज की, सामाजिक यथार्थ की, चर्चा आवश्यक हो जाती है। इसलिए कहीं से भी आरम्भ करता हूँ तो बहुत से एक-दूसरे से जुड़े हुए प्रश्न सामने आ जाते हैं; कहीं किसी को काटकर अलग रख देना सम्भव नहीं है। लेकिन ऐसी चर्चा की, समय की, मेरी वाणी और लेखनी की शक्ति की—और आप लोगों के धैर्य की भी!—एक सीमा है। इससे इस चर्चा के आयाम अपने आप सीमित हो जाते हैं।

यह जानते हुए कि चर्चा में जो विषय छूट जायेगा या पीछे रह जायेगा उसके बारे में यह समझा जायेगा कि मैंने उसको कम महत्त्व का समझा, मैं समझता हूँ कि मैं आरम्भ करूँगा तो मानव की चर्चा से ही आरम्भ करूँगा और स्वाधीनता की चर्चा से आरम्भ करूँगा। अन्यत्र एकाधिक बार कही गयी बातें दोहराना नहीं चाहता, लेकिन एक बात कहना चाहता हूँ। मनुष्य की स्वाधीनता की चर्चा आरम्भ में इसलिए आवश्यक हो जाती है कि जब मैं कहता हूँ 'मेरी दृष्टि', तो सबसे पहले इस पहले शब्द पर ही अटक जाता हूँ। 'मेरी' का क्या मतलब है? अगर मेरी कोई दृष्टि है तो उस दृष्टि के लिए—या किसी भी चीज़ के लिए—मैं उत्तरदायी तो तभी हो सकता हूँ जब मैं स्वाधीन कर्मी होऊँ। अगर मेरा कर्म स्वाधीन नहीं है तो मैं उसके लिए उत्तरदायी नहीं हूँ! सिर्फ़ स्वाधीनकर्मी होने के दावे के साथ ही मैं यह कह सकता हूँ कि यह 'मेरा' कर्म है। अगर मैं स्वाधीन नहीं हूँ तो जो कुछ है वह मैंने नहीं किया है, चाहे वह मेरे ही निमित्त से हुआ; और जब मैंने नहीं किया तो उसके लिए मैं उत्तरदायी नहीं हूँ। तो उत्तरदायी होने के लिए पहली शर्त स्वाधीन होना है। क्या मैं स्वाधीन हूँ? मैं मानता हूँ कि हूँ।

जिसे हम मानव कहते हैं उसके लिए जापानी भाषा में जो शब्द है उसमें दो धातु हैं और उनको जोड़कर उसका अर्थ बनता है। एक का अर्थ 'मानव' नहीं है, 'मानवीय' है, **मैन नहीं ह्यूमन;** दूसरे का अर्थ है 'मध्यवर्ती'। तो 'मनुष्य' वहाँ नहीं होता, वहाँ 'मानवीय मध्यवर्ती' होता है। जब हम मानव की जापानी संज्ञा **निङ्.जेन** सुनते हैं और उसका अर्थ बताया जाता है 'मानवीय मध्यवर्ती' तब स्वाभाविक है कि यह प्रश्न उठे कि यह मध्यवर्ती किसके और किसके मध्य है? अगर कोई भारतीय और कोई हिन्दू यह अर्थ सुनता है तो अपने संस्कार के अनुरूप वह यह अनुमान करता है कि इसका अर्थ या तो यह होगा कि देवता और पार्थिव के बीच उसकी स्थिति है, ईश्वर के और मिट्टी के; याकि देव और दानव के, ईश्वर और पशु के—इन दोनों के बीच मध्यवर्ती। या वह यह समझेगा कि आकाश और धरती के बीच उसकी स्थिति है—वहाँ वह मानवीय मध्यवर्ती है। लेकिन इस तरह के सभी अनुमान गलत होंगे। किसी जापानी से पूछिए, वह इसका उत्तर यह देगा कि यह तो कोई चिन्ता का विषय नहीं है। मानवीय मध्यवर्ती वह है जो अन्य मध्यवर्तियों और मध्यवर्तियों के बीच मध्यवर्ती है—**ह्यूमन बिट्वीन बिट्वीन अदर ह्यूमन बिट्वीन्स एंड ह्यूमन बिट्वीन्स।** अब आप इस पर थोड़ा विचार करिए तो इसका मतलब यह होता है कि मनुष्य को सत्ता के रूप में स्वीकार न करके पूरी तरह से सापेक्ष कर दिया गया है। मनुष्य है क्या, यह तो पता नहीं। वह दूसरे मध्यवर्तियों के बीच एक मध्यवर्ती है। मध्यवर्ती किसी के और किसके बीच—इसका कोई जवाब नहीं है। मध्यवर्तियों की एक अनन्त परम्परा है; कोई उसका छोर नहीं है।

अगर मनुष्य की ऐसी अवधारणा किसी समाज या किसी संस्कृति में है तो अनिवार्यतया उसके बहुत से परिणाम भी उस समाज में लक्षित लक्षित होंगे। उसका सामाजिक आचरण एक विशेष प्रकार का होगा; और यह जो मध्यवर्ती होने की परिस्थिति है, उसमें हमेशा एक निर्णायक तर्क यह होगा कि

'दूसरे मध्यवर्ती इस कर्म के बारे में क्या सोचेंगे?' इस समाज का होने पर मैं उस अर्थ में 'स्वाधीन कर्मी' कुछ कम हो जाऊँगा जिसकी मैं चर्चा कर रहा हूँ अगर एक मध्यवर्ती का कर्म दूसरे मध्यवर्तियों द्वारा नियन्त्रित और अनुशासित होगा। इसको पश्चिम के नृतत्त्वनेता इस रूप में कहते हैं कि 'जापान की संस्कृति एक शेम कल्चर है', वहाँ पर इस बात का असर बहुत ज़्यादा होता है कि अमुक कर्म के लिए दूसरे क्या सोचेंगे—क्योंकि हर कोई दूसरों और दूसरों के बीच में एक और दूसरा है। ऐसे कोई सनातन मूल्य हों जिनके आधार पर वह कह सके कि मेरा यह कर्म सही है या ग़लत है, यह बात कुछ नीचे हो जाती है, यही बात प्रधान हो जाती है कि इस मध्यवर्ती जैसे दूसरे मध्यवर्तियों के बीच इसका मध्यवर्तित्व कैसा, क्या होगा।

दूसरी तरफ़ अगर मैं देखता हूँ कि पश्चिम की संस्कृति में मानव क्या है और सोचता हूँ कि उसकी 'ईश्वर के बेटे' या ईश्वर के बेटे की प्रजा के रूप में परिकल्पना की गयी है, तो स्वाधीनता की एक दूसरी अवधारणा सामने आती है। कर्म कहाँ तक 'स्वाधीन' है और उत्तरदायित्व का क्या रूप होता है, इसकी अवधारणा और परिभाषा बिल्कुल बदल जाती है। अब बिना इस प्रश्न को उठाये कि इन दोनों में से कौन-सा सच है, या कौन-सा नहीं है, इतना कहना यहाँ पर पर्याप्त है कि मैं जानता हूँ कि यह एक परिभाषा भी आज का सभ्य, समृद्ध, सम्मान्य देश और समाज में प्रचलित है और वह दूसरी परिभाषा भी बहुत देशों के समूह में, ऐसे सभ्य, संस्कृत, सम्पन्न देशों के समूह में जिनकी ओर हम आँख उठाकर देखने के आदी हैं, प्रचलित है। लेकिन यहाँ की, भारत की परम्परा में पला हुआ मैं, जब यह सोचता हूँ कि 'मैं कौन हूँ', या 'मनुष्य क्या है', याकि स्वाधीनता का क्या अर्थ है, तब इन दोनों दृष्टियों को ध्यान में रखते हुए भी मेरे सामने एक तीसरे वर्ग की चिन्ता आती है। क्योंकि मैं कर्ता हूँ, अतः जो मैं करता हूँ वह मैं ही करता हूँ; पर कहाँ पर यह कहाँ तक मेरा कर्तृत्व निर्दिष्ट है? और ऐसी कोई मर्यादा है तो उसे ध्यान में रखते हुए कहाँ तक उस कर्म के लिए उत्तरदायी हूँ? यों एक तीसरे उत्तर तक मैं पहुँच जाता हूँ।

यहाँ से आगे बढ़ने से पहले मैं संकोच के साथ और क्षमा-याचनपूर्वक कुछ अधिक व्यक्तिगत चर्चा करना चाहता हूँ। मैंने कहा कि व्यक्तिगत चर्चा प्रासंगिक नहीं होती और जहाँ तक उससे बचा जाये अच्छा ही होता है; तब यहाँ इसके बावजूद क्यों यह चर्चा कर रहा हूँ यह भी स्पष्ट करूँगा।

मेरा जन्म उत्तर प्रदेश के—उसे एक कस्बा भी नहीं कह सकता, गाँव भी नहीं कह सकता—खँडहर के पास एक खेत में हुआ। मेरे पिता प्राचीन इतिहास और संस्कृत के पण्डित थे; पुरातत्त्व में उनकी रुचि भी थी और उनका काम भी पुरातत्त्व सम्बन्धी खोज का था। कुशीनगर की खुदाई वह करवा रहे थे कि वहीं शिविर के निकट मेरा जन्म हुआ। वहाँ खँडहरों के सिवा कुछ नहीं था। उसके बाद थोड़ा समय हिन्दी-भाषी प्रदेश में बिताने के बाद, मेरा अधिकांश जीवन हिन्दी प्रदेश से बाहर बीता, हिन्दी समाज से बाहर बीता। बल्कि यह कहना चाहिए कि किसी भी समाज से बाहर बीता। क्योंकि पिता का काम पुरातत्त्व का था, वह लगातार एक खँडहर से जाकर दूसरे खँडहर में खोजते रहते थे। इतना अकेला रहना उन्हें अच्छा नहीं लगता था इसलिए परिवार के जितने भी सदस्य हों उनके साथ जंगलों में, खँडहरों में घूमते थे। कहीं थोड़े दिन के लिए समाज मिलता भी था तो उसे समाज कहना एक विशिष्ट अर्थ में ही संगत था : पिता के कुछ 'समान शील व्यसनी' उसमें होते भी तो हमारे लिए आत्मीयता की सम्भावना नहीं बन पाती थी—उदाहरण के लिए कुछ समय नालन्दा की खुदाई करवाने के साथ-साथ पिताजी पटना संग्रहालय के निदेशक भी रहे, पटना में भी रहने का सुयोग हुआ। यों

शहर में रहना तो हुआ, लेकिन आप सोच सकते हैं कि जो निरन्तर स्थान बदलता रहता है उसके लिए समाज का अर्थ क्या होता है और जो किसी एक ही समाज में आरम्भ से जन्मा, पला, शिक्षित हुआ उसका समाज क्या होता है। तो मैं जिस अर्थ में आउटसाइडर की चर्चा होती है उस अर्थ में नहीं, पर वस्तुतः अपने 'समाज' में आउटसाइडर रहा। लेखकीय संवेदन के नाते नहीं, वास्तव में मेरी स्थिति यह रही कि किसी भी समाज से उस तरह की एकात्मकता नहीं हुई जैसी किसी घर-परिवेश के साथ उस आदमी की होती है जो उस घर-परिवेश के अन्दर रहता है। मैंने घर के अन्दर जब-तब रहते हुए भी उस घर को बाहर से देख-देख कर ही पहचाना। यह नहीं है कि वह भी एक पहचान नहीं होती; घर को बाहर से भी देखकर उसकी एक पहचान होती है और घर के भीतर रहकर भी एक पहचान होती है—पर दोनों अलग-अलग होती हैं और अलग-अलग ढंग की छाप छोड़ती हैं।

फिर मेरी शिक्षा पिता जी के स्थानान्तरण के साथ-साथ कुछ दक्षिण भारत में हुई, कुछ कश्मीर में हुई। न तो यह हिन्दी प्रदेश था, न वहाँ मेरा कोई अपना समाज था। परिवार की पहचान तो मुझे थी, लेकिन परिवार के आगे समाज की पहचान के अवसर मुझे कम मिले। क्योंकि आस-पास कुछ और लोग भी रहते हैं—अलग-अलग समाजों के सदस्य—इतने-भर से समाज नहीं बनता। मेरे पाठक के नाते आपका मूल भाव मेरे प्रति विरोध का ही हो, तो आप इस स्वीकारोक्ति पर कहेंगे कि 'अब समझ में आया कि क्यों यह व्यक्ति आरम्भ से असामाजिक प्राणी रहा है', वैसा भाव न हो तो आप सोचेंगे कि 'इस व्यक्ति की कुछ सीमाएँ भी रहीं, जैसी औरों की भी होती हैं'। और अगर आपका मनोभाव सहानुभूति का हो तो आप यह भी देख सकेंगे कि इस परिस्थिति से अपने समाज को देखने की एक तरह की तटस्थता मुझे मिली। इतना ही नहीं, आप शायद यह भी देख सकेंगे—और अगर देखें तो इसे मैं अपना सौभाग्य समझूँगा—कि निस्संग और तटस्थ दृष्टि की इस सम्भावना का मैंने कुछ उपयोग भी किया।

इस परिस्थिति का एक और लाभ मुझे मिला : भाषा के सम्बन्ध में दुराग्रहों से मैं अपेक्षया मुक्त रहा। एक तरह से मेरी भाषा में सीमा और विशेषता भी आप पहचान सकते हैं। आरम्भ से मेरी शिक्षा हिन्दी में हुई—उस हिन्दी में जिसका मैं इस समय उपयोग कर रहा हूँ : जिसमें पुस्तकें लिखी जाती हैं। आरम्भ से ही, घर में भी, यही भाषा बोली जाती थी। 'बोली के रूप में भी वही भाषा थी जो अध्ययन-विवेचन की भी भाषा थी, जो पुस्तकों में भी मिलती थी। ऐसे बहुत कम लोग होंगे जिनकी परिस्थिति ऐसी रही होगी। आम तौर पर हिन्दी के आज जो लेखक हैं वे घर पर एक 'बोली' बोलते हैं—वह बोली हिन्दी की भी हो सकती है या दूसरी भी—पर विचार-विमर्श के लिए दूसरी और 'साधु' भाषा से काम लेते हैं। वे संस्कृत या अंग्रेजी में सोचते हैं और हिन्दी में लिखते हैं। यह बहुत बड़ी कठिनाई हममें से अधिकांश लोगों के साथ है। मैंने कहा कि मेरा सौभाग्य रहा—सौभाग्य की सीमा होती है और सीमा में एक सौभाग्य होता है, और दोनों मुझे मिले—कि मैं आरम्भ से हिन्दी बोलने, हिन्दी में सोचने और हिन्दी में लिखने वाला रहा—पर यह सभी साधु हिन्दी में। आज भी हिन्दी जब बोलता हूँ तो एक तरफ़ कह सकता हूँ कि सहज भाव से, बिना अटक या मानसिक अनुवाद के, बोलता हूँ; दूसरी तरफ़ यह बात भी उतनी ही सच होगी कि यह हिन्दी 'साधु' साहित्यिक भाषा है, 'सहज' भाषा नहीं है। मेरे लिए सहज होकर भी नहीं, क्योंकि भाषा की कसौटी तो समान है।

जिस समाज में मैं रहता हूँ उसकी पहचान भी मैंने बाहर से की है बहुत-सी चीज़ें जो कि मैं ज़ानता हूँ, जो मेरे आस-पास के लोगों को समाज के अंग और व्यवहार के रूप में नियन्त्रित करती हैं, मेरे ऊपर कभी हॉवी नहीं हुईं। उनसे जो तनाव पैदा होता है, जिसे मैं आस-पास देखता हूँ, जिसे

इसलिए 'सच' मानता हूँ, और जिसकी पहचान करना आवश्यक समझता हूँ, उसका मेरे लिए अपने जीवन में महत्त्व कभी नहीं हुआ। मैं समाज में काफ़ी निर्लिप्त व्यक्ति के रूप में रह सका। उदाहरण के लिए जात-पाँत के बन्धन–मैं जानता हूँ कि ये हमारे समाज में एक प्रबल सत्ता हैं : पर मैंने अपने को उनसे बँधा हुआ कभी नहीं पाया या माना। बड़ी आसानी से मैं वे सारे नियम तोड़ सकता हूँ : तोड़ता आया हूँ और कभी 'तोड़ने' की नौबत नहीं आयी क्योंकि जो बन्धन मुझे बन्धन-सा अखरा ही नहीं उसे मैंने 'तोड़ा' भी क्या, वह तो अनहोना ही रह गया! और उतनी ही आसानी से, उतने ही निर्द्वन्द्व भाव से, मैं जिस समय में हूँ उसके कुछ नियम शिष्टाचार या शालीनतावश मानने लायक जान पड़ने पर उनको मान भी लेता हूँ : इसको लेकर मन में कोई ग्लानि या अवसाद या अपराध का बोध भी नहीं होता और ऐसे नियम तोड़ने पर भी कोई अपराध का भाव, चिन्ता या तनाव नहीं होता। लेकिन अगर कोई कहे कि मेरे साहित्य में कोई 'होरी' नहीं है, तो होरी का न होना स्वाभाविक है; उससे उस तरह का सम्बन्ध मेरा हो ही नहीं सकता था जैसा कि प्रेमचन्द का गोदान के होरी के साथ हो सकता था। लेकिन दूसरी तरफ़ प्रेमचन्द का कोई वास्तविक सम्बन्ध मालती या मेहता के साथ नहीं हो सकता था और नहीं हुआ जबकि मेरा हो सकता था। उस वर्ग के प्रेमचन्द के चरित्र कोई भी मुझे विश्वसनीय नहीं जान पड़ते। वे चरित्र उनके समाज के उस तरह के अंग नहीं थे जैसे वे मेरे समाज के अंग थे। उनकी भाषा, उनके सोच का ढाँचा कुछ अलग प्रकार का होता था और उसकी पहचान प्रेमचन्द को नहीं थी। यह मैं उनके साहित्य की पहचान के सन्दर्भ में ही कह रहा हूँ। इसमें न उनके प्रति कोई निन्दा का भाव है, न आत्मप्रशंसा का। मैं केवल उनकी और अपनी परिस्थितियों के साथ इस बात को जोड़ रहा हूँ कि कुछ ख़ास तरह की पहचान मेरे लिए सम्भव थी क्योंकि एक खास तरह की दूरी या तटस्थता मुझे सुलभ थी और एक दूसरी तरह की पहचान उनके लिए सम्भव थी क्योंकि एक ख़ास तरह की निकटता उनको सुलभ थी जो कि मेरे लिए सम्भव नहीं थी।

ये निजी बातें कहना मैंने इसलिए उचित और आवश्यक समझा कि निरन्तर, जबसे मैंने लिखना आरम्भ किया, और वह भी हमेशा हिन्दीतर भाषा के वातावरण में, हिन्दीतर भाषा के समाज में रहते हुए, तो यह प्रश्न मेरे सामने हमेशा रहा कि एक जीवन्त भाषा की, रचना की भाषा की, पहचान मुझको कैसे होगी, उसका उपयोग मैं कैसे कर सकूँगा, उसे कैसे जी सकूँगा? यौं आप कहें तो भाषा के बारे में एक अतिरिक्तता सतर्कता भी मुझमें रही। यह संकट लगभग कभी नहीं रहा कि जो हिन्दी में लिखता हूँ उसका एक छोर हिन्दी की या दूसरी किसी भाषा की किसी 'बोली' के चौखटे से बँधा लगता है। बल्कि थोड़ा-सा संकट दूसरी तरफ़ से हुआ : अन्विति या संरचना में अंग्रेज़ी के चौखटे का वह कुछ प्रभाव हो सकता है। पर भाषा की चेतना थी तो इधर भी सतर्कता थी। जो हो, आप उरा भाषा की ओर देखें तो आप पायेंगे कि जो लोग 'बोली' से हिन्दी में आते हैं उनकी भाषा में–अगर वे अंग्रेज़ी भी जानते हैं और अंग्रेज़ी में सोचते रहे हैं तो–अंग्रेज़ी वाले चौखटे का प्रभाव उससे कुछ अधिक ही होता है क्योंकि उनके लिए बीच की भाषा–जो वे लिख रहे हैं–वह दो तरफ से आक्रान्त होती है, जबकि मेरे लिए वह थोड़ी-सी एक ही तरफ़ से आक्रान्त होती है। जब मैं अपने समकालीनों को, अच्छे हिन्दी पढ़े-लिखे लोगों को–देखता हूँ, पाता हूँ कि वाक्य-रचना में जहाँ वे अनुवाद नहीं भी कर रहे हैं, वहाँ भी उनके वाक्यों में निहित अंग्रेज़ी ही होती है। और जब वे अनुवाद नहीं कर रहे हैं, हिन्दी ही लिख रहे हैं, तब भी स्वयं उनको यह बात खटकती नहीं–और मुझे यह फ़ौरन खटक जाती है। हालाँकि मैं अनुवाद का काम उनकी अपेक्षा कहीं अधिक करता हूँ–अंग्रेज़ी से हिन्दी और हिन्दी से अंग्रेज़ी दोनों।

उसका कारण यही है, जैसा मैंने कहा, कि एक संस्कारयुक्त हिन्दी में ही मैंने पहले-पहल बोलना सीखा, उसी में सोचना सीखा। तो हिन्दी का संस्कार मेरा इतना गहरा था कि मातृभाषा का जो प्रभाव लिखी-पढ़ी भाषा पर होता है या एक चिन्तन-विवेचन की और उपार्जित भाषा का जो प्रभाव होता है, उन दोनों के दबावों को ज़्यादा आसानी से पहचान सका और उन दोनों से ज्यादा आसानी से अपने को बचाये रख सका।

भाषा की चर्चा कर रहा हूँ तो एक बात और भी कहना चाहता हूँ। मैंने कहा है और लिखा है कि भाषा अस्मिता के साथ जुड़ी हुई होती है। अभी दो दिन पहले एक सभा में 'भाषा की अस्मिता' पर कुछ विचार हो रहा था तो मैंने कहा था कि भाषा की अस्मिता के साथ-साथ हमें 'अस्मिता की भाषा' पर भी विचार करना चाहिए। कितनी गहराई में हमारी अस्मिता, हमारी अपनी पहचान, हमारी अपनी भाषा के साथ जुड़ी हुई होती है और कितने गहरे में हमारी भाषा इस बात से प्रभावित होती है कि किस भाषा में हम अपने को पहचान रहे हैं और उस पहचान में से कौन-सी भाषा निकल रही है। यह सम्बन्ध हमारी भाषा को भी निरूपित और नियन्त्रित करता है और हमारी अपनी पहचान को ही प्रभावित नहीं करता बल्कि यथार्थ को हमारी पहचान को भी प्रभावित करता है। अगर यथार्थ को पहचानने वाला मैं हूँ और उस 'मैं' की पहचान भाषा के साथ बँधी हुई है, तो स्वाभाविक है कि यथार्थ की पहचान भी भाषा के साथ बँधी हुई हो।

इस सुविधा और सौभाग्य के बावजूद कि मैं शुरू से ही हिन्दी का व्यक्ति रहा, मैं यह समझता रहा कि भाषा अस्मिता के साथ जुड़ी हुई है और मेरी भाषा आक्रान्त नहीं है। 'हिन्दी को खतरा है, हम उसे बचायें'—यह नारा मेरी समझ में कभी नहीं आया। 'हमें ख़तरा है जिससे हिन्दी हमें बचा सकती है'—यह बात ज्यादा सही जान पड़ती रही। भाषा इसलिए आक्रान्त है कि अस्मिता आक्रान्त है। बार-बार हमारे सामने यह प्रश्न आता है कि हम हैं कौन? भाषा के बारे में हमें चिन्ता होती है तो केवल इसलिए नहीं कि भाषा आक्रान्त है। भाषा भी एक तरह आक्रान्त है, पर वह संकट दूसरे प्रकार का है। आज भाषा पढ़ने-लिखने-बोलने वाले जितने हैं उनकी अपेक्षा ज़्यादा समर्थ और ज़्यादा सत्ता-सम्पन्न वे लोग हैं जो 'भाषा' बनाने वाले हैं—और जो भाषा को बनाते-बनाते भाषा समाज को बना रहे हैं! लेकिन 'हम कौन हैं', इस सवाल का जवाब इन भाषा बनाने वालों पर निर्भर नहीं है, इनसे अलग है। फिर भी जवाब बार-बार हमारे लिए सन्दिग्ध हो जाता है, और इसलिए भाषा के सम्बन्ध में हमको नाना प्रकार की चिन्ताएँ होती हैं। और अगर उस स्तर पर हमें सन्देह नहीं होता या दुश्चिन्ता नहीं होती, तो भाषा के बारे में भी हमें कोई चिन्ता नहीं होती, नहीं होनी चाहिए। जिसे मैंने हिन्दी कहा—चाहें तो विशेषण जोड़कर उसे 'परिनिष्ठित' या 'साधु' हिन्दी भी कह सकते हैं—उसमें चालीस-एक भाषाओं के शब्द हैं। हम जानते भी नहीं कि अधिकतर जिन शब्दों से हमारा काम चलता है उनमें कितने हिन्दी के क्षेत्र के बाहर से आये हैं बल्कि भारत से भी बाहर से आये हैं; विदेशी मूल के शब्द हैं और हमारी भाषा में ऐसे खप गये हैं कि हम उन्हें अलग पहचान नहीं सकते। अगर कोई कहता है कि अमुक शब्द बाहर का है तो हम चौंकते हैं और एकाएक हमें विश्वास भी नहीं होता। जैसे हम पहनावे से ही आरम्भ करें तो जो कुछ हम पहनते हैं उसके नाम प्रायः विदेशी हैं। एक धोती नाम ही भारतीय या संस्कृत मूल का है और एक साड़ी शब्द जो संस्कृत मूल का है। बाकी जो भी हमारा पहनावा है, हमारी कल्पना में चाहे देशी हो या विदेशी, सबके नाम बाहर के हैं—यानी सब पहनावा पराया है! लेकिन फिर भी उसको लेकर हमें अस्मिता के मामले में कोई संकट नहीं जान पड़ता रहा—इधर हाल तक।

पर इधर लेखकों में भी ऐसे लोग हो गये हैं जिनको अपने को भारतीय कहने में भी झिझक होती है; जो कहते हैं कि मेरे लिए इस बात का कोई महत्त्व नहीं कि मैं भारतीय हूँ या नहीं हूँ, जो कहते हैं कि इस बात का भी कोई महत्त्व नहीं कि मैं भारत की किसी भाषा में लिखता हूँ या बाहर की भाषा में लिखता हूँ; जो मानते हैं कि इस सबसे कोई कठिनाई उनके सामने नहीं आती। वे नहीं देखते कि यही कितनी बड़ी कठिनाई है कि वे कठिनाई के बोध से भी परे चले गये हैं!

लेकिन मैं भाषा की चर्चा करके भाषा तक ही सीमित नहीं रह जाना चाहता, क्योंकि एक कृतिकार के लिए इतना ही काफ़ी नही है। मैंने कहा कि भाषा के साथ अपनी पहचान का प्रश्न जुड़ा हुआ है और यथार्थ की पहचान का भी प्रश्न जुड़ा हुआ है। आज के सभी लेखक अपने को यथार्थ के लेखक मानते हैं। मैं भी मानता हूँ। लेकिन असल प्रश्न यह मान लेने के बाद आरम्भ होता है। क्योंकि मान लेने के बाद हम पाते हैं कि सब के अपने-अपने अलग यथार्थ हैं लेकिन भाषा सब की एक है। भाषा मूलतः वह चीज होती है जो एक और अनेक के बीच एक समान् प्रतिज्ञा पर निर्भर होती है। हम लोग आम तौर पर अपने सामाजिक प्रयोजनों के लिए भाषा से काम लेते हैं। निजी प्रयोजनों में से अधिकतर ऐसे हैं जो कि बिना भाषा के सिद्ध हो जाते हैं। क्योंकि दूसरों से जो प्रयोजन होता है उसके लिए भाषा काम आती है, इसलिए दो पक्षों में कुछ समान कन्वेंशन या प्रतिज्ञा या 'समय' उसके लिए अनिवार्य होता है। लेकिन यह जो हमारे लोकव्यवहार की भाषा होती है, रचनाकार उस भाषा से आरम्भ तो करता है, लेकिन—उसको कभी नकारे बिना—उसकी सीमा में बँधा नहीं रहता। उसकी शब्दावली वही होती है, उसके व्याकरण के नियम वही होते हैं, कभी-कभी कुछ थोड़ा-बहुत व्यतिक्रम होता है लेकिन व्यतिक्रम के भी नियम होते हैं और प्रायः वही जो दो पक्षों के बीच जाने हुए हैं। पर लेखक को इससे आगे भी जाना होता है; और जब जाना होता है तो वह उन शब्दों का भी उपयोग करता है जिनके बारे में कोई समान प्रतिज्ञा नहीं है। और जाने हुए शब्दों का भी 'समय' के बाहर 'नया' उपयोग करता है। जब ऐसा होता है, जहाँ होता है, वहाँ सम्प्रेषण की कठिनाई आती है। यह सम्भव है कि कवि किसी शब्द को जो नया उपयोग कर रहा है, नये अर्थ के लिए उस का प्रयोग कर रहा है, वह अर्थ दूसरे तक पहुँचे—और यह भी सम्भव है कि न पहुँचे। जब पहुँचता है ता हम समझते हैं कि कवि ने भाषा को समृद्धतर बनाया, उस शब्द को एक नया अर्थ दिया। एक बार उस नये अर्थ को और उसकी इस सम्भावना को हम पहचान लेते हैं तब वह हमेशा के लिए उस शब्द के साथ जुड़ जाती है, दो पक्षों के बीच हमारी जो समान प्रतिज्ञा है, उसमें थोड़ी-सी वृद्धि भी हो जाती है। उसके बाद कोश भी कह सकते हैं कि इस शब्द से यह अर्थ भी निकाला जा सकता है; और जो ऐतिहासिक कोश में हैं वे इसका भी सोदाहरण उल्लेख कर देते हैं कि पहले-पहल अमुक व्यक्ति ने इस शब्द का इस अर्थ में प्रयोग किया था। तो यों निरन्तर अर्थ-वृद्धि होती रहती है और नये अर्थ समान प्रतिज्ञा में सम्मिलित होते जाते हैं। फिर उसके बाद और कवि आते हैं जो थोड़ा और आगे बढ़ते हैं।

जहाँ ऐसा विशिष्ट प्रयोग सफल नहीं होता, वहाँ कवि क्रमशः एक 'निजी' भाषा की तरफ़ बढ़ता है। सम्प्रेषण कठिन और कठिनतर होता जाता है। कवि समझता है कि एक नया अर्थ जो मुझे दीखता है उसे दूसरे तक पहुँचाने के लिए भाषा में शब्द नहीं हैं, या समान प्रतिज्ञा नहीं है, तो या तो मैं नया शब्द गढ़ूँ, या एक प्रचलित शब्द जो उसके निकटतम आता है, एक विशिष्ट सन्दर्भ में रख उससे नया अर्थ निकालूँ। या विशेष प्रकार की ध्वनियों से या और किसी भी साधन से उस शब्द की अर्थवृद्धि करूँ। और ऐसा ही वह करता है। पर, हमेशा वह सफल नहीं होता। जहाँ वह असफल होता है वहाँ

सम्प्रेषण की कठिनाइयाँ खड़ी होती हैं और एक निजी भाषा पैदा होती है। लेकिन जिन कारणों से कोई कवि निजी, दुरूह-दुर्बोध या अबूझ भाषा का संकट झेलता है, वे कारण रचना-धर्मिता के साथ अनिवार्य रूप से जुड़े हुए हैं। अगर हम 'प्रयोजनवती' भाषा को अपनी अन्तिम सीमा मानकर उसी भाषा में, उन्हीं अर्थों के भीतर उसी 'समय' में रचना करते हैं तो फिर आवृत्ति ही आवृत्ति होती है; नयी रचना नहीं होती, न शब्दों का नया संस्कार होता है और न हमारे संवेदन की क्षमता बढ़ती है। अच्छी कविता का काम है संवेदन की क्षमता बढ़ाना, मनुष्य की अपनी भी नयी रचना करना।

आज हम सब लोग जो लिखते हैं या लिखना चाहते हैं, इस संकट की स्थिति में हैं। यथार्थ की पहचान इस संकट के साथ अनिवार्य रूप से जुड़ी हुई है। अभी मैंने कहा कि 'सब के यथार्थ अलग-अलग हैं'; इस बात के कई अर्थ और कई अनर्थ हो सकते हैं। जैसे भाषा में एक समान प्रतिज्ञा है और यही बुनियाद है, उसी तरह यथार्थ में भी एक समान रूप है, एक स्तर पर सब लोगों के यथार्थ एक-जैसे हैं, और उससे आगे हर-एक का अपना अद्वितीय यथार्थ होता है। हम जानते हैं कि सुई चुभने से दर्द होता है। यह उसका एक साधारण पक्ष है। लेकिन मेरी उँगली में जब सुई चुभती है तब मुझे जो दर्द होता है वह उसका अद्वितीय पक्ष होता है और उसके कई कारण हैं। एक यह तो है ही कि मेरा संवेदन उसको ग्रहण कर रहा है। आप सहानुभूति के आधार पर अनुमान तो कर सकते हैं वह दर्द 'कैसा' होगा क्योंकि उससे मिलता-जुलता दर्द उसी परिस्थिति में आपको भी हुआ है, लेकिन वह दर्द अपने आप में क्या है यह आप नहीं जानते। लेकिन इस बात की सच्चाई मानकर भी हम कह सकते हैं कि इस तरह की चर्चा से हम कहीं आगे नहीं जाते। लेकिन उसका एक दूसरा पहलू भी है। मेरा दर्द सिर्फ़ इसलिए अद्वितीय नहीं है कि वह इस एक जीव-संरचना का दर्द है जो सब दूसरों से आत्यन्तिक रूप से अलग है, समान होते हुए भी अलग है। बात इससे अधिक भी है : अद्वितीयता का एक सिलसिला है। मुझको जब दर्द होता है, चोट लगती है, तो उससे पहले जितनी बार मुझको दर्द हुआ है, जितनी बार चोट लगी है उस प्रत्येक बार की याद, उसकी एक अनुगूँज उसमें होती है। आपको जब उसी परिस्थिति में वैसी ही सुई चुभती है तब भी क्रम तो वही होता है लेकिन आपको दूसरी चोटें, दूसरे दर्द, दूसरे कालों में, दूसरी परिस्थितियों में, याद आते हैं। कब किसने देखा था, किसने सहलाया था या कौन हँसा था—स्मृति-संस्कारों की शृंखला में एक-सी घटना का रूप और मूल्य कितना बदल जा सकता है! तो इसलिए उस एक अनुभव की संरचना आपके लिए जो होती है वह आपके लिए अद्वितीय होती है और जो मेरे लिए होती है वह मेरे लिए अद्वितीय होती है। तो जीव मात्र की किसी भी अनुभूति के साथ एक जो वृत्त-संरचना अपनी गूँज और अनुगूँज देती है वह हर किसी के जीवन में हर घटना के साथ अलग होती है। इसलिए इस समान आधार पर एक-सी घटना भी हर किसी के लिए अद्वितीय होती है। इसलिए मैंने कहा कि हर किसी का हर अनुभव अद्वितीय होता है—इसके बावजूद कि लोग सब एक-से होते हैं। और साहित्यकार जो एक-सा है उसको आधार मानकर, उस पर खड़े होकर जो हर चरित्र के लिए अद्वितीय है उसकी पहचान कराता है। हर अच्छा साहित्य यह करता है। और उस पहचान के बाद जिसको वह पहचान होती है वह भी थोड़ा बदल जाता है और पहचानता है कि मैं बदल गया हूँ, मेरे संवेदन का कुछ थोड़ा-सा विस्तार हुआ, एक नयी दिशा में अनुभव करना मेरे लिए सम्भव हुआ। जो साहित्य ऐसा नहीं करता उससे हमारा मनोरंजन तो हो सकता है, तत्काल हम उसे बड़ी रुचि से पढ़ सकते हैं, आसानी से समझ भी सकते हैं, लेकिन अगर उसने हमारे संवेदन को बढ़ाया नहीं, हमारी अपनी पहचान को थोड़ा विस्तृत नहीं किया तो उसे हम महान् साहित्य नहीं

मानते। यथार्थ की पहचान के साथ यह एक प्रश्न जुड़ा हुआ है।

यथार्थ की चिन्ता हमारे साहित्य में तभी से चली आयी है जब से शब्द और अर्थ के सम्बन्ध का विस्तार हुआ है। अर्थात् आरम्भ से ही चली आयी है क्योंकि शब्द की सत्ता का विचार आरम्भ से ही रहा है। लेकिन आज हम यथार्थ की चर्चा उस अर्थ में नहीं करते जिस अर्थ में प्राचीन काल में होती थी। बल्कि आज तो यह भी कह सकते हैं कि यथार्थ शब्द से वे चीज़ें भी हमारे सामने नहीं आतीं जो सौ-पचास वर्ष पहले आती थीं। आज इस शब्द का सम्बन्ध अर्थ और अर्थवत्ता से बहुत कम रह गया है और स्थूल भौतिक तत्त्वों से ही वह बँध गया है—भौतिक वस्तु से, उससे हमारे सम्बन्ध से और उस सम्बन्ध से उत्पन्न होने वाले कार्य-कारणत्व से। इस चिन्ता-धारा की हमारी परम्परा में कमी थी और उसका यहाँ प्रगट होना उपयोगी होता। लेकिन उसने क्रमशः और सभी चिन्ताधाराओं को दबा दिया—और वह तर्क के बल पर उतना नहीं जितना आग्रह के बल पर। इससे हमारे चिन्तन-जगत् को गहरी क्षति पहुँची है और हमारा आलोचना-साहित्य बहुत छिछला हो गया है। सतह और सतही संरचना का महत्त्व उस चिन्तन और आलोचना में बहुत अधिक है और भीतरी संरचना अथवा आभ्यन्तर सत्ता की कोई भी चर्चा सन्दिग्ध हो गयी है—सिवाय भौतिक पदार्थ की ही आभ्यन्तर संरचना के।

इस विषय पर मैं पहले भी कई बार चर्चा कर चुका हूँ और अपनी बात दोहराना नहीं चाहूँगा। यहाँ इतना संकेत काफ़ी है कि मेरे चिन्तन में यह बात भी रही है।

यथार्थ की कलात्मक अभिव्यक्ति के और भी पहलू हैं। यथार्थ को हम केवल बाहरी यथार्थ तक सीमित रखें या आभ्यांतर तत्त्वों को भी महत्त्व दें? कला में यथार्थ का रूप दूसरा होता है और एक ही सम्यक् अभिव्यक्ति के लिए दूसरे का आविष्कार कला की सनातन समस्या है। एक समय था जब इन प्रश्नों के चिन्तन में यह देश सबसे आगे था। अतीत की पूजा से कोई लाभ नहीं है; फिर भी खेदपूर्वक यह तो स्वीकार करना होगा कि अब हम न केवल अपनी दृष्टि से मौलिक चिन्तन नहीं करते, बल्कि उससे कतराते हैं और पश्चिम से जो कुछ मिल जाये उसी के सहारे चलना श्लाहय समझते हैं। बल्कि इतना ही नहीं—पश्चिम में भी कई मौलिक चिन्ता-धाराएँ बहती रही हैं और आज भी बहती हैं, लेकिन मने उनमें से केवल एक को इस तरह अपने ऊपर हॉवी हो जाने दिया है कि दूसरों की उपलब्धियों से परिचित होते हुए हम घबराते हैं। जो कुछ थोड़ा-बहुत परिचय हमें मिलता रहा है वह इसलिए कि दूसरे विद्या-क्षेत्रों के कुछ लोग अधिक व्यापक दृष्टि से अध्ययन करते रहे हैं और उन्हीं के माध्यम से लाये हुए विचार जब-तब हिन्दी आलोचक और अध्यापक तक पहुँच जाते हैं।

समाजशास्त्र और नृतत्त्व के अध्ययन ने संस्कृति और परम्परा के बारे में हमारे चिन्तन को काफ़ी विस्तार दिया है। इन क्षेत्रों में जो ग़ैर-मार्क्सी चिन्तन हुआ है वह भी मार्क्सवादी चिन्तन के साथ-साथ हम तक पहुँचता रह सका है, इस बात से हमें लाभ ही हुआ है। स्वयं अपनी बात कहूँ तो इस सम्बन्ध में मार्क्सवादी चिन्तन को अपर्याप्त पाकर ही मैंने दूसरी दार्शनिक परम्पराओं का भी अध्ययन किया। और फिर उन सब को एक तरफ़ रखकर भारतीय चिन्ता-धारा से चिन्ता-धाराओं से परिचय पाने का भी प्रयत्न किया। इन मानस-यात्राओं से मैं तो समझता हँ कि मुझे लाभ ही लाभ हुआ। मैं अपने को भारतीय मानता और पहचानता हूँ और इसमें मुझे एक गौरव का भी बोध होता है, जो ऐसा नहीं है कि उदारता का शत्रु हो या कि दूसरी संस्कृतियों के वृत्त में रहने वालों के प्रति मुझे असहिष्णु बनाये।

मैं अपने को 'हिन्दू' कहना आवश्यक नहीं समझता क्योंकि यह नाम मध्य काल में दूसरों के द्वारा अवज्ञा के भाव से दिया गया। लेकिन जिसे धर्म कहा गया उसकी परिधि में रह सका हूँ तो अपने को

धन्य ही मानता हूँ। किसी मतवादी रूढ़ि से अलग धर्म की उद्भावना मैं संसार को भारतीय चिन्तन की बहुत बड़ी देन मानता हूँ। यह इसके बावजूद कि आज मेरे समकालीन इसकी उपेक्षा करते हैं और धर्म ने जिस संकीर्णता को सम्पूर्णतया अस्वीकार किया था उसी संकीर्णता के सहारे अपनी धार्मिकता की कसौटी करते हैं। संसार के किसी धर्म ने मनुष्य के मानस को उतनी स्वाधीनता का वातावरण नहीं दिया जितना भारतीय धर्म ने; किसी ने स्वस्थ जीवन की उतनी गहरी नींव नहीं डाली जितनी भारतीय धर्म ने। अवश्य ही इस समझ तक पहुँचने में मुझे समय लगा और यह भी नहीं है कि यात्रा में मैंने ठोकरें नहीं खायीं। लेकिन यहाँ तक पहुँचकर मुझे जो सुख मिला है उसे वे ही लोग समझ सकते हैं जो निष्ठापूर्वक तीर्थयात्रा करके घर लौटते हैं।

मैं जानता हूँ कि विश्वास-सम्बन्धी यह स्वाधीनता ही भारतीय धर्म की एक समस्या भी है। स्वाधीनता सब को नहीं सुहाती और अपनी सीमाएँ बाँध लेने में लोगों को सुरक्षा दीखती है। अन्य सभी धर्म विश्वास के कुछ नुक्ते सामने रख देते हैं। उन पर विश्वास करने वाला धर्मवान् व्यक्ति माना जाता है और उन पर विश्वास न करने वाला 'काफ़िर' या इनफ़िडल। इसका दूसरा पक्ष यह है कि जो लोग चाह कर भी इन नुक्तों पर अपना विश्वास कायम नहीं रख सकते वे अपने को पापी या अपराधी मानते हैं। हर धर्म में, जिसके साथ कुछ धर्मबीजों पर आस्था की शर्त लगी हुई है, वह अपराध-भावना अथवा पाप-भावना पायी जाती है और आस्था का संकट भी कभी न कभी होता है। भारतीय धर्म में ऐसी कोई शर्त नहीं है। इसलिए भारतीय मानस उस तरह के पाप-बोध से भी आक्रान्त नहीं होता जिसकी पश्चिम के साहित्य में इतनी चर्चा रही। यहाँ पर धर्म का आधार किसी विश्वास की रूढ़ि नहीं रही बल्कि आचरण रहा है। निस्सन्देह इसके अपने संकट होते हैं और वे सब यहाँ बार-बार प्रगट हुए हैं। आचरण की रूढ़ियों में बँध जाने से समाज में जो विकृतियाँ आती हैं और जैसा पाखण्ड पनपता है आज भी देखा जा सकता है। हमारे लिए पाखण्ड अपेक्षया कम कठिन है और हम उसे देर तक निबाहते चल सकते हैं। पश्चिम में और इस्लामी जगत् में धार्मिक सुधार के जितने आन्दोलन हुए हैं उन सब का सूत्र यह रहा है, "अमुक बात कुफ़्र अथवा अन्ध-विश्वास है, ऐसा न मानकर ऐसा मानो।" इसके विपरीत भारत में धार्मिक सुधारों के सभी आन्दोलनों में जोर किसी धर्म-विश्वास की रूढ़ि पर न रहकर आचरण पर रहा है : "ऐसा करना उचित नहीं है, अमुक आचरण के बदले अमुक आचरण करो।"

जिसे मैंने मानसिक स्वाधीनता कहा उसके कारण कुछ कठिनाइयाँ भी पैदा होती हैं जो इसलिए बढ़ जाती हैं कि दूसरे धर्मों में मतवाद का महत्त्व इतना अधिक होता है। "दूसरे ऐसा-ऐसा मानते हैं, हम क्या मानते हैं?" इस तरह का प्रश्न उठना अस्वाभाविक तो नहीं है, लेकिन "हम क्या मानते हैं?" का जवाब वैसा नहीं होना चाहिए जो धर्म-बीजों के लिए उपयुक्त होता है। जवाब का रूप यह होना चाहिए, "हम यह मानते हैं कि मानव जीवन कुछ बुनियादी मूल्यों पर आधारित है; और ऐसा हम इसलिए मानते हैं कि हम लगातार यह पहचानते आये हैं कि इन मूल्यों के सहारे जिया हुआ जीवन स्वस्थ, मंगलमय और लोक-कल्याणकारी होता है—और ऐसा होने में सब के लिए आनन्दमय होता है।"

मुझे लगातार इस बात की जिज्ञासा रही है कि ये बुनियादी मूल्य क्या थे और क्या हैं। और इस जिज्ञासा के शमन के लिए मैंने अपने को केवल अध्ययन या विचार-विमर्श तक सीमित नहीं रखा। मैं यह भी कह सकता हूँ कि मेरा रचना-कर्म भी इस जिज्ञासा का ही एक पहलू है। मैंने 'कलावादी' और 'कला के लिए कला' सम्प्रदाय का समर्थक होने के नाम पर बहुत गालियाँ खायी हैं; अवश्य ही आगे भी खाता रहूँगा। निस्सन्देह कला के प्रति, रचना-कर्म के प्रति मेरी निष्ठा रही है और आशा करता हूँ

कि बनी रहेगी। लेकिन मानव जीवन-मात्र के बुनियादी मूल्यों के प्रति निष्ठा और साहित्य-मात्र में उसकी अभिव्यक्ति और उसका निर्वाह कैसे 'कलावाद' हो सकता है, यह वे ही जानें जो ऐसा लांछन लगाते हैं। यों उनकी तसल्ली के लिए यह बात भी मैं कह सकता हूँ कि एक दूसरा पक्ष भी है जो कम असहिष्णु नहीं है और जो मुझे इसलिए नास्तिक अथवा अनास्थावादी मानता और कहता रहा है कि मेरी निष्ठा दूसरे धर्मों के समान्तर 'हिन्दू' मतवाद की रूढ़ियों पर न रहकर इन्हीं बुनियादी मूल्यों पर रही है। मेरी समझ में तो सच्चे धर्मबीज यही हैं; क्योंकि धर्म ही वह है जो विश्व को धारण करता है, वह नहीं जिसका हम नुस्खा बनाकर तावीज में डालकर पहन सकते हैं।

ये बुनियादी मूल्य या तत्त्व क्या हैं? इनका आविष्कार मैंने नहीं किया है। आप पायेंगे कि ये सनातन मूल्य हैं और वस्तुतः सनातन धर्म कोई है तो इन्हीं पर आधारित है, वह नहीं जिसके सनातनत्व का हमने उन्नीसवीं शती में आविष्कार किया जब 'आर्य समाजी' के सामने 'सनातनी हिन्दू' आ खड़े हुए! विस्तार ने इन मूल्यों की चर्चा या व्याख्या करने का यह न समय है, न स्थान; न मुझमें उतनी योग्यता ही है। लेकिन अपने चिन्तन की धारा का संकेत देने के लिए उनमें से दो-एक का उल्लेख मैं यहाँ कर दे सकता हूँ।

सबसे पहले **सत्य** का उल्लेख करना उचित होगा, लेकिन यह ऐसा सर्वमान्य तत्त्व है कि उल्लेख के बाद इसकी और चर्चा अनावश्यक हो जाती है। यों हम चाहें तो स्मरण कर सकते हैं कि दैनन्दिन आचरण में सत्य की प्रतिष्ठा, जिस पर ब्राह्म समाज ने भी एक बार नये सिरे से बल दिया था, कैसे अतिरंजित परिणाम दे सकती है। श्री हेरम्ब मैत्र का जीवन-चरित ऐसे उदाहरणों का भण्डार है जो मानो ब्राह्म समाज के लोक-साहित्य का अंग ही बन रहे हैं।

ऋत का, आवर्ती काल का और आवर्तन के सर्वव्यापी नियम का दूसरा स्थान होगा। सभी कुछ नश्वर है, यह इसका एक रूप है; सभी कुछ फिर-फिर आता है यह उसका दूसरा रूप है। लेकिन सभी परिवर्तन एक नियम के अधीन होते हैं और वह नियम ही इस समूचे परिवर्तनशील जगत् को धारण किये हुए है, यह बुनियादी बात है। और यह संसार हमारे समाज में कितना गहरा बैठा हुआ है यह दिखाने की ज़रूरत नहीं है। यही धारण करने वाला नियम **धर्म** है।

तप का स्थान चौथा है। आज के सुविधा-भोगी समाज में भी तप का महत्त्व है। जो लोग तपस्वियों का उपहास नहीं करते हैं वे भी अपने विचारों और आचरण में उन लोगों को आदर का स्थान देते हैं जिन्हें वे त्यागी-तपस्वी मानते हैं। भारत में बड़ा नेता वही हुआ है जिसे लोगों ने त्यागी और तपस्वी माना—भले ही उसके विचार ऐसे रहे हों कि बुद्धि की कसौटी पर खरे उतरते न जान पड़ते हों। लेकिन तप का उल्लेख करने में ऐसे नेताओं का उदाहरण देना भी उतना ही अनावश्यक है जितना वेद अथवा शास्त्र का प्रमाण देना। हमारे जीवन में तप का आदर्श कैसे काम करता है, इसका एक मार्मिक उदाहरण आपको समाज संगठन के बिल्कुल दूसरे छोर से देता हूँ। मेरे अपने अनुभव में एक बिल्कुल अनपढ़ रोगग्रस्त बुढ़िया ने मुझसे कहा था, "बेटा, दर्द तो बहुत है, लेकिन तकलीफ़—तकलीफ़ तो मानने से होती है।" इस मनोभाव को पुस्तकों में उल्लिखित तप से जोड़ना कदाचित् कठिन जान पड़े, लेकिन व्यवहार में तप यही है कि कोई यह कह सके कि 'मैं' अपने दर्द से ऊपर हूँ और उसे अमान्य भी कर सकता हूँ। इसी का एक और भी हल्का उदाहरण दिया जा सकता है। हम सभी क्यों ऐसा मानते हैं कि दवा 'लगती' नहीं या कड़वी नहीं होती उसका असर कम होता है? क्या इसमें भी यही विश्वास निहित नहीं है कि कष्ट का एक आध्यात्मिक मूल्य होता है? और शरीर-पीड़न से आध्यात्मिक

उन्नति ही क्या तप की बुनियाद नहीं है?

ये केवल कुछ-एक उदाहरण हैं। इन मूल्यों के लिए शास्त्र और पुराणों का आधार भी खोजा जा सकता है; फिर उस आधार पर व्याख्या भी हो सकती है और वाद-विवाद भी। लेकिन न उसमें मेरी रुचि है, न वह मेरा प्रयोजन है। लेखक के नाते जो बात मैं कहना चाहता हूँ वह यह कि भारतीय समाज अब भी नैतिक मूल्यों की एक भित्ति पर खड़ा है जिसमें भौतिक सुख-सुविधाओं की समकालीन दौड़ के बावजूद अभी कोई दरार नहीं पड़ी है। विदेशी शिक्षा-दीक्षा के कारण जो लोग ऐसा कोई नैतिक आधार न मानकर केवल आर्थिक या केवल भोगवादी आधार मानना चाहते हैं, वे अपने लिए चाहे जो कुछ मानें और दूसरों को भी चाहे जो कुछ मनवाना चाहें, वर्तमान भारतीय समाज के गठन का सही रूप तो उनको पहचानना ही होगा। उनसे भी अधिक लेखक को तो वह पहचानना ही होगा। मेरे सामने यह बात क्रमशः स्पष्टतर होती गयी है कि साधारण भारतवासी के अलग-अलग एक-एक कर्म को देखकर हमें चाहे जैसा लगे, पूरे समाज की कर्म-प्रक्रिया इस बात को स्पष्ट करती है कि भारत समग्र रूप से अभी तक यही मानता है कि विश्व के सारे कर्म-व्यापार एक नैतिक नियम के चौखटे में बँधे हुए हैं। अगर मैं स्वयं इस बात को न भी मानूँ तो भी भारतीय समाज को समझने के लिए यह ध्यान में रखना आवश्यक होगा कि वह ऐसा मानता है। और मुझे अभी तक पर्याप्त कारण नहीं मिला कि मैं स्वयं भी ऐसा न मानूँ—जब कि यह जीवन का और आत्म-दर्शन का एक सन्तोषजनक आधार देता है।

अपनी दृष्टि अथवा अपनी स्थिति के बारे में फ़िलहाल जो कुछ कहना मुझे उचित और सम्भव जान पड़ा वह मैंने कह दिया। ऐसा तो नहीं कह सकता कि जो कुछ कहा है उसमें संशोधन या स्पष्टीकरण की आवश्यकता नहीं हो सकती या उसके विरुद्ध भी कुछ बातें कहीं आपको मेरी रचना में नहीं मिल जायेंगी। लेकिन फिर भी मेरा निवेदन है कि इन बातों को आप मेरी वर्तमान जीवन-दृष्टि की एक रूप-रेखा मान ले सकते हैं। अब प्रश्न रहता है मेरी कृतियों से उनके सम्बन्ध का। मेरा स्वयं तो इतना कहना काफी होना चाहिए कि 'अगर मैं ऐसा मानता हूँ तो इसकी छाप आपको मेरी रचनाओं में मिलनी चाहिए'; मेरे लिए यह आवश्यक नहीं है कि मैं स्वयं दिखाऊँ कि वह कहाँ मिलती है। और यह तो है ही कि अगर आप को रचनाओं में ये बातें नहीं मिलतीं तो आप स्वतन्त्र हैं कि न केवल मेरे कहे को अमान्य कर दें बल्कि मेरी रचनाओं को भी इसलिए अविश्वसनीय करार दें कि उनमें आपको वह नहीं मिलता मैंने अपनी समझ और अपने दावे के अनुसार उनमें रखा है। ऐसी परिस्थिति हो तो वहाँ वही कहना उचित होगा जो लारेंस ने कहा था और जिसकी ओर मैं कई बार अपने पाठक का ध्यान आकृष्ट कर चुका हूँ—'कथा का विश्वास करो, कथाकार का नहीं'—रचना को प्रमाण मानो, रचना के बारे में कलाकार की उक्ति को नहीं।

असल में आजकल हम लोग एक व्याख्या के युग में रह रहे हैं जिसमें लेखक के कथ्य अथवा आत्म-साक्ष्य को आवश्यकता से अधिक महत्त्व दिया जाने लगा है। यह केवल इस बात का लक्षण है कि रचना में हमारी श्रद्धा कुछ कम हो गयी है। हम लोग यह भूल-से गये हैं कि रचना का काम कुछ कहना नहीं, कुछ करना है। रचना हमें भी कुछ कर देती है—महान् रचना हमें बदल देती है। इसी बात को ओर हम ध्यान दें तो रचना को भी हम अधिक सही ढंग से पहचान सकते हैं। लेकिन क्योंकि रचना पर हमारा भरोसा कम हो गया है, इसलिए हम इस बात से थोड़ा शंकित होते हैं कि उसने हमें बदल दिया; बल्कि यह प्रयत्न करते हैं कि वैसा बदलाव हममें न आये। अज्ञात का एक भय यहाँ काम कर रहा होता है जब कि कला के सच्चे ग्रहण में अज्ञात के प्रति एक खुलापन बल्कि समर्पण

आवश्यक होता है। अज्ञात से बचने के लिए ही हम रचना को रचना के रूप में न ग्रहण करके उसका 'अर्थ' ग्रहण करना चाहते हैं।

रचना स्वतन्त्र है; अपरिभाषेय है; जब हम उसका अर्थ (जिसे हम अर्थ समझते हैं या जो हमें बताया जाता है कि अर्थ है) ग्रहण कर लेते हैं, रचना से हमें छुटकारा मिल जाता है और उसके अर्थ पर हम पूरी तरह काबू पा लेते हैं—इतनी पूरी तरह कि उसका जो चाहे अर्थ लगायें, जैसी चाहे व्याख्या करें! मैं जानता हूँ मैंने अपने लेखन के बारे में जो कुछ कहा उसके द्वारा स्वयं अपने लिए यह ख़तरा बढ़ा लिया कि आप भी मेरी ही रचनाओं का इन बातों के आधार पर अर्थ लगाने लगें। लेकिन यह ख़तरा उठाकर भी मैं यह विश्वास करना चाहता हूँ कि आप रचना को रचना के रूप में ही देख सकेंगे। मेरी बातें, ऐसा मैं विश्वास करना चाहता हूँ, इस मामले में अपने गम्भीरतर उत्तरदायित्व की ओर ही आपका ध्यान दिलायेंगी। यह प्रयत्न तो मैंने किया ही है कि आप पहचान सकें कि रचना-कर्म को मैंने किस गम्भीरता से लिया है। उस गम्भीरता की गूँज आप में भी साहित्य के प्रति दूसरे भाव जगाये तो आप पर भी साहित्य अपना काम कर सकेगा—आपको बदल सकेगा। उसी में उसकी सफलता होगी और मेरी सिद्धि।[1]

1. भारतीय संस्कृति संसद, कलकत्ता में 'मेरी स्थिति, मेरी कृति' शीर्षक से दिये गये भाषण का लिखित रूप।

सौन्दर्य-बोध और शिवत्व-बोध

आलोचना कई प्रकार की होती है—क्योंकि वह कई उद्देश्यों से की जा सकती है। सब आलोचना मूल्यवान् नहीं होती : उसका उद्देश्य प्रभाव उत्पन्न करना या व्याख्या करना भी हो सकता है। लेकिन अन्ततोगत्वा समालोचक को कहीं-न-कहीं मूल्यों का विचार भी करना ही पड़ता है—कृति का मूल्यांकन वह न भी करे तो भी स्वयं उसकी रसास्वादन की प्रक्रिया में उसके स्वीकृत मूल्यों या प्रतिमानों का महत्त्व होता है। समालोचक क्या पाता है, यह अनिवार्यतया इस पर निर्भर करता है कि वह क्या लेकर चलता है।

और मूल्यांकन—प्रत्यक्ष या परोक्ष—बिना मूल्यों या प्रतिमानों के नहीं हो सकता; मानदण्ड के बिना माप कैसे हो सकती है? यहाँ पर हम समालोचना की मूल समस्या के सामने आ खड़े होते हैं।

मूल्य किसे कहते हैं? यह प्रश्न निस्सन्देह बहुत व्यापक है, और यह भी कहा जा सकता है कि युग-युगान्तर से दार्शनिकों और साधकों, दोनों की मूल जिज्ञासा यही रही है : वह अन्तिम कसौटी क्या है जिस पर कसकर हम किसी भी कृति के धातु को पहचान सकते हैं। किन्तु अपनी जिज्ञासा को सीमित रखना असम्भव नहीं है, और न ऐसी सीमित पड़ताल अनुपयोगी ही होगी।

समीक्षक को जैसा सुपठित, शास्त्र-निष्णात होना चाहिए वैसे हम नहीं हैं, इसका हमें पूरा ज्ञान है। आचार्यत्व की न हममें पात्रता है, न आकांक्षा। किन्तु मूल्यों का प्रश्न केवल आचार्यों के लिए महत्त्व रखता हो, ऐसा नहीं है; साहित्य के प्रत्येक अध्येता के लिए वह एक गुरुतर प्रश्न है, और लेखक के लिए तो उसकी मौलिकता असन्दिग्ध है, क्योंकि कृतिकार अपनी कृति का सबसे पहला और कदाचित् सबसे अधिक निर्मम परीक्षक है। (लेखक को अपनी रचना का मोह भी होता है; पर मोह और निर्ममत्व के अलग-अलग स्तर हैं; और मूल्यों का विचार उसी स्तर पर होता है जिस पर लेखक ममता को एक ओर रख देता है।) निष्ठावान् लेखक और अध्यवसायी पाठक के नाते हम आशा करते हैं कि मूल्यों या प्रतिमानों के सम्बन्ध में हमारे विचार अन्य पाठकों के लिए उपयोगी हो सकेंगे। यह भी सम्भव है कि वे अपने साधारणत्व के कारण ही उनके लिए अधिक ग्राह्य हों, पुरोहित की बात से पड़ोसी की बात अधिक ध्यान से सुनी जाती है और अधिक गहरे जाकर छूती है।

हम मानते हैं कि सब प्रतिमानों का, सब मूल्यों का स्रोत मानव का विवेक है। वही उसे सदसद् का ज्ञान देता है—फिर उस सत् और असत् का क्षेत्र चाहे जो हो। इस साधारण स्थापना पर कदाचित् अधिक लोगों को आपत्ति न होगी—कम-से-कम आज के मानववादी युग में, जिसमें यह नहीं समझा जाता कि मानव के विवेक की दुहाई देना प्रकारान्तर से शाश्वत अथवा पारलौकिक सनातन मूल्यों के

अस्तित्व का खण्डन करना मात्र है। किन्तु इससे हम सौन्दर्य के विषय में जिस उपपत्ति तक पहुँचते हैं, वह भी ऐसी सहज-ग्राह्य होगी, ऐसी आशा हमें नहीं होती। कदाचित् कुछ बुद्धिवादी भी उस पर आपत्ति करेंगे। यद्यपि हमें ऐसा जान पड़ता है कि जब हम सौन्दर्य-बोध की चर्चा करते हैं तब हम उसे स्वयंसिद्ध ही मान लेते हैं, क्योंकि बुद्धि को हेय मानकर बोध को महत्त्व नहीं दिया जा सकता।

यदि यह कहना उचित है कि मूल्यों का स्रोत मानव का विवेक है तो यह कहना भी ठीक है कि सौन्दर्य-बोध मूलतः बुद्धि का व्यापार है। सौन्दर्य क्या है, हम नहीं जानते; सौन्दर्य की परिभाषा बड़े-बड़े मर्मज्ञ नहीं कर सके और हम 'गहि-गहि गरब गरूर' इस कंटकाकीर्ण पथ पर चलने वाले नहीं हैं। किन्तु सौन्दर्य क्या है, यह न बता पाकर भी सुन्दर क्या है यह हम जानते हैं, पहचानते हैं; बता सकते हैं कि क्या सुन्दर होता है। और सुन्दर क्या है, यह बता सकने का अर्थ यह है कि हम कुछ ऐसे गुणों को पृथक् कर सकते हैं जिनके कारण सुन्दर सुन्दर होता है—जिनकी उपस्थिति की पड़ताल करके हम कहते हैं कि सुन्दर सुन्दर है। ये तत्त्व क्या हैं? उनकी तालिका प्रस्तुत करना अनावश्यक है। यहाँ आग्रहपूर्वक यही दोहराना यथेष्ट है कि सौन्दर्य-बोध बुद्धि का व्यापार है : बुद्धि के द्वारा ही हम उन तत्त्वों को पहचानते हैं; मानव का अनुभव भी उन तत्त्वों की कसौटी है।

यह स्थापना विवादास्पद तो हो ही सकती है। यह आपत्ति भी की जा सकती है कि बुद्धि के साथ हठात् अनुभव का उल्लेख करना वास्तव में बुद्धि के नाम पर सौन्दर्य की भोगवादी व्याख्या करना है। वास्तव में ऐसा नहीं है, परन्तु यह स्पष्ट करने से पहले एकाध उदाहरण लेना उपयोगी होगा। हम कहते हैं लय अथवा 'रिद्म'। शैशवकाल से ही हम जानते हैं कि हृदय का लययुक्त सम स्पन्दन आरोग्य और सहजावस्था की निशानी है, स्वस्थ होने की निशानी है; और असम स्पन्दन या लय-भंग उद्वेग, परेशानी असुख के चिह्न हैं। तब, यदि हम मानते हैं कि लयमयता कला का अथवा सुन्दर का एक मूल गुण है, तो क्या यह अपने अनुभूत सत्य का निरूपण ही नहीं है? इसी प्रकार हम मानते हैं कि सीधी रेखा सुन्दर नहीं होती, वक्र रेखाएँ सुन्दर होती हैं : यहाँ क्या फिर हम अपना अनुभव नहीं दुहरा रहे हैं? हमारे अंगों का कोई भी सहज निक्षेप वक्रता या गोलाई लिये होता है—अबोध शिशु भी जब हाथ-पैर पटकता है तो मडलाकार गति से—सहज गति सीधी रेखा में होती ही नहीं, और सीधी रेखा में अंग-संचालन अत्यन्त क्लेश-साध्य होता है। अतः वक्रता को कला-गुण या सौन्दर्य-तत्त्व मानने में हम फिर अपना अनुभव दोहरा रहे हैं : गोचर अनुभव का कार्य-कारण-ज्ञान के सहारे (बुद्धि द्वारा) प्राप्त किया हुआ निचोड़ ही हमारे सौन्दर्य-बोध का आधार है। और चित्र या मूर्ति में जो रेखा की वक्रता है, अर्थात् जो दृश्य, स्पृश्य अथवा स्थूल है, वही यदि काव्य में आकर उक्ति की वक्रता का परम सूक्ष्म रूप ले लेती है, तो क्या हमारी बुद्धि उसे पकड़ नहीं सकती? गोचर अनुभव से पाया हुआ सूक्ष्म बोध क्या वहाँ हमारा सहायक नहीं होता?

ये सरलतम उदाहरण हैं—क्योंकि गति का बोध सबसे पहला बोध है। किन्तु हम क्रमशः जटिलतर प्रतिमानों का परीक्षा करते चलें तो भी इसी बात की पुष्टि होगी : स्थिरता, सन्तुलन; परिचित और नव्यता; गाम्भीर्य, सूचकता, सार्वभौमता—सर्वत्र हम पायेंगे कि जिस गुण को हम कला का प्रतिमान मानते हैं, वह हमारे अनुभव से उद्भूत है, और हमारे विवेक द्वारा प्राप्त किया गया है। प्रतिमान-रूपी कोई भी अमृत-घट हमारे अनुभव के महासागर को मथकर ही निकल सकता है, और हमारी बुद्धि ही हमारी मन्थानी है।

भोगवाद-सम्बन्धी आपत्ति का यहाँ निराकरण हो जाता है। कला-मूल्य हमें अनुभव के सागर से ही

प्राप्त होते हैं—किन्तु अनुभव अपने आप में एक प्रतिमान नहीं है। अनुभव की भित्ति पर बुद्धि द्वारा प्रतिष्ठित तत्त्व ही प्रतिमान हो सकता है। प्रतिमान की उपलब्धि हमें बुद्धि द्वारा ही होती है, यद्यपि उसके लिए हम अनुभव के सागर की थाह लेते हैं। और क्योंकि ये प्रतिमान हमें बुद्धि के द्वारा उपलब्धि होते हैं, इसलिए सुन्दर से हमें जो उपलब्धि होती है उसे हम आनन्द कहते हैं और केवल गोचर अनुभव से मिलने वाले सुख से अधिक गौरव देते हैं।

तो सौन्दर्य के तत्त्व बुद्धि पर आधारित है, और सुन्दर क्या आस्वादन बुद्धि का व्यापार है। इससे और परिणाम निकलते हैं। बुद्धि अनुभव के सहारे चलती है—अनुभव व्यक्तिगत, समाजगत, जातिगत, युग-युगान्त संचित। और अनुभव कोई स्थिर और जड़ पिण्ड नहीं है, वह निरन्तर विकासशील है। अतः बुद्धि भी विकासशील है—मानव का विवेक भी विकासशील है। इस अर्थ में शाश्वत मूल्यों की बात अनुचित अथवा अर्थहीन हो जाती है। किन्तु विकास का सही अर्थ समझना चाहिए। बुद्धि का नये अनुभवों के आधार पर क्रमशः नया स्फुरण और प्रस्फुटन होता है और नया अनुभव पुराने अनुभव को मिटा नहीं देता, उसमें जुड़कर उसे नयी परिपक्वता देता है। अनुभव के गणित में जोड़ ही जोड़ है, बाकी नहीं है। साहित्य के क्षेत्र में हम परम्परा की चर्चा इसी अर्थ में करते हैं—तरतमता उसमें अनिवार्य है। तो मूल्य या प्रतिमान, शब्दार्थ की दृष्टि से शाश्वत भले ही न हों, स्थायी अवश्य होते हैं, और उनमें जो परिष्कार का नया संस्कार (परिवर्तन उसे न कहना ही समीचीन होगा) होता है, उसमें शतियाँ लग जा सकती हैं। निस्सन्देह दूसरे भी वस्तु हैं—सामाजिक मूल्य—जो सामाजिक परिवर्तनों के साथ अपेक्षया अधिक तेज़ी के साथ बदलते हैं; किन्तु यहाँ हम उनकी चर्चा नहीं कर रहे हैं, उनसे अधिक गहरे मूल्यों की बात कर रहे हैं। इन अधिक गहरे मूल्यों में भी यदि हम देखते हैं कि कभी अपेक्षया अधिक द्रुत गति से संस्कार होता है, तो उसका कारण यही है कि जहाँ हमारी तर्कना या बुद्धि निरन्तर हमारे अनुभव को माँजती और सायास विश्लिष्ट-संश्लिष्ट करती चलती है, वहाँ कभी संचित अनुभव का दबाव सहसा हमें नयी दृष्टि भी दे देता है—अर्थात् बुद्धि का यह व्यापार एक प्रखरतर आलोक से दीप्त हो उठता है। यद्यपि ऐसा भी जब होता है तो अकारण नहीं होता; जो बुद्धि उस आलोक से लाभ उठाकर नयी प्रतिपत्ति करती है, वह फिर उसके आविर्भाव का कारण भी खोजती और खोज लेती है।

मूल्यों की चर्चा में यहाँ तक हमने अपने को सौन्दर्य के प्रतिमानों तक सीमित रखा है। किन्तु जब हमने कहा कि सब प्रतिमानों का, सब मूल्यों का स्रोत मानव का विवेक है, तब स्पष्ट ही हमने ऐसी कोई मर्यादा नहीं निर्दिष्ट की। उस कथन से अवश्य ही यह परिणाम निकलता है कि शिवत्व के प्रतिमान—नैतिक प्रतिमान भी—मानव के विवेक से उद्भूत होते हैं। यहाँ एक साथ ही दो प्रश्न उठते हैं। क्या हम ऐसा मानते हैं, और क्या सौन्दर्य के और शिवत्व के प्रतिमानों में कोई अनिवार्य सम्बन्ध, या कोई भी सम्बन्ध है?

पहले प्रश्न का उत्तर आवश्यक नहीं है। स्पष्ट ही हमारी पहली स्थापना से यह परिणाम निकलता है और अगर हमें यह स्वीकार्य न होता तो हमारे लिए अपनी पहली बात को ही अधिक मर्यादित करके कहना अनिवार्य हो जाता। यदि हम मानते हैं कि सब प्रतिमानों का स्रोत मानव का विवेक है, तो हम सहज ही यह मानते हैं कि नैतिक प्रतिमानों का स्रोत मानव का विवेक है। और कदाचित् इसे स्वीकार करना किसी के लिए भी कठिन न होना चाहिए, क्योंकि विवेक को नैतिक भावना का पर्याय भी मान लिया जाता है। सौन्दर्य और विवेक का सम्बन्ध ही अधिक कठिनाई उत्पन्न किया करता है।

किन्तु सुन्दर के प्रतिमान और नैतिक के प्रतिमान में क्या सम्बन्ध है? क्या दोनों एक हैं? क्या

समालोचना में एक के विचार में ही दूसरे का विचार निहित होता है, और एक का स्वीकार स्वतः दूसरे का भी स्वीकार हो जाता है? या कि दोनों अलग-अलग हैं? और अलग-अलग हैं तो समालोचना के मूल्यांकन में क्या दोनों का विचार होना चाहिए, या केवल एक का?

प्रश्न सरल नहीं है। और उत्तर असन्दिग्ध या विवादातीत है, यह कहना धोखा होगा। किन्तु प्रश्न अनिवार्य है, और किसी भी गम्भीर पाठक के लिए और विशेषकर किसी भी लेखक के लिए, उसका कुछ-न-कुछ उत्तर—भले ही एक अस्थायी और कामचलाऊ उत्तर—अवश्यंदातव्य है। क्योंकि लेखक के सम्मुख यह प्रश्न यदि आता है, तो यह उसकी सृजन-प्रेरणा का ही प्रश्न बनकर आता है, और बिना इसका उत्तर दिये (या पाये) उसका रचना में प्रवृत्त होना असम्भव हो जाता है—बल्कि उसका प्रवृत्त होना स्वयमेव प्रश्न का उत्तर बन जाता है। और यदि कृति के मूल में उस प्रश्न का उत्तर निहित है, तो पाठक अथवा अध्येता के लिए भी उस उत्तर को जानना आवश्यक है, क्योंकि उसे जानकर ही वह कृति के मूल्यांकन की ओर अग्रसर हो सकता है। लेखक के उत्तर को ज्यों-का-त्यों मान लेना उसके लिए अनिवार्य नहीं है, लेकिन उसे जानना आवश्यक है। किन्तु यहाँ भी केवल सिद्धान्त-चर्चा में न रहकर उदाहरण ले कर चलना सुविधाजनक होगा।

पुराना आख्यान-साहित्य ले लीजिए—प्रबन्ध-काव्य ले लीजिए, गाथाएँ ले लीजिए। कथाकार कथा कहता था, घटनाओं का परात्पर घटित होना ही वहाँ सबसे अधिक महत्त्व रखता था। यह नहीं कि कथाकार में नैतिक बोध नहीं होता था, या कि वह अपनी नैतिक मान्यताओं को प्रकट नहीं करता था, अपने स्वीकृत नैतिक मूल्यों का इंगित नहीं देता था। इसके विपरीत वह पहले से ही कुछ अच्छे और बुरे पात्र लेकर चलता था—नैतिक मान्यताएँ बिल्कुल स्पष्ट करके, और कभी-कभी अन्त में निष्कर्ष के रूप में किसी नैतिक मूल्य को साग्रह दोहरा भी देता है। बल्कि कभी यह नैतिक स्थापना पहले कर दी जाती थी और कथा केवल इसके दृष्टान्त के रूप में प्रस्तुत की जाती थी। पंचतन्त्र आदि में पग-पग पर नैतिक मूल्यों का आग्रह है : कहानी मानो उन्हें वहन करने का माध्यम-भर है।

अब ज़रा इधर के आख्यान-साहित्य पर विचार कीजिए। घटना उसमें बिल्कुल न हो, ऐसा तो नहीं है। पर उसका घटित कभी-कभी बिल्कुल आभ्यन्तर भी रहता है—स्थूल जगत् में कोई घटना घटे बिना भी उसमें संघर्षों के तूफ़ान उठते और लय हो जाते हैं। आज का लेखक किसी भी घटना में कर्ताओं के उद्देश्यों को देखता है। 'अमुक हुआ' उसके लिए पर्याप्त नहीं है; 'अमुक किया गया' वह कहता है, और 'क्यों किया गया' पर ही उसकी समूची जिज्ञासा केन्द्रित हो जाती है। कभी वह 'अमुक किया गया' की अवस्था तक भी नहीं आता; केवल सूचित कर देता है कि 'अमुक-अमुक कारण क्रियाशील है' और यह पाठक पर छोड़ देता है कि वह समझ ले कि परिणामतः 'क्या किया जायेगा'।

यह परिवर्तन साधारण या ऊपरी नहीं है, घटना से घटना-हेतु की ओर जाना साहित्यकार की बौद्धिक प्रवृत्ति की एक बहुत बड़ी क्रान्ति का सूचक है।

कुछ लोगों की धारणा है कि बुद्धि के बढ़ते वैभव के साथ मानव का नैतिक ह्रास हुआ है। हम ऐसा नहीं मानते—नहीं मान सकते। हमारी पहली प्रतिज्ञा ही इस परिणाम को असम्भव बना देती है। क्योंकि हम मानते हैं कि नीति-ज्ञान, विवेक, स्वयं बुद्धि का वैभव है। निरी आस्था के सहारे भी अनीति से बचा जा सकता है, अनैतिक कर्म न करने की अवस्था प्राप्त की जा सकती है, किन्तु नैतिकता के प्रति ऐसा नकारात्मक, अकर्मण्य दृष्टिकोण आज नैतिक बन्ध्यत्व का ही सूचक माना जायेगा। साहित्य की उपर्युल्लिखित नयी प्रवृत्ति नैतिक शिथिलता या नैतिक मूल्यों के ह्रास की नहीं, नैतिक बोध की

परिपक्वता की सूचक है। ईसा ने जब कहा था, 'जज नॉट, लेस्ट यी बी जज्ड' तब इसीलिए नहीं कि वह नैतिक प्रतिमानों को तिलांजलि दे रहे थे, वरन् इसलिए कि वह आभ्यन्तर के घटित को उचित महत्त्व दे रहे थे—कोई नैतिक निर्णय बाह्य कर्म के आधार पर नहीं हो सकता, आभ्यन्तर उद्देश्यों का विचार होना चाहिए, यही उनके उपदेश का हेतु था। या कम-से-कम एक हेतु, क्योंकि दूसरा तो यह था कि जो अपराधी है उसे दण्ड न दो, संवेदना दो—मानवीय संवेदना तो सबसे बड़ा नैतिक मूल्य है ही।

आख्यान-साहित्य यहाँ केवल उदाहरण के लिए लिया गया है। क्योंकि दृष्टि का जो परिवर्तन (संस्कार) दिखाना हमें अभीष्ट था, वह इसमें सबसे अधिक आसानी से और स्पष्ट देखा जा सकता है। समूचे साहित्य की यह प्रवृत्ति रही है कि कर्म के हेतु को पहचानो, निर्णय देने या दण्ड-व्यवस्था करने मत दौड़ो। और हेतु को पहचान कर भी रुको मत, आगे बढ़कर संवेदना भी दो। हाँ, संवदेना देने के लिए बहुत बड़ा हृदय चाहिए, वह सबके पास नहीं भी हो सकता है, इसलिए संवेदना न भी दे पाओ तो कम-से-कम निर्णय की उतावली तो न करो!

हमने कहा कि यह समूचे साहित्य की प्रवृत्ति रही है। इस कथन में अतिव्याप्ति दोष है। उसे मर्यादित करने के लिए कहना चाहिए कि समूचे नहीं, किन्तु सारे मानववादी साहित्य की यह प्रवृत्ति रही है। क्योंकि इधर एक ऐसी प्रवृत्ति भी है जो इस हेतु-परीक्षण को अस्वीकार करती है, मानवीय संवेदना के व्यापक प्रदान को अपव्यय मानती है। नैतिक मानदण्ड उसके पास नहीं है अथवा उसे तर्क से पुष्ट नहीं किया जाता, ऐसा तो नहीं कहा जा सकता; पर उसका नीति-निरूपण ही द्वन्द्वात्मक और अवसर-सेवी है। कह सकते हैं कि वह विवेकाश्रित नहीं, तर्काश्रित है। यह प्रवृत्ति, कर्म-प्रेरणाओं की पड़ताल को प्रवंचना कहती है, क्योंकि वह कर्ता के कर्तृत्व को भावना और अनुभूति की प्राथमिकता को अस्वीकार करती है। जिसे हम आभ्यन्तर कारण कहते हैं उसे वह स्थितिजन्य परिणाम मानती है। एक प्रकार से वह साहित्य की अब तक की प्रवृत्ति को उलट रही है : जहाँ अब तक साहित्य मानव को बँधी-बँधायी नैतिक लीकों से उबारकर कर्ता का गौरवपूर्ण पद देने की ओर प्रवृत्त था, वहाँ यह नयी प्रवृत्ति फिर से बँधी-बँधायी लीकें लेकर उसमें मानव को डालने का उपक्रम कर रही है। अब तक की प्रवृत्ति यह थी कि साहित्य का पात्र एक नैतिक मानचित्र पर दौड़ने वाला जीव-मात्र न रहकर खुली भूमि पर राह बनाने वाला मानव हो; नयी प्रवृत्ति उसे शतरंज का प्यादा बनाये दे रही है। कदाचित् उतना भी नहीं! मानव मानो छोटे-बड़े कई आकारों के कंकड़ हैं जिन्हें अपनी मोटी और बारीक चलनियों में से छानकर वह या तो गिट्टी बनाकर अपनी किसी इमारत की नींव में दाब देगी, या रोड़ी बनाकर अपनी सड़क पर बिछा देगी—और कितनी कृतज्ञ होगी रोड़ी इस प्रकार पथ को प्रशस्त करने के काम में लायी जाकर! किन्तु इस नयी नैतिक संकीर्णता की चर्चा का यह स्थान नहीं है; यहाँ उसकी और पड़ताल प्रासंगिक भी नहीं है।

प्रश्न अभी वहीं का वहीं है; एक उदाहरण से उसे स्पष्ट भले ही किया गया हो, उसका उत्तर नहीं दिया गया है। कलाकृतियों में, उनके द्वारा, नैतिक मूल्यों का विस्तार होता है, ऐसा हम कह सकते हैं। इसलिए यह भी हम कह सकते हैं कि समालोचना के लिए भी नैतिक मूल्यों पर और उनके विकास अथवा विस्तार पर विचार करना आवश्यक है—अर्थात् उस समालोचना के लिए, जो मूल्यांकन में प्रवृत्त है। पर प्रश्न यह है कि क्या यह विचार सौन्दर्य-मूल्यों के विचार से अलग है, उसका समान्तर है, या उसी में निहित है?

कहते हैं कि जो सुन्दर है वह शिवेतर हो ही नहीं सकता। इसे हम मानते हैं, किन्तु यह ध्यान रखना होगा कि इससे यह ध्वनि होती है कि दोनों पर्यायवाची और परस्पराश्रित हैं। ऐसा दावा करना कठिन है। जो यह मानते हैं कि जो सुन्दर है वह शिव भी होता ही है, वे भी कदाचित् अलग से ऐसा दावा करने में संकोच करेंगे। ऐसा ही होता तो आचार्यों को एक अलग उद्देश्य के रूप में 'शिवेतरक्षय' चर्चा करना क्यों आवश्यक जान पड़ता? जो सुन्दर है वह अनैतिक नहीं होगा यह एक बात है, पर उससे शिवेतर-क्षय की माँग करना एक अतिरिक्त शक्ति या प्रभाव की माँग करना है। एक प्रकार से यह साहित्य में लक्षित होने वाले संस्कार के समान्तर समालोचना का संस्कार करना है, क्योंकि जैसे साहित्य में घटित से आगे बढ़कर हम आभ्यन्तर हेतु अथवा प्रेरणा की छानबीन देखते हैं, वैसे ही समालोचना में भी रूप-विचार से आगे बढ़कर कृतिकार के उद्देश्य और कृति के प्रभाव की भी कसौटी करना चाहते हैं। और जिस प्रकार आभ्यन्तर हेतु के ज्ञान को हम अपने आप में एक लक्ष्य नहीं मानते, समझते हैं कि उसका महत्त्व इसमें है कि वह हमें जीवन के प्रति नयी और गहरी दृष्टि देता है, उसी प्रकार कृति के उद्देश्य और प्रभाव को पहचानना भी हम अपने आप में एक लक्ष्य नहीं मानते, समझते हैं कि वह हमें मानव-जगत् का एक सम्पन्नतर अंग बनाता है।

विश्लेषण को एक चरम अवस्था तक ले जायें तो मानना होगा कि नैतिक मूल्य यानी शिवत्व के मूल्य, और सौन्दर्य के मूल्य अलग-अलग हैं और अलग विचार माँगते हैं। विशुद्ध तर्क के क्षेत्र में यह भी मान लेना होगा कि ऐसा हो सकता है कि कोई कलाकृति सुन्दर हो और अशिव हो, या कम-से-कम शिव न हो। यह मानकर भी पहली बात कैसे मानी जा सकती है? स्पष्ट ही यहाँ विरोधाभास है। वास्तव में उच्च कोटि का नैतिक बोध और उच्च कोटि का सौन्दर्य-बोध, कम-से-कम कृतिकार में प्रायः साथ-साथ चलते हैं। क्यों? क्योंकि दोनों बोध मूलतः बुद्धि के व्यापार हैं, मानव का विवेक ही दोनों के मूल्यों का स्रोत है और दोनों के प्रतिमानों या मानदण्डों का आधार। विवेकशील मानव की—विशेषकर उस विवेकशील मानव की, जिसमें सर्जनात्मक शक्ति या प्रतिभा भी है—ग्राहकता दोनों को ही पहचानती है। बुद्धि, और जिस पर बुद्धि आधारित है वह अनुभव—निरन्तर विकासशील और संस्कारशील हैं। निरन्तर सूक्ष्मतर होती हुई संवेदना एकांगी भी हो सकती है, पर जहाँ सर्जनात्मक शक्ति है वहाँ एकांगिता की सम्भावना कम है और पुष्ट सौन्दर्य-बोध के साथ पुष्ट नैतिक बोध भी होता ही है। जिस प्रकार कृतिकार सुन्दर का स्रष्टा होकर असुन्दर के सायास परित्याग के द्वारा सुन्दर की उपलब्धि नहीं करता, उसी प्रकार वह नैतिक द्रष्टा होकर सायास अनैतिक के विरोध द्वारा नैतिक को नहीं पाता; उसकी परिपुष्ट संवेदना सहज भाव से दोनों को पाती है—और देती है। इसीलिए कला हमें आनन्द भी देती है, हमारा उन्नयन भी करती है। आज का समालोचक इस बात को नाना वादों के आवरण में छिपा चाहे सकता है, इसे अमान्य नहीं कर सकता।

संक्रान्ति-काल की कुछ साहित्यिक समस्याएँ

प्रत्येक पीढ़ी अपनी पूर्ववर्ती पीढ़ी की माँगों को पूर्णरूपेण स्वीकार करने में अपने को असमर्थ पाकर निर्णय करती है कि 'वह संक्रान्ति-काल में पैदा हुई है, और इससे अपने मनोनुकूल अनेक परिणाम निकाल लेती है। यह क्रिया शायद सनातन काल से चली आ रही है, और इसलिए अनुभवी बुजुर्ग लोग इस कथन पर मुस्करा दे सकते हैं' कि 'आधुनिक युग संक्रान्ति का युग है'। क्या आधुनिक युग की परिवर्तनशीलता नयी और पुरानी पीढ़ी के संघर्ष के अलावा कुछ भी नहीं है?

विचार करने पर हम पायेंगे कि ऐसा मान लेना भूल होगी। तथापि आज की परिवर्तनशीलता किस प्रकार उस चिरकाल-व्यापी विरोध से भिन्न है, यह समझने के लिए हमें थोड़ा-सा परिश्रम करना पड़ेगा। उस परिश्रम को सहल बनाने के लिए शायद एक दृष्टान्त द्वारा काम लेना उपयोगी होगा।

भूगर्भ-वेत्ता बतलाते हैं कि काल-गति के साथ-साथ ज्यों-ज्यों पृथ्वी का आन्तरिक ताप कम होता जाता है, त्यों-त्यों उसकी सतह सिकुड़ती जाती है। किन्तु वह सतह, जो किसी समय वाष्पमय या द्रव थी, आज ठोस हो गयी है, उसका घनमान कठिनता से घटता है; अतएव सिकुड़न से सतह पर सिलवटें पड़ती जाती हैं जो पहाड़ों और खाइयों के रूप में प्रकट होती हैं। पहाड़ क्रमशः अधिक ऊँचे और खाइयाँ क्रमशः अधिक गहरी होती चलती हैं।

इस क्रिया के साथ-साथ, पृथ्वी के आवर्तन के वेग के कारण वह भूमध्य रेखा के पास बाहर की ओर फैलती चलती है—उसका आयतन बढ़ता चलता है। किन्तु ठोस पदार्थ का घनमान आसानी से बढ़ भी नहीं सकता, इसलिए ध्रुवों की ओर से पृथ्वी पिचकती जाती है। ज्यों-ज्यों उसका पेट फूलता जाता है त्यों-त्यों क़द नाटा होता जाता है।

इन दो मुख्य क्रियाओं के साथ-साथ उपग्रहों और तारों के आकर्षण आदि अनेक अन्य प्रकार के दबावों पर हम ध्यान दें, तो देखेंगे कि यह जड़ दीखने वाली पृथ्वी अनेक प्राणों से स्पन्दनशील है और परिवर्तित हो रही है। किन्तु यह परिवर्तन कैसे होता है? पृथ्वी ठोस है, पदार्थ जड़ है; शक्तियों का नया सन्तुलन नहीं हो पाता—इन विभिन्न दबावों से दबती हुई खाइयों और उठते हुए पहाड़ों में तनाव बढ़ता चलता है। कहीं-कहीं बर्फ़ के बोझ से एक चोटी ढहकर गिर पड़ती है, कहीं-कहीं कगारों के टूटने से दो-एक गड्ढे भर जाते हैं, कहीं भूकम्प की दो-एक हिलोरें आ जाती हैं; किन्तु इन अत्यन्त नगण्य स्थानीय सन्तुलन की क्रियाओं से भूतल का खिंचाव मिटता नहीं। यों ही सैकड़ों वर्ष बीत जाते हैं, फिर कभी ऐसी अवस्था भी आती है कि तनाव इतना तीखा हो जाता है कि जड़ पदार्थ भी उसे सहारा नहीं दे सकता। तब देशव्यापी भूकम्प होते हैं, बड़े-बड़े भूखण्ड लुप्त हो जाते हैं, समुद्र सूखकर नये महाद्वीप पैदा कर देते हैं।

किन्तु इतनी विराट् उथल-पुथल के बाद भी अन्तिम सन्तुलन नहीं होता। पृथ्वी इतने बड़े परिवर्तन की चोट से कुछ देर स्तब्ध-सी रहकर जागती है और जानती है कि अभी अनेक छोटे-छोटे स्थानीय तनाव बाकी हैं; बल्कि कुछ स्थलों में इस बड़ी उथल-पुथल ने ही स्थानीय तनावों को उग्रतर बना दिया है या नये तनाव पैदा कर दिये हैं। तब फिर स्थानीय सन्तुलन के लिए और छोटे-मोटे भूकम्प होते रहते हैं, कगार टूटकर गड्ढों को भरते हैं, चट्टानें गिरकर पहाड़ों को नीचा करती हैं, परिवर्तन का चक्र चलता रहता है।

मानव-जीवन में इस क्रिया का पर्याय मिलता है। मानव-जाति जड़ नहीं है, पर स्वभाव का यह भेद उसे परिवर्तन के चक्कर से बाहर नहीं निकाल देता, केवल उस क्रिया को अधिक उलझा हुआ बनाता है, और उसका अध्ययन और निर्धारण कठिनतर बना देता है। मानव-जीवन में भी स्थानीय आन्दोलन और सुधारों की परम्परा की आड़ में अन्तर्विरोध बढ़ता चलता है, रूढ़ियाँ कड़ी पड़ती हैं और छोटे-छोटे 'सेफ्टी-वाल्व' खुलते हैं; फिर कभी अत्यधिक ताप के कारण जीवन के इंजन का बॉयलर फट जाता है–धार्मिक, सामाजिक, राजनैतिक क्रान्तियाँ होती हैं। और नये सन्तुलन के बाद भी अनेक स्थानीय तनाव बने रहते हैं, या बढ़ जाते हैं, या नये भी उत्पन्न हो जाते हैं।

यों परिवर्तन 'एक और अविभाज्य' माना जा सकता है और प्रत्येक युग को संक्रान्ति-काल बताकर–बल्कि संक्रान्ति को ही काल का धर्म बताकर–अपने युग की विशेषता की दुहाई देने वालों की खिल्ली उड़ायी जा सकती है। किन्तु सूक्ष्म विचार करने पर परिवर्तन की क्रिया को दो विभागों में बाँटा जा सकता है। एक विभाग, एक सीढ़ी, वह है जबकि अनेक छोटे-मोटे स्थानीय सुधारों के बीच में भी तनाव बढ़ता चलता है, दूसरी वह जबकि एक बड़े विस्फोट के बाद भी होते रहने वाले छोटे-मोटे सुधारों के सहारे तनाव घटता जाता है और एक अपेक्षाकृत सन्तुलित अवस्था आती जाती है। एक संघर्ष का उठान है, दूसरी उसका उतार, एक क्रान्ति की ओर उन्मुखता की अवस्था है, एक विमुखता की; एक विश्लेषण की अवस्था है, दूसरी समन्वय की।

कोई पूछ सकता है कि क्रान्ति की अवस्था एक तीसरी और अलग सीढ़ी क्यों नहीं है जब कि वास्तविक परिवर्तन उसी में होता है? किन्तु वास्तविक क्रान्ति का क्षण–उन्मुखता-विमुखता की, उठान से उतार की क्रिया में परिणति का सूक्ष्म सन्धि-काल एक तो इतना अल्प होता है और उसमें कालप्रवाह इतना तीखा और संकुल, कि अध्ययन जैसी मन्दगामी क्रिया के लिए वह प्रासंगिक नहीं रहता। अध्ययन के लिए क्रान्ति का प्रारम्भिक तनाव–उसके कारणभूत-तत्त्वों के क्रमिक विकास का विवेचन–ही उचित और पर्याप्त सामग्री होती है।

यहाँ एक प्रश्न और भी उठता है। रूस में ऐसा माना जा सकता है कि क्रान्ति हो चुकी और अब स्थिति को जमाने का, स्थापना का, यानी उतार का, युग है। दूसरी ओर ब्रिटेन में, भारत में, अन्य अनेक देशों में, जीवन का अन्तर्विरोध बढ़ता जाता है–युग उठान का है। दोनों क्रियाएँ साथ-साथ चलती हैं। तब हम अतिव्याप्ति के संकट से कैसे बचें? उसके लिए हमें अध्ययन के उद्देश्य के अनुकूल किसी एक इकाई को लेना ही फलप्रद होगा–राजनैतिक दृष्टि से देखें तो एक राष्ट्र को, सामाजिक या धार्मिक दृष्टि से एक जाति या समाज को, इत्यादि। साहित्य के अध्ययन के लिए हमें एक सांस्कृतिक इकाई चुननी होगी–अर्थात् एक भाषा या भाषा-समूह के साथ सम्बद्ध मानव-समुदाय की, क्योंकि भाषा अथवा शब्द ही संस्कृति की धुरी होती है।

जब हम संक्रान्ति-काल की बात कहते हैं, तब हमारे मन में कौन-सी अवस्था होती है? या, इस प्रश्न को और सीमित करके रखें, तो पूछें कि जब हम आधुनिक युग को संक्रान्ति का युग मानते हैं, तब ठीक कौन-सी अवस्था की ओर हमारा इशारा होता है?

स्पष्ट है कि वास्तविक क्रान्ति का युग हमारा नहीं है। अधिक से अधिक आशावादी क्रान्तिकारी, और अधिक से अधिक निराशावादी कट्टरपंथी भी यही कहता है कि 'हम क्रान्ति के मुँह में जा रहे हैं।' दोनों के मनोनुकूल इसकी व्याख्या करें, तो हम जन्नत को जा रहे हैं, या जहन्नुम को जा रहे हैं, जा ही रहे, पहुँचे नहीं हैं।

यह और भी स्पष्ट है कि उतार का युग भी यहाँ नहीं है। हमारे जीवन के क्रमशः बढ़ते हुए तनाव की ओर जिसका ध्यान न गया हो, ऐसा शायद ही कोई साक्षर व्यक्ति देश में होगा।

अतएव हमें संक्रान्ति-काल की बात न कहकर वास्तव में 'बढ़ते हुए संघर्ष के युग' की ही बात करनी चाहिए। हमारा साहित्य भी वास्तव में संक्रान्तियुगीन जीवन को नहीं, वर्धनशील संघर्ष को ही प्रतिबिम्बित करता है। यह दूसरी बात है कि इस बढ़ते हुए संघर्ष को छिपाने वाले अनेक छोटे-मोटे सुधार और स्थानीय सन्तुलन हम देखते हैं। उसे ध्यान में रखते हुए हम यह कहना चाहें कि यह अनेक छोटी-छोटी संक्रान्तियों का युग है जिनकी आड़ में एक बड़ी क्रान्ति की तैयारी अनवरत होती जा रही है, तब हम अपने युग को संक्रान्ति का युग भी कह सकते हैं, पर स्पष्ट है कि तब हम इस शब्द को एक विशेष और सीमित अर्थ में ही प्रयुक्त कर रहे होंगे।

इस विश्लेषण के बाद यह कहने की आवश्यकता नहीं रह जाती कि जिस संघर्ष को हम ध्यान में रख रहे हैं, वह पीढ़ियों के संघर्ष से भिन्न और अधिक व्यापक चीज़ है। पीढ़ियों का संघर्ष सदा बना रहता है; पर जीवन के महत्तर संघर्ष का वह एक अंग है। बल्कि 'पीढ़ियों का संघर्ष' नाम से हम जिस उलझी हुई क्रिया को जानते हैं, वह स्वयं एकाधिक संघर्षों का पुंज है; 'पीढ़ियों का संघर्ष' तो केवल उसी को कहना चाहिए, जो पितरों और सन्तति के पितृत्व और संतानत्व से ही उद्‌भूत होने वाला संघर्ष है, उसके साथ आ मिलने वाले पुराने और नये सामाजिक मतों के या राजनैतिक आदर्शों के संघर्ष वास्तव में उससे अलग हैं और समाज अथवा जाति के विकास से भी उत्पन्न होते हैं। संघर्ष का यह अध्ययन करते समय हम पीढ़ियों के आपस के सम्बन्ध का नहीं, मनुष्यमात्र के अपनी परिस्थिति के साथ सम्बन्ध का ही अध्ययन या विवेचन करते हैं।

2

बढ़ते हुए संघर्ष के कारण साहित्यकार के आगे अनेक नयी समस्याएँ खड़ी हो गयी हैं और होती जायेंगी। ये समस्याएँ सब की सब साहित्यिक नहीं होंगी; यदि साहित्यकार औसत से अधिक जाग्रत मानव है तो अन्य अनेक प्रकार की समस्याएँ भी उसी के आगे अधिक तीव्र होकर आयेंगी। पर जो विशेष रूप से साहित्यिक समस्याएँ हैं, वे अन्य व्यक्तियों के लिए उतना तात्कालिक महत्त्व नहीं रखेंगी, बल्कि अधिकांश को 'समस्याएँ' ही नहीं जान पड़ेंगी। तथापि साहित्यिक के लिए इन समस्याओं का सामना करना एक तात्कालिक कर्त्तव्य है।

इन समस्याओं की ओर हमारे साहित्यकारों का ध्यान न्यूनाधिक मात्रा में गया है। कुछ की पड़ताल के लिए पत्रकारों और प्रचारकों का सहयोग भी साहित्यकारों को मिल गया है। जिन समस्याओं की अधिक चर्चा हुई है, उन्हें एकस्थ करके मोटे तौर से 'प्रगति की समस्या' कहा जा सकता है। संघर्ष

के बीच में साहित्यकार किसे प्रोत्साहन दे, किसका समर्थन करे, कौन-सा पक्ष ले, किसके अनुगत होकर चले—केन्द्रीय समस्या के कई पहलू हैं और उन्हें किसी एक पर न्यूनाधिक जोर देकर देखा जा सकता है।

विवेचन के लिए इन समस्या को या समस्याओं के समूह को तीन शीर्षकों के अन्तर्गत रखा जा सकता है : साहित्य और प्रगति, राजनीति और साहित्य, साहित्य किसके लिए? सुविधा के लिए हम प्रश्नों का क्रम उलटकर अन्तिम का ही सामना पहले करेंगे।

साहित्य किसके लिए

बढ़ते हुए संघर्ष के साथ-साथ साहित्य के भीतर एक तनाव पैदा हो गया है। आधुनिक युग का साहित्यकार यह मानने का अभ्यस्त है कि कला स्वतन्त्र है, कलाकार भी स्वतन्त्र है और किसी को 'राजस्व' देने को बाध्य नहीं है। दूसरी ओर साहित्य-पाठकों में बहुत से ऐसे हैं, और साहित्यकारों में भी अनेक, जो साहित्य के उत्तरदायित्व का अनुभव करते हुए उसे गतिनिर्देश करना आवश्यक समझने लगे हैं। अन्ततः यह भी व्यक्ति और परिस्थिति का संघर्ष है—कलाकार नामक एक विशिष्ट व्यक्ति के अभिमान का और हमारी आधुनिक राजनैतिक-सामाजिक परिस्थिति-रूपी मजबूरियों का संघर्ष।

एक और बात का इशारा भी यहाँ कर देना उचित होगा। यह संघर्ष एक दूसरे प्रकार के विरोध का भी प्रतिबिम्ब है। साहित्य की भारतीय परम्परा में कलाकार को सदा समाज के प्रति उत्तरदायी माना जाता रहा, उसके लिए कर्त्तव्याकर्त्तव्य के नियम बने रहे। हमारी परम्परा यह कहती थी कि साहित्यकार को अपनी जिम्मेदारी का ही अभिमान होना चाहिए—कवि उत्तरदायी है जैसे कि ईश्वर उत्तरदायी है। कालान्तर में यह परम्परा क्षीण होती चली, पहले मुगलों के द्वारा अलौकिक के स्थान पर लौकिक आनन्द की साधना के कारण, और फिर विदेशी परम्परा के आक्रमण के कारण यूरोप से 'आर्टिस्ट' का जो आदर्श हमारे बीच आया, वह उन्नीसवीं शताब्दी के व्यक्तिवादी इंग्लैण्ड से आया और अपने साथ व्यक्ति-स्वातन्त्र्य की उग्र तथा कुछ-कुछ विकृत भावना लेकर आया। हमने कलाकार को 'बोहेमियन' के रूप में देखा; ऐसे व्यक्ति के रूप में, जो किसी के प्रति कोई उत्तरदायित्व नहीं मानता, और जिसका एकमात्र इष्टदेव उसकी अपनी भीतरी वासना या प्रेरणा है।

इस प्रकार व्यक्ति और परिस्थिति के संघर्ष की पीठ पर दो परस्पर-विरोधी आदर्शों का संघर्ष भी लद गया, और आज भारतीय साहित्यकार के आगे 'कलाकार' और 'सुधारक' के दृष्टिकोणों का जो विरोध समस्या बनकर खड़ा है वह इन दो संघर्षों का संयुक्त रूप है।

अस्तु, इसमें सन्देह नहीं कि कलाकार के जीवन का एक महत्त्वपूर्ण क्षण वह होता है जब वह इस समस्या पर कोई निर्णय करता है, उस प्रश्न का उत्तर देता है जिसके लिए हमारे एक पत्रकार ने एक भावपूर्ण वैदिक उक्ति चुनी है—कस्मै देवाय? कला किसके लिए, किसलिए?

पाठक के लिए भी यह प्रश्न कम महत्त्व का नहीं है, यद्यपि बहुत से पाठक इस पर ध्यान नहीं देते और आधुनिक जीवन का दबाव पाठक को इधर ध्यान देने लायक छोड़ना भी नहीं चाहता।

कला को दो दृष्टि-बिन्दुओं से देखा जा सकता है—कलाकार के और रसिक के। रसिक की ओर से देखें तो हम इस परिणाम पर पहुँचेंगे कि रसिक साहित्य से धर्म, नीतिशिक्षा, विज्ञान, प्रोपेगैंडा, कुछ नहीं माँगता; उसके लिए कला का उद्देश्य है जीवन को उन लोगों के लिए सहनीय बनाना जिनके लिए संसार एक विवश होकर स्वीकार करने की चीज़ है। इस दृष्टि से विचार करके हम बहुत आगे नहीं

बढ़ सकेंगे, अतएव पहले कलाकार के पक्ष की ओर ध्यान देना उचित होगा।

कलाकार कला में क्या रखता है?

धर्म? नीति शिक्षा? विज्ञान? मनोरंजन? प्रोपेगैंडा?...

तत्काल यह प्रश्न हमारे सामने आता है, क्या ऐसी चेष्टित रचना साहित्य हो सकती है, क्या कला का 'निर्माण' हो सकता है, क्या कलाकार को बाहर से निर्देश दिया जा सकता है...

यदि कलाकार सचमुच कलाकार है, निरा प्रचारक नहीं है, तो उसकी प्रेरणाशक्ति एक निगूढ़ और अत्यन्त व्यक्तिगत विवशता है जिसके कारण वह संसार की सत्यता को चित्रित करने को बाध्य होता है। इसका यह अभिप्राय नहीं कि वह संसार की या समाज की कठपुतली है। वह विवश होकर लिखता है, संसार के बारे में लिखता है, किन्तु उस विवशता का कारण संसार नहीं होता, न हो सका है। वह बाध्य होता पकड़ने को, बाँधने को, और व्यंजित करने को संसार का प्रवाह, चाहे वह अच्छा हो, चाहे बुरा, चाहे स्वीकृति से, चाहे अवज्ञा से; और इस अवस्था में संसार की गति से उत्पन्न होने वाले विचार उसे सीमित नहीं कर सकते, रोक नहीं सकते।

संसार की अनुभूतियाँ और घटनाएँ साहित्यकार के लिए मिट्टी हैं, जिनसे वह प्रतिमा बनाता है। वह निरी सामग्री है, उपकरण है। वह कलाकार को बाँध नहीं सकती, कलाकार उसका मनमाना प्रयोग कर सकता है, मनचाहे अंश को स्वीकार या अस्वीकार कर सकता है। कलाकार को अमीर और ग़रीब, सुखी और दुःखी, पीड़ित और पीड़क, दोनों के बारे में लिखने का समान अधिकार है, यदि वह अपनी कला को अक्षुण्ण रखता है। फिर यह भी ध्यान में रखना चाहिए कि दुःखी और सुखी की कोई आत्यन्तिक श्रेणियाँ तो जीवन में हैं नहीं। दुःख, अपूर्णता, पीड़ा—ये सर्वव्यापी हैं। गरीबों ने इनका ठेका नहीं लिया है—इसे वे भी मानेंगे जो स्वयं गरीब है। और सुख और सन्तोष भी वर्ग-भेद नहीं देखते। तब कैसे एक वर्ग का सुख-दुःख दूसरे वर्ग के सुख-दुःख से अधिक वर्णनीय मान लिया जाये? क्यों न हम दोनों वर्गों के ऊपर उठकर सम्पूर्ण मानवता के गान गायें? माना कि आज संसार का अधिकांश प्रपीड़ित और निर्धन है, किन्तु क्या इसीलिए उनसे सहानुभूति करते समय हम अवश्यमेव और सब तरफ से अपनी सहानुभूति खींच लें? क्या कलाकार की अनुभूति इतनी व्यापक, और साथ ही इतनी असंलग्न, अनासक्त, ऑब्जेक्टिव नहीं हो सकती कि दोनो पक्षों को उनका उचित स्थान दे सके? अतः वे लोग जो 'साहित्य किसके लिए' का उत्तर देते हुए चाहते हैं कि साहित्यकार का क्षेत्र सीमित कर दिया जाय वे भारी भूल करते हैं। यदि वे यह कहें कि अब तक हमारा साहित्य जीवन के एक पहलू में ही व्यस्त रहा है, और उसे दूसरे पहलुओं पर भी ध्यान देना चाहिए, तब उनकी माँग में औचित्य होगा। किन्तु केवल निर्धनों, किसान-मजदूरों, प्रपीड़ितों का वर्णन करने के लिए कलाकार को बाधित करना तो एक प्रकार की एकांगिता के स्थान पर दूसरे प्रकार की एकांगिता माँगना है; वह एक प्रकार का झूठ छुड़ाकर दूसरे प्रकार का झूठ बुलवाना है, वह सर्वांगिता का विद्रोह नहीं है। यह हो सकता है कि दूसरे प्रकार का झूठ आजकल अधिक सामयिक जान पड़े, पर सत्य वह नहीं हो सकता...सावन के अन्धे के लिए हरा ही एक रंग है, लेकिन सुझाखे तो अन्य रंग भी देखेंगे ही...

और यदि हम सुधारक का सिद्धान्त मान ही लें कि हमें 'जनता' का पक्ष लेना है, तो भी क्या यह आवश्यक है कि साहित्यकार उसी के जीवन के बारे में लिखे? यथार्थ-वर्णन शायद उपेक्षा से भी अधिक सफल हथियार हो सकता है—यदि हम कला को हथियार की तरह ही प्रयुक्त करना चाहते हैं। ह्यूगो

के 'लाफ़िंग मैन' में अंग्रेज़ी अभिजात-वर्ग के जीवन का या रोमां रोलां के 'जाँ क्रिस्तोफ़' में पेरिस के नागरिक-जीवन का वर्णन जिन्होंने पढ़ा है, वे जानेंगे कि निष्पक्षता में भी घोर विनाशकारी शक्ति हो सकती है!

साहित्य की सामग्री, और साहित्य का ध्येय, दो अलग-अलग चीज़ें हैं। 'कस्मै देवाय?' का उत्तर देने वाले अनेक व्यक्ति इस बात को भूलकर भ्रम में तो पड़ गये हैं। हमने देखा कि सामग्री को सीमित करने का यत्न प्रमाद है। तो क्या उसका ध्येय निश्चित किया जा सकता है, क्या साहित्यिक कृतित्व की दिशा निर्दिष्ट की जा सकती है?

हम कह आये हैं कि साहित्य की प्रेरणा करने वाली मूल शक्ति साहित्यकार की एक आन्तरिक विवशता है। साहित्यकार यद्यपि किसी एक दिशा में जाता है अवश्य, तथापि वह दिशा बाह्य आदेशों द्वारा निश्चित नहीं होती, कवि की व्यक्तिगत परिस्थिति—उसकी आन्तरिक और बाह्य परिस्थिति से उत्पन्न व्यक्तिगत विवशता—उसे निश्चित करती है। अतएव किसी एक दिये हुए ढाँचे पर साहित्य का निर्माण करने या कराने की आशा भी भ्रामक है।

इसका यह अभिप्राय नहीं है कि कला केवल एक निरुद्देश्य उद्गार है, उच्छ्वास है, कलाकार के अन्तस् की दलहल से उठा हुआ एक बुलबुला मात्र। साहित्य भी समाज को प्रेरणा दे सकता है, 'आगे' बढ़ने को विवश कर सकता है, किन्तु तभी जब लेखक में स्वभावतः उस प्रेरणा से उत्पन्न हुआ असन्तोष, अशान्ति, विद्रोह भाव हो...कलाकार की कृतित्व-शक्ति किन्हीं बौद्धिक सीमाओं में बँधकर नहीं चलती, वह केवल चलती है।

हमने अब तक तीन स्थापनाएँ की हैं :

कला की सामग्री को सीमित करना अनधिकार चेष्टा है।

परिस्थितियों को ध्यान में रखकर हम जैसी प्रेरणा चाहते हैं, वह यदि साहित्यकार में स्वभावतया नहीं है, तो हम बलात् उसे पैदा नहीं कर सकते।

साहित्य में प्रेरक शक्ति हो सकती है, किन्तु वह साहित्यकार की आन्तरिक क्षमता का स्वयंभूत फल है।

ये स्थापनाएँ सुधारक के प्रतिकूल पड़ती हैं। पर उसकी चेतना जानती है कि उसके आस-पास की समस्याएँ भी तुरन्त अपना जवाब माँगती हैं, और इन स्थापनाओं से उसको सन्तोष नहीं होता। उसे सोचना चाहिए कि हमारे देश में जहाँ एक तो साक्षरता का अनुपात बहुत कम है, दूसरे शिक्षा विदेशी है, वहाँ लेखक से अभी यह आशा कैसे की जा सकती है कि वह जनता के लिए, जनता के बारे में, जनता-बुद्धि से अभिभूत होकर लिख सकेगा? हमारे प्रायः सभी लेखक एक छोटे-से प्रबुद्ध वर्ग के प्राणी हैं जो जनता से अपना कोई सम्बन्ध नहीं जानता, जिसके विचार, मनोगतियाँ, संस्कार सभी इसके प्रतिकूल हैं! 'जनता के लिए' वह लिखेगा जो उससे भाव-साम्य का अनुभव करे; जो जाने कि उनकी जड़ें भी उस विराट् जनता-जनार्दन की पीठिका में से निकली हैं; जो उन जड़ों में जन-जीवन के रस का स्पन्दन अनुभव करे। ऐसे लेखक हम में हैं कितने, और आयें कहाँ से, जब तक यह वर्ण-भेद, यह शिक्षा-भेद, यह परिस्थिति-भेद और इन सबसे उत्पन्न हुई मानसिक रूढ़ियाँ नहीं टूटतीं?

किन्तु इन सब विचारों से सुधारक की समस्या हल नहीं होती, वह चाहता है कि उसे मार्ग मिले, और तुरन्त मिले, वह 'पथ का दावेदार' है और इससे सन्तुष्ट नहीं है कि साहित्य उसका पथ नहीं गढ़ सकता। वह क्या करे?

उसके लिए एक ही मार्ग है, उसे साहित्य का मोह छोड़ना चाहिए। वह दुहाई देना चाहता है, अपील करना चाहता है, तो साहित्य और कला के नाम को अलग रखकर नवयुवक लेखकों से आग्रह करे कि वे फिर से जनता की ओर उन्मुख हों, नव-निर्माण में सहायक हों, अपनी शक्ति वर्तमान संसार को अधिक सहनीय बनाने में नहीं, असह्य बनाकर बदल देने में लगा दे। वह आग्रह उचित होगा, फलप्रद भी हो सकेगा। उसके उत्तर में आयेंगे सुधारक, योद्धा, क्रान्तिकारी...उससे साहित्य नहीं उत्पन्न होगा, किन्तु सुधारक को आज क्यों चाहिए साहित्य? उसे पहले चाहिए शक्ति—उग्र, उद्धत रण-तत्परता. ..टॉमस मान के शब्दों में उसे—

'जागरूकता और दृढ़ता के पथ पर भविष्य की ओर होने वाली इच्छा—आज युवकों को यही सिखाना है। विगत वैभव की ओर प्रत्याकृष्ट करने वाला पाठ नहीं, जागृति और ज्ञान का पाठ, जो चेतना के उच्चतर स्तरों की ओर ले जाये, जो शक्ति और प्रेरणा दे जीवन के मोहजन्य सौष्ठव और मिथ्या सम्पूर्णत्व का विनाश करने की...जो हमें विश्लेषण, मनोविज्ञान और समन्वय की उन सीढ़ियों पर ले जाय जो सांस्कृतिक एकता की दृष्टि से अराजकता कहलाएँगी, किन्तु जिन पर कहीं रुकना नहीं है, कहीं लौटना नहीं है, कहीं जीर्णोद्धार नहीं है, कहीं ठहरने को तिल-भर स्थान नहीं है—फोड़ निकलने के लिए एक मार्ग जीवन की एक सच्ची और स्वच्छन्द और जागरूकता द्वारा सुरक्षित एकता का, सम्पूर्ण आत्मबोध प्राप्त किये हुए मानवों की संस्कृति का...'

और साहित्य? कला? वे वहाँ नहीं होंगे; किन्तु पथ पर सुधारक को इनकी आवश्यकता क्या? इनका स्थान तो है पथ के अन्त तक पहुँचकर, जहाँ विश्राम है। पथ पर हम माँगते हैं युद्ध-गीत, जो साहित्य हो न हो, शक्ति तो है...

यह अन्तिम स्थापना भी खतरनाक सिद्ध हो सकती है। और यह शंका भी निर्मूल नहीं होगी कि वास्तव में 'साहित्य किसके लिए' की समस्या का उत्तर अभी नहीं दिया गया है। उपर्युक्त विवेचन, मूल समस्या पर आक्रमण करने के पहले की पैंतरेबाजी है। समस्या हमारे लिए यह है कि साहित्य के प्रश्न को लेकर हम क्या करें? एक ओर हमें आवश्यक जान पड़ता है कि हम शक्तिशाली, प्रेरणा-भरा साहित्य पायें, दूसरी ओर हमें दीखता है कि लेखक को ऐसा साहित्य उत्पन्न करने के लिए बाधित नहीं किया जा सकता। तो क्या किया जाय? जो केवल सुधारक है, वह तो कह सकता है कि साहित्य और साहित्यकार घर बैठें, हमें लड़ाई लड़नी है। पर हम सब यह नहीं कह सकते, हम सब के लिए यह सम्भव भी नहीं है कि साहित्य के बिना जी लें; और शायद इस प्रकार एक ओर फेंका जाकर साहित्य भविष्य में भी वह स्थान नहीं प्राप्त कर सकेगा जो उसका होना चाहिए—संघर्ष की उठान के युग के बाद जब हम पुनः कलाओं के लिए अवकाश पायेंगे, तब तक साहित्य के पौधे की जड़ सूख चुकेगी और वह निष्प्राण हो जायेगा और यह खतरा उठाने को हम तैयार नहीं हैं, क्योंकि जिस संघर्ष का हल करने के लिए हम प्रेरक साहित्य चाहते हैं, वह संघर्ष हमारी संस्कृति को खतरे में डाल रहा है और उस खतरे से बचने का उपाय साहित्य के निमित्त से ही मिल सकता है।[1]

हमें साहित्य को विवश करने की व्यर्थ चेष्टा नहीं करनी चाहिए, हमें चाहिए कि हम उसी वस्तु को ग्रहण करें जिसमें शक्ति है, प्रेरणा है। अर्थात् हमें लेखकों को नहीं, समालोचकों को शिक्षित बनाने का प्रयत्न करना चाहिए। लेखक बन्धन से परे है, और रहेगा। यह हम व्यक्तिवाद के नाम पर नहीं कहते; लेखक चाहे भी तो स्वयं बँध सकता है, पर अपनी रचनाशक्ति को नहीं बाँध सकता, बाँधने से

---

1. देखिए 'संस्कृति और परिस्थिति'।

वह मर जायेगी। समालोचक को ही शिक्षित किया जा सकता है कि वह संसार के प्रति अपना दायित्व समझे, और जनता के सामने वह लाये जिसको उसे आवश्यकता है, वह रोके जो व्यर्थ या हानिकर है। जितना ही जीवन का दबाव व्यक्ति पर बढ़ता जाता है, उतना ही समालोचक का उत्तरदायित्व भी बढ़ता जाता है—क्योंकि उतना ही शिक्षा को, परखने की शक्ति का महत्त्व जनसाधारण के लिए अधिक होता जाता है। और समालोचकों का शिक्षित करने के साथ-साथ उस वर्ग को भी शिक्षित करने की आवश्यकता है जिसके लिए साहित्य माँगा जा रहा है—जनता को। जनता को सीखना होगा कि प्रबुद्ध-वर्ग उसे नहीं समझता, अनिच्छा या रुचिभेद के कारण नहीं, एक मौलिक अक्षमता के कारण—उसी प्रकार जिस प्रकार जनता प्रबुद्ध वर्ग से अन्तरंग एकता नहीं महसूस कर सकती। उसे शिक्षित होना होगा ताकि वह प्रबुद्ध-वर्ग से साहित्य न माँगकर स्वयं अपना साहित्य बनाये—ऐसा साहित्य जो उसके जीवन का प्रतिबिम्ब हो। जनरुचि का परिष्कार, उसमें आलोचक-बुद्धि और जागरूकता उत्पन्न करना और बनाये रखना ही आज उन सब का कर्त्तव्य है जो साहित्य के लिए चिन्तित हैं—चाहे वे प्रपीड़ितोन्मुख विद्रोही-भाव रखने वाले साहित्यिक हों, चाहे केवल साहित्य-पारखी या रसिक।

साहित्य किसके लिए? या साहित्य किसलिए? कस्मै देवाय हविषा विधेम? इस प्रश्न का सामना हम पीछे से ही कर सकते हैं। जब हमारे सांस्कृतिक जीवन में वह शक्ति आ जायेगी जिसे हमने आलोचक-बुद्धि या जागरूकता कहा है, जब हमारी मूर्च्छित अनुभूति शक्तियाँ चेतन होकर उसे पहचानेंगी और उसके स्पन्दन से तड़प उठेंगी, तब हम पायेंगे कि हमारे साहित्य में भी वांछित शक्ति आ गयी है, कि जो लेखक कहने पर शक्ति-संचय नहीं कर सके थे वे अब स्वभावतया शक्तिशील उग्र प्रेरणा से भर रहे हैं, साहित्य मानो जाग उठा है और एकाएक अत्यन्त विस्तीर्ण हो उठा है—हमारी समस्या लुप्त हो जायेगी।

तब और केवल तब। उससे पहले नहीं।

राजनीति और साहित्य

यह एक मनोरंजक बात है कि जिस हिन्दी पत्रकार ने 'कस्मै देवाय?' शीर्षक से 'साहित्य किसके लिए' की समस्या हिन्दी संसार के आगे रखी थी, और लेखकों से माँग की थी कि वे आधुनिक परिस्थिति को पहचानें और युगानुकूल साहित्य लिखें, उसी ने कुछ समय बाद यह प्रश्न उठाया कि 'साहित्य मन्दिर' में कौन-से देवता की मूर्ति स्थापित हो और 'युग-देवता' राजनीति का विरोध करते हुए मानसिक स्वाधीनता की देवी की दुहाई दी थी। किसी हद तक यह परिवर्तन उक्त पत्रकार की सुपरिचित भावुकता और संग्रहाकता (इम्प्रेशनेबिलिटी) के कारण ही हुआ होगा, लेकिन दूसरा और अधिक महत्त्वपूर्ण कारण शायद यह था कि 'युगधर्म', 'स्वाधीनता' आदि की उसकी धारणाएँ सुलझी हुई और स्पष्ट नहीं थीं। अस्तु, उनका मानसिक विवेचन हमें अभीष्ट नहीं है। हमारे सामने प्रश्न यह है कि आधुनिक परिस्थिति में साहित्य और राजनीति का सम्बन्ध क्या है और क्या होना चाहिए जिससे दोनों को लाभ हो सके।

हिन्दी में बहुत-से साहित्यिक यह शिकायत करते हैं कि राजनीति ने साहित्य के ऊपर कब्जा कर रखा है। अपने मन की पुष्टि के लिए वे हिन्दी साहित्य सम्मेलन के संचालन का, भाषा और लिपि के प्रश्न पर राजनैतिक नेताओं के रवैये का, और अन्य ऐसी बातों का उदाहरण देते हैं। निस्सन्देह साहित्यिकों की शिकायत में सार है और वे उपेक्षित होते हैं। तथापि उनके प्रश्न के हल के लिए इस

शिकायत की जाँच कर लेना ही पर्याप्त नहीं है।

साहित्यिक और राजनैतिक कार्यकर्ता दो अलग-अलग वर्ग हैं जो एक-दूसरे को कुचल डालने या बाँध रखने में लगे हैं—उनके धर्म का यह निरूपण बिल्कुल भ्रान्त है। साहित्यिक और राजनैतिक को दो पृथक्, और विरोधी तत्त्व मान लेना किसी प्राचीन युग में भी उचित न होता, आज के-से संघर्ष-युग में तो वह मूर्खतापूर्ण-सा ही है। आधुनिक युग में व्यक्ति के लिए बिल्कुल सम्भव है कि वह एक साथ दोनों हो सके। बल्कि इन दोनों के अलावा वह बीस चीज़ें और हो सकता है और फिर किसी को आपत्ति करने का अधिकार नहीं होगा। क्योंकि यह तो एक व्यक्ति की आन्तरिक शक्ति का प्रश्न है। व्यक्ति में प्रबल शक्ति होनी चाहिए जो निरन्तर प्रवाह के लिए रास्ता खोजती रहे, अवरोधों पर बराबर चोट करती रहे, टक्कर लेती रहे, घुमड़ती रहे। शक्ति पर्याप्त हो, तो फिर यह प्रश्न नहीं उठता कि वह किधर से बहे और कितने रास्तों से बहे।

फिर जिसके पास शक्ति है, या साहित्यिक भाषा में प्रतिभा है, वह कभी अभिव्यंजना के एक ढंग से तृप्त नहीं रह सकता। यह बात नहीं है कि एक ढंग में सफलता न मिलने पर ही वह दूसरी ओर आकृष्ट हो। बल्कि एक ढंग में जितनी सफलता मिलती है उतना ही उसमें उत्साह बढ़ता है कि वह दूसरे ढंग को भी आज़माकर देखे। कुछ महान् कलाकारों के उदाहरण ले लीजिए। चित्रकार और शिल्पी मिकेल आंजेलो ने कविता करने का प्रयत्न किया था और गीतों की एक छोटी-सी पुस्तक लिखी थी। कवि दान्ते ने एक बार—केवल एक बार एक चित्र बनाया था। अपने ज़माने में साहित्य और संगीत-मर्मज्ञ रवीन्द्रनाथ ठाकुर ने उत्तर जीवन में तूलिका और रंगों को अपनाया है। उनकी कृतियों को कोई चित्रकला के नमूने माने या न माने, यह सभी को मानना पड़ेगा कि वे उनकी अन्तःशक्ति के लिए फूट निकलने का एक मार्ग अवश्य है।

तथापि शक्ति—या प्रतिभा या योग्यता या 'लिबिडो' या दैवी प्रेरणा के कई रूपों में प्रकट होते रहने पर भी यह स्वाभाविक और आवश्यक है कि कोई एक रूप दूसरे रूपों की अपेक्षा अधिक सामर्थ्य रखता हो। इतिहास में ऐसे भी ज़माने आये हैं जबकि साहित्य ने अत्यन्त गौरव का पद पाया है और राजनीति उसके सामने गौण चीज़ हो गयी है। (ऐसे भी ज़माने आये हैं जबकि साहित्य और राजनीति दोनों को ही किसी तीसरी शक्ति ने ग्रस लिया हो—यथा धर्म ने।) आजकल संसार-भर में, और खास कर हमारे देश में, राजनैतिक जाग्रति में सबसे अधिक शक्ति है। यह नहीं कहा जा सकता कि वह अनुचित है। आज राजनैतिक समस्याएँ ही हमारी प्रमुख समस्याएँ हैं; 'बढ़ते हुए संघर्ष' का दबाव वहीं पर सबसे स्पष्ट है; और यदि हमारे प्राणों की शक्ति सबसे पहले उन्हीं से टक्कर लेना चाहती है तो यह हमारे स्वस्थ होने का लक्षण है। इससे उल्टी बात ही हमारे लिए भयानक होती। जब रोम जला था तब अगर बादशाह नीरो उसे बुझाने में दत्तचित्त होता तो हम यह न कहते कि राजनीति ने कला को कुचल दिया। जलते हुए नगर की उपेक्षा करके संगीत में मस्त रहकर ही नीरो ने इतिहास में अपना नाम सदा के लिए कलंकित कर लिया।

साहित्य और राजनीति का असर एक-दूसरे पर होने से रोका भी नहीं जा सकता—चाहे राजनीति का युग हो, चाहे साहित्य का। नीत्शे 'साहित्यिक' था, लेकिन आधुनिक राजनीति पर उसके प्रभाव की उपेक्षा नहीं हो सकती। लेनिन को कोई भी साहित्यिक नहीं कहता, फिर भी आधुनिक साहित्य पर उसकी गहरी छाप है। क्या इसके लिए नीत्शे या लेनिन दोषी हैं? क्या यहाँ उनकी शक्ति—प्रतिभा—का ही सबूत नहीं है कि अपने क्षेत्र के बाहर भी उनका प्रभाव इतना गहरा पड़ा? (परिस्थितियाँ भी प्रभाव

के विस्तार में सहायक या बाधक होती हैं, और उनकी ओर ध्यान देना अनिवार्य है, पर उनके लिए भी तो व्यक्ति जिम्मेवार नहीं होता।)

साहित्य के लिए मानसिक स्वाधीनता जरूरी है। लेकिन राजनीति के लिए क्या वह कम जरूरी है? जो बात साहित्यिक के लिए कही जा सकती है, वह राजनीतिक के लिए भी सच है। कायदे, नियम, प्रतिबन्ध, बन्धन—मामूली आदमी के लिए ये चीज़ें एक सहारा होती हैं, क्योंकि वह अपने कार्यों का नैतिक प्रमाण (एथिकल सैंक्शन) अपने भीतर से नहीं, बाहर से पाता है। लेकिन किसी भी प्रतिभावान् व्यक्ति के लिए यही चीज़ें विघ्न हो जाती हैं, क्योंकि वह अपने कार्यों के लिए बाहरी आधारों पर निर्भर नहीं करता। इस प्रकार हर व्यक्ति जिसके पास शक्ति है, अनिवार्य रूप से अनुभव करता है कि उसके मार्ग में कुछ रुकावट भी है। यदि उसके पास काफी शक्ति होती है, तो वह रुकावटों को हटा देता है और अपनी मानसिक स्वाधीनता कायम रखता है। यदि नहीं तो वह विधान में आ जाता है। मानसिक स्वाधीनता खो देता है, बहुत भला और बहुत साधारण आदमी हो जाता है। मानसिक स्वाधीनता माँगने की चीज़ नहीं है, राज़ीनामा करके नहीं मिल सकती; बराबर लड़ते रहकर ही उसकी रक्षा की जा सकती है।

साहित्यकार के लिए मानसिक स्वाधीनता की दुहाई देने वाला कहता है, 'राजनैतिक दलबन्दियाँ क्षण-स्थायी हैं और साहित्य ऊँची चीज़ है, चिर-स्थायी है।' यह कथन सच तो है, पर जिस भूल को छिपाये है वह एक समान्तर अर्धसत्य के द्वारा प्रकट की जा सकती है—कि 'साहित्यिक गुटबन्दियाँ क्षण-स्थायी हैं, और राजनीति ऊँची चीज़ है, चिर-स्थायी है।' इसकी अधिक व्याख्या करने को आवश्यकता नहीं है, सीधी-सी बात है कि तुलना एक ही प्रकार की चीज़ों की हो सकती है। हमारे लिए प्रसंग की बात यह है कि राजनीति से, साहित्य से, अभिव्यंजना के बीसियों प्रकारों से, अधिक स्थायी एक चीज़ है। वह है रचने की, सृजना करने की प्रेरणा—'क्रिएटिव अर्ज'। मानसिक स्वाधीनता का प्रश्न उसके साथ लगता है। जो उस प्रेरणा का आदर करता है, वह स्वयं आदर का पात्र है; जो उसे बेचता है, जो उसे बिलासिता का साधन बनाता है, वह नीच है, और नीच से बढ़कर बेवकूफ़, क्योंकि वह स्वयं अपना नाश कर रहा है। यह स्थापना केवल साहित्यिक प्रतिभा के लिए सत्य नहीं है, सब तरह की सृजन-शक्ति के लिए है। फिर वह शक्ति चाहे साहित्य पैदा करने की हो, चाहे इन्क़लाब पैदा करने की, और चाहे बच्चे पैदा करने की।

साहित्य और प्रगति

इस लेख के प्रारम्भिक खण्ड में हमने कहा था कि आधुनिक युग की समस्याओं को मोटे शब्द में 'प्रगति की समस्या' कहा जा सकता है। इसके दो पहलुओं पर हमने विचार कर लिया; उस प्रसंग में कुछ व्यापक बातों की भी जाँच-पड़ताल हो गयी है जो 'साहित्य और प्रगति' अथवा प्रगतिवाद के प्रश्न से सम्बन्ध रखती है। प्रस्तुत समस्या पर विचार करते हुए इन सब बातों को दोहराना आवश्यक नहीं होगा; दो-एक बातें जो इस लेख में नहीं कही गयीं उनकी विवेचना अन्यत्र हो चुकी है।

साहित्य से प्रगतिशीलता की माँग करने वाले प्रायः एक मौलिक सत्य को भूल जाते हैं। प्रगतिशीलता कहाँ से उत्पन्न होती है, इसकी परीक्षा करने से पहले एक और बात जानना ज़रूरी है—कि साहित्य—कोई भी कला—कहाँ से उत्पन्न होती है। कला के मूलोद्भव की जाँच करें, तो स्पष्ट हो जायेगा कि प्रगतिवाद का सिद्धान्त राजनैतिक और आर्थिक क्षेत्र में भले ही स्वीकार हो सके, साहित्य—साहित्य-सृष्टि—के क्षेत्र में अस्वीकार ही रहेगा।

साहित्यिक—कोई भी कलाकार—अनिवार्य रूप से अपनी परिस्थितियों का परिणाम होता है। वह अपने आस-पास व्याप रहे संघर्ष का फल है। उसमें आत्यन्तिक सन्तुलन नहीं है, न कभी हो सकता है। साहित्यकार होने के नाते ही वह चंचल है, अस्थिर है, असन्तुष्ट है। उसकी यही अस्थिरता और असन्तोष उसको घेरने वाले बाहरी संघर्ष का भीतरी प्रतिरूप है। साहित्य—या कैसी भी कलात्मक रचना, सृष्टि—इस मौलिक संघर्ष का नतीजा है, इसे हल करने के लिए कलाकार के प्राणों का उत्कट प्रयास है।[1]

कला संघर्ष का फल है। अतः कलाकार अनिवार्य रूप से गतिमान है, उसमें एक बलवती प्रेरणा काम कर रही है जो उसे स्थिर नहीं होने देती, और जिसके दबाव के कारण वह किसी प्रकार के सामंजस्य की ओर बढ़ता है।

यह गति आगे की ओर है, या पीछे की ओर? प्र-गति है, या प्रति-गति है, या अधोगति है। इसका निर्णय साहित्य के, कला के, भीतर से नहीं होता, भीतर से केवल इतनी ही गूँज आती है कि वह गति है, अरोक गति है। गति का निरूपण करने वाला, यह फ़तवा देने वाला कि गति किधर है या किधर होनी चाहिए, कला को एक बाहरी कसौटी पर परखना चाहता है। अर्थात् वह कलाकार नहीं होता, केवल आलोचक होता है।

जब निर्णय के आधार ब्राह्म हो जाते हैं, तब निर्णय आलोचक के रुख पर निर्भर करता है। निर्णेता की कसौटी राजनीति की हो सकती है, अर्थनीति की हो सकती है, धर्मनीति, समाजनीति या और कोई नीति भी हो सकती है। उसका कोई न कोई 'नीति' होना अनविार्य है, क्योंकि आलोचक को एक स्थान चुनना है, एक रेखा खींचनी है जिसे रूढ़ि मानकर वह सापेक्ष्य दृष्टि से देखेगा कि कौन-सी वस्तु उस रेखा के आगे है, कौन-सी पीछे, क्या ऊपर है क्या नीचे।

ठीक यहीं पर प्रगति के 'वाद' की पराजय है, यहीं पर साहित्य अपने को उसके बन्धन से मुक्त घोषित करता है।

नीतियाँ सापेक्ष हैं। रूढ़ियाँ निरन्तर बदलती रहती हैं। अतः नैतिक कसौटियाँ सापेक्ष हैं, प्रगति भी सापेक्ष है। फलतः आज जो प्रगति है, कल वही प्रति-गति भी हो सकती है। और यदि ऐसा है, तब प्रगतिवादी आलोचक की कसौटियाँ साहित्य की कसौटियाँ नहीं हैं, क्योंकि साहित्य आत्यन्तिक होने का दावा करता है, शाश्वत और चिरन्तर होने का दावा करता है। वह माँगता है कि जो उस पर निर्णायक बनकर बैठे उसकी कसौटी भी शाश्वत और चिरन्तन हो।

संघर्ष चिरन्तन है। वह शाश्वत और आत्यन्तिक है। इसीलिए मानना पड़ता है कि साहित्य में, कला में, संघर्ष के किसी भी फल में, प्रगति नहीं है, केवल गति है। और प्र-गति वह इसलिए नहीं है कि उसमें ऐच्छिक प्रेरणा नहीं है। 'यह आगे है, मैं इधर ही बढ़ूँ' ऐसी कामना लेकर कला उस दिशा-विशेष में नहीं बढ़ती; ठीक उसी प्रकार जिस प्रकार पुरवा हवा यह नहीं सोचती कि 'यह पूर्व है, मैं उधर बढ़ूँ।' पूर्व-पश्चिम का सवाल तब उठता है जब हवा किसी ओर को बह निकलती है। कला पर ऐच्छिक नियन्त्रण लगाने से, उसे किसी निर्दिष्ट दिशा में चलाने के प्रयत्न से, विज्ञान मिल सकता है, अर्थशास्त्र, राजनीति, समाजशास्त्र आदि मिल सकते हैं, साहित्य नहीं मिल सकता।

यह बात पहले कही जा चुंकी है। प्रगतिवादी के पास इसका उत्तर तैयार है, कि उसने साहित्य का असर प्रत्यक्ष देखा है। उसके पास प्रमाण है कि साहित्य तूफ़ान बरपा कर सकता है, सिंहासन उलट

1. इस सम्बन्ध में देखिए 'कला का स्वभाव और उद्देश्य'।

सकता है, आज़ादी दिला सकता है—यानी प्रगतिशील भी हो सकता है।

इसका स्पष्टीकरण भी पहले हो चुका है...किसी साहित्यिक की रचना का असर तो प्रगति के पक्ष में हो सकता है, पर वह साहित्यिक इच्छा से, पसन्द से प्रगतिशील है, ऐसा नहीं है। यदि वह परिस्थितियों का परिणाम है, एक विशेष प्रकार के संघर्ष से पैदा हुआ है, तब वह जैसा है उसके अतिरिक्त कुछ हो ही नहीं सकता था। परिस्थिति ने उसे केवल चलने का अधिकार दिया; वह आगे की ओर चले, इस विकल्प का अधिकार उसे नहीं मिला। यह बाद में पैरों की छाप पढ़ने वाले ही अपनी-अपनी बुद्धि के अनुसार तय करते हैं कि वह किधर गया।

'इस साहित्य से प्रगति पैदा हुई, इसलिए यह प्रगतिशील साहित्य है।' यह कहना एक बात है और 'यह प्रगतिशील साहित्य है, इसलिए प्रगति पैदा करेगा' यह बिल्कुल दूसरी। परिणाम को परख कर उसकी चेष्टा का आरोप बीज पर कर देना भूल है। प्रगतिशीलता साहित्य पर निर्णय करने बैठकर स्वयं एक नैतिक विधान बन जाती है; प्रगति का 'वाद' बनकर स्वयं एक रूढ़ि बन जाती है। साहित्य के लिए तैयार किये गये बन्धनों में वह स्वयं बँध जाती है।

'किसी साहित्यिक की रचना का असर प्रगति के पक्ष में हो सकता है, पर वह पसन्द से प्रगतिशील नहीं है, एक विशेष परिस्थिति में पैदा होकर वह जैसा है उसके अतिरिक्त कुछ हो ही नहीं सकता था', इस कथन को एक प्रकार का नियतिवाद कहकर उसकी निन्दा की जा सकती है। किन्तु यह आपत्ति उचित नहीं है। साहित्य में जो प्रेरक-शक्ति होती या हो सकती है, उसकी थोड़ी-सी पड़ताल से यह बात स्पष्ट हो जायेगी। साहित्य परिवर्तन की प्रेरणा कैसे देता है, इस सम्बन्ध में हमें इस बात पर ज़ोर देना होगा कि साहित्यकार को केवल अपनी (व्यक्तिगत) और अपने आस-पास की (समष्टि-गत) अनुभूति से ही सरोकार कर सन्तोष नहीं करना चाहिए, उसे निरन्तर इन दोनों प्रकार की अनुभूतियों का उन अनुभूतियों के बाह्य (ऑब्जेक्टिव) कारणों के साथ सम्बन्ध जोड़ते रहना चाहिए। इस बात का साहित्य की शक्ति के लिए बहुत अधिक महत्त्व है। **जब साहित्यकार अनुभूतियों का चित्रण ही नहीं, उससे आगे बढ़कर अनुभूतियों का यथार्थ (ऑब्जेक्टिव) वस्तु-जगत् के साथ कार्य-कारण सम्बन्ध भी व्यक्त कर देता है, तभी उसे वह तटस्थता प्राप्त होती है और उसकी रचना को वह शक्ति जो परिवर्तन को सम्भव बनाती है।** अन्यत्र[1] पलायन-चेष्टाओं का जो विवेचन किया गया है, वह भी यहाँ प्रासंगिक है। जीवन से पलायन की प्रवृत्ति कई परिस्थितियों में उत्पन्न हो सकती है, उसका सामना करने की शक्ति स्वयं साहित्यकार में तभी आ सकती है जब वह अनुभूतियों का सम्बन्ध उनके बाह्य अर्थात् परिस्थिति-जन्य कारणों के साथ जोड़ें; और इसी से साहित्य दूसरों के लिए भी प्रेरक हो सकता है। साहित्यकार के लिए प्रगतिशीलता का कोई अर्थ हो सकता है तो यही कि वह अनुभूति और परिस्थिति में कार्य-कारण-परम्परा जोड़ने की वृत्ति है। और इस प्रकार प्रगतिशीलता सापेक्ष और अचिर होने के लांञ्छन से भी बच जाती है—उस तल पर आ जाती है जिस पर साहित्य की परख होनी चाहिए।

क्या लेखक बिकाऊ है?

आधुनिक जीवन की परिस्थितियों का हमारी संस्कृति और हमारे साहित्य पर जो असर पड़ता है, उसकी विवेचना अन्यत्र हो चुकी है। इन परिस्थितियों का सामना साहित्यकार कैसे करे, इसके लिए कुछ-एक

1. देखिए 'परिस्थिति और साहित्यकार'।

सुझाव भी पेश किये जा चुके हैं। तथापि समाज 'जैसा है', उससे 'जैसा होना चाहिए' की स्थिति तक पहुँचने के अन्तरावकाश में साहित्यकार के सामने एक समस्या बनी रहती है। 'साहित्यकार' से हमारा अभिप्राय निरे 'लेखक' से कुछ अधिक है—अर्थात् वह व्यक्ति जो लेखन-कार्य को धन-संचय के एक सम्भाव्य निमित्त से अधिक कुछ मानकर मनोयोगपूर्वक उसकी साधना करता है। यह समस्या 'पारिश्रमिक की समस्या' अथवा 'लेखकों के एक संगठन की समस्या' से बड़ी है। पारिश्रमिक की समस्या अन्ततः साहित्यिक समस्या नहीं है, वह आर्थिक समस्या है; क्योंकि वह साहित्यकार की समस्या नहीं, एक पेशेवर आदमी की समस्या है जिसका पेशा लिखना है। इसी प्रकार 'लेखक-संगठन का प्रश्न' मुख्यतः पेशेवर लेखकों के आर्थिक-सामाजिक अधिकारों की रक्षा का प्रश्न है।

साहित्यकार प्रबुद्ध प्राणी (इंटलेक्चुअल) है। किसी समय सारे संसार में प्रबुद्ध का सम्मान होता था, किन्तु अब उसके प्रति लोगों का रवैया ऐसा कम होता जा रहा है। अब भी उसके लिए सम्मान कई जगह है, पर क्रमशः यह अन्य प्रकार के भावों को स्थान देता जा रहा है। ये भाव अभी स्पष्टतया सतह पर नहीं आये हैं, फिर भी इतना स्पष्ट है कि अब प्रबुद्ध व्यक्ति के प्रति जन-साधारण का भाव विशुद्ध आदर का नहीं होता। वे उसे किस भाव से देखते हैं, यह उनकी सामाजिक दृष्टि पर निर्भर है। उदाहरणतया श्रमिक-वर्ग उसे अविश्वास की दृष्टि से देखता है। बल्कि कभी-कभी उसके प्रति तिरस्कार का भी भाव प्रकट करने का यत्न करता है—यद्यपि जब प्रबुद्ध व्यक्ति उसके वर्ग में आ मिलता है तब श्रमिक उसका नेतृत्व सहर्ष स्वीकार कर लेता है।

सम्भव है कि श्रमिक के प्रबुद्ध व्यक्ति के प्रति अविश्वास और आतंक के भाव का कारण यह हो कि वह प्रबुद्ध व्यक्ति को भी एक शिल्पी मानता है पर उसके शिल्प का गुर समझ नहीं पाता। मूर्तिकार, संगीतकार, चित्रकार इन सबको वह समझ सकता है, क्योंकि ये अपने हाथों से काम लेते हैं—उनकी कला का रहस्य 'दीख' सकता है। हाथ और लेखनी, लेखनी और शैली का सम्बन्ध 'दीख' नहीं सकता, वह श्रमिक के लिए चिर-रहस्यमय है। इसलिए श्रमिक उसे सन्देह की दृष्टि से देखता है—वैसे ही जैसे वह अपने उस सहयोगी श्रमिक को देखेगा जो हाथों से कुछ न करता हुआ टोने-टोटके से अपना काम किसी तरह पूरा कर देता है!

दूसरी ओर भद्रवर्ग का व्यक्ति, जिसे बचपन से ही हाथों के श्रम को घटिया और हेय समझने की शिक्षा मिलती है, और जो इस दृष्टिकोण को मन से निकाल फेंकने का सच्चा प्रयास कभी नहीं करता, प्रबुद्ध व्यक्ति के प्रति और ही रुख अख्तियार करता है। जो थोड़ी-बहुत शिक्षा भद्रवर्ग के व्यक्ति ने पायी होती है वह शिक्षा भी उसके लिए अर्थहीन वाक्यों-तथ्यों को रट लेने से अधिक कुछ नहीं है—उसके आधार पर वह प्रबुद्ध व्यक्ति को समझ लेने का दावा करता है। सोचने और लिखने की क्रियाओं के बीच की सीढ़ी को वह पहचानता है। श्रमिक से बहुत अधिक उद्धत और कम चिन्ताशील होने के कारण वह साहित्यकार से उसकी सफलता और प्रसिद्धि के लिए ईर्ष्या तो कर सकता है, पर उसका आदर नहीं करता, उसे एक घटिया ढंग का व्यक्ति ही मानता है, अनुग्रह का पात्र समझता है।

इस प्रकार आधुनिक युग में, जबकि बुद्धि की आवश्यकता पहले की अपेक्षा बहुत अधिक है, प्रबुद्ध व्यक्ति इस दोहरे अज्ञान और उपेक्षा के आगे बेकार-सा हो जाता है। किन्तु इस प्रकार तिरस्कृत होकर भी प्रबुद्ध नाम की कुछ कीमत बनी रहती है, और प्रबुद्ध व्यक्ति—साहित्यकार—वह कीमत पाने के लिए उस नाम को बेच सकता है।

इस बात को आधुनिक व्यापार-युग की परिभाषा में समझा जाय। मान लीजिए कि बुद्धिजन्य

वस्तु–रचना–बिकाऊ माल है। इस हैसियत से उसकी एक विशेषता है–कि उसके उत्पादन का समय अनिश्चित है, और इसलिए माल की 'डेलिवरी' अनिश्चित। पर हम जानते हैं कि व्यापार पर टिके हुए हमारे समाज का सन्तुलन इसी बात पर कायम है कि उपज और खपत में सामंजस्य बना रहे–कि उत्पादन की अवधि और डेलिवरी का दिन बिल्कुल निश्चित रूप से आँका जा सके। आधुनिक समाज के बजट में उन वस्तुओं के लिए गुंजाइश नहीं छोड़ी जा सकती जिनका 'कोई निश्चित समय' नहीं है।

फलतः हमारे प्रबुद्ध व्यक्ति–साहित्यकार–के लिए इस समाज में जीने का एक ही मार्ग है, कि वह किसी तरह अपने को ऐसे समाज की मान्यताओं के अनुकूल बनाये जो उसके साहित्य की भी 'साख' आँकती है। इसके लिए उसे अपने व्यक्तित्व का एक अंश बेचना पड़ता है–और इस अंश के ग्राहक उसे दो क्षेत्रों में मिल सकते हैं : पत्र-जगत् (जर्नलिज़्म) और राजनीति।

'अपने व्यक्तित्व की सम्पूर्णता की रक्षा के लिए साहित्यकार को उस व्यक्तित्व का एक अंश बेचना पड़ता है।' इस कथन में जो विरोधाभास है उसे हम अभी छोड़ देते हैं। हमें यह देखना है कि इस बाध्यता का असर साहित्यकार पर क्या होता है।

जहाँ तक जर्नलिज्म का प्रश्न है, साहित्यकार के लिए उसका अभिप्राय है अपने विचारों को चलती घटनाओं की चारदीवारी के भीतर बाँधना–घटनाओं की ही नहीं, निश्चित समय और निश्चित अवकाश की भी दीवारों के भीतर बाँधना। ये तीनों तथ्य उसके वश में नहीं हैं; इन्हें वह उसी प्रकार स्वीकार करने को बाध्य होता है जैसे शिल्पी नये माध्यम की विशेषताओं को स्वीकार करने को बाध्य होता है। प्रबुद्ध वर्ग के स्वाधीन प्राणी के पास सिद्धान्त रूप से समय और अवकाश और लिखने के साधन असीम होते हैं; जर्नलिज़्म में वह निश्चित समय के, निश्चित स्थान के, और सबकी समझ में आ सकने वाली भाषा के बन्धनों में अपने विचारों को अनूदित करने को बाध्य है। अर्थात् जर्नलिज़्म में आकर साहित्यकार भी एक उत्पादक हो जाता है–श्रमजीवी संस्कार की काम करने की व्यापक ताल पर उसे भी नाचना पड़ता है।

इसका असर प्रतिकूल ही हो, यह अनिवार्य नहीं है। जर्नलिज़्म के दबाव से विचारों का स्पष्टीकरण भी हो सकता है। बहुधा 'प्रबुद्ध' व्यक्ति के विचार स्पष्ट नहीं होते–और जब ऐसा होता है तब वह आत्म-रक्षा की मनोवैज्ञानिक क्रिया के कारण उन्हें और भी उलझाने लगता है और अपने को विश्वास दिलाना चाहता है कि वह विचार में गहरा पैठ रहा है जबकि वास्तव में विचार को भावों के सागर में डुबा रहा है। प्रबुद्ध व्यक्ति की साहित्यिक कृतियों की 'गहराई' कई बार अपर्याप्त मानसिक परिश्रम का ही परिणाम होती है–व्यक्ति अपने को अपनी ही आत्मीयता में डुबो लेता है! दूसरों के लिए उस विचार को स्पष्ट करने की बाध्यता से विचार को छानना पड़ता है, 'तलछट' को अलग कर के सार को सामने लाना होता है।

इस प्रकार जर्नलिज़्म एक प्रकार का व्यायाम हो जाता है, और व्यायाम का-सा कठिन नियन्त्रण माँगता है।

राजनीति के क्षेत्र में परिस्थिति भिन्न होती है। राजनीति का क्षेत्र इतना साफ नहीं है। प्रबुद्ध पत्रकार से यह आशा की जाती है कि वह अच्छा पत्रकार हो पर राजनीति के क्षेत्र में प्रबुद्ध व्यक्ति का 'उदार' और समझौतावादी होना ही ठीक समझा जाता है। क्रियात्मक आन्दोलन में भाग न लेना ही उचित माना जाता है।

इस स्थिति को भी व्यापार की भाषा में अनूदित करके कहा जाय, तो कह सकते हैं कि प्रबुद्ध

व्यक्ति और राजनैतिक दल के मिल जाने से उनकी पूँजी बढ़े बिना ही दोनों की साख बढ़ जाती है। प्रबुद्ध व्यक्ति के किसी राजनैतिक संस्था के साथ लग जाने से उसे कोई कठिनाई तो होती नहीं, एक प्रतिष्ठा बन जाती है, समाज में एक निश्चित स्थान बन जाता है। दूसरी ओर राजनैतिक संस्था को किसी प्रबुद्ध व्यक्ति के साथ के कारण अपनी सदस्य–संख्या बढ़ाने में सुविधा हो सकती है।

किन्तु यह तभी है, जब प्रबुद्ध व्यक्ति का राजनैतिक संस्था के साथ सहयोग ऊपरी रहता है–जब संस्था और वह एक-दूसरे को केवल अपने नाम का सहारा देते हैं। यदि लेखक और आगे बढ़कर राजनैतिक कार्यकर्ता बन जाता है–अर्थात् संस्था का अनुशासन स्वीकार कर लेता है, उसके उद्देश्य अथवा ध्येय की सिद्धि के लिए उसके द्वारा सुपुर्द किया गया काम करने लगता है, आन्दोलनकारी हो जाता है, संस्था का एक अंग बन जाता है, तब परिस्थिति बिल्कुल बदल जाती है। तब उसके मार्ग में अनके रुकावटें आती हैं। कहा जा सकता है कि तब उसे 'प्रबुद्धता' की ऊँची पीठिका से उतरकर नीचे आना पड़ता है, साधारण जनता के तल पर आकर बात करनी पड़ती है। यह उसके लिए हितकर हो सकता है, क्योंकि प्रबुद्ध व्यक्ति के लिए यह खतरा बना ही रहता है कि वह जनता से, यथार्थता से, सम्पर्क छोड़ बैठेगा। प्रबुद्ध व्यक्ति से समाज की सच्ची शिकायत यही हो सकती है कि यह विचारों के, जीवन-सम्पन्न जागरूकता के, एकमात्र मूलस्रोत से–अपने वर्तमान की यथार्थता से, परे हट गया है। इस लांछन का पात्र प्रबुद्ध व्यक्ति को नहीं बनाना चाहिए। जैसा कि ऊपर कहा जा चुका है, इस शोचनीय अवस्था से बचने के लिए साहित्यकार को अपनी अनुभूतियों का बाह्य, परिस्थिति-जन्य (ऑब्जेक्टिव) यथार्थता के साथ कार्य-कारण सम्बन्ध जोड़ने के लिए यत्नशील रहना चाहिए। यदि वह साहित्यकार होने के साथ 'प्रबुद्ध' व्यक्ति है, तब उसमें अन्य व्यक्तियों की अपेक्षा अधिक अच्छी विचारशक्ति तथा योजना-शक्ति होनी चाहिए, अर्थात् उसके विचारों और योजनाओं को अन्य व्यक्तियों के विचारों और योजनाओं से सम्बद्ध होना चाहिए।

इन बातों को समझकर साहित्यकार आधुनिक परिस्थिति की एक बड़ी समस्या से बच सकता है, अपने व्यक्तित्व का एक अंश बेचने की बाध्यता का सामना सफलतापूर्वक कर सकता है। जर्नलिज़्म और राजनीति के क्षेत्र में मजबूरन प्रवेश करके भी–फिर मजबूरी चाहे आर्थिक विवशता हो, चाहे एक अस्पष्ट नैतिक बाध्यता –प्रबुद्ध व्यक्ति उनसे लाभ उठा सकता है; अपना नव-निर्माण कर सकता है और 'परिस्थिति' के भीतर ही अपने लिए एक 'सन्तोषजनक' परिवृत्ति गढ़ सकता है। बिक्री के लिए नीलाम के तख्ते पर चढ़ाये जाना उसकी परीक्षा है, और यथार्थ-दर्शन उसकी सफलता का पुरस्कार। जहाँ तक खतरे का सवाल है, खतरा तो संघर्ष के युग का, संक्रान्तिकाल का, धर्म ही है!

हिन्दी-साहित्य : चौपाई

दुनिया में कभी-कभी ऐसा भी होता है कि एक आदमी का बड़प्पन दूसरों को छोटा बनाने का बायस हो जाता है। साहित्य में तो अक्सर यह बात देखने में आयी है कि एक कवि या लेखक के काम की महत्ता ने दूसरों के समूचे जीवन के परिश्रम पर पानी फेर दिया।

हिन्दी काव्य में तुलसीदास इस बात का अच्छा उदाहरण हैं। इस पूनो के चाँद ने आकाश में टिमटिमाने वाले सैकड़ों सितारों को मेटकर अपनी अनोखी चाँदनी छिटका दी, जिसका नतीजा आज यह है कि जब हम चौपाई की बात सोचते हैं तो बरबस तुलसीदास का नाम याद आ जाता है। तुलसी की रामायण हिन्दी पढ़े-लिखों के लिए मानो उनकी पोशाक है। पोशाक के भीतर उनकी अपनी त्वचा तो है, पर पोशाक के बिना रहना शिष्टता से गिर जाना है। हिन्दी पढ़े-लिखों के लिए यह बड़ी शर्म की बात है कि वे तुलसी की रामायण पढ़े हों। और दोहे-चौपाई में लिखी हुई यह रामायण उन लोगों के जीवन का इतना बड़ा हिस्सा बन गयी है कि इन छन्दों का नाम लेने से सिवाय उस रामायण के और किसी पुस्तक की याद नहीं आती।

रामायण की चौपाई-जैसी मँजी हुई और समग्र रचना को पढ़कर अनुमान होता है कि तुलसीदास से पहले भी चौपाई छन्द चालू रहा होगा, पर लोग इसकी जाँच करने की ज़रूरत कम ही समझते हैं, क्योंकि तुलसी की चौपाइयाँ ही उन्हें काव्य का पूरा रस दे देती हैं और उसके बाद नयी चीज़ की माँग ही उनमें नहीं रहती।

यह तो हुई आम पाठक की बात। पर जो पठित हैं, जिनका काम ही है हर-एक चीज़ की जड़ तक पहुँचना, वे भी चौपाई के आरम्भ की खोज में बहुत दूर तक नहीं जाते। पं. रामचन्द्र शुक्ल तक जो हिन्दी के पहली कोटि के पारखी माने जाते हैं, यह कहना काफ़ी समझते हैं कि 'तुलसीदास ने अपनी रामायण मुसलमान कवियों की मसनवी शैली पर लिखी।' इसके सबूत में वह कहते हैं कि 'रामचरितमानस' का वर्णन संस्कृत काव्य में ढंग पर नहीं है, उसमें सर्ग या अध्याय हैं और कहानी बराबर चलती रहती है जैसा कि मसनवी में होता है। छन्द के बारे में वह यहाँ कहते हैं कि मसनवी का नियम इतना ही है कि सारा काव्य एक ही मसनवी छन्द में हो, हालाँकि काव्य में कहानी के अलावा ईश्वर-स्तुति, पैग़म्बर और राजा की प्रशंसा आदि भी होनी चाहिए। तुलसीदास के पहले के मुसलमान काव्य में—जायसी के 'पद्मावत' और नूर मुहम्मद की 'इन्द्रावती' आदि में—ये सब बातें पायी जाती हैं, और इन्हीं को तुलसीदास ने आगे रखा।

और कोई छोटे पाये का लेखक होता—तुलसीदास से छोटा कोई कवि या भक्त होता, तब यह बात

मानी जा सकती, पर तुलसीदास एक महान् कवि और भक्त से बढ़कर भी एक चीज़ थे—वह एक महान् सुधारक और शुद्धिवादी भी थे। उन्होंने अपने सामने 'पद्मावत' और 'इन्द्रावती'—जैसी चीज़ों को नहीं रखा होगा, और अगर रखा होगा तो उनके असर से बचने के लिए ही, इस बात को समझने के लिए तुलसीदास के ज़माने की ओर ध्यान देना होगा।

हिन्दुस्तान के लिए वह ज़माना एक तरह से निराशा और अन्धकार का जमाना था। जो लोग इस देश के निवासी थे और इसमें राज करते रहे थे, उनकी शान के दिन बीत चुके थे, पर उस शान की याद अभी इतनी ताज़ी थी कि उससे दिल में टीस उठे। दूसरी ओर बाहर से जो ताक़तवर हमला देश पर हुआ था, जिसके कारण एक नयी जाति ने राज-काज हाथ में ले लिया था और शान का एक नया स्टैण्डर्ड कायम किया था, वह अभी इतना पुराना नहीं पड़ा था कि नयी जाति देश के लोगों से मिलकर एक-जान हो जाय। देश के लोग अपनी हार के इतने आदी नहीं हुए थे कि इस नयी जाति की शान में ही अपनी शान समझें और उसी की मार्फ़त जियें और बढ़ें। इसलिए देश की ज़्यादातर जनता के दिल में गहरा दर्द था और उस दर्द का इलाज न दीखने के कारण दर्द में बाहरी निराशा भी थी। उनके हौसले पस्त थे।

ऐसी हालत में लोगों को दिलासे की सख़्त ज़रूरत थी—किसी ऐसी चीज़ की, जो उनके दर्द को सहलाये और उनके टूटे अरमानों में एक नयी आस और नये हौसले की ताक़त फूँके। यह जानी हुई बात है कि ऐसी हालत में लोग सबसे पहले धर्म या भक्ति के ज़रिये से ही दिलासा और शान्ति पाने की कोशिश करते हैं; और इसीलिए ऐसी गिरी हालत में भक्ति भी ताक़त और कर्म का मन्त्र देने के बजाय शान्ति और सन्तोष की ओर बढ़ने लगती है। वह एक नशीली चीज़ होती है, जिससे लोग अपनी आत्मा में एक ख़ास तरह का ढीलापन, शिथिलता पैदा कर लेते हैं और उसकी पिनक में ऊँघते रहते हैं। एक तो इन्सान स्वभाव से ही सगुणपूजक और 'बुतपरस्त' होता है, फिर उसकी पूजा और परस्तिश में शृंगार बढ़ने लगता है—भक्ति प्रेम बनती है और फिर प्रेम निरी विलासिता बन जाता है।

कुछ ऐसी ही हालत तुलसीदास के ज़माने में भक्ति-मार्ग के कवियों की हुई। बल्कि आगे यह शृंगारिक भक्ति विलास और शारीरिक भोग-लिप्सा से ऐसी उलझ गयी कि मामूली आदमी के लिए कविता पढ़ना-सुनना मुश्किल हो गया। कविता दरबार की चीज़ होती थी, जहाँ शोहदे कवित्तबाज़ ऐयाश राजों के सामने अपनी सफ़ाई दिखाकर रुपया ऐंठने का पेशा करने लगे।

ऐसी ही दिशा में भक्ति-काव्य बह रहा था जब तुलसीदास काव्य-जगत् में प्रकटे। इस धारा को और इससे पैदा होने वाले खतरे को उन्होंने अच्छी तरह समझ लिया। और इसी का खण्डन करने के लिए उन्होंने एक नया आदर्श देश के आगे रखा। राम के भक्त और कवि तो वह थे ही; सुधार का जोश भी उनके रामचन्द्र न केवल वाममार्गियों के जवाब में खड़े हुए बल्कि उन तमाम वृत्तियों के जवाब में भी जो भारत के पुराने आदर्श से नीची थीं। तुलसी की राम-भक्ति सिर्फ़ भक्ति नहीं थी, उसमें लोक-धर्म का आदर्श भी था। उसमें सनातन रीति और देशी संस्कृति का अभिमान भी था। वह सुधार चाहते थे तो पुराने को मिटाकर नहीं, उसका उद्धार करके, ऊपर जमी हुई मैल की पपड़ी को उतारकर भीतर से शुद्ध पुराना कांचन निकाल कर। वह क्रान्ति नहीं चाहते थे, वह संरक्षण चाहते थे।

इन बातों को ध्यान में रखते हुए यह सोचना मुश्किल है कि उन्होंने मुसलमान कवियों का अनुकरण किया होगा; खास करके जब वह देखते थे कि मुसलमानों का सामाजिक दृष्टिकोण वैसा है जिसे हिन्दू चिर काल से विलासिता और भोग-लिप्सा समझकर बुरा समझते आये थे।

इसका यह मतलब नहीं कि तुलसीदास का आदर्श साम्प्रदायिक था, या कि उन्हें मुसलमानों से कोई द्वेष था। हरगिज़ नहीं। उनकी रचना में कहीं इसका निशान भी नहीं है। बल्कि कम-से-कम एक मुसलमान से उनकी बड़ी गहरी दोस्ती थी, और उसका आदर भी वह इतना करते थे कि उसके कहने से उन्होंने रामायण उसकी पसन्द के छन्द में लिखी थी। हमारा इशारा ख़ानख़ाना अब्दुर्रहीम की तरफ़ है, जिनके कहने पर तुलसीदास ने 'बरवै रामायण' रची।

असल बात यह है कि मुस्लिम संस्कृति का दृष्टिकोण सांसारिक है, हिन्दू संस्कृति का पारलौकिक; और तुलसीदास बिना बाहर की संस्कृति से द्वेष किये अपनी संस्कृति में नयी जान फूँकना चाहते थे, उसे संसारीपन से बचाना चाहते थे। जो लोग समझते हैं कि तुलसी ने जायसी और दूसरे मुसलमान कथाकारों की नक़ल की, वे ऐसा इसीलिए कहते हैं कि तुलसी के पहले के प्रसिद्ध चौपाई-ग्रन्थ इन्हीं के थे; पर यह भी तो नहीं भूलना चाहिए कि उनका इतना चलन इसीलिए हुआ कि वे संसारी चीज़ें थीं, उनका झुकाव संसारीपन की ओर था, उनके पात्र हम-जैसे आदमी थे, राम और कृष्ण जैसे मानव-शरीर वाले देवता नहीं। यह संसारीपन—ऐहिकतावाद—मुग़लों की ख़ास देन थी। तुलसीदास तो भक्ति को सांसारिकता से परे खींच ले जाना चाहते थे; तब यह कैसे हो सकता है कि उन्होंने उस शैली को या ढंग को अपनाया जो संसारीपन के कारण ही लोगों को इतना रुचा था?

पर यह सब तो कोरी बहस की बात है; इसे माना तो तभी जा सकता है जब जायसी से पहले भी ऐसी ही शैली की चीज़ें मिल सकें। खोज करने पर पता चलता है कि चौपाई छन्द जायसी से बहुत पहले भी चलता था, काफ़ी मँज चुका था, भक्ति-काव्य में ही बरता जाता था और यहाँ तक कि मसनवी शैली की जो ख़ास खूबी बतायी जाती है वह भी उसमें थी। उस ज़माने के भक्ति-काव्य में भी छह-सात अर्द्धालियों के बाद—या कह लीजिए कि तीन-साढ़े तीन चौपाइयों के बाद, क्योंकि चौपाई असल में चार पदों की होती है—एक दोहा आता था, जैसा कि 'पद्मावत' और 'इन्द्रावती' में है और जैसा कि मसनवी में भी होता है। यह प्राचीन भक्ति-काव्य अवश्य तुलसीदास का जाना हुआ भी रहा होगा।

बल्कि एक और ख़ास बात पर यहाँ ध्यान देना चाहिए। यह पुराना भक्ति काव्य 'सन्ध्या-भाषा' में लिखा जाता था। सन्ध्या भाषा का अर्थ पहले यह लिया जाता था कि यह वैसी ही धुँधली भाषा थी जैसी साँझ की रोशनी होती है। पर पण्डितों ने बताया कि असली नाम 'सन्धाय भाषा' है—यानी किसी ख़ास मक़सद से लिखी गयी भाषा—एक दीक्षागम्य भाषा जिसे कि जानकार लोग ही समझें। केवल हिन्दी में नहीं, संसार में सभी जगह हिन्दी की भाषा ऐसी ही दीक्षागम्य भाषा हो गयी है, जिसे उस संस्कार में दीक्षा पाये हुए लोग और मुरीद ही समझ सकें। तुलसीदास जो खुद भक्त होने के अलावा भक्तों की लम्बी परम्परा के चेले भी थे, अवश्य ही इस भाषा और इसके काव्य को जानते रहे होंगे।

यह पुराना काव्य सहजपन्थी साधुओं का काव्य था। ये सहजपन्थी बौद्ध धर्म की एक शाखा से निकले हुए थे। इनके एक सिद्ध सरोजवज्र के दोहे-चौपाई का एक नमूना लीजिए—

देखहु-सुनहु परीसहु खाहू,
जिधाहु भमहु बयट्ठ उठाहू।
आलमाल व्यवहारे पेल्लई—
मणच्छड्डु एक्कार मच्चल्लई।
गुरु उवएसो अमिअरसु हवहिं न पीअउ जेहि—
बहु सथ्थथ्थ मरुस्थलहिं तिसिए मरिथउ तेहि।

सहजपन्थियों के बाद ज़रूर 'पद्मावत' और 'इन्द्रावती' के कवि आते हैं पर उनकी और इनकी भावना में गहरा भेद है। सहजपन्थी शून्यवादी थे। जायसी आदि प्रेम-कथा कहने वाले। वैसे जायसी भी पहुँचे हुए साधु थे, निज़ामुद्दीन औलिया के चेलों की परम्परा में मोहीउद्दीन के चेले थे। इसके अलावा गोरखपन्थी, सायनी, वेदान्ती आदि अनेक पन्थों के साधुओं का सत्संग करके हठयोग वगैरह भी सीख चुके थे, और इसका सबूत 'पद्मावत' में जगह-जगह मिलता है। फिर भी प्रवृत्ति की दृष्टि से उनका काव्य पहले से ही सहजपन्थी और बाद के 'रामचरितमानस' से बहुत भिन्न था।

जायसी से पहले भी कुछ प्रेमगाथाएँ 'पद्मावत' की शैली में लिखी गयी थीं। जायसी ने 'पद्मावत' में भी इस बात का जिक्र किया है—उसने 'मुग्धावती', 'प्रेमावती' आदि का नाम लिया है। सन् 1530 में कुतुबन शेख ने 'मृगावती' काव्य लिखा जिसमें चन्द्रनगर के राजकुमार और कंचननगर की राजकुमारी के प्रेम की कथा है।

जायसी के जन्म-कुल का कुछ पता नहीं है। जायस में रहने से उनका नाम जायसी पड़ गया। जनश्रुति है कि वह चेचक से काने हो गये थे और साधु-फ़कीरों के साथ रहते थे। उन्होंने खुद भी कहा है—

एक नयन कवि मुहमद गुनी।

जायसी बड़े भक्त और सिद्ध माने जाते थे। वे थे भी बड़े उदार विचारों के, हालांकि 'पद्मावत' में उन्होंने रीति निबाहते हुए मुहम्मद का गुण गाया है—

तिनि मँह पन्थ कहौं भल गाई,
जेहि दूनो जग छाज बड़ाई।
सो बड़ पन्थ मुहम्मद केरा,
है निरमल कैलास बसेरा।

मार्के की बात है कि उन्होंने मुहम्मद को 'कैलास-बासी' बताया, जैसा कि हिन्दू लोग बुजुर्गों के सम्मान में कहा करते हैं।

'पद्मावत' और रामायण के कवियों की 'स्पिरिट' में बहुत अन्तर था, वह हम पहले कह चुके हैं। 'पद्मावत' प्रेम की कहानी है; पूरे जीवन की कहानी नहीं। रामायण में प्रेम भी लोक-व्यवहार से अलग नहीं। लंका-दहन प्रेमी का प्रयास नहीं है; फ़रहाद के पहाड़ काट गिराने की तरह नहीं है, वह वीर-धर्म नायक के कर्त्तव्य के रूप में ही दिखाया गया है। 'पद्मावत' का प्रेम भी मामूली प्रेम नहीं है, वह उससे कहीं बड़ा और आदर्शात्मक है; किन्तु यह भेद तो सिर्फ़ दर्जे का है, वस्तु का नहीं। रामायण का प्रेम तो चीज़ ही दूसरी है। 'पद्मावत' आदर्शात्मक होकर भी है शृंगार-काव्य; रामायण लोक-धर्म को सामने रखकर भी पूरे जीवन का काव्य है।

जायसी की चौपाई के कुछ नमूने लीजिए—विरह-वर्णन करते हुए कवि कहता है—

दहि कोइला भइ कन्त-सनेहा,
तोला मासु रही नहिं देहा।
रकत न रहा बिरह तन जरा,
रती-रती होई नैनन्ह ढरा।

मिलन की उत्कण्ठा का वर्णन—

रति-दिवस बस यह जिउ मोरे,
लगों निहोर कन्त अब तोरे।
यह तन जारों छार कै कहौं कि पवन उड़ाय,
मकु तेहि मारक उड़ि परै कन्त धरै जहँ पाँय।

निष्काम प्रेम का वर्णन भी 'पद्मावत' में मिलेगा। मिसाल के तौर पर राजा युद्ध के बीच में कहता है—

ना हौं सरग क चाहौं राजू
ना मोंहि नरक सेहि किछ काजू।
चाहौं ओहि कर दरसन पावा,
जेइ मोहि आनि प्रेमपथ लावा!

जायसी के बाद उसमान की 'चित्रावली' और नूर मोहम्मद की 'इन्द्रावती' का नाम आता है। ये भी 'पद्मावती' की तरह प्रेम-कहानियाँ हैं। इन्द्रावती के रूप का वर्णन सुनिए—

है पदुमिनि इन्द्रावति प्यारी,
ताको बदन रूप फुलवारी।
कोमलताई सुन्दरताई,
सै रसना तो बरनि न जाई।
... ...
ना अति लाँब न छोटी आही,
है तस जस इन्द्रावति चाही।

शेक्सपियर ने भी एक जगह कहा है—

व्हाट स्टेचर इज़ शी आफ़?
जस्ट ऐज़ हाइ ऐज़ माई हार्ट!

इन्द्रावती के स्नान का वर्णन देखिए—

अब जूरा इन्द्रावति छोरा,
भयेउ घटा मों चाँद अँजोरा।
पैठिहु जब जल भीतर रानी,
पानिय पायेउ तारा पानी।
झुलनी झूलेहु करत नहानू,
लहकि चहेउ चुम्बै अधरानू।
सूरज उना अकास की चन्द्र उआ जल माँह,
कुमुद तामरस फूले दोउ मित्त के पाँह।

तुलसीदास का जीवन-वृत्तान्त यहाँ कहने की ज़रूरत नहीं। वह हर हिन्दी पाठक का जाना हुआ होना चाहिए। उनके काव्य की कुछ खूबियाँ भी हम बता चुके हैं। इस शान्त और गम्भीर सुधारक ने एक निर्मल आदर्श लोगों के आगे रखा। अपने आदर-पात्र वीर राम का चरित्र उन्होंने ऐसे ढंग से पेश किया कि जो सन्देश वह देश को देना चाहते थे वह बिना कहे लोगों पर प्रकट हो गया। इसके लिए खरी-खोटी सुनाने या शास्त्र और शास्त्रियों की निन्दा करने की ज़रूरत तुलसी को नहीं पड़ी, न बदले में मूर्ख कहलाना पड़ा। यहीं पर उनकी सुधारक वृत्ति कबीर से भिन्न थी। कबीर की सीख मानो आँधी की तरह पुराने संस्कारों को तहस-नहस करती हुई चलती थी—समाज के जीवन में एक बवण्डर उठा

देती थी। वह खरी दो-टूक बात कहते थे और परवाह नहीं करते थे कि किसे चोट पहुँचती है। इसीलिए, विद्वानों ने उन्हें अपनाने की बजाय गालियाँ दीं और मूर्ख कहकर कोसा, उनकी बातें भी आम जनता में नहीं मानी गयीं। दूसरी ओर तुलसी ने यही दर्शाया कि वह नया कुछ नहीं कहते, जो सनातन है उसी का पवित्र सन्देश उनके पास है। शुद्ध सनातन के नाम पर ही उन्होंने नये विचार दिये, राम को शबरी के जूठे बेर खिलाये और वशिष्ठ को अछूत निषाद के गले मिलाया। लोगों के बिना जाने ही वह उनके दिलों में घर कर गये और उन्हें एक नये रास्ते पर डाल गये। जो संसार के फन्दे में फँसे थे, उन्हें धर्म की ओर खींचा, जो धर्म के चक्कर में जीवन से पल्ला छुड़ा बैठे थे, उन्हें लौकिक कर्त्तव्य की याद दिलायी; और इस सब उथल-पुथल के बाद भी नम्र बने रहे और अनपढ़ जनता, साधारण गृहस्थ और विद्वान पण्डितों से सम्मान पाते रहे। जैसा कि एक पारखी ने कहा है, 'तुलसीदास गृहस्थों के साधु और साधुओं के गृहस्थ थे।'

तुलसी के ग्रन्थ में से नमूने के लिए पद चुनना कठिन काम है। जगह-जगह उनके कथन का सबूत मिलता है–

अर्थ अमित अति आखर थोड़े।

जो नमूने पेश किये जा सकते हैं, वे इसलिए कि हिन्दी पढ़ने वाली आम जनता उन्हें जानती है। सखी से राम-लखन के रूप की प्रशंसा सुनकर सीता देखने चलती है–

देखन बाग कुँअर दोउ आये,
बय किसोर सब भाँति सुहाये।
स्याम गौर किमि कहौं बखानी
गिरा अनयन नयन बिनु बानी।
सुनि हरखीं सब सखीं सयानी,
सिय हियँ अति उत्कण्ठा जानी।
एक कहइ नृप सुत तेइ आली,
सुने जे मुनि संग आये काली।
जिन्ह निज रूप मोहिनी डारी,
कीन्हे स्व-बस नगर नर नारी।
बरनत छबि जहँ तहँ सब लोगू,
अवसि देखिअहिं देखन जोगू।
तासु बचन अति सियहि सोहाने,
बरस लागि लोचन अकुलाने।
चली अग्र कर प्रिय सखि सोई,
प्रीति पुरातन लखइ न कोई।

उधर सीता के पायलों की आवाज सुनकर राम भी चंचल हो उठते हैं–

कंकन-किंकिनि नुपुर धुनि सुनि,
कहत लखन सन रामु हृदयँ गुनि।
मानहुँ मदन दुन्दुभी दीन्हीं,
मनसा बिस्व बिजय कर कीन्हीं।

अस कहि फिरि चितये तेहि ओरा,
सिय मुख ससि भये नैन चकोरा।
भये बिलोचन चारु अचंचल,
मनहुँ सकुचि निमि तजे दिगंचल।

और कई प्रसंगों का मोह छोड़कर शबरी की कथा पर पहुँचें—

स्याम गौर सुन्दर दोउ भाई,
सबरी परी चरन लपटाई।
पानि जोरि आगें भई ठाढ़ी,
प्रभुहिं बिलोकि प्रीति उर बाढ़ी।
केहि बिधि अस्तुति करौं तुम्हारी,
अधम जाति मैं जड़मति भारी।
अधम ते अधम अधम अति नारी,
तिन महँ मैं मतिमन्द गँवारी।
कह रघुपति सुनु भामिनि बाता,
मानउँ एक भगति कर नाता।
जाति पाँति कुल धर्म बड़ाई
धन बल परिजन गुन चतुराई।
भगतिहीन नर सोहत कैसा,
बिनु जल बारिद देखिअ जैसा।

पण्डितों में अक्सर जो बहस छिड़ जाती है कि तुलसीदास पहले भक्त थे पीछे कवि, या पहले कवि और पीछे भक्त, वह बिना कारण नहीं है। दोनो रूपों में तुलसी महान् थे, और दोनों रूपों के प्रशंसक अपना-अपना पक्ष सिद्ध कर लेते हैं—'जाकी रही भावना जैसी।'

तुलसी के बाद फिर चौपाई के नाम से किसी खास ग्रन्थ या कवि का नाम सामने नहीं आता। वैसे चौपाई तो लिखी जाती रही होगी; बल्कि तुलसी ने उसका चलन बढ़ाया ही होगा, पर ऐसी मार्के की रचना कोई नहीं है जिसके बारे में कहा जा सके कि तुलसी की (या जायसी की) परम्परा का उसने निर्वाह किया। यों कई-एक सन्तों की बानियाँ और साखियाँ तो हैं; सिक्खों के कई एक ग्रन्थ और गुरु गोविन्दसिंह की बानी भी हैं; पर ये प्रबन्ध-काव्य के ढंग की चीज़ें तो नहीं हैं। इन्हें जायसी या तुलसी की परम्परा में न मानकर उन प्राचीन कवि-सन्तों की परम्परा में मानना ही ठीक होगा जो उपदेश के लिए चौपाई रचते थे।

सुखमनि से दो-एक चौपाइयाँ देखें—

करन करावन हार स्वामी,
सगल घटा के अन्तरजामी।
अपनी गति-मिति जानहु आपे,
आपन संग आपि प्रभु राते।
तुमरी उसतुति तुमते होए,
नानक अवर न जानसि कोए।

असल चीज़ की बात के बीच नक़ली की चर्चा ठीक नहीं होती, नहीं तो यहाँ बाद की चौपाइयों के और कई उदाहरण दिये जा सकते। तुलसी-रामायण में जिन कई छोटे-मोटे कवियों ने बड़ी सफाई से अपनी चौपाइयाँ जोड़कर बिठा दीं, उनकी चातुरी का कायल होना ही पड़ेगा। साधारण पाठक के लिए पहचानना बहुत कठिन हो जाता है कि कौन-सी चौपाइयाँ बाद के क्षेपककारों ने जोड़ी हैं। इस तरह अपने को छिपा लेना ही वह खूबी है जिससे ये लोग सामने आ जाते हैं : 'कला को छिपाने की कला' के ये अच्छे नमूने हैं। पर इस क्षिप्त कला को रचना के नाम से पेश करना ठीक न होगा; उसे याद कर लेना ही काफ़ी है।

आधुनिक उपन्यास और दृष्टिकोण

समकालीन साहित्य-विधाओं में उपन्यास शायद सबसे अधिक विशिष्ट और महत्त्वपूर्ण है। यह भी इसकी विशेषता का अंग है कि इसकी परिभाषा इतनी कठिन है। इतना ही नहीं, इसका उपयुक्त नाम भी नहीं है। 'उपन्यास' से केवल फैलाव की सूचना होती है, 'आख्यान' में बतकही की ध्वनि मुख्य है। अंग्रेज़ी 'नॉवेल' (और उसी से उत्पन्न मराठी 'नवलिका') में नयेपन पर बल है। और 'फ़िक्शन' से मनगढ़न्त की ध्वनि होती है। ये सभी नाम न केवल अनुपयुक्त हैं बल्कि आधुनिक उपन्यासकार की भावना और प्रवृत्ति के प्रतिकूल भी जाते हैं।

किसी ने कहा है कि 'उपन्यास की सबसे अच्छी परिभाषा उपन्यास का इतिहास है।' इस उक्ति में गहरा सत्य है। ऐतिहासिक दृष्टि से देखें तो उपन्यास मानव के अपनी परिस्थितियों के साथ सम्बन्ध की अभिव्यक्ति के उत्तरोत्तर विकास का प्रतिनिधि करता है। मानव का मानसिक विकास जैसे-जैसे इस सम्बन्ध की परीक्षा की ओर उत्तरोत्तर अधिक आकृष्ट हुआ है, वैसे ही इस सम्बन्ध की अभिव्यक्ति भी उत्तरोत्तर उसके प्रति मानव के दृष्टिकोण की अभिव्यक्ति होती गयी है। इसलिए कहा जा सकता है कि उपन्यास में दृष्टिकोण या जीवन-दर्शन का महत्त्व उपन्यास की परिभाषा में ही निहित है।

उपन्यास सबसे पहले कहानी के रूप में आरम्भ हुआ—वह घटनाओं अथवा कर्मों का वृत्तान्त था, जिन घटनाओं में कोई परस्पर सम्बन्ध आवश्यक था। अर्थात् उपन्यास सबसे पहले इतिवृत्त था। लेकिन इतिवृत्त में भी घटना-वस्तु का चुनाव और आकलन आवश्यक होता है; और घटनाओं का परस्पर सम्बन्ध विभिन्न दृष्टियों से देखा जाने पर विभिन्न महत्त्व रख सकता है, इसलिए यहाँ भी इतिवृत्त-लेखक की दृष्टि महत्त्व रखती है।

दृष्टि का महत्त्व प्रत्येक साहित्य-विधा में है, लेकिन काव्य में इसको अपेक्षया अधिक आसानी से स्वीकार कर लिया जाता है। क्योंकि काव्य स्पष्टतया एक 'सब्जेक्टिव' अभिव्यक्ति है। लेकिन उपन्यास-कला को अधिक वस्तुपरक (ऑब्जेक्टिव) माना जाता है; इसलिए औपन्यासिक की दृष्टि की प्रासंगिकता इतनी आसानी से स्वीकार नहीं कर ली जाती। लेकिन वास्तव में उपन्यास में भी दृष्टि का महत्त्व कम नहीं है।

उपन्यास में समाज की प्रगति का हर पहलू प्रतिबिम्बित होता है। अभिजात या सामन्तिक समाज का विघटन और आधुनिक युग का आरम्भ, आधुनिक युग के आन्तरिक संघर्ष की बढ़ती हुई तीव्रता और पूँजीवाद के विकास से संयुक्त परिवार-प्रथा का ह्रास इत्यादि, सभी का प्रतिनिधित्व उपन्यास में मिलेगा। लेकिन उनके वर्णन में भी उपन्यासकार की दृष्टि क्रमशः व्यक्ति पर केन्द्रित होती गयी है।

आरम्भ में वृत्तान्त में एक नायक होता था जिस पर या जिसके द्वारा घटनाएँ घटित होती थीं। लेकिन उपन्यासकार यहाँ से निरन्तर बढ़ता हुआ नायक के व्यक्तित्व और चरित्र को प्रधानता देता गया और अन्त में चरित-नायक व्यक्ति-प्रकार (टाइप) न होकर विशिष्ट व्यक्ति होने लगे। पुरानी घटनाओं के नायकों की भाँति आधुनिक उपन्यास के नायक को 'धीर', 'धीरोदात्त', या 'शान्त' आदि वर्गों में रख देना पर्याप्त नहीं है, प्रत्येक व्यक्ति का एक विशेष और अद्वितीय चरित्र होता है।

व्यक्ति और परिस्थिति के संघर्ष के अध्ययन ने चरित्र (मानव-चरित्र) के उपन्यासों को जन्म दिया। टॉमस हार्डी के उपन्यास व्यक्ति और परिस्थिति (या नियति) के संघर्ष के उपन्यास हैं। उनका संघर्ष विश्व-संघर्ष है, जिस अर्थ में ग्रीक दुःखान्त नाटक का संघर्ष था—मानवीय उद्योग और मानवेतर परिस्थिति या नियति का चिरन्तन संघर्ष विश्व-संघर्ष था—मानवीय उद्योग और मानवेतर परिस्थिति या नियति का चिरन्तन संघर्ष। इस मूल संघर्ष के अलावा और अनेक प्रकार के संघर्ष भी उभरकर हमारे सामने न आये होते तो उपन्यास का विकास यहीं तक आकर रुक जाता। लेकिन समाज के भीतर वर्ग और वर्ग का संघर्ष, फिर वर्ग के भीतर कुल और कुल का, कुल में परिवार और परिवार का, और अन्ततोगत्वा परिवार के भीतर व्यक्ति और व्यक्ति का संघर्ष—इन सब पर टिककर उपन्यास की दृष्टि विकसित होती रही और उपन्यास में सामाजिक वस्तु का अनुपात बढ़ता गया। इस विकास की चरम परिणति व्यक्ति-चरित्र के उपन्यास में हुई। यहाँ 'व्यक्तित्व के या व्यक्ति-चरित्र के उपन्यास' और 'चरित्र के अथवा मानव-चरित्र के उपन्यास' का अन्तर समझ लेना उचित होगा। मानव-चरित्र और व्यक्ति-चरित्र में यह अन्तर है कि मानव-चरित्र में मानव-पात्र की चारित्रिक विशेषता पर बल दिया जाता है जबकि व्यक्ति-चरित्र में केवल उस एक और अद्वितीय व्यक्ति पर ध्यान केन्द्रित होता है जिसे हम दूसरे मानवों से पृथक् करके चुनते हैं। अर्थात् पहले में हम मानवेतर जीव से मानव प्राणी को पृथक् करके उसकी मानवता को परिस्थिति के परिपार्श्व में देखते हैं; दूसरे में हम एक व्यक्ति-मानव को इतर मानव-व्यक्तियों से पृथक् करके उसके व्यक्तित्व को मानव-समाज के परिपार्श्व में देखते हैं।

उपन्यास का यह विकास डार्विन और मार्क्स के आविर्भाव और प्रचार के साथ-साथ हुआ। नये वैज्ञानिक अनुसन्धान और ज्ञान ने उपन्यास की दृष्टि बदल दी। उसका लिखना ही बदल गया क्योंकि उसकी दृष्टि बदल गयी। उसके बाद एक और बहुत बड़ा परिवर्तन फ्रायड के साथ आया। उसकी मनोविश्लेषण-पद्धति ने व्यक्ति-मानस और व्यक्ति-चेतना की गहनताओं पर नया और तीखा प्रकाश डाला। इससे उपन्यासकार को व्यक्ति-मानस को समझने में बड़ी साहयता मिली, बल्कि एक नयी दृष्टि और पैठ मिली जिसके सहारे वह विशेष व्यक्ति के मन के भीतर होने वाले संघर्ष को पहचान सका। चेतना-प्रवाह ('स्ट्रीम ऑफ़ कॉन्शसनेस') अथवा स्वागत-भाषण ('इंटर्नल मोनोलाग') के उपन्यास इस दृष्टि के परिणाम हैं। और आधुनिक उपन्यास में मानसिक संघर्ष का विश्लेषण विशिष्ट महत्त्व रखता है।

मानव-चरित्र से व्यक्ति-चरित्र की ओर बढ़कर भी उपन्यास रुक नहीं गया है; आधुनिक सामाजिक परिस्थिति में यह प्रश्न भी अधिकाधिक महत्त्वपूर्ण होता गया है कि मानव-व्यक्ति का व्यष्टि-रूप में क्या स्थान है—वह सामाजिक इकाई के रूप में बचा भी है और बचा रह भी सकता है या नहीं? यह प्रश्न व्यक्ति के भीतर के संघर्ष के और नये आयाम हमारे सामने लाता है। संघर्ष की चरम परिणतियों के चित्रण में स्वाभाविक है कि विघटन के चित्र भी आयें, न केवल खण्डित व्यक्तियों के बल्कि ऐसी इकाइयों के भी जिनका अपने इकाई होने में विश्वास भी डगमगा गया हो। व्यक्तित्व की, अस्तित्व की,

अपनेपन की, 'आइडेंटिटी' की खोज की पुकार इसी का मुखर रूप है।

उपन्यासकार की दृष्टि की गहराई और विस्तार बढ़ने के साथ-साथ स्वाभाविक था कि 'संघर्ष' अथाव 'घटना' की उसकी परिकल्पना भी बदल जाये। और संघर्ष क्या है, अथवा घटना किसे कहते हैं, इसकी नयी परिभाषा के साथ संघर्ष के चित्रण और घटना के वर्णन का रूप भी बिल्कुल बदल गया। बाह्य परिस्थिति से संघर्ष—मानव और नियति का संघर्ष—इतना महत्त्वपूर्ण न रहा, क्योंकि व्यक्ति-मानस स्वयं सदैव एक तनाव की स्थिति में रहता है और वह तनाव ही संघर्ष है। व्यक्ति-मानस बनाम परिस्थिति, इस विरोध का कोई अर्थ नहीं रहा क्योंकि मानस स्वयं ही एक परिस्थिति हो गया। इसी प्रकार बाह्य घटना का इतना महत्त्व नहीं रहा क्योंकि जिस प्रकार संघर्ष भीतर-ही-भीतर उभरता और निर्वासित होता रहता है, उसी प्रकार भीतर-ही-भीतर घटना भी घटीत होती रहती और रह सकती है।

इस प्रकार कलाकार की दृष्टि का विकास क्रमशः जीवन के प्रति उसके दृष्टिकोण का महत्त्व बढ़ाता चलता है। और विकास के साथ-साथ उपन्यास भी उत्तरोत्तर अधिक स्पष्टता से दृष्टिकोण का उपन्यास होता जाता है। उपन्यास के रूपाकार के परिवर्तन भी इसी से सम्बद्ध है। आधुनिक उपन्यास स्पष्ट रूपाकार वर्णन, घटना-वृत्तान्त की स्पष्टता और सहजता को खो रहा है; उसमें वक्रता और व्यंजना बढ़ती जाती है और उसका रूपाकार भी धुँधला और उलझा हुआ होता जा रहा है।

इस नयी दृष्टि अथवा दृष्टिकोण के महत्त्व का एक उदाहरण आधुनिक उपन्यास में काम-जीवन अथवा सेक्स का वर्णन है। आधुनिक उपन्यास में सेक्स पहले से अधिक महत्त्व भी रखता है और कम भी। अधिक इसलिए कि अब हम पहले की अपेक्षा कहीं अधिक अच्छी तरह उसके प्रभाव की गहराई और विस्तार को समझते हैं और यह भी जानते हैं कि आधुनिक युग में काम-जीवन का असामंजस्य और विषमता आधुनिक समाज में बहुत दूर तक फैला हुआ एक रोग है। उन्नीसवीं शती से पहले न तो उपन्यासकार यह बात अच्छी तरह जानता था कि काम-प्रेरणाएँ न केवल स्त्री-पुरुषों की दैहिक प्रवृत्तियों से सम्बन्ध रखती हैं बल्कि उनके सामाजिक जीवन के सभी पहलुओं को प्रभावित करती हैं और उनकी धार्मिक, आध्यात्मिक, नैतिक, सांस्कृतिक और कला-सम्बन्धी मान्यताओं और विश्वासों का रूप निश्चित करती है; न वह यही जानता या मानता था कि समकालीन सामाजिक परिस्थिति में काम-सम्बन्धों में कितनी विषमता आ गयी है। प्राचीन काल में राजकुमार और राजकुमारी का मिलन और प्रेम होता था, फिर विवाह हो जाता था और वे शेष जीवन सुख से काट देते थे। आज ऐसा लगभग कभी नहीं होता और दाम्पत्य जीवन अगर सुखी होता है तो बड़ी साधना और परस्पर समझौते के आधार पर ही होता है। इन सब कारणों का ज्ञान होने से आधुनिक उपन्यासकार की दृष्टि में सेक्स का महत्त्व बहुत अधिक बढ़ गया है। दूसरी ओर नयी परिस्थितियों में उसका महत्त्व कम भी हो गया है क्योंकि उसका अस्तित्व सहज भाव से स्वीकार किया जा सकता है; साथ ही काम-जीवन में 'पवित्रता' का वह अर्थ या महत्त्व नहीं रहा है जो पहले था। आज का उपन्यासकार (या साधारण समाज) यह नहीं मानता कि दाम्पत्य जीवन के सुखी होने के लिए यह अनिवार्य शर्त है कि पुरुष और स्त्री को इससे पहले कोई काम की अनुभूति न हुई हो या वे वासना से अपरिचित रहे हों। बल्कि कोई पूर्वग्रह लेकर वह चलता है तो इससे उल्टा ही। न आज विवाह-पूर्व ऐसी अनुभूति या संसर्ग जीवन का अभिशाप बन जाता है, जैसा कि पश्चिम में उन्नीसवीं शती के उत्तरकाल तक होता था—टॉमस हार्डी की 'टैस' जिसका एक ज्वलन्त उदाहरण है—या कि भारतीय साहित्य में पहले महायुद्ध के समय तक होता था। आज यह

माना जाता है कि स्त्री एक बार भूलकर के भी सँभल सकती है, नागरिक जीवन में स्थान पा सकती है, समाज की उपयोगी सदस्य हो सकती है और जीवन के साथ काम-चलाऊ समझौता करके सुखी भी हो सकती है। आज पहले की अपेक्षा ऐसे व्यक्ति बहुत अधिक हैं जिनके सेक्स-जीवन में विषमता हो; लेकिन ऐसे अपेक्षया बहुत कम जिनका जीवन सेक्स के कारण नष्ट हो जाता है। इसका कारण सेक्स के सम्बन्ध में समाज का नया दृष्टिकोण है, और आधुनिक उपन्यास में यह दृष्टिकोण सम्पूर्ण रूप से प्रतिबिम्बित होता है।

अभी तक हम दृष्टिकोण के महत्त्व की बात करते आये हैं। लेकिन दृष्टिकोण के महत्त्व के साथ-साथ दृष्टिकोण की एक समस्या भी खड़ी हो जाती है। जीवन के प्रति दृष्टिकोण आत्म-रक्षा की एक शर्त बन जा सकता है—हमारी अस्तित्व रक्षा हो सकती है या नहीं, इसका उत्तर इसी पर निर्भर कर सकता है कि जीवन के प्रति हमारा दृष्टिकोण क्या है। पश्चिम की सभी सभ्यताओं का विकास अन्ततोगत्वा इसी प्रश्न पर आकर अटका है, और आधुनिक (पाश्चात्य) सभ्यता के सामने भी आज यही प्रश्न है; जीवन को हम कैसे देखें कि उसका दबाव हम सह सकें; जीवन के प्रति हमारा दृष्टिकोण क्या हो, जिससे हम उसकी कठिनाइयों के बावजूद अपना अस्तित्व बनाये रह सकें? यह प्रश्न नया तो नहीं है और प्रत्येक सभ्यता एक प्रकार से इसी प्रश्न का संगठित और सामूहिक उत्तर होती है; लेकिन इस समस्या का पूरा दबाव, इसकी पूरी तीव्रता आधुनिक युग का व्यक्ति ही समझ सकता है। इसका कारण केवल यही नहीं है कि इसकी सबसे नयी और आशावादी सभ्यता भी पूर्ववर्ती सभ्यताओं की तरह एक प्रश्न-विराम के सामने आ खड़ी हुई है। एक कारण यह भी है कि वैज्ञानिक विश्वस्तता और स्पष्टता की ओर इधर जो वेगवती प्रगति हो रही थी और जिससे उसे आशा हो चली थी कि वह जीवन के सत्य को हस्तगत कर लेगी, वह प्रगति भी मानो रुद्ध हो गयी है और अनुसन्धान एक सूनी दीवार से टकराकर रह गया है। सापेक्षवाद की चोट ने यों तो हमारी बुद्धि को ही धक्का पहुँचाया और हमारी वैचारिक भूमि को कँपा दिया, लेकिन हमारे भौतिक-सामाजिक जीवन की जड़ों को भी उसने बुरी तरह हिला दिया। मानव अभी नये वैज्ञानिक यथार्थ को सही ढंग से स्वीकार नहीं कर सका है—और न नये वैज्ञानिक अनिश्चय को सम्पूर्णतया अपना सका है—नये वैज्ञानिक ज्ञान के आधार पर अपने विश्वास और मान्यताओं का पुनःपरीक्षण और समन्वय वह अभी नहीं कर सका है। परिस्थिति इसलिए और भी शोचनीय है कि बहुत-से लोग अब मानने लगे हैं कि किसी भी वस्तु में विश्वास करना या किसी भी विश्वास में आशा केन्द्रित करना विपज्जनक है। दूध का जला छाछ फूँक कर पीता है; पुरानी निश्चयात्मकता खोकर मानव सभी चीज़ों के बारे में शंकित हो उठे तो क्या आश्चर्य? इस प्रकार एक ओर निश्चयात्मकता की माँग सबसे अधिक प्रबल है, (विश्वासों का होना ही पर्याप्त नहीं है, विश्वास भी होना चाहिए)[1] तो दूसरी ओर भूतपूर्व निश्चयात्मकता और विश्वास से निराशा भी चरम बिन्दु पर है ('मैं समूचे झुलसे अतीत से मुँह मोड़ लेना चाहता हूँ।'[2] 'काश कि समय की दिशा में कोई नयी आँधी उठे और मुझे बहा ले जाये!')[3]

इस अनिश्चय, उलझन और अव्यवस्था में, जिसे एक व्यक्ति के भीतर अनेक या बहुमुखी

1. 'इट इज़ नॉट एनफ़ टु हैव मनबिक्शन्स, वन मस्ट आल्सो हैव कनविक्शन।
—ए. एस. एम. हचिनसन, 'इफ़ विन्टर कम्स'
2. 'आइ बट टु टर्न माइ बैक ऑन द होल ब्लाइटेड पास्ट।' —डी. एच. लारेंस
3. 'ओ फ़ार ए विड टु ब्लो इन द डायरेक्शन ऑफ़ टाइम एण्ड कैरी मी अबे!' —डी. एच. लारेंस

व्यक्तित्व का उभार और भी जटिल बना देता है, अस्तित्व-रक्षा का एक-मात्र साधन जीवन के प्रति दृष्टिकोण ही हो जाता है। वह दृष्टिकोण क्या हो, उसके बारे में अनेक मत हैं। एक मत यह भी है कि दृष्टिकोण क्या है, इसका महत्त्व उतना नहीं है जितना इसका कि दृष्टिकोण है, क्योंकि दृष्टिकोण होना ही सूचित करता है कि उपन्यासकार एक ऐसे सुविधापूर्ण स्थल पर है जहाँ से वह विश्व की व्यापक अव्यवस्था के परिदृश्य का अवलोकन कर सकता है!

इस नये युग की इस नयी अवस्थिति का वाहन, उसकी अभिव्यंजना का माध्यम उपन्यास ही क्यों है, कविता, नाटक या निरे दार्शनिक प्रबन्ध क्यों नहीं? क्योंकि परिस्थितियों के आधुनिक निरूपण का एक अंग यह भी है कि इस स्थिति को जीवित विस्तार में ('इन द फ़ील्ड') ही दिखाना चाहिए। ये सब समस्याएँ और परिस्थितियाँ किस प्रकार जीवन-व्यापार को प्रभावित या निरूपित करती हैं, इसी का अध्ययन होना है और जीवन-व्यापार तो उपन्यास का विषय है ही। उपन्यास साहित्याभिव्यंजना का सर्वश्रेष्ठ आधुनिक माध्यम है क्योंकि वह एक मिश्रित या संगठित माध्यम है—न तो काव्य की भाँति 'शुद्ध' और न नाटक की भाँति सीमित। कवि मूलतः अपने लिए लिखता है, नाटककार मूलतः सामाजिक या दर्शक के लिए। लेकिन उपन्यासकार एक साथ ही कलाभिव्यंजना के कई स्तरों पर विचरण कर सकता है। वह एक साथ ही सब के लिए लिख सकता है : जन-साधारण के लिए ('अमुक घटित हुआ या हो रहा है'), दूसरे लेखकों के लिए ('अमुक विषय-वस्तु को मैंने तो ऐसे लिया है, आप क्या करते, या शेक्सपियर या तुर्गनेव क्या करता?') या स्वयं अपने लिए ('हाँ, यह तो दृष्टिकोण हुआ, समस्या का हल क्या है?') एक साथ कई स्तरों पर अभिव्यक्ति आधुनिक उपन्यास का एक लक्षण है। आन्द्रे जीद का 'जालसाज़' (ले फ़ो मॉनेयर्स) इस प्रकार के उपन्यास का बहुत रोचक उदाहरण है। रूप-विधान की दृष्टि से यह इधर की महत्त्वपूर्ण साहित्यिक कृतियों में स्थान रखता है। एक साहित्यिक माध्यम के रूप में उपन्यास जो विशिष्ट और अद्वितीय अवसर देता है, उसका इसमें भरपूर उपयोग किया गया है। एल्डस हक्सले, जॉन डोस पैसोस, चार्ल्स मॉर्गन—पश्चिमी साहित्यों से और अनेक उदाहरण दिये जा सकते हैं। एक साथ एकाधिक स्तर पर अभिव्यंजना और दो-तीन अलग-अलग कालों के निर्वाह के हिन्दी से एक उदाहरण के रूप में 'शेखर' का नाम लिया जा सकता है। उपन्यास की अच्छाई-बुराई का यहाँ प्रश्न नहीं है, केवल रूप-विधान के एक आधुनिक प्रयोग की बात हो रही है।

यहाँ कदाचित् 'दृष्टिकोण' और 'ढंग' में भेद करना उचित होगा। ऑस्कर वाइल्ड का एक ढंग ('पोज़') था जिसे जीवन के प्रति दृष्टिकोण नहीं कहा जा सकता। कहा जा सकता है कि ढंग एक 'बनावटी दृष्टिकोण' होता है। और उपन्यासकार उसे तभी ग्रहण करता है जब वह जीवन को सतही नज़र से देखकर उसे लुभावने रूप में प्रस्तुत करके सन्तुष्ट हो जाने वाला हो। लेकिन आधुनिक उपन्यासकार वास्तविक जगत् से कहीं अधिक गहरा सम्पर्क रखता है। उसके लिए दृष्टिकोण मनोरंजन या रोचकता का साधन नहीं बल्कि जीने के लिए एक व्यावहारिक दार्शनिक आधार है। जीवन के लिए ऐसा आधार खोजने को वह एक समस्या और कर्त्तव्य के रूप में लेता है और गम्भीरतापूर्वक उस समस्या और कर्त्तव्य का सामना करता है। यही उसकी आधुनिक कसौटी है।

आधुनिक उपन्यास की पृष्ठभूमि

आधुनिक उपन्यास की चर्चा करते समय विषय को मुख्यतया अंग्रेज़ी उपन्यास तक ही सीमित रखना विश्व-साहित्य में उपन्यास के विकास को एकांगी रूप देना है और स्वयं अंग्रेज़ी उपन्यास को भी अधूरा देखना है क्योंकि, विशेषतया उत्तरकाल में, वह दूसरी भाषाओं के साहित्यों और साहित्यिक आन्दोलनों से अत्यधिक प्रभावित होता रहा है। फिर भी, जहाँ तक हिन्दी उपन्यास का प्रश्न है उसकी गतिविधि बहुत-कुछ अंग्रेज़ी उपन्यास के समान्तर ही रही और दूसरे साहित्यों का, यथा रूसी और फ्रांसीसी साहित्यों का, प्रभाव उसने अंग्रेज़ी के माध्यम से ही ग्रहण किया। इसके अतिरिक्त हिन्दी-पाठक अंग्रेज़ी-साहित्य से न्यूनाधिक मात्रा में परिचित होता ही है और इतर साहित्य का उसका ज्ञान न इतना विस्तृत है, न इतना व्यवस्थित। इसलिए उपन्यास-सम्बन्धी साधारण स्थापनाओं के उदारहण देने के लिए अंग्रेज़ी साहित्य को सामने रखना कदाचित् अधिक उपयोगी होगा।

आधुनिक उपन्यास के लक्षण पहचानने और उसे पूर्ववर्ती काल के अथवा विक्टोरिया युग के उपन्यास से पृथक् करने के लिए थोड़ा ऐतिहासिक प्रत्यवलोकन आवश्यक है।

विक्टोरियन उपन्यास के विकास की पहली सीढ़ी डिकेन्स और थैकरे को माना जा सकता है। दोनों में बहुत अन्तर है, फिर भी दोनों पर साथ विचार किया जा सकता है, क्योंकि दोनों का उद्देश्य समाज को तद्वत् और सम्पूर्ण चित्रित करने का था। दोनों ने अपने-अपने ढंग से समाज की सजीव गतिमयता का चित्र खींचा। डिकेन्स बौद्धिक नहीं था, उसके डार्विन नहीं पढ़ा था और विकासवाद के सिद्धान्त से वह अपरिचित था। फिर भी समाज के विकास अथवा गतिमयता के प्रति उसकी दृष्टि सजग थी। पात्रों का घटनाओं के द्वारा चरित्र-विकास दिखाने में डिकेन्स असमर्थ है और उसके चरित्र आरम्भ में जैसे आते हैं अन्त तक वैसे ही चलते हैं। किन्तु उसके उपन्यास में लोक-कथा की-सी शक्ति है और उसके अनेक चरित्र ऐसे लोक-चरित्र हैं जो अंग्रेज़ी पाठक के साधारण जीवन और बातचीत के मुहावरे का अंग बन गये हैं। जैसा किसी ने कहा है, "जीवन में वैसे चरित्र नहीं होते, लेकिन उससे जीवन ही घाटे में रहता है। मिकॉबर और मिसेज़ गैम्प आदि जैसे पात्र अगर विधाता ने नहीं बनाये होते तो हमारा मन यही कहता कि उसे बनाने चाहिए थे।" थैकरे ने जीवन का गम्भीर चित्र खींचने का प्रयत्न किया। उसका 'वैनिटी फ़ेयर' इस समय तक के अंग्रेज़ी साहित्य में समाजालोचना का सबसे महत्त्वपूर्ण उदाहरण है।

वास्तव में डिकेन्स और थैकरे को ही आधुनिक उपन्यास के आदि-प्रवर्तक माना जा सकता है। लेकिन फिर भी आधुनिक उपन्यास उनके उपन्यासों से बिल्कुल भिन्न हैं, जैसा कि हम अभी देखेंगे।

विक्टोरियन उपन्यास के विकास का दूसरा चरण ऐंटनी ट्रालॅप, जार्ज एलियट और मेरेडिथ में लक्षित होता है। ट्रालॅप को थैकरे का अनुयायी माना जा सकता है यद्यपि वह स्वयं एक अच्छा उपन्यासकार था। तथापि यह भी कहा जा सकता है कि वह उपन्यासकार का उत्तम उदाहरण था क्योंकि वह शुद्ध उपन्यासकार था, ऐसा उपन्यासकार नहीं जो साथ-साथ कवि या आलोचक या समाज-शास्त्री या सुधारक भी हो। उसके लिए मुख्य बात कहानी कहना था। युवक और युवतियों के मनोरंजन के लिए साधारण जीवन का ऐसा चित्र, जिसमें हास्य का पुट और करुणा की मिठास हो, यह ट्रालॅप के उपन्यास की परिभाषा है। उसके उपन्यासों में चरित्र के मनोविश्लेषण का अनुपात कुछ अधिक था। लेकिन फिर भी उसकी मूल प्रवृत्ति समाज-चित्रण की ही थी। स्वभाव से वह परम्परावादी था और धार्मिक तथा नैतिक रूढ़ियों की ओर उसकी प्रवृत्ति सहज स्वीकार की ही थी। जार्ज एलियट, मेरेडिय और हेनरी जेम्स मुख्यतया चरित्र का विश्लेषण करते थे। जार्ज एलियट अपने समकालीनों की अपेक्षा अधिक बौद्धिक थी। नैतिक मान्यताओं के प्रति विद्रोह तो उसमें नहीं था तथापि परम्परागत धर्म-विश्वास पर उसे सन्देह था। वह ईसाई नीति-शास्त्रों को मानती और उसकी रक्षा करना चाहती थी लेकिन साथ ही उसे आधिदैविक या अति-प्राकृतिक आधारों से अलग भी करना चाहती थी।

मेरेडिथ में दार्शनिक जिज्ञासा का भाव और उभरकर आया। वह जार्ज एलियट की अपेक्षा कहीं अधिक मौलिक विचारक था, जीवन के तथा धर्म के गम्भीरतर प्रश्नों के प्रति सजग और उचितानुचित, पाप-पुण्य आदि की समस्याओं से उलझा हुआ। जिन प्रश्नों को थैकरे ने अपने समाजालोचन में कभी छुआ भी न था उन्हें मेरेडिथ मुख्य रूप से सामने लाता था। मेरेडिथ ने ही पहले-पहल समकालीन तथा विक्टोरियन उपन्यास की अपर्याप्तता घोषित की और जीवन-दर्शन की आवश्यकता पर ज़ोर दिया। "यह भविष्यवाणी की जा सकती है कि यदि हम शीघ्र ही उपन्यास में जीवन-दर्शन का समावेश नहीं करते तो वह कला अपने बहुसंख्यक उपासकों के रहते हुए भी नष्ट हो जायेगी।"

तीसरा चरण विक्टोरियन समाज के विघटन का समय है और इस चरण के उपन्यासों में जिज्ञासाएँ तीव्र हो उठती हैं। दूसरी ओर इस काल के लेखक में भाषा की अलंकृति भी बहुत देखी जाती है। इस चरण के मुख्य और महान उपन्यासकार टॉमस हार्डी हैं। मेरेडिथ ने जिन समस्याओं को सूचित ही करके छोड़ दिया था, हार्डी उनकी गम्भीरता से आतंकित हो उठता है। वह समस्याओं को ही गम्भीर और विचारपूर्ण ढंग से उपस्थित नहीं करता बल्कि उनके सुलझाने या उत्तर की ओर भी संकेत करता है। 'टेस' में पतिता नारी के जीवनाधिकार का प्रश्न उठाया गया है। 'जूड व ऑब्सक्योर' में समाज के अन्दर व्यक्ति की समस्याओं को उठाया गया है।

लेकिन हार्डी की आलोचना को सामाजिक नहीं कहा जा सकता, वह जागतिक (कॉस्मिक) ही है क्योंकि उसका आक्रोश समकालीन समाज-व्यवस्था की रूढ़ियों के प्रति नहीं, समूचे जीवन-विधान के प्रति है। उसके अनुसार एक ओर मानव प्राणी है जो अपनी इच्छाओं, आकांक्षाओं और आयोजनों को समझता है; दूसरी ओर जड़ प्रकृति है जिसमें न चेतनाता है, न विवेक। इस प्रकार मानवीय प्रवृत्तियाँ तो बोध-गम्य हैं लेकिन घटना-क्रम तर्कातीत और विसंगत है—जड़ जगत् का संगठन विवेकपूर्ण नहीं है। मानव और प्रकृति का यह विरोध, मानवीय उद्योग और विधि के विधान का यह वैषम्य या असंगति ही मानव की ट्रेजेडी का मूल है।

हार्डी का साहित्य लोक-परम्परा और लोक-विश्वासों पर निर्भर करता हुआ चलता है। लोक-गाथा, लोक-कला, लोक-विश्वास और लोक-धर्म उसके साहित्य में इतना महत्त्व रखते हैं कि उपन्यास को

विशिष्ट प्रदेश और उस प्रदेश की लोक-परम्परा से पृथक् करके पूरी तरह समझा नहीं जा सकता।

हार्डी को 'अन्तिम विक्टोरियन' कहा जाता है। लेकिन उसे इतनी ही सार्थकता के साथ 'अन्तिम एलिज़ाबीथन' भी कहा जा सकता। क्योंकि हार्डी शेक्सपियर के साहित्य में डूबा हुआ है और शेक्सपियर का या एलिज़ाबेथकालीन नाटककारों का प्रभाव उसके साहित्य में स्पष्ट लक्षित होता है। उदाहरणतया हार्डी के देहाती पात्र शेक्सपियर के पात्रों से बहुत-कुछ मिलते हैं—वही पार्थिवता और वही काव्यमयता उनमें होती है। इसी प्रकार दैव-संयोग (कोइंसिडेंस) और हास्य का वैसा ही उपयोग हार्डी में है जैसा कि एलिज़ाबेथकालीन नाटक में। वैचित्र्य और वैषम्य का एलिज़ाबेथकालीन आकर्षण हार्डी को भी आकृष्ट करता है। 'रिटर्न ऑफ़ द नेटिव' के अंशों की तुलना वेब्स्टर के 'द व्हाइट डेविल' से और 'मेयर ऑफ़ कास्टरब्रिज' की तुलना शेक्सपियर के 'किंग लियर' से की जा सकती है।

हार्डी का समकालीन एक और उपन्यासकार अंग्रेज़ी उपन्यास की परम्परा में विशेष स्थान रखते हुए भी प्रायः उपेक्षित होता रहता है; वह है जार्ज गिसिंग। इसका कारण कुछ तो हार्डी का नैकट्य हो सकता है, कुछ यह कि गिसिंग की सत्यवादिता में एक रूखापन और कटुता है। वास्तव में गिसिंग 'मोह-भंग' का पहला उपन्यासकार है। शैली और विधान की दृष्टि से यद्यपि वह परम्परानुगामी है, तथापि वस्तु की दृष्टि से वह भविष्योन्मुख है—रूमानी प्रभावों से मुक्त, स्पष्टवादी, धार्मिक और राजनैतिक मान्यताओं के विषय में सन्देहवादी। गिसिंग ने इसका तीव्र अनुभव किया कि उपन्यास को अपना विस्तार नये वर्गों और नयी गहराइयों में ले जाना चाहिए। 'अनक्लास्ड' (वर्ग च्युत) नामक उपन्यास में वह कहता है, "रोज़मर्रा जीवन का उपन्यास अब घिस गया है। अब हमें और गहरे खोदना होगा और अछूते सामाजिक स्तर तक पहुँचना होगा। इसका अनुभव डिकेन्स ने किया था लेकिन उसमें अपने विषय का सामना करने का साहस नहीं था।"

गिसिंग के इस मोह-भंग में नये अथवा आधुनिक उपन्यास का बीज निहित है।

विक्टोरिया के युग के बाद एडवर्ड का काल केवल एक अन्तराल है; विक्टोरियन से परिवर्तन वास्तव में प्रथम विश्व-युद्ध से ही आया जिसने सहसा भारी उथल-पुथल कर दी और नये उपन्यास को जन्म दिया। आधुनिक उपन्यास वास्तव में युद्धोत्तर-काल का उपन्यास है; यह दूसरी बात है कि उसके बीज—जैसा ऊपर बताया गया है—पूर्ववर्ती कुछ उपन्यासों में ही निहित थे, और आधुनिक उपन्यास की परम्परा का विवेचन बिना विक्टोरियन युग में इन प्रवृत्तियों के मूल-स्रोतों को पहचाने बिना हो ही नहीं सकता।

विक्टोरियन उपन्यास मध्यवर्ग का, मध्यवर्ग की भावना का, बुर्जुआ संस्कृति का, उपन्यास था। उसका विकास इंग्लैण्ड की औद्योगिक क्रान्ति के समान्तर चला। किन्तु विश्व-युद्ध ने बुर्जुआ जगत् को जड़ से हिला दिया उसकी संस्कृति लड़खड़ाकर टूट गयी, उसके प्रतिमान सहसा सन्दिग्ध हो उठे :

"सभी मानवीय सम्बन्ध परिवर्तित हो गये हैं—स्वामी और भृत्य के, पति और पत्नी के, माता-पिता और सन्तति के। और जब मानव-सम्बन्धों में परिवर्तन आता है, तब धर्म, आचार, राजनीति और साहित्य में भी साथ-साथ परिवर्तन होता है।" (—वर्जिनिया वूल्फ़)

साहित्यकार की दृष्टि अब वर्गों के संघर्ष को स्पष्ट देखने लगी। इतना ही नहीं, उसने देखा कि वर्गों के जीवन के वृत्त के भीतर भी अनेक दरारें पड़ गयी हैं, वर्ग-संघर्ष के भीतर जातियों या घरानों के

एक अलग संघर्ष की लीकें पहचानी जा सकती हैं। महायुद्ध ने मध्यवर्ग के जीवन को तो हिलाया ही, घरानों के जीवन पर भी गहरा आघात किया। महायुद्ध की चपेट में एक समूची युवा पीढ़ी को खोकर ये मध्यवर्गीय घराने अपने भविष्य की अनिश्चितता से आतंकित हो उठे—क्योंकि युवा पीढ़ी के मिट जाने से उनकी सम्पत्ति का उत्तराधिकार—और कुल का स्थायित्व—जोख़िम में पड़ गया। सम्पत्ति-मात्र खतरे में है, यह दुश्चिन्ता मध्यवर्गीय जीवन को घुन-सी खाने लगी।

गाल्सवर्दी और किपलिंग इस संकट के उपन्यासकार हैं। गाल्सवर्दी के 'फोर्साइट सागा' की उपन्यास-परम्परा घरानों के जीवन के विस्फोट का ही चित्र है। 'मैन ऑफ़ प्रापर्टी' का नाम ही अभिप्राय-भरा है, और 'प्रॉपर्टी' की रक्षा की व्याकुलता गाल्सवर्दी के पात्रों का मुख्य मनोभाव है: वर्गीय या कुलगत मर्यादाओं की रक्षा का आग्रह सम्पत्ति सम्बन्धी उस चिन्ता का ही प्रक्षेपण है।

वर्जिनिया वूल्फ़ और गाल्सवर्दी-किपलिंग में एक बड़ा अन्तर है : ये दोनों उपन्यासकार बुर्जुआ उपन्यासकार हैं, किन्तु वर्जिनिया वूल्फ़ बुर्जुआ नहीं है, यद्यपि उसे बुर्जुआ-विरोधी भी नहीं कहा जा सकता। उसकी बौद्धिकता और सूक्ष्म अनुभूति उसे इससे ऊपर उठाते हैं : प्रतिमानों के बुर्जुआ होते हुए भी उसका दृष्टिकोण अधिक बौद्धिक और उसकी संवेदना का वृत्त अधिक विस्तृत है।

इनके अनन्तर जो महत्त्वपूर्ण नाम सामने आता है—और इस नाम के साथ अंग्रेज़ी उपन्यास संक्रान्ति-काल पार करके 'आधुनिक' युग में आ जाता है—वह डी. एच. लारेंस का है। लारेंस स्पष्टतया बुर्जुआ-विरोधी था। अपने युग की वह एक अद्‌भुत अनमिल उपज था : उसका दृष्टिकोण रूमानी था परन्तु बुर्जुआ-विरोधी, क्योंकि उसमें एक नास्तिक अभिजात्य था उसकी चरमवादी प्रवृत्ति इस बनी-बनायी घटिया दुनिया को सह नहीं सकती थी : उसका विद्रोह इस 'रेडीमेड' बुर्जुआ जगत् की विरसता के विरुद्ध अभिजात का विद्रोह था; और समकालीन नैतिक मानदण्डों के प्रति उसका अस्वीकार एक अनीश्वरवादी या सर्वदेवतावादी (पैगन) की स्वच्छन्दता की घोषणा थी। भौतिक जीवन के साथ चेतना का ऐसा नया सम्बन्ध स्थापित करने के लिए, जो बुर्जुआ जीवन के ओछेपन से बँधा हुआ न हो, उसकी अभिजात मनोभावना संसार की सभी जानी हुई संस्कृतियों का तिरस्कार करके उनके घेरे के बाहर जाने को तैयार थी : ग्रीक यहूदी, रोमी, मध्ययुगीन, पुनरुत्थान-कालीन सभी संस्कृतियों को अपर्याप्त पाकर लारेंस नयी खोज के लिए कहीं भी जाने को आतुर था—भूली हुई प्राक्-सभ्यताओं की ओर भी—"आई वांट टू टर्न माई बैक ऑन द होल ब्लास्टेड पास्ट"—मैं समूचे अभागे अतीत की ओर पीठ फेर लेना चाहता हूँ—यह लारेंस की उक्ति थी; और यूरोप को छोड़कर वह मेकिस्को गया था तो संवेदना के किसी पुराने अर्द्ध-विस्मृत प्रकार की खोज में। मेक्सिको-विषयक अपने उपन्यास 'द प्लूम्ड सर्पेंट' में वह लिखता है : "मैं मूलभूत भौतिक यथार्थताओं के प्रति संवेदना का पुनःसंस्कार करना चाहता हूँ।"

विक्टोरियन काल की प्रवृत्तियाँ लारेंस के परवर्ती युग में भी लक्षित होती हैं, और लारेंस के पूर्वसूचक विक्टोरियन युग में थे; पर लारेंस से स्पष्ट युग-परिवर्तन माना जा सकता है।

इस ऐतिहासिक अवलोकन के बाद अब इस पर विचार किया जा सकता है कि आधुनिक उपन्यास की कौन-सी प्रवृत्तियाँ उसे विक्टोरियन उपन्यास से पृथक् करती है।

1. जो है उसके प्रति, समवर्ती नैतिक, सामाजिक, राजनैतिक मूल्यों के प्रति, अस्वीकार और नये प्रतिमानों की प्रतिष्ठा की आकुलता—यही वह मौलिक भेद है जो विक्टोरियन और आधुनिक का काल-विभाजन करता है। नये प्रतिमानों और मूल्यों की यह खोज लारेंस और ट्रालॅप की तुलना करने से

स्पष्ट उभरकर सामने आती है। लारेंस सर्वथा आधुनिक है, ट्रालॅप सम्पूर्णतया विक्टोरियन : दोनों का न केवल मुहावरा भिन्न है वरन् अनुभूति-क्षेत्र ही अलग-अलग है।

नये मूल्यों की खोज को लारेंस भावना के और काम-सम्बन्धों के क्षेत्र में भी ले जाता है। उसके पात्र अभूतपूर्व हैं: उनमें हम उनकी चेतना से पृथक् उनकी संवेदनाओं का प्रवाह और आदान-प्रदान देखते हैं : चेतन भावनाओं और अवचेतन संवेदनाओं के स्तर अलग-अलग हैं; दोनों में तीव्रता और प्रवाह है। लारेंस के पात्रों का भाव-जीवन उतना ही गतिमय है जितना हेनरी जेम्स के पात्रों का बुद्धि-जीवन : "जानना रक्त से होता है, केवल मन से नहीं"—डी. एच. लारेंस। दोनों में ऐन्द्रिय संवेदनाओं का वर्णन करने और उन्हें पाठक तक पहुँचाने की असाधारण क्षमता थी, और दोनों ने उपन्यास की पहुँच और गहराई को बढ़ाया।

जेम्स जॉयस अंशतः ही आधुनिक है। भाषा और मनोविज्ञान के क्षेत्र में उसके प्रतिमान आधुनिक हैं, किन्तु उसकी नैतिक और सामाजिक मान्यताएँ कैथलिक हैं : इसी प्रकार एल्डस हक्सले और वर्जिनिया वूल्फ़ भी सम्पूर्णतया आधुनिक नहीं है, क्योंकि वे केवल कुछ ही क्षेत्रों में नये प्रतिमान खोजते या चाहते हैं, और अन्य क्षेत्रों में पुराने प्रतिमानों को ही मानते चलते हैं। हक्सले ने प्रायः ऐसे समाज या काल का चित्रण किया है जिसमें कोई प्रतिमान ही नहीं है; कोई ऐसे आधार ही नहीं हैं जिन पर कर्म या आचार की कसौटी हो सके। 'पाएंट काउंटरपाएंट' में लारेंस के पथ की ओर थोड़ा-सा झुकाव है, किन्तु अनन्तर हक्सले रहस्यवादी या आध्यात्मिक अन्वेषण की ओर झुक जाता है, जिसके प्रथम संकेत 'दोज़ बैरन लीव्स' में मिलते हैं और अधिक विकसित रूप 'आइलेस इन गाजा' में और 'टाइम मस्ट हैव ए स्टॉप' में। इस दृष्टि से हक्सले वास्तव में अर्ध-आधुनिक भी नहीं, छद्म आधुनिक ही है।

नये मूल्यों की खोज ने जो अनेक दिशाएँ ग्रहण कीं, उनमें कुछ का संक्षेप में निरूपण कर देना अनुचित न होगा :

(क) धर्म और नीति के क्षेत्र में—मानववाद, करुणा के आदर्श की पुनः प्रतिष्ठा।

(ख) सहज बोध बनाम बुद्धि—मन के विरुद्ध 'रक्त' का सहारा।

(ग) समाज-संगठन के क्षेत्र में—बुर्जुआ सामाजिक ढाँचे का तिरस्कार, घरानों और परिवारों के जीवन का विघटन।

(घ) काम-सम्बन्धों के क्षेत्रों में—सेक्स की नयी परिभाषा, जो उसे न निरा शरीर-सम्बन्ध मानती है, न केवल सामाजिक बन्धन या व्रत, बल्कि एक 'गतिशील-सम्पृक्त भाव' (डाइनैमिक कम्यूनिकेशन)[1]।

2. आधुनिक विज्ञान के आविष्कारों ने जो नयी समस्याएँ खड़ी कर दी हैं, उनके कारण जो अवस्था उत्पन्न हुई है, वह आधुनिक उपन्यास की दूसरी विशेषता है।

वैज्ञानिक आविष्कारों ने मानव को नयी दृष्टि दी है, पर उसके कारण हमारी मान्यताओं में और उनके आधारों में जो परिवर्तन आते हैं उन्हें हम पूर्णतया स्वीकार नहीं कर सके हैं, जीवन और आचार में आत्मसात् करना तो दूर की बात है। ज्ञान और आचार की अवस्थाओं का यह विपर्यय अनेक

1. डी. एच. लारेंस ने कहा है : "मैन मस्ट बी सुप्रीम अदरवाइज़ रिलेशनशिप इज़ फ़िसियल, दैट इज़, इट इज़ इनसेस्ट।"

समस्याएँ और संघर्ष उत्पन्न करता है जो आधुनिक जीवन का एक मूलभूत सत्य हैं और जिनका प्रभाव आधुनिक उपन्यासकार पर पड़ना अनिवार्य है।

मार्क्सवाद इन समस्याओं का निराकरण नहीं करता। वह जीवन का एक वैज्ञानिक जड़वादी आधार उपस्थित करना चाहता है, पर यह आधार अपर्याप्त है और इसलिए असह्य हो उठता है। यह नहीं कहा जा सकता कि आधुनिक उपन्यासकार ने विज्ञान को जीवन का आधार मान लिया है। निस्सन्देह कई नये उपन्यासकार दावा करते हैं कि हमारी संवेदनाएँ बिल्कुल बदल गयी हैं और उनका आधार सम्पूर्णतया वैज्ञानिक है, पर वास्तव में यह दावा निराधार है। यह तो ठीक है कि वे डी. एच. लारेंस से भिन्न हैं, पर कलाकार के रूप में वे कुण्ठित हैं और अपनी मान्यताओं के ढाँचे के अन्दर असन्तोष और कुण्ठा का अनुभव भी करते रहते हैं। डी. एच. लारेंस का आमूल विद्रोह या नकारात्मक आग्रह उनका नहीं है, उसे वे भ्रान्त मानते हैं; पर स्वयं शान्ति या स्थिरता पाने में वे असमर्थ हैं। 'काव्य में मायाकोव्स्की, या उपन्यास में एरेनबुर्ग इसके अच्छे उदाहरण हैं : स्वयं अपनी मान्यता और अपने जीवन का अन्तर्विरोध उन्हें बेचैन कर देता है; यह बेचैनी और उद्भ्रान्ति उनकी रचना में अभिव्यक्त होती है। भिन्न-भिन्न कारणों से उत्पन्न यह उद्भ्रान्ति क्या मार्क्सिस्ट लेखकों में और क्या अन्य लेखकों में—आधुनिक उपन्यास की विशेषता है।

आधुनिक उपन्यासकार वर्तमान परिस्थिति या परिवेश को अस्वीकार करता है, किन्तु नये स्तर पर किसी परिवेश का स्वीकार या उसके साथ समन्वय की स्थापना नहीं कर पाया। इससे जो शून्य उत्पन्न होता है, वह आधुनिक उपन्यास का एक विशेष लक्षण है। आधुनिक उपन्यास नया उपन्यास है, लेकिन उसका नयापन न तो विषय-वस्तु का नयापन है, न विधान का, न कथानक का, न रूपाकार का; वह मूलतः जीवन के प्रति दृष्टिकोण का नयापन है। यद्यपि वस्तु, शैली, विधान, कथा आदि का नयापन उसमें हो सकता है और होता भी है, तथापि उसकी आधुनिकता की कसौटी वह नहीं है, कसौटी उसका नया दृष्टिकोण ही है।

3. समय या काल के प्रश्न को लेकर आधुनिक उपन्यासकार की व्यस्तता कदाचित् उसके विज्ञान-सम्बन्धी ऊहापोह का ही एक पहलू है।

काव्य में टी. एस. इलियट और गद्य में वर्जिनिया वूल्फ़ बार-बार 'अतीत की वर्तमानता' की बात करते हैं; वर्जिनिया वूल्फ़ के लिए व्यक्ति का सम्पूर्ण जीवन ही 'अतीत की खोज' है।[1] उसका एक चरित्र-नायक ऑलैण्डो तीन सौ वर्ष तक जीता है; एजिलज़ाबेथ के युग में वह बच्चा है, तीस वर्ष की आयु में वह पोप के युग में प्रवेश करता है और सन् 1929 में अभी वृद्धावस्था को प्राप्त नहीं हुआ है। किसी ने इसे 'आइन्सटाइन के सिद्धान्त का काव्यरूप' कहा है। एल्डस हक्सले भी काल के प्रश्न को लेकर व्यस्त है : इसके संकेत उसके प्रारम्भिक उपन्यासों में भी मिलते हैं, और 'टाइम मस्ट हैव ए स्टॉप' का शीर्षक (यद्यपि वह हैमलेट की एक उक्ति से लिया गया है) इस व्यस्तता को स्पष्ट प्रकट करता है।

किन्तु यह आधुनिक उपन्यास का एक अपेक्षया कम महत्त्वपूर्ण पहलू है। वास्तव में उसकी वास्तविक कसौटी उसका दृष्टिकोण ही है : यही उसे पूर्ववर्ती उपन्यास से पृथक् करता है, और उसे

1. 'रेशर्शे दु ताँ पेर्दू'—खोये हुए समय की खोज—मार्सेल प्रूस्त की एक उपन्यासमाला का शीर्षक है।

समझने के लिए इसके ऐतिहासिक विकास और कारणों को समझना आवश्यक है। जैसा कि हम पहले कह आये, विक्टोरियन प्रवृत्तियाँ आधुनिक युग तक भी चली आती हैं, और आधुनिक प्रवृत्तियों के बीच पूर्ववर्ती युग में पाये जाते हैं; तथापि दोनों युगों का अन्तर इतना स्पष्ट है कि उसके बारे में भूल हो ही नहीं सकती, और यह भी समझ में आ जाता है कि दृष्टिकोण के इस आमूल परिवर्तन के बाद फिर पीछे लौटना तो असम्भव है, भले ही पाठकों को विक्टोरियन उपन्यास अधिक रोचक लगते रहें—जैसा कि वे निस्सन्देह अनेकों को लगते हैं। यह परिवर्तन एक प्रौढ़ता का द्योतक है जिससे पीछे लौटा जा सकता। और किसी को क्यों लौटना चाहिए, इनका कारण कम-से-कम कोई आधुनिक तो नहीं सोच सकता।

प्रेमचन्द और परवर्ती उपन्यास

आज का विदेशी साहित्य पढ़ने वाला भारतीय पाठक आसानी से कह दे सकता है कि प्रेमचन्द महान् उपन्यासकार नहीं हैं; और अपने कथन की पुष्टि के लिए प्रेमचन्द के समकालीन और परवर्ती विदेशी उपन्यासकारों के नाम गिना दे सकता है। कहानी के क्षेत्र में तो कुछ लोगों ने हिन्दी में ही ऐसे दस-दस लेखकों की सूचियाँ बनायी हैं जो "प्रेमचन्द से कम-से-कम दस वर्ष आगे हैं।" इस तरह की तुलना करने वाले अपने अहंकार अथवा पूर्वग्रह का ही प्रदर्शन करते हैं, जिन साहित्यकारों की तुलना की जाती है उनमें से किसी का भी हित-साधना नहीं करते—न तो प्रमाण पक्ष का, न प्रमेय का। किसी भी साहित्यिक कृति की समीक्षा करते समय सबसे पहले साहित्य और समाज की—अर्थात् उसके समाज की—परिधि में देखना चाहिए। जड़ों के बिना पत्ता नहीं होता, और पौधे की पत्तियाँ देखकर हम उस मिट्टी का गुण-दोष पहचान सकते हैं जिसमें वह पौधा उत्पन्न हुआ। इस दृष्टि से देखें तो हम जान सकते हैं कि प्रेमचन्द का आविर्भाव हिन्दी-साहित्य के लिए कितनी बड़ी घटना है। प्रेमचन्द के पहले का हिन्दी आख्यान-साहित्य आख्यान तो है पर आज जिसे अंग्रेज़ी में फ़िक्शन कहते हैं वह नहीं है। प्रेमचन्द हिन्दी के पहले आधुनिक आख्यान लेखक हैं—आधुनिक इस अर्थ में कि उन्हें आधुनिकता का, समकालीनता का, अपने समवर्ती समाज-जीवन की अन्तःशक्तियों का जीवित बोध है। निस्सन्देह राष्ट्रीयता की चेतना हिन्दी में उनसे पहले भी थी, और बंगला में तो थी ही; लेकिन राष्ट्रीय भावना सामाजिक चेतना का केवल एक अंग है। प्रेमचन्द के उपन्यासों में राष्ट्रीय चेतना है, लेकिन यहाँ जिस बात की चर्चा की जा रही है वह उससे कहीं बड़ी चीज़ है। एय्यारी, तिलिस्मी और मालिनों-भटियारिनों के क़िस्सों से, या पुराने आख्यानों के पुनःसंस्करणों से 'सेवा-सदन' तक कितनी बड़ी मंजिल है, इस पर थोड़ी देर विचार करने से प्रेमचन्द की देन पर चकित रह जाना पड़ता है।

यह भी प्रेमचन्द की समकालीनता का केवल ऐतिहासिक पहलू है। कहा जा सकता है कि ऐतिहासिक दृष्टि से तो प्रेमचन्द का महत्त्व है, पर इतिहास 'जीवित सत्य' नहीं है, वह अतीत का सत्य है। और प्रेमचन्द का साहित्य हमारी साहित्य-परम्परा में स्थान तो रखता है, लेकिन वह एक पिछड़ा हुआ स्थान है, क्योंकि आज हम उससे आगे निकल आये हैं। ऐसा होता तो बड़े सन्तोष की बात होती क्योंकि ऐसा होने से प्रेमचन्द का महत्त्व तो किसी तरह कम न होता, और साथ ही हम अपनी प्रगति पर गर्व भी कर सकते। कालिदास या श्रीहर्ष पुराने हैं, आज कोई उनके ढंग की चीज़ लिखे तो इसे काल-विपर्यय ही मानना होगा; फिर भी यह कहने का साहस कौन करेगा कि कालिदास या श्रीहर्ष के साहित्य का आज महत्त्व नहीं रहा! किन्तु प्रेमचन्द के उपन्यासों से परवर्ती उपन्यास-साहित्य की तुलना

करने पर क्या यह दावा किया जा सकता है कि परवर्ती साहित्य सचमुच प्रेमचन्द से बहुत आगे है? और अगर बहुत न सही, कुछ भी आगे होने का दावा किया जा सकता है, तो वह ठीक किस अर्थ में? यह प्रश्न निश्चय ही अन्वेषणीय है, और अध्ययन के बाद कदाचित् इसी परिणाम पर पहुँचना होगा कि ऐसा दावा अगर किया भी जा सकता है तो उसे बहुत-सी शर्तों और मर्यादाओं से वेष्टित करके ही।

असल में परवर्ती युग में शिल्प का—तकनीक का—महत्त्व बहुत बढ़ गया है। शिल्प-शैली की चकाचौंध के कारण ही हम कई नयी कृतियों को वह महत्त्व देने लगे हैं जिनकी वे वास्तव में पात्र नहीं हैं और जो भविष्य उन्हें नहीं देगा। दूसरी ओर यथार्थवाद के नाम पर प्रगतिवादी आन्दोलन ने जहाँ साहित्यकारों को नयी दिशा की ओर मोड़ा वहाँ एक दूसरे परिदृश्य से उसे हटा भी दिया। अंग्रेज़ी में कहावत है कि 'पेड़ों के कारण जंगल नहीं दीखता; इसी बात को यों कहना कि जंगल के कारण पेड़ नहीं दीखते' किसी नये सत्य का आविष्कार करना नहीं है, केवल बलाघात को स्थानान्तरित कर देना है। सामन्त-कालीन साहित्य में अगर उच्च वर्ग के पात्रों का ही यथार्थ वर्णन होता था और इतर लोग केवल एक परिपाटी के साँचे में ढली हुई छायाएँ मात्र रह जाती थीं, तो आज की आग्रही साहित्य-दृष्टि भी कम संकुचित नहीं है अगर उसने भुलुआ धोबी और मनुआ चमार को व्यक्ति-चरित्र देकर भद्र और उच्चवर्गीय व्यक्तियों को पुतले बना दिया है। न ही यह उसका प्रतिकार है, जैसा कि कुछ बाद के लेखकों में देखा जाता है, कि पूरे समाज में एक वर्ग का वास्तवकि रूप-चित्र और दूसरे के केवल साँचे-ढले पुतले न दिखाकर, समाज के एक बहुत छोटे-से दैशिक वृत्त को—एक 'अंचल' को लेकर उसको पूरा देखा जाय और उस वृत्त के बाहर के समाज को छोड़ दिया जाये। फिर वह दैशिक वृत्त चाहे एक देहाती अंचल का ही, चाहे एक कस्बे का, चाहे महानगर के एक जीर्ण होकर टूटते हुए मुहल्ले का।

यों तो एक हद तक प्रेमचन्द के साहित्य में भी यह दोष है। उनके देहाती निम्नवर्गीय (या निचले मध्यवर्गीय भी) पात्रों का चित्रण तो खरा और सर्वांगीण सच्चा है पर शिक्षित मध्यवर्गीय या उच्चवर्गीय पात्रों का चित्रण सतही और अविश्वसनीय। किन्तु प्रेमचन्द में यह दोष अनुभव की सीमा का दोष है; संकुचित सहानुभूति, उदारता की कमी, पूर्वग्रह या इच्छा से उत्पन्न होने वाला नहीं। जबकि इसके प्रतिकूल अधिकांश प्रगतिवादी साहित्य को संकल्पपूर्वक संकुचित रखी गयी दृष्टि से देखते हैं। उसका यथार्थ एक खण्डित यथार्थ रहा है जिसे वह खण्डशः ही देखना चाहता रहा है। क्योंकि वह कुछ खण्डों को अनदेखा करना चाहता है जो उसके सैद्धान्तिक ढाँचे में सही नहीं बैठते। जीवन को अविचल दृष्टि और सम्पूर्ण देखना—टू सी लाइफ़ स्टेडिली एण्ड टु सी इट होल—न उससे बन पड़ा है, न उसने चाहा है। प्रेमचन्द का दृष्टिकोण मानववादी था। समाज के वर्ग-विभाजन को और उससे उत्पन्न होने वाले उत्पीड़न और शोषण को वह न देखता हो ऐसा नहीं था; किन्तु इस बात को वह अनदेखी नहीं कर सकता था, न करना चाहता था, कि जन्म-कर्म या घटना-चक्र से किसी वर्ग के हितों से सम्बद्ध हो जाना सामाजिक जीवन की एक घटना अथवा वास्तविकता है, जबकि मानव होना उसके जीवन की ही बुनियादी वास्तविकता है, और उस बुनियादी वास्तविकता के नाते मानव-मात्र सहानुभूति का पात्र है।

कह सकते हैं कि प्रेमचन्द सामाजिक आदर्शवादी थे। आज के युग में किसी को आदर्शवादी कहना एक प्रकार से उसे गाली देना ही है। 'प्रेमाश्रम' के आदर्श समाज का और 'प्रेमाश्रम' ही क्यों, सेवा-सदन के सेवा-सदन पर ही क्या आज के विदग्ध पाठक को प्रत्यय हो सकेगा? हवाला देकर प्रेमचन्द के आदर्शवाद को काल्पनिक और असार बताया जा ही सकता है। पर उपन्यासकार की

समाज-परिकल्पना अपर्याप्त भी मान ली जाये तो उतने-भर से यह सिद्ध नहीं किया जा सकता कि उसके आदर्श में प्राण-शक्ति नहीं है, या कि उसके आदर्शवाद में रचनात्मक सम्भावनाएँ बिल्कुल नहीं हैं। साधारणतया हम यह नहीं मान लेंगे कि समाजोन्नति या सुधार ही साहित्यकार का लक्ष्य है या होना चाहिए, पर संकल्पित लक्ष्य एक बात है और प्रभाव की दिशा दूसरी बात; और यह कहना असंगत न होगा कि प्रेमचन्द के उपन्यासों में रचनात्मक प्रभाव की सम्भावना अधिक है क्योंकि प्रेमचन्द का आदर्शवाद मानवता में आसक्ति रखता है और वह आसक्ति रचनात्मक प्रणालियों में बाँधी जा सकती है।

इन साधारण और व्यापक प्रतिपत्तियों के स्पष्टीकरण के लिए परवर्ती उपन्यास-साहित्य से कुछ उदाहरण देना उचित होगा। प्रेमचन्दोत्तर सब उपन्यासों की पड़ताल का असम्भव प्रयत्न न करके उन्हीं उपन्यासों को सामने रखा जाये जिनका उल्लेख सामान्यतः पहले भी हो चुका है (दे. साहित्य-प्रवृत्तियों की सामाजिक पृष्ठभूमि) : भगवतीचरण वर्मा का 'टेढ़े-मेढ़े रास्ते', उपेन्द्रनाथ अश्क का 'गिरती दीवारें', इलाचन्द्र जोशी का 'निर्वासित', यशपाल का 'देश-द्रोही', रांगेय राघव का 'घरौंदे', 'रामचन्द्र तिवारी का सागर', सरिता और अकाल तथा अमृतलाल नागर का 'बूँद और समुद्र'। यह नहीं कि परवर्ती उपन्यासों में केवल ये महत्त्व के समझे गये हैं, उल्लेखनीय उपन्यास और भी है। लेकिन ऐतिहासिक उपन्यास या अतीत के युग-चित्र यहाँ प्रासंगिक नहीं है, समकालीन सामाजिक वस्तु वाले उपन्यास ही यहाँ सामने रखने हैं। इस दृष्टि से जैनेन्द्रकुमार के दो-एक उपन्यास भी लिये जा सकते हैं; पर 'त्यागपत्र' भी अन्ततः व्यक्ति-चित्र है और 'सुनीता' के लिए तो स्वयं लेखक की ओर से ही वास्तविकता दावा नहीं है—उसके पात्र सामाजिक व्यक्ति नहीं, रचना-संघटित मानव-यन्त्र हैं जिनके द्वारा लेखक एक उपकल्पित मानसिक संघर्ष को मूर्त रूप देना चाहता है। इनमें लेखक की सफलता सबसे पहले तकनीक की विजय है और उसी सन्दर्भ में इनका अध्ययन विशेष उपयोगी हो सकता है।

उल्लिखित सभी उपन्यास समकालीन सामाजिक घटना से सम्बन्ध रखते हैं और उसी के द्वारा मानव-जीवन का चित्रण और अध्ययन करते हैं। चार-पाँच वर्ष की अवधि में इतने और इस कोटि के सामाजिक उपन्यासों का प्रकाशन सन्तोष का विषय होगा[1] यद्यपि इनमें से किसी को सर्वथा परिपक्व निर्दोष कलाकृति नहीं माना जा सकता और सभी में न्यूनाधिक मात्रा में सिद्धान्तों और मतवादों का आरोप है—वह एकप्राणता नहीं है जो साहित्यिक कृति में होनी चाहिए।

'टेढ़े-मेढ़े रास्ते' राजनैतिक आन्दोलन के तीन रास्तों के—गांधीवादी, कम्युनिस्ट और आतंकवादी सम्प्रदायों के—अध्ययन के नाम पर वास्तव में राजनैतिक संघर्ष के परिपार्श्व में व्यक्तियों का ही चित्रण है। उस राजनैतिक संघर्ष में लेखक का पूर्वग्रह भी बिल्कुल स्पष्ट है। दृढ़-चरित्र और शासनप्रिय ताल्लुकेदार के तीन बेटे तीन ग्रन्थ चुनते हैं। गांधीवादी पुत्र किसी हद तक लेखक की सहानुभूति पाता है। आतंकवादी का चित्र घटिया रोमानी उपन्यासों जैसा है और बिल्कुल ही झूठ हो जाता अगर जहाँ-तहाँ मनोवैज्ञानिक विश्लेषण की पैठ उसमें प्राण नहीं डाल देती। कम्युनिस्ट को तो लेखक ने स्पष्टतया विद्रूप और तिरस्कार का पात्र बनाया है और उसके साथ लेखक के बर्ताव में उतनी ही सच्चाई है जितनी कि सरकस के विदूषक की पटापट बजने वाली चमड़े की लाठी की मार में होती है। तीन पन्थियों में कोई भी यथार्थ और सामाजिक मानव-चरित्र नहीं है; न उनके द्वारा तय किये गये

1. इस निबन्ध में स्वातन्त्र्य-युग के उपन्यासों की चर्चा नहीं की गयी है, स्वतन्त्रता-प्राप्ति से पहले प्रकाशित उपन्यासों पर ही विचार किया गया है।

टेढ़े-मेढ़े रास्ते ही वास्तविक, यथार्थ और विश्वसनीय हैं। उपन्यास का सबसे अधिक विश्वसनीय और खरा चित्र ताल्लुकेदार का ही है और उसके बाद गाँव के बूढ़े झगड़ू का। और इसका कारण यही है कि इन्हीं दो पात्रों को लेखक की मानवीय सहानुभूति मिली है, इन्हीं के मन को उसने संवेदना के सहारे समझा और ग्रहण किया है। निस्सन्देह उपन्यास रोचक है और लेखक की प्रतिज्ञा की सीमाओं को समझ लेने के बाद उपन्यास के बौड़मपन पर हँस सकना भी सम्भव है। लेकिन क्या यह उपन्यास यथार्थवादी है?—इस प्रश्न का उत्तर खोजने चलने पर और भी प्रश्न ही हाथ आते हैं : क्या उपन्यास का समाज हमारा समाज है? या कि कोई भी मानव-समाज है? क्या उसके पात्र हमारे समाज के मानव-पात्र हैं? संक्षेप में—क्या उसकी वस्तु समकालीन और अर्थगर्भ है, 'सिग्निफिकैंट' है?

इसकी तुलना में 'गिरती दीवारें' कहीं अधिक सच्चा और यथार्थ है। उसका सच बहुत संकुचित है क्योंकि उसकी दृष्टि भी संकुचित अणुवीक्षक दृष्टि है और जीवन के प्रसार और बहाव को नहीं देखती। जिस तरह मूर्ति पर चलता हुआ चींटा उसकी रचना की एक-एक बारीकी और सतह के खुरदरेपन को देखता है लेकिन मूर्ति को नहीं देख सकता और उसके रूप की तो कल्पना ही नहीं कर सकता, उसी तरह 'गिरती दीवारें' का लेखक उसके नायक के साथ आत्मसात् होकर उस परिपार्श्व को नहीं देखता जिसमें कि नायक एक स्वल्प इकाई-भर है। उपन्यास में कहीं-कहीं बहुत ही मार्मिक चित्रण है, और कभी-कभी दृष्टि के सूक्ष्म आविष्कार के कारण कोई स्थान अथवा पात्र अत्यन्त सजीव होकर उभर आया है। लेखक की सांसारिक बुद्धि के कारण जहाँ-तहाँ पैनी और चुभती हुई उक्तियाँ मिलती हैं जिनकी दाद देनी पड़ती है। किन्तु कुल मिलाकर उपन्यास पूरे समाज का एक संघटित चित्र नहीं होता। इतना ही नहीं, उपन्यास के नाम से जो अनुमान होता है, वस्तु के सहारे पाठक समाज की गिरती हुई दीवारों की जो कल्पना करता है उसे स्वयं लेखक उपन्यास के अन्त में झुठला देता है। छह सौ पृष्ठ पढ़कर अन्त में यह निष्कर्ष निकलता देखकर बड़ी निराशा होती है कि उपन्यास की दीवारें मानव-समाज की दीवारें नहीं, पंजाबी निम्न भद्र-वर्ग की भी दीवारें नहीं, केवल यौन-कुण्ठा की दीवारें हैं! असल में उपन्यास में फैलायी गयी वस्तु के आन्तरिक महत्त्व और अर्थ को लेखक स्वयं पूरी तरह ग्रहण नहीं कर सका; पाठकों को ग्रहण कराने की बात तो दूर रही। 'गिरती दीवारें' में जितनी वस्तु है, वह पंजाब के हिन्दू निम्न भद्र-वर्गीय जीवन के ओछेपन का सर्वांगीण चित्र उपस्थित करने के लिए काफी है और लेखक में अगर पसारा फैलाने और समेटने का सामर्थ्य होता तो यह पुस्तक थियोडोर ड्राइज़र की 'अमेरिकन ट्रेजेडी' का उत्तर भारतीय प्रतिरूप हो सकती। लेकिन लेखक एक तो बार-बार प्रसंगान्तर में पड़ गया है, इस या उस पात्र पर दो-चार छींटे कसने के हल्के लोभ में पड़ गया है, या फिर निम्न भद्र-वर्ग की बहुमुखी आकांक्षाओं में से केवल एक के—यौन-तृप्ति की आकांक्षा के और उसके खण्डन से उत्पन्न होने वाले विकारों के साथ उलझा रह गया है। निस्सन्देह यह खण्डन जिन वर्जनाओं के कारण होता है उन वर्जनाओं का आधार समकालीन आचार की मर्यादाएँ ही होती हैं और ये मर्यादाएँ तत्कालीन सामाजिक जीवन की उपज होती हैं; इसलिए वर्जनाओं से हम तत्कालीन समाज-स्थिति को भी समझ सकते हैं। लेकिन इस द्रविड़ प्राणायाम के लिए पाठक क्यों तैयार हो? उपन्यासकार का आधा काम वह स्वयं क्यों करे?

इलाचन्द्र जोशी का 'निर्वासित' भी अन्ततोगत्वा व्यक्ति-चरित्र का उपन्यास है। एक ही व्यक्ति, और वह भी ऐसा व्यक्ति जिसका व्यक्तित्व अनेक मानसिक कामज वर्जनाओं से कुण्ठित और विघटित हो गया है, उपन्यास का केन्द्र है। उस व्यक्ति को लेखक की सहानुभूति तो मिली है लेकिन पाठक की

सहानुभूति इसलिए नहीं मिलती कि उसकी अकारण अस्थिरता के साथ पाठक नहीं चल सकता। उपन्यास की एक यह विशेषता ज़रूर है कि हिन्दी में एक-मात्र इस उपन्यास में एटम बम के आविष्कार की महत्ता और उसकी दूरव्यापी सम्भावनाओं पर ज़ोर दिया गया है। इतना ही नहीं, उपन्यास के घटना-क्रम में यह आविष्कार एक धुरी का काम करता जान पड़ता है। लेकिन वास्तव में चरितनायक पहले ही जिस सम्पूर्ण पराजय और कुण्ठितावस्था तक पहुँच चुका है, उसी को पाठक पर अभिव्यक्ति कर देने के लिए एटम बम निमित्त बना लिया गया है। अगर मानव की उन्नति पर चरित-नायक का विश्वास पहले ही टूटा हुआ न होता—(वास्तव में अहंकारी नायक का मानव में विश्वास कभी रहा ही नहीं और घटना-चक्र से जो कुण्ठित हुआ वह केवल उसका आत्मविश्वास है)--तो एटम बम की घटना उसे तोड़ देने के लिए काफ़ी न होती। जिन्हें मानवता पर विश्वास रहा उन्हें आज भी है, और यह नहीं कहा जा सकता कि वे सब मूर्ख हैं और एटम बम की महत्ता से परिचित नहीं हैं।

यह न समझा जाये कि यहाँ मानवता नाम की किसी रहस्यपूर्ण सत्ता की दुहाई दी जा रही है। हम मानते हैं कि अगर कोई नया रहस्यपूर्ण सत्य आविर्भूत होता है तो वह पहले व्यक्ति-चेतना के माध्यम से ही प्रकाश में आता है। समाज, समष्टि, मानवता—ये भी जटिल और परिवर्तनशील तथ्य हैं और वैज्ञानिक अन्वेषण की उपयुक्त सामग्री हैं; हमारे विकास-पथ की दिशा इनके अध्ययन से सूचित और निर्दिष्ट भी होती है। लेकिन उस पथ पर बढ़ते हुए पूर्व-निर्दिष्ट अथवा विज्ञान के सहारे अनुमेय, उन्नति से अलग जो कुछ भी होता है वह व्यक्ति की देन है। अर्थात् समष्टि की तरह व्यक्ति भी बहुत दूर तक पूर्व-निर्देश्य और अनुमेय है, लेकिन उससे आगे, जब हम अननुमेय और रहस्यमय के क्षेत्र में प्रवेश करते हैं, तब वहाँ व्यक्ति का ही महत्त्व होता है। इस दृष्टि से कम-से-कम इलाचन्द्र जोशी को इसलिए दोष नहीं दिया जा सकता कि वह व्यक्ति की रहस्यमयता को इतना महत्त्व देते हैं; वह आलोच्य हैं इसलिए कि वह सामाजिक परिपार्श्व को और उसमें क्रियाशील जानी हुई और पूर्वानुमेय शक्तियों को उचित महत्त्व नहीं देते। व्यक्ति महान् है तो इसलिए नहीं कि वह सर्वथा अनुमेय, स्वच्छन्द और अनियमित है, वरन् इसलिए कि वह एक अनुमेय और नियमित सामाजिक परिपार्श्व में रहता हुआ भी उसे परिवर्तित करता है और नयी दिशाएँ तथा नयी गति दे सकता है। परिपार्श्व के साथ उसके अन्योन्याश्रय को देखना व्यक्ति को ऐसी आकाश-बेल मानना है जो कि अपने आधार को मार ही सकती है, और कुछ नहीं कर सकती। ऐसी कल्पना का परिणाम सम्पूर्ण पराजय और निराशावाद ही हो सकता है। और वास्तव में इलाचन्द्र जी के उपन्यास में यही परिणति हुई भी है। संन्यासी से निर्वासित तक का विकास इसे सूचित करता है।

रचना की दृष्टि से यशपाल का देशद्रोही इन उपन्यासों में सबसे अच्छा है, यद्यपि उसकी कथा भारत से अफ़गानिस्तान जाती है और फिर लौटती है और विदेश का वर्णन उतना सम्यक् और जीवन्त नहीं है जितना कि भारत का। यशपाल एक प्रौढ़, कुशल और अध्यवसायी शिल्पी हैं और इसी शिल्प के सहारे उन्होंने एक रोचक और पठनीय उपन्यास प्रस्तुत किया है। शिल्प और तकनीक पर अपने अधिकार को वह अधिकाधिक राजनैतिक अथवा सैद्धान्तिक प्रतिपत्तियों में लगा रहे हैं, इस पर कुछ पाठकों को खेद हो सकता है, पर अधिसंख्य पाठक, जो उपन्यास में सबसे पहले एक सुघड़ रोचकता चाहते हैं, वे इस बात को अनदेखी भी कर सकते हैं।

रांगेय राघव के उपन्यास घरौंदे में प्रतिभा के भी और अपरिपक्वता के भी स्पष्ट लक्षण हैं। लेखक

ने अनुभव किया है कि मानवीय उद्योग एक महत्तर परिपार्श्व में होता है जिस पर उसका अधिकार नहीं है, और इस अनुभव का आभास पाठक को देने की उसने पूरी चेष्टा की है। किन्तु जहाँ प्रतिभा ग्रहणशक्ति और सूझ देती है, वहाँ परिपक्वता अनावश्यक के परित्याग का निर्ममत्व भी देती है; वह निर्ममत्व रांगेय राघव में नहीं है। कॉलेज के विद्यार्थी-विद्यार्थिनियों के अध-कचरे ज्ञान और वयःसन्धि काल की अस्पष्ट लालसाओं पर आधारित वाद-विवाद बिल्कुल अनावश्यक है और उपन्यास की शक्ति को क्षीण करता है। कुल मिलाकर कहना पड़ता है कि **घरौंदे** का महत्त्व उसकी उपलब्धि में नहीं, आगमिष्यत् उपलब्धियों की सम्भावना में है।

सागर, सरिता और **अकाल** तथा **महाकाल** दोनों की वस्तु बंगाल के अकाल से ली गयी है। दोनों खरे यथार्थ चित्र हैं। नागर के चित्रण में अधिक बारीकी और शक्ति है। उपकरण और सामग्री का उपयोग करने का उनका ढंग भी अधिक आधुनिक है। तकनीक की दृष्टि से इन दो उपन्यासों की तुलना उपयोगी है। रामचन्द्र तिवारी का तकनीक प्रेमचन्द के निकटतर है; शायद अपने समय के उपन्यासकारों में इस दृष्टि से वही प्रेमचन्द के सबसे निकट माने जायेंगे। **महाकाल** के लेखक का चित्रण सर्वथा भिन्न प्रकार का है। तिवारी जी के सामने और प्रेमचन्द के सामने—मानवता का, मानवीय उद्योगों का एक ढाँचा रहता है जिसमें व्यक्ति का उद्योग बाँध दिया जाता है। फलतः अमुक एक और अमुक दूसरे व्यक्ति की विशेषता और रोचकता इसमें रह जाती है कि दोनों एक साधारण मानव से किस हद तक भिन्न हैं। किन्तु नागर जी के सामने वैसा कोई ढाँचा नहीं रहता। वह प्राकृतिक शक्तियों से ताड़ित और प्रताड़ित व्यक्तियों का एक के बाद एक चित्र उपस्थित करते चलते हैं और इन चित्रों से मानवता का सम्पूर्ण चित्र तैयार करने का काम पाठक पर छोड़ देते हैं। उनका प्रकृतवादी चित्रण तत्काल प्रभाव डालता है लेकिन चित्रों के समूह से मानवता का जो रूप हमारे सामने आता है वह मूलतः एक नकारात्मक रूप है। फलतः व्यक्तियों की बहुलता और रंगीनियाँ ही मानवता के सम्पूर्ण चित्रण में बाधक होती हैं और लेखक के उद्देश्य को असफल कर देती हैं। पाठक पूछता है, 'अगर यह सच है कि अकाल की दुर्घटना वास्तव में बहुत बड़ी दुर्घटना है किन्तु मानवीय इतिहास में केवल एक घटना है—वास्तव में मानव को इस तरह आमूल पतित कर दे सकती है तो फिर मानव का महत्त्व क्या है और मानवता की रक्षा की चिन्ता हमें क्यों हो?' परिस्थिति मानव को तोड़ती है या बनाती है, यह ठीक है; लेकिन अगर सत्य केवल इतना ही होता तो हम मानवता के लिए अधिक व्यस्त न होते, क्योंकि परिस्थिति ही सब कुछ हो जाती। क्योंकि ऐसे व्यक्ति हैं और होते हैं जो कि बनने और टूटने के नियमों के अधीन होकर भी पूर्णतया परिस्थिति-संचालित नहीं हो जाते, इसलिए हम मानवता के भविष्य के बारे में आशावादी हो सकते हैं। व्यक्ति के महत्त्व के बारे में ऊपर जो कुछ कहा गया वह यहाँ प्रासंगिक है। इस दृष्टि से तिवारी जी का उपन्यास अधिक सन्तोषप्रद है। उसमें मानवों की वासना, लोलुपता और नीचता की पृष्ठभूमि पर मानव के ही साहस और उद्योग का—भले ही अकिंचन और असफल उद्योग का—चित्र पेश किया गया है।

अपने समय के कुछ-एक उपन्यासों की इस समीक्षा में अति संक्षेप के कारण अलग-अलग उपन्यासों के साथ न्याय नहीं हो सका है, और समीक्षा यों भी एकांगी और अधूरी है; कदाचित् अपेक्षा से अधिक बेमुरव्वत भी है। पर समकालीनों की आलोचना में यह स्वाभाविक होने के नाते क्षम्य है, और यों भी दो अतियों में से कम आपज्जनक अति है।

तो हम देखते हैं कि जहाँ तक मानवीय सहानुभूति का—लेखक-मानव की विश्व-मानव के साथ

एकात्मकता का—प्रश्न है, प्रेमचन्द इस बात में आगे थे। उनकी दृष्टि अधिक उदार थी, इतर मानवों के साथ उनकी संवेदना का सूत्र अधिक सजीव और स्पन्दनशील था। डी. एच. लारेंस ने अपने समय तक नव-यथार्थवादी उपन्यास की भूमिका में उसके लेखक का अनुमोदन करते हुए कहा था : 'आधुनिक सफाई—सैनिटेशन—की जड़ में यह बात है कि मानव को मानव की बू असह्य हो गयी है। बहुधा मानव-जाति की उन्नति और सुधार की प्रचेष्टा में भी मानव से प्रेम नहीं, मानव के प्रति अवहेलना या घृणा की भावना काम करती है। बुद्धिवादी के लिए यह ख़तरा सदा रहता है कि उसकी मानवीय संवेदना का स्रोत कहीं सूख न जाये, मानव के लिए उसका दर्द तक रूखी अनुकम्पा का ही रूप न ले ले। प्रेमचन्द की और हमारी दृष्टि में ऐसा ही अन्तर आता गया है। प्रेमचन्द को मानवता से प्रेम था, हम अधिक से अधिक मानवता की प्रगति-मात्र चाहते हैं।

आख्यान-साहित्य को हमने प्रेमचन्द से आगे बढ़ाया है, लेकिन मुख्यतया शिल्प की दिशा में। हम ज़्यादा सफ़ाई लाये हैं—क्योंकि 'मानव को मानव की बू नापसन्द है।' साहित्यकार की संवेदना को, मानवीय चेतना को, हमने अधिक विकसित या प्रसारित नहीं किया है। यह तक कारण है—और यह पर्याप्त कारण है—कि प्रेमचन्द का आख्यान-साहित्य अब भी तक आदर्श का काम दे सकता है—मार्गदर्शन कर सकता है। प्रेमचन्द को हम पीछे छोड़ आये, यह दावा सार्थक उसी दिन होगा जिस दिन उससे बड़ी मानवीय संवेदना हमारे बीच प्रकट हो। उसके बाद ही हम कह सकेंगे कि प्रेमचन्द का महत्त्व ऐतिहासिक महत्त्व है। तब तक वह हमारे बीच में हैं, पुराने पड़कर भी समर्थ हैं, साहित्य-संस्कार में गुरु-स्थानीय हैं और उनसे हमें शिक्षा ग्रहण करनी चाहिए।

('आधुनिक हिन्दी साहित्य' से)

भाषा और अस्मिता

जापानी भाषा में 'मानव' के लिए कोई शब्द नहीं है। इसके पर्यायत्व के लिए जो शब्द उस भाषा में है—निङ्जेन—उसमें दो धातु हैं जिनका अर्थ होता है 'मानवीय' और 'मध्यवर्ती'। अर्थात् मानव केवल 'मानवीय मध्यवर्ती' होता है।

ऐसा कहा गया है कि हिन्दी में—और साधारणतः भारतीय भाषाओं में—अंग्रेज़ी शब्द 'ड्यूटी' का कोई सही पर्याय नहीं है; जो शब्द व्यवहार में आते हैं उनमें प्रायः ऋण-शोध का ही भाव प्रधान होता है।

अब इससे यह परिणाम निकाला जा सकता है कि भारतीयों में 'ड्यूटी' की भावना नहीं होती। कुछ पाठकों को स्मरण होगा कि स्काउट आन्दोलन के प्रवर्तक बेडन-पॉवेल ने इस प्रतिज्ञा से आरम्भ करके, कि 'भारतीय भाषा में ऑनेस्टी के लिए कोई शब्द नहीं है', यह परिणाम निकाला था कि भारतीय ईमानदार (ऑनेस्ट) नहों होते। इसी तरह हम चाहें तो भाषा के तर्क से यह परिणाम निकाल सकते हैं कि 'जापानी अपने को मानव रूप में नहीं देखता'। लेकिन तर्क को इस विसंगति तक ले जाये बिना भी यह सवाल पूछा जा सकता है कि अंग्रेज़ी के कर्त्तव्य-रत मानव (मैन डूइंग हिज ड्यूटी) का आशय हिन्दी/जापानी भाषा के ढाँचे में कैसे रखा जायेगा? "ऋणशोध करता हुआ मानवीय मध्यवर्ती?" मध्यवर्ती—किसके और किसके बीच? ऋण—किसके प्रति किसका ऋण?

ऐसा नहीं है कि इन प्रश्नों का कोई उत्तर नहीं है। ऐसा कभी नहीं होता कि इस तरह के प्रश्नों का कोई उत्तर न हो। यह भी कहा जा सकता है कि जितना जटिल प्रश्न होता है उतना ही सविस्तर उत्तर भी होता है। लेकिन यह उत्तर कदाचित् ही कभी आसान होता है; और संक्षिप्त तो कभी नहीं होता। और इसलिए किसी भी गम्भीर अथवा संवेदनशील प्रयोक्ता के लिए भाषा उसकी अस्मिता की अभिव्यक्ति हो जाती है।

एक बार एक पश्चिमी मित्र से बातचीत के दौरान मैंने जब कहा कि जापान में मनुष्य केवल 'मानवीय मध्यवर्ती' होता है, तो उसने अनिवार्यतया मुझसे वही प्रश्न पूछा जो मैं पहले अपने जापानी बन्धु से पूछ चुका था। "मध्यवर्ती—किसके और किसके बीच?" अपने लिए तो मैंने मोटे तौर पर यह सोच लिया था कि यह मध्यवर्तिता कदाचित् पृथ्वी और आकाश के बीच होगी—मानवीय मध्यवर्तीता, पार्थिव और पारलौकिक को जोड़ने अथवा अलग रखने वाला होगा। अपने इस अनुमान के लिए मुझे पारम्परिक जापानी पुष्पसज्जा (इकेबाना) के सिद्धान्तों का भी सहारा मिलता था। जापानी पुष्पसज्जा में तीन स्तर या दिशाएँ तीन तत्त्वों को प्रतिबिम्बित करती हैं—आकाश तत्त्व, मानव तत्त्व और पृथ्वी तत्त्व। लेकिन जापानी बन्धुओं ने मुझे बताया कि मध्यवर्ती का सम्बन्ध दूसरे मनुष्यों से है—यानी दूसरे

'मानवीय मध्यवर्तियों' से—और मनुष्य का जापानी नाम ऐसा इसलिए है कि वह मनुष्य के सामाजिक पक्ष पर बल देता है। पता नहीं यह व्याख्या पूरी तरह सही है या नहीं। यानी मुझे पूरी तसल्ली नहीं है कि यह मध्यवर्तिता केवल मनुष्य के सामाजिक पक्ष की ओर संकेत करती है। यद्यपि यह तो मैं मानता ही हूँ कि शब्द से ध्वनित सम्बन्धों में से यह भी एक अवश्य होगा ही। लेकिन अगर जापानी व्याख्या सच है, या कि वह सच हो भी, तब एक दूसरा प्रश्न अवश्य उठेगा जो कि मेरे पश्चिमी मित्र ने उठाया भी था : क्या यह व्याख्या भी स्वतःप्रमाण के सहारे नहीं चलती? जपानी लोग तो अबूझ होते ही है—"सभी ओरिएंटल अबूझ होते हैं!"—उनसे ऐसी ही व्याख्या अपेक्षित है! "मानवीय मध्यवर्ती और दूसरे मानवीय मध्यवर्ती के बीच मानवीय मध्यवर्ती"—क्या परिभाषा है!

अपने चुने हुए पद का पिछला पक्ष जितना उलझन-भरा है, आरम्भिक पक्ष भी कुछ कम उलझन-भरा नहीं है। 'ऋण-शोध करता हुआ'—किसके प्रति ऋण है? भारतीयों की तरह जापानी भी 'ड्यूटी' को ब्रह्मण्ड-व्यापी सम्बन्धों को निर्धारित करने वाले नियम अथवा ऋतु का अंग मानते हैं, जिसमें हर कोई निरन्तर ऋण चढ़ाता और शोधता रहता है—देवताओं का ऋण, जाति का ऋण, सामाजिक ऋण, पितृ-ऋण, गुरु-ऋण—यानी कह लीजिए कि जिस किसी से कभी कोई सम्पर्क हुआ हो, उसी का ऋण।

इस चर्चा का उद्देश्य किसी आध्यात्मिक व्यायाम की भूमिका बाँधना नहीं है। यह चर्चा भाषा को लेकर हो रही है। बात यह है कि जब हम कहते हैं 'मैन डूइंग हिज़ ड्यूटी' या 'ऋणशोध करता हुआ मानवीय मध्यवर्ती', तब हम एक ओर तो दो समान और पर्यायवाची बातें कह रहे होते हैं जिनमें एक स्थान में दूसरी रखी जा सकती है; लेकिन दूसरी ओर हम एक साथ ही दो बिल्कुल स्वतन्त्र और परस्पर असम्पृक्त बातें भी कह रहे होते हैं जिनका आशय और प्रभाव बहुत गहरा और दूरगामी है। प्रत्येक पद के साथ एक विश्व-दर्शन जुड़ा हुआ है। बात करते समय हम उसके प्रति सचेत भी हो सकते हैं, नहीं भी हो सकते हैं; लेकिन विश्व-दर्शन को उन शब्दों से अलग नहीं किया जा सकता जिनमें अभिव्यक्ति सो रही है। जो व्यक्ति सहज भाव से 'कर्त्तव्य-रत मानव' (मैन डूइंग हिज़ डूयूटी) की बात करता है, वह उस व्यक्ति से बिल्कुल अलग एक संसार और व्यवस्था में जीता है जो कि 'ऋण शोध करते हुए मानवीय मध्यवर्ती' की बात करता है।

हम जो भाषा बोलते हैं उसके द्वारा हम वह संसार चुन लेते हैं जिसमें हम रहते हैं—या इसी बात को उलटकर यों कहें कि हम जो भाषा बोलते हैं उसके निमित्त से हम उस जीवन-व्यवस्था (ऋत) के द्वारा चुन लिए जाते हैं जिसके हम अंग हैं : चुन लिए जाते हैं, एक निर्दिष्ट स्थान और धर्म पा लेते हैं, उसे निबाहने को स्वतन्त्र हो जाते हैं।

भाषा संस्कृति का सर्वाधिक शक्तिशाली और समृद्ध उपकरण है, क्योंकि इस संगति और सम्बन्ध के बोध का सबसे महत्त्वपूर्ण वाहक है। निस्सन्देह नकारात्मक ढंग से इस बात को यों भी कहा जा सकता है कि भाषा एक बहुत बड़ी विभाजक शक्ति भी हो सकती है। इस नकारात्मक शक्ति के उदाहरण ढूँढ़ने के लिए हमें दूर भी नहीं जाना होगा। लेकिन यह नकारात्मक शक्ति एक संकटग्रस्त अस्मिता के बोध से ही उत्पन्न होती है। अस्मिता का यह बोध मूलभूत रूप से भाषा के साथ जुड़ा हुआ है और जीवित भाषा की उपज है। क्योंकि 'कोई किसी भाषा का है' इसके निर्णय से पहले यह आवश्यक है कि वह भाषा 'उसकी' हो; और यह ममत्व जन्म या व्याकरण के अध्ययन से नहीं आता, भाषा के उपयोग से—जीवित भाषा से आता है। भाषा का उपयोग जितना ही व्यापक और गहरा होता

है, उतनी ही भाषा समृद्धतर होती है और अपने व्यवहर्त्ता को समृद्धतर बनाती है। और भाषा का ऐसा प्रयोग कामचलाऊ, आनुषंगिक, आपद्धर्मी प्रयोग नहीं है; वैसा प्रयोग नहीं है जो शासक के या लोक-सम्पर्क कर्मचारियों के या व्यवसायियों के या पण्डितों के द्वारा भी किया जा सकता है। भाषा का व्यवहार समृद्धि देने वाला तभी होता है जब उसके साथ लगाव (कमिटमेंट) उसी भाषा के माध्यम से अनुभव के प्रति लगाव होता है। ऐसी ही भाषा, ऐसे ही प्रयुक्त भाषा—अनुभव की भाषा—संस्कृति का और अस्मिता का उपकरण होती है।

हमारा दृढ़ विश्वास है कि भाषा की, और बोलने वाले की अस्मिता को भाषा की देन की, यह परिकल्पना सार्वभौम और सार्वकालिक है। यह कहने का अर्थ यह भी लगाया जा सकता है कि समय-समय पर इस बल देने की कोई आवश्यकता नहीं रह जाती। अगर यह स्वयंसिद्ध सत्य है तो उसका प्रमाण देना चाहने का कोई अर्थ नहीं रहता, जैसे कि हम यह सिद्ध करने का प्रयत्न नहीं करते कि दो और दो चार होते हैं। लेकिन हम समझते हैं कि एक वर्तमान सन्दर्भ ऐसा भी है जिसमें भाषा के स्वभाव और उसकी शक्ति पर फिर से बल देने की आवश्यकता है : ऐसा सन्दर्भ जिसमें न केवल यह दावा करना फिर से ज़रूरी हो जाता है कि दो और दो चार होते हैं, बल्कि इसके प्रमाण खोजना भी आवश्यक हो जाता है। और यह इसलिए कि आज एक यथार्थ सन्दर्भ ऐसा भी है जिसमें कि यह स्वयंसिद्ध बात सत्य नहीं रह जाती। क्योंकि दो-और-दो-चार के दो-दो को क्रमशः काट-पीट कर छोटा किया जा रहा है और चार को लगातार स्फीति दी जा रही है। जॉर्ज ऑरबेल की वह प्रसिद्ध उक्ति अनेक पाठकों के ध्यान में होगी जिसमें ऐसे समाजवाद की चर्चा की गयी है जिसमें "सब लोग बराबर होते हैं लेकिन कुछ लोग दूसरों की अपेक्षा ज़्यादा बराबर होते हैं।"

लेखक के नाते हमारा ध्यान भाषा के रचनात्मक अथवा साहित्यिक उपयोग और अस्मिता पर उसके प्रभाव की ओर अधिक होगा। लेकिन बात को साहित्य तक ही सीमित नहीं रखा जा सकता, क्योंकि आज साहित्य को अलग करके उस पर विचार नहीं किया जा सकता। भाषा की मुद्रा पर आज कई दिशाओं से दबाव पड़ रहा है और मुद्रा-स्फीति का संकट हर भाषा पर है। एक ओर राजनीति और शासन-तन्त्र की वे तरकीबें हैं जिनसे 'जन-मत' तैयार किया जाता है; दूसरी ओर व्यापार की वह अति-राजनैतिक और अतिनैतिक दुनिया है जो विज्ञापनों के द्वारा सामूहिक प्रतिक्रियाओं के ढाँचे तैयार करने में जुटी हैं।

यहाँ पत्रकारिता का और राजकीय नौकरशाही का अलग उल्लेख करना आवश्यक नहीं है; क्योंकि उपर्युक्त दो वर्गों में ये भी अपने-अपने स्थान पर सहज ही पहुँच जाते हैं। पत्रकारिता कभी एक वर्ग में आती जान पड़ती है तो कभी दूसरे वर्ग में; लेकिन दोनों वर्गों से बाहर कदाचित् ही निकल पाती है। जिन दुर्लभ अवसरों पर पत्रकार या पत्र-सम्पादक भाषा के आत्यन्तिक मूल्य को लेकर चिन्तित होता दीखता है, उन अवसरों पर मान लिया जाता है कि वह अपने उचित क्षेत्र से बाहर जा रहा है! भाषा के आत्यन्तिक मूल्य के सम्बन्ध में पत्रकार या सम्पादक की चिन्ता एक प्रकार की 'स्नॉबरी' समझी जाती है, या केवल दिखावा या एक खास तरह के पाठकों को आकृष्ट करने का ढंग। यानी यह स्वीकार कर लिया गया है कि राजनीति और व्यापार दोनों ही भाषा के मूल्य को ज़रूरी तौर पर नष्ट करते हैं और करते रहेंगे। साधारण आदमी इस प्रवृत्ति को अनिवार्य मानता है और उस अनिवार्यता में ही एक प्रकार से सहज औचित्य देख लेता है। जो अवश्यम्भावी है उसको अनुचित मानकर क्या होगा—और अनुचित मानकर भी कोई कर ही क्या सकता है?

वर्तमान परिस्थितियों में कोई भी लेखक अपने को "खुदाई फौजदार" की भूमिका में देखना पसन्द नहीं करेगा। लेखक भाषा का उद्धारक है या हो, यह कल्पना भी उसे अप्रीतिकर लगेगी। लेकिन इस सत्य से कोई निस्तार नहीं है कि आज के संसार में मानव-मन का धर्षण भाषा के धर्षण से आरम्भ होता है, और आज भाषा मात्र सारे संसार में अवज्ञा और बलात्कार का शिकार हो रही है।

हमने कहा कि उद्धारक की वीर-मुद्रा आज लेखक नहीं ओढ़ सकता। इसका कारण केवल यह नहीं है कि आज के युग की प्रवृत्ति वीर की भूमिका के विरुद्ध है, या कि आज के समाज में व्यक्ति बहुत छोटा हो गया है और अपनी लघुता पहचानने को बाध्य कर दिया गया है। एक और महत्त्वपूर्ण कारण भी है : वह यह कि लेखक यह नहीं भुला सकता कि भाषा केवल उसकी अथवा साहित्य की चीज़ नहीं है। निस्सन्देह भाषा मूल्यों के रचनात्मक शोध का और गम्भीरतम अनुभूतियों और संवेदनाओं के प्रेषण का माध्यम भी है; लेकिन साथ ही साथ वह असंख्य साधारण, रोज़मर्रा, नगण्य प्रयोजनों और कार्य-व्यापारों का माध्यम भी है। इतना ही नहीं, लेखक इन व्यापारों और प्रयोजनों की उपेक्षा भी नहीं कर सकता। क्योंकि ये ही उसके अपने रचना-संसार का कच्चा माल हैं; इनकी अवज्ञा करके वह अपने को ही सीमित करेगा या दुर्बोध्य बना लेगा। अर्थात् आज लेखक एक ऐसी लड़ाई लड़ रहा है जिसमें वह दुश्मन के खिलाफ़ मोर्चाबन्दी नहीं कर सकता; बल्कि उसे दुश्मन को निरन्तर आगे बढ़ते रहने देना है, अपनी राज्य-परिधि के भीतर आने देना है; उससे सम्पर्क बनाये रखना और विनिमय का मार्ग भी खुला रखना है! स्पष्ट है कि यह अतिरिक्त उत्तरदायित्व उस परिस्थिति को अधिक प्रीतिकर नहीं बनाता जो कि पहले से ही जटिल और अरोचक थी।

लेकिन क्या साहित्यकार की परिस्थितियों में आज कुछ नया है, या कि यह दबाव हमेशा से रहा है?

यह तो स्पष्ट है ही कि भाषा हमेशा से साधारण प्रयोजनों और कर्म-व्यापारों का माध्यम रही है; इस मामले में कोई बुनियादी परिवर्तन नहीं हुआ है। लेकिन जहाँ पहले ऐसी प्रयोजनवती भाषा में भी एक पर्यायत्व को, शब्द और अर्थ के स्पष्ट और सम्पूर्ण अभेद को, एक मूल्य माना जाता था, यहाँ आज ऐसा नहीं जान पड़ता। यह बात केवल शिष्ट आचरण के जाने हुए और इसलिए परस्पर सुबोध पाखण्डों के, पारम्परिक कूटनीतिक व्यापारों के, बारे में नहीं कही जा रही है। उस व्यवहार में तो ऐसी रीति और ऐसा 'समय' बना हुआ था जिससे दोनों पक्ष जान लेते कि किसी शब्द या वाक्यांश का वास्तविक आशय क्या है, भले ही शब्द अपने प्रचलित अर्थ से भिन्न अर्थ में व्यवहृत हुआ हो। ऐसे व्यवहार में शब्दान्तरण तो होता है, लेकिन पर्यायता के बँधे हुए नियम के अधीन, या समीकरण के एक ढाँचे के भीतर ही। क्या यह बात आज भी कही जा सकती है? क्या ऐसा नहीं है कि शब्द आज प्रयोक्ता के उद्देश्य, लक्ष्य या प्रयोजन की सापेक्षता में व्यवहृत होते हैं—प्रयोक्ता यहाँ राज्य या शासनतन्त्र, राजनैतिक नेता, व्यावसायिक बॉस आदि हैं—और ये उद्देश्य, लक्ष्य, या प्रयोजन उस दूसरे पक्ष को ज्ञात नहीं होते जिस पक्ष के लिए (शायद कहना चाहिए जिस पक्ष के विरुद्ध!) वे शब्द प्रयुक्त होते हैं। दोनों पक्षों के बीच कोई समान रीति या 'समय' नहीं है।

पाठकों में जिनके पास मोटर-गाड़ियाँ हैं, या जो कभी मोटर-गाड़ी खरीदने की कल्पना करते हैं, वे बड़ी या छोटी गाड़ी की बात सोच सकते हैं। कुछ अपनी आवश्यकता को आधार बनाकर चुनाव करेंगे, और कुछ सामाजिक प्रतिष्ठा के आधार पर, कुछ केवल यह देखकर कि वे कितना खर्च कर सकते हैं। लेकिन आप अमेरिका में हों तो यह आधार काफ़ी नहीं रहेगा। या तो आप पहले ही अमेरिकी ढंग की वह 'वृहत्पूजा' स्वीकार कर चुके होंगे जिसमें हर किसी को सब कुछ 'सबसे बड़ा' चाहिए। वैसा न भी

कर चुके होंगे तो भी आप को वही लाचारी स्वीकार करनी होगी; फ़र्क इतना ही होगा कि आप उसे सीधे स्वीकार न करके परोक्ष लाचारी से स्वीकार करेंगे! यानी आप तो 'बड़ी' गाड़ी ही लेंगे या 'सबसे बड़ी' 'कम्पैक्ट' गाड़ी—'छोटी' गाड़ी नाम की कोई चीज़ ही वहाँ नहीं होगी! अमेरिकी स्वप्न में 'छोटा' कुछ हो ही नहीं सकता। यानी जो छोटा है उसे 'छोटा' कभी कहा नहीं जा सकता। अगर आप चूहा-दौड़ में भी हैं, तो संसार की सबसे बड़ी चूहा-दौड़ में हैं; अगर बौने हैं तो भी विराट् बौने हैं—अब आप हिसाब लगाते रहिए कि महाकाय बौने होकर आप ठीक कितने बड़े या छोटे हुए, लेकिन यह तय है कि आप मामूली छोटे आदमी नहीं हो सकते। आप की जरूरत बड़ी हो या छोटी, आप 'छोटा' कुछ नहीं खरीद सकते। सबसे छोटा साइज़ है 'जायंट' (दानवी), उससे बड़ा 'जम्बो' (हाथी), उससे बड़ा 'किफ़ायती' या 'पारिवारिक'। और दाम के बारे में तो स्थिति और भी विचित्र है। आप कोई चीज़ उसके दाम पर नहीं खरीदते बल्कि अमुक रियायत पर—जिससे आप चाहें तो अनुमान कर सकते हैं कि दाम क्या रहा होगा। यानी आप को जो कुछ दिया जाता है वह एक ऐसे परिमाण या आधार की अपेक्षा में दिया जाता है (और उसके अनुपात में बड़ा बताकर दिया जाता है), जिससे आपका कोई साक्षात्कार नहीं होता—और न हो सकता है क्योंकि उस परिमाण या प्रतिमान का वास्तविक अस्तित्व ही नहीं है। आप जिस संसार में रहते हैं उसी को सापेक्ष कर दिया गया है, और सापेक्ष एक ऐसे आधार या चीज़ का जो न केवल कल्पित है बल्कि जिसका कोई अस्तित्व ही नहीं है। और दिन-पर-दिन संगठित, सुनियोजित ढंग से मूल्य-निर्धारण के ऐसे सापेक्ष आधार पर आप की निर्भरता बढ़ती जा रही है। आपका हर मूल्य-बोध, मूल्य-निर्धारण एक ऐसे परिमाण पर टिका है जिसका कोई वास्तविक अस्तित्व ही नहीं है—एक ऐसी कल्पना पर जिसे व्यवसाय या उद्योगपति समय-समय पर अपने मुनाफ़े को ध्यान में रखते हुए मनमाना मूल्य देते रहते हैं। इन परिस्थितियों की तुलना में 'मानवीय मध्यवर्ती' वाली स्वतःप्रमाणता कितनी अधिक सुखद जान पड़ती है!—अगर वह वास्तव में स्वतःप्रमाणता हो भी।

हम जानते ही हैं कि राजनीति में भी आज इसकी समान्तर परिस्थितियाँ हैं। इतना ही नहीं कि शीत-युद्धों के वातावरण में भाषा का अवमूल्यन हो रहा है, क्योंकि भौगोलिक अथवा मतवादी सीमान्तों के आर-पार शब्दास्त्र उछाले जा रहे हैं। न केवल इतनी बात है कि देशों के भीतर भी ऐसे ही मतवादी आधार पर शब्दों को मनमाना अर्थ दिया जाता है। संसार में सर्वत्र हम एक दोहरी प्रक्रिया देख सकते हैं। एक तरफ़ शब्दों को उनके सामान्य अर्थ से इतना भिन्न अर्थ दिया जाता है लेकिन ऐसे ढंग से जिससे एक नयी रीति या परिपाटी भी बनती जाती है जिसका लक्ष्य है एक आक्रामक भाव को बनाये रखना या संकट की चिन्ता में हिस्टीरिया की-सी स्थिति बनाये रखना। दूसरी ओर शब्दों का निरन्तर नया उपयोग एक ऐसी संकेत-भाषा के रूप में किया जाता है जिसके संकेतों की कोई कुंजी दूसरे किसी के पास न हो। जॉर्ज ऑरवेल ने न्यूस्पीक (नवबोल) और डबलथिंक (दोरुखा चिन्तन) की बात की; हम अभी '1984' तक पहुँचे भी नहीं हैं मगर भाषा का जैसा प्रयोग देख रहे हैं उसे सुपर डबलथिंक कहना शायद अधिक संगत होगा! इसका एक स्पष्ट प्रमाण यह भी है कि जहाँ पहले हम कोई नया शब्द या अपरिचित शब्द-प्रयोग मिलने पर शब्द-कोश की शरण लेते थे कि अपरिचित शब्द का, या परिचित शब्द के अपरिचित प्रयोग का अर्थ जान सकें, वहाँ आज हम एक के बाद एक राजनैतिक व्याख्याता की शरण जाते हैं—और वह भी अर्थ समझने के लिए नहीं, केवल अर्थ-विज्ञान के नये सिद्धान्तों की व्याख्या जानने के लिए! हर पक्के जुआरी के पास एक संयोग-सिद्धान्त होता है जिसके अनुसार वह प्रश्न लगाता है और दाँव खेलता है; आज अर्थ-विज्ञान के सिद्धान्त भी जुआरी के संयोग-सिद्धान्तों से

कम कल्पित नहीं होते! बचपन में एक कहानी पढ़ी थी **काउंटेस रूना की पहेली** : मनचली नायिका रूना की कहानी के अन्त में यह आश्वासन था कि "नारी जो कहती है वह उसका अभिप्राय नहीं होता, और जो उसका अभिप्राय होता है वह कहती नहीं; लेकिन जब भी नारी कुछ कहती है तब उसका कुछ अभिप्राय अवश्य होता है।" आज यह आश्वासन कितना भोला दीखता है! आज शायद खुद काउंटेस रूना को भी अपनी बात के अभिप्राय पर भरोसा नहीं है! अपने काउंटेस होने पर भी भरोसा नहीं है। वालेस स्टीवेंस ने कहा है–

आइ एम व्हट इज़ अराउण्ड मी,
वीमेन अण्डरस्टैण्ड दिस,
वन इस नाट ए डचेस
ए हंड्रेड याईस फ्रार्म ए कैरेज.

—थ्योरी

**(मैं वह हूँ जो मेरे आस-पास है।
स्त्रियाँ इसे समझती हैं।
कोई डचेस डचेस नहीं रहती
अपनी गाड़ी से सौ क़दम की दूरी पर।)**

भारत में राजनीति और व्यापार की भाषा का अवमूल्यन शायद अभी इतनी दूर तक नहीं गया है। कह सकते हैं कि भारत अभी इतना विकसित नहीं हुआ। भारत का सौभाग्य ही कहना चाहिए कि भाषा के अवमूल्यन की चरम कोटि का परिचय अभी हमें अंग्रेज़ी के ही माध्यम से मिलता है! उसी से हम जान पाते हैं कि अंग्रेज़ी की और दूसरी विकसित भाषाओं की सारी दुनिया में कैसी गत बनायी जा रही है। अंग्रेज़ी हमारी शिक्षा का अनिवार्य अंग रही है और अब भी रखी जा रही है; इसी 'अन्तर्राष्ट्रीय खिड़की' में हमें दीखता है कि पश्चिम की प्रगति में (और इस सन्दर्भ में रूस भी हमारे लिए उतना ही 'पश्चिम' है जितना यूरोप या अमेरिका) भाषा का कैसा अवमूल्यन हो रहा है।

पचास-साठ वर्ष पहले जब अनेक भारतीय लेखकों ने भारतीय भाषाओं की अपर्याप्तता को लेकर अकुलाहट महसूस करना आरम्भ किया, तब उनके अधैर्य का कारण एक किसी हद तक वास्तविक अपूर्णता भी थी। इन भाषाओं में अनेक शब्द और अर्थ-सन्दर्भ इसलिए भी नहीं थे कि इन भाषाओं से कभी उनकी माँग ही नहीं की गयी थी। वैज्ञानिक और वैकासिक प्रगति से नयी विचार-वीथियाँ खुल गयी थीं जिनके लिए नयी शब्दावली की ज़रूरत थी। जहाँ और जिस हद तक इन ज़रूरतों को पूरा करने के लिए भारतीय भाषाओं से काम लिया गया, वह यथेष्ट भी सिद्ध हुआ। आखिर उपयोग से ही भाषा बनती है। इस शती के तीसरे दशक के कवि भाषा की सीमाएँ भी पहचान रहे थे और उनका विस्तार भी करते जा रहे थे। उदाहरण के लिए सुमित्रानन्दन पन्त और सूर्यकान्त त्रिपाठी 'निराला' दोनों ही को शिकायत थी कि उन्हें विरासत में मिली भाषा अपर्याप्त है; दोनों ने ही इस शिकायत का निराकरण करते हुए भाषा को ऐसी समृद्धि प्रदान की कि उनकी शिकायतें अतिरंजित जान पड़ने लगें! उन्हें जो कहना था, उसके लिए उन्होंने भाषा पा ली—रच ली।

हमारी पीढ़ी के लोगों ने शिकायतों की आवृत्ति की। 'निराला' और पन्त से हमें जो भाषा मिली वह हमारी आवश्यकता के लिए अपर्याप्त जान पड़ने लगी थी। हम भाषा से नयी माँग कर रहे थे, पन्त और 'निराला' ने भाषा से जो चाहा था उससे हमारी माँगें गुणात्मक दृष्टि से भिन्न थीं। लेकिन एक

मार्मिक बिन्दु पर उनकी और हमारी चिन्ता एक ही थी। हिन्दी पर झुँझलाकर भी हम ऐसा नहीं समझते थे कि कोई दूसरी भाषा अधिक पर्याप्त है या हो सकती है। दूसरे शब्दों में हमारी जो व्यथा थी वह इस बात की नहीं थी कि हमारी भाषा अनुवाद की दृष्टि से अक्षम है। हमने सोचा ही नहीं–सोच सकते भी नहीं थे–कि हम एक भाषा द्वारा जो अभिव्यक्ति करना चाहते हैं उसे दूसरी भाषा में अनुभव कर सकते हैं। हमारी लड़ाई अपनी भाषा से थी; खींचकर और पकड़कर हम कभी उसकी धज्जियाँ भी उड़ाते थे और उसे रौंदते भी थे लेकिन फिर वह सदैव हमारी ही भाषा रहती थी; अभिव्यक्ति या सम्प्रेषण की कोई आशा हमें थी तो उसे पूरा करने की सम्भावना उसी भाषा से हो सकती थी। और इसलिए उस भाषा ने उस आशा को पूरा भी किया। स्वयं इस लेखक को अपनी भाषा के प्रति अधीर होते पचास-एक वर्ष हो चले हैं, और इस अधैर्य को उसने गद्य और पद्य दोनों में अनेक बार प्रकट भी किया है; लेकिन ऐसा उसने कभी नहीं पाया कि वह जो कुछ गहराई तथा तीव्रता के साथ अनुभव करता है या करने के लिए कृत-संकल्प है उसके लिए उसकी भाषा अपर्याप्त या असमर्थ हुई है। अधीर वह अब भी होता है, अब भी जो कहना चाहता है उसके लिए अपनी भाषा में साधन खोजता और पाता रहता है। प्रत्येक अधीर संघर्ष भाषा की निधि में उसके लिए नया कुछ आविष्कृत करता है–नया कुछ, समर्थ कुछ, सुन्दर कुछ, ऐसा कुछ जो उसके विकास और स्वास्थ्य के लिए गहरा अभिप्राय रखता है। हर संघर्ष से इस बात की प्रतीति बढ़ी है कि ऐसा ही हो सकता है और होना चाहिए। उसका जो सर्वोत्तम बन सकता है उसकी भाषा उसे वही बना दे, इसके लिए आवश्यक है कि उसकी भाषा जो हो सकती है उसे निरन्तर वह बनाता रहे।

और इसी से उसकी अस्मिता को एक निरन्तरता, एक सातत्य मिलता है। लेखक अपने को सम्पूर्ण, अखण्डित अनुभव करता है, उसे अपनी सत्ता की प्रतीति होती है, वह पहचान्‌ता है कि वह है, कि जो है वह वह है और है समर्थ है, कार्यक्षम है, उसकी भाषा उसकी रहती है और भाषा रहती है।

इस अधैर्य और अकुलाहट का अनुभव दूसरों ने भी किया है, युवतर लोगों ने जिनका आत्मविश्वास और जिनकी अर्हता अधिक होनी चाहिए थी। ऐसे लोगों ने जिन्होंने अगर भाषा से और अधिक माँग की होती तो यह भी पाया होता कि उनके पास उसकी ज़रूरत की पूर्ति के लिए एक सम्पन्नतर माध्यम मौजूद है। लेकिन उन सबने अपनी भाषा के साथ वैसा सम्बन्ध नहीं स्थापित किया–और हम कहें कि उन्हें सम्पूर्णता, अखण्डित अस्मिता की उपलब्धि भी नहीं हुई। यह भी कहें कि दोनों बातों में गहरा सम्बन्ध है। उन्हें असफलता इसलिए मिली कि उन्होंने अपनी भाषा के साथ कभी परिश्रम या संघर्ष नहीं किया–या कि किया तो इस गहरे विश्वास के साथ नहीं किया कि उनकी भाषा उनकी आवश्यकताएँ पूरी कर सकती है। इन कथन में ममत्व की कमी जान पड़ सकती है, और हम नहीं चाहेंगे कि अपने से युवतर पीढ़ी के लोगों के प्रति निर्मम हों; लेकिन हमें ऐसा जान पड़ता है कि वे अधिकाधिक उस परिस्थिति से सन्तोष करते हुए–हारते हुए दीखते हैं जिसमें वे एक भाषा के माध्यम से वह अभिव्यक्त करना चाहते हैं जो वे अनुभव करते हैं दूसरी भाषाओं के माध्यम से–या कि जो वे समझते हैं कि दूसरी भाषाओं के माध्यम से अनुभव किया जा सकता है। यानी स्थिति यह नहीं है कि भाषाएँ अपूर्ण या असमर्थ सिद्ध हुई हैं, स्थिति यह है कि स्वयं उन्होंने अपूर्ण बने रहना स्वीकार कर लिया है।

हमने कहा कि बात निर्मम जान पड़ सकती है; वास्तव में वह केवल दुःख की बात है। हुआ यह है कि बहुत-से लोग, बहुत अधिक समय तक, बड़े करुण भाव से, इस मिथ्या आशा से चिपटे रहे हैं

कि एक परायी भाषा उन्हें सम्पूर्ण आत्माभिव्यक्ति का साधन दे सकती है। और इस मोह का, मोह भंग का पूरा पुरस्कार या दण्ड आज मिल रहा है। कुछ थोड़े-से लोगों को परायी भाषा से चाहे जितने शब्द मिल जायें, कोई समाज किसी परायी भाषा में जी नहीं सकता, जीना आरम्भ भी नहीं कर सकता। और जब वह समाज साथ ही स्वतन्त्रता के लिए और स्वतन्त्रता में सम्पूर्ण जीवन के लिए संघर्ष कर रहा हो, तब तो परायी भाषा में जीने का प्रयत्न सफलता की और भी कम सम्भावना रखता है। किसी भी समाज को अनिवार्यतः अपनी भाषा में जीना होगा—नहीं तो उसकी अस्मिता कुण्ठित होगी ही होगी और उसमें आत्म बहिष्कार या अजनबियत के विकार प्रकट होंगे ही। हम जानते हैं कि अंग्रेज़ी भाषी जगत् और स्वयं देश का अंग्रेज़ी-भाषी अंग इस बात को भाषागत मतान्धता कहकर उड़ा देना चाहेगा; लेकिन स्पष्ट है कि स्वयं उसकी राय ही बुनियादी तौर पर पूर्वग्रह-दूषित होगी। और उसके विरुद्ध सारे ऐतिहासिक अनुभव की दलीलें हैं—ऐसे प्रत्येक देश का अनुभव, जो कि भारत जैसी परिस्थितियों में से गुज़र रहा है, उनकी राय के विरुद्ध जाता है। फ़िलिपीन या इन्डोनेशिया का उदाहरण ताज़ा है; कई अफ़्रीकी देशों का अनुभव भी उदाहरण के रूप में प्रस्तुत किया जा सकता है। फ़िलिपीन का उदाहरण शायद सबसे अधिक समीचीन है और शायद हमारी बात को सबसे अधिक पुष्ट करता है। वहाँ भी अनेक देश-भाषाएँ हैं। प्रमुख देश-भाषाएँ तागालोग और विसायन भाषाएँ हैं, जिनमें तागालोग को राष्ट्रभाषा का पद दिया गया है। लेकिन एक शती से अधिक तक साहित्यिक अभिव्यक्ति की भाषा अंग्रेज़ी को बनाने या मानने का प्रयत्न किया जाता रहा, और उससे पहले तीन-एक सौ वर्षों तक इस्पानी भाषा को। वर्तमान युग में थोड़े से लोग बहुत बढ़िया इस्पानी बोलते हैं और पढ़ते-लिखते हैं; कुछ अधिक लोग अच्छी-खासी अमेरिकी अंग्रेज़ी लिखते हैं। लेकिन फ़िलिपीनी समाज इन दोनों में से किसी में अपनी अभिव्यक्ति नहीं करता, न कर सकता है—वह तागालोग या विसायन या दूसरी देशी बोलियों पर जीता है। दूसरी ओर इस्पानी या अंग्रेज़ी लिखने वाले भी न आत्माभिव्यक्ति का सन्तोष पाते हैं, न अमेरिकी साहित्य जगत् में स्वीकृति का सुख। हमने प्रतिष्ठित अमेरिकी आलोचकों को फ़िलिपीनी साहित्य के बारे में सव्यंग्य यह कहते हुए भी सुना है कि 'फ़िलिपीन के लोग पूरे आदमी भी नहीं होते'। भारत में ऐसे लोग अभी होंगे जिन्हें स्मरण होगा कि भारतीयों को अच्छी अंग्रेज़ी बोलते सुनकर अंग्रेज़ कुछ वैसा ही विस्मय प्रकट करते थे जैसा किसी बन्दर को कोई बहुत मुश्किल करतब दर्शाते हुए देख कर!

नयी पीढ़ी—पचासोत्तरी या साठोत्तरी पीढ़ी—के साहित्यिक कृतित्व में सबसे अधिक लक्षणीय बात ठीक यही अजनबियत और संत्रस्त या खण्डित अस्मिता है जिसका हमने उल्लेख किया है। और यह कहना रांगत नहीं होगा कि भारतीय साहित्य में इस खण्डित अस्मिता और अजनबियत के प्रकट होने के ठीक वही कारण हैं जो विदेशों में क्रियाशील रहे हैं। पश्चिम समाजों में यन्त्र के, प्रतिष्ठानों के, राज्यों के, सत्ता के, विराट् यन्त्र-उद्योगों के निरात्म और अमानुषी संगठन के विरुद्ध व्यक्ति जन की स्थिति जैसे नगण्य हो गयी है, वैसी भारतीय समाज में अभी तक नहीं हुई है। निस्सन्देह यह बात सापेक्ष ही है, और वही दुर्निवार प्रवृत्ति यहाँ भी देखी जा सकती है; लेकिन यहाँ अभी वह सब घटित नहीं हुआ है। इसलिए भारत को भविष्य की दारुण सम्भावनाओं के प्रति शंका तो हो सकती है, लेकिन वास्तविक वर्तमान यन्त्रणा की चीख-पुकार का आधार नहीं है। यानी अगर वैसी ही चीख-पुकार सुनाई पड़ती है तो या तो वह नकली अनुभूति है, पश्चिम की प्रवृत्तियों को ओढ़ लेना-भर है—सुना है कि कुछ अति-संवेदनशील पति अपनी पत्नियों की प्रसव वेदना का ऐसा ही अनुकारी अनुभव करते हैं!—या

फिर अजनबियत और अस्मिता के संकट का असली कारण कुछ दूसरा है। और हमारा कहना यही है कि वास्तव में वह कुछ दूसरा है। लेखक के असमर्थता-बोध की जड़ में सामाजिक नगण्यता इतनी नहीं जितनी भाषा के साथ एक असन्तोषजनक और बन्ध्य सम्बन्ध है। कहा जा सकता है कि एक समूची पीढ़ी मूल में न जी कर अनुवादों में जी रही है। और ऐसे अनुवाद में जी रही है जिसके मूल तक उसकी पहुँच नहीं है, जिसके मूल के बारे में इसकी भी पक्की जानकारी नहीं है कि वह वास्तव में है भी या नहीं। शेक्सपीयर के नाटकों में एक पात्र का सिर बदलकर उस पर गधे का सिर लगा दिया जाता है जौर परियों की रानी कहती है : "बाटम, कैसा अर्थान्तर-न्यास हुआ है! (बॉटम, दाउ आर्ट ट्रांस्लेटेड इनडीड।") अनुवाद कैसा या अर्थन्यास कैसा—सच्चाई यही है कि मूल जीवन से हटकर रचनाकार की पीढ़ी अनर्थ में फँस जाती है।

लेकिन कोई लेखक, कोई रचनाकार, सर्जक ऐसी भूल कर कैसे सकता है—क्यों करता है? क्या यह कहा जाये कि वह औचक पकड़ा गया है? नहीं। यह नहीं कहा जा सकता कि उसकी बुद्धि में कोई कमी है या कमी की गयी है। बल्कि शायद यही कहना ज्यादा सही होगा कि बुद्धि में तो निरन्तर विकास होता गया है; और युवा लेखक अपने से पहली पीढ़ी के लेखकों से अधिक बुद्धिमान् और जानकार होता है। प्रश्न बुद्धि की चूक का नहीं है। असली समस्या संवेदन की दुर्बलता या अपर्याप्तता की है। युवा लेखक की शिक्षा ने उसकी सोचने की शक्ति को नहीं, उसके संवेदन-सामर्थ्य को कुण्ठित किया है। अस्मिता का ह्रास बौद्धिक असफलता का नहीं, भाविक असामर्थ्य का परिणाम है। रोग का यह निदान सही है, यह इस बात से भी सिद्ध होता है कि ऐसे असामर्थ्य के दूसरे सब लक्षण भी वहाँ मौजूद हैं : आक्रोश, कटुता, निर्वीर्यता का रोष, कुण्ठाजनित हिंसा, विकृत या विपरीत प्रवृत्तियों का प्रदर्शन, चौंकाने वाली शैशवी प्रदर्शन-प्रवृत्तियाँ। अवमानना या तिरस्कार का जो भाव बहुत-से युवा लेखकों में प्रकट होता है, उसका धनात्मक मूल्य अधिक होता यदि उसका अन्तिम लक्ष्य और विषय स्वयं उसका विषयी ही न होता!

तब फिर क्यों? प्रश्न फिर भी बना रहता है। इतने लेखकों ने अपने को इस जाल में क्यों फँस जाने दिया? रोग का जो निदान हमने किया है वह बहुत अधिक तटस्थ या सहानुभूति-रहित जान पड़ सकता है। लेकिन लेखक की स्थिति का जो निरूपण हम करना चाहते हैं, वह वास्तव में अत्यन्त सहानुभूति भरा है हम जानते हैं कि सहानुभूति का वह तिरस्कार करेगा और शायद उसे करना भी चाहिए; लेकिन हमारी सहानुभूति उसे दी गयी करुणा नहीं है : वह वास्तव में सह-अनुभूति है—समाज के एक अनुभव की पहचान है। इतना ही नहीं, उसमें यह पहचान भी है कि सारा दोष उसका नहीं है। बल्कि दोष का बँटवारा करने चलने पर मानना होगा कि नये लेखक को वैसा मौका ही नहीं दिया गया जिसका वह अधिकारी था।

सबसे पहली बात यह है कि भाषा के सर्जनेतर प्रयोजन बहुत तेजी से बढ़े हैं और बहुत बढ़े हैं। पन्त और 'निराला' के सामने जो समस्याएँ थीं वे उस भाषा की समस्याएँ थीं जो उनके काम की होगी। हमारी पीढ़ी की समस्याएँ भी अधिकांशतः हमारे प्रयोजन की भाषा की थीं; यद्यपि सारे लोक-व्यापार की भाषा-सम्बन्धी आवश्यकताओं का बोझ भी हमारी चेतना अनुभव करने लगी थी। लेकिन आज का लेखक मानो नयी समस्याओं की बाढ़ में बह जाने के संकट में है—ऐसी समस्याओं की बाढ़ में जो एक तरह से सर्जन के बाहर की हैं लेकिन भाषा के बाहर की तो नहीं हैं; और अगर भाषा के बाहर की नहीं हैं तो किसी न किसी स्तर पर सर्जनात्मक उपयोग के बाहर की भी नहीं हो सकतीं। हमें भी रोज़ अपनी

भाषा फिर से सीखनी पड़ती थी; लेकिन आज के नये लेखक को भाषा ही नहीं, भाषा के माध्यम से भी बहुत कुछ रोज़ नया सीखना पड़ता है। उस पर इस आशंका का दबाव कहीं अधिक है कि कहीं वह पिछड़ न जाये। आधुनिक शिक्षा के दबाव को जो समझ सकते हैं, वे समस्या के इस पक्ष को भी आसानी से पहचान लेंगे।

दूसरी बातः इस समस्या को हल करने के लिए जो लोग जुटे हैं या जिन्हें जुटाया गया है वे स्रष्टा नहीं हैं। बल्कि उनमें से बहुत-से तो उस भाषा के साधारण प्रयोक्ता भी नहीं हैं जिसे 'बनाने' का काम उन्हें सौंप दिया गया है। ये 'विशेषज्ञ' भाषा 'बनाने' के लिए बैठाये गये हैं : समझ में आ सकता है कि इस 'निर्माण कार्य' में उनकी प्रवृत्ति ईंट और गारा जुटाकर निर्माण करने की ही है! इन विशेषज्ञों में बहुत कम ऐसे हैं जिन्हें इसका कुछ भी अनुमान है कि भाषा कैसे पनपती और विकसित होती है, कैसे अतर्कित और अकल्पनीय ढंग से कुछ शब्द प्रचलन में आ जाते हैं और कुछ नहीं आते। ये विशेषज्ञ और पण्डित अपने-अपने क्षेत्रों के विशेषज्ञ होंगे और सभा-समितियों में बैठने या निमन्त्रित होने के योग्य भी होंगे; लेकिन शब्द बनाने के प्रसंग में इन लोगों की सृष्टियाँ नितान्त अपर्याप्त, भौंडी और अकथनीय रूप से उबाने वाली हुईं। वास्तव में अकथनीय रूप से उबाने वाली : ऊब से तो कभी-कभी निस्तार हो भी जाता क्योंकि कुछ शब्द इतने 'विहंगम' होते कि हँसी आ जाये; पर अकथनीयता की तो मानो उन पर मोहर लगी रहती—वे शब्द बोले जाने के लिए होते ही नहीं!

यों, जहाँ एक ओर हमारी समस्याएँ कम थीं, वहाँ दूसरी ओर हमारी 'सहायता' के लिए ऐसे विशेषज्ञ भी नहीं बैठाये गये थे जो हमारी राह में रोड़े अटकाते रहें! नये लेखक के पास सैद्धान्तिक दृष्टि से अपेक्षया कहीं बड़ा था। शब्द-भण्डार है, लेकिन व्यवहारतः उसे बार-बार विदेशी शब्दों की ओर लौटना पड़ता हैं क्योंकि जो गढ़ी हुई नयी शब्दावली उसे दी जाती है उसमें वास्तव में वैसा अर्थ वहन करने की क्षमता नहीं है जिसका दावा है। खोटी या खोटे धातु की मुद्रा से बार-बार धोखा खाकर नया लेखक मानो हारकर अपनी भाषा के प्रति अजनबी हो जाता है। जो मूल्य या अर्थ उसे अभीष्ट है, वह केवल पराये शब्दों से मिलता जान पड़ता है; जो शब्द उसे दिये जाते हैं उनका अर्थ उसे पराया जान पड़ता है; इसी का परिणाम होता है कि वह निरन्तर अनुवाद-जीवी बना रहता है; मूल से अपरिचित और अनुवाद की प्रामाणिकता के बारे में अनिवार्यतः अनाश्वस्त रहता है।

लेकिन ऐसा होना ज़रूरी नहीं है। ऐसा कोई अनिवार्य कारण नहीं है कि वह विशेषज्ञों की बन्ध्य विशेषज्ञता का मुँह जोहता बैठा रहे, या कि पण्डितों द्वारा तैयार किया गया घोल पीता रहे। वैज्ञानिक पारिभाषिक शब्दावली के तर्क रचनात्मक साहित्य या संस्कृति के क्षेत्र में ज्यों-के-त्यों लागू नहीं होते। बल्कि वे वैज्ञानिक ढाँचे की उन सब विद्याओं पर भी लागू नहीं होते जिनसे आधुनिक लेखक को परिचित होना होता है। लेखक मानो आदतन या आलस्यवश अनुवाद-परिभाषा के चंगुल में फँस जाता है। इससे भी अधिक चिन्ता की बात यह है कि वह यह भूल जाता है कि अनुवाद एक उभयमुखी प्रक्रिया है और भारतीय भाषा के शब्द के लिए सही अंग्रेजी पर्याय ढूँढ़ना उतना ही आवश्यक और चुनौती भरा काम है। यह तो वह कह सकता है कि यह काम है तो उसका काम नहीं है; लेकिन असली नुक्ता वह नहीं है। असल बात यह है कि यह न मान लेना चाहिए कि जहाँ अनुवाद में असफलता होती है या गाँठ पड़ जाती है वहाँ कमी या असमर्थता ज़रूरी तौर पर ग्रहीता भाषा की है। यह गलती प्रायः सभी भारतीय पाठक कर जाते हैं, जिसका परिणाम यह होता है कि लेखकों के मन में भी असमर्थता के बोध से विकार आ जाता है। शायद यह भी कहना चाहिए कि जहाँ भी अनुवाद की

कठिनाई या अपूर्णता की बात होती है, वहाँ यह नहीं मान लेना चाहिए—जैसा कि साधारणतः मान लिया जाता है—कि समस्या अंग्रेज़ी से भारतीय भाषा में अनुवाद की होगी, भारतीय भाषा से अंग्रेज़ी अनुवाद की नहीं। यह व्यापक पूर्वग्रह भी भारतीय भाषाओं की क्षमता पर अकारण प्रश्न-विराम लगा देता है। और अधिकतर नये लेखक इस तरह की आशंका के शिकार होते हैं, भले ही कुछ इस आशंका को गुप्त रखें! मगर इस पूर्वग्रह से मुक्त होकर अनुवाद की समस्या पर विचार किया जाये तो समझा जा सकेगा कि भारतीय भाषाओं की अपेक्षा में अंग्रेज़ी भी उतनी ही असमर्थ हो सकती है—किसी की भाषा की अपेक्षा कोई भी दूसरी भाषा उतनी ही असमर्थ हो सकती है; क्योंकि अनुवाद की समस्या केवल शब्द-समूह की समस्या नहीं होती और शब्द-सन्दर्भ को लोक-व्यवहार, साहित्य, सांस्कृतिक-ऐतिहासिक परम्परा और बहुत-सी अन्य चीजें प्रभावित करती हैं।

भाषा की बात को शायद अधिक तूल दे दिया गया है। लेकिन दूसरी ओर यह भी उतना ही स्पष्ट है कि पूरी बात नहीं कही गयी है। क्योंकि एक अधिक जटिल प्रक्रिया को कुछ सरल रूप में प्रस्तुत किया गया है। अजनबियत और अस्मिता के संकट का केवल एक पक्ष—भाषाओं से सम्बद्ध पक्ष—सामने रखा गया है। लेकिन जैसा कि शीर्षक से ही स्पष्ट है यही विषय हमने अपनी बात के लिए चुना था। और यह भी है कि भाषा के इस पक्ष की साहित्य-समीक्षा में बहुत उपेक्षा होती रही है, जिसका दुष्परिणाम साहित्य और समीक्षा दोनों भोग रहे हैं। आवश्यक है कि हम भाषा को एक बार फिर देखें, राजनैतिक या अन्तर-प्रादेशिक समस्या के रूप में नहीं, बल्कि परिवेश के साथ अपने सम्बन्ध की सबसे महत्त्वपूर्ण कड़ी के रूप में, आत्म-साक्षात्कार के माध्यम के रूप में—बल्कि आत्म-साक्षात्कार ही क्यों; आत्म-सृष्टि के रूप में, क्योंकि अस्मिता का आविष्कार वही तो होता है।

अब शायद हम उस जापानी शब्द की ओर लौट सकते हैं जिससे हमने आरम्भ किया था। 'निङ्जेन'—मानवीय मध्यवर्ती। शायद इस नाम के उत्तरार्ध से तत्काल उलझना उतना आवश्यक नहीं है और परिस्थिति का समाधान पूर्वार्ध में ही मिल सकता है। शायद असली प्रश्न यह नहीं है कि मानवीय मध्यवर्ती किसका और किसका मध्यवर्ती है; असली प्रश्न यह है कि क्या उसे मानवीय बनाता है। जिसके लिए वह मध्यवर्ती ही हो सकेगा। मानव की विशिष्टता उसकी मध्यवर्तिता में उतनी नहीं है जितनी कि उसकी मानवीयता में, यही मानवीयता ही उसे एक ओर विशिष्ट बनाती है और दूसरी ओर मध्य में रखती है। और दोनों ही को आधार भाषा से मिलता है। मानवीय संस्कृति की सबसे मूल्यवान् उपलब्धि भाषा है और भाषा ही समाज-जीवन का—मध्यवर्ती जीवन का सबसे अधिक मूल्यवान् उपकरण है। भाषा-सम्पन्न मानव-जीव ही 'मानवीय मध्यवर्ती' होता है। भाषा के आविष्कार में मानवीय अस्मिता का आविष्कार होता है : उसकी सृष्टि होती है।

रचनात्मक भाषा और सम्प्रेषण की समस्याएँ

सबसे पहले मैं आपको एक रहस्य की बात बता दूँ। मैंने अपने लिए विषय तो चुन लिया 'रचनात्मक भाषा और सम्प्रेषण की समस्याएँ' लेकिन सच बात यह है कि मैं जानता ही नहीं कि रचनात्मक भाषा क्या होती है और न मैं सम्प्रेषण की ही सही परिभाषा कर सकता हूँ। इस प्रकार की जानकारी के नाम पर किसी बात का दावा मैं कर सकता हूँ तो शीर्षक केवल अन्तिम शब्द की जानकारी का। समस्याएँ क्या होती हैं यह मैं बहुत अच्छी तरह जानता हूँ। अब उदाहरण के लिए यही लीजिए कि इस विषय पर कुछ कहने के लिए आप के सामने प्रस्तुत हूँ!

यों शायद अपनी ही बात में थोड़ा-सा संशोधन मुझे करना चाहिए। रचनात्मक भाषा क्या होती है मैं बिल्कुल न जानता होऊँ ऐसी बात नहीं है। शायद मुझे यह कहना चाहिए कि रचनाकार जिस समय रचना करता है उस समय उसे न तो भाषा की चिन्ता होती है—या कि न तो भाषा के मामले में किसी चिन्ता का बोध होता है—और न ही वह इस बात को लेकर व्यस्त होता है कि उसकी भाषा में रचनात्मकता हो। जो वह लिखता है और जिस भाषा में लिखता है उसमें रचनात्मकता है या नहीं, इसका विचार दूसरे करते हैं और रचना हो जाने के बाद करते हैं। दूसरे शब्दों में 'मैं रचनात्मक भाषा का प्रयोग कर रहा हूँ' यह विचार या भावना रचयिता के मन में नहीं आती, न रचना के दौरान यह उसका मूल प्रयोजन होता है। 'भाषा का यह प्रयोग रचनात्मक हुआ था' यह निर्णय कोई करता है तो दूसरा पक्ष यानी ग्रहण करने वाला, सामाजिक, पाठक या आलोचक करता है और रचना की घटना घटित हो जाने के बाद करता है। कवि के लिए रचना-प्रक्रिया एक पूर्वोन्मुख प्रक्रिया है, वह आगे की ओर देखता है—और सामाजिक अथवा गृहीता के लिए रचना-प्रक्रिया से सरोकार एक पश्चदर्शी प्रक्रिया है—अतीत में घटित हो चुकी घटना का मूल्यांकन करने की प्रक्रिया है।

सूत्र के रूप से मैं यहाँ और भी कुछ एक बातें कह दे सकता हूँ और वे सत्य भी होंगी। उदाहरण के लिए मैं कह सकता हूँ कि सर्जक कवि का सरोकार भाषा से नहीं, शब्दों से होता है; और रचनात्मक प्रयोग वास्तव में भाषा का नहीं, शब्द का प्रयोग है। मैं यह भी कह सकता हूँ कि सम्प्रेषण रचना में निहित है, उसका अनिवार्य अंग है। इसलिए वास्तव में सम्प्रेषण की समस्या तो वहाँ है ही नहीं। इसी बात को थोड़ा और व्याख्यायित करते हुए यों भी कह सकता हूँ कि सम्प्रेषण की समस्या रचनात्मक शब्द की समस्या ही नहीं है और इसलिए रचना की ही समस्या नहीं है; समस्या हम अपने लिए खुद पैदा कर लेते हैं जब हम शब्द से ध्यान हटाकर भाषा की चर्चा करने लगते हैं। भाषा सबसे पहले और

मूलतः हमारे प्रयोजनों की वाहिका है बल्कि हमारे सामाजिक प्रयोजनों की वाहिका है (क्योंकि हमारे निजी प्रयोजन तो बिना भाषा के भी सिद्ध हो सकते हैं और भाषा वहीं आवश्यक होती है जब प्रयोजन किसी दूसरे से होता है, सामाजिक होता है)। लेकिन इन सूत्रों से आरम्भ करने से बात कुछ और उलझ ही सकती है। व्याख्यान भी एक सामाजिक प्रयोजन है—भाषा में होता है और दूसरों तक पहुँचने के लिए ही होता है। वह रचना-कर्म नहीं है। उसमें सम्प्रेषण की समस्या, काव्य की सम्प्रेषण की समस्या से बिल्कुल अलग प्रकार की है। इसलिए शायद प्रयोजनों की बात से आरम्भ करना ही अधिक उपयोगी होगा।

साधारण सामाजिक प्रयोजनों के सन्दर्भ में भाषा का प्रयोग करते समय हमारा पहला अभीष्ट यह होता है कि कुछ जानकारी दूसरे पक्ष तक स्पष्ट, निर्भ्रान्त और सहज ग्राह्य रूप में पहुँचे। यह जानकारी केवल तथ्यों की भी हो सकती है, जैसे आँकड़ों की जानकारी या घटनाओं का अखबारी ब्यौरा वगैरह। वह जानकारी कर्ण-निर्देश-सम्बन्धी भी हो सकती है, जैसे सड़क या रेल की पटरी पार करने या न करने के निर्देश, कच्चा पानी न पीने के निर्देश, नाना प्रकार के सरकारी कागज़ात भरने के सम्बन्ध नें निर्देश, इत्यादि। इन सब में हमारा सम्प्रेष्य जितना इकहरा और एकस्तरीय हो उतना ही हमारा सम्प्रेषण स्पष्ट और निर्भ्रान्त होता है। और रचनात्मक भाषा कभी इकहरी नहीं होती। कभी ऐसा भी हो सकता है कि वह इकहरी बात कहती जान पड़ती है; और जब ऐसा होता है तब हम जान लेते हैं कि रचना के स्तर पर वह वास्तव में वह बात कह ही नहीं रही है जो कि वह कह रही है। यानी जान लेते हैं कि वह बात इकहरी नहीं है और असल में एक दूसरे स्तर पर कुछ और कहा जा रहा है; यह भी जान लेते हैं कि वह दूसरा स्तर क्या है; यह भी भाँप लेते हैं कि उस दूसरे स्तर पर क्या कहा जा रहा है। यह हम कैसे जान लेते हैं? इतनी सारी बातें बिना बताये कैसे जान लेते हैं? और जब जान लेते हैं तो उस जानकारी के सम्प्रेषण का पूरा श्रेय क्या जानकारी देने वाले पक्ष का है? या कि हमको, ग्रहण करने वाले दूसरे पक्ष को भी, कुछ श्रेय मिलना चाहिए? इस प्रकार फिर हम सम्प्रेषण की स्थिति और समस्या की ओर लौट आते हैं; और मैंने शुरू में ही आप को यह रहस्य बता दिया कि इस स्तर पर सम्प्रेषण की परिभाषा मैं नहीं कर सकता।

लेकिन एक बार फिर प्रयोजनों की भाषा की ओर ही लौटें या उसी तक अपने को सीमित रखें? मैंने अभी कहा कि भाषा के प्रयोग के पहले स्तर पर वे प्रयोजन आते हैं जिनमें सूचना अथवा तथ्य-सम्बन्धी जानकारी देना अथवा निर्भ्रान्त कर्म-निर्देश करना अभीष्ट होता है; और ऐसी भाषा जितनी इकहरी होती है उतनी ही सफल होती है। लेकिन हमारे साधारण सामाजिक व्यवहार में भी ऐसा बहुत कुछ होता है जिसमें हमारा प्रयोजन इतना इकहरा नहीं होता। भाषा वहाँ भी काम देती है। उदाहरण के लिए, शिष्टाचार की भाषा ले लीजिए। अंग्रेज़ी में तो 'सिट डाउन' और 'प्लीज़ सिट डाउन' अथवा 'प्लीज़ बी सीटेड' में 'प्लीज़' जोड़ने से एक स्तर-भेद होता है, लेकिन हिन्दी में जब हम कहते हैं 'बैठो' या 'बैठिए' तब हम केवल एक शब्द, केवल एक क्रिया-रूप से केवल एक स्पष्ट कर्म-निर्देश प्रस्तुत करते हुए भी एक से अधिक प्रकार की सूचना दे देते हैं—यानी निर्देश देने वाले और निर्दिष्ट, दो पक्षों के आपसी सामाजिक सम्बन्ध का भी संकेत दे देते हैं। यानी कह सकते हैं कि एक ही शब्द में हम दो स्तरों पर सम्प्रेषण कर रहे हैं—जो जानकारी दी जा रही है वह इकहरी नहीं है। इसी प्रकार हम क्रमशः और सूक्ष्मतर भेद और संकेत भी प्रस्तुत कर सकते हैं।

लेकिन क्या भाषा इकहरी नहीं रही, यह कहने का अर्थ यह हो जायेगा कि यहाँ भाषा का रचनात्मक प्रयोग हो रहा है—कि भाषा रचनात्मक भाषा है? इस प्रश्न का उत्तर खोजते हुए हमें यह

बात लक्ष्य करनी होगी कि इस तरह के अनेक-स्तरीय सम्प्रेषण के लिए भी बने-बनाये सामाजिक नियम अथवा 'समय' हैं, कन्वेन्शन हैं। क्योंकि एकाधिक स्तर पर किया गया यह सम्प्रेषण भी समय के अधीन है, कन्वेन्शन के चौखटे से बाहर नहीं जाता, इसलिए वह रचनात्मक प्रयोग नहीं है। कन्वेन्शन अथवा समय दो पक्षों के बीच एक समान प्रतिज्ञा है। इसलिए उस पर आधारित भाषा-प्रयोग अनेक-स्तरीय होकर भी स्पष्ट और निर्भ्रान्त सम्प्रेषण की परिधि से बाहर नहीं जाते—समय प्रत्येक स्तर पर प्रयोजन के आदान-प्रदान के लिए नियम बनाये हुए हैं। इसी बात को यों भी कह सकते हैं कि ऐसे व्यवहार में भी हम भाषा के ही क्षेत्र में रहते हैं और उस रेखा के पार नहीं जाते जहाँ भाषा पीछे छूट जाती है और केवल शब्द रह जाता है—शब्द जो कि समय से, कन्वेन्शन से परे भी जा सकता है और जो रचनाकार की मूल पूँजी है।

अब इस स्तर की प्रयोजनवती भाषा से एक क़दम आगे बढ़कर साहित्य की भाषा में प्रवेश करें, लेकिन काव्य भाषा की बात अभी छोड़ दें—अब भी छोड़े रहें। यह कहना तो कठिन है कि उपन्यास और नाटक भी सर्जनात्मक रूपाकार नहीं हैं; लेकिन साधारणतया इनमें और कविता में रचनात्मक भाषा के रूप और उनकी समस्याएँ अलग-अलग होती हैं। एक बीच का भी क्षेत्र है जिसमें दोनों का मेल होता है—उदाहरण के लिए प्रबन्ध काव्य में कविता कथा के क्षेत्र में प्रवेश करती है और पद्य नाटक में नाटक काव्य के क्षेत्र में प्रवेश करता है। उपन्यासों में भी कभी-कभी ऐसे स्थल होते हैं जहाँ गीतमय भाषा संगत होती है। लेकिन अभी द्वाभा के क्षेत्र की बात न उठाकर गद्य रूपाकारों और कविता को अलग-अलग रहने दें।

साधारण तौर पर कहें कि उपन्यास और नाटक की भाषा काव्य की भाषा की अपेक्षा अधिक सामाजिक होती है तो यह बात आसानी से समझी जा सकती है। इन विधाओं का सम्बन्ध समाज से अपेक्षया अधिक है और भाषा-व्यवहार के समयों को मानकर चलना अधिक आवश्यक है। लेकिन ऐसा भी हो सकता है कि यह बात ज़्यादा आसानी से इसीलिए समझी जाये कि वह ग़लत समझी जा रही है। क्योंकि कथा के सम्प्रेषण का सवाल सिर्फ़ भाषा के मुहावरे और व्याकरण-सम्मत प्रयोग के साथ ही नहीं जुड़ा है बल्कि घटना की और अनुभूति की संरचना के साथ भी जुड़ा है। ज्यों ही हम भाषा के मुहावरे से, भाषा की सतह से नीचे जाकर अनुभूति की संरचना और घटना की हमारी पहचान की संरचना पर ध्यान देने लगते हैं, त्यों ही बात जटिल हो जाती है। हमारे अनुभव में घटना एक तरह से उलटे क्रम में होती है। घटित या परिणाम हमारे अनुभव में पहले आता है और उसका कारण बाद में, जबकि व्याकरण की दृष्टि मुख्यतया ऐतिहासिक क्रम पर रहती है। अब घटना प्रस्तुत करते समय हम तर्क-संगत ऐतिहासिक क्रम को निबाहने का ध्यान रख या कि अनुभय की संरचना के यथातथ्य प्रस्तुतीकरण पर? दोनों दो प्रकार की सच्चाइयों को सामने लाते हैं, और दोनों का अपना महत्त्व है। लेकिन इतिहास को हम रचनात्मक साहित्य के अन्तर्गत नहीं रखते; रचना अनुभव पक्ष पर बल देती है और कल्पना के सहारे उसी सत्य को मूर्त करने का प्रयत्न करती है। उपन्यास के क्षेत्र में रचनात्मक भाषा के प्रश्न का यह केवल एक पहलू है। लेकिन इस बात को हम प्रश्नों के एक बहुत बड़े वृत्त की धुरी मान सकते हैं। कथा काल के प्रवाह में जुड़े हुए घटना-तथ्यों को जीवन्त रूप में प्रस्तुत करती है। उस जीवन्तता का आधार हमारा भाषा का समय नहीं है—व्यवहार के समय यानी कन्वेन्शन उसे अनुभव-प्रत्यक्ष नहीं करते। अनुभव-प्रत्यक्ष वह तब होता है, और इसीलिए होता है, कि कथा की प्रस्तुति हमारे अपने अनुभव-यन्त्र की संरचना से मेल खाती है। उपन्यास की विधा में जितने नये

प्रयोग हुए उन सबके मूल में इसी समस्या की पहचान रही है। लारेंस स्टर्न के उपन्यास 'ट्रिस्ट्रम शैंडी' से लेकर जेम्स जॉएस के 'यूलीसीज़' तक हम यह विकास देख सकते हैं। प्रूस्त, वर्जिनिया वूल्फ़, आन्द्रे ज़ीद, टॉमस मान आदि सभी के प्रयोगों को इसके साथ जोड़ा जा सकता है। 'यूलीसीज़' में हम शायद यह भी स्पष्ट देख सकते हैं कि अनुभव के सम्प्रेषण के लिए उपयुक्त भाषा की खोज करते-करते उपन्यासकार कैसे उस चरम स्थिति तक पहुँच जाता है जहाँ भाषा स्वयं एक समस्या बनकर खड़ी हो जाती है—उसके सम्प्रेषकत्व पर एक बहुत बड़ा प्रश्नचिह्न लग जाता है।

ये सभी बातें आवश्यक परिवर्तन के साथ नाटक के बारे में भी कही जा सकती हैं। नाटक में घटना का दृश्य होना—या यों कहें कि घटना के एक स्तर का प्रत्यक्ष होना—समस्या को एक हद तक आसान भी बना देता है, दूसरी तरफ़ थोड़ा कठिनतर भी कर देता है। किताब में से पढ़ी हुई भाषा में हम भाषा की कुछ शक्तियों तक ही सीमित रहते हैं। अवश्य ही उस भाषा में कुछ और भी कहने की सम्भावना होती है, लेकिन उसे पहचानना या न पहचानना पूरी तरह हम पर यानी पाठक पर निर्भर रहता है। पढ़े हुए नाटक में भी यह बात होगी, लेकिन मंच पर प्रस्तुत नाटक देखते समय भाषा द्वारा जो सम्प्रेषण होता है उसमें काकु के साथ-साथ भंगिमाओं और मुद्राओं के प्रयोग से भी बहुत कुछ सम्प्रेषित होता है। भाषा की चर्चा करते समय हम प्रायः इस पक्ष की उपेक्षा कर जाते हैं। यह भूल जाते हैं कि सम्प्रेषण का कितना बड़ा भाग शब्दों से परे अध्वनित क्रियाओं के द्वारा होता है। मंच पर कभी-कभी मूक अभिनय अलग से इस पहलू को उजागर करता है और हम उससे प्रभावित भी होते हैं, लेकिन तब हम यह भूल जाते हैं कि हमारे साधारण व्यवहार में भी सम्प्रेषण का कितना बड़ा भाग मूक क्रियाओं के सहारे होता है और कितना कम बोले हुए शब्द या भाषा के सहारे।

शब्दों के बीच विराम का, शब्द की अनुपस्थिति का और शुद्ध मौन का भी प्रयोग उपन्यास की अपेक्षा नाटक में कहीं अधिक होता है। लेकिन कविता में यह अपनी चरमावस्था प्राप्त कर लेता है। इसलिए मैंने कहा भी है कि "कविता शब्दों में उतनी नहीं होती जितनी शब्दों के बीच के विरामों में होती है।" लेकिन जब हम शब्द के साथ-साथ विराम की सम्भावनाओं का भरपूर उपयोग करने लगते हैं, तब जहाँ एक ओर हमारा सम्प्रेषण अधिक गहरा और घना हो जाता है वहाँ दूसरी ओर बहुत-सी समस्याएँ भी सामने आ जाती हैं। भाषा का प्रयोग इकहरा नहीं रहता, दोहरा, तिहरा बल्कि अनेक-स्तरीय हो जाता है। इसलिए जहाँ हम अनुभूति की समग्रता के निकटतर आ जाते हैं वहाँ निर्भ्रान्त जानकारी से परे भी चले जाते हैं। भाषा की व्यंजनाएँ बढ़ जाती हैं, वह अनेकार्थ हो जाती हैं, और हम कह सकते हैं कि कवि और गृहीता के बीच एक साथ कई स्तरों पर संलाप सम्भव हो जाता है और होता है। लेकिन इस समृद्धतर आदान-प्रदान में कठिनाई यह होती है कि संलाप के इन विभिन्न स्तरों पर सम्प्रेषण में एकरूपता नहीं आती। वैसी एकरूपता विधीत भी नहीं होती, वांछित भी नहीं होती, सम्भव भी नहीं हो। एक स्तर पर निश्चित और निर्भ्रान्त जानकारी का सम्प्रेषण हो रहा होता है और दूसरे स्तरों पर क्रमशः अधिकाधिक द्व्यर्थक और सन्दिग्ध सूचनाओं का। एक मिश्र रूपक का सहारा लें तो कह सकते हैं कि साधारण व्यवहार में आदमी ठोस धरती पर चल रहा होता है, उपन्यास में ठोस धरती पर चलते-चलते यह हवा में उछलता भी रहता है, लेकिन कविता में आकर वह एक साथ ही नभचर, जलचर और थलचर हो जाता है—ठोस धरती पर चलते हुए वह साथ-साथ समुद्र में तैरता भी चलता है बल्कि कभी-कभी अथाह सागर में गोते भी लगाता चलता है।

और ठोस धरती पर चलने के सिवा दूसरी सब गतियाँ सन्देह और अनेकार्थकता और दुविधा के क्षेत्र में ले जाती हैं। इतना ही नहीं, वे एक वैकल्पिक क्षेत्र में भी ले जाती हैं जहाँ किसी को यह कहने का अधिकार नहीं रहता—स्वयं कवि को भी नहीं!—कि अमुक अर्थ या अमुक-अमुक अर्थ ही यहाँ से ग्रहण किये जा सकते हैं और दूसरे अर्थ अग्राह्य हैं। इस बात पर थोड़ी देर ध्यान दीजिए—सोचिए कि भाषा के साथ कितनी बड़ी उलझन जोड़ दी गयी है। साधारण लोक-व्यवहार की भाषा के साथ तुलना करके देखिए—बल्कि अभी-अभी मेरे-आप के संलाप की भाषा-स्थिति के साथ ही इसकी तुलना करके देखिए। मैं आप से कुछ बात कहूँ और साथ-साथ यह भी मानने को बाध्य होऊँ कि अपनी बात का जो अर्थ मैं लगा रहा हूँ या समझ रहा हूँ, जरूरी नहीं कि उसका अर्थ वही हो, या उतना ही हो! कि आपको अधिकार है कि आप उसका दूसरा भी अर्थ लगा लें!

लेकिन कविता की भाषा यह अधिकार चाहती है और देती है। ज्ञात और अज्ञात संसारों की झाँकियाँ एक साथ दिखला सकने की अपनी क्षमता उसे अभीष्ट है; वही तो उसकी रचनात्मकता है। अवश्य ही अज्ञात संसार की धुँधली झाँकी दिखाने में एक बड़ा जोखिम है। लेकिन अनदेखे संसार का अस्तित्व ही नकार देने में, एक संकेत दे सकने की क्षमता त्याग देने में कहीं बड़ा जोखिम है। एक तरफ़ यह संकट है कि सम्प्रेषण अनिश्चित या सन्दिग्ध या कठिन हो जायेगा, लेकिन दूसरी तरफ़ यह संकट है कि सम्प्रेषण के लिए कुछ रहेगा ही नहीं। हम कुछ कहना चाहें और कह न पायें, यह एक कष्टकर स्थिति है; लेकिन हमारे पास कहने को कुछ हो ही नहीं यह कितनी बड़ी दरिद्रता है!

लेकिन रचना में सम्प्रेषण की समस्या हो जाती है, इतना-भर कह देना तो एक साधारण स्थापना-भर कर देना है। यहाँ से तो हम बात आरम्भ भी कर सकते थे—इसे मानकर ही चल सकते थे। रचना की भाषा इस समस्या का सामना कैसे करती है? कौन-सी वे युक्तियाँ हैं जिनसे लोक-व्यवहार की भाषा रचना की भाषा हो जाती है? कैसे हम भाषा के पहले स्तर को नकारे बिना दूसरे स्तरों का आविष्कार और उपयोग करने लगते हैं, खासकर उस स्थिति में जब कवि का यह आग्रह भी होता है कि उसकी भाषा साधारण बोलचाल की भाषा के निकटतर आ रही है और निकटतम रहनी चाहिए? शब्द बोलचाल के ही हों; अर्थ भी बोलचाल की अभिधा के नकारे न जायें, फिर भी उन्हीं शब्दों से व्यंजनाएँ और अर्थच्छटाएँ मिलती रहें, यह कवि कैसे करता है?

यों तो कवि से यह प्रश्न पूछना एक तरह का अन्याय करना है। हम जादूगर का खेल देखने जाते हैं तो उसके जादू से चमत्कृत होकर यह तो सोचते रह सकते हैं कि उसका रहस्य क्या है, कौन-सा हस्तलाघव है जिसके सहारे उसने हमें चकमा दिया, लेकिन स्वयं जादूगर से यह नहीं चाहते कि वह इस रहस्य का उद्‌घाटन हमारे सामने करे। लेकिन यहाँ पर मैं आपके सामने कवि के रूप में नहीं खड़ा हूँ, या कि यों कहूँ कि अगर कवि के रूप में भी खड़ा हूँ तो स्वयं अपनी कविता की बखिया उधेड़कर आपको नहीं दिखाऊँगा—वह काम आप पर और आलोचक बन्धुओं पर छोड़ देता हूँ! लेकिन क्योंकि कविता का पाठक भी हूँ और आलोचक भी, और कभी-कभी पथभ्रष्ट होकर थोड़ा-सा अध्यापन भी कर लेता हूँ—इसलिए आपके साथ इस खोज में प्रवृत्त हो सकता हूँ कि भाषा में यह चमत्कारी शक्ति कहाँ से आती है। और शायद आप पायेंगे कि जादूगर के जिस जादू से आप इतने अधिक प्रभावित थे उसका रहस्य जान लेने पर वह आपको बहुत साधारण बात लगेगी जो कि केवल अभ्यास के सहारे महत्त्व पा जाती है। वैसे ही आप कविता के बारे में भी पायेंगे कि बहुत-सी साधारण बातें समग्र रूप में और एक ऐसे अभ्यास के बल पर जिससे वे निरायास और सहज हो जाती हैं, चमत्कार का आधार

बन जाती हैं। मेरी इस बात का अर्थ यह न लगायें कि जिसे हम सर्जना कहते हैं वास्तव में वह केवल युक्ति है या हाथ की सफ़ाई है। ऐसा आप मान लेंगे तो बहुत बड़ा अन्याय करेंगे और बहुत बड़ी भूल भी करेंगे। सर्जना का एक क्षेत्र है जो युक्तियों से परे है। लेकिन उस प्रतिभा और सामर्थ्य के मूल में एक अभ्यास और साधना है। यह भी कह सकते हैं कि सर्जना का क्षेत्र भाषा के क्षेत्र से आगे है और युक्तियों का क्षेत्र भाषा का क्षेत्र ही है जिसे पार करके ही हम सर्जना के क्षेत्र तक पहुँचते हैं। अनिर्वचनीय से पहले निर्वचन का एक बहुत बड़ा विस्तार है जिसे हम सभी पार कर सकते हैं और जिसे कवि भी अनिवार्यतया पार करता है।

प्रयोजनवती भाषा की बात मैंने शुरू में ही कही थी। वही भाषा की बुनियाद है और उसके निर्भ्रान्त अर्थों से ही हम आरम्भ करते हैं। हम उससे आरम्भ करते हैं, इसका यह मतलब भी नहीं है कि आगे बढ़कर हम उसे छोड़ दें। उसे हम कभी नहीं छोड़ते, लेकिन रचना के क्षेत्र में उसकी सीमा का अतिक्रमण करके बार-बार साहस-यात्राओं पर जाते हैं और अपेक्षा करते हैं कि पाठक या श्रोता भी साथ-साथ या पीछे-पीछे उस यात्रा में भाग लेगा। स्वाभाविक है कि ऐसी यात्रा में कुछ समान दृश्य सबको दीखेंगे, लेकिन यह भी उतना ही स्वाभाविक है कि रुचि-भेद, संस्कार-भेद और अवधान-भेद के कारण अलग-अलग लोगों को कुछ अलग-अलग चीज़ें भी दीखेंगी या उनका ध्यान आकृष्ट करेंगी या उन पर अपनी छाप छोड़ेंगी। लेकिन इस यात्रा का निमित्त कवि की रचना ही रही होगी—उसी के नेतृत्व में या उसी से अभिप्रेत कविता के गृहीता इस यात्रा पर गये होंगे जो एक साथ ही सबकी समान यात्रा भी रही होगी और सबकी निजी, अद्वितीय, अ-पूर्वकल्पित यात्रा भी रही होगी। यात्रा के बाद सभी फिर उस समान भाषा-भूमि पर लौट आये होंगे जिस पर हमारे प्रयोजनों का आदान-प्रदान होता है—सामाजिक भाषा की निर्भ्रान्त भूमि पर।

भाषा के इस पक्ष के और ऐसी यात्राओं के दो-एक उदाहरण देना चाहता हूँ। मैं जान-बूझकर ये उदाहरण कविता में से न चुनकर साधारण जीवन में से चुनता हूँ क्योंकि उससे यह बात और भी स्पष्ट हो सकेगी कि कैसे हम साधारण भाषा पर आधारित रहते हुए भी एक साथ—जैसा मैंने अभी कहा था, जलचारी, थलचारी और नभचारी हो सकते हैं—हम सभी हो सकते हैं, यह कवि के एकाधिकार की बात नहीं है। आप यों कह लें कि हम सभी में कवित्व की अर्हता है, बल्कि उसी के सहारे तो कविता हम तक पहुँच सकती है। अन्तर यह है कि साधारण पाठक या गृहीता समाज में यह अर्हता या प्रतिभा कभी-कभी और दूसरे की अभिप्रेरणा से जागती है जबकि कवि अपने ही आभ्यन्तर जगत् की उत्तेजनाओं के कारण उस प्रतिभा से काम लेता है और एक अनुशासन के साथ काम लेता है जो सूक्ष्म पहचान और लम्बी साधना से प्रभावित होता है।

पहला उदाहरण अपनी एक भूल का देता हूँ। मेरी एक भूल उसकी जड़ में थी। आरम्भ में ही यह बता देना इसलिए भी उपयोगी है कि आप देखें कि कैसे एक भूल से भी उस क्षेत्र का द्वार खुल सकता है जिसमें कवि की साहस-यात्राएँ होती हैं। कुछ दिन पहले मैं अनमने ढंग से अखबार के पन्ने उलट रहा था कि एक सचित्र विज्ञापन पर मेरी नज़र अटक गयी। विज्ञापन किसी कपड़ा मिल का था—किसका, यह देखने की मुझे तब भी आवश्यकता नहीं हुई और अब तो उसका उल्लेख बिल्कुल ही अनावश्यक है। चित्र एक सुप्रसिद्ध ग्रीक मूर्ति का था जिससे शायद आप सब भी परिचित होंगे—उस खण्डित भुजारहित मूर्ति का जो मीलो की वीनस के नाम से प्रसिद्ध है। विज्ञापन में एक तरफ़ इस मूर्ति का चित्र और उसके बराबर तीन-चार पंक्तियों में बँटा एक पद था जिसे मैंने पढ़ा

'The love lines of a statue' इसी पर मेरी नज़र और मेरा मन अटका था। 'प्रतिभा की प्रेम रेखाएँ–लव लाइन्स क्या होती हैं? सौन्दर्य-रेखाएँ तो शायद कह सकते हैं, यद्यपि अगर प्रतिमा सुन्दर है तो उसकी सभी आकार-रेखाओं को सुन्दर या सुन्दरता की आनुषंगिक मानना होगा। इसी दिशा में सोचते हुए ध्यान आया कि पुरानी कला की आलोचना में 'लाइन ऑफ़ ब्यूटी'–सौन्दर्य-रेखा नाम की एक रेखा का उल्लेख होता था और यह रेखा कन्धे से पीठ और कमर को छूती हुई या आकार देती हुई नितम्ब तक जाती थी। इसे 'लाइन ऑफ़ ब्यूटी' का नाम इसीलिए दिया गया था कि यह माना गया था कि इसी रेखा का बाँकपन निर्धारित करता है कि पूरा स्त्री-शरीर–क्योंकि सन्दर्भ नारी-प्रतिमा का ही होता था–कितना सुन्दर होगा। इसी रेखा की बात सोचते हुए कई ग्रीक और रोमिक प्रतिमाएँ स्मृति की आँखों के सामने से गुज़र गयीं। फिर भारतीय देवी और नदी-प्रतिमाएँ भी सामने आयीं और समभंग से लेकर अतिभंग तक इस रेखा के कई बंकिम रूप भी सामने से गुज़र गये। लेकिन बात तो सौन्दर्य-रेखा की थी ही नहीं, बात लव लाइन्स यानी प्रेम-रेखाओं की थी। प्रतिमा की प्रेम-रेखा क्या होती है या हो सकती है? आशय शायद सौन्दर्य-रेखा से आगे के विस्तार का था? सौन्दर्य-रेखा नितम्ब तक जाकर समाप्त हो जाती है : शायद विज्ञापन लिखने वाला उससे आगे के क्षेत्र की ओर हमारा ध्यान ले जाना चाहता था, लेकिन केवल संकेत के द्वारा क्योंकि स्पष्टतर शब्दों में बात कहने में अश्लीलता का जोखिम होता और बात विज्ञापन के योग्य न रहती। अगर ऐसा ही कुछ आशय था तो भी लव लाइन या प्रेम रेखा क्या हो सकती है? अवश्य ही आज प्रेम की चर्चा करते समय हम उसके आध्यात्मिक या अशरीरी पक्ष को बहुत कम महत्त्व देते हैं और स्थूल शारीरिक अभिव्यक्ति ही प्रधान हो जाती है–यानी बात हम लव की करते हैं और आशय हमारा सेक्स होता है। क्या लव लाइन्स में निहित संकेत भी ऐसा ही कुछ है? एक बार फिर देशी और विदेशी कई प्राचीन मूर्तियाँ मेरी स्मृति के सामने से गुज़र गयीं। इनके साथ-साथ काव्य की बहुत-सी पंक्तियाँ भी मन में गूँज गयीं। कुमारसम्भव के कुछ श्लोक, गीतगोविन्द के कुछ पद, अमरु और भर्तृहरि के कुछ मुक्तक, चौरपंचाशिका के कुछ श्लोक जिनमें नायक बार-बार अपनी प्रिया के अंगों और उसकी क्रियाओं, भंगिमाओं का स्मरण करता है...इनके पीछे-पीछे विदेशी कवियों की पंक्तियों भी आयीं–अंग्रेज़ी और फ्रांसीसी कवि, विशेष रूप से फ्रांसीसी कवि जिनकी भाषा में शृंगारिक सांकेतिकता की अद्‌भुत क्षमता है और जो बड़े सहज शब्दों में शृंगारिक बिम्ब प्रस्तुत कर दे सकते हैं। फिर रीति-काल के कुछ हिन्दी कवि भी आये, और फिर आधुनिक हिन्दी से भी कुछ बिम्ब उभरे। इस प्रकार एक लम्बी-चौड़ी आकाश-यात्रा उतनी ही विस्तृत सागर-यात्रा के बाद भी जब 'प्रेम-रेखा' के रहस्य का उद्‌घाटन न कर पाया तो मैंने सोचा, क्यों न एक बार फिर विज्ञापन को ही देखूँ और आगे भी पढ़ूँ–शायद वहीं से इस रहस्य की कुंजी मिल सके कि 'लव लाइन्स' होती क्या है। मैंने फिर विज्ञापन उठाया और मीलो की वीनस के बराबर लिखे हुए शब्दों की ओर देखा। अबकी बार मैंने झेंपते हुए पहचाना कि मुझसे एक छोटी-सी भूल हो गयी थी–एक अन्तिम 'एस' अक्षर कुछ धुँधला छपा था और मैंने उसे वज़न नहीं दिया था। जिसे मैंने 'द लव लाइन्स ऑफ़ ए स्टेच्यू' पढ़ा था वह वास्तव में 'द लवलीनेस ऑफ़ ए स्टेच्यू' था। एक सीधी-सपाट बात जिसमें वैसी यात्राओं का आमन्त्रण या उनकी कोई गुंजाइश भी नहीं है जिन पर मैं एक भूल के सहारे निकल गया था।

अब आप देखिए कि अपनी इन सारी यात्राओं में कहीं भी मैंने उस भाषा को नहीं छोड़ा जो हमारे साधारण प्रयोजनों की भी भाषा होती है; या कहीं किसी शब्द का कोई ऐसा अर्थ नहीं नकारा जो हमें

साधारण कोशों में मिल जायेगा। लेकिन एक भूल ने कल्पना के द्वार खोल दिये और मैं स्वयं एक ऐसे संसार की रचना कर सका जिससे मुझे कुतूहल भी हुआ, नाना प्रकार का भावोत्तेजन भी मिला और उनके शमन से प्राप्त होने वाला सुख तृप्ति भी मिली। और यह भी ध्यान में रखने की बात है कि यह सब-का-सब अकल्पित और अकल्पनीय था। अवश्य ही यह भी ध्यान में रखना चाहिए कि ठीक यही भूल किसी दूसरे व्यक्ति ने की होती तब उसकी प्रतिक्रियाएँ बिल्कुल दूसरी भी हो सकती थीं। अगर वह मेरी तरह चित्रकला और साहित्य के क्षेत्र में एक कल्पना-यात्रा पर जाता तो यह सम्भव ही नहीं बल्कि अनिवार्य भी माना जा सकता है कि उसने एक भिन्न संसार रचा होता—अंशतः या पूर्णतः भिन्न क्योंकि रुचि, संस्कार, शिक्षा और अनुभव के भेद के कारण कोई दूसरी ही मूर्तियाँ, दूसरी ही कविताएँ, दूसरे ही बिम्ब, दूसरे ही क्रम में उसके सामने आये होते। यह भी सम्भव है कि मूर्तियों, चित्रों और काव्य-पंक्तियों के साथ—या उनके बदले—उसकी स्मृति ने मित्रों की बातचीत या बाल्यकाल के अनुभव या ऐसी ही और चीज़ों का आवाहन किया होता—उत्तेजनों-शमनों की बिल्कुल दूसरी शृंखला गढ़ी होती!

मैंने एक भूल का उदाहरण लेकर शब्दों की उस क्षमता की ओर आपका ध्यान आकृष्ट करना चाहा जिसके कारण एक सुपरिचित साधारण शब्द अपना सर्वसम्मत अर्थ छोड़े बिना असंख्य अर्थों, अर्थच्छटाओं और अभिप्रायों का आधार बन सकता है। मेरे उदाहरण में एक भूल ने इन सम्भावनाओं का उद्घाटन किया; कवि जब शब्द का व्यवहार करता है तो भूल नहीं करता बल्कि इन सम्भावनाओं का एक अनुशासित और सुनियोजित उपयोग करता है। इस अनुशासन और नियोजन का कुछ अंश वह सचेत रूप से करता है, लेकिन अधिकांशतः वह सहज और अवचेतन रूप से ही होता है। प्रतिभा के साथ-साथ गहरे संस्कार और लम्बी साधना से ही वह सहजता प्राप्त होती है जिससे यह अनुशासन और नियोजन स्वभाव का ही अंग बन जाता है। वह बिजली की त्वरित गति से होता है, लेकिन बिजली की गड़गड़ाहट उसके साथ नहीं होती। ऊर्जा का प्रवाह अदृश्य और अश्रुत ही रहता है। जिस भाषा में यह सहज नियोजन और अनुशासन होता है, और जो इसके सहारे एक अज्ञात जगत् का द्वार खोल सकती है और खोलती है, वही रचनात्मक भाषा होती है। मैंने कहा 'एक अज्ञात जगत् का द्वार'—मैं यह भी कह सकता हूँ कि दो अज्ञात संसारों के द्वार या कि और आगे बढ़कर दो प्रकार के असंख्य अज्ञात संसारों के द्वार; क्योंकि उत्तम काव्य से खुलने वाले एक प्रकार के अज्ञात संसार ऐसे होते हैं जिनमें सभी समान रूप से प्रवेश कर सकते हैं और एक दूसरे प्रकार के अज्ञात संसार ऐसे होते हैं जो प्रत्येक व्यक्ति के लिए अद्वितीय होते हैं और जिनमें कोई दूसरा प्रवेश नहीं कर सकता। वयस्क होने के साथ-साथ हम प्रायः यह भूल जाते हैं कि हम सभी के आस-पास ऐसे संसार होते हैं और हमेशा बने रहते हैं, प्रयोजनवती भाषा इस बात को भूलने में हमारी सहायता करती है, यहाँ तक कि हम मानने लगते हैं कि ऐसे संस्कारों को अनदेखा करना वयस्कता का एक लक्षण है और तब केवल हमारे स्वप्न ही हमें याद दिलाते रहते हैं कि नहीं, ऐसे संसार भी हैं, हमारे भी हैं और हमारे आस-पास भी हैं, अब भी उतने ही यथार्थ और उतने ही सत्तासम्पन्न, उतने ही सत्त्वसम्पन्न हैं जितने हमारे प्रयोजनों के बाह्य संस्कार। लेकिन बच्चों की ओर अगर हम ध्यान दें तो हम देख सकते हैं कि वे लगातार भाषा की इस शक्ति का प्रयोग करते रहते हैं, भले ही अधिकतर यह प्रयोग उनके द्वारा अकस्मात् सध जाता है और उसके बाद ही वे स्वयं पहचानते हैं कि अकस्मात् एक सत्ता की कुंजी उनके हाथ लग गयी है और स्वयं उससे चमत्कृत हो जाते हैं।

भाषा-सम्बन्धी एक भूल की सर्जनात्मक सम्भावनाओं का एक उदाहरण मैंने आपको दिया। आवृत्ति की भी ऐसी अद्‌भुत सम्भावनाएँ होती हैं। कोई बात आप एक बार कहिए तो वह साधारण प्रयोजनों की सीमा के भीतर रहती है। उसी को दोहराए—और उसको दोहराना ही उसे प्रतीकार्थों के एक दूसरे संसार में ले जाता है। कोई अभिधा कोश इस रहस्य को हमें समझा नहीं सकता क्योंकि यह बात अभिधा से परे की जादुई सत्ता के क्षेत्र की है। इसका एक मार्मिक उदाहरण हमें शेक्सपियर के मैकबेथ में मिलता है : 'पुट आउट द लाइट एण्ड देन—पुट आउट द लाइट।' हम जानते हैं कि पहली बार 'बत्ती गुल कर दो' का अर्थ अभिधा का अर्थ है, सचमुच बत्ती बुझाकर अँधेरा कर देने की बात कही जा रही है। लेकिन दूसरी बार एक हत्या का संकेत है—जो बत्ती 'गुल' की जाने वाली है, वह एक जीवन की बाती है। कैसे जानते हैं? और एक साधारण प्रयोजन-वाक्य की आवृत्ति के द्वारा न कही जाकर यह बात किन्हीं दूसरे शब्दों में कही गयी होती, तो क्या उतना ही गहरा प्रभाव छोड़ती? क्या प्रभाव इसीलिए अधिक गहरा और रोमांचकारी नहीं हो जाता कि साधारण प्रयोजन की एक बात साधारण प्रयोजन को ठोस भूमि छोड़े बिना हमें एकाएक दूसरे संसार में भी ले गयी है। और वह कैसे? बिना नया कुछ भी जोड़े—केवल पद को दोहरा देकर!

शब्दों की अर्थ-व्यंजकता के और प्रकार भी हैं। एक और उदाहरण मैं कालिदास की शकुन्तला से देना चाहता हूँ जिसकी कथा से आप सभी परिचित होंगे। आश्रम में जब दोबारा शकुन्तला और दुष्यन्त का साक्षात्कार बेटे की उपस्थिति में होता है तब बेटा चकित होकर माँ से पूछता है कि 'यह अजनबी कौन है?' शकुन्तला यह उत्तर भी दे सकती 'यह तेरा पिता है'; और 'पिता' संज्ञा के साथ कोई आक्रोश-भरा विश्लेषण भी जोड़ सकती जिसमें उसका मानसिक क्लेश झलक जाता। वह यह भी कह सकती थी कि 'बेटा, यह तो विधाता से ही पूछना कि ये कौन हैं!' वह भी उसकी मानसिक यातना को प्रगट करता ही। लेकिन कालिदास ने ये दोनों रास्ते नहीं अपनाये। उसने एक शब्द और एकमात्र शब्द से जो बात शकुन्तला से कहला दी वह इन सब सम्भावनाओं से अधिक समर्थ और प्रभावशाली है। उस शब्द का हिन्दी अनुवाद किसी साधारण-प्रचलित शब्द में नहीं हो सकता, लेकिन बात समझाई जा सकती है। शकुन्तला कहती है, "ते भागधेयानि पृच्छः"—उनसे पूछ जो निश्चय करेंगे कि तेरा भाग क्या है। अब 'भागधेय' विधाता या भाग्य भी है, जो हर किसी को उसका हिस्सा बाँटता है, और उस नाटकीय स्थिति में भागधेय पिता भी है क्योंकि उसी पर यह निर्भर है कि वह बेटे को पहचानकर उसका भाग और उत्तराधिकार उसे दे या न पहचानकर उसे इससे वंचित कर दे। इस प्रकार शकुन्तला को जो कुछ भी कहना हो सकता था सब एक शब्द में संचित होकर प्रगट हुआ है और बड़ी भव्य शालीनता के साथ—ऐसे रूप में जो उस नाटकीय क्षण की सान्द्रता को अक्षुण्ण रखता हुआ शकुन्तला के चरित्र को और ऊँचा उठा देता है। यही शब्द की रचनात्मक सम्भावनाओं का भरपूर उपयोग होता है; और यह भाषा की नहीं शब्द की सही पहचान से सम्भव होता है।

एक और उदाहरण—एक और जाति का उदाहरण देना चाहता हूँ। हम सभी जानते हैं कि उपमा और रूपक—सिमिली और मेटाफर—से कवि निरन्तर सहारा लेता रहता है और हम मानते हैं कि काव्य-भाषा की शक्ति बहुत कुछ उसके रूपक तत्त्व पर निर्भर करती है, लेकिन इन रूपकों का प्रयोग हम कैसे करते हैं, उनमें असर कहाँ से आता है, इसका विश्लेषण हम प्रायः नहीं करते क्योंकि वह हमारे लिए आवश्यक नहीं होता। इतना-भर जानकर हम सन्तुष्ट रहते हैं कि उपमा और रूपक में

समानता का कोई तत्त्व या गुण आधारभूत होता है जिसके सहारे हम दो बिम्बों को जोड़ सकते हैं या एक के बदले दूसरा रख सकते हैं। लेकिन यह सूचना कैसे काम करती है, और हमारे विचार और भावना के प्रवाह को किस तरह एक और एक ही दिशा देती है, इसकी खोज भी बड़ी रोचक हो सकती है। हम कहते हैं 'चाँद-सा मुखड़ा' या 'मोती जैसे दाँत'। चाँद और चेहरे की अथवा मोती और दाँतों

इसे रखाचित्र द्वारा यों निर्देशित कर सकते हैं :

चाँद चेहरा

कान्ति
(समान गुण)

की तुलना करते समय दोनों में कान्ति का समान गुण तुलना का आधार होता है। अब अगर समान गुण के कारण हम दो चीज़ों को जोड़ सकते हैं तो जहाँ चाँद-सा मुखड़ा कह सकते हैं वहाँ मुखड़े-सा चाँद भी कह सकना चाहिए। चाँद के मामले में तो यह सम्भव है और कवियों ने कहा भी है—प्रिया के मुखड़े-सा चाँद। लेकिन क्या हम मोती जैसे दाँत को उलटकर दाँतों जैसे मोती भी कह सकते हैं? थोड़ी झिझक आयेगी। यही बात अंग्रेज़ी पद के सहारे और स्पष्ट हो जायेगी। हम कहते हैं, **'पर्ली टीथ'**। क्या हम कह सकते हैं **'टुथी पर्ल'**? कदापि नहीं कह सकते। क्यों नहीं कह सकते जब कि तुलना का आधार कान्ति का समान गुण है? बात यह है कि जब हम **पर्ली, टीथ** इस क्रम में रखते हैं, मोती का बिम्ब पहले और दाँतों का बिम्ब बाद में सामने लाते हैं, तभी कान्ति का गुण हमारे सामने मुख्य रूप से आता है। जब हम दाँत का बिम्ब पहले और मोती का बाद में उघारते हैं, तब कान्ति का गुण प्रधान होकर सामने नहीं आता बल्कि दाँत के तीखेपन का गुण सामने आता है जो समान रूप से मोती में नहीं है और उसका हम मोती पर आरोप करते हैं तो मोती का बिम्ब विकृत हो जाता है। अर्थात् कई गुणों में से कौन-सा गुण प्रमुख होकर हमारे सामने आ जायेगा, यह तुलना के दो पक्षों पर ही नहीं, इस पर भी निर्भर है कि ये पक्ष किस क्रम से हमारे सामने आते हैं। पहचान के प्रवाह की एक दिशा भी है जो पहचान के आधार भी निरूपित करती है। ऊर्जा के प्रवाह की दिशा को ध्यान में न रखने से

यानी रूपक का रेखाचित्र यों बनता है :

मोती दाँत

कान्ति
(समान गुण)

और समानता की पहचान की दिशा हम उलट नहीं सकते

उलटने पर चित्र यों होगा :

दाँत ?

नुकीलापन

कविता में भी वैसा ही अनर्थ हो सकता है जैसा यन्त्र के साथ बिजली के तार जोड़ते समय उन्हें उलटा लगा देना। ऊर्जा के प्रवाह की सही दिशा की पहचान भी रचनात्मक भाषा का एक महत्त्वपूर्ण अंग है।

लेकिन मैंने पहले भी कहा था, और इस बात को बार-बार दोहराकर उस पर बदल देना भी अनुचित नहीं है, कि रचनात्मक भाषा की सबसे बड़ी समस्या सम्प्रेषण की समस्या है। शब्द की शक्तियों की पहचान आवश्यक है, लेकिन कौन-सा शब्द किस परिस्थिति में सम्प्रेषण की क्षमता रखता है इसका विवेचन भी शब्द की शक्ति की पहचान का ही एक अंग है। और यहाँ पर मैं स्वीकार करता हूँ—स्वीकार ही नहीं, आप सबका ध्यान भी इस ओर दिलाऊँ—कि यह पहचान या कि इस शक्ति की पहचान हमारे समाज में दिन-ब-दिन कठिनतर होती जा रही है। वास्तव में आज गृहीता समाज एक नहीं है बल्कि अनेक समाजों में बँटा हुआ है। प्राचीन काल में भी ठीक एक समाज तो नहीं था; मान सकते हैं कि कम-से-कम दो समाज थे। लेकिन दोनों के स्पष्ट और सुनिश्चित भाषा समय थे। अभिजात अथवा अधीत समाज का संस्कार और समय एक था, और लोक-समाज का संस्कार और समय दूसरा, लेकिन इस या उस समाज में ये संस्कार और समय समान और व्यापक रूप से जाने हुए थे। आज अधीत समाज में दो संस्कारों की चर्चा तो होती है—एक 'विज्ञान की संस्कृति' का और एक 'कला की संस्कृति' का—लेकिन मानस और संवेदन का विभाजन केवल दो संस्कारों तक ही सीमित नहीं है बल्कि कई अलग-अलग खण्ड हैं जिनके बीच सम्प्रेषण की भाषा नहीं है। हमारे समाज में सबसे पहले तो साक्षर और निरक्षर का भेद है—समाज का तीन-चौथाई नहीं तो दो-तिहाई निरक्षर है ही। फिर निरक्षरों में एक बड़ा भाग है जो निरक्षर होकर भी साहित्यिक संस्कार से रहित नहीं है क्योंकि वाचिक परम्परा के सहारे साहित्य और संस्कृति की बहुत-सी उपलब्धियों से न केवल परिचित है बल्कि उसकी कुछ परख भी रखता है। दूसरी ओर जो साक्षर समाज है वह भी एक नहीं है बल्कि वही कदाचित् अधिक विभाजित है। उसमें भी एक बड़ा अंश है जो साक्षर तो है लेकिन पढ़ता-लिखता नहीं है। कभी-कभी सोचता हूँ कि इस वर्ग से भी निराशा नहीं होनी चाहिए क्योंकि यह वर्ग अगर एक ओर साक्षर है और दूसरी ओर पढ़ता-लिखता नहीं है, तो यह माना जा सकता है कि इसके अन्दर एक बुनियादी क्षमता तो है और उसे अभी विकृत नहीं कर दिया गया है! इससे अधिक चिन्ता तो उस तथाकथित 'पढ़ने-लिखने वाले' समाज को लेकर होती है जो पढ़-लिखकर अधिक असमर्थ बना है क्योंकि उसकी पढ़ाई-लिखाई ने उसे न तो 'टू कल्चर्स' में से कोई एक संस्कृति दी है, न 'टू-लैंग्वेज फ़ार्मूला' या 'थ्री-लैंग्वेज फ़ार्मूला' के आधार पर कोई एक भी भाषा। इस वर्ग का अधिकांश न तो किसी एक भाषा में बोल सकता है, न किसी एक भाषा में सोच सकता है। संस्कारविहीन खिचड़ी भाषा बोलता हुआ और संस्कार-रहित खिचड़ी चिन्तन करता हुआ वह यह भी नहीं जान सकता कि वह जो सोच रहा है क्या सचमुच वही सोच रहा है या कि अर्ध-पहचाने शब्दों की खिचड़ी में कहीं वह भी खो गया है! ऐसे बहुत-से शब्द हैं और प्रतिदिन बढ़ते जा रहे हैं जिनका हम धड़ाधड़ इस्तेमाल करते हैं और जिनके अर्थ की कोई सही जानकारी हमें नहीं है। ऐसी स्थिति आ गयी है कि दो व्यक्ति जब किसी एक बात पर सहमत होते हैं तब यह भी निश्चयपूर्वक नहीं कहा जा सकता कि जिस बात पर वे सहमत हो रहे हैं क्या दोनों में से किसी ने भी वह बात समझी है? आजकल प्रदूषण की बहुत चर्चा होती है, लेकिन वायुमण्डल के प्रदूषण की बातें करते हुए हम प्रायः यह भूल जाते हैं कि हमारा

वायुमण्डल जितना धुएँ के कारण प्रदूषित है उससे कहीं अधिक सिर्फ़ शोर के कारण प्रदूषित है जबकि इस शोर का नियन्त्रण कहीं कम कठिन है। इस प्रकार आज के सामाजिक जीवन में हम भाषा के प्रदूषण की ओर ध्यान नहीं देते और जब देते भी हैं तो इस बात की ओर हमारा ध्यान देर से जाता है। शब्दों की सम्प्रेषण शक्ति को विक्षत करके हम भाषा-संसार को ही नहीं अपने चिन्तन-संसार को भी विदूषित करते हैं, अपनी विचार-शक्ति को पंगु करते हैं, और दिन-ब-दिन अधिक गूँगे होते जाते हैं। किसी एक भाषा में मुखर न हो सकने पर दो या तीन भाषाओं में अध-गूँगे हो जाना कोई उपलब्धि नहीं है!

यथार्थ-सम्प्रेषण : कथा-भाषा की समस्याएँ

कथा-भाषा की चर्चा आरम्भ करने से पहले कुछ बातें स्पष्ट कर लेना आवश्यक है। सबसे पहले परिभाषाएँ स्पष्ट हो जानी चाहिए। 'कथा-भाषा' के बदले 'आख्यान भाषा', 'वृत्त-भाषा', 'वृत्तान्त-भाषा' आदि की चर्चा भी हो सकती : प्रत्येक शब्द से कुछ सुविधाएँ भी मिल जातीं। लेकिन आख्यान, वृत्त, वृत्तान्त—प्रत्येक शब्द एक सीमित अर्थ में रूढ़ भी हो गया है, इसलिए कुछ कठिनाइयाँ भी खड़ी हो जातीं। मेरे प्रयोजन के लिए ये सभी शब्द, या इनमें से कोई भी, काम दे सकता है—थोड़े-से स्पष्टीकरण के साथ। मुख्य बात किसी घटना का वर्णन करने की है—और ऐसा वर्णन करने के मूल में सम्प्रेषण की इच्छा है। यह जोड़ देना इसलिए भी आवश्यक हुआ कि काव्य-भाषा के बारे में कुछ लोगों का यह भी मत है कि उसका सम्प्रेषण से कोई अनिवार्य सम्बन्ध नहीं है। मैं स्वयं तो वैसा नहीं मानता—सम्प्रेषण को कविता की रचना-प्रक्रिया का भी अनिवार्य अंग समझता हूँ; पर 'कथा', 'आख्यान' आदि के तो नाम में ही दूसरे की विद्यमानता और 'कहानी' की अनिवार्य स्थिति प्रतिज्ञात है। घटना को अनुभव करने या स्वयं पहचानने के लिए शब्दों के बिना भी काम चल सकता है; वर्णन में एक 'दूसरा', एक इतर व्यक्ति अनिवार्य है और वर्णन अथवा वृत्तान्त का लक्ष्य घटना को उस 'दूसरे' तक पहुँचाना ही है।

घटना की सम्प्रेष्य रूप में प्रस्तुति की चर्चा के साथ ही यह प्रश्न उठ सकता है कि 'घटना' हम कहते किसे हैं? क्या 'मनगढ़न्त' घटना को भी घटना कहना उचित है? क्या उसके साथ में 'यथार्थ' के 'सम्प्रेषण' का प्रश्न उठ सकता है या उठाना चाहिए? यहाँ से आरम्भ करके बड़ी आसानी से हम लोग खिसकते हुए दार्शनिक बारीकियों में खो जा सकते हैं, लेकिन उधर जाना वर्तमान सन्दर्भ में पथ-भ्रष्ट होना ही होगा। इसलिए यहीं स्पष्ट कर दूँ कि मेरे वर्तमान प्रयोजन के लिए 'घटना' काल्पनिक भी हो सकती है और वास्तविक या प्रसिद्ध भी, मनगढ़न्त भी, स्वप्न भी और ऐतिहासिक भी। सवाल यह नहीं है कि उसकी आत्यन्तिक यथार्थ सत्ता क्या है, सवाल यह है कि 'वर्णन' उसे कैसे यथार्थवत् प्रस्तुत कर सकता है और ऐसा करने में क्या कठिनाई हो सकती है। कथा-भाषा की समस्याएँ इसी अर्थ में और इसी चौखटे के भीतर यथार्थ के सम्प्रेषण की समस्याएँ हैं।

अगर हम 'घटना को सम्प्रेष्य रूप में प्रस्तुत करने' की चर्चा कर रहे हैं तो यह प्रक्रिया एक छोर पर काल्पनिक कथा-वस्तु के सम्प्रेषण की बात हो सकती है और दूसरे छोर पर किसी सद्यःघटित 'सत्य' घटना की अखबारी वृत्तान्त की भी। मेरे लिए यह सम्भव होता कि अखबारी घटना के वर्णन को अपने विवेचन के क्षेत्र से इस आधार पर बाहर निकाल दूँ कि उसका सम्बन्ध कथा-भाषा से नहीं है। लेकिन मैं वैसा नहीं कर रहा हूँ, इसके दो कारण हैं। पहला कारण तो यही है कि मैंने जो परिभाषा

आपके सामने रखी है, 'अखबारी घटना' भी उसकी परिधि के भीतर आ जाती है; इसलिए यह तो मुझे उसे भी चर्चा के अन्तर्गत स्वीकार करना चाहिए या फिर अपनी परिभाषा में आवश्यक संशोधन करना चाहिए।

दूसरा और अधिक महत्त्वपूर्ण कारण यह है कि कथा-भाषा के सामने ही नहीं, कथा के सामने भी आज यह समस्या है कि यथार्थ के सम्प्रेषण का आग्रह क्या हमें उसके वृत्त तक नहीं ले जाता? उपन्यास विधा की नयी प्रवृत्तियों में रिपोर्ताज अथवा न्यू जर्नलिज्म की प्रवृत्ति इसी ओर संकेत करती है और यथार्थ के सम्प्रेषण की चर्चा को वहाँ तक न ले जाना समस्या के एक समकालीन पहलू की उपेक्षा करना होगा।

भाषा-प्रयोग के किसी भी पहलू पर विचार करते समय सबसे पहले उस प्रयोग की परिस्थिति पर विचार करना चाहिए क्योंकि बहुत दूर तक तो वह परिस्थिति ही भाषा का रूप स्थिर कर देती है। कब, कहाँ, किस परिस्थिति में, किसके समक्ष, हम भाषा से काम ले रहे हैं या लेना चाहते हैं, इसी से इस बात का निर्णय हो जाता है कि कौन-सी अथवा कैसी भाषा उपयोज्य है। निरी सूचना की, जानकारी देने या पाने की, प्रयोजनवती भाषा से सर्जनात्मक साहित्य की भाषा इसीलिए अलग हो जाती है और उस अलगाव को पहचानने और निरूपित करने के लिए हम भाषा-प्रयोग की स्थिति का विचार करते हैं। यहाँ मैंने सर्जनात्मक साहित्य की भाषा कहा : पारम्परिक स्थिति में 'काव्य-भाषा' कहने से काम चल जाता, परन्तु आज रचना और आलोचना दोनों की आधुनिक परिस्थितियाँ 'कविता-भाषा' और 'कथा-भाषा' में भेद करना आवश्यक बना देती हैं। इसलिए 'काव्य' की पुरानी व्यापक परिभाषा का आधार लेते हुए 'काव्य-भाषा' कहने से भ्रान्ति ही उत्पन्न हो सकती है। आगे मैं 'काव्य-भाषा' की चर्चा करूँगा भी तो कथा-भाषा से पृथक् कविता-भाषा के अर्थ में ही, पुराने और व्यापकतर अर्थ में नहीं।

यथार्थ के सम्प्रेषण की समस्या आज उठती क्यों है? यह कहना तो निरर्थक होगा कि यथार्थ पहले था नहीं; यह भी नहीं कहा जा सकता कि यथार्थ और याथार्थ्य की जानकारी प्राचीनों को नहीं थी। या कि इन्हें लेकर ऊहापोह उन्होंने नहीं किया। यथार्थ और याथार्थ्य की चर्चा तो हमें ब्राह्मणों में भी मिल जायेगी। वास्तव में यथार्थ के सम्प्रेषण की ओर तदनुरूप भाषा की समस्याओं की चर्चा करते-करते ही इस प्रश्न का उत्तर हमें मिलता चलेगा : उससे अलग या पहले इस प्रश्न का उत्तर दे देना सम्भव नहीं है क्योंकि वास्तव में प्रश्न ही सार्थक रूप में तभी पूछा जा सकता है।

भाषा-प्रयोग की परिस्थिति की चर्चा कथा-भाषा के सन्दर्भ में—यथार्थ-सम्प्रेषण की स्थिति की चर्चा में—लक्ष्य करने की पहली बात यह है कि पारम्परिक स्थिति कथा-वाचन की स्थिति थी और वह वाचन अपेक्षया सुव्यवस्थित, आश्वस्त और स्थितिशील समाज में होता था। यहाँ उस समाज को 'स्थितिशील' कहने में उसके प्रति अवज्ञा का भाव नहीं है। आशय यह भी नहीं है कि उस समय काल की गति, परिवर्तन की गति, अपेक्षया धीमी थी और आज बहुत तेज है, यद्यपि यह बात अपनी जगह सच है अवश्य। उस समाज को 'स्थितिशील' कहने में मैं आपका ध्यान विशेष रूप से इस बात की ओर आकर्षित करना चाहता हूँ कि उस समाज की आस्था कुछ ऐसे मूल्यों पर थी जिन्हें वह शाश्वत समझता था। कार्यों और कारणों, कर्मों और परिणामों का एक सुनिश्चित सम्बन्ध वह मानता था और जिस संस्थान में वह जीता था उसे स्थायी भी मानता था और न्यायसंगत अथवा धर्मसम्मत भी। वह 'स्थितिशील' समाज सबसे पहले एक स्थायित्वशील समाज था, और स्थायी प्रत्यक्ष रूप से भी था और इस समुचित प्रमाण से भी कि वह कुछ आधारभूत मूल्यों पर टिका था।

इस समाज में कथा-वाचन की स्थिति में कथाकार-वाचक और श्रोता-सामाजिक का सम्बन्ध भी

विचारणीय है, क्योंकि वह भी प्रयोग की स्थिति का एक महत्त्वपूर्ण अंग है। वाचिक स्थिति के दोनों पक्षों में कुछ चीज़े समान थीं—समयों का और संस्कारों का एक समूह उनकी साझी सम्पत्ति थी। श्रोता-सामाजिक से सहृदयता अपेक्षित थी और जो सहृदय नहीं था वह सामाजिक नहीं था इसलिए हेय था। (आज की स्थिति से, जहाँ लेखक नहीं जानता कि उसकी रचना कौन पढ़ेगा और उसके संस्कारों के आग्रह क्या होंगे, कैसे होंगे, उस काल की स्थिति की तुलना करने से बात और भी स्पष्ट हो जायेगी।)

वाचिक स्थिति में दूसरी महत्त्वपूर्ण बात यह थी कि श्रोता-सामाजिक सदैव प्रत्यक्ष था। इस प्रत्यक्ष उपस्थिति का कितना गहरा प्रभाव विधा पर और उसकी भाषा पर पड़ता है, यह क्रमशः स्पष्टतर होता चलेगा। प्रत्यक्ष उपस्थिति का पहला और तात्कालिक परिणाम यह होता है कि एक दूरी अथवा समीपता निर्धारित हो जाती है—और दोनों पक्ष पहचान भी सकते हैं कि वह दूरी स्थापित हो गयी है; या अगर नहीं हुई है तो उस असमंजस का तत्काल निराकरण कर सकते हैं। (इसकी फिर आज की स्थिति से तुलना कर लीजिए : छपी हुई पुस्तक के पाठक के साथ लेखक का ऐसा कोई समझौता कब होता है—रचना और पठन के बीच के कितने लम्बे अन्तराल के बाद? और जब समझौता नहीं होता, तो पाठक का मन असमंजस की सूचना लेखक को कब, कैसे देता या दे सकता है—और लेखक उसका निरसन कब कर सकता है?)

किसी भी घटना को वृत्तान्त रूप में प्रस्तुत करने के लिए दूरी का प्रश्न एक बुनियादी प्रश्न होता है : दूरी उस घटना से—दूरी काल की दृष्टि से भी और दिक् की दृष्टि से भी—दूरी राग-सम्बन्ध की दृष्टि से भी; और दूरी स्वयं श्रोता से भी। हिन्दी में कथा-साहित्य शास्त्रीय चर्चा में इस दूरी के प्रश्न का विचार बहुत कम हुआ है, यद्यपि सम्प्रेषण की किसी भी स्थिति में—हमारी साधारण बातचीत में भी—दूरी का विचार होता है, और दूरी के बारे में जो भी निर्णय अथवा समय (कन्वेन्शन) दोनों पक्षों में स्थिर होता है, वह भाषा को भी निरूपित करता है। उदाहरण के लिए सामाजिक व्यवहार में अधिकारी से अथवा नौकर से बातचीत करते समय दूरी के निरूपण से ही भाषा-रूप निर्धारित होता है। यह दूरी स्तर की दूरी है और दूरी का एक बहुत मोटा उदाहरण है, पर यहाँ से आगे गहराई में उतरते जाना कठिन नहीं है।

कथा-वृत्त में किस प्रकार की दूरियाँ विचारणीय होती हैं? घटना का तटस्थ दर्शक और घटना का पात्र एक ही घटना को कितने भिन्न-भिन्न रूप से देखेंगे और कितनी भिन्न भाषा में प्रस्तुत करेंगे, यह उसका केवल एक पहलू है जिसका विचार हम अनन्तर करेंगे। इस समय इतना ही कहना यथेष्ट है कि वाचिक स्थिति में वाचक एक दूरी स्थापित करता था और दूसरा पक्ष अर्थात् सामाजिक उसे पहचानकर उसी दूरी से कथा-वस्तु को ग्रहण करता था। सुविधा के लिए हमने एक दूरी कह दिया है। पर वास्तव में उस एक निर्णय में कई प्रकार की दूरियों का निर्धारण हो जाता था : इसका संकेत मैं कर चुका हूँ। आगे चल इसका भी सविस्तार विवेचन होगा।

प्रत्यक्ष सम्बन्ध के एक और पहलू पर बल देना आवश्यक है जिसे आज की तकनीकी भाषा में फ़ीड-बैक कहा जाता है। सामाजिक की प्रतिक्रिया तुरन्त वाचिक तक पहुँचती थी और वाचन को तत्काल प्रभावित करती थी। इस बात का पूरा आशय समझने के लिए यह भी ध्यान में रखना आवश्यक है कि वाचिक स्थिति में ऐसा नहीं होता कि कोई पहले से निर्धारित पाठ है जिसे केवल प्रस्तुत किया जा रहा है। वाचिक स्थिति में काव्य अथवा कथा का कोई निर्धारित पाठ नहीं होता।

प्रत्येक वाचन अपने आप में सर्जन होता है और इस सर्जन की प्रक्रिया में सामाजिकों से मिलने वाले इस प्रतिपोषण अथवा फ़ीड-बैक का भी योग होता है—वह सम्प्रेषण को पुष्ट करता है। अर्थात् वाचिक स्थिति में श्रोता-सामाजिक भी एक सह-सृष्टा होता है। यह स्थिति ही भाषा का स्तर निर्धारित करती है, वाक्य-रचना और पद-विन्यास निर्धारित करती है, क्रिया-सर्वनाम-वचन का निर्णय करती है, शब्दों के चयन को प्रभावित करती है, वृत्ति, व्यंजना-लक्षणा, स्वर और काकु तक को निर्दिष्ट करती है।

इसका यह अर्थ नहीं कि छपी हुई कहानी के पठन में सामाजिक अथवा श्रोता एकान्त रूप से अनुपस्थित होता है। लेकिन छापे की स्थिति में उपस्थित सामाजिक वास्तव में लेखक का प्रतिरूप होता है—अथवा लेखक की समकालीन समाज की पहचान के आधार पर निर्मित एक कल्पित व्यक्ति जिसके साथ वह एक काल्पनिक संवाद अथवा सम्प्रेषण की स्थिति बनाता है। प्रतिक्रिया प्रतिपोषण, अथवा फ़ीड-बैक की यहाँ कोई सम्भावना नहीं है—जिस हद तक सम्भाव्य प्रतिक्रिया रचना को प्रभावित कर सकती है, उस हद तक वह पहले ही, अपना कल्पित श्रोता गढ़ने में काम आ चुकी है। इसके अलावा पाठक की अथवा आलोचक की प्रतिक्रिया बहुत देर से होती है; रचना के निरूपण में उसका कोई योग नहीं हो सकता। अधिक से अधिक उत्तर संशोधन में, अथवा नयी रचना में ही उसका योग हो सकता है। और नयी रचना में फिर उस काल्पनिक पाठक के निर्माण में ही, जिसके साथ संवाद या सम्प्रेषण की स्थिति लेखक अपने लिए पैदा करता है।

वाचिक कथा—कथा, आख्यान, किस्सा, बात, वार्ता, कहानी—का रूप बहुत कुछ इस परिस्थिति का परिणाम है। उसकी भाषा भी इस स्थिति से निरूपित होती है। उसकी युक्तियाँ और तकनीकी कौशल भी इस स्थिति से उपजता है। और यथार्थ के सम्प्रेषण की समकालीन कठिनाई उसमें इसीलिए नहीं उठती—क्योंकि वाचिक स्थिति तत्काल उस समस्या को हल करने का रास्ता बता देती है। सर्जक और सामाजिक के प्रत्यक्ष आदान-प्रदान में प्रतिष्ठित हो सकने वाला यथार्थ ही कथा का यथार्थ है। और जब वह प्रतिष्ठित होने पर ही यथार्थ है, तो उसके सम्प्रेषण की कोई समस्या नहीं उठती। इस दृष्टि से कह सकते हैं कि यथार्थ के सम्प्रेषण की समस्या आधुनिक समस्या ही है।

2

वाचिक परिस्थिति में कथा-सर्जक जिन तकनीकी साधनों अथवा युक्तियों से काम लेता था संक्षेप में उनका उल्लेख कर देना भी उपयोगी होगा।

वाचिक कथा, वार्ता अथवा किस्से को प्रभावी बनाने के लिए स्मृति का उपयोग भी महत्त्व रखता था। वाक्य-रचना में अनुप्रास का अथवा पदों की आवृत्ति का उपयोग इसका एक रूप है : वाचिक स्थिति में अभिज्ञात के लिए प्रतीक्षा और अप्रत्याशित के लिए उत्सुकता, दोनों ही स्मृति-शक्ति पर आधारित है। इंशा-अल्लाह की रानी केतकी की कहानी इसका एक उपयोगी उदाहरण है।[1] यों तो

1. इसी कहानी से विवाह-पूर्व घाटों की सजावट का वर्णन देखिए :
"कोई क्या कह सके जितने घाट दोनों राज की नदियों में थे, पक्के चाँदी के थक्के से होकर लोगों को हक्का-बक्का कर रहे थे। निवाड़े मौलिए, बजरे, लचके, मोरपंखी, स्यामसुन्दर, रामसुन्दर, और जितनी ढब की नावें थीं, सुनहरी, रुपहरी, सजी-सजाई, कसी-कसाई और सौ-सौ लचकें खातियाँ, आतियाँ, जातियाँ-ठहरातियाँ, फिरातियाँ थीं। उन सभी पर खचाखच कंचनियाँ, रामजनियाँ, डोमिनियाँ, भरी हुई अपने-अपने करतबों में नाचती गाती बजाती कूदती फाँदती धूमें मचातियाँ अँगड़ातियाँ जम्हातियाँ उँगलियाँ नचातियाँ और ढुली पड़ातियाँ थीं और कोई नाव ऐसी न थी जो सोने-रूपे के पतरों से मढ़ी हुई और सवारी से भरी हुई न हो। और बहुत-सी नावों पर हिंडोले भी

वाचिक परम्परा के सम्पूर्ण साहित्य का और लोक-कथाओं का उदाहरण यहाँ दिया जा सकता है; 'रानी केतकी की कहानी' का ही नाम लेने का विशेष कारण यह है कि उसे हम उस संक्रान्ति-काल की रचना मान सकते हैं—जब कथा-सम्प्रेषण की परिस्थिति **वाचिक** से हटकर **चाक्षुष** में परिवर्तित हो रही थी—जब 'श्रव्य' का स्थान 'पठ्य' ले रहा था। इंशा ने कहानी लिखी तो छपे हुए रूप में पढ़े जाने के लिए ही, लेकिन उसकी तकनीकी युक्तियाँ सब वाचिक युग की ही थीं। मुद्रण-यन्त्र के आविर्भाव के बाद देश में जितना भी नव-रचित साहित्य छपा, वह भी मुख्यतः वाचिक विधाओं की रचनाओं का ही लिखित रूप था : यत्किंचित् भेद था भी तो वह संक्रमण की समस्याओं का ही संकेत देता था, उनके निराकरण का प्रमाण नहीं।[1]

उसी ढब के थे। उन पर गायने बैठी झूलती हुई सोहनी, केदार, बागेसरी, काम्हड़ों में गा रही थीं। दल बादल ऐसे नेवाड़ों के सब झीलों में छा रहे थे।"

यह वर्णन तो तब का है जब कहानी काफ़ी जम चुकी है—पाठक (अर्थात् 'श्रोता!') का मन उसमें रम चुका है। लेकिन "किसी देश में किसी राजा के घर एक बेटा था" के साथ आरम्भ करने से पहले सैय्यद इंशा जो भूमिका बाँधते हैं वह भी लक्ष्य है :

डौल डाल एक अनोखी बात का

एक दिन बैठे-बैठे यह बात अपने ध्यान में चढ़ी कि कोई कहानी ऐसी कहिए कि जिसमें हिन्दवी छुट और किसी बोली का पुट न मिले, तब जाके मेरा जी फूल की कली के रूप में खिले। बाहर की बोली और गँवारी कुछ उसके बीच में न हो। अपने मिलने वालों में से एक कोई बड़े पढ़े-लिखे, पुराने-धुराने, डाँग, बूढ़े धाग यह खटराग लाये। सिर हिलाकर, मुँह थुथाकर, नाक-भौं चढ़ाकर, आँखें फिराकर लगे कहने—यह बात होते दिखाई नहीं देती। हिन्दवीपन भी न निकले और भाखापन भी न हो। बस जैसे भले लोग अच्छों से अच्छे आपस में बोलते-चालते हैं, ज्यों का त्यों वही सब डौल रहे और छाँह किसी की न हो, यह नहीं होने का। मैंने उनकी ठण्डी साँस का टहोका खाकर झुँझलाकर कहा—मैं कुछ ऐसा बड़बोला नहीं जो राई को परवत कर दिखाऊँ और झूठ-सच बोलकर उँगलियाँ नचाऊँ, और बे-सिर, बे-ठिकाने की उलझी-सुलझी बातें सुनाऊँ। जो मुझसे न हो सकता तो यह बात मुँह से क्यों निकालता? जिस ढब से होता, इस बखेड़े को टालता।

"इस कहानी का कहने वाला यहाँ आपको जताता है और जैसा कुछ उसे लोग पुकारते हैं, कह सुनाता है। दाहिना हाथ मुँह पर फेरकर आपको जताता हूँ, जो मेरे दाता ने चाहा तो यह ताव-भाव, राव-चाव और कूद-फाँद, लपट-झपट दिखाऊँ जो देखते ही आपके ध्यान का घोड़ा, जो बिजली से भी बहुत चंचल अचपलाहट में है, हिरन के रूप में अपनी चौकड़ी भूल जाय।

"टुक घोड़े पर चढ़ के अपने आता हूँ मैं।
करतब जो कुछ है, कर दिखाता हूँ मैं।
उस चाहने वाले ने जो चाहा तो अभी।
कहता जो कुछ हूँ, कर दिखाता हूँ मैं।"

"अब आप कान रख के, आँखें मिला के; सन्मुख हो के टुक इधर देखिए, किस ढब से बढ़ चलता हूँ और अपने फूल की पंखड़ी जैसे होठों से किस-किस रूप के फूल उगलता हूँ।"

वाचिक स्थिति, प्रत्यक्ष उपस्थिति और सीधे सम्बोधन की प्रतिज्ञा कितनी स्पष्ट है—"अब आप कान रख के आँखें मिला के, सन्मुख होके टुक इधर देखिए, किस ढब से बढ़ चलता हूँ..." पढ़ने के लिए कहानी नहीं है, देखने के लिए करतब है, पर्फ़ार्मेंस है!

1. काल की अवधारणा और कथा-रूपों पर उसके प्रभावों का विवेचन मैंने अन्यत्र कई जगह किया है : उसकी यहाँ आवृत्ति अनावश्यक है। सविस्तार चर्चा के लिए देखिए :
'आलवाल' (नेशनल पब्लिशिंग हाउस, दिल्ली)
'संवत्सर' (नेशनल पब्लिशिंग हाउस, दिल्ली)

वाचिक स्थिति में यथार्थ के प्रश्न का समस्या के रूप में न उठने का एक और कारण भी समझ में आता है जिसका अपना महत्त्व है। वाचिक कथा का 'यथार्थ के सम्प्रेषण' का कोई दावा ही नहीं था। कथाकार न केवल यह कहता ही नहीं था कि यह कहानी हमारे दैनन्दिन जीवन के घटित अथवा यथार्थ से एक-रूप होगी, बल्कि इसका स्पष्ट संकेत भी देता था कि ऐसा नहीं होगा। पारम्परिक कथा का आरम्भ ही इस स्पष्ट संकेत से होता है कि कथा का घटना-जगत् हमारे दैनन्दिन यथार्थ का घटना-जगत् नहीं है बल्कि एक दूसरा जगत् है। यह नहीं कि वह भी अपने ढंग का यथार्थ नहीं है। उस यथार्थ का याथार्थ्य तो स्वयंसिद्ध और स्वतःसम्पूर्ण है। हमारे स्थूल दैनन्दिन यथार्थ की कसौटियाँ या मानदण्ड वहाँ काम नहीं देते।

इतर यथार्थ के, एक दूसरे यथार्थ जगत् के संकेत वाचिक कथा किस प्रकार देती है, इसके कुछ उदाहरण देना उपयोगी होगा। लोक-कथा अथवा परी-कथा, 'नानी की कहानी' के प्रारम्भिक **एक राजा था** अथवा **किसी समय जंगल में एक लकड़हारा रहता था,** इसी प्रकार के संकेत हैं। बिना देश-काल के स्पष्ट संकेत के 'एक राजा था' से आरम्भ करना सूचना दे देता है कि आगे आने वाली कथा का सम्बन्ध हमारे देश-काल से नहीं है। इसी प्रकार **किसी समय जंगल में** यद्यपि देश-काल का संकेत देता ज़ान पड़ता है, तथापि ये संकेत ही इन दोनों को धुँधला कर देते हैं और इस प्रकार स्वयं एक दूसरे ही देश-काल में प्रवेश का आमन्त्रण बन जाते हैं। पंजाबी में लोक-कथा आरम्भ होती है केवल 'एक था' से—**इक सी ते राजा सी।** आप देखेंगे कि इसमें 'एक था' से आरम्भ करने में एक स्पष्ट संकेत है कि कथा का देश, काल, पात्र कोई भी ऐसा नहीं होगा जिसे हमारे दैनन्दिन जीवन की कसौटी पर परखा जा सके। रूस की कुछ भाषाओं में लोक-कथा की एक परिपाटी है जो इससे भी आगे बढ़ जाती है : **चाहे था, चाहे नहीं था, पर एक राजा था।** इस आरम्भ में इसके लिए बहुत गुंजाइश छोड़ दी गयी है कि आप चाहें तो कथा में जो घटना बखान की जाने वाली है उसके घटित हुए होने पर सन्देह भी कर सकते हैं। उससे कहानी झूठी नहीं हो जायेगी। क्योंकि ऐसी कहानी का सत्य उसमें वर्णित घटना में नहीं होता बल्कि उसकी परिणति के नैतिक प्रामाण्य में होता है—उस परिणति के द्वारा प्रतिष्ठित होने वाले स्थायी, नैतिक अथवा मानव मूल्य में होता है।

एक दूसरे प्रकार का प्रारम्भ वह होता है जिसमें **घटित** को **घटमान** के रूप में प्रस्तुत किया जाता है : 'अस्ति गोदावरी-तीरे विशालः शाल्मली तरुः'—गोदावरी के किनारे सेमल का विशाल पेड़ है। पेड़ था नहीं, पेड़ है। यह भी एक संकेत है कि कथा आप को काल के उस आयाम में ले जायेगी जो गुजरता नहीं, जो शाश्वत वर्तमान है क्योंकि जिन मूल्यों तक ऐसी कहानी आपको ले जाती है वे मूल्य बदलने या चुक जाने वाले नहीं हैं, शाश्वत हैं।

एक बार यह पहचान लेने पर, कि ये कथाएँ इस प्रकार के स्पष्ट संकेत से आरम्भ करती हैं, हमें इन क़थाओं में कल्पना, **फैंटेसी** और **मिथक** के उपयोग पर न केवल आश्चर्य नहीं होना चाहिए, बल्कि उनका सही महत्त्व भी पहचान सकना चाहिए। क्योंकि ये संकेत स्पष्ट कर देते हैं कि कथावाचक का

'ए सेंस ऑफ़ टाइम (अंग्रेज़ी में) (ऑक्सफोर्ड युनिवर्सिटी प्रेस),
काल की आवधारणा और प्रतीत (कलकत्ता विश्वविद्यालय की बिड़ला व्याख्यानमाला, 1975)
('संवत्सर' में प्रकाशित लेख बिड़ला व्याख्यान माला का ही संवर्धित रूप है।)

उद्देश्य वर्तमान को और उसके यथार्थ को नकारना नहीं है, बल्कि उसके समान्तर एक अधिक स्थायी, अधिक महत्त्वपूर्ण, अधिक सच्चे यथार्थ जगत् की पहचान कराना है। इसीलिए ऐसी कथा के स्रष्टा को 'कल्पित' और 'असम्भव' घटना और चरित्र गढ़ने में संकोच या दुविधा नहीं होती। लेकिन महत्त्व की बात यह है कि वाचिक कथा के सुनने वाले के मन में भी कथा को लेकर कोई दुविधा या भ्रान्ति नहीं होती; क्योंकि वाचिक स्थिति ने पहले ही यह स्पष्ट कर दिया है कि कहानी में कोई धोखा नहीं है। सामाजिक का ध्यान आकृष्ट करने की युक्तियाँ उसमें अपनायी जायेंगी, उसकी रुचि बनाये रखने की युक्तियाँ भी काम में लायी जायेंगी, पर यह सब उसे ठगने के लिए नहीं बल्कि समय से सत्यतर की ओर प्रेरित करने के लिए।

इस आधार पर अगर हम कहें कि वाचिक कथा यथार्थ की दो समान्तर दुनियाओं में हमें एक साथ प्रतिष्ठित करती थी—बिना किसी एक को झुठलाये दूसरी तक आने-जाने के लिए एक सेतु का निर्माण करती थी—तो इस बात का पूरा आशय समझ में आ सकेगा। लेकिन ध्यान देने की बात यह भी होगी कि ये दोनों समान्तर दुनियाएँ केवल वाचक या किस्सागो के लिए ही नहीं, श्रोता सामाजिक के लिए भी यथार्थ थीं। पहले जो 'स्थितिशील समाज' और स्थायी मूल्यों की ओर संकेत किया गया, उसका यही आशय था। ऐसी कहानी के यथार्थ का निर्वाह ऐसे ही समाज में हो सकता जिसकी संस्थाएँ परम्परा से चली आयी हों और टिकाऊ हों, जिसके मूल्य सबके पहचाने, सर्वमान्य समाज-स्वीकृत हों, जिनके बारे में सामाजिक को कोई शंका न हो।

इसके साथ ही कदाचित् एक और जरूरी शर्त का उल्लेख भी कर देना चाहिए। **वाचक** और **सामाजिक** दोनों में दोहरा काल-बोध भी होना चाहिए—और काल की दो (या और अधिक!) प्रकार की गति के प्रति स्वीकार का भाव भी होना चाहिए। एक तेजी से बदलता हुआ 'ऐतिहासिक' काल, जिसमें हमारे दैनन्दिन जीवन की घटनाएँ घटित होती हैं और जिसमें बीता हुआ अक्सर लौटकर नहीं आता; एक दूसरा शाश्वत, आवर्ती महाकाल, जिसमें सब कुछ सदैव होता रहता है—अतीत, वर्तमान और भविष्य तीनों जिसमें एक साथ वर्तमान हैं।

इस आवर्ती काल का प्रतिबिम्ब हमें वाचिक परम्परा के कुछ कथा-रूपों में भी मिल सकता है। कथा-सरित्सागर अथवा अलिफ़-लैला, बैताल-पच्चीसी अथवा सिंहासन-बत्तीसी, शुक-सप्तति अथवा तोता-मैना इस जाति की कथाएँ हैं, जिनमें या तो कथा के छोटे-छोटे वृत्त एक वृहत् कथा के बहुत बड़े वृत्त के भीतर घूमते होते हैं, अथवा छोटे वृत्त मानो कई एक छल्ले बनाते हुए बार-बार आरम्भ-बिन्दु पर लौटते हैं। स्पष्ट है कि वाचिक स्थिति में यथार्थ का सम्प्रेषण जिन समयों (कन्वेन्शन्स) पर आधारित था, जिन समान मूल्यों के सहारे निष्पन्न होता रहा, उनमें से आज कोई भी स्वीकार्य या उपलब्ध नहीं हैं। आज यथार्थ के सम्प्रेषण की समस्या यहीं से आरम्भ होती है।

सबसे पहली बात सम्प्रेषण के दो पक्षों की परस्पर दूरी है। आज का सामाजिक, वाचक के लिए प्रत्यक्ष नहीं है। आज का कथा-सर्जक पाठक को यह कहकर आमन्त्रित नहीं कर सकता कि 'अब आप कान रख के, आँखें मिला के, सम्मुख हो के टुक इधर देखिए, किस ढब से चलता हूँ।' वह न केवल उसे प्रत्यक्ष नहीं पाता, वह यह भी नहीं जानता कि उसकी कहानी कौन, किस स्थिति में पढ़ेगा, और उसके स्वीकृत मूल्य कौन-से होंगे। पहचान की बाधा के कारण लेखक के लिए भी यह समस्या होती है कि किसी भी घटना का—यथार्थ का—सम्प्रेषण करने के लिए वह कौन-सी दूसरी अथवा दूरियाँ निर्धारित करके चले : घटना से अथवा उसके पात्रों से कितनी दूरी—देश, काल और राग-सम्बन्ध तीनों

की दृष्टि से कितनी दूरी—और इसी प्रकार पाठक से कितनी दूरी। यह तो स्पष्ट है ही कि भाषा का **स्तर** और **स्वर** भी इस दूरी के विचार के साथ बँधा हुआ है, क्योंकि पाठक तक पहुँचने के लिए जो भी अथवा जैसी भी दूरी का सम्बन्ध लेखक चुनता है, भाषा को उसका निर्वाह करना होगा, उसी के अनुरूप ढलना होगा।[1]

छपाई की स्थिति में दूसरी समस्या यह है कि अप्रत्यक्ष पाठक की ओर से ऐसा कोई तात्कालिक प्रतिक्रिया नहीं मिल सकती जिससे रचना-प्रक्रिया ही प्रभावित हो अथवा उसकी गति और दिशा तत्काल बदली जा सके—आधुनिक मुहावरे में कोई **फ़ीड-बैक** नहीं होता : सर्जना को प्रतिपोषण नहीं मिलता। पाठकों और आलोचकों की प्रतिक्रियाएँ देर से पहुँचती हैं—रचना और प्रेषण की क्रिया पूरी हो चुकने के बाद। ये प्रतिक्रियाएँ बनती हुई चीज को प्रभावित नहीं करतीं, केवल बन चुकी चीज पर अपना प्रभाव डालती हैं; अर्थात् सम्प्रेषण को प्रभावित नहीं करतीं बल्कि केवल प्रसारण को प्रभावित कर सकती हैं।

नया और त्वरित काल-बोध भी आज एक समस्या है। आज ऐतिहासिक काल हम पर हावी है और आवर्ती महाकाल की चर्चा हमें कष्ट-कल्पना जान पड़ती है। कह सकते हैं कि हमारा काल-बोध इकहरा हुआ जा रहा है—हम केवल साम्प्रतिक काल में जीते हैं। दूसरे शब्दों में हमारा यथार्थ भी इकहरा होता जा रहा है और उसके दूसरे उतने ही महत्त्वपूर्ण आयामों की चर्चा से पाठक कतराता है—उन्हें सन्देह की दृष्टि से देखता है, उसका संकेत करने वाले को 'परम्परावादी' मानता है, यहाँ तक कि काल के दूसरे और वृहत्तर आयामों का संकेत मिलने पर उसे घबड़ाहट भी होती है क्योंकि इन संकेतों से काल का वह आयाम आक्रान्त और संकटापन्न जान पड़ने लगता है जिसमें वह जीता है और जिसे वह आत्यन्तिक महत्त्व देता है।[2] यह घबराहट भी आज की स्थिति का एक पहलू है : आज के साहित्य का एक चर्चित विषय है।

विषय से थोड़ा हटकर यह भी कह सकते हैं कि क्रान्ति की भावना को तीव्रता देने के लिए शायद काल का इकहरा बोध उपयोगी होता है (उस इकहरे बोध को हम 'ऐतिहासिक' स्थिति का प्रभावशाली नाम देते हैं और अपनी वांछित ढंग की क्रान्ति को 'ऐतिहासिक अनिवार्यता' का दर्जा देते हैं!) और

---

1. अमेरिकी लेखक विलियम सारोयान की एक कहानी है जिसमें मुख्य चरित्र आपबीती सुना रहा है। बस के एक खाई में गिरने पर सारे सहयात्री किंकर्त्तव्यविमूढ़ थे, यह बताकर वह कहता है : 'मैंने अपनेआप से कहा, मैं कलाकार हूँ...' और फिर : 'मैंने कहा, मैं कलाकार हूँ; अब देखो कि मैं क्या करतब दिखाता हूँ...'(आई एम एन आर्टिस्ट, नाउ वाच मी पर्फ़ार्म)। कहानी में इसका तात्पर्य है कि यों वह घटना का अंग मात्र न रहकर एक पर्यवेक्षक हो जाता है, विवश न रहकर वशी हो जाता है और नेतृत्व की अर्हता पा जाता है। उसके निर्देशन में यात्री बस को खींचकर सड़क पर ले आते हैं और यात्रा सकुशल सम्पन्न हो जाती है। पर यहाँ उल्लेख्य कथा की परिणति नहीं, सम्बोधन की यह युक्ति है : इसके द्वारा सारोयान वृत्तान्त सुनाने वाले को वाचिक स्थिति के निकट ले आता है। 'नाउ वाच मी पर्फ़ार्म।'... 'टुक इधर देखिए किस ढब से चलता हूँ' वाचिक स्थिति आज नहीं है, पर युक्ति आज भी सुलभ है; अन्य लेखकों ने भी इसे अपनाया है।
2. ऐतिहासिक काल के ही आयाम में सीमित रहने के परिणामों के विवेचन के लिए देखिए 'संवत्सर' में 'काल की अवधारणा : इतिहास का क्रम' शीर्षक लेख।

    साहित्य में काल के वृहत्तर आयामों के संकेत और निर्वाह के लिए देखिए 'संवत्सर': 'वर्गवृत्त' शीर्षक लेख। कहाँ तो पारम्परिक स्थिति के सहृदय सामाजिक के लिए काल के विराट् आयाम का स्मरण सुरक्षा और आश्वासन का आधार बनता था और कहाँ उससे आज चिन्ता और व्याकुलता होने लगती है!

साम्प्रतिक काल को काल के वृहत्तर आयाम में रखने से वह भावना कुछ मन्द भी पड़ सकती है, उस 'अनिवार्यता' पर कुछ प्रश्नचिह्न भी लगाया जा सकता है। जो परिवर्तनशील है, और जिसमें हम और भी त्वरित परिवर्तन चाहते हैं, उसके आस-पास ऐसा भी कुछ स्वीकार कर लेने पर जो उतनी तेजी से नहीं बदलता और जिसे बदलने में हड़बड़ी भी नहीं करनी चाहिए, स्पष्ट है कि क्रान्ति अथवा तात्कालिक परिवर्तन को एक दूसरे आयाम में रखना होगा जिसमें परिवर्तन बहुत धीमी और लगभग अलक्षित गति से होते हैं। यहाँ तात्पर्य यह नहीं है कि त्वरित परिवर्तन कभी अच्छा नहीं होता या धीरे बढ़ना जरूरी तौर पर सही ढंग से बनता है; तात्पर्य केवल यह है कि यथार्थ के छिछले बोध से एक विशेष प्रकार का लाभ उठाया जा सकता है।

आज का समाज असन्तुलित और अस्थिर (अनस्टेबिल) हैं, उसमें परिवर्तन बड़ी तेजी से होते हैं और हमें निरन्तर अपने को परिवर्तित स्थितियों के अनुकूल ढालना पड़ता है। आज के समाज का यथार्थ भी स्थिर नहीं है और अनुक्षण न केवल बदलता है बल्कि बदलता हुआ दिखता है। फलतः आज यथार्थ की कोई भी अवधारणा सन्दिग्ध हो जाती है।

और यही कारण है कि आज हम यथार्थ और उसकी पहचान पर इतना बल देते हैं।

छपाई के एक और प्रभाव की ओर ध्यान देना यहाँ उचित होगा, क्योंकि इसके साथ भी भाषा की समस्या का गहरा सम्बन्ध हैं। छपाई से जो दूरी आती है, जिसके कारण 'सामाजिक' अप्रत्यक्ष हो जाता है, उससे एक ओर साहित्य में व्यक्ति का उदय होता है और रचना में व्यक्तित्व की पहचान पर बल दिया जाने लगता है; दूसरी ओर एक समूह-सामाजिक प्रगट होता है—सहृदय समाज का स्थान 'ऑडिएंस' ले लेती है : एक मास ऑडिएंस जिसके बारे में यहाँ तक कहा जा सकता है कि उसका कोई चेहरा नहीं है, कोई व्यक्तित्व भी नहीं है; वह केवल एक समष्टिगत 'उपभोक्ता समुदाय' है। वाचिक स्थिति में रचना में रचयिता के व्यक्तित्व की छाप अपेक्षित नहीं थी क्योंकि रचयिता तो प्रत्यक्ष ही होता था बल्कि वाचिक परम्परा में तो रीति का, सामान्य साहित्यिक गुणों का और कवि-समयों का पूरा ध्यान रहता था और व्यक्तित्व की छाप एक तरह अवांछित ही हो जाती थी। छपाई से आने वाली दूरी में रीति का महत्त्व तत्काल नष्ट हो जाता है और रचयिता का व्यक्तित्व केवल अपेक्षित ही नहीं, वांछनीय भी हो जाता है। क्योंकि संवाद और सम्प्रेषण की स्थिति उसी से बनती है। संवाद व्यक्ति और व्यक्ति के बीच ही होता है, बिना चेहरे की ऑडिएंस और व्यक्तित्व-रहित स्रष्टा के बीच संवाद की स्थिति ही नहीं बनती। जब गृहीता बिना चेहरे का 'उपभोक्ता' हो जाता है और साहित्य उपभोग्य वस्तु अथवा जिन्स बन जाता है, तब साहित्य-स्रष्टा भी स्रष्टा न रहकर 'उत्पादक' हो जाता है जो कि उतना ही व्यक्तित्व-रहित हो सकता है। पश्चिम में जो परिस्थितियाँ आ गयी हैं, आ चुकी हैं, वे भारत में अभी स्थापित नहीं हो गयी हैं, परन्तु हम बड़ी तेजी से उसी दिशा में बढ़ रहे हैं। **मास मीडिया** और **मास कल्चर** की जो चर्चा है उसे इसी सन्दर्भ में समझ सकते हैं। आज साहित्य की खपत होती है, सहृदय द्वारा रसास्वादन नहीं। समूहगत पाठक एक उपभोक्ता है जिसके व्यक्तित्व से कोई सरोकार नहीं है। दूसरी तरफ रचयिता एक उत्पादक है जिसके व्यक्तित्व से भी कोई सरोकार नहीं है। वास्तव में रचयिता अपने व्यक्तित्व की पहचान और प्रतिष्ठा तभी करा सकता है जब वह अपने पाठक के व्यक्तित्व की पहचान और प्रतिष्ठा स्वयं करे—प्रत्येक पाठक को समूहगत ऑडिएंस में से अलग करके उसके साथ संवाद की स्थिति कायम करे। अगर वह ऐसा नहीं करता, अगर वह पाठक को एक समूह

मानकर उसे अपने धनोपार्जन का (अथवा अपनी लोकप्रियता का भी) साधन बनाता है—उससे अपना काम साधता है—तो वह यह भी पायेगा कि पाठक भी उसे केवल उत्पादक मानकर उसे अपने मनोरंजन का साधन समझेगा और बनायेगा। **मास कल्चर** की स्थिति में जैसे इसका कोई महत्त्व नहीं रहता कि पुस्तक कौन पढ़ता है, महत्त्व की बात यह हो जाती है कि वह कितनी बिकती है; उसी प्रकार उस स्थिति में इस बात का भी कोई महत्त्व नहीं रहता कि पुस्तक कैसे व्यक्तित्व को और किन मानव-मूल्यों को प्रतिष्ठित करती है, महत्त्व इस बात का हो जाता है कि वह कितनी जल्दी और किस मात्रा में मनोरंजन प्रस्तुत करती है और आधुनिक जीवन के तनावों को शिथिल करने में कितना योग देती है।

यह बहुत थोड़ा-सा विषयान्तर जान पड़ सकती है लेकिन वास्तव में है नहीं । क्योंकि यथार्थ और यथार्थ की पहचान के साथ बात का गहरा सम्बन्ध है। वाचिका स्थिति में कथाकार दैनन्दिन अथवा स्थूल यथार्थ जगत् से हट जाता था तो इस बात का स्पष्ट संकेत देकर और एक व्यापकतर यथार्थ-जगत् में श्रोता को ले जाने के लिए। लेकिन समूह-संस्कृति में फैंटेसी और दिवास्वप्नों का सहारा इस प्रयोजन से नहीं लिया जाता; वहाँ पर कल्पना केवल वर्तमान के दबाव को हल्का करने के लिए, तनावों को शिथिल करने के लिए काम आती है। यानी समूह-समाज के साहित्य एक वृहत् यथार्थ की पहचान कराने वाला नहीं होता, बल्कि वर्तमान स्थिति को अधिक सहनीय बनाने वाला ही होता है। दूसरे शब्दों में वह एक प्रकार का नशा होता है।

लेकिन हम समूह-साहित्य की बात या कि केवल समूह-साहित्य की बात नहीं कर रहे हैं। हम उस कृति-साहित्य पर बल दना चाहते हैं जो सामूहिक मुग्धावस्था अथवा नशे का निमित्त मात्र नहीं बनना चाहता है बल्कि यथार्थ पर बल देते रहकर अपने युग और काल की सही और गहरी पहचान करता और कराना चाहता है। स्पष्ट है कि ऐसा साहित्य कल्पना के बदले अनुभव पर अधिकाधिक बल देगा। आप लक्ष्य करेंगे कि समकालीन साहित्य में समीक्षकों और साहित्यकारों की बात में ऐसा है भी। 'अनुभव की सच्चाई' ईमानदारी आदि की चर्चा इसी ओर संकेत करती है। यह नहीं कि अच्छा कथाकार आज भी 'कल्पना की सच्चाई' को हीनतर मानता है; केवल यही कि कल्पना आज उस सच्चाई से रहित भी हो सकती है और इसलिए अनुभव की कसौटी पर उसे रखना आवश्यक समझा जाने लगा है।

लेकिन अनुभव पर बदल देने से भी यथार्थ के सम्प्रेषण की समस्या कम कठिन हो जाती हो, ऐसा नहीं है। बल्कि सबसे पहली समस्या तो अनुभव का आग्रह स्वयं उत्पन्न करता है।

हमारे अनुभव में काल ऐतिहासिक क्रम में नहीं आता। कह सकते हैं कि काल की गंगा उलटी बहती है—परिणाम पहले अनुभव-प्रत्यक्ष होता है और कारण बाद में जाना जाता है। फलतः अनुभव की सच्चाई को परखने के लिए हम काल को उलटे क्रम से प्रस्तुत करेंगे। ऐतिहासिक क्रम अथवा शुद्ध अनुक्रम घटना को इस तरह से समझ में आने वाला तो बना सकता है, लेकिन अनुभव प्रत्यक्ष नहीं कर सकता। यह घटना-वर्णन अथवा वृत्तान्त की पहली समस्या है। और यह समस्या केवल शिल्प अथवा तकनीकी युक्तियों की समस्या नहीं है; अनुरूप भाषा की समस्या है। अनुभव-प्रत्यक्ष कथा न तो देश, काल, पात्र आदि के वर्णन से आरम्भ करके पुरानी कथा की तरह चल सकती है, न उस भाषा के सहारे चल सकती है जो घटनाओं को अनुक्रमिक मानकर उनका वर्णन करती है। हम सभी जानते हैं कि छोटी से छोटी घटना में भी हमारा अनुभव—हमारी चेतना—एकाधिक स्तरों पर एक-साथ काम करती है—हम न केवल कई स्तरों पर प्रभावों को एक साथ ग्रहण कर रहे होते हैं, बल्कि हमारी स्मृति और

हमारे संस्कार इन अनेक स्तरों पर ग्रहण की गयी छापों को साथ ही साथ एक नयी व्यवस्था में रख रहे होते हैं, जिस व्यवस्था के सहारे ही हम अपने उस अनुभव को केआस अथवा अविद्या के अन्धकार से निकालकर 'अर्थवत्ता' देते हैं। अनुभव का सम्पूर्ण सम्प्रेषण जहाँ एक ओर उस 'केआस' के तद्वत सम्प्रेषण की माँग करता है, वहाँ दूसरी ओर एक व्यवस्था देने वाली स्मृति की, व्यवस्था देने की प्रक्रिया की, और उस व्यवस्था-दे-दिये-गये रूपाकार की भी जिसमें कि वह अनुभव यथार्थ के रूप में गृहीत हो गया हो, पहचान की माँग होती है। आपने कभी किसी अत्यन्त वृद्ध महिला से पूछा हो कि कोई पुरानी घटना कब हुई थी तो उसके उत्तर से आप को स्मृति की विलक्षण संरचना का कुछ अनुमान हुआ होगा। एक व्यक्ति की स्मृति में यथार्थ जो रूप लेता है—और वही तो 'भोगा हुआ यथार्थ' है! उसे दूसरे के लिए यथार्थ तो क्या, बोधगम्य भी बनाने के लिए पुनः संरचित करना पड़ता है। पुनर्रचरना की यह प्रक्रिया कितनी लम्बी होगी, यह इस पर निर्भर है कि कितना काम स्मृति की संयोजिका प्रवृत्ति पहले कर चुकी है।

एक बार फिर कहना होगा कि यह समस्या केवल शिल्प की नहीं, भाषा की भी है। भाषा के स्तर पर एक ओर यह उस निस्संग 'सपाट-बयानी' का आकर्षण प्रस्तुत करती है जिस पर कुछ आलोचकों और स्वयं लेखकों ने बल दिया है, दूसरी ओर यह ऐसी बहु-स्तरीय और जटिल भाषा की माँग करती है जिसमें एक वाक्य में एक साथ ही इतनी अधिक क्रियाएँ अपेक्षित होती हैं कि वाक्य लगभग निरर्थक हो जाये! उस निरर्थकता से बचने के लिए रचनाकार को एक रास्ता यह दिख सकता है कि ऐसे अनेकार्थवाची विशेषण चुने और गढ़े, क्रियाओं में से सांकेतिक धातु निकालकर ऐसी नयी क्रियाएँ गढ़े, जो अगर पूरे अर्थ का सम्प्रेषण न भी कर सकें तो उन अनेक स्तरों पर कुछ न कुछ संकेत तो दे सकें जिन पर समूची क्रिया हो रही है—जिन पर समूचा अनुभव हो रहा है। यह कहना आवश्यक नहीं होना चाहिए कि भाषा और सम्प्रेषण की यह समस्या एक ओर आधुनिक मनोविश्लेषण और मनोविज्ञान का परिणाम है तो दूसरी ओर मनोविश्लेषण और मनोविज्ञान ही इस समस्या के हल के रास्ते भी सुझाते हैं। आधुनिक यथार्थ के सम्प्रेषण के लिए, यथार्थ के आधुनिक सम्प्रेषण के लिए मनोजगत् में प्रवेश अनिवार्य है। यथार्थ को हम अनुभव कैसे करते हैं, यह समझने के लिए मानव मन की प्रक्रियाओं को समझना आवश्यक है। इसीलिए यथार्थ का सम्प्रेषण हम कैसे करें, इस प्रश्न के उत्तर के लिए भी हमें उसी प्रक्रिया की ओर मुड़ना होता है : ग्रहण और सम्प्रेषण की क्रियाएँ परस्पर-सम्बद्ध हैं यह स्वाभाविक ही है। यहाँ एक बार फिर हम कल्पना, फैंटेसी, दिवा-स्वप्न, मुक्त आसंग, मिथक आदि की उपयोगिता पहचानते हैं। लेकिन सवाल यह है कि मानस प्रक्रिया में उनकी ओर मुड़ना, वाचिक परम्परा में कल्पना के उपयोग से बिल्कुल भिन्न है। वाचिक परम्परा में कथाकार हमें दो समान्तर यथार्थों का बोध कराना चाहता था; आज हम एक ही अनेक-स्तरीय यथार्थ का संश्लिष्ट अनुभव कराना चाहते हैं। यह अन्तर एक बुनियादी अन्तर है और इसे अच्छी तरह समझ लेना आवश्यक है। शिल्प की सभी नयी युक्तियाँ इस नयी परिस्थिति का सामना करने और उसे वश में करने के प्रयत्न का परिणाम हैं। भाषा की सब नयी समस्याएँ भी इसी के साथ जुड़ी हैं। हम जानते हैं कि मनोजगत् में घटना बड़ी तेजी से, संश्लिष्ट ढंग से, अनेक स्तरों पर, अनेक अनुभूतियों और परस्पर-विरोधी स्मृतियों, चिन्ताओं और अनुमानों को एक साथ गड्ड-मड्ड भोग में भोगते हुए, और साथ ही एक व्यवस्थित क्रम में लगाते हुए, और उनका विवेचन तथा मूल्यांकन भी करते हुए, घटित होती है। फलतः घटना के वर्णन के लिए, वृत्तान्त-वार्ता के लिए, हमें भाषा भी ऐसी चाहिए जो एक साथ इतनी गड्ड-मड्ड और इतनी विशद, व्यवस्थित, विश्लिष्ट

भी हो और जो इतना त्वरित ग्रहण, संश्लेषण और सम्प्रेषण भी कर सके।

चेतना के स्तर केवल चेतना के स्तर नहीं हैं, यथार्थ के भी स्तर हैं; क्योंकि वह अनेक-स्तरीय चेतना ही तो यथार्थ के ग्रहण का हमारा माध्यम है।

और चेतना का एक पक्ष जहाँ हर-एक चीज़ को क्रम और व्यवस्था देता है (जिस क्रम और व्यवस्था और परीक्षण-मूल्यांकन का आधार हमारा अतीत अनुभव और उसकी स्मृति है), वहाँ दूसरा पक्ष आत्यन्तिक रूप से क्रम-विरोधी है और सभी स्तरों, सभी अनुभूतियों की समकालीनता और सहभोग का सहारा चुनता है।[1]

कथा-भाषा की—कथा में वृत्तान्त प्रस्तुत करने की बुनियादी समस्या यहाँ है। एक साथ ही अनुक्रम और क्रमहीन सहवर्तिता को कैसे सम्प्रेषित किया जा सकता है? भाषा की कौन-सी युक्तियाँ हमें अनुभव के और उसके सम्प्रेषण के बीच की इस खाई के पार ले जा सकती हैं?

आधुनिक कथा-साहित्य समस्या के निराकरण की साहस-यात्रा है। और उपन्यास का इतिहास प्रधानतः उस यात्रा का वृत्तान्त बन जाता है।

---

1. चेतना की संरचना का प्रश्न मूलतः काल की संरचना का प्रश्न है; भाषा का प्रश्न उसका आनुषंगिक है। कालानुभूति की संरचना के विवेचन के लिए देखिए संवत्सर : 'काल की अवधारणा और प्रतीति—अनुभव का क्रम'।

ललित, व्यक्ति-व्यंजक, व्यक्तित्व-रंजित

व्यक्ति-व्यंजक निबन्धकार की हैसियत से आप निबन्धों में व्यक्तित्व को कैसे परिभाषित करना चाहेंगे?

व्यक्ति-व्यंजक की अपेक्षा व्यक्तित्व-व्यंजक कहना मुझे अधिक समीचीन जान पड़ता है, बल्कि शायद इससे भी एक कदम आगे बढ़कर व्यक्तित्व-रंजित कहना उचित हो। जिस कोटि के निबन्धों के बारे में प्रश्न है वे व्यक्तित्व की ही व्यंजना करते हैं—व्यक्तित्व के वैचित्र्य के पहलू या पहलुओं की। लेकिन व्यक्तित्व की व्यंजना तो काव्य भी करता है। काव्य में वह लक्ष्य नहीं होता, फिर भी व्यक्तित्व की व्यंजना तो काव्य में होती ही है और जिस काव्य में नहीं होती उसे आधुनिक युग में काव्य मानना भी कठिन हो जाता है, पद्य के नाते वह कितना भी निर्दोष क्यों न हो। जिन निबन्धों की चर्चा हो रही है उनमें केवल व्यक्तित्व की व्यंजना नहीं होती बल्कि लेखक यह चाहता भी है कि वह जो कुछ लिख रहा है वह उसके व्यक्तित्व से रंजित हो। लेखक की रुचि, उसकी दृष्टि, उसके संस्कार, उसके व्यसन आदि सब इसमें आ जाते हैं। किसी एक विशेष मनःस्थिति अथवा मूड का प्रतिबिम्बन भी उसमें आ जाता है।

ललित निबन्ध नाम को आप सार्थक मानते हैं या नहीं? यदि नहीं तो क्यों नहीं? और यदि हाँ तो निबन्धों के इस लालित्य को कैसे व्याख्यायित करेंगे?

ललित निबन्ध नाम अपनी सीमा में सार्थक तो है। लेकिन व्यक्तित्व-व्यंजक निबन्ध और ललित निबन्ध समानार्थक नहीं हो सकते। व्यक्तित्व-व्यंजक निबन्धों की एक कोटि ही ललित निबन्ध नाम के अन्तर्गत आयेगी। व्यक्तित्व की व्यंजना अनेक प्रकार से हो सकती है। रुचि-वैचित्र्य या कोई विशेष मनोदशा जब अपने को प्रगट करने के लिए एक लीला-भाय अपनाये, जब निबन्ध में प्रस्तुत की गयी वस्तु का चयन और नियोजन राग-रंजित दृष्टि से किया जाये, तभी रचना के लालित्य को महत्त्व का स्थान दिया जायेगा और तभी निबन्ध ललित निबन्ध कहलायेगा। लीला भाव प्रधान नहीं भी हो सकता है। जहाँ वस्तु को राग-रंजित रूप में प्रस्तुत करने का आग्रह न हो फिर भी व्यक्तित्व की व्यंजना उसमें हो और काम्य हित हो वहाँ निबन्ध को ललित निबन्ध कहना ठीक नहीं होगा। इसीलिए व्यक्तित्व-व्यंजक अथवा व्यक्तित्व-रंजित नाम मुझे अधिक सही जान पड़ता है—उनकी व्याप्ति अधिक है और ललित निबन्ध उसका केवल एक वर्ग होगा।

व्यक्ति-व्यंजक निबन्धकार के रूप में आप निबन्धों की रचना करते समय अपने व्यक्तित्व को कितनी दूर तक रखते हैं?

निबन्ध की रचना के समय, जैसे कि किसी भी रचना के समय, वास्तव में अपने व्यक्तित्व को दूर रखने का प्रयत्न नहीं होता। असल प्रश्न होता है पाठक से अपनी दूरी की सीमा निर्धारित करने का। और व्यक्तित्व-व्यंजक निबन्धों में यह दूरी दूसरी विधाओं की अपेक्षा कम रखी जाती है क्योंकि व्यक्तित्व का प्रक्षेपण तो यहाँ काम्य भी होता है, "यह देखिए, इस वस्तु को इस दृष्टि से भी देखा जा सकता है—कम-से-कम मैं ऐसा देख रहा हूँ—कम-से-कम फ़िलहाल ऐसा भी देख सकने की बात सोच सकता हूँ—कम-से-कम ऐसा सोचा तो जा ही सकता है—कम-से-कम ऐसा सोचने का प्रस्ताव, देखिए, मज़ेदार तो है ही"—व्यक्तित्व-व्यंजक निबन्ध में इस तरह की आत्मीयता और तात्कालिकता—और तात्कालिकता के कारण एक तदर्थता और आरज़ीपन रहता है। काव्य में यह आरज़ीपन या 'फ़िलहाल यों' का भाव नहीं रहता—साधारणतया नहीं रहता, कभी-कभी लाया जाता है या आने दिया जाता है; और जिस कविता में होता है उसे हम कुछ हलका मानते हैं—मानते हैं कि कवि क्रीड़ा कर रहा है। साधारणतया तो काव्य में हम समय के सत्य को भी देखते हैं तो उसे देखने को नित्यता का एक आयाम दे देते हैं। और क्योंकि समय में नित्यता का आयाम होता है इसीलिए काव्य कवि के व्यक्तित्व को अभिव्यक्त करता हुआ भी व्यक्तित्व-निरपेक्ष हो जाता है। व्यक्तित्व-व्यंजक निबन्ध में ऐसा नहीं किया जाता और वह कभी व्यक्तित्व-निरपेक्ष नहीं होता। या हो जाता है तो फिर वह उस कोटि से बाहर निकल जाता है—उसे हम आलोचनात्मक निबन्ध अथवा तत्त्वपरक, चिन्तनपरक, अन्वेषणपरक आदि किसी दूसरे विशेषण के साथ जोड़ते हैं। व्यक्तित्व-व्यंजकता या व्यक्तित्व-रंजना की बात वहाँ प्रासंगिक नहीं रह जाती। यह भी कह सकते हैं कि रचना-कर्म भी वहाँ प्रासंगिक नहीं रह जाता—वहाँ लेखक कर्म होता है।

निबन्धों में यथार्थ क्या होता है? क्या निबन्धों में भी कथा आदि अन्य विधाओं की ही भाँति यथार्थ के सम्प्रेषण की समस्या नहीं उठती? यदि हाँ तो क्या इस पर कुछ प्रकाश डालेंगे?

निबन्धों में यथार्थ क्या है, इस प्रश्न का विचार तो एक व्यापकतर प्रश्न के सन्दर्भ में ही हो सकता है कि साहित्य में यथार्थ क्या है। यथार्थ के सम्प्रेषण की समस्या हर सर्जनात्मक कृति में रहती है और सर्जनात्मक निबन्धों में भी रहेगी ही। लेकिन प्रस्तुत सन्दर्भ में—व्यक्तित्व-व्यंजक अथवा व्यक्तित्व-रंजित निबन्धों के सन्दर्भ में—प्रश्न निबन्धों के 'मैं' पर केन्द्रित हो जाता है। यों तो निबन्ध लेखक भी सर्वदा उतना ही यथार्थ है जितना और कुछ यथार्थ हो सकता है। लेकिन निबन्ध के 'मैं' के बारे में यह बात ऐसे साधारण रूप में नहीं कही जा सकती। निबन्ध-रूपी साहस-यात्रा में निबन्धकार मानो उस समय कह रहा होता है, "मैं यथार्थ हूँ; इस समय का यह 'मैं' इस रूप में यथार्थ हूँ। यह रुचि-वैचित्र्य, यह वाक्चातुरी, यह विनोदशीलता, यह इन्द्रजाल, ये कलाबाजियाँ, यह भ्रान्ति—ये सब भी इस समय और इस सन्दर्भ में न केवल यथार्थ हैं बल्कि प्रमाणित यथार्थ हैं क्योंकि मेरा व्यक्तित्व उनका प्रमाण है।" व्यक्तित्वपरक निबन्ध के सन्दर्भ में वह सब कुछ यथार्थ है जिसके माध्यम से एक व्यक्तित्व की उसके समूचे संसार की या उसके उस समय कि संसार की प्रतीत पाठक को करायी जा सकती है। उस संसार को वैसे देखना कहाँ तक सही है या नहीं है, वह सार भी कितना 'वास्तविक' है या नहीं है, ये सब प्रश्न नहीं उठते। क्योंकि लेखक का व्यक्तित्व ही उस जगत् का प्रमाण है जो निबन्धकार के निमित्त से सामने आता है, इसलिए लेखक का लीला-भाव भी स्वतःप्रमाण है।

रही सम्प्रेषण की बात। एक 'साधारण' यथार्थ के सम्प्रेषण से इस प्रकार के व्यक्ति-विशिष्ट यथार्थ के सम्प्रेषण की समस्या कुछ अलग तो होगी ही। पर वैसा एक हद तक हर 'रचना' के साथ होता है। रचना अपने प्रेषक और लक्ष्य के बीच एक समय प्रतिष्ठित करती है जो सम्प्रेषण की उस एक क्रिया के लिए प्रमाण होता है—जो इस अर्थ में 'तदर्थ' समय होता है। व्यक्तित्व-रंजित निबन्ध भी अपने

लिए वैसी अनुकूलता पैदा कर लेगा तभी सम्प्रेषण हो सकेगा, नहीं तो नहीं हो पायेगा। कोई भी कलावन्त अपना 'करतब' दिखाता है तो उसके अनुकूल मनःस्थिति पैदा करता है—या मनःस्थिति को ही पहचानकर उसी के अनुकूल चीज़ प्रस्तुत करता है।

आपने साहित्य की अनेक विधाओं को अभिव्यक्ति का माध्यम बनाया है। इन सब में सबसे अधिक सशक्त माध्यम आप किसे मानते हैं? आपकी दृष्टि से क्या निबन्ध अभिव्यक्ति का सबसे सशक्त माध्यम हो सकता है?

यह कहना बहुत कठिन है कि अभिव्यक्ति का 'सबसे सशक्त माध्यम' किस विधा में मिलेगा। सबसे पहले तो लेखक की अपनी प्रवृत्ति और प्रतिभा की बात होती है। फिर विषय-वस्तु की अपनी माँग होती है—ऐसा नहीं मानना चाहिए कि वस्तु का संग्रह अलग से करके लेखक ऐसा विचार करता है कि कौन-सी विधा वह चुनेगा। यहाँ तक कह सकते हैं कि वस्तु अपनी विधा स्वयं चुनती है। फिर यह भी जोड़ दे सकते हैं कि विधा अपना लेखक चुनती है, इससे उलटा नहीं। इस दृष्टि से तो लेखक के विकल्प की गुंजाइश बहुत कम रह जाती है। इस आत्यन्तिक तर्क को छोड़ भी दें तो लेखक के विकल्प का जितना क्षेत्र है उसमें भी यह बताना कठिन है। एक तो अलग-अलग समय पर अलग-अलग विधाएँ लेखक को अधिक आकर्षक जान पड़ सकती हैं—अलग-अलग प्रकार का वस्तु-विषय उसके आकर्षण का केन्द्र हो सकता है। दूसरे, जिस लेखक की रुचि अनेक प्रकार की सामग्री और अनेक विधाओं में है, उसके साथ यह प्रश्न भी होगा ही कि कब, किस रुचि की अभिव्यक्ति अपेक्षित है—और वही तो स्वयं अपने लिए उस समय का सर्वोत्तम माध्यम चुन लेगी। व्यक्ति के रुचि-वैचित्र्य के लिए, संस्कार-वैचित्र्य के लिए, वाक्चातुर्य और विनोद भाव ('कला-विलास') के लिए—संक्षेप में, व्यक्तित्व की व्यंजना के लिए और व्यक्तित्व-रंजित अभिव्यक्ति के लिए,—उस प्रकार के निबन्ध उत्तम साधन हैं जिनकी चर्चा हो रही है। भाषागत क्रीड़ा भाव और वाग्विलास अथवा वैदग्ध्य के लिए भी ये निबन्ध श्रेष्ठ साधन हैं। (शब्द-क्रीड़ा के लिए काव्य भी उतना ही उपयुक्त है, बल्कि कुछ अधिक। शब्द-क्रीड़ा और भाषागत क्रीड़ा में मैं भेद करता हूँ। कवि का सरोकार शब्द से रहता है और गद्यकार का भाषा से। इसकी चर्चा मैंने अन्यत्र कई जगह की है और यहाँ उसके ब्यौरे में जाना आवश्यक नहीं है।) जहाँ विषय-वस्तु व्यापकतर ऐतिहासिक दृष्टि से प्रस्तुत की जा रही होगी या जहाँ लेखक का ही विश्व-दर्शन प्रस्तुत किया जा रहा होगा, वहाँ उपन्यास की विधा अधिक समर्थ ज्ञान पड़ेगी। इस 'जान पड़ने' को भी उसी सन्दर्भ में देखना चाहिए जिसका उल्लेख मैंने अभी पहले कर दिया कि वस्तु विधा को चुन लेती है और विधा ही लेखक को चुनती है। और यह तो है ही कि हम रचना अथवा सर्जना के सन्दर्भ में ही बात कर रहे हैं; अन्य प्रकार के गद्य के लिए दूसरे ढंग से सोचना होगा। यह सब कहते हुए मैं इतना और जोड़ दे सकता हूँ कि केवल साधन की बात नहीं कर रहा हूँ; अपनी रुचि और प्रवृत्ति की बात भी कर रहा हूँ। और अपने अनुभव की भी—जितना भी वह रहा है—बात कह रहा हूँ। मुझे तो यही लगता है कि यह प्रश्न, कि 'कौन-सी विधा अभिव्यक्ति का समर्थतम साधन है', केवल पण्डित या अध्यापक समाज में उठने, उठाया जाने वाला प्रश्न है; स्वयं सर्जक के सामने यह प्रश्न उठता ही नहीं क्योंकि यह सर्जना-प्रक्रिया का ही अंग है कि उसमें वस्तु, विषय, विधा और कवि, सब की निर्विकल्प समंजसता निर्धारित हो चुकी हो—विकल्प का और चुनने का कोई सवाल ही बाकी न रहे। यही तो कलाकृति की स्वायत्ता है।*

* ये प्रश्न कुमारी अरुणिमा दिलजन द्वारा पूछे गये थे।

सावन किस रुत आएया

जल का एक नाम है जीवन। जलद मेघ के साथ जीवन की अभिलाषा और स्फूर्ति के सम्बन्ध का ही यह एक पक्ष है कि साहित्य में प्राचीन काल से ही मेघ के साथ विरह का या उद्दाम प्रेम का सम्बन्ध चला आता है। **मेघदूत** तो प्रसिद्ध है ही। लेकिन यह मानना आवश्यक नहीं है कि संस्कृत में उपलब्ध होने के कारण ही कोई प्रवृत्ति अधिक पुरानी नहीं है; प्राकृत जीवन की भी एक परम्परा रही जो कम पुरानी नहीं है। यह दूसरी बात है कि लोक-परम्परा को हमें साधारणतया ऐतिहासिक परिप्रेक्ष्य में नहीं देखते। वास्तव में लोक-परम्परा को ऐतिहासिक चौखटे में न रखना तो उस पहचान का ही एक प्रभाव है जो काल के एक इतिहासातीत आयाम को भी देखती है। बल्कि इस बात को यों कहना सत्य के निकटतर होगा कि यह पहचान लोक-साहित्य को पश्चिम की हिस्टरी के काल से अलग, भारत के इतिहास के काल में रखकर देखती है। **इति ह आस**—ऐसा ही होता आया है—यह काल के उस आयाम को प्रस्तुत करता है जो आवर्ती है, सतत वर्तमान है और निरन्तर अपना नवीकरण करता चलता है, जबकि हिस्टरी घटनाओं की वह क्रम-कथा है जो उन्हें अतीत में ही प्रतिष्ठित करके देखती है।

लोक-साहित्य जहाँ जन-जीवन के साधारण दुःख-दर्द और उसकी आशा-अभिलाषा को, परिवेश-परिजनों से उसके सम्बन्धों को अभिव्यक्त करता चलता है, वहाँ निरन्तर इस बोध को भी अभिव्यक्ति देता है कि सब कुछ निरन्तर अपना नवीकरण करता चलता है। ऋतुओं के काव्य का लोक-साहित्य में इतना महत्त्वपूर्ण स्थान इसीलिए है कि ऋतुओं के आवर्तन के साथ जीवन का निरन्तर आत्म-नवीकरण बँधा हुआ है। ऋतु-चक्र के साथ एकात्मता से ही लोक-जीवन को वह शक्ति मिलती है जिससे कि समूचा जीवन एक ऋतूत्सव हो जाता है। जन्म-मरण, रोग-व्याधि, सूखा-अकाल भी उसी विराट् प्रक्रिया के अंग बन जाते हैं जिसमें हम हर वर्ष मेघों के उमड़ने का भी उत्सव उतने ही उत्साह से मनाते हैं जितने उत्साह से मेघों के छँट जाने के उपरान्त शारदीय चन्द्रमा के उदय का अथवा नदी-धाराओं के द्वारा उन्मोचित किये गये रेतीले तट-अंचलों का।

लोक-जीवन में ऋतु-काव्य का प्राधान्य रहते हुए भी एक बात और भी विलक्षण है कि उसमें मेघ से बँधे हुए काव्य का विशिष्ट स्थान है। वर्षा के सूचक होने के कारण मेघ कृषि-चक्र पर आधारित जीवन के श्रेष्ठ प्रतीक तो बन ही जाते हैं—भारतीय किसान-समाज का सारा जीवन वर्षा से जुड़ा हुआ है और नहरों अथवा नलकूपों के आधुनिक विकास से अभी तक इसमें कोई विशेष परिवर्तन नहीं आया है। मेघ पहले स्तर पर वर्षा का ही प्रतीकन करते हैं, लेकिन फिर वर्षा पर आधारित जीवन के सभी

पहलुओं के प्रतीक भी हो जाते हैं क्योंकि जीवन का सभी कुछ तो वर्षा पर आश्रित है। और सभी आशाएँ, अभिलाषाएँ, स्मृतियाँ और चिन्ताएँ मेघ के साथ जुड़ जाती हैं। इस तरह का सम्बन्ध कितनी गहराई तक हमारे चिन्तन को, हमारी भाषा और हमारे मुहावरों को प्रभावित करता है, इसके श्रेष्ठ उदाहरण मेघ से सम्बद्ध पूर्वी और पश्चिमी मुहावरे में मिल सकते हैं। यहाँ 'पहला दौंगरा' सूचित करता है कि आगे सब कुछ ठीक होने वाला है और दुर्दिन चले गये हैं। पश्चिम में बादल दुर्दिन के ही प्रतीक हो जाते हैं। यहाँ वर्षा को देखकर कवि कह उठता है, "बरसो, ज्योतिर्मय जीवन" तो वहाँ सारे मानवीय उद्यमों का लक्ष्य होता है 'वर्षा वाले दिन से बचाव।' यहाँ 'नेह के बादल' उमड़ते हैं तो वहाँ 'युद्ध के बादल'। यहाँ मेघ को देखकर विरहिणी पिया-मिलन की उत्कण्ठा से भरती है तो वहाँ लोग मृत्यु-भय से शंकित होकर मुँह फेर लेते हैं।

और यहाँ 'सावन के अन्धे को हरा ही हरा नजर आता है।' वहाँ—वहाँ उसे सर्वत्र दुर्भाग्य छाया दीखने लगता है! यहाँ हम नाच-नाच कर मेघ का आह्वान करते हैं—'काले मेघा पानी दे' तो वहाँ उसे दुतकारते हुए कहते हैं—रेन, रेन, गो टु स्पेन, नेवर कम अगेन—"वर्षा, वर्षा, जा री जा, स्पेन को जा, यहाँ कभी मत लौटकर आ!" यहाँ किसान सुन तो ले कि किसी ने मेघ को कहा है कि 'फिर कभी मत आना' तो अतिथि-देवता के इस अपमान के शाप-भय से त्रस्त हो उठेगा।

यों हम मेघ-रूपी मुकुट में अपने देश और समाज के समूचे जीवन का प्रतिबिम्ब देख सकते हैं। घटा का घुमड़ना वियोग की पीड़ा का, विरह के अवसाद का, गर्जन अकाल के आह्वान का, दामिनी की दमक प्रिय-मिलन की उत्कण्ठा का और धारासार वृष्टि प्यार के उन्माद अथवा आत्म-दान का प्रतीक हो जाते हैं। मेघाच्छन्न आकाश में स्मृतियों के जागरण का, स्निग्ध आलोक में वात्सल्य की शान्ति का, घटाओं के घुलने-मिलने में माँ के क्रीड़ारत दुलार का और झीनी वर्षा में भाई-बहिन के विश्वास-भरे स्नेह का प्रतिबिम्ब भी हमें दीख जाता है।

निस्सन्देह इतने बड़े देश में कई प्रादेशिक संस्कृतियाँ पनपती रही हैं और लोक-जीवन की कई परिपाटियाँ समान्तर विकसित हुई हैं। स्वाभाविक है कि ऋतु-चक्र से जीवन के सम्बन्धों को अभिव्यक्ति की भाषा या मुहावरे भी अलग विकसित हुए हों। लेकिन कृषि-चक्र और ऋतु-चक्र का जो बुनियादी सम्बन्ध है, वह तो सर्वत्र एक-सा ही है। और उस तक पहुँचकर भाषागत वैविध्य के नीचे हमें जो समानता और एकरूपता मिलती है उसे हम स्वयं अपने देश की एक नयी पहचान भी मान सकते हैं। कहते हैं कि रवीन्द्रनाथ ठाकुर ने वर्षा पर एक लाख गीत लिखे : संख्या कुछ अतिरंजित अवश्य है, लेकिन बंग-देश का कवि अपने काव्य में वर्षा को इतना अधिक महत्त्व दे इसमें कुछ भी अस्वाभाविक नहीं है, बल्कि ऐसा न होना भी अस्वाभाविक होता। उत्तर-पश्चिम भारत के कवियों की रचनाओं में वर्षा-गीतों का इतना बाहुल्य नहीं भी मिल सकता है लेकिन वर्षा के साथ उनके रागात्मक सम्बन्ध का वही रूप वहाँ भी मिलेगा। तटवर्ती बांग्ला देश (और इसी प्रकार तटवर्ती केरल) में वर्षा की विभीषिका के बारे में भी कुछ चित्र मिल जायेंगे जो कि उतने ही स्वाभाविक होंगे। लेकिन प्रकृति के इन प्रादेशिक विभेदों के अनुलेखों के बावजूद वर्षा के साथ जन-मात्र का सखा-सम्बन्ध सर्वत्र एक-सा पहचाना जा सकेगा।

आरम्भ में हमने ऐतिहासिक परिप्रेक्ष्य की बात कही, और संस्कृत तथा प्राकृत काव्य दोनों की चर्चा की। जिस देश में अभी कुछ पीढ़ियों पहले तक न केवल लोक-साहित्य वरंच अभिजात समाज का साहित्य भी वाचिक परम्परा में ही सुरक्षित रहता आया, वहाँ साहित्य के ऐतिहासिक निरूपण अथवा

विभाजन को लेकर भी कई समस्याएँ उठती हैं। ऐसा मान लेना अनुचित नहीं होगा कि संस्कृत साहित्य भी जितना हमें आज उपलब्ध है उससे कहीं अधिक नष्ट भी हो चुका होगा क्योंकि स्मृति में सुरक्षित नहीं रहा होगा और लिपिबद्ध भी नहीं हुआ होगा। आजकल छापे की कृपा से बहुत-से रद्दी काव्य को भी एक विशेष प्रकार का स्थायित्व (क्या उसे 'अमरत्व' कह सकते हैं?) मिल जाता है। जिन दिनों छपाई की व्यवस्था नहीं थी, उन दिनों का थोड़ा-सा अच्छा साहित्य भी किसी अच्छे समृद्ध सहृदय द्वारा लिपिबद्ध कराकर सुरक्षित कर लिया जाता होगा; नहीं तो अच्छी से अच्छी रचना का अस्तित्व भी सदा संकटापन्न ही रहता होगा। कण्ठ अथवा जिह्वाग्र से बढ़कर कोई मंजूषा उसे नहीं मिलती होगी–और जब कवि-कण्ठ से हटकर अन्य वाचक के कण्ठ में बसने लगती होगी तब कितने रूपान्तरों की सम्भावना उसके साथ न जुड़ जाती होगी! इस रूप में तो तथाकथित अभिजात साहित्य भी उतना 'वेध्य' होता होगा जितना लोक-साहित्य–या कि दोनों में थोड़ा ही अन्तर रह जाता होगा। लेकिन लिपिबद्ध होने से पहले (बल्कि लिपिबद्ध होने के बाद भी–क्योंकि लिखित ग्रन्थ तो किसी एक समृद्ध काव्य-प्रेमी के ग्रन्थागार में सुरक्षित रहकर उसकी मित्र-मण्डली तक ही सीमित होता होगा) दोनों साहित्यों में वाचक के स्मृति-भ्रंश का प्रभाव दीखेगा और उससे होने वाली क्षति की पूर्ति के अनेक प्रयत्न भी। लोक-साहित्य की परम्परा में होने वाले परिवर्तन को कोई महत्त्व ही नही देता–जो चीज़ स्मृति में जिस रूप में सुरक्षित है उसका वही रूप स्वतःप्रमाण है और इस बात का कोई महत्त्व नहीं है कि दूसरे काल में कोई दूसरा रूप प्रचलित था या कभी प्रस्तुत किया गया था। लोक-मानस एक कालातीत भण्डार इस अर्थ में है कि वह कालगत परिवर्तनों को स्वीकार करते हुए केवल एक ही रूप को प्रमाण मानता है–उस रूप को जो उस समय जीवन्त रूप है। यह इसके बावजूद कि वह यह भी मानता है कि बाप-दादों के जमाने से, अथवा माँ और नानी के जमाने से, सास और ननिया सास के ज़माने से, वही रूप चला आता रहा! केवल अभिजात साहित्य के साथ यह समस्या कभी-कभी उठती है कि वाचिक अथवा स्मृति-परम्परा में सुरक्षित रूप उस रूप से कुछ भिन्न है जो किसी पुरानी लिपि में मिलता है। और तब विद्वानों और शोधकों में खलबली मचती है और खण्डन-मण्डन का उत्साह जागता है कि कौन-सा पाठ प्रामाणिक है!

अभिजात साहित्य और लोक-वाङ्मय के इस समान्तर अस्तित्व और विकास के बहुत से प्रभाव ऐसे होते हैं जिनकी ओर आलोचक का ध्यान–आलोचक तो अब किताबी परम्परा का ही व्यक्ति है!–प्रायः नहीं जाता। अभिजात समाज का अथवा 'पाठक' वर्ग का साहित्य धीरे-धीरे अमूर्त अवधारणा की ओर बढ़ता जाता है जबकि लोक-वाङ्मय निरन्तर एक आनुष्ठानिक रूप ग्रहण करता चलता है। अभिजात साहित्य में हमारे अनुभव के सुख-दुःख, काव्य के सुख-दुःख से दूर और अलग होते जाते हैं; और यह बात भी हमारे लिए विमर्श का विषय हो जाती है कि क्यों काव्य में वर्णित अथवा काव्य के चरित्रों के हर्ष-शोक हमें केवल आनन्द देते हैं। लोक-वाङ्मय में ऐसे प्रश्न नहीं उठते–उठ ही नहीं सकते, क्योंकि लोकजन अब अपना गीत गाता है तो उसे जीता भी है। इसके गीत के संचारी भाव गीत तक सीमित नहीं होते बल्कि उसके समूचे तत्कालीन अस्तित्व की अभिव्यक्ति होते हैं।

दोनों समाजों, समाज के दोनों अंगों के राग-विराग, रुचियाँ-वासनाएँ एक-सी होते हुए भी काव्य में उनकी अभिव्यक्ति के रूप बिलकुल अलग-अलग हो जाते हैं। दोनों के अनुशासन अलग-अलग प्रकार के होते हैं। अभिजात वर्ग का संस्कारवान् मूर्तिकार मूर्ति गढ़ते हुए मानव शरीर की नग्नता चित्रित करते हुए नहीं हिचकता क्योंकि नंगे मानव शरीर और दिगम्बर मूर्ति–दोनों के मूर्त आकारों के बीच

रूपाकार के अमूर्तन की एक प्रक्रिया हो चुकी है। अंग्रेजी परिभाषा में जब 'नेकेड' और 'न्यूड' में भेद करते हैं तो उसका आधार यही होता है—अमूर्त अवधारणा की प्रक्रिया ही प्रत्यक्ष नग्नता को ढक देती है। देहाती मूर्तिकार के साथ ऐसा नहीं होता : उसने नग्नता की अमूर्त अवधारणा नहीं की है और इसलिए उसके निकट दिगम्बरत्व और नंगेपन में कोई भेद नहीं है। यह दिगम्बर मूर्ति नहीं बनाता। यह केवल उदाहरण है। अमूर्तन की प्रक्रिया के प्रभाव सभी कलाओं को बहुत दूर तक प्रभावित करते हैं और काव्य में उसके परिणाम बहुत स्पष्ट दीखते हैं, भले ही प्रक्रिया के चरण कोई अलग-अलग न भी देखे।

प्रेम की अभिव्यक्ति में ये भेद सबसे अधिक स्पष्ट होते हैं। ऐसा नहीं है कि लोक-जन प्रेम नहीं करता, लेकिन शिक्षित नागरिक के लिए प्रेम की गिनती नागर कलाओं में हो जाती है; उसके लिए शृंगार का महत्त्व बहुत अधिक होता है। वासना को, स्पर्श-सुख को, प्रेम के तृप्ति पक्ष को वह नित नये अलंकार-आभूषण पहनाकर प्रस्तुत करता है। कहा जा सकता है कि नागर प्रेमी 'वासना का कलाकार' है। विलासिता का सम्बन्ध 'शिक्षित' प्रेमी के साथ ही हो सकता है। दूसरी ओर, अशिक्षित देहाती के लिए न तो विलासिता के लिए ही फुरसत का समय होता है, न उसके मानस की गढ़न और उसकी संस्कृति वैसी होती है। प्रेम के साथ शारीरिक भोग और तृप्ति और सम्बन्ध उसके लिए प्रत्यक्ष है और प्रत्यक्ष होने के नाते ही संकोच के एक पर्दे की ओट चाहता है। उसके लिए हल जोतने, रहँट चलाने, आँगन की सफाई और झोंपड़ी की लिपाई-पुताई की तरह यह भी एक काम है जो यथास्थान और यथासमय किया जाता है : वह काव्य का विषय नहीं बन पाता। प्रेम का जो पक्ष काव्य का विषय हो सकता है वह दूसरा है, अथवा दूसरे प्रकार का है। उसके सम्बन्ध में एक ललक उसमें अवश्य होती है, लेकिन उसकी स्थूल पूर्ति का ब्योरा नहीं होता। रूप-वर्णना भी उसमें होती है, लेकिन नागर काव्य के नख-शिख का आद्यन्त महाभारत उसमें नहीं होता। मुख के लिए चाँद की या खिले फूल की उपमा या उत्प्रेक्षा मात्र से उसका काम चल जाता है। 'सामने की पहाड़ी पर बुरुस की डाल फूली है'—लोक-कवि और लोक-समाज के लिए यह एक संकेत जितनी बात कह जाता है, उसे नागर कवि सौ-पचास छन्दों का विस्तार देकर भी असन्तुष्ट रह जा सकता है।

नागर साहित्य में प्रेम के इस प्रकार विलासिता के साथ जुड़ जाने का ही एक पहलू यह भी है कि प्रेम केवल नर और नारी के परस्पर आकर्षण के बीच उलझा रहता है और प्रेम के अन्य रूप या तो अत्यन्त उपेक्षित रह जाते हैं या औपचारिक उल्लेख-भर पाते हैं। माँ और बच्चे के बीच वात्सल्य सम्बन्ध का तो कुछ उल्लेख होता है; भाई और बहिन के प्यार का तो मानो अस्तित्व ही मिट जाता है। और मित्रता की तो बात ही जाने दीजिए। मजनूं की तलाश कीजिए, आपको सैकड़ों मिल जायेंगे—और सब सच्चे मजनूं होने का दावा करने वाले! श्रीहर्ष खोजिए तो सब वीरान नजर आयेगा। और यह बात केवल संस्कृत या प्राकृत साहित्य की नहीं है, हमारे युग के साहित्य के बारे में भी यह बात कही जा सकती है। और सभी भारतीय भाषाओं में स्थिति लगभग एक-सी है। यह ठीक है कि काव्य पर अनेक प्रकार के प्रभाव होते हैं, और युग-धर्म जैसी कोई चीज़ होती है, और काव्य में धाराएँ हुआ करती हैं—और इस तरह की बातों के साथ हम विदेशी या 'आधुनिक' प्रभावों और प्रवृत्तियों की बात जोड़कर पल्ला झाड़कर अलग खड़े हो जा सकते हैं। 'यह सब तो एक चलता विदेशी प्रभाव है जो गुजर जायेगा।' लेकिन यदि हम ऐसा कहेंगे तो हम झूठ कह रहे होंगे। धाराएँ आती हैं और निकल भी जाती हैं, सूख भी जाती हैं। धारा में अनेक तिनके बहते हैं, पर किनारे पर जमी हुई घास की कुछ फुनगियाँ

ऐसी भी हैं जो धारा में उत्तरकर भी अपनी जड़ें ठोस धरती में जमाये रखती हैं...और वहीं अन्तर है। नागर कवि सब धारा में बहते तिनके हैं। जिसकी जड़ें जमीन में टिकी होती हैं, उस घास का रंग दूसरा होता है। जिस कवि की प्रतिभा खेत की मिट्टी से उपजती है उसके गीतों का रस भी दूसरा होता है। उसमें दुलारा होता है, स्नेह होता है, बचपन की मीठी यादें होती हैं; उसमें लिप्सा नहीं होती। सामान्य रूप से कहा जा सकता है कि सम्पन्न और शिक्षित नागरिक के लिए काव्य के प्रेम की चरम अभिव्यक्ति नर और नारी के आकर्षण और तज्जनित उद्वेगों में होती है; साधनहीन 'गँवार' देहाती के लिए वह भाई-बहिन के निरुद्वेग स्नेह में ही सफल होती है। हमारा यह आशय नहीं है कि ग्राम साहित्य में शृंगार के गीत नहीं हैं। उसमें पुरुष और स्त्री के आकर्षण के गीत काफी हैं और कुछ ऐसे भी हैं जिन्हें हम रुचिभ्रष्ट और अश्लील कहेंगे। हमारा तात्पर्य यह है कि लोक-साहित्य में शृंगारिक गीत भी हमारी कविता से स्वभावतः भिन्न होते हैं, और यह भी कि ये गीत लोक-काव्य के सर्वोत्कृष्ट अथवा प्रतिनिधि नमूने नहीं माने जाते; जबकि हमारे नागर काव्य का उत्कृष्ट रूप हमारा प्रेम-काव्य होता है। लोक-साहित्य के गीतों में शृंगार भी जब उदात्त रूप में प्रगट होता है तो पारिवारिक सम्बन्धों की टेक लगाकर खड़ा होता है और लोक-काव्य का सहज उत्कर्ष भाई-बहिन के गीतों में ही मिलता है जहाँ वह निर्बाध है और वर्जनाओं के कारण अटकता नहीं है।

संस्कृत में, प्राकृत में, हिन्दी में वर्षा और मेघ सम्बन्धी साहित्य भी प्रचुर मात्रा में मिलता है। लेकिन यहाँ भी नागर साहित्य में वही एकरसता मिलती है : अनेक नायिकाएँ हैं, सखियाँ हैं, बीहड़ जंगलों में फूलों की सेजें हैं और बूँदों के लिए धरती की प्यास की तरह एक माँग है—तृप्ति, तृप्ति, तृप्ति! लोक-गीतों की कहानी दूसरी है : उनमें बहिनें हैं, मिलने वाले और भेंट लाने वाले भाई हैं, करुणार्द्र हृदय है और स्नेह की पुलक है, उनमें है एक बूँद से जी उठने वाली, हरी हो जाने वाली घास का प्राणोन्मेष। प्रिया या पति भी उनमें दीख सकता है, लेकिन लिवाने आये हुए भाई की ओट में खड़ा ही।

लोक-साहित्य और आंचलिकता की चर्चा आज के साहित्य में कम हो, ऐसा नहीं है, लेकिन तथाकथित 'यथार्थवादी' चौखटे में बँधी हुई वह चर्चा स्थूल ब्योरे या शब्दावली पर अधिक बल देती है; संवेदना और संस्कार के बुनियादी भेदों पर कम। और अभिव्यक्ति के रूप पर, उनके प्रभाव पर तो और भी कम! इस मामले में शायद मध्य काल का संस्कृत काव्य अधिक सही निर्देश देता था। वह लोक-समाज को अपने समाज से अलग तो मानता था (जबकि वास्तव में आग्रह करता है कि दोनों एक हैं), लेकिन जिसे वह अपना वर्ग समझता था उसके कवि को यह आदेश देता था कि वह दूसरे वर्ग के काव्य से सम्पर्क बनाये रखे, उससे कुछ सीखे। हम लोक-कथा से शब्द लेने पर तो जोर देते हैं, लोक-काव्य से धुनें भी जब-तब उधार ले सकते हैं, लेकिन लोक-काव्य से कुछ सीखें इसमें अपनी हेठी समझते हैं। हम जब केवड़े और हिना के इत्र के प्रति उपेक्षा दिखाते हैं तो मिट्टी के इत्र को वरीयता देने लगते हैं; और यह भूल जाते हैं कि मिट्टी का इत्र भी सन्दल के तेल पर ही आधारित होता है; मिट्टी के इत्र की गन्ध वर्षा के पहले दौंगरे के बाद देहात की मिट्टी से उठने वाली सोंधी साँस की बराबरी नहीं कर सकता। आवश्यकता इसकी है कि हम देहात की धरती पर खड़े होकर सावन की पहली बौछार अपनी पलकों और होठों पर लें। वह कान में मिट्टी के इत्र का फाहा लगाये रहने से नहीं होगा!

लेकिन वह सावन कब आयेगा? **'सावन किस रुत आयेगा'** ? एक पंजाबी लोक-गीत भी यही पूछता है और फिर उत्तर की खोज में कहाँ पहुँचता है। आप स्वयं देखिए :

पाँधे नूँ पुच्छन मैं चली थाली पाथ के तमोल
खोल्लीं पाँधया पत्तरी सावन किस रुत आएया?
जिस रुत बोलदे बँबीयड़े कोयल शबद सुनाये।
मैं तैन्नू आख्या मेरे बाबुलजी छैल तरखान नूँ बुलाओ
छैल तरखान बुलाय के चन्नन रुख कटाओ
चन्नन रुख कटाय के दर विच्च थम्भ जी गड़ाओ
दर विच्च थम्भ जी गड़ाय के नौलड़ी पींगजी पवाओ
जित्थे चढ़ झूटूटन जी तेरियाँ जाइयाँ सटूठ सहेलियाँ दे नाल
जित्थे चढ़ झूटूटन जी तेरियाँ कुलबहुआँ गज-गज झुण्ड जी कढाओ
गज-गज झुण्ड दी कढेन्दियों टुट्ट गया नौलड़ी हार
हार टुटेन्दयाँ जी वीर सुन जाओ चुग दे भैन जी भ्राओ!

(भावार्थ : थाल में ताम्बूल सजाकर मैं पौधा से पूछने चली : "पाधा, पत्रा खोलकर बताओ कि सावन कब आयेगा?")

"जिस ऋतु में पपीहे बोलेंगे और कोयल शब्द सुनायेगी..."

"बाबुल मैं कहती हूँ, किसी अच्छे तरखान को बुलाओ, चन्दन के रुख कटाकर आँगन में थम्भ गड़वाओ और उस पर नौलड़ी का झूला डलवाओ। उस पर तुम्हारी जाइयाँ अपनी साठ सहेलियों के साथ झूलेंगी; तुम्हारी बहुएँ गज-भर के घूँघट काढ़कर झूलेंगी...गज-गज घूँघट वालियों का नौलड़ा हार टूट गया है! ओ वीर (भाई), सुनो तो, भाई-बहिन मिलकर टूटे हार के मोती चुन लें!")

अन्ततः प्रतीक्षा के बाद सावन आता है : वही सावन जिसमें पपीहड़े बोलते हैं और कोयल शब्द सुनाती है। पर सावन के साथ बहिन की अपनी समस्या मुँह बाये आ खड़ी होती है; एक और गीत उन्हीं का बखान करता है :

चौंतरे पर चौंतरा नी माँएँ मेरिए,
उप्पर हरी नी खजूर–सावन आएया!
नूँआँ नूँ भेजी लागी झीवरे नी माँएँ मेरिए,
धीआँ नूँ भेजी बाँके वीर–सावन आएया!
अन्दरों ते जन्दा-कुण्डा खोल दे नी भैणे मेरिए,
बाहर खड़ोत्ता तेरा वीर–सावन आएया!
सस्स दा दित्ता कुण्डा ना खुले वे वीरा मेरेआ,
कन्ध टपेन्दे आओ–सावन आएया!
कन्ध टपेन्दे काले चोर नी भैणे मेरिए,
मैं ते हाँ भैणे दा वीर–सावन आएया!
चोराँ दे मैले कप्पड़े वे वीरा मेरेआ,
वीराँ दी सुच्ची पोशाक–सावन आएया!
कित्थे ते रक्खाँ पिन्नियाँ नी भैणे मेरिए,
कित्थे रक्खाँ नी त्योहार–सावन आएया!

चक्की ते रक्ख दे पिन्नियाँ वे वीरा मेरेआ,
किल्ली ते रख दे त्योहार–सावन आएया!
मेहँदी ते भिज्ज गयी रंगली वे वीरा मेरेआ,
मौली दा रंग जी उदास–सावन आएया!

(भावार्थ : "चौंतरे पर चौंतरा है, ओ मेरी माँ, उस पर की खजूर हरी हो गयी है। सावन आ गया!

"ओ माँ, अपनी बहुओं को त्योहार भेजने के लिए झीवर भेज दो; बेटियों के पास उनके बाँके वीर (भाई) ही भेजना!"

"ओ बहिन मेरी, भीतर से ताला-कुण्डा खोल, बाहर तेरा भाई खड़ा है।"

"ओ मेरे वीर, सास का लगाया कुण्डा खुलता नहीं, तुम दीवार फाँदकर आ जाओ।"

"ओ बहिन, दीवार तो काले चोर फाँदते हैं, मैं तो तेरा भाई हूँ!"

"ओ भाई, चोरों के मैले कपड़े होते हैं, भाइयों की सुच्ची रेशमी पोशाक है!"

"ओ मेरी बहिन, मैं ये लड्डू कहाँ रखूँ, और ये त्योहार (के उपलक्ष्य में भेजे गये गहने-कपड़े) कहाँ रखूँ?"

"ओ वीर, लड्डू तो चक्की पर रख दो, और त्योहार खूँटी पर टाँग दो। पर यह रंगली नेहँदी तो भीग गयी और मौली का रंग फीका पड़ गया..." पर सावन तो आया!)

भाई-बहिन की समस्याएँ और भी हैं–जो भाई-बहिन की ही नहीं हैं, पूरे भारतीय जन-परिवार की हैं। जैसा लोक-गीतों में अक्सर होता है, एक गीत में पारिवारिक सम्बन्धों के पारम्परिक आद्य रूप का एक पूरा चित्र सामने आ जाता है; इस प्रकार प्रत्यक्ष कर लिये गये दुःख-दर्द धुलकर चित्त को हल्का छोड़ जाते हैं, और हर्षोल्लास दूने होकर मन का अभिषेक कर जाते हैं।

अम्ब वे अम्ब वे सुहावयाँ, अम्ब लगे लख चार–सावन आएया!
इक्को नी अम्ब मैं तोड़या, सस्स मैंनूँ गालाँ देवे,
ना दे सस्स रानी गालाँ–एत्थे मेरी कौन सुने!
अम्बाँ दे ओले मेरा वीर खड़ा सुन-सुन नैण भरे–सावन आएया!

(भावार्थ : "सुहावने आम के पेड़, चार लाख आम फले हैं–सावन आया है! मैंने एक ही आम तोड़ा, इस पर सास मुझे गालियाँ दे रही है! सास रानी, गालियाँ मत दो–यहाँ मेरी कौन सुनने वाला है? नहीं, आमों की ओट खड़ा मेरा वीर (भाई) सुनता है, सुनकर उसकी आँखें भर आयी हैं! (सावन आया है!")

सावन कब आयेगा? सावन अभी आया है! जल जीवन है, वर्षा ऋतु जीवनोत्सव की ऋतु है; ऋत और ऋतु, आवर्त्तन और जीवन–सभी उत्सव है, उत्सव है–सावन तो आ गया!

साहित्यकार और सामाजिक प्रतिबद्धता

साहित्यकार की सामाजिक प्रतिबद्धता का सवाल, मुझे लगता है, पुराना पड़ गया है। मैं सोचना चाहता कि यह उन सनातन प्रश्नों में से एक है जो कभी पुराने नहीं पड़ते और जिसका जबाव हर साहित्यकारो को अपने जीवनानुभव में बल्कि अपनेआप में और अपने ज्ञान के आधार पर खोजना पड़ता है; लेकिन जिस रूप में और जिस अर्थ में यह प्रश्न सनातन होता वह रूप और वह अर्थ आज इस प्रश्न का नहीं रहा है। आज अधिकतर लोग इस सवाल के दो अधूरे उत्तर पा चुके हैं, जो दोनों ही अपने अधूरेपन के कारण और उस अधूरेपन से मिल जाने वाले निर्भ्रान्तता के आभास के कारण खतरनाक हैं।

एक उत्तर यह है कि क्योंकि मेरी निष्ठा अपने प्रति है और साहित्य के प्रति है, और यह निष्ठा साधना का एक रूप होने के कारण दूसरे किसी का उसमें दखल देने का कोई अधिकार नहीं है, इसलिए सामाजिक प्रतिबद्धता का कोई मतलब नहीं है, कोई प्रासंगिकता नहीं है। निस्सन्देह एक अर्थ में और एक परिधि में (या यों भी कह सकते हैं कि एक परिधि के बाहर व्यापक क्षेत्र में) यह बात सही है; लेकिन कहाँ सही है, इसकी ठीक पहचान न होने से यह निष्कर्ष साहित्यकार को एक अँधेरी सुरंग के मुँह पर लाकर खड़ा कर देता है जिसके आगे केवल बढ़ता हुआ अँधेरा है। उस अँधेरे में हाथ-पैर पटकने का (या चीखने का भी) एक उपयोग हो सकता है और व्यक्ति के विकास में योग भी हो सकता है। लेकिन वह रास्ता साहित्यकार का रास्ता नहीं है। जो लेखक इस उत्तर से सन्तुष्ट है उसने सम्प्रेषण के अनिवार्य लक्ष्य से अपने को काट लिया है। साहित्यकार के लिए दूसरे तक पहुँचना ज़रूरी है, बल्कि दूसरे तक पहुँचना ही उसका लक्ष्य है और वही उसके कर्म को अर्थ और संगति देता है; और वह दूसरा उस सुरंग के भीतर नहीं है।

दूसरा उत्तर यह है कि साहित्यकार समाज की उपज है, समाज में जीता है और इस अर्थ में समाज का देनदार है; उसे समाज के लक्ष्यों में योग देना चाहिए और समाज की प्रगति के साथ प्रतिबद्ध होना चाहिए। यह उत्तर भी अपने सीमा में ठीक है; लेकिन इसमें विकृति वहाँ है जहाँ यह मान लिया जाता है कि जो सामाजिक लक्ष्य है और प्रगति की जो दिशा है उसका निर्धारण साहित्यकार को अपने विवेक से नहीं करना है बल्कि उसका संकेत, उसका आदेश उसको दूसरों से मिलने वाला है—ऐसे दूसरों से जो अपने को ही समाज मानते हैं, कम-से-कम इन अर्थ में कि सामाजिक प्रगति का निर्धारण करने का अधिकार वह अपना मानते हैं और साहित्यकार के विवेक को इस मामले में स्वतन्त्र मानने को तैयार नहीं हैं। अर्थात् सामाजिक प्रतिबद्धता यहाँ उन निर्धारकों के लक्ष्यों के साथ प्रतिबद्ध हो जाती है। अँधेरी गुफा का रूपक यहाँ लागू नहीं होता। लेकिन दूसरों के लक्ष्यों के साथ प्रतिबद्धता साहित्यकार

के लिए एक मानसिक गुलामी का स्वीकरण है जो इसलिए और भी घातक है कि लक्ष्य-निर्धारण करने वाले इन दूसरों का उद्देश्य साहित्यिक नहीं है, सांस्कृतिक भी नहीं है, आर्थिक अथवा प्रशासनिक व्यवस्था को छोड़कर किसी दूसरे अर्थ में 'सामाजिक' भी नहीं है। यह हो सकता है कि उनके आर्थिक लक्ष्य अच्छे हों और देश की आर्थिक समृद्धि के लिए उपयुक्त हों; यह भी हो सकता है कि उनके प्रशासनिक उद्देश्य देश में शान्ति-व्यवस्था और स्थायित्व लाने वाले अथवा अन्तर्राष्ट्रीय सम्बन्धों को सुधारने वाले हों। लेकिन दो सच्चाइयों को किसी तरह अनदेखा नहीं किया जा सकता : पहली यह कि जो प्रतिबद्धता चाही गयी है वह सामाजिक नहीं है बल्कि चाहने वाले दल अथवा समुदाय अथवा समाज के साथ बँधी हुई है (यानी इसी अत्यन्त सीमित अर्थ में 'सामाजिक' है), और उसी की सत्ता को बनाये रखने के लिए है। यानी अगर वह दल या समाज सत्तासीन है तो यह प्रतिबद्धता यथास्थिति के पक्ष में है, और अगर वह बाहर है और सत्ताकामी है तो यह प्रतिबद्धता यथास्थिति के विरुद्ध है और 'क्रान्तिकारी' है। लेकिन दोनों स्थितियों में है वह सत्ता के लक्ष्य की अधीनता ही।

दूसरी सच्चाई यह है कि प्रतिबद्धता की इस अवधारणा में साहित्यकार के विवेक के लिए कोई गुंजाइश नहीं रखी गयी है। साधारण नागरिक के, अथवा नागरिक होने के नाते साहित्यकार के लिए यह अनिवार्य हो कि वह सत्ता से अपने सम्बन्ध के बारे में निर्णय करे, लेकिन क्या साहित्यकार की हैसियत से साहित्यकार के लिए ऐसी प्रतिबद्धता अनिवार्य है? और अगर है भी तो इस परिणाम पर साहित्यकार को अपने स्वाधीन विवेक से पहुँचना है या कि कोई दूसरा (चाहे अपने को समाज कहकर ही) उससे यह माँग करने का अधिकार रखता है कि तुम्हें हमारे साथ प्रतिबद्ध होना होगा?

मैं जब साहित्यकार हूँ तब सम्प्रेषण का तो एक व्रत ही मैंने लिया है। यह मेरा उत्तरदायित्व है कि मैं दूसरे तक पहुँचूँ, दूसरे तक वह मूल्यबोध पहुँचाऊँ जिनके बारे में मेरा सहज विवेक मुझे आश्वस्त करता है कि ये मूल्य उस पूरे समाज के जीवन को अधिक गहरा, समर्थ, समृद्ध और अर्थवान् बना सकते हैं। इन मूल्यों के सम्प्रेषण का, उनकी चेतना जगाने का, मेरा अक्षुण्ण अधिकार और अपरिहार्य कर्त्तव्य ही मेरी सामाजिक प्रतिबद्धता है; और यह प्रतिबद्धता किसी भी वर्ग, दल, समूह अथवा प्रतिष्ठान के हित अथवा सत्ता से निरपेक्ष है।

इस बात को मैं यों भी कह सकता हूँ कि साहित्यकार के नाते मेरी सामाजिक प्रतिबद्धता जिस समाज के साथ है वह मुझ में है और मेरी अपेक्षा में ही अस्तित्व रखता है, ठीक वैसे ही जैसे कि मैं उस समाज में हूँ और उसकी अपेक्षा मैं ही बना रह सकता हूँ।

इस बात का सन्दर्भ शायद स्पष्ट करने की आवश्यकता हो। साहित्य एक सम्प्रेषण है तो वह सम्प्रेषण की प्रक्रिया का एक माध्यम भी है। इस वाक्य को लोग आसानी से इसलिए स्वीकार कर लेंगे कि वे सोचेंगे कि भाषा की बात हो रही है, क्योंकि वही तो सम्प्रेषण का माध्यम है। लेकिन असल में बात भाषा तक सीमित नहीं है, बल्कि साहित्यिक सम्प्रेषण की बात मुख्यतया भाषा के बारे में है ही नहीं। साहित्यिक सम्प्रेषण का माध्यम वह समाज है जिसमें सम्प्रेषण की यह प्रक्रिया सम्पन्न होती है।

इस माध्यम की ओर मानो आज किसी का ध्यान नहीं है। समाज, सामाजिक परिवेश, सामाजिक परिवर्तन और सामाजिक प्रतिबद्धता की इतनी चर्चा के बीच यह बात अनदेखी रह जाती है कि समाज सम्प्रेषण का माध्यम है और समाज को इस माध्यम के रूप में देखे-समझे बिना न साहित्य को समझा जा सकता है, न साहित्यिक रचना-प्रक्रिया को, न समाज में साहित्यकार की स्थिति को। स्वयं भाषा

का और साहित्य विधाओं का विकास भी बहुत दूर तक इस पर निर्भर करता है कि सम्प्रेषण के माध्यम के रूप में समाज कहाँ और कैसे बदल रहा है। समाज केवल आर्थिक सम्बन्धों के एक जाल का नाम नहीं है। आर्थिक सम्बन्ध जितना महत्त्व रखते हैं, कम-से-कम उतना ही महत्त्व संवेदनों के जाल का भी है और इस बात का भी महत्त्व है कि विभिन्न परिस्थितियों में विभिन्न संवेदन अतिरिक्त सजग हो उठते हैं या कि उनकी सजगता सीमित हो जाती है। हिन्दी का आलोचक ही नहीं, प्रतिबद्धता की बहस में लगा साहित्यकार भी मानो इस बात को भूल जाता है, कि रचना क्योंकि सम्प्रेषण से अलग नहीं है, इसलिए लगातार इस सम्प्रेषण माध्यम (अर्थात् समाज) की स्थिति के बारे में सजग रहना और उसी के अनुरूप अपनी भाषा को ढालना, विधाओं के अपने उपयोग को परिवर्तित करना और इस या उस संवेदन या संवेदन-पुंज को उभारना या अधिक संयमित करना साहित्यकार का सहज और स्वाभाविक कर्म है। रचना परिस्थिति में से उपजती है; और परिस्थिति सबसे पहले उस सम्प्रेषण माध्यम की स्थिति है जिसमें रचना हुई है और जिसके बीच तथा जिसके द्वारा वह दूसरे तक पहुँचेगी। सम्प्रेषण का यह देश-कालगत सन्दर्भ समाज का संवेद्य रूप है। अगर इस अर्थ में समाज साहित्यकार में और साहित्यकार समाज में नहीं है तो उसके चिन्तन के आर्थिक अथवा ऐतिहासिक आधार अर्थशास्त्री अथवा इतिहासकार की दृष्टि में कितने भी सही हों, वह समाज के साथ जुड़ा नहीं है।

यह तो हो सकता है कि उस समाज की मेरी अर्थात् किसी भी लेखक की पहचान अचूक न हो या अधूरी हो। जिस हद तक ऐसा होगा उस हद तक मेरा (अर्थात् किसी भी लेखक का) साहित्य भी निर्बल, कम प्रभावशाली और कम टिकाऊ होगा। यह भी हो सकता है कि मेरी प्रत्यभिज्ञा को अधिक विशद करने में दूसरों का सहयोग भी हो सके, दूसरों के मार्ग-निर्देश में मैं अपना रास्ता अधिक अच्छी तरह पहचान सकूँ। लेकिन वह मेरा रास्ता तभी होगा जब मेरी पहचान में वह मेरा रास्ता हो। अगर वह मुझे स्वयं अपना रास्ता नहीं दीखता तो केवल प्रतिबद्धता के नाम पर उस पर बढ़े चलना, जहाँ तक सर्जना का प्रश्न है, **अन्धेन नीयमाना इव अन्धाः** वाली स्थिति स्वीकार करना होगा। और मैं समझता हूँ कि इस मामले में उपनिषद् की बात एकदम सही है कि अविद्या जिस अन्धकार-लोक में गिराती है, विद्या उससे भी अधिक दुर्भेद्य अन्धकार में गिरा सकती है। समाज की सही पहचान के बिना, और अपने विवेक की आग में उसे शोधे बिना, तो तथाकथित सामाजिक प्रतिबद्धता होगी वह साहित्यकार के साथ समाज को भी अँधेरे गर्त की ओर खींच ले जायेगी। सारे संसार का और स्वयं हमारे देश का भी, अधिक लम्बा नहीं, पिछले दशक का ही इतिहास इस बात का ज्वलंत प्रमाण है कि प्रतिबद्धता सत्तासीन दल के साथ हो अथवा सत्ताकामी दल के साथ, वह एक विशेष प्रकार की अवसरवादिता का ही दूसरा नाम है; वह 'सामाजिक' प्रतिबद्धता तो नहीं ही है। और साहित्यकार अवसरवादी नहीं है, वह मूल्यनिष्ठ होकर समाज के साथ प्रगाढ़ रूप से प्रतिबद्ध है।

कलाकार सतीश गुजराल

काव्य या किसी भी कला का उद्देश्य रस की सृष्टि करना है, इस पर आज शायद दो मत भी हो सकते हैं, पर सिद्धान्ततः इस बात का विरोध शायद ही कोई कर सके कि कला से सात्विक भाव उत्पन्न होने चाहिए—भले ही व्यवहारतः आज के कई कलाकार—विशेषतः साहित्य क्षेत्र में—इसके विरुद्ध जाते हों। हमारा तो सदैव आग्रह रहा है कि जो कला कल्याणकारी भावों को जगाती वह उस हद तक अधूरी है, और यदि वह प्रतिकूल भावों को जगाती है तब तो वह गर्ह्य ही है।

भारत के विभाजन के बाद जो विस्फोट विशेषकर पश्चिम में हुआ, उसने कई कलाकारों को प्रेरित किया : इनकी रचनाओं पर उपर्युक्त कथा विशेष रूप से लागू होता है। इनकी रचनाओं का तत्कालीन प्रभाव चाहे जितना रहा हो वायविक तनाव और मनोवेगों की उत्तेजित अवस्था में वे चाहे जितनी महत्त्वपूर्ण जान पड़ी हों', अन्ततः उनकी कसौटी इसी पर होगी कि वे सात्विक भावों को प्रेरित करती हैं या कि केवल चौंका, भड़का या तिलमिला देती हैं, घावों को खरोंचकर प्रतिहिंसा को जगा देती हैं।

सतीश गुजराल के चित्रों के जो फोटो हमने लिये उन्हें देखकर एक विदेशी चित्रकर्त्री सहसा कह उठीं : "दीज़ आर टेरिबल : बट गिव हिम माई कंग्रैचुलेशन्स!" फिर उन्होंने चित्रकार के वय, अनुभव, स्वभाव आदि के विषय में भी प्रश्न पूछे—यह जानने के लिए कि ये चित्र कैसे व्यक्तित्व और कैसी अनुभूतियों के परिणाम होंगे। दो दोहरी प्रतिक्रिया उनकी सहज उक्ति में झलकती है, वह सतीश गुजराल की कला पर भी अच्छा प्रकाश डालती है। गुजराल की कला को विभाजन के बाद के विस्फोट से विशेष प्रेरणा मिली : उसी के दबाव से गुजराल के अभिव्यक्ति का उपयुक्त माध्यम भी पाया और बड़े आकार के तैल चित्र बनाना आरम्भ किया। बाईस वर्ष के युवा चित्रकार पर उन दुर्घटनाओं की गहरी छाप पड़ना स्वाभाविक था : यह भी स्वाभाविक था कि उनके गहरे आघात को कलाकार नीलकण्ठ शिव की भाँति कालकूट के एक ही घूँट में पीकर पचा न सके—आरम्भ के चित्रों में तिलमिलाहट और जुगुप्षा अधिक है, किन्तु क्रमशः कलाकार इस दारुण आघात को सहकर उत्पीड़त को उदार करुणा दे सका है। बाद के चित्रों में पीड़ा कम नहीं है, पर उनमें मानव मात्र के प्रति जो वात्सल्य और करुणा का भाव झलकता है, उसी में उनकी कहानी है। गुजराल के चित्रों का सम्पुंजन (कम्पोज़ीशन) भी विशेष उल्लेख्य है—जिसका श्रेय मुख्यतया उसके इस विषय के गुरु श्री जगन्नाथ अहिवासी को है : अहिवासी का ऋण कलाकार स्वयं स्वीक़ार करता है। वर्णों का विषयानुकूल उपयोग चित्रकार के अधिकार को प्रमाणित करता है।

गुजराल का जन्म पश्चिमी पंजाब के झेलम शहर में दिसम्बर 1925 में हुआ। स्कूली शिक्षा के

समय ही बधिर हो जाने के कारण उन्हें दस वर्ष की आयु में पढ़ाई छोड़ देनी पड़ी; तेरहवें वर्ष से उन्होंने चित्र आँकना आरम्भ किया, और फिर लाहौर के मेयो स्कूल ऑफ़ आर्ट्स में शिक्षा पाते रहे। वहाँ तब समरेन्द्रनाथ गुप्त मुख्याध्यापक थे। तीन वर्ष वहाँ बिताकर गुजराल बम्बई गये, वहाँ जे. जे. स्कूल में पाँच वर्ष तक अभ्यास किया। यहीं पर श्री अहिवासी से उन्हें पथ-निर्देश मिला और वस्तु-सम्पुंजन की उन्होंने विशेष छानबीन की। इस प्रकार दीक्षित होकर लाहौर लौटे और आजीविका के लिए चित्र बनाते रहे। सन् 1947 में विभाजन के बाद तक भी वह लाहौर ही रहे, और वहाँ का दानवी हत्याकाण्ड उन्होंने स्वयं देखा। उसमें पशु-प्रवृत्तियाँ वैसे खुल खेलीं', इसका आभास उनके 'आज़ादी का जुलूस' या 'जश्ने आज़ादी' जैसे चित्रों से मिल सकता है। इन चित्रों का पूरा प्रभाव तो बड़े आकार के मूल चित्रों को देखने पर ही पड़ सकता है, क्योंकि बड़े आकार और दीप्त वर्णों का उनमें बहुत महत्त्व है, फिर भी यहाँ दिये गये सादे प्रतिचित्रों से कुछ आभास तो मिल ही जायेगा।

लाहौर में और रहना असम्भव पाकर गुजराल शिमला चले आये; यहाँ पूर्वी पंजाब की सरकार के प्रचार-विभाग में कार्य करते रहे। चार वर्ष बाद शिमले के सरकारी आर्ट स्कूल में उपाध्यक्ष हुए, पर सरकारी नौकरियों में चित्रकला के मुक्त आयास और आत्माभिव्यक्ति की यथेष्ट सुविधा न होने के कारण पिछले वर्ष उन्होंने कार्य छोड़ दिया। तब से स्वतन्त्र रूप से कला-साधना करने लगे : यहाँ जो चित्र दिये जा रहे हैं प्रायः सभी इसी काल के हैं।

अभी हाल में मेक्सिको की सरकार द्वारा प्रदत्त छात्रवृत्ति पाकर गुजराल इस समय मेक्सिको जाने की तैयारी में हैं। मेक्सिको जाने के लिए उनमें बहुत उत्साह है, जो उचित भी है, क्योंकि बड़े आकार की चित्रकला भित्तिचित्रों के ही अनुकूल होती है और भित्तिचित्र के आज में विश्वदिख्यात कलाकार मेक्सिको में ही हैं। भारत में प्राचीन काल में भित्ति चित्रों के बाद भारतीय कला-प्रतिभा छोटे चित्रों में ही अभिव्यक्त होती रही : मुगल, राजस्थानी और पहाड़ी कलम के चित्र सब इसी कोटि के हैं, और बंगाल में जो पुनरुत्थान हुआ उसने यद्यपि अजंता से प्रेरणा ग्रहण की तथापि आकार की दृष्टि से वह भी उतना ही मर्यादित रहा। आकार का अपना एक महत्त्व होता है, इसका प्रमाण—यदि प्रमाण की आवश्यकता है—अभी हाल में देश भर में घूमने वाली सोवियत चित्र प्रदर्शनी ने उपस्थित किया था : उसके कला की दृष्टि से अत्यन्त साधारण कोटि के चित्रों केवल विराट् आकार के कारण ही प्रभावशाली हो गये थे। गुजराल की कला की प्रवृत्ति भी विराट् चित्रण की ओर है :

> उनकी रुचि मध्यवर्ग के जीवन के चित्रण की ओर है, विशेषकर उसके करुण पहलू की ओर : पर इस क्षेत्र में से भी वह वैसे प्रसंग चुनते हैं जो विशालकाय अंकन के अनुकूल हो। इसी कारण उनका माध्यम भी सहज ही तैल-वर्ण हो जाता है। जल-रंग इसके अनुकूल नहीं हैं, फलक पर तैलवर्ण ही इसके उपयुक्त हो सकते हैं, या फिर भित्तियों का उपयोग हो सकता है। भित्ति-चित्रण के विशेष अभ्यास के लिए ही तो गुजराल मेक्सिको जा रहे हैं।

कैसा विषय उन्हें पसन्द है, इस सम्बन्ध में प्रश्नों के उत्तर में गुजराल ने कहा था : "मुझे करुण प्रसंग ही अच्छे लगते हैं। मैं स्वयं अपनी बधिरता को कभी भूल नहीं सकता; इसलिए दूसरों का दुःख-दर्द मैं अधिक पैनी दृष्टि से देखता हूँ। उसे दूर करने—या उसे अपनी सहानुभूति देने—में स्वयं अपना दुःख धो डालता हूँ।" किसी दूसरे प्रसंग में और एक वाक्य उन्होंने कहा था, जो इस पर और अधिक प्रकाश डालता है : "जब मैं सुखद प्रसंगों का चित्रण करता हूँ तब अलंकरण करने लगता हूँ और अलंकारिक होकर रह जाना मैं नहीं चाहता। करुण प्रसंगों में मैं अपनी आत्मा की समूची गहराई

उँड़ेल सकता हूँ।"

गुजराल की चित्रकला के बारे में और भी प्रश्न हमने पूछे थे। चित्र बनाते समय वह पहले आकार-सम्पुंजन करते हैं। यह ढाँचा तैयार होने पर वह खड़िया से छोटा रेखाचित्र बना लेते हैं, फिर इसी का आधार लेकर तैल-वर्णों से बड़ा चित्र तैयार करते हैं। वर्ण-योजना पहले से नहीं करते : वह फलक पर ही निश्चित होती चलती है। पहले वे चित्रों के लिए अनेक रेखाचित्र बनाया करते थे, नौकरी के जमाने में तो ऐसा भी होता था कि बहुत से चित्र इससे आगे ही नहीं बढ़ते थे—उसके लिए समय या सुयोग ही नहीं होता था। पर अब सुविधा होने के कारण वह शीघ्र ही फलक पर कार्य आरम्भ कर देते हैं।

"आपको अपना कौन-सा चित्र विशेष प्रिय है?" यह बेवकूफ़ाना प्रश्न भी हमने उनसे पूछा था, क्योंकि ऐसा प्रश्न पूछने का रिवाज है। उनका उत्तर अप्रत्याशित नहीं था। "ये सब चित्र तो प्रयोग हैं—पूरा सन्तोष तो मुझे किसी से नहीं है। पर इनमें वर्ण-योजना और सम्पुंजन दोनों की दृष्टि से मुझे 'एगनी इन द गार्डन' अच्छा लगता है।" यह चित्र यहाँ, 'कहाँ है आलोक?' शीर्षक से दिया जा रहा है।

गुजराल विराट् आकृति के चित्रकार हैं, इसे ध्यान में रखते हुए हमारा उनसे सोवियत कला-प्रदर्शनी के बारे में पूछना स्वाभाविक था। उत्तर देने में वह हिचकिचाये : प्रकाशनार्थ कोई सम्मति वह नहीं देना चाहते थे। इस हिचक से हम अच्छी तरह परिचित हैं : शायद ही कोई अच्छा चित्रकार होगा जिसे इस प्रदर्शनी को देखकर गहरी निराशा न हुई हो—बल्कि उसे कदाचित् मोह भंग भी कहा जा सकता है—फिर भी हमने देखा कि अच्छे प्रतिष्ठित कलाकार भी ऐसा स्पष्ट कहने में हिचकिचाते हैं। या कहने में नहीं तो कहते उद्धृत किये जाने में। उद्धृत किये जाने की हिचक गुजराल में भी थी : यहाँ कदाचित् उसके लिए अधिक कारण हो सकता है। उनकी बातों को ज्यों का त्यों हम न उद्धृत करेंगे, पर जो कुछ उन्होंने कहा, उससे हमारी धारणा पुष्ट ही हुई। उनका मत था कि यद्यपि कलाकार कोई भी विषय चुन सकता है और उसकी दृष्टि को मर्यादित नहीं किया जा सकता, पर सोवियत प्रदर्शनी के चित्रकार मागें अपने विषय को देखते ही नहीं हैं, केवल उस विषय के एक नारे को प्रतिबिम्बित करते हैं। उनके चित्रों में न चयन है, न सम्पुंजन। यह कहना नितान्त असत्य होगा कि वे जन-जीवन का चित्रण या प्रतिनिधित्व करते हैं : "अखबार का जीवन जन-जीवन नहीं है।"

गुजराल अजन्ता की कला से बहुत प्रभावित हैं। पर आधुनिक चित्रकारों से वह बहुत असन्तुष्ट हैं क्योंकि उनमें से अधिकतर पाश्चात्य शैलियों की नकल करते हैं। "मगर पाश्चात्य शैलियाँ वहाँ की मशीन सभ्यता की उपज हैं—वहाँ के जीवन और वहाँ की कला का अभिन्न सम्बन्ध है। भारत में वैसी स्थिति नहीं है, न हो सकती है।" गुजराल को इस बात का भी खेद है कि कला-समीक्षक भारतीय और पाश्चात्य कला के मूल्यांकन में अलग-अलग मानव का व्यवहार करते हैं, भारतीय चित्रकला में उन प्रवृत्तियों की प्रशंसा कर दी जाती है जिन्हें यूरोपीय कला में त्याज्य माना जाता। "सभी कला का एक ही मानदण्ड होना चाहिए : उसके अपने जीवन और अपनी संस्कृति से उसका सम्बन्ध।"

चित्रकला के भविष्य में विश्वास रखते हुए गुजराल उसके बारे में चिन्तित भी हैं, क्योंकि अगर कला भारतीय जीवन, समाज और संस्कृति से सम्बन्ध न बढ़ाती हुई चलेगी तो वह मिट जायेगी—उसका कोई भविष्य न होगा। समीक्षकों की कमी, और वो हैं उनमें भी पूर्वग्रहों की बहुलता इस संकट को और बढ़ा देती है। गुजराल का विश्वास है कि देश के बड़े आकार के, और विशेषकर भित्ति-चित्रों का प्रचार बढ़ना चाहिए क्योंकि इसी से वह जनता तक पहुँच सकता है। भित्ति-चित्रण के बिना कला को

लोक-जीवन तक पहुँचाना और उसे प्रभावित करना कठिन है; उसके द्वारा ही लोक-जीवन और कला में वह परस्परता लायी जा सकती है जिससे कला की प्रेरणा मिलती है और लोक-जीवन समृद्ध होता है।

हमने मेक्सिको के प्रधान भित्ति-चित्रकारों के बारे में पूछा था। गुजराल उनसे मिलने को बहुत उत्सुक थे, और उनकी कला के प्रशंसक। डीगो रिंवेरा की कला में अलंकृत अधिक है ऐसी उनकी धारणा, थी, पर सीक्वेरोस और ओरेज़गोन को वह उच्चकोटि के कलाकार मानते हैं। इनकी कला में बड़ी शक्ति है, और भित्ति-चित्रण की कला पर सम्पूर्ण अधिकार। ओरेज़गोन की कला की चर्चा करते हुए गुजराल का चेहरा दीप्त हो उठा था : "वह आज के या प्राचीन किसी भी युग के श्रेष्ठ कलाकारों में से एक हैं।" थोड़ी देर रुककर गुजराल ने सहजभाव से एक बात और कही जो उनकी साधना और उनकी प्रवृत्ति पर प्रकाश डालती है। "बड़ी बात नहीं करनी चाहिए, और कलाकार में प्रतिभा हो तो वह अपना सत्ता आप बनाता है; पर मैं भारत का ओरेज़गोन होना ही चाहूँगा।"

जुलाई के उत्तरार्द्ध में ही गुजराल मेक्सिको रवाना हो जायेंगे। वहाँ निस्सन्देह इन कलाकारों से उनकी भेंट होगी। हम कहते हैं : शुभास्ते पन्थान।

स. ही. वा.

रूसी साहित्य और तुर्गनेव

विषय-प्रवेश

रूस के साहित्यकार शायद संसार के किसी भी राष्ट्र की अपेक्षा अधिक आदर से अपनी कला को देखते हैं। रूसी पाठक भी साहित्य से केवल इतना ही नहीं माँगता कि वह मनोरंजन करे, वह उससे चाहता है कि वह जीवन का सच प्रतिबिम्ब हो और जीवन का सेवक हो, किसी प्रकार जीवन की वृद्धि करे। इसलिए रूसी साहित्यकार के लिए एक सर्वांगपूर्ण (Finished) कलाकार होना उतना आवश्यक नहीं, जितना कि एक निडर और गम्भीर विचारक होना। उसके लिए सबसे आवश्यक चीज़ें हैं— एक सार्वभौम आदर्श और दूसरी जीवन के प्रति सच्चाई। यदि यह है तो अलंकार हो या न हो, वाक्चातुर्य और सफ़ाई हो या न हो, लेखक ने अपना स्थान पा लिया है, अपना कर्त्तय पूरा कर दिया है।

तुर्गनेव और टाल्सटाय

इसका उदाहरण हमें रूस के दो मुख्य कलाकारों—तुर्गनेव और टाल्सटाय—में मिलता है। दोनों ही में सामाजिक जागृति और सामाजिक असन्तोष और अस्वीकृति के भाव थे; दोनों ही मानवता की बड़ी-बड़ी समस्याओं का सामना करने को तैयार थे। रूसी आदर्श के अनुसार—जीवन के चित्रण में सच्चाई का ध्यान रखते हुए—दोनों ही बड़े कलाकार थे। इसके अतिरिक्त तुर्गनेव में एक और वस्तु थी, जो टाल्सटाय में नहीं पायी जाती, और जो तुर्गनेव को शायद अपने क्षेत्र में अद्वितीय बनाती है, वह थी उसकी कलात्मक परख, उसकी जीवन की सूक्ष्मतर लय (rhythms) को पहचान लेने और बाँध लेने की शक्ति। एक आलोचक तुर्गनेव के बारे में कहते हैं—

"He is not only the greatest of prose style that Russia has ever produced; he is the only Russian who has shown genius in construction. Perhaps no novels in any language have shown the impeccable beauty of form attained in the works of Turgenev."

अर्थात्—"वह रूस का सर्वोत्तम गद्य-शैलीकार ही न था; वह एकमात्र रूसी था, जिसने (कथा-वस्तु के) निर्माण में प्रतिभा का परिचय दिया हो। शायद किसी भी भाषा के उपन्यासों में घड़न का वह सौन्दर्य नहीं है, जो तुर्गनेव की रचनाओं में पाया जाता है।"

रूसी चरित्र

तुर्गनेव की कला की समीक्षा करने से पहले उचित है कि हम रूसी साहित्य की कुछ मुख्य प्रेरणाओं की परीक्षा करें–या यों कह लीजिए कि रूस के चरित्र को वैसा देखने की चेष्टा करें, जैसा कि वह रूसी साहित्य में प्रकट होता है।

रूसी साहित्य पुराना नहीं है। उसका आरम्भ मुश्किल से होता है, जिसका जन्म सन् 1799 में हुआ। और वह अपने चरम उत्कर्ष तक टाल्सटाय की मृत्यु से पहले–यानी सन् 1910 से पहले–पहुँच गया था। रूस का साहित्यिक बचपन हुआ ही नहीं, मानो वह एकाएक नींद से जागकर बोलने लग गया। उसके बाद के कुछ ही वर्षों में उसने संसार के साहित्य में एक स्थान–और बहुत ऊँचा स्थान पा लिया।

1. यथार्थवाद

पुश्किन में विद्रोह का भाव था, जो कभी-कभी प्रकट हो जाता था; किन्तु साधारणतया उसे एक रोमांटिक ही गिनना चाहिए, जिस पर वायरन का बहुत अधिक प्रभाव था। पुश्किन रूसी साहित्य में अकेला ही है, क्योंकि रूस के सभी बड़े कलाकार 'रियलिस्ट'–यथार्थवादी–हुए। इसका एक कारण हम ऊपर बता आये हैं। रूसी चरित्र में जीवन के प्रति एक गम्भीर विचारशीलता का भाव है, और उसे कोमल बनाने वाली हास्य-प्रवृत्ति कहीं नहीं पायी जाती। रूसी यथार्थवाद के पिता गोगोल से लेकर आज दिन गोर्की और शोकोलोव तक चले आइये, आप देखें कि किसी भी बड़े रूसी लेखक में–तुर्गनेव, दोस्तोवस्की, टाल्सटाय, चेखोव, एंड्रीव, गोर्की, कुप्रिन, आर्ट्सीवाशीव, प्रभृति में–कहीं भी उसकी उस आलोचना-वृत्ति में माधुर्य लाने के लिए हास्य का नाम नहीं। गोगोल शायद एक मात्र अपवाद है; लेकिन उसका अनुसरण किसी ने नहीं किया।

2. भाषा की शक्ति

रूसी लेखकों की भाषा में शक्ति है। स्वयं गोगोल कहता है–रूसी लोगों की बात में शक्ति है, और यदि वे एक बार किसी व्यक्ति को कोई नाम दे दें, तो वह सदा के लिए उससे सम्बद्ध हो जाता है, उससे किसी प्रकार भी मुक्ति नहीं मिलती, वह सर्वत्र अपनी कौए की आवाज़ से अपना परिचय देता रहता है...रूस से जो उत्पन्न होता है, उसमें तलवार की-सी धार होती है...इस शक्ति के उदाहरण सर्वत्र मिलते हैं, विशेषतः आधुनिक युग के लेखकों में।

3. व्यापक सहानुभूति

तीसरी बात जो हम रूसी साहित्य में देखते हैं, वह है रूसी लेखकों के मानसिक क्षेत्र की विशालता। इसका प्रभाव काल्पनिक नहीं है, वह तत्काल प्रकट होता है, और एक सच्ची अनुभूति है। रूसी मन में सारी मानवता से जो सहानुभूति है, उसी के फलस्वरूप यह विशालता साहित्य में आयी है। हमारे या यूरोप के साहित्य में भी, अधिकांश पुस्तकों में, एक ओछापन रहता है, जो रूसी साहित्य में नहीं मिलता। उसकी रचना की लम्बाई से कोई सम्बन्ध नहीं है, उसका प्रमाण किसी बड़े अंग्रेजी नॉवेल–उदाहरणतः गाल्सवर्दी की Modern Comedy की तुलना किसी छोटे-से रूसी उपन्यास–उदाहरणतः Rudin Sportsman's sketchs से करने पर मिल जायेगा।

4. उदारता

रूसी लोगों में विश्व-बन्धुत्व का भाव और किसी भी राष्ट्र की अपेक्षा अधिक है। उनमें विदेशी भाषा सीखने की अवधारणा क्षमता है। अधिकांश रूसी लेखक कम-से-कम एक विदेशी भाषा—प्रायः फ्रेंच या अंग्रेजी—जानते हैं। तुर्गनेव फ्रेंच का पूरा पण्डित था। इस भाषा-ज्ञान का एक फल यह होता है कि मनुष्य का मानसिक क्षेत्र विकसित होता है, और उसके साथ ही साथ पक्षपातपूर्ण धारणाएँ नष्ट होती हैं और सहानुभूतियाँ फैलती हैं। हेरनी जेम्स ने तुर्गनेव के बारे में कहा है कि उसमें रत्तीभर भी पक्षपात (Prejudice) नहीं था। कल्पना कीजिए, संसार को, समाज को और उसकी संस्थाओं को, नैतिक विचारों को, मानव-चरित्र को, पक्षपात रहित मन से देख सकना कितनी बड़ी बात है। हम भारतीय पक्षपात से भरे हुए हैं, यद्यपि हम उन्हें पक्षपात न कहकर सिद्धान्त कहते हैं। नाम से कोई भेद तो नहीं पड़ता, हमारी दृष्टि सीमित होती है, और हम संसार की पूर्णता को नहीं देख पाते। इसी कारण हमारा साहित्य अन्तर्राष्ट्रीय नहीं हो पाता—जब तक हम विदेशी मन को समझने की सामर्थ्य नहीं रखते, तब तक हम अपनी बात भी दूसरों को नहीं समझा सकते। थैकरे, इलियट इत्यादि को अंग्रेजी के बाहर कोई नहीं पूछता; लेकिन यदि तुर्गनेव और टाल्सटाय के अनुवाद किसी भाषा में नहीं होते, तो इसमें उस भाषा की हानि ही है।

5. नम्रता

रूसी साहित्य पुराना नहीं है, इसलिए उसमें विशालता, भावुकता (Sensitiveness) और शक्ति होते हुए भी दर्प का, आत्म-तुष्टि का, भाव नहीं आया, जो साहित्य का सबसे बड़ा शत्रु है। रूसी के मन में नम्रता (Humility) है, इसलिए वह मानव-हृदय की प्रत्येक सूक्ष्म प्रवृत्ति को समझ सकता है, उसकी ग्रहण-शक्ति (receptiveness) सीमाबद्ध नहीं हुई। इसीलिए रूसियों जैसे मनोवैज्ञानिक कलाकार कहीं अन्यत्र नहीं हुए।

6. ग्राहकता

रूसियों का यथार्थवाद भी उस भावुकता का ही फल है। रूसी मस्तिष्क में पक्षपात नहीं है, prejudice नहीं है, वह हर एक वस्तु की सच्चाई को प्रतिबिम्बित कर सकता है। "A Russian novelist with a pen in his hand is the most truthful being on earth."

अर्थात्—'कोई भी रूसी उपन्यासकार, जिसके हाथ में कलम है, संसार का सबसे बड़ा सत्य वक्ता है।'

7. इच्छाशक्ति की कमी

लेकिन रूसी पुरुष-प्रकृति की सबसे महत्त्वपूर्ण बात जो हमें दीखती है, वह है उसमें क्रियात्मक शक्ति की कमी, इच्छाशक्ति की असमर्थता। एक बार नहीं, बार-बार प्रत्येक रूसी उपन्यास के चरित्रों में फिर-फिर वही चरित्र आता है—व्यक्ति जो जानना चाहता है, जो सोचता है, जो परीक्षा और समीक्षा करता है, जो सोचता है, किन्तु पाता है केवल अपने मानव-मस्तिष्क की असमर्थता—'मैं नहीं जानता।' और इस प्रकार एक दीवार के आगे आकर उससे टकराकर पूछता है—'हम क्या करें?' यह रूसी प्रकृति का मुख्य प्रश्न है। रूस की दो बड़ी कृतियों का नाम ही यह है। इस वृत्ति को सबसे पहले तुर्गनेव ने पहचाना और अपने 'Rudin' में चित्रित किया, उसके बाद 'Torrent of Springs' 'Smoke' और

अन्य उपन्यासों में भी इसे दिखाया गया। दोस्तोवस्की आर्ट्सीवाशेव, गोर्की, सभी ने इसका चित्रण किया है। इस अनिश्चय का एक फल यह है कि रूसी प्रकृति में निष्क्रिय प्रतिरोध की प्रकाण्ड शक्ति है; लेकिन दूसरी ओर यह किसी भी क्रियात्मक आयोजन में विघ्नस्वरूप खड़ी होती है। इसका प्रमाण हम आजकल की रूसी अन्तर्राष्ट्रीय नीति में भी देख सकते हैं।

8. स्त्री-चरित्र

दूसरी ओर रूसी स्त्री-चरित्रों में मूर्तिमती कार्य-तत्परता का चित्र देखने में आता है। स्त्रियों में अपरिमित सामर्थ्य और क्रियाशीलता है, ख़्वाह वह बुरा करने की ही हो। शायद पुरुषों की निष्क्रियता ही प्रतिक्रिया द्वारा उन्हें इतना शक्तिशील बनाती है। रूसी साहित्य में जो सच्चरित्र स्त्रियाँ हैं, वे पुरुषों से कहीं ऊँची हैं', और सदा उनकी मार्गदर्शिका रहती हैं।

9. विवाद-तत्परता

इस विचारवान निष्पृष्यता के साथ-ही-साथ हम देखते हैं—रूसी लोगों की, विशेषतः रूसी छात्रों की—गूढ़तम समस्याओं पर वाद-विवाद करने का तत्परता। रूसी उपन्यासों में कथा वस्तु से बिल्कुल असम्बद्ध निगूढ़ विषयों पर बहस के पन्ने भरे होते हैं। स्वयं तुर्गनेव के बारे में प्रसिद्ध है कि 25 वर्ष की आयु में, जब वह बेलिंस्की से मिला, तब दोनों घण्टों बहस करते रहे थे। एक बार 6 घण्टे की बहस के बाद जब तुर्गनेव ने कहा कि भोजन का समय हो गया है, तब बेलिंस्की ने कहा था—'हैं? हम अभी यही नहीं तय कर पाये कि ईश्वर है या नहीं, और तुम भोजन करना चाहते हो।' यह शायद अच्छा ही है कि इस विवाद-वृत्ति के साथ ही दृढ़ इच्छाशक्ति नहीं है, नहीं तो रूसी जीवन असम्भव हो जाता। रूस में निहिलिज्म का प्रचार इस वृत्ति के कारण और इच्छाशक्ति की कमजोरी की प्रतिक्रिया-स्वरूप हुआ था। वह भावुकता का विस्फोट था, इसलिए यथासम्भव बैठ गया, नहीं तो न जाने रूस की क्या दशा हुई होती। क्योंकि रूसी की भावुकता उसे बहुत दूर ले जाती है। जिस सिद्धान्त को वह स्वीकार कर लेता है, उसे सबसे पहले अपने जीवन पर लागू करता है। टाल्सटाय का जीवन इसका प्रमाण है।

10. विवाद

अन्त में हम पाठकों का ध्यान उस प्रभाव की ओर आकृष्ट करना चाहते हैं, जो रूसी साहित्य पढ़कर पाठक के मन पर होता है। रूसी साहित्य पर विवाद की एक बड़ी गहरी छाया है। वेदना और निराशा की जो गहराइयाँ रूसी लेखकों ने खोद निकाली हैं, वे शायद और किसी भी देश के साहित्य में नहीं दीख पड़ती। रूसी जीवन में भी, कम-से-कम ग्रामीण जीवन में, हास्य का स्थान अवश्य रहा होगा; लेकिन उसकी भी जड़ में वेदना है, और वह है निष्क्रिय जड़ीभूत वेदना।

रूसी जीवन में व्याप्त यह वेदना जहाँ एक ओर विराट् साहित्य और विराट् कलाकार उत्पन्न करती है, वहाँ उसकी उन्नति को स्थायी बनाने के साधन भी उत्पन्न करती है। इससे जो सहानुभूति उत्पन्न होती है, वह रूसी साहित्य की सबसे बड़ी शक्ति और उसके उज्ज्वल भविष्य की सबसे विश्वस्त गारण्टी है।

तुर्गनेव

रूसी साहित्य की इस विवेचना के बाद हम तुर्गनेव की विशेषताओं की आलोचना कर सकते हैं, और उन प्रेरणाओं को पहचान सकते हैं, जिन्होंने उसकी कला को प्रभावित किया।

1. माता की क्रूरता

इनमें सबसे पहली प्रेरणा थी तुर्गनेव की माता की क्रूरता। तुर्गनेव की माता एक सम्पन्न घराने की थी, और सन् 1817 में उसने एक फौजी अफसर से विवाह किया, जो आयु में उससे छोटा था। तुर्गनेव का जन्म सन् 1818 में हुआ। माँ-बाप के निरन्तर अत्याचार का फल यह हुआ कि तुर्गनेव उनके चरित्र का कठोर आलोचक बना, और माता-पिता की निरन्तर कलह ने भावी उपन्यासकार को बहुत-सी सामग्री दी। तुर्गनेव की माँ लेखकों से–विशेषता रूसी भाषा के लेखकों से–घृणा करती थी। (तुर्गनेव की रचनाओं में कहीं ऐसी माता का चित्र नहीं मिलेगा, जिसमें बुद्धि और वात्सल्य एक साथ ही हो।) वह स्वयं सदा फ्रेंच बोलती थी, क्योंकि संस्कृत लोगों की भाषा वही थी। रूसी भाषा दासों (serfs) की भाषा थी। तुर्गनेव को भी फ्रेंच, जर्मन और अंग्रेजी की शिक्षा दी गयी; रूसी उसने चोरी से नौकरों से सीखी। यह विदेशी भाषाओं का, विशेषतः फ्रेंच का, ज्ञान दूसरी प्रेरणा थी, जिसने उसके साहित्य की गति निर्दिष्ट की।

2. छात्र-जीवन

कॉलेज में तुर्गनेव के मित्रों में मुख्य बाकूनिन था, जो बाद में प्रसिद्ध निहिलिस्ट प्रचारक हुआ। तुर्गनेव के स्वभाव में एक अभिजात्य (aristocratic) वृत्ति थी, जिसके कारण वह किसी प्रकार का भी चरमपन्थ (Exremism) नापसन्द करता था। फिर भी इसमें सन्देह नहीं कि बाकूनिन और उसके निहिलिस्ट मित्रों का तुर्गनेव की कृतियों पर बहुत प्रभाव पड़ा। तुर्गनेव प्रचारक नहीं था, किसी पक्ष का वकील नहीं हो सकता था; लेकिन उसकी सच्चाई, उसकी कला और घोरतम व्यथा के क्षेत्र में उसकी गम्भीर शान्ति ही उसकी रचनाओं को अधिक प्रभावोत्पादक बनाती थी।

3. मैडम वियादौ

सम्भवतः सबसे अधिक प्रभाव तुर्गनेव पर मैडम वियादौ नामक एक प्रसिद्ध गायिका का पड़ा। मैडम वियादौ पहले-पहल सन् 1843 में पीटर्सबर्ग में आयी, और उस समय से मृत्युपर्यन्त, यानी 40 वर्ष तक, तुर्गनेव और उसका अभिन्न सख्य रहा। तुर्गनेव की घनिष्टता मैडम वियादौ से ही नहीं, उसके पति और कन्याओं से भी थी। तुर्गनेव स्वयं आजन्म अविवाहित रहा, और इसलिए इस परिवार का आकर्षण उसके लिए सदा बना रहा।

4. नास्तिकता

तुर्गनेव नास्तिक था, बल्कि कहना चाहिए कि उसमें किसी प्रकार के धार्मिक विश्वास थे ही नहीं। मानव-हृदय की प्रतिकूलताओं में से एक है कि टाल्सटाय, जो ईसाई धर्म का इतना उग्र प्रचारक था, स्वयं विनय, कोमलता और दूसरों में श्रद्धा के भावों से, जो ईसाई धर्म के मुख्य गुण हैं, वंचित था, और तुर्गनेव इन्हीं गुणों का साकार पुंज था। तुर्गनेव की उदारता और विनय आत्म-त्याग की सीमा तक पहुँची थी। टाल्सटाय के प्रति तुर्गनेव के भाव और टाल्सटाय के नाम उसका अन्तिम पत्र, इसके उदाहरण हैं।

5. निराशावाद

तुर्गनेव की सभी कहानियाँ विफलता (Frustration) की कहानियाँ हैं। 'रूडिन' के नायक का विनाश उसकी प्रकृति करती है। 'टारेंट्स ऑफ स्प्रिंग' के नायक का विनाश एक स्त्री के हाथों होता है।

'फादर एण्ड संस' में बेजरोव अदृश्य की गति से पराजित होता है। इसका कारण एक तो यह है कि तुर्गनेव चाहता था कि एक ही विषय पर–रूसी चरित्र में समाये हुए अनिश्चय पर–बार-बार चोट करके एक नये प्रकार के रूसी का निर्माण किया जाये। इसका कारण था तुर्गनेव का प्रगाढ़ निराशावाद–यह दृढ़ विश्वास कि प्रकृति उच्चतम आदर्शवादी और नीचतम पशुप्राय व्यक्ति को एक ही उपेक्षा से देखती है।

6. तुर्गनेव की कला

तुर्गनेव की कला का मुख्य स्तम्भ है, उसकी objectivity । वह लिखता है तो अपने प्रवाह में पर स्वयं नहीं बह जाता, भावुकता में उलझता ही नहीं सदा अलग, संयत और सच्चा रहता है; लेकिन दूसरी ओर वह यथार्थवादी होकर भी कवि है, सौन्दर्य को पहचानने की सामर्थ्य रखता है। प्रायः भाव प्रधान लेखक प्राकृतिक सौन्दर्य का चित्रण करने में असफल होते हैं (उदाहरणतया, ब्राउनिंग कवि होकर भी प्रकृति-चित्रण नहीं कर पाया), और रूसियों में तो विशेषतया यह कमी रही है; पर तुर्गनेव में यह बात नहीं थी।

यदि हम मोपासां की कहानियाँ लगातार पढ़ते रहें तो कुछ देर बाद हमारे मन में एक आरति, एक ग्लानि-सी उठ खड़ी होती है, क्योंकि he has nothing to balance his stark insistence on reality—

अर्थात्, 'उसके पास अपनी नग्न वास्तविकता को बैलेंस करने के लिए कोई चीज़ नहीं है।' तुर्गनेव का कवि हृदय उसकी कृतियों में कमी यह कमी नहीं आने देता–उसकी प्रत्येक रचना हमें स्फूर्ति देती है और उन्नति की ओर खींचती है।

तुर्गनेव नये विचारों और नयी अनुभूतियों को ग्रहण करने के लिए सदा तत्पर था। यही कारण है कि उसमें कालगति के लक्षणों का अचूक निदान करने की असाधारण शक्ति थी। रूसी जीवन में जो-जो नयी प्रेरणाएँ आयीं, उन सबको उसने पहचाना और शब्दबद्ध किया। बल्कि जो लक्षण तब तक कहीं भी प्रकट नहीं हुए थे, उन्हें भी वह अपनी रचनाओं में दिखा देता था, इसीलिए उनकी कृतियों में एक भविष्यवाणी जैसा गुण (prophetic quality) है। रूस की प्रत्येक पार्टी ने समय-समय पर उसकी प्रशंसा और निन्दा की; किन्तु वह सदा पार्टियों से अलग रहकर देश की सेवा करता रहा। यद्यपि उस समय के युवक उसकी 'फादर एण्ड संस' पुस्तक पढ़कर जल उठे थे, फिर भी आज यह निस्सन्देह है कि निहिलिस्ट आन्दोलन के प्रचार और अन्ततः रूस की उन्नति में वह पुस्तक बहुत महत्त्वपूर्ण सिद्ध हुई।

पूनिन और बाबूरिन

'पूनिन एण्ड बाबूरिन' नामक कहानी तुर्गनेव की कला का अच्छा उदाहरण है। बाबूरिन रूसी निहिलिस्ट का पूर्व रूप है–निहिलिस्टों के गुण, शक्ति, दृढ़ता संसार की रूढ़ियों की (Conventionality) अस्वीकृति, पीड़ा सहने की क्षमता और जीवन के प्रति निरन्तर ललकार–यह सभी उसमें है, और महत्त्व की बात यह है कि उस समय तक निहिलिज़्म एक आन्दोलन के रूप में प्रकट नहीं हुआ था। बाबूरिन का चरित्र सम्पूर्णतः तुर्गनेव की कृति है, पूनिन का चित्रण तो दूसरे रूसी लेखकों ने भी किया है। तुर्गनेव के प्रायः सभी चरित्र व्यक्ति (individual) और टाइप (type) के सम्मिश्रण हैं। वह टाइप का चित्रण करता है, किन्तु कलाकार के टाइप भी विशिष्ट होते हैं, उनमें व्यक्तिगत गुण और दोष होते हैं, जैसे कि पूनिन और बाबूरिन में देखने में आते हैं। कहानी में पीट्रोविचकी दादी (नानी?) का जो चित्र खींचा गया है, उस पर तुर्गनेव की माँ का अवश्यमेव बहुत गहरा प्रभाव पड़ा है।

स्मृति और काल

आज हम जिस परिमण्डल में जीते हैं उसमें–कभी एक व्यापक हल्ले के रूप में और कभी एक दबी हुई गूँज के रूप में–बार-बार यह बात सुनाई पड़ती है कि 'हम इक्कीसवीं सती की देहरी पर खड़े हैं।' नहीं जानता कि हम में से कितने स्वयं अपने भाव-जगत् में ऐसा अनुभव करते हैं; किन्तु ऐसा कहते हुए कुछ लोगों को ज़रूर सुना जा सकता है कि सारा देश एक छलाँग लगाने के लिए शरीर तौल रहा है और वह छलाँग हमें सीधे बीसवीं शती के अन्तिम वर्षों के धुँधलके में से उबारकर इक्कीसवीं शती के निरभ्र आकाश के निश्च्छाय आलोक के प्रदेश में स्थापित कर देगी। वह छलाँग कैसी होगी, इसका बखान करने के लिए कुछ लोगों ने विज्ञान का मुहावरा भी उधार ले लिया है। हम विकास की सम गति से आगे बढ़ते हुए, बीसवीं से इक्कीसवीं शती में प्रवेश करेंगे, ऐसा नहीं होगा। जिस प्रकार परमाणु जगत् में हम पाते हैं कि पदार्थ का सूक्ष्मतम कण अभी एक स्थिति में और उसके तुरन्त बाद एक दूसरी स्थिति में दीखता है और बीच की यात्रा हमें नहीं दीखती, न यात्रा-पथ ही दीखता है, उसी प्रकार हम भी एक स्थिति से दूसरी स्थिति में छलाँग लगाकर पहुँच जायेंगे। न वह छलाँग किसी को दीखेगी, न उसके गति-पथ का मानचित्र बनाया जा सकेगा। विज्ञान की परिभाषा से क्वांटम जम्प की यह अवधारणा उधार ले लेने से ऐसा प्रचार करने वालों को दोहरी सुविधा मिलती है। जिस जगत् में क्वांटम जम्प की बात सार्थक होती है उसमें हम दिक् और काल का अलग-अलग विचार नहीं करते–कर ही नहीं सकते क्योंकि वहाँ दिक्काल के एक सातत्य में ही बात करना सार्थक होता है। वहाँ हमारी छलाँग–यानी सूक्ष्मतम अणु की छलाँग–निरन्तर पदार्थ से उर्जा और ऊर्जा से पदार्थ तक भी लगती रहती है। दूसरे शब्दों में यही बात हम यों भी कह सकते हैं कि पदार्थ लगातार दिक् के आयाम से काल के आयाम में और काल के आयाम से दिक् के आयाम में छलाँग लगाता रहता है–दिक्काल परस्पर एक दूसरे में परिवर्तित होते रहते हैं। स्पष्ट है कि वैज्ञानिक अवधारणा का यह पहलू उस छलाँग पर लागू नहीं होता जिसके सहारे हमारा देश बीसवीं से इक्कीसवीं शती में पहुँचने वाला है : लेकिन जिन लोगों के द्वारा यह मुहावरा इस्तेमाल किया जाता है वे बड़े लोग हैं और बड़े लोगों की बातों पर न-नु-नच् करना अविनय है : उनकी बात केवल दोहरायी जा सकती है।

इस देश में यह सवाल पहले भी उठा कि जिस प्रकार हम छलाँग लगाकर एक स्थल से दूसरे स्थल पर पहुँच जाते हैं, क्या काल भी उसी प्रकार छलाँग लगाकर चल सकता है, चलता है, अथवा उसकी गति अनिवार्यता सम, एकरूप, अजस्र धारा की गति होती है? क्या काल के भी अणु होते हैं और क्या जीव एक-के-बाद-एक ऐसी आणविक स्थितियों में से गुज़रता रहता है जिनके बीच किसी प्रकार की

निरन्तरता अथवा सातत्य का सम्बन्ध नहीं होता? पश्चिम में तो यह प्रश्न एक वास्तविक वैज्ञानिक पहेली के रूप में उन्नीसवीं शती में ही उठा—क्वांटम सिद्धान्त के ही एक पहलू के रूप में—और इसका एक अनिवार्य आनुषंगिक परिणाम यह जिज्ञासा थी कि तब काल-गति का अनुभव करने वाले का 'स्व' क्या है और हमारी स्मृति क्या है? लेकिन मैंने अभी जो कहा कि हमारे देश में यह सवाल एक बार पहले भी उठा, तब मैं पश्चिम के वैज्ञानिक चिन्तन के विकास, अथवा उसके कारण यहाँ पूर्व में उठने वाली वैचारिक लहर की बात नहीं कर रहा था। इस देश में मौलिक रूप से यह समस्या उससे कुछ पहले उठायी गयी थी 'कुछ पहले' अर्थात् यही कोई दो-अढ़ाई हजार साल पहले, बौद्ध तार्किकों द्वारा। लेकिन अभी मैं उस प्राचीन विवाद को नहीं जगा रह हूँ—उसकी सार्थक चर्चा करने के लिए कुछ तैयारी अपेक्षित होती है। जब हम क्वांटम जम्प की बात करने लगते हैं तो सहज ही यह सम्भावना भी सामने आती है कि वह छलाँग अगर आगे की ओर हो सकती है तो पीछे की ओर भी हो सकती होगी या हो सकनी चाहिए—जब हम दिक् का काल-निरपेक्ष विचार असम्भव पाते या मान लेते हैं तब 'आगे' या 'पीछे' की अवधारणा कैसे टिकी रह सकती है? इस आगे और पीछे की समस्या की ओर लौटना (लौटना' अर्थात् आगे बढ़ना!) तो होगा। लेकिन उसकी भूमिका के रूप में कुछ दूसरे सन्दर्भों को उठाना उचित होगा।

इक्कीसवीं शती की देहरी पर खड़े होने की बात करने वाले ईसवी संवत् को गणना का आधार मानकर चलते हैं। लेकिन इस देश में केवल वही एक संवत् नहीं चलता। प्रचार के इस युग में बड़ी तेज़ी से ईसवी कैलेण्डर का चलन बढ़ा है और आज उन क्षेत्रों में भी तारीखें इसी कैलेण्डर से गिनी जाती हैं जिनमें कुछ वर्षों पहले तक वैसा करते समय यह कहना जरूरी होता था कि यह 'अंग्रेज़ी तारीख' है। लेकिन जिस देश का दो-तिहाई आज भी निरक्षर है, उसमें चाहे व्यंग्यपूर्वक ही सही, चाहे देशी काल-गणना को निरक्षरता के साथ जोड़ते हुए ही सही, आज भी यह बात सच है कि करोड़ों जन-साधारण व्यावहारिक जीवन में ईसवी कैलेण्डर और अंग्रेज़ी तारीखें मानते हुए भी एक दूसरे स्तर पर किसी दूसरे संवत् में और दूसरी ही तिथियों के अनुसार जीते हैं। उनको आप कहेंगे कि ये यथार्थ के दो आयामों में जी रहे हैं, तो उन्हें यह सन्देह भी नहीं होगा कि आप उन पर व्यंग्य कस रहे हैं—वे सहज ही इस बात को स्वीकार कर लेंगे कि यथार्थ के दो स्तर होते हैं। इन करोड़ों जनों में संवत् की जो दूसरी गणनाएँ चलती हैं, अपनी बात आगे बढ़ाने के लिए उनमें से एक गणना को मैं चुन लेता हूँ—विक्रम संवत् को, जो उत्तर भारत में प्रमुख रूप से प्रचलित है। विक्रम और ईसवी संवत् में 57 वर्ष का अन्तर है। विक्रम संवत् के अनुसार 'इक्कीसवीं शती की देहरी पर' खड़े होने की बात अब तक पुरानी पड़ गयी होती। विक्रम संवत् से हमने जब इक्कीसवीं शती में प्रवेश किया तब देश में 'भारत छोड़ो' का नारा गूँज रहा था। ठीक इक्कीसवीं में प्रवेश का बिन्दु न चुनकर हम उसकी देहरी से वैसी ही दूरी रखें जैसी आज ईसवी इक्कीसवीं सदी से है, तो संवत् 1986 में देश स्वाधीनता संग्राम के दूसरे सत्याग्रह आन्दोलन से आन्दोलित था। क्रान्तिकारियों की हरकतें उसे और भी तीव्रता दे रही थीं। अथवा देहरी के कुछ निकटतर जाकर संवत् 1996 को देखें तो सारा विश्व ही महायुद्ध के कगार पर खड़ा था। संक्षेप में कहें तो कह सकते हैं कि यदि नयी शती की देहरी पर खड़े होने की बात बड़े और अकल्पनीय परिवर्तनों की बात है, तो उस समय वैसी भावना अधिक प्रचलित थी और अधिक संगत भी थी—अर्थात् विक्रम संवत् से। आज तो हमें उस इक्कीसवीं शती में प्रवेश किये दो पीढ़ियाँ बीत

चुकी हैं : आज हमें स्वाधीनता प्राप्त किये भी चालीस वर्ष हो चले हैं। जिस छलाँग की, क्वांटम जम्प की बात आज होती है, वह उस समय कुछ अधिक अर्थवान् भी जान पड़ती। गुलामी से आज़ादी तक की छलाँग या यात्रा-पथ नहीं दीखता, उस मानस-यात्रा का मानचित्र बनाना भी कठिन होता है। वह यात्रा वास्तव में क्वांटम जम्प होती है। और जो आज इस स्थिति में हैं कि आज़ादी के अनुभव के उन क्षणों के मनोभाव की याद ताज़ा कर सकें, वे शायद आज भी इस बात की सच्चाई का एक तीखा अनुभव कर सकेंगे। कुछ लोग स्वतन्त्रता की घोषणा की उस आधी रात के समय सड़कों पर नाचे भी थे; लेकिन इस अतिशय प्रतिक्रिया को छोड़ भी दें तो करोड़ों जनों ने यह अनुभव किया था कि वे एक नये युग में प्रवेश कर गये हैं; कि ऐसे युगान्तर को एक क्रमिक यात्रा के रूप में देखना कठिन है, उसे एक रूपान्तर-सा ही अनुभव किया जा सकता है—एक युगान्तर—एक क्वांटम जम्प—एक पुनर्जन्म...

'इक्कीसवीं शती में प्रवेश' को अगर हमने स्वाधीनता के युगारम्भ के साथ जोड़ लिया होता और उस सम्बन्ध में एक सार्थकता देखी होती—आशा, उत्साह और भविष्य के प्रति आस्था के मनोभाव की सार्थकता—तो आज शायद 'इक्कीसवीं शती के मध्य-बिन्दु' की चर्चा करना अधिक संगत होता। प्रश्न कदाचित् वे ही पूछे जाते जो इक्कीसवीं शती की देहरी पर खड़े होने के सन्दर्भ में उठाये जाते हैं; लेकिन उनके साथ जोड़ा जाने वाला मनोभाव अधिक संयत और प्रश्नाकुल होता। तब प्रश्नों का सन्दर्भ यह होता कि हम नयी शती भी आधी पार कर गये—क्या अब अपनी अब तक की यात्रा का कुछ लेखा-जोखा करके आगे का कार्यक्रम निर्धारित करने का—और उसे पूरा करने के संकल्प का—समय नहीं आ गया है? कदाचित् वही मनोभाव अधिक संगत भी होता—उस शोर और उस गूँज के बावजूद जिसका उल्लेख मैं कर चुका हूँ। वह शोर अधिकतर राजनीतिकों द्वारा मचाया गया शोर है क्योंकि उनके प्रयोजन दूसरे हैं और उनकी कार्य-पद्धति भी दूसरी है; शोर भी उस कार्य-पद्धति का एक अंग है। लेकिन मैं राजनीति का व्यक्ति नहीं हूँ। राजनीतिक प्रयोजनों के किसी अनिवार्य अस्वीकार के बिना भी मैं कह सकता हूँ कि मेरे प्रयोजन दूसरे हैं या होने चाहिए; कि साहित्यकार के नाते मेरे लक्ष्य दूसरे—या दूसरे भी—हैं और होने चाहिए; कि मेरी कार्य-पद्धति भी स्वभावतः अलग होगी। और यह भी कि शोर उसका अंग नहीं होगा बल्कि बहुधा एक सारगर्भ चुप उसके लिए अधिक उपयोगी हो सकती है।

लेकिन ईसवी सन् हो अथवा विक्रम संवत् काल-गणना का एक दूसरा भी सन्दर्भ है और मेरा प्रयोजन उसी से है। मैंने पहले चरण में इन दो कैलेण्डरों का उल्लेख किया क्योंकि इन दोनों के बीच का अन्तर इतना ही है कि उसका हमारी साधारण आयु से अनुपात बैठाया जा सके और दो प्रकार के सम्भाव्य मनोभावों की तुलना की जा सके। लेकिन जिस विचार-सरणी के किनारे तक मैं आपको ले जाना चाहता हूँ वह इसके कुछ और आगे है। यों मैंने जिन दो मनोभावों, मनोदशाओं अथवा मानसिक प्रवृत्तियों का उल्लेख किया, उनके बीच केवल 57 वर्ष का अन्तर रहने पर भी उनकी सार्थक चर्चा के लिए स्मृति का उपयोग तो आवश्यक हो ही जाता है—और स्मृति के परिदृश्य ही मेरा विषय है। 57 वर्ष पहले की स्मृतियाँ जगाना उतना कठिन नहीं जान पड़ता—यद्यपि यह कहना भी उतना ही सत्य होगा कि एक दिन पहले की स्मृतियाँ जगाना भी कम कठिन काम नहीं होता—बल्कि घण्टा-भर पहले, एक मिनट पहले की मनोदशा में प्रवेश करना भी कभी-कभी अत्यन्त कठिन हो जाता है। 40 वर्ष पहले, या 57 वर्ष पहले, या 400 या 4000 वर्ष पहले की भूली और अनभूली, आह्वेय और अनाह्वेय स्मृतियों का ताना-बाना ही हमारी उस सांस्कृतिक अस्मिता की भूमि है जो हमारे निजी, सामाजिक,

नागरिक और राष्ट्रीय अनुभवों और आकांक्षाओं को निरूपित करती है। साहित्यकार के नाते मेरा उस भूमि से जो सरोकार है उसको प्राथमिकता देते हुए ही मैं स्मृति के परिदृश्य की बात करना चाहता हूँ।

अगर मैं बिना व्याख्या के सीधे-सीधे यह बात कहूँ कि 'ईसवी सन् को ही ऐतिहासिक काल-गणना का एक मात्र आधार मान लेने से हमारा यथार्थता का बोध परिसीमित हुआ है' तो यह साम्प्रदायिक दुराग्रह की बात लगेगी। लेकिन वस्तुतः ईसवी सन् की बात का ईसाई धर्म से कोई सम्बन्ध नहीं है। मैं उसी प्रकार बिना व्याख्या के यह भी कह दे सकता हूँ कि विक्रम संवत् भी उसी प्रकार हमारे ऐतिहासिकता के बोध को परिसीमित करता है। दोनों बातें साथ-साथ रख देने से साम्प्रदायिक आग्रह के आरोप का निराकरण हो जायेगा। व्याख्या की आवश्यकता अवश्य फिर भी बनी रहेगी, लेकिन उसका एक सूत्र भी सामने आ जायेगा।

काल को हम अनादि और अनन्त मानते हैं। लेकिन उसकी गणना हमेशा एक बिन्दु से आरम्भ करते हैं और यह आदि-बिन्दु भी बहुत दूर पीछे नहीं जाता। सृष्टि के क्रम में तो उसकी दूरी नगण्य है ही, मानवता के इतिहास में भी वह लम्बी नहीं है। बल्कि सभ्यता के विकास-क्रम में भी वह उतनी लम्बी नहीं रह जाती। बड़े को छोटे से नापना ज़रूरी है, उसके बिना नाप हो ही नहीं सकती; लेकिन जो अनादि है उसकी नाम में एक आदि-बिन्दु स्थिर कर लेने के क्या परिणाम होते हैं? कभी बाल-मनोविज्ञान की पुस्तक में एक बालक की बात पढ़ी थी जिसकी कल्पना इतनी प्रबल थो कि वह रोज कोई न कोई झूठा किस्सा गढ़कर माता-पिता को सुना दिया करता था कि उसने क्या-क्या देखा अथवा उसके साथ क्या-क्या घटित हुआ। माता-पिता उसकी इस झूठ बोलने की आदत से परेशान हो गये थे, लेकिन यह भी अनुभव करते थे कि यह उस प्रकार का झूठ बोलना नहीं है जिसे नैतिक अथवा सामाजिक अपराध की कोटि में रखा जाये—जिसके लिए बालक को दण्डित किया जाये अथवा उसमें अपराधी-भाव जगा दिया जाये। अन्ततः उन्होंने भी कल्पना का सहारा लिया : एक नदी और उसके किनारों की अवधारणा की। बालक के क़िस्से सुनकर वे उससे यही पूछते कि उसके द्वारा वर्णित घटना नदी के इस पार घटित हुई या उस पार? क्रमशः नदी के ये कल्पित किनारे ही बालक के मन में भी यथार्थ और कल्पना के बीच की विभाजन-रेखा बन गये : कोई गढ़ा हुआ क़िस्सा सुनाकर वह स्वयं कह देता कि "यह सब नदी के उस पार घटित हुआ।" इस प्रकार माता-पिता उस बालक में अपराध-बोध जगाये बिना उसे यथार्थ की ठोस भूमि पर लाने में सफल हुए। शायद काल के प्रवाह का एक अधिक सच्चा बोध भी उसे प्राप्त हुआ हो, क्योंकि काल-नदी का वास्तविक चित्र उस दूसरे किनारे के बिना पूरा नहीं होता जिसके पार हमारी कल्पना की घटनाएँ घटित होती हैं। फ़ंक्शन आफ़ रिएलिटी की भाँति एक फ़ंक्शन ऑफ़ अनरिएलिटी भी है, और वह भी धर्म अर्थात् फ़ंक्शन ही हैं। बाल-मनोविज्ञान की उस पुस्तक ने यह तो नहीं बताया कि यह कल्पनाशील बालक आगे चलकर बड़ा उपन्यासकार बना कि नहीं : हम वैसी सम्भावना तो कर ही सकते हैं। लेकिन यहाँ, वर्तमान सन्दर्भ में, यह प्रश्न तो उठाया जा सकता है कि क्या संवत् की गणना का एक आरम्भ-बिन्दु स्थापित करना भी वैसा ही नदी का एक किनारा गढ़ लेना नहीं है जिसके इस पार 'इतिहास' है और उस पार—'पुराण'?

इस प्रश्न ने बात को कदाचित् कुछ अतिरंजित कर दिया, क्योंकि ईसवी अथवा विक्रम संवत् मान लेने के बाद भी हम उनके आरम्भ-बिन्दु से कम-से-कम कुछ शतियों पहले तक की घटनाओं को अपने इतिहास की परिधि में रखते ही हैं—उदाहरण के लिए बुद्ध अथवा अशोक अथवा सिकन्दर को अपनी काल-गणना के आरम्भ-बिन्दु का निर्वाह करते हुए 'ईसा पूर्व अमुक शती अथवा अमुक वर्ष' में

प्रतिष्ठित कर देते हैं। लेकिन रामायण अथवा महाभारत को जब 'ई. पू. 1500-2500' में रखा जाता है तब क्या इन महद्ग्रन्थों के रचना-काल को हम ऐतिहासिक यथार्थता की उसी कोटि में रख रहे होते हैं जिसमें—उदाहरण के लिए—महमूद गजनवी के आक्रमण को अथवा बाबर के अभियान को रखते हैं? इस प्रश्न का, ज़रूरी नहीं है कि एक ही उत्तर हो; लेकिन प्रश्न पूछने से इस बात की ओर हमारा ध्यान जायेगा कि काल के हमारे समग्र अनुभव की संरचना कितनी दूर तक इस बात से प्रभावित होती है कि हम गणना का आरम्भ-बिन्दु 'सन् 0 ई.' अथवा 'संवत् 0 वि.'—कहाँ रखते हैं।

इतनी बात तो ईसा अथवा विक्रम अथवा अन्य किसी संवत् पर समान रूप से लागू होती। लेकिन काल-जिज्ञासा जब आरम्भ होती है तो क्रम में और भी प्रश्न जुड़ते चले जाते हैं और हमारे अनुभव की संरचना की, हमारी स्मृति के परिदृश्य की और भी बारीकियाँ हमारे सामने आती हैं। विक्रमादित्य, जिनसे विक्रम संवत् आरम्भ हुआ, राजा थे, जबकि ईसा मसीहा हैं। विक्रमादित्य तो कई हुए, ईसा मसीह केवल एक हुए और वह भी ईश्वर के एक-मात्र चुने हुए बेटे जो कि ईश्वर का ही एक अंग नहीं हैं बल्कि करोड़ों श्रद्धावान् लोगों के लिए स्वयं ईश्वर से अधिक महत्त्व रखते हैं—अधिक बड़ी रागात्मक सत्ता हैं। काल-गणना का धर्मभाव से सम्बन्ध न हो, पर इस राग-बन्ध का हम क्या करें? इतिहासकार असम्पृक्त हो भी सकता है; पर अतीत के सामान्य ज्ञान को अपने से जोड़ने वाला जन यह जानता भी नहीं कि वैसा निर्वेद भाव उससे अपेक्षित है।

फिर ऐतिहासिकता के उसी आग्रह ने जिसने भारतीय चिन्ताधारा और गवेषणा में भी ईसवी सन् की प्रतिष्ठा कर दी, उसी ऐतिहासिक आग्रह ने हमें न केवल यह बताया है कि विक्रमादित्य कई हुए बल्कि प्रत्येक विक्रम का काल सन्दिग्ध बता दिया है। इस प्रकार विक्रम संवत् पर आधारित काल-गणना, जो पहले ही एक तदर्थ गणना थी, और भी सन्दिग्ध हो गयी क्योंकि उसके प्रवर्तक का ही कोई पता-ठिकाना, कोई निश्चित काल नहीं रहा। सुना है कि कुछ रूसी लोक-कथाएँ यों आरम्भ होती हैं कि "पता नहीं, था कि नहीं था, लेकिन एक राजा था।" क्या एक अनिश्चितकालीन विक्रम के साथ संवत् और काल-गणना के जुड़ जाने का एक असर यह नहीं होता कि "पता नहीं कब था या कौन था, लेकिन एक राजा था जो विक्रम कहलाया और जिससे काल-गणना आरम्भ करें तो कह सकते हैं कि—" इत्यादि।

यों तो यह प्रश्न भी उठा है—और हल नहीं हुआ है, केवल दबा दिया गया है कि ईसा मसीह भी एक और एक मात्र ऐतिहासिक व्यक्ति थे अथवा धर्म-गुरुओं की एक प्राचीन परम्परा के तीन-चार गुरुओं को जोड़कर रच गया एक संयुक्त व्यक्तित्व हैं? और यह प्रश्न भी एक जीवित प्रश्न है—जिन्दा दफ़ना दिया गया प्रश्न!—कि जिस एक-मात्र ईसा से ईसवी सन् आरम्भ किया जाता है उसका जन्म भी 'सन् 0 ईसवी' में हुआ था, अथवा उससे 12, 15 या 18 वर्ष पहले? अगर इस तरह के प्रश्न उसी रूप में सामने बने रह सकते या बनाये रखे जा सकते जिस रूप में विक्रमादित्य से सम्बद्ध प्रश्न हैं, तो स्थिति अंशतः भिन्न होती। लेकिन, जैसा मैंने कहा, ये जिन्दा दफ़ना दिये गये प्रश्न हैं क्योंकि विक्रम केवल एक राजा हैं, ईसा एक धर्म के प्रवर्तक और एक 'ऐतिहासिक' ईश्वर (!) के वर-पुत्र, ऐतिहासिक क्राइस्ट हैं। विक्रम संवत् के विक्रम के अस्तित्व पर भी प्रश्नचिह्न लगाने से कुछ बनता-बिड़ता नहीं। लेकिन ईसा मसीह के बारे में वैसा कोई प्रश्न उठाते ही एक पूरा धर्म-संस्थान लड़खड़ाने लगता है।

किसी धर्म-संस्थान के लिए संकट खड़ा करना हमें अभीष्ट नहीं है। लेकिन किसी संवत् के

आदि-पुरुष से जुड़े हुए प्रश्नों के विस्तार में जाने से किस प्रकार समूची सभ्यताओं, संस्कृतियों के ढाँचे लड़खड़ाने लगते हैं (क्योंकि अधिकतर सभ्यताएँ और संस्कृतियाँ धर्म-विश्वास से जुड़ी रही हैं), यह स्पष्ट हो जाता है। इस प्रकार सन्-संवत् के प्रश्न हमारी सांस्कृतिक अस्मिता के प्रश्न बन जाते हैं क्योंकि हमारी जातीय स्मृति का परिदृश्य उससे जुड़ा हुआ होता है।

भारतीय संस्कृति भी एक धार्मिक संस्कृति है। बल्कि भारतीय सन्दर्भ में तो 'संस्कृति' शब्द अंग्रेज़ी शिक्षा के प्रभाव का ही परिणाम माना जा सकता है और यही कहना अधिक सही होगा कि भारत में धर्म न केवल संस्कृति का आधार रहा है बल्कि जिसे आधुनिक अर्थ में 'संस्कृति' कहा जाता है वह धर्म के अनुष्ठान पक्ष का एक विस्तार ही रही। लेकिन ईसाइयत जिस प्रकार एक प्रवर्तक और एक आदि-बिन्दु से जुड़ी है, भारत में धर्म का वैसा रूप नहीं है। सम्प्रदायों की बात अलग है, और सम्प्रदायों को धर्म मानने की नयी प्रवृत्तियों के (जिनके कारणों में जाना यहाँ प्रासंगिक नहीं है) परिणाम में इतिहास की जो दुर्गति होती है और हो रही है, वह हमारे तर्क को पुष्ट ही करेगी। ईसायत जिस प्रकार की 'ऐतिहासिकता' का दावा करती है वैसा दावा भारतीय सन्दर्भ में कोई अर्थ नहीं रखता रहा। यहाँ धर्म की परिधि के भीतर अनेक सम्प्रदायों के अनेक प्रवर्तक हुए और इसलिए एक विशेष अर्थ में यह कहा जा सकता है कि यहाँ एकाधिक ऐतिहासिक परम्पराएँ भी बनीं जिनके अपने-अपने आरम्भ-बिन्दु भी हैं। लेकिन ऐसे प्रवर्तन-बिन्दुओं को काल-गणना का आरम्भ-बिन्दु नहीं बनाया गया—इन प्रवर्तकों के नाम से संवत् नहीं चले, भले ही कुछ सम्प्रदायों में वैसा भी एक संवत् साथ-साथ लिख देने की परम्परा चली। यह भी लक्ष्य किया जा सकता है कि इस स्थिति के कारण भारतीय सभ्यता में एक बहुकेन्द्रिकता रही जिसे उसकी शक्ति भी माना जा सकता है। इस बहुकेन्द्रिकता के कारण ही यह संस्कृति ऐतिहासिकतावाद से आक्रान्त होकर भी अपनी अस्मिता को टूटने से बचाये रख सकी।

इस अनेक-केन्द्रिकता की तुलना चीन की स्थिति से भी की जा सकती है और उससे कुछ रोचक परिणाम भी निकाले जा सकते हैं। चीन में न तो संस्कृति का भारत जैसा धार्मिक आधार रहा, न उसकी काल-गणना में ईसाइयत जैसा किसी धर्म-प्रवर्तक का स्थान अथवा ऐसे व्यक्ति से जुड़े आदि-बिन्दु का महत्त्व रहा। चीन ने अपनी काल-गणना राजवंशों के क्रम और उनके शासनों की अवधि के आधार पर की। इस प्रकार चीनी सभ्यता में निरन्तर ऐतिहासिकता का एक स्पष्ट बोध भी मिलता है और एक धर्म-निरपेक्ष बहुकेन्द्रिकता भी बनी रह सकती है। कह सकते हैं कि इसके कारण चीन की जातीय स्मृति की संरचना भी एक ओर भारत से और दूसरी ओर ईसाई जगत् से सर्वथा भिन्न है।

इस सन्दर्भ में यहूदी संस्कृति और यहूदी जातीय स्मृति का प्रश्न भी उठाया जा सकता है और वर्तमान शती के सन्दर्भ में उस स्मृति की अमिट छाप और प्रेरणा-शक्ति पर भी विचार किया जा सकता है। लेकिन उस विचार को सार्थकता देने के लिए जितने विस्तार की अपेक्षा होगी उसके लिए यहाँ अवकाश नहीं है। उस स्मृति की सत्ता का उल्लेख कर देना ही पर्याप्त है। इतना संकेत अवश्य किया जा सकता है कि उस धर्म-परम्परा में सृष्टि को हुए ही जितने वर्ष हुए हैं उससे कहीं अधिक अवधि के तो हमारे ऐतिहासिक युग हो चुके हैं—यानी हिब्रू सृष्ट्यब्द भी हमारे संवत् के अनुपात में छोटा पड़ जाता है। इसलिए इसकी सम्भावना नहीं रहती कि उस संस्कृति में इस पारम्परिक काल-गणना का कोई आग्रह बचा रह जाये। वहाँ जातीय अस्मिता से आधारभूत सम्बन्ध जोड़ने के लिए कुछ दूसरे ही बिन्दु चुने जाते हैं—ऐसे घटना-बिन्दु जो किसी संवत्सर के आरम्भ-बिन्दु तो नहीं हैं लेकिन जो उस आत्म-बिम्ब को पुष्ट करने में मदद देते हैं जिसके अन्तर्गत यहूदी जाति एक साथ ही ईश्वर की विशेष चुनी हुई जाति भी हो जाती है और दूसरों के द्वारा शताब्दियों से उत्पीड़ित जाति भी। एक ओर विधाता

द्वारा मनोनयन और दूसरी ओर आत्म-रक्षा का यह भाव—इन दोनों की स्मृति अस्मिता को बनाये रखने में महत्त्वपूर्ण योग देती है।

स्मृतियों का दमन भी होता है। स्मृतियाँ भी जिन्दा दफ़नायी जा सकती हैं और दफ़नायी जाती हैं। ऐसी स्मृतियाँ मिटती नहीं; कालान्तर में वे किस रूप में ज्वालामुखी होकर फट पड़ेंगी इसका अनुमान नहीं किया जा सकता। लेकिन दमित स्मृतियों की सत्ता, शक्ति और कर्म-प्रेरकता के कई उदाहरण आधुनिक इतिहास में मिल जायेंगे। बल्कि आज जिस संसार में हम रहते हैं उसके अनेक क्षेत्रों में फैली हुई अशान्ति के कारण भी ऐसी ही दमित स्मृतियों में मिलेंगे। दमित न हुई होतीं तो वे सहज क्रम में मिट गयी होतीं—अनावश्यक बहुत-कुछ भूलते या भुलाते जाना मस्तिष्क की एक अनिवार्य आवश्यकता है। जैविक इकाई भी बहुत कुछ भुलाती है; जातीय समूह भी बहुत कुछ भुलाते हैं—उस सामूहिक रूप में ही वे एक 'जैविक इकाई' होते हैं जिसका एक जातिगत मस्तिष्क होता है। लेकिन दमित हो जाने से ये स्मृतियाँ प्राकृतिक क्रम में विलय नहीं हो पातीं; उनमें ऊर्जा का ऐसा संचय होने लगता है जिसके परिणाम अपूर्वानुमेय हो जाते हैं।

जातियों के इतिहास अथवा समाज-मनोविज्ञान में जाना मेरा प्रयोजन नहीं है। वह मेरा विषय भी नहीं है और उसकी योग्यता भी मुझ में नहीं है। लेकिन काल की चेतना, युग और समय का बोध, और काल की गति का अनुभव—इन सबका एक साहित्यिक पक्ष भी है। हमारी स्मृति ही उस बोध का आधार है और रचना का स्रोत है। स्मृति नहीं है तो व्यक्तित्व नहीं है; बल्कि काल भी नहीं है और रचना भी नहीं है। "मैं जानता हूँ कि मैं कौन हूँ, क्योंकि मैं वही हूँ जो मुझे स्मरण है।"—वही और उतना ही। यों विज्ञान ऐसे काल की भी बात करता है जो जीवन के अनुभव से निरपेक्ष है : भू-भौतिकी में भी काल का विचार होता है और ज्योतिष तथा तारक-भौतिकी में भी। वह काल वास्तविक नहीं है ऐसा हम नहीं कह सकते। लेकिन इसी बात को उलटकर यों कहना चाहें कि "हमारी वास्तविकता उस काल पर आधारित नहीं है ऐसा हम नहीं कह सकते," तो वास्तविकता की व्याख्या अनिवार्य हो जायेगी। वैज्ञानिक अलग-अलग सन्दर्भों में कहता है कि "पिछले पचास वर्षों में जितना कुछ घटित हुआ है उतना उससे पहले के पाँच हज़ार वर्षों में नहीं हुआ था" (और पचास वर्षों की अवधि हमारी साधारण आयु के सन्दर्भ में बड़ी नहीं है, हमारी निजी स्मृति के परिदृश्य से बाहर नहीं जाती) : अथवा यह कि "सृष्टि के पहले तीन मिनट में जितना कुछ घटित हुआ उतना अगले तीन करोड़ वर्षों में नहीं हुआ"—पर ये उक्तियाँ भी, ऐसा नहीं है कि घटित की विशेष परिभाषा नहीं माँगती—बल्कि दूसरी उक्ति तो हमें वहाँ ले जाती है जहाँ काल की और दिक् की भी नयी परिभाषाएँ अपेक्षित होती हैं। और वैज्ञानिक स्वयं स्वीकार करता है कि वहाँ परिभाषा भी अनिश्चित हो जाती है क्योंकि हम भाषा के साधारण व्यवहार से बड़ी दूर जा चुके होते हैं और ध्रुव रूप में नहीं जानते हैं कि हम जो कह रहे हैं उसका अर्थ क्या है। साहित्य के अथवा रचना के सन्दर्भ में वास्तविकता की चर्चा को हमारे बोध के साथ जोड़ना अनिवार्य होगा और उसे स्मृति के साथ जोड़ना।

रचना के सन्दर्भ में साहित्य का यथार्थ आनुभविक यथार्थ ही है। अनुभव से परे जो यथार्थ है, या हो सकता है, उसको साहित्य नकारता नहीं; लेकिन साथ ही उस अनुभव-निरपेक्ष यथार्थ को कभी हमारे अनुभव को नकारने भी नहीं देता। साहित्य की एक मूल्यवत्ता इसी में है कि वह निरन्तर आनुभविक यथार्थ के उन आयामों का विस्तार करता चलता है जो दूसरे सभी आयामों के परीक्षण की कसौटियाँ हमें देते चलते हैं और इस प्रकार हमारे लिए यह सम्भव बनाते हैं कि हम उन दूसरे आयामों को आत्मसात् कर सकें—अपने अनुभव और अपनी चेतना के क्षेत्र का विस्तार कर सकें। यह विस्तार

हमारी स्मृति के विस्तार में प्रतिबिम्बित होता है। रचना के सन्दर्भ में यथार्थ के सारे परिदृश्य स्मृति के ही परिदृश्य होते हैं।

और यहाँ हम यह भी कह सकते हैं कि हमारी भाषा हमारी स्मृति है। भाषा के साथ गहरे रागात्मक सम्बन्ध की बात तो हमारे युग की एक सामान्य बात है। उस रागात्मक सम्बन्ध के कारण उत्पन्न होने वाले तनाव, आन्दोलन और विस्फोट समकालीन जीवन की सामान्य घटना रहे हैं। बहुत से लोग अपने को प्रबुद्धचेता मानते हुए भाषानुराग की इस तीव्रता और ज्वलनशीलता पर आश्चर्य प्रकट करते हैं, बहुधा व्यंग्य भी करते हैं। लेकिन भाषा का यह आग्रह जाने-अनजाने जातीय स्मृति की रक्षा का ही आग्रह होता है—अस्मिता की रक्षा का आग्रह होता है। हम पहले भी कह चुके हैं कि स्मृति नहीं है तो व्यक्तित्व नहीं है; अगर हमारी भाषा ही हमारी स्मृति है तो भाषा और अस्मिता का सम्बन्ध और भी स्पष्ट हो जाता है। तथाकथित प्रबुद्धचेता कहेगा कि यह तर्क एक भयानक हठधर्मिता और दुराग्रह को जन्म देता है; कि देश की वर्तमान स्थिति में यह शोविनिज़्म (Chauvinism) है और देश की रागात्मक एकता से बड़ी बाधा है। ये खतरे हैं; पर कोई शक्ति खतरनाक होने से ही झूठी नहीं हो जाती और वैसा कह देने से निरस्त भी नहीं होती। खतरे का उपाय यही है कि हम एक वृहत्तर अस्मिता की दीक्षा दें और उन स्मृतियों को जगायें, उनकी शक्ति से काम लें, जो उस वृहत्तर सत्ता के साथ जुड़ी हैं। यह काम उस प्रबुद्धचेता ने नहीं किया।

लेकिन 'हमारी भाषा भी हमारी स्मृति है' और 'हमारा इतिहास भी हमारी स्मृति है', एक साथ ही ऐसी दो बातें कहकर क्या हम अपने को ही भ्रम में डालने की व्यवस्था नहीं कर रहे हैं? नहीं। क्योंकि एक तो इससे आगे यह भी कहा जा सकता है कि 'भाषा भी इतिहास है'। दूसरे, मैं तो अपने को इन दो बातों तक ही सीमित भी नहीं रख रहा हूँ! मैंने जो कुछ कहा है उसका आशय तो यह भी है कि काल भी हमारी स्मृति है। हमारी स्मृति ही लगातार वह रचनात्मक संगठन करती चलती है जिसमें अतीत, वर्तमान और भविष्य एक व्यवस्थित क्रम में जुड़ते चलते हैं। स्मृति ही उस संरचना में अविराम संशोधन भी करती चलती है और संशोधित नये परिदृश्य प्रस्तुत करती चलती है। टी. एस. इलियट की प्रसिद्ध पंक्तियों का एक संक्षेपन हम यों कर सकते हैं कि Only in time in time remebered, और फिर इसी बात को पलटकर यों भी तो कहा जा सकता है कि Only in memory is time time. निरपेक्ष भौतिकता का आग्रही वैज्ञानिक, हो सकता है, दोनों ही स्थापनाओं पर मुस्करा भर दे। लेकिन दोनों ही, कवि-जनोचित स्थापनाएँ हैं और काव्य-जगत् में दोनों को ही सार्थक माना जायेगा—उनमें गर्भित अर्थों को महत्त्व दिया जायेगा।

मैंने अपनी बात संवत्सर की चर्चा से आरम्भ की थी : उसे निमित्त बनाकर यथार्थ-बोध की चर्चा की थी जिसके साथ मैंने फिर इतिहास, साहित्य और भाषा को भी जोड़ने का प्रयत्न किया है। स्मृति ही वह गतिशील सर्जनात्मक तत्त्व है, जो काल, इतिहास, साहित्य और, हाँ, भाषा के नये परिदृश्य रचती चलती है।

आधुनिक जीवन की प्रवृत्तियाँ स्मृति के परिदृश्य को लगातार छोटा करती जाती हैं। जिस वर्तमान में हम जीते हैं—जिसमें हमें जीने दिया जाता है, जीने को बाध्य किया जाता है—उसकी व्यस्तता लगातार इतनी बढ़ती जाती है कि हमें न स्मरण के लिए अधिक समय मिले और न हमारी चेतना ही उधर प्रवृत्ति हो पाये। नये आविष्कार नयी माँगों को पैदा करने का काम करते हैं और नयी जानकारियाँ स्मृति को जड़ित करने का। तेज़ी से विकसित होते हुए संचार माध्यम इसमें भरपूर योग देते हैं : वे

उपभोग को एक मूल्यवत्ता से मढ़ते हैं और सनसनी को आनन्द का पर्याय बनाते हैं। यह तो लक्ष्य कर लिया जाता है कि 'Public memory is very short'; लेकिन सार्वजनिक स्मृति का व्यास और भी छोटा होता जाये इसकी व्यवस्था में सभी आधुनिक संस्थान पूरी तरह लगे रहते हैं। कोई नहीं चाहता कि हमें कुछ भी याद रह जाये—क्योंकि कुछ याद न रहने पर ही सम्भव होता है कि प्रतिदिन जो-जो हमें बताया जाता रहे उसे हम स्वीकार करते चलें। वही 'वैज्ञानिक सत्य' होगा, वही 'ऐतिहासिक तथ्य' होगा, वही 'आधुनिक दृष्टि' होगी! उस सबको हम स्वीकार न कर पायें तो कम-से-कम स्मृति के लिए इतना अवकाश तो न पा सकें कि अतीत से उसकी तुलना कर सकें। भुला देने की—या याद न कर पाने की—अवस्था में हमें ले आने और बनाये रखने में संचार साधन भरपूर योग दे रहे हैं, यह हमारे सामान्य दैनन्दिन अनुभव की बात है। ये साधन ही भाषा को दिन-ब-दिन दरिद्रतर बनाते हैं—जो इसी प्रक्रिया का एक अंग है जिससे जानकारी बढ़ती है और विवेक की सम्भावना कम होती है। उसी तरह शब्दावली बढ़ती जाती है और शब्दों की सार्थकता की लगातार छिलाई होती जाती है। यन्त्रों के उपयोग की सांकेतिक भाषाओं का आविष्कार और विकास और यान्त्रिक अनुवाद की व्यावहारिक व्यवस्था इस प्रक्रिया को और गति देगी। और यह कैसे कहा जाये कि विकास हमें नहीं चाहिए?

भाषा के, अनुभव के, हमारी स्मृति के इस अनवरत दरिद्रीकरण के परिवेश में साहित्यकार का क्या कर्त्तव्य बनता है? अगर उस कर्त्तव्य को जानने-पहचानने का अवकाश वह अपने लिए निकाल भी लेता है तो वह क्या यह निर्णय भी कर सकेगा कि कितनी सम्भावनाएँ उसके सामने खुली हैं या वह खोल सकता है? इक्कीसवीं शती की देहरी पर खड़ा हुआ वह बीत गयी बीसवीं शती के ऐतिहासिक अनुभव का क्या करेगा, यह प्रश्न तो बना ही है; वह उनसे पहले की चालीस शतियों का भी क्या करेगा जिन्हें कम-से-कम इस देश का इतिहास अपनी परिधि से बाहर नहीं मान सका है? काल-गणना की सुविधा के लिए हमने भले ही ईसवी सन् अपना लिया है—अथवा सरकारी तौर पर शक संवत् अपना लिया है, अथवा व्यापक सार्वजनिक रूप से विक्रम संवत् का व्यवहार करते हैं—प्रश्न असल में यह नहीं है कि हम इनमें से किस संवत्सर-गणना को प्रमुखता दें। प्रश्न यह है कि 'इक्कीसवीं शती की देहरी पर खड़े' होने के नाम पर हम जो बीस शतियों के इतिहास से बँध जाने को लाचार हो रहे हैं, हम उससे पहले की उन चालीस शतियों के इतिहास का क्या करें जो हमारे लिए अब भी उतनी ही आलोकित हैं क्योंकि हमारा सूर्य ईसवी सन् के आरम्भ-बिन्दु पर न उगकर उससे कहीं पहले उग आता है—कहीं पहले के युगों को भी प्रकाशित कर जाता है?

पश्चिमी पद्धति की—और हम यह भी क्यों भूलें कि अंग्रेजी भाषा के माध्यम से दी गयी—शिक्षा के लिए यह स्वाभाविक होगा कि अमुक एक अवधि को 'ऐतिहासिक' माने, उसी आधार पर 'प्रागैतिहासिक' अथवा 'इतिहास-पूर्व' युगों की अवधारणा करे और प्राचीनतर सब कुछ को 'पौराणिक' अथवा 'मिथकीय' वृत्तान्त के धुँधलके में डाल दिया जाये। क्या हमें बाध्य होकर 'ऐतिहासिक काल' की यही संरचना स्वीकार कर लेनी होगी?

फिर हमें यह भी स्मरण रखना है कि आरम्भ-बिन्दु के कारण काल की जो संरचना बनती है उसका प्रभाव बहुत आगे तक पड़ता चलता है, केवल अतीत पर ही नहीं पड़ता। 'ऐतिहासिक' और 'पौराणिक' विभाजन-रेखा को एक जगह से हटाकर दूसरी जगह रखने के आनुषंगिक परिणाम और भी होते हैं। पश्चिम की दृष्टि से भारत के इतिहास को देखने का एक परिणाम यह भी हुआ कि यहाँ होने वाले आन्दोलनों की ज़मीन भी हम यहाँ न खोजकर पश्चिम में खोजते हैं। रेल और तार की बात तो

जाने दीजिए। यहाँ के राष्ट्रीय आन्दोलन भी इसलिए शुरू हुए कि पश्चिमी शिक्षा ने हमें स्वाधीनता का महत्त्व सिखाया, हममें लोकतन्त्रीय भावना जगायी! और भी आगे चलिए : हमारे राष्ट्रीयता आन्दोलन में भाग लेने, उसके कारण जेल की यन्त्रणाएँ भुगतने वाले कवियों ने देश-प्रेम को कविताएँ इसलिए लिखीं कि उन्हें प्रेरणा वाल्टर स्कॉट से मिली, उस संघर्ष से नहीं जिसमें वे अनुक्षण जी रहे थे! यह उदाहरण मैं इसलिए दे रहा हूँ कि भारतीय साहित्यों के इतिहासों में ऐसा बताया गया मैंने पढ़ा है; नहीं तो ऐसी मूर्खता की बात उल्लेख योग्य भी न होती। एक और भी उदाहरण लीजिए—पढ़ी हुई पुस्तक से नहीं, प्रत्यक्ष अनुभव से, इसी महान् नगरी नयी दिल्ली के अनुभव से। गाँधी का नाम तो आपने सुना होगा? अब इसका आप क्या करेंगे कि इस नाम से आपको रिचर्ड एटेनबरो की अंग्रेज़ी फिल्म की याद आती है, उस महात्मा की नहीं जो हमारे ही बीच दिया, जिसने हमें सिखाया, हमें आदमी बनाया और जो हमारे बीच बलि हो गया?

निश्चय ही हमारे ही देश में (और उसी प्रत्यक्ष अनुभव में, यद्यपि इस महान् नगरी में नहीं, अन्यत्र) वे भी हैं जो अपनी बेटियों को अवध में नहीं ब्याहना चाहते क्योंकि अयोध्यापति राम ने सीता मैया के साथ इतना अन्याय किया था। यहाँ भी स्मृति का एक परिदृश्य काम कर रहा है—यद्यपि बहुत लम्बा परिदृश्य। और ये दोनों परिदृश्य हमारे हैं, हमारे अनुभव से जुड़े हैं।

उस प्रबुद्धचेता को एक बार फिर स्मरण कर लूँ जिसका उल्लेख मैंने पहले किया। वह आपत्ति करेगा : यह स्मृति जिसकी मैं बात कर रहा हूँ—यह क्या ऐतिहासिक व्यक्ति गाँधी और राम की है, या केवल रामायण नाम के ग्रन्थ की और दूसरी तरफ उस फ़िल्म की? मैं इस आपत्ति से हतप्रभ नहीं होता। बल्कि मैं कहूँगा, जब तक लोग ऐसी आपत्ति कर सकते हैं तब तक आशा की गुंजाइश है, क्योंकि पुस्तक में, साहित्य और कला में, रचनात्मक शब्द में आस्था ही तो इस आपत्ति में प्रकट होती है! वह आस्था हमारा सम्बल है।

हमारी स्मृति के परिदृश्य उस बिन्दु से बनते हैं जिस पर हम खड़े होते हैं। किसी भी देश का साहित्य उस देश के द्रष्टाओं द्वारा स्वीकृत और प्रतिष्ठापित परिदृश्यों को प्रस्तुत करता है उनकी स्मृतियों का सर्जनात्मक सम्प्रेषण करता है। मैं तो स्वयं लेखक हूँ, लेखक होने के नाते दूसरे लेखकों से यह माँग नहीं करता कि वे सामने आकर घोषित करें कि वे कहाँ खड़े हैं, जैसे कि मैं किसी दूसरे का यह अधिकार नहीं मानता कि वह मुझसे ऐसी माँग करे। लेकिन हम जो कुछ लिखते हैं, वह जिस तक पहुँचाना चाहते हैं, उस पर इस बात का प्रभाव अनिवार्यतया पड़ेगा कि हम कहाँ खड़े होकर, किस प्रकार में रचना कर रहे हैं, वहाँ से स्मृति का कैसा परिदृश्य बनता है। स्मृतियाँ उसकी भी होंगी। क्योंकि भाषा उसकी भी है। उसका एक परिदृश्य भी पहले से होगा, जिसे हम अपने द्वारा प्रस्तुत परिदृश्यों से प्रभावित करेंगे। हमारी प्रामाणिकता की कसौटी का क्षेत्र यहीं है जहाँ ये परिदृश्य टकराते हैं—प्रामाणिकता उसके लिए भी और स्वयं हमारे अपने लिए भी।

[प्रथम व्याख्यान समाप्त]

स्मृति और देश

'हम काल में जीते हैं' यह ऐसी स्वयंसिद्ध बात है कि इसे कहना अनावश्यक होता है। इसलिए जब यह कही जाती है तब श्रोता को यह शंका होती है कि क्या यह बात कहने में वक्ता का आशय कुछ दूसरा है—क्या वह वास्तव में वही नहीं कह रहा है जो कि वह कह रहा है बल्कि किसी दूसरे ही आशय से हमें अवगत कराना चाहता है? इसी बात को उलटकर कहें कि 'काल हम में जीता है'—और बात यों भी कई बार कही गयी है—तो श्रोता कुछ चौंकता है : यह काल के साथ एक दूसरे प्रकार के सम्बन्ध की प्रतिज्ञा है अथवा एक दूसरे प्रकार का सम्बन्ध स्थापित करने का प्रयत्न है। लेकिन काल, जिसमें हम जीते हैं अथवा जो हममें जीता है, वह है क्या? यह हम नहीं बता सकते। बल्कि जब प्रश्न पूछा जाता है तो अनुभव करते हैं कि हम उत्तर नहीं जानते। सन्त ऑगुस्तीन ने मर्म की बात कही थी जब उन्होंने कहा था कि 'जब तक यह प्रश्न नहीं पूछा जाता तब तक उत्तर मैं जानता हूँ, पर जब कोई पूछ बैठता है तब नहीं जानता।' काल वर्तमानता के रूप में, एक नैरन्तर्य अथवा सातत्य के बोध के रूप में, हमारी अनुभूति की चीज़ है; लेकिन अनुभूति सम्प्रेष्य नहीं है, हम उसका वर्णन ही कर सकते हैं। काल की हम परिभाषा करते हैं और हमारी हर परिभाषा काल की अवधारणा के लिए देश अथवा दिक् के आयाम का उपयोग करती है। काल की हमारी हर परिभाषा दिक्-सापेक्ष्य होती है; जैसे कि हमारी दिक् की परिभाषाएँ भी प्रायः काल-सापेक्ष्य होती हैं। यह कठिनाई हमारे गोचर अनुभवों की सीमा की कठिनाई है जो उन अनुभवों के वर्णन अथवा वृत्तान्त में प्रतिबिम्बित होती है। हमारे गोचर अनुभवों के संसार में दिक्काल के आयाम अलग नहीं किये जा सकते—सत्ता अथवा रिएलिटी का हमारा बोध एक दिक्काल-सातत्य में—स्पे-सटाइम कंटिन्युअम में—बनता है; दिक्काल के ताने-बाने से ही उसकी बनावट रची गयी है।

लेकिन जहाँ तक बोध का सवाल है—अपने अनुभव के सम्प्रेषण की चिन्ता से मुक्त निपट अनुभूति का सवाल—काल का हमें एक सहज बोध होता है। जिस काल में हम जीते हैं, जो काल हम में जीता है, दोनों ही उस सहज बोध का अंग होते हैं : हम अपने शरीर के प्रत्येक अवयव में भी इस दोहरी गति को सहज ही पहचानते हैं। सत्ता के एक नैरन्तर्य का—भले ही अनुक्षण बदलते नैरन्तर्य का, 'हम थे—हम हैं' के एक सघन संश्लिष्ट सातत्य का सहज बोध हमें होता है। स्पष्ट है कि हमारी स्मृति यहाँ काम कर रही है। कोई इस बात को यों कहना चाहे कि सातत्य के इस बोध का ही नाम तो स्मृति है, तो फ़िलहाल काल-बोध और स्मृति के सम्बन्ध में हेतु और हेतुमत् का विवाद उठाना अनावश्यक होगा।

लेकिन काल के सहज-बोध की भाँति दिक् का भी क्या कोई सहज-बोध होता है? काल-सातत्य अथवा नैरन्तर्य की भाँति क्या दिक्-सातत्य अथवा विस्तार भी हमारे सहज बोध का एक अंग है?

जब हम यह कहते हैं कि दिक् और काल एक दूसरे से ऐसे जुड़े हैं कि उनकी अलग परिभाषा भी नहीं की जा सकती, अथवा जब वह आग्रह करते हैं कि चार आयामों वाले दिक्काल-सातत्य की बात करना ही संगत है, तब हमने निहित रूप से यह मान लिया होता है कि दिक् का भी एक सहज-बोध अथवा प्रातिभ ज्ञान हमें होता है। 'हम हैं', यह कहने में ही हम न केवल अपने काल-गत अस्तित्व के बारे में एक दावा कर रहे होते हैं वरंच अपनी भौतिक सत्ता का भी एक दावा कर रहे होते हैं–दिक् के आयाम में भी अपने को प्रतिष्ठापित कर रहे होते हैं।

लेकिन नैरन्तर्य अथवा विस्तार का बोध करने वाले इस 'मैं' को लेकर बहुत-सी कठिनाइयाँ खड़ी हो जाती हैं। 'यह शरीर जो मैं हूँ', 'यह शरीर जो मेरा है'–इन दोनों पदों में प्रकट होने वाला 'मैं' क्या एक ही है? 'मै' 'मेरा' हूँ, यह कहने का क्या मतलब होता है? इस प्रश्न का उत्तर मैं नहीं देने जा रहा हूँ। मैं जानता हूँ कि वह करने का प्रयत्न बर्र के छत्ते में हाथ डालने जैसा है। फिर भी ऐसा प्रश्न उठा देना इसलिए भी उपयोगी मानता हूँ कि उससे कुछ दूसरे क्षेत्रों के कुछ दूसरे प्रश्नों का उत्तर तो हमें मिल ही जाता है अथवा कम-से-कम जिज्ञासा का क्षेत्र स्पष्ट प्रकाशित हो जाता है। भौतिक शरीर को इन दो सम्बन्धों में रखकर देखने के प्रयत्न का एक लाभ यह होता है कि विस्तार के सहज-बोध का एक आधार हमें मिल ही जाता है। इस शरीर की, जो 'मैं' हूँ या जो 'मेरा' है, पहुँच कितनी है, इसका हमें एक सहज अनुभव होता है और वह हमारे दिग्बोध का एक आधार है। जैसे "मैं वह हूँ जिसकी मुझे स्मृति है, मैं उतना हूँ जितना मुझे स्मरण है" यह हम काल के आयाम में कहते हैं, उसी प्रकार "मैं वह विस्तार या देश हूँ जहाँ मैं हूँ, मैं उतना हूँ जितनी जगह मैं घेरता हूँ।"–यह हम दिक् के आयाम में कह सकते हैं। काल-सातत्य में हमारा टिकाव है, दिक्सातत्य हमारी पहुँच है। अगर इस पहुँच के कुछ स्थूल भौतिक रूप हैं और कुछ क्रमशः सूक्ष्मतर होते जाते हैं, तो पहुँच के इन विविध प्रकारों को एक क्रम में रखना भी हमारे लिए सम्भव हो जाता है, भले ही उस क्रम के विभिन्न पदों के सम्बन्धों को हम पूरी तरह न समझ पाते हों। मैं हाथ बढ़ाकर कलम उठा सकता हूँ, अथवा बिजली का बटन दबाकर कमरे में प्रकाश कर दे सकता हूँ; यह विस्तार का एक प्रकार का बोध है। लड़के ढेला मारकर फल गिरा सकते हैं या शैतानी पर उतारू होने पर किसी के घर के शीशे तोड़ सकते हैं, यह विस्तार का दूसरे प्रकार का बोध है। एक अन्तरिक्ष यान यहाँ से छोड़ा जाकर इतने अर्से के बाद किसी ग्रह तक पहुँचेगा जो इस समय हमारे सामने की दिशा में नहीं है और जो स्वयं निरन्तर चक्कर काट रहा है, यह विस्तार का एक तीसरी कोटि का बोध है। यह कहना काफ़ी नहीं है कि इनका अन्तर केवल मात्रा का–छोटी और बड़ी का, अन्तर है : एक गुणात्मक अन्तर भी है। लेकिन प्रत्येक कोटि के बोध में हमारी स्मृति का कितना और कैसा योग है, इस प्रश्न को लेकर कठिनाई हो सकती है। उस कठिनाई का केवल संकेत करके छोड़ दें और एक दूसरे प्रकार के दिग्बोध की बात करें। शिशु माँ की गोद में अपने को सुरक्षित अनुभव करता है। गोद से उतरकर थोड़ी दूर पर खेलता है तो भी सुरक्षा का भाव वैसा ही बना रहता है। कुछ और दूर हटकर, ऐसी जगह पहुँचकर भी जहाँ से माँ उसे नहीं दीखती, वह अपने को उतना ही सुरक्षित अनुभव करता है। माँ भी बच्चे के अदृश्य होने पर भी उसके बारे में चिन्तित नहीं होती। लेकिन एक दूरी ऐसी आती है जिस पर बच्चा एकाएक असुरक्षा का अनुभव करता है। ऐसा भी सम्भव है कि वहाँ से उसे माँ दीख भी सकती हो, फिर भी मानो माँ से मिलने वाली

सुरक्षा की परिधि के वह अपने को बाहर पाता है—सुरक्षा का वह सूत्र मानो टूट गया होता है। माँ की ओर से भी ऐसी बात हो सकती है—एक दूरी के बाद वह बच्चे के बारे में एकाएक चिन्ताकुल हो उठे। विस्तार का यह बोध कैसा है? सहज दिग्बोध का यह कौन-सा आयाम है जिसके साथ सुरक्षा-असुरक्षा का भाव जुड़ा हुआ है? इस प्रश्न का उत्तर मैं नहीं जानता। अनेक प्रकार के वैज्ञानिक और अवैज्ञानिक अथवा वैज्ञानिकता का आभास देने वाले अनुमानों की बात जानता हूँ। और यह बात मानता हूँ कि जिस अनुभव की बात मैं कर रहा हूँ उसे हम सभी ने लक्षित किया होगा।

क्योंकि वह अनुभव हम सभी का परिचित है, इसलिए मेरा विश्वास है कि यह बात भी हम सब स्वीकार कर लेंगे कि यह सहज-बोध कहीं न कहीं हमारी—अर्थात् हमारे उदाहरण की माँ और बच्चे की—स्मृति से जुड़ा है। विस्तार की एक सहज स्मृति है। हमारी स्मृति में विस्तार का—दिक् के आयाम का एक सहज बोध है जिसके साथ हम आत्यन्तिक रूप से जुड़े हैं। वह बोध तभी नष्ट होता है जब स्मृति नष्ट होती है—अर्थात् जब व्यक्तित्व नष्ट हो गया होता है।

दिक् का यह आयाम हमारी सत्ता के साथ जुड़ा है।

जिस तरह काल की प्रतीत को हम जिस ढाँचे में रखते हैं अथवा इसे उलटकर यों भी कह सकते हैं कि काल के जिस ढाँचे में हम काल की निजी प्रतीति को और अपने वर्तमान को रखते हैं—वह हमारे सारे इतिहास को और अपनी ऐतिहासिक स्थिति की समझ को प्रभावित करता है, उसी प्रकार दिक् की जिस संरचना में हम अपने को रखते हैं उसी से हमारा सारा भूगोल निर्धारित होता है और फलतः दिक्काल-सातत्य में हमारी अवस्थिति भी निर्धारित और निरूपित होती है। कहने को तो हम कह सकते हैं कि दिक् का विस्तार एक वैज्ञानिक वास्तविकता है, भले ही उसका एक पौराणिक प्रतिरूप भी हो—कि यह पौराणिक प्रतिरूप केवल काल्पनिक या मिथकीय अस्तित्व रखता है। वस्तुतः दिक् के इस आयाम को 'पौराणिक' या 'मिथकीय' कह देने से उसकी यथार्थता और उसकी प्रभावशीलता नष्ट नहीं हो जाती; हम केवल यथार्थ के एक-दूसरे आयाम की अवधारणा कर रहे होते हैं जो हमें उतनी ही व्यापकता से प्रभावित करता है।

जिस प्रकार काल की संरचना वर्तमान के उस बिन्दु से आरम्भ होती है जिस पर हम खड़े होते हैं—हमारा कालिक परिदृश्य वहीं से आरम्भ होता है—उसी प्रकार हमारी दिक् की संरचना भी उसी बिन्दु से आरम्भ होती है जिस पर खड़े होकर हम आस-पास देखते हैं। दिग्विस्तार में हम खड़े हुए हैं, यह वैज्ञानिक सत्य भी है और पौराणिक भी; किन्तु ये दो अलग-अलग प्रकार से दिग्विस्तार हैं जिनके केन्द्र में हम अपने को रख रहे होते हैं। कहा जा सकता है कि वह 'हम' भी दो अलग-अलग प्रकार के आत्मबोध से सम्बन्ध रखता है।

विज्ञान के दिग्विस्तार को हम कई तरह से देख सकते हैं और वैज्ञानिक आवश्यकतानुसार ऐसा करते भी हैं। वैश्विक दिग्विस्तार को सूर्य-केन्द्रित परिदृश्य में भी देखा जा सकता है और दूसरी ओर (यह बात ध्यान में रखते हुए कि हमारे सौरमण्डल जैसे और भी अनेक सौरमण्डल आकाश में बिखरे हुए हैं,) इस बृहत्तर विस्तार के किसी दूसरे केन्द्र की अवधारणा की जा सकती है। अथवा ऐसा भी हो सकता है कि एक बहुकेन्द्रिक विस्तार की बात की जाये। ठीक उसी प्रकार पौराणिक अथवा मिथकीय दिग्विस्तार के बारे में भी कहा जा सकता है। यहाँ भी देखने वाली एक चेतना केन्द्र में है। लेकिन 'किसके केन्द्र में?' इसके एक से अधिक उत्तर हैं—इसके बावजूद कि एक सामान्य उत्तर हर हालत में बना रहता है कि 'मैं दिग्विस्तार के केन्द्र में हूँ', अथवा 'दिग्विस्तार वह है जिसके केन्द्र में मैं हूँ।'

'मैं यह शरीर हूँ जो कि मैं हूँ।'
'मैं इस शरीर में हूँ जो मेरा शरीर है।'
'मैं दिग्विस्तार में एक जगह भरता हूँ : वह मैं हूँ अथवा मेरी है।'

'जम्बूद्वीपे भरतखण्डे'–विभिन्न आनुष्ठानिक अवसरों पर संकल्प पढ़ते समय हम अपने को काल के एक बिन्दु पर प्रतिष्ठापित करते हैं–'मासानाम् मासोत्तमे अमुक मासे अमुक वासरे' इत्यादि, और उसके साथ-साथ दिक् में भी एक विशेष बिन्दु पर स्थापित कर रहे होते हैं। आनुष्ठानिक रूप से मिथकीय दिग्विस्तार में खड़े होने के कारण ही सारा विश्व ब्रह्माण्ड हमारे संकल्प का साक्षी हो जाता है। दिक्-संरचना के ये अनेक रूप हैं जिनका विस्तार अलग-अलग ढंग से अथवा अलग-अलग आयामों में होता है; लेकिन प्रत्येक संरचना के केन्द्र में वही एक चेतना होती है जिसे हम 'मैं' की संज्ञा देते हैं। इन अवधारणाओं की अर्थवत्ता और शक्तिमत्ता को ध्यान में रखते हुए यह कहना उचित नहीं है कि दिक्-संरचना के ये आयाम मिथकीय हैं, इसलिए काल्पनिक हैं, इसलिए मिथ्या हैं। ये सब उतने ही मिथ्या हैं अथवा सत्य हैं जितना हमारा अनुभव, हमारे अनुभवों की हमारी स्मृति, और संचित स्मृतियों के आधार पर बना हुआ हमारा आत्म-बिम्ब।

अनुभव और अनुभव की स्मृति के साथ दिग्बोध को जोड़ने का स्पष्ट आशय यह तो है ही कि दिक्-संरचना का एक मानसिक अथवा मनोवैज्ञानिक आयाम है। दूसरे शब्दों में हम भीतरी, मानसिक अथवा मनोवैज्ञानिक देश की भी अवधारण कर सकते हैं। 'मैं वह (या उतना) दिग्विस्तार हूँ जिसे मैं भरता हूँ' यह वाक्य भी जैसे भौतिक अथवा भौगोलिक स्तर पर अर्थ रख सकता है वैसे ही इसका एक मानसिक, मनोवैज्ञानिक और सांस्कृतिक आयाम भी है। पक्षी घोंसला बनाते हैं तो स्थूल सीमाओं के घेरे के भीतर चक्कर काट-काट कर एक सूक्ष्म दिग्विस्तार की रचना कर लेते हैं और शायद यह सूक्ष्म संरचना ही पक्षी का असली घोंसला होती है। (या पक्षी का असली घोंसला वह होता हो या न हो, मनुष्य जब घोंसले की अवधारणा करता है तब इस सूक्ष्म संरचना को ही अधिक महत्त्व दे रहा होता है और वह सूक्ष्म संरचना ही रूपक का आधार बनती है, नया मुहावरा देती है, भाषा को समृद्ध करती है।) अनेक चौपाये भी विश्राम के लिए बैठने से पहले चक्कर काट कर एक सूक्ष्म घेरे की रचना करते हैं जो उनके विश्राम स्थल का घेरा होगा, और तभी उसके भीतर बैठते हैं। जिस प्रकार पशु-पक्षी दिग्विस्तार में एक 'अपने' देश की रचना करके उसमें बसते हैं उसी प्रकार मानव प्राणी भी करता है। एक सूक्ष्म देश-रचना की इस प्रवृत्ति का एक पक्ष ऐसा है जो समूची मानव जाति को व्यापता है, दूसरा पक्ष विभिन्न संस्कृतियों से अलग-अलग ढंग से प्रभावित होता है और जो रचता है उरो हम सांस्कृतिक देश अथवा दिक् कह सकते हैं। मानव शरीर को ही एक भौतिक इकाई के अथवा एक सूक्ष्म जीव के आवास के रूप में देखने के जो परिणाम होते हैं उनकी ओर संकेत हो ही चुका है। दिक्-संरचना का क्रम शरीर के बाहर भी वृत्त रचता चलता है। ग़रीब से ग़रीब भारतीय व्यक्ति भी अपने शरीर को स्वच्छ रखने का प्रयत्न करता है, भले ही नहा लेने के बाद वह फिर कपड़े मैले ही पहन ले। भारतीय गृहिणी घर-आँगन की सफ़ाई करती है और कूड़ा बाहर गली में फेंक देती है। आधुनिक प्रभाव को छोड़ दें तो बाहर से आने वाला व्यक्ति जूते बाहर उतारकर घर में प्रवेश करता है जिससे घर की स्वच्छता दूषित न हो। दूसरी ओर पश्चिम का व्यक्ति कपड़े साफ़ पहनना चाहता है लेकिन शरीर की सफ़ाई के प्रति बहुधा बड़ी उपेक्षा बरतता है जो सदैव निर्धनता के कारण नहीं होती। गली और सड़क और घर के समूचे बाहरी परिदृश्य की स्वच्छता की उसे बहुत चिन्ता रहती है। पर घर के भीतर बर्तन कई-कई दिन

तक जूठे पड़े रह सकते हैं। ऐसे ही और भी उदाहरण दिये जा सकते हैं जिनसे यह बात स्पष्ट हो जाती है कि जिस सूक्षम दिक्-संरचना की बात मैंने कही है वह कहाँ तक संस्कृति से प्रभावित होती है। यह दोहराने की तो आवश्यकता न होनी चाहिए कि सूक्ष्म अथवा आभ्यन्तर देश की रचना के साथ हमारा जो सम्बन्ध है वह हमारे स्थूल परिदृश्य को भी अनिवार्यतया प्रभावित करता है क्योंकि देश की जिस संरचना के केन्द्र में हमारी चेतना होती है उसके सूक्ष्म और स्थूल रूपों में निरन्तर संवाद और सम्प्रवाह बना रहता है। सांस्कृतिक अथवा पौराणिक देश के लिए युद्ध लड़े जाते हैं बल्कि युद्ध अधिकतर उसी के लिए लड़े जाते हैं और उसी ने युयुत्सा भी प्रेरणा पाती है : स्थूल भू-विस्तार तो एक निमित्त बन जाता है। दूसरी ओर देश छोड़ने को बाध्य हो गयी जातियाँ नये देश में अपनी पुरानी सांस्कृतिक दिक्-संरचना की पुनःप्रतिष्ठा कर लेती हैं—एक और अयोध्या अथवा काशी बन जाती है, एक नया कैलास पर्वत अथवा वृन्दावन बन जाता है—और इस प्रकार अपने विस्थापन में अपने को फिर स्थापित कर लेती है, अपनी 'जमीन' से अपने को 'उखड़ने' नहीं देतीं...।

अस्मिता की यह पुनःप्रतिष्ठा सत्ता बोध के साथ जुड़ी है, और स्मृति ही उसका आधार है।

सत्ता और स्मृति। स्मृति और कल्पना। कल्पना और बिम्ब। स्मरण, कवन और कल्पन। यह असम्भव नहीं है कि शास्त्र-ज्ञान का किसी तरह का कोई प्रकट या निहित दावा किये बिना इन शीर्षकों के या ऐसे किसी शीर्षक के निमित्त से केवल कविता अथवा रचना की भूमि पर खड़े होकर बात की जाये। लेकिन वैसा करने पर भी एक व्यावहारिक प्रश्न सामने आता है। वैसे विचार के लिए कदाचित् अधिक उपयोगी यही हो कि काव्य से—रचनात्मक साहित्य से—कुछ उदाहरण पहले लिये जायें और उन्हीं को आधार बनाकर सामान्य स्थापनाओं की ओर बढ़ा जाये। किन्तु इस पद्धति को व्यावहारिक मानकर भी आज जैसे अवसर पर और ऐसे समाज में, उसकी उपादेयता का भरोसा नहीं कर पाता। क्योंकि इस समाज के वैदुष्य और उसकी सहृदयता को स्वीकार करते हुए भी निश्चयपूर्वक यह नहीं सोच सकता कि उदाहरण के लिए सामग्री किस साहित्य से या कौन-कौन से साहित्यों से ली जा सकती है। बहुभाषी समाज के भाषा-संस्कार तो अलग-अलग होंगे ही, उनके स्मृति भण्डार भी अलग-अलग होंगे। निश्चय ही बहुत-सी समान सामग्री भी उनमें होगी, लेकिन उसकी उपस्थिति का भी मैं अनुमान ही कर सकूँगा। इसलिए उस सम्भाव व्यावहारिकता को मानकर भी मुझे दूसरा ही रास्ता पकड़ना अधिक उपयोगी जान पड़ता है—सामान्य विचार और स्थापनाओं का रास्ता, जिस पर कहीं-कहीं ऐसे उदाहरण भी दिये जा सकते हैं जिसके बारे में विश्वास किया जा सकता हो कि वे विभिन्न भाषा-समाजों के परिचित होंगे।

उपनिषदों में एक अनोखे पेड़ का उल्लेख किया गया है जिसकी जड़ें ऊपर को फैली हैं और जिसकी शाखाएँ नीचे की ओर बढ़ती हैं। यह ऊर्ध्वमूलमध शाखा वृक्ष क्या केवल एक रूपक है, अथवा हमारे अनुभव से इसका कोई गम्भीरतर सम्बन्ध भी है? अनुभव से सम्बन्ध है तो स्मृति से भी सम्बन्ध है। लेकिन स्मृति का एक स्तर यह है कि वृक्ष होता है जिसकी जड़ें और शाखाएँ होती हैं—जड़ें नीचे रसवती वसुन्धरा धरती की ओर फैलती है और शाखाएँ ऊपर प्रकाश से भरे अन्तरिक्ष की ओर। इससे आगे कल्पना इस स्मृति-बिम्ब को उलटकर वह अनोखा पेड़ रच रही है। लेकिन क्या वह अनोखा पेड़ केवल एक अवधारणा है, केवल एक रूपक है, क्या वास्तव में यह अनोखा उलटा पेड़ ही हमारे अधिक गहरे अनुभव का अंग नहीं? क्या उलटे वृक्ष का यह बिम्ब भी कल्पना-प्रसूत न होकर हमारी स्मृति का ही अंग नहीं है? अर्थ-विस्तार के लिए हम इस उलटे वृक्ष के रूपक को लेकर कल्पना को चाहे जितनी

छूट दें, क्या कहीं पर यह बिम्ब मानवीय अस्तित्व के आरम्भ का एक स्मरण-बिम्ब नहीं है? क्या भ्रूण की स्थिति ऐसे ही 'ऊर्ध्वमूलमधःशाखा' वृक्ष की नहीं है जिसे पोषण देने वाली 'भूमि' ऊपर है और जिसे विस्तार का अवकाश देने वाला 'आकाश' नीचे है? एक अवस्थिति की प्राक्तन स्मृति इस उलटे पेड़ के बिम्ब में संचित है; एक दूसरे प्रकार की अवस्थिति के अनेक बिम्ब भी हम संचित करते हैं जिनमें पेड़ सीधे उगे होते हैं, उनकी जड़ें और उन्हें पोषण देने वाली भूमि नीचे होती है और उन्हें विस्तार का अवकाश देने वाला आकाश ऊपर होता है। और इन दो विपरीत बिम्बों को जोड़ने वाले उनमें एक बिम्ब-प्रतिबिम्ब भाव स्थापित कर देने वाले—एक पेड़ को भी हम देख पाते हैं, प्रत्यक्ष भी और प्रस्तर मूर्तियों में अंकित भी, और यह न्यग्रोध वृक्ष भी हमारी स्मृति में बस जाता है। कवि के लिए वह फिर प्रतीकन और कल्पन के नये मार्ग खोल देता है। लेकिन स्मृति की महत्ता इसी में नहीं है। उसका वास्तविक महत्त्व इस बात में है कि वह 'ऊपर', 'नीचे' और 'मध्यवर्ती' का एक अमिट बोध हमें देती है—ऊर्ध्वाधरता अथवा अनुलम्बता का, दिक् की संरचना के हमारे ज्ञान का, आधार बनती है। जापानी भाषा में मानव की संज्ञा का अर्थ ही होता है 'मानवीय मध्यवर्ती' अर्थात् वहाँ ऊर्ध्वाधर के, वर्टिकैलिटी के, इस बोध को ही मानवीयता की परिभाषा का आधार बना दिया गया है। ऊर्ध्व और अधर के साथ सीधे और उलटे का यह बोध एक तरफ़ हमारे गोचर अनुभवों की आधार-भित्ति है और दूसरी तरफ़ हमारी सर्जनात्मक कल्पना की।

दिक् की संरचना के इस आधारभूत बोध के साथ उस संरचना की समझ के और भी पक्ष जुड़ते जाते हैं। स्थिरता का बोध जगाने वाला चौकोर प्रकोष्ठ, जो धरती अथवा पृथ्वी का प्रतीकन करता है—लेकिन प्रकोष्ठ का प्रतीक-रूप पाने से पहले वह घर के एक आदिम बिम्ब के रूप में हमारी चेतना का अंग बनता है। इस आदि बिम्ब का ही फिर विस्तार होता है : हमारी स्मृति, हमारी कल्पना और हमारी बुद्धि सभी उसी आधार-बिम्ब के ऊपर अपने-अपने ढंग की इमारत खड़ी करते हैं, प्रतीक रचते हैं और संकेतों का आविष्कार करते हैं। घर का अथवा कुटीर का बिम्ब स्थिरता और सुरक्षा का ही बिम्ब नहीं है; वह ऊपर और नीचे, ऊर्ध्व और समतल के हमारे बोध का भी आधार है। घर है तो 'भीतर' और 'बाहर' भी है। और घर है तो छत भी है और तलघर भी। और अनन्तर छत से ऊपर के प्रासाद भी हैं और भू-तल से नीचे के पाताल-लोक भी। प्रश्न उठ सकता है कि इनकी चर्चा करते हुए क्या हम स्मृति-शक्ति की बात कर रहे हैं अथवा कल्पना-शक्ति की? लेकिन मैं पहले भी कह चुका कि स्मृति के बिना कल्पना नहीं है। और यह भी है कि कल्पना से भी हम जो लोक रचते हैं—और कल्पना अनवरत क्रियाशील रहती है—वे हमारे रचे हुए लोक भी हमारी स्मृति का अंग बनते चलते हैं। इसी प्रकार हमारे स्वप्न और हमारे दिवास्वप्न हमारी स्मृति का कोश विकसित करते चलते हैं और नयी कल्पनाओं की सम्भावनाओं की रचना करते चलते हैं। स्मृति के भण्डार को भी समृद्धतर करते चलते हैं और उससे किसी बिम्ब का आवाहन करने के अपने साधन—अपनी शब्दावली को भी बढ़ाते चलते है। साथ-ही-साथ हमारे स्वप्न और दिवास्वप्न वास्तविकता को अथवा यथार्थ को नापने-कूतने और समझने के हमारे साधनों को और हमारे सामर्थ्य को बढ़ाते चलते हैं।

ऊपर, नीचे और मध्य। स्थिर और सुरक्षित। घर के ये अन्तरग्रन्थित और परस्पर-भेदी स्मृति-बिम्ब हमारे विश्व की संरचना के आधारभूत बिम्ब हैं। छत और तलघर की बात मैंने अभी कही; लेकिन दुर्ग, गढ़, नगर, ग्राम, दुर्ग-द्वारका और पूरयोध्या अथवा अयोध्या की रचना का आरम्भ भी यहीं से होता है। कुटीर की आधारभूत स्मृति की शक्ति ही इन सबकी कल्पना का भी आधार बनती है और उनकी

संरचना, उनके निर्माण का आधार भी। और क्योंकि ऊपर और नीचे, भीतर और बाहर की अवधारणा हमारी स्मृति के इस कुटीर के साथ आधारभूत रूप से जुड़ी हुई है, इसलिए हम अपनी देह को भी अपने दुर्ग के रूप में देख सकते हैं—अष्टचक्रा नवद्वारा देवानां पूरयोध्या अथवा हाउस ऑफ़ गॉड—और सारे विश्व-ब्रह्माण्ड को अपने एक आवास अर्थात् घर के रूप में भी पहचान सकते हैं—यत्र विश्वं भवत्येकनीडम्।

और हम भरे-पूरे आवासित दिक् को भी जान लेते हैं जो हमारा संसार है, और उस महारिक्त को भी जान लेते हैं जो कि आज विज्ञान का दिक् अथवा आकाश है—एम्प्टी स्पेस—लेकिन जिसे हम 'शून्य' कहते हैं, अर्थात् रिक्त नहीं बल्कि वह जो रिक्त को भरता है, जैसे छत्ते को मधु भरता है; दिक् जो स्वयं निरालोक है लेकिन जिसमें ही पड़कर जो कुछ चमकता है, वह चमकता है।

मैंने चौखूँटे प्रकोष्ठ को आदिम घर अथवा कुटीर कहा है और फिर दुर्ग और नगर के विस्तार की बात की है। जब तक यह घर एक कुटीर है तब तक उसकी छत और उसका फ़र्श दिक् की हमारी संरचना में कुछ और स्थान रखते हैं। और उसकी स्मृति के स्रोत उस घर-कुटीर से भी जुड़ते हैं जिसमें जन्म हुआ, उससे पहले गर्भस्थ अवस्था से भी। दिवास्वप्न उस स्मृति के द्वार खोलता है और वहाँ से रचनाकार की कल्पना नयी दृष्टि पाती है। दुर्ग और नगर और अनेक मंज़िलों वाली इमारतें हमारी दिक्-संरचना को नया विस्तार देती हैं पर साथ ही उसे विकृत भी करती हैं। शहर के घर में छत के ऊपर आकाश नहीं होता, दूसरे घर का फ़र्श होता है। नीचे भी बहुधा ज़मीन नहीं होती बल्कि दूसरे घर की छत होती है। मनुष्य ऊर्ध्वाधरता के आयाम में तो रहता है, पर दूसरे मनुष्यों के सिर पर सवार होकर या उनके पैरों के नीचे दबा हुआ। विकृति का और भी महत्त्वपूर्ण पक्ष यह है कि जहाँ कुटीर के साथ एक द्वार अथवा झरोखा और उसमें टिमटिमाता दीये का प्रकाश होता है—एक समग्र बिम्ब जिसमें सुरक्षा भी है और आशा भी—वहाँ शहरी स्थिति में उसका स्थान अनेक प्रकार के विकृत और विखण्डित बिम्ब ले लेते हैं। अकेलेपन के बोध के लिए गुंजाइश कुटीर वाली आदिम स्थिति में भी रहती है : दूर प्रकाशित झरोखे वाले कुटीर को देखती हुई चेतना उस सूने विस्तार का भी अनुभव करती है जिसमें वह अकेली है :

मेरे छोटे घर-कुटीर का दिया
तुम्हारे नभ के
विस्तृत आँगन में
सहमा-सा रख दिया गया,

लेकिन फिर भी उस अकेलेपन में कुटीर के साथ उस चेतना का सम्बन्ध आश्वस्ति का सम्बन्ध रहता है। शहर का कमरा वैसे आश्वस्ति भाव के लिए कोई गुंजाइश नहीं छोड़ता। शहर के कमरे की ओर ताकती हुई चेतना अपने को अकेला पाती है तो वह अकेलापन सूने खुले विस्तार का अकेलापन नहीं होता बल्कि एक सुरंग का अथवा बोगदे का अकेलापन होता है।

गाँव-घर और शहर-घर की बात हो रही है यह भी संकेत कर दिया जाये कि शहर का घर जब बोगदे का रूप ले लेता है तो दिक् के साथ कोई धनात्मक रिश्ता बनने की सम्भावना नहीं रहती। दूरी वहाँ है, चलना भी वहाँ है, लेकिन सफ़र के अन्त के साथ जुड़ा हुआ आश्वासन अथवा उपलब्धि का भाव नहीं है। अकेलापन है, वीरानगी है, वंचित किये गये होने का भाव है, प्रतिहिंसा है—एक लक्ष्यहीन अन्धी जिज्ञासा है। दूसरी ओर कुटीर का झरोखा मानो कुटीर की आँख है, अपलक बाट जोहती हुई

आँख। कह सकते हैं कि इस प्रकार बोगदा भी और कुटीर भी जितने दिक् के बिम्ब हैं उतने ही काल के भी; लेकिन एक में काल सूखा और विजडित है, दूसरे में रससिक्त और स्पन्दनशील।

देश की संरचना और उसका विकृतियों-विसंगतियों की, जिनकी बातें मैं कह रहा हूँ, सभी के उदाहरण प्रभूत मात्रा में समकालीन साहित्य में मिल जायेंगे, जैसा कि आधारभूत बिम्बों के उदाहरण संस्कृत और अपभ्रंशों के साहित्य में। ग्राम-चेतना और नगर-बोध और महानगर-चेतना की समकालीन बहसें भी उनके साथ जुड़ जायेंगी।

इस बात की ओर भी संकेत किया जा सकता है कि जिस ऊर्ध्वाधर अथवा अनुलम्ब संरचना का उल्लेख मैंने पहले किया उसकी अवधारणा भी दिक् तक सीमित नहीं रहती बल्कि काल की भी एक संरचना हमारे समक्ष प्रस्तुत करती है। 'ऊपर', 'बीच' और 'नीचे' (या उपनिषद के अनोखे वृक्ष को सामने रखते हुए प्रतीप क्रम से नीचे, मध्य में और ऊपर, भूः भुवः स्वः) दिक्-संरचना से विचलित होकर काल-संरचना में भविष्य, वर्तमान और अतीत, 'आगे', 'यहाँ', और 'पीछे' में परिवर्तित हो जाते हैं। वास्तव में तो यह एक समान्तर संरचना नहीं है बल्कि उस दिक्काल सातत्य के बारे में ही दो तरह के बयान हैं जिसकी बात मैंने पहले भी कही थी : अन्ततोगत्वा तो दिक् और काल एक अविभाज्य संरचना के ही अंग हैं।

मुझे कदाचित् आतंकित होना चाहिए कि अब तक की चर्चा में मैंने कितनी विधाओं, कितने शास्त्रों के क्षेत्र में हाथ डाला है जिनमें किसी की भी विधिवत् दीक्षा मुझे नहीं मिली है, किसी का कोई ज्ञान मुझे नहीं है। 'जहाँ न पहुँचे रवि, वहाँ पहुँचे कवि' और 'फ़ूल्स रश इन व्हेयर एंजेल्स फ़ियर टु ट्रेड' की व्यंजनाओं में बहुत दूरी नहीं होती। लेकिन कवि जब किसी सहज अथवा प्रातिम ज्ञान के प्रति खुले रहने का दावा करता है, अथवा दावा नहीं भी करता तो ऐसा विश्वास रखता है कि ऐसे खुलेपन में ही वह समय-समय पर उस दिव्य आलोक का संस्पर्श पा सकेगा जिसमें ही सर्जना-कर्म होता है, तब वह यह भी मान लेता है कि समय-समय पर उसके द्वारा ऐसे अनधिकृत काम भी होते रहेंगे!

मैंने कहा कि मुझे शायद आतंकित होना चाहिए, लेकिन आतंकित मैं हूँ नहीं। क्योंकि आलोक के क्षणों में जो परिदृश्य खुल जाते हैं उन्हें किसी शास्त्र-सम्मत व्यवस्था में जोड़ने का काम कवि का नहीं है। वह काम तो शास्त्रज्ञों का है। कवि को मिलने वाले आलोक को भी मैंने दिव्य इसीलिए कहा कि वह स्मृति का आलोक है और वह स्मृति तर्कातीत है। स्मृति के परिदृश्य इतिहास के परिदृश्य नहीं हैं बल्कि इतिहास से मुक्ति के परिदृश्य हैं। वह दिव्य प्रकाश तथ्यों को मूल्यों से वेष्टित करता है; यदि हम उन मूल्यों को नकारते अथवा मिटा देते हैं तो उन तथ्यों का भी कोई अस्तित्व नहीं रहता। कवि के लिए यह मुक्त करने वाला मूल्य ही केन्द्रीय तत्त्व है और उसी के आस-पास सारा संसार घूमता है। कवि के लिए दिक्काल की बाहरी संरचना दिक्काल के एक आभ्यन्तर बोध का आवेष्टन है। अवश्य ही इन दोनों संरचनाओं में एक अभिन्न और परस्पर-भेदी सम्बन्ध है; बाहरी संरचना कबीर की 'झीनी चदरिया' नहीं जो उतारकर 'जस की तस धर दी' जा सकती है; जैसे कि भीतर की संरचना भी केवल बाहर की संरचना की एक उपज नहीं है। कवि की इन उद्भावनाओं में कभी अन्तर्विरोध भी होता है तो वह उससे हतप्रभ नहीं होता, भले ही वह वाल्ट व्हिटमैन की तरह ललकारकर यह न कह दे कि "मुझ में अन्तरविरोध है तो क्या हुआ, मैं विराट् हूँ और समूहों को अपने में समोये हूँ।"

विराट् का यह बोध ही सर्जनात्मक स्मृति का एक महत्त्वपूर्ण परिदृश्य है। कवियों के विराट्-दर्शन के वृत्तान्त उस प्रकार सुरक्षित नहीं रखे जाते जिस प्रकार पुराण-पुरुषों के अथवा धर्मगुरुओं के विराट्-रूप-दर्शन के वृत्तान्त रखे जाते हैं। इसका एक कारण यह भी हो सकता है कि कवि को जब

ऐसी झाँकी मिलती है तो वह ऐसा नहीं मान लेता कि उसने सम्यक् सत्य का अन्तिम स्वरूप देख लिया है अथवा उसे शब्दों में बाँध लिया है; फिर वह प्रभाव उसमें सदैव बना भी नहीं रहता। दिव्य आलोक उस दीवाने को जब-तब छूता है, पर फिर उसकी धारा आगे निकल जाती है। महाप्रभु चैतन्य ने सागर में एक विराट् रूप का दर्शन किया था जो उनके प्रिय का रूप था और जिसमें उन्होंने लय हो जाना चाहा था। भगवान् बुद्ध ने एक दूसरे विराट् का दर्शन किया था जिससे उन्हें सम्बोधि प्राप्त हुई थी; यह विराट् रूप भी एक तरह से अन्तिम सत्य का ही रूप था यद्यपि तथागत का यह आदेश था कि उस सत्य को जो कोई देखे अपने ही प्रकाश में देखे, उनके उपदेश में श्रद्धा के सहारे नहीं : 'अप्प दीपो भव।' आत्म-दीप कवि भी होता है, और कदाचित् उसके दीप की लौ से असंख्य दूसरे दीयों की बत्तियाँ आग पकड़ती हैं। लेकिन कवि का विराट्-दर्शन अन्तिम नहीं होता। शायद यह कहना भी अन्याय न हो कि कवि का विराट् दर्शन होता भी नहीं : यह विराट् के स्वरूप को नहीं देखता बल्कि केवल यह बोध प्राप्त करता है कि विराट् है—और वह भी जब-तब, विरल क्षणों में। इसी बोध का प्रकाश उसके शब्द को दीप्त कर जाता है और उसकी भाषा को अपूर्वानुमेय बना जाता है। भाषा एक सामाजिक समय है; समाज में सम्प्रेषण का आधार वही हो सकता है जो न केवल पूर्वानुमेय है वरंच जिसके प्रत्येक पद का एक निर्धारित मूल्य हो। इस अर्थ में भाषा एक और अनेक को परस्पर एक-दूसरे से बाँधती है, जैसे कि वह शब्द-व्यवहार को समय से बाँधती है। सर्जनात्मक भाषा समय से ऊपर उठती है, अपूर्वानुमेय होती है, सम्प्रेषण की नयी प्रणालियाँ ही नहीं, सम्प्रेष्य नया संसार भी रचती है। इस प्रकार रचनात्मक भाषा बन्धनों से मुक्त करती है और मुक्ति के नये गलियारे उद्घाटित करती है।

यहाँ पर कदाचित् एक बात की ओर इशारा कर देना उपयोगी हो। रचनात्मक साहित्य पढ़ने वाले सभी लोग जानते हैं कि भाषा की जिस अपूर्वानुमेय शक्ति की बात मैं कह रहा हूँ उसका वास शब्द में होता है। भाषा को मैंने एक व्यापक सामाजिक समय के साथ जोड़ा है क्योंकि संवाद का पहला आधार तो यही होता है। लेकिन रचनात्मक भाषा इस समय से ऊपर उठती हुई हमें परे ले जाती है; इसी में तो उसकी सर्जनात्मक शक्ति अथवा अपूर्वानुमेयता है, यही तो हमें समय से मुक्त करती है। यह शक्ति शब्दों के सामान्य अर्थों में नहीं होगी यह तो स्पष्ट ही हैः सामान्य अर्थ तो सामाजिक समय से बँधा है। लेकिन यह शक्ति रचनात्मक शब्द की गूँज और अनुगूँज तक भी सीमित नहीं है। रचनात्मक शब्द की गूँज होती है, उससे फिर अनुगूँजें अनेक दिशाओं में फैलती हैं। काव्य का जो शब्द इस प्रक्रिया को जितनी गहराई और व्याप्ति देता है उसके आधार पर हम काव्य को उतना महत्त्व देते हैं और उसका प्रभाव उतना टिकाऊ भी होता है। लेकिन मुक्त करने वाली प्रक्रिया की यह अन्तिम सीमा नहीं है यह समझ लेना भी ज़रूरी है। आलोचकों में ऐसे लोग हैं जो मान लेते हैं कि यही वह अनुरणन है जिसकी चर्चा पुराने काव्य-शास्त्रियों ने की। वास्तव में अनुरणन इससे परे की चीज़ है—प्रभाव का एक दूसरा ही आयाम अथवा विस्तार है। गूँज और अनुगूँज को हम लगातार एक ही उत्स अथवा आरम्भ बिन्दु से जोड़े रहते हैं। अनुरणन एक व्यापकतर प्रभाव है जो बहुकेन्द्रित हो जाता है; जो सत्ता के दूसरे कई स्रोतों से भी ऊर्जा प्राप्त करता चलता है। श्रेष्ठ काव्य की एक गूँज ऐसी भी होती है जो कालान्तर में प्रकट होती है। जिसका असर दूसरी विधाओं में, ज्ञान के दूसरे क्षेत्रों में क्रियाशील हो जाता है। ऐसे अपूर्वानुमेय प्रभाव भी अनुरणन हैं, केवल गूँज नहीं।

काव्य की इस दूरागत प्रभविष्णुता को स्मृति का ही एक रूप मानना होगा। उसको समझने में

कठिनाई होने के कारण उसे पूर्व जन्म के संस्कारों से जोड़ा जाता है। लेकिन है वह स्मृति का ही एक सर्जनात्मक आयाम।

इस सर्जनशीलता का आधार क्या है, स्रोत कहाँ है? इसका सीधा और आसान उत्तर है—'कल्पना में'। लेकिन यह कल्पन, कल्प रचने की यह शक्ति अथवा प्रतिभा, इसका आधार क्या है? इसके निश्चय ही दूसरे भी उत्तर हो सकते हैं और उनमें से कुछ उत्तर सीधे और आसान भी जान पड़ेंगे। एक तरह के सीधे उत्तर उन्हें तोष देंगे जो ईश्वर में आस्था रखते हैं, एक दूसरी तरह के सीधे उत्तर उन्हें जो ईश्वर को नकारते और आधारभूत भौतिक सत्ता पर आग्रह करना चाहते हैं। कवि के लिए इन दोनों में से कोई एक प्रतिज्ञा आवश्यक नहीं है, क्योंकि इनमें से किसी एक को काटना भी उसके लिए ज़रूरी नहीं है। इस क्षेत्र में ज़रूरी कुछ है तो यही जानना कि अगर दोनों प्रतिज्ञाओं में से किसी एक से भी आरम्भ करके भी सर्जना-कर्म हो सकता है, विराट् तत्त्व का बोध हो सकता है, भाषा की अपूर्वानुमेय शक्ति आप्त की जा सकती है और मुक्ति का आवाहन किया जा सकता है, तो वह क्या हो सकता है जो इन दोनों के बीच सेतु का काम करे? वह कौन-सा परिदृश्य हो सकता है जो इन दोनों के लिए रास्ते खुले रखते हुए हमारे लिए विराट् का संस्पर्श पाने की सम्भावना बनाये रखे, हमारे चिदाकाश में भी वह दिव्य आलोक झरने दे जिसका मैंने पहले उल्लेख किया है? वह परिदृश्य स्मृति का ही परिदृश्य हो सकता है। यह ज़रूरी नहीं है कि हम इस स्मृति को 'पूर्वजन्मों के सौहृदों की पर्यत्सुक करने वाली स्मृति' माने जैसा कालिदास ने संकेत किया था, न यही ज़रूरी है कि हम उसे अवचेतन में छिपी मगर सुरक्षित जातीय स्मृति मानें, जैसी कि कार्ल युंग की अवधारणा है। यह भी ज़रूरी नहीं है कि वह रम्य और मधुर वस्तुओं को देखकर ही जागृत हो, अथवा उसके संस्पर्श के लिए जंगलों—देहातों में घूमना अथवा नदी-झरनों-पेड़ों का सान्निध्य आवश्यक हो। उसके लिए तो अपने प्रति खुला रहना ही एक मात्र ज़रूरी शर्त है : यह अपनापन ही वन्य भी है, देहाती भी, शहरी भी, प्राचीन भी और समकालीन भी; यही स्मृतियों का भण्डारण भी करता है और उनका संयोजन-सम्पादन भी : यही उन्हें आवाहन होने पर उपलब्ध भी कराता है और उनकी ऊर्जा को सर्जक के द्वारा उपयोज्य बनाता है।

प्राग्बिम्बों की स्मृति दोनों अवधारणाओं में अक्षुण्ण बनी रहती है। ये प्राग्बिम्ब ही हममें एक पर्युत्सुकीभाव भी जगाते हैं और हमें मुक्ति की प्रेरणा भी देते हैं। और ये प्राग्बिम्ब स्मृति के ही बिम्ब हैं। स्मृति का परिदृश्य ही हमारी बेचैनी और उत्कण्ठा का भी परिदृश्य है, हमारी सर्जनात्मक कल्पना और हमारी सम्भाव्य मुक्ति का भी। आधुनिक प्रौद्योगिकी और संचार व्यवस्था का सारा जोर इस पर है कि जानकारियों का निरन्तर वर्धमान भण्डार हमारे बाहर हमारे भण्डार-केन्द्रों में संचित होता जाय और परिणामतः हम कुछ भी स्मरण रखने की आदत ज़रूरत से छुट्टी पा जायें। और कवि की कल्पना की, उसकी सर्जनात्मक स्मृति की प्रतिज्ञा है कि वह हमें भूलने नहीं देगी। लोग कभी-कभी पूछते हैं कि इक्कीसवीं सदी में—कम्प्यूटरों की सदी में—कविता की ज़रूरत क्या होगी? हमारी स्मृति का परिदृश्य ही हमारे उत्तर में विश्वास का बल भरता है—कि अगर हमें तब अपनी ही कोई ज़रूरत होगी तो कथन की—काव्य के रचना-कर्म की—भी ज़रूरत होगी। जब—और अगर—हमने अपने को ही ग़ैर-ज़रूरी बना दिया होगा तब की बात दूसरी है। और वह बात दूसरों के करने की है, न कवि के, न सहृदय के।

खिलौनों का समाजशास्त्र

खिलौनों से हम सभी खेलते हैं। रूपक के तौर पर इस बात को बढ़ायें तो यहाँ तक कह सकते हैं कि जहाँ निर्धन लोग धूल-मिट्टी से, बबूल की फली और इमली के चियों से, पत्थर के टुकड़ों से, ठीकरों से या गुल्ली-डण्डे से खेलते हैं, वहाँ अमीर लोग न केवल यन्त्रचालित खिलौनों से और रेडियो या टेलीफ़ोन आदि से खेलते हैं बल्कि बड़े-बड़े व्यापारों, हवेलियों और ज़मींदारियों से भी खेलते हैं, राजे-महाराजे देशों और सेनाओं से और सम्राट् साम्राज्यों से खेलते थे। अब वैसे साम्राज्य नहीं हैं, लेकिन बड़ी सत्ताएँ आज भी बममार विमानों, प्रक्षेपास्त्रों और अणु-विस्फोटों से खेलती हैं; महासागरीय द्वीपों की प्रजाओं के भाग्य से खेलती हैं...

लेकिन हम रूपक में बात नहीं कर रहे हैं, हम सीधे-सीधे खिलौनों की ही बात करना चाहते हैं। और वयस्कों के खिलौनों की नहीं, बच्चों के खिलौनों की ही।

इन खिलौनों के समाजशास्त्र की चर्चा करना क्या खाहमखाह खेल को शास्त्र में उलझाना नहीं है? बच्चे के विकास में खिलौनों का स्थान होता है, इतना तो सभी आसानी से मान लेंगे। उससे आगे बढ़कर थोड़ी बाल-मनोविज्ञान की भी चर्चा की जा सकती है, लेकिन समाजशास्त्र...

हाँ, समाजशास्त्र, लेकिन समाजशास्त्र तक पहुँचने से पहले बच्चे के विकास की और उसके मनोविज्ञान की चर्चा से ही शुरू करें।

कुछ खिलौने बच्चे स्वयं चुनते हैं और कुछ उनके लिए बड़ों के द्वारा प्रस्तुत किये जाते हैं—माँ-बाप द्वारा या अन्य सगे-सम्बन्धियों द्वारा। आजकल तो बच्चे के जन्मदिन के बदले बर्थडे मनाने का चलन हो गया है, जिसके कारण उनसे बड़ों को प्रणाम कराकर आशीर्वाद दिलाने की जगह जलसा करके केक पर लगी मोमबत्तियाँ बुझाने और खिलौनों के अम्बार लगाने की प्रथा चल पड़ी है। लेकिन अब भी हर स्तर पर यह सही है कि बच्चे कुछ खिलौने अपने आप चुनते हैं और कुछ उनके लिए उपलब्ध कर दिये जाते हैं। कुछ बच्चे ठीकरे, काँच के रंगीन टुकड़े, माचिस की डिबिया, पन्नी या कंचे जुटाकर रखते हैं तो कुछ, जिन्हें उनके माँ-बाप इसकी सुविधा देते हैं, अपनी पसन्द से हवाई बन्दूक या मोटर-गाड़ी या जहाज़ और टैंक आदि ले सकते हैं, इसी तरह अलग-अलग स्तरों पर बच्चों को अलग-अलग किस्म के और अलग-अलग कीमत के, अलग-अलग जटिलता के खिलौने दिये जाते हैं।

खिलौने सबसे पहले तो बच्चे को उलझाये रखते हैं। माँ-बाप को इसमें एक सुविधा दिखती है कि बच्चे उनका मग़ज़ नहीं चाट रहे हैं। मगर उस बात को छोड़ें। खिलौनों से खेलते हुए बच्चे एक तरफ़

अपनी सहज प्रवृत्तियों का प्रदर्शन भी करते हैं तो दूसरी ओर अपनी बहुत-सी शक्तियों का विकास भी अनजाने करते चलते हैं। लम्बाई और चौड़ाई, ऊँचाई और मोटाई, सीधे और टेढ़े, समतल और ढालू, ठोस और नरम और लचीले, चिकने और खुरदरे, दूर और पास, ऊँचे और नीचे, हलके और भारी, क्रिया और प्रतिक्रिया आदि का बोध उन्हें खिलौनों से खेलते हुए ही हो जाता है। अपने विभिन्न अंगों के सामर्थ्य का भी उन्हें ज्ञान होता है—उसकी पहुँच का भी और उसकी सीमा का भी। कह सकते हैं कि खिलौनों के सहारे समस्त गोचर संसार से बच्चे का सम्बन्ध जुड़ता है—गोचर संसार की पहचान और उसके पर्यवेक्षण के लिए खिलौने एक सहज साधन हैं—इतने सहज हैं कि इस स्तर की शिक्षा का श्रेष्ठ उपकरण बन जाते हैं। इसी निमित्त से स्वयं अपनी पहचान उसमें विकसित होती है और समस्त वास्तविक जगत् से उसका एक रिश्ता जुड़ता है। बच्चे के खेल उसके यथार्थबोध के निर्माण में योग देते हैं।

सामूहिक खेलों में इन गोचर अनुभवों से आगे बढ़कर और भी कई तरह की शिक्षा बच्चे को मिल जाती है जिन्हें उसकी सामाजिकता की नींव माना जा सकता है। सहयोग और प्रतियोगिता, अपने अधिकारों के दावे और दूसरे के अधिकारों का सम्मान, नियमबद्ध आचरण आदि की बुनियादी शिक्षा भी उसे खेल-खेल में मिलती रहती है।

अब हम बाल मनोविज्ञान की बात से आगे बढ़कर खिलौनों के द्वारा सामाजिक दीक्षा के क्षेत्र में आ गये हैं, यानी खिलौनों के समाजशास्त्र की बात आरम्भ हो गयी है। लेकिन खिलौनों को सिर्फ बच्चों के साथ न जोड़कर हम पूरे सांस्कृतिक सन्दर्भ में ही रखना चाहते हैं। खिलौने हर सभ्यता में होते हैं; लेकिन उसके साथ ही हर सभ्यता में कुछ खिलौने और कुछ खेल 'अच्छे' माने जाते हैं और दूसरे खिलौने या खेल 'घटिया'। खेलों के बारे में समाज की धारणाओं से हम समाज की सांस्कृतिक दृष्टि के बारे में तो अनुमान लगा ही सकते हैं; यह भी आसानी से समझ सकते हैं कि समाज की मूल्य-दृष्टि कैसे जाने या अनजाने बच्चे के मूल्यबोध को विशेष दीक्षा या रुझान दे रही है। कुछ समाजों में ऐसे खेलों को महत्त्व दिया जाता है जिनमें प्रतियोगिता या प्रतिस्पर्द्धा के भाव बढ़ें, जबकि दूसरे समाजों में यही बार-बार सुनने को मिलेगा कि 'सबको मिलकर खेलना चाहिए', 'साथियों से होड़ नहीं करनी चाहिए'। स्पष्ट ही ये दो मूल्य-दृष्टियाँ दो अलग-अलग प्रकार की संस्कृतियों को प्रतिबिम्बित करती हैं। यह नहीं कि कोई संस्कृति निरपवाद रूप से एक प्रवृत्ति को मान्यता देती है, पर आपेक्षिक रूप से कुछ को वरीयता या प्रधानता तो दी ही जाती है। और यह हो नहीं सकता कि बच्चों के खेलों को नियन्त्रित करती हुई ये उनके चरित्र को, स्वभाव को अपने-अपने साँचे में ढालें।

लड़कों और लड़कियों के खिलौने अलग होते हैं। उनकी विकासमान रुचियाँ भी अलग-अलग लीकें पकड़ती हैं और माता-पिता उन्हें जो खिलौने देते हैं उनका चयन करते हुए इस बात का ध्यान रखते हैं कि उन्हें वैसे ही खिलौने दिये जायें जिनसे उनका विकास उन्हीं दिशाओं में हो जिन्हें माँ-बाप वांछनीय समझते हैं; उनके वैसे ही संस्कार पड़े जैसे माँ-बाप उनके विकास के लिए उपयोगी समझते हैं। यहाँ भी यह नहीं कि अभिभावक प्रकृति के विरुद्ध जाना चाहते हैं; जैविक या प्राकृतिक विकास के ऊपर वे एक स्पष्ट सांस्कृतिक छाप भी गहरी डाल देना चाहते हैं, एक सामाजिक संस्कार देना चाहते हैं। 'लड़के गुड़ियों से नहीं खेलते', 'लड़के रसोई का खेल नहीं खेलते', 'लड़के घरौंदे नहीं बनाते', 'लड़कियाँ कबड्डी नहीं खेलतीं, पेड़ों पर नहीं चढ़तीं, इत्यादि। लगातार लड़कों और लड़कियों द्वारा खेले जाने वाले खेलों और उनके लिए सुलभ किये जाने वाले खिलौनों के नियन्त्रण से लड़कों को उन कर्मों

की ओर प्रेरित किया जाता है, उन कुशलताओं की दीक्षा दी जाती है, जो कि युवक के लिए उपयोगी मानी जाती हैं; और इसी प्रकार लड़की को निरन्तर उन दक्षताओं की ओर प्रेरित किया जाता है जो आगे चलकर युवती के या परायी घर की बहू के या कालान्तर में माता के लिए उपयुक्त होंगी। इस प्रकार खिलौनों के सहारे बच्चे धीरे-धीरे उस भूमिका में उतारे जाते हैं, उस 'रोल' में ढलते रहते हैं, जो वयस्क हो पर उनका होने वाला है—स्वयं उनकी दृष्टि में नहीं, बल्कि उनके माता-पिता, अभिभावक और समाज की दृष्टि में, बच्चे को समाज में उस 'रोल' के लिए तैयार किया जा रहा है जो समाज की उस समय की सभ्यता की दृष्टि से उसका उचित रोल होगा। बहुत-सी चीज़ों को हम 'सहज प्रवृत्ति' मानते हैं जबकि वास्तव में वे सांस्कृतिक परिवेश का परिणाम होती हैं। उदाहरण के लिए पुरुष और स्त्री की शरीर-रचना में ऐसा भेद तो है कि स्त्री की चाल स्वभावतया पुरुष की अपेक्षा लचीली और लयमय हो, लेकिन ऐसा कोई भेद नहीं है कि पुरुष सीना तानकर चले, स्त्री सकुचाती हुई। ये अन्तर प्रकृत नहीं, सांस्कृतिक दीक्षा का परिणाम हैं। इस तरह के अनेक अन्तर होते हैं जो लड़के या लड़की के संस्कार में इतने गहरे बोये जाते हैं कि सहज प्रवृत्ति जैसे जान पड़ें, लेकिन जो होते हैं सांस्कृतिक दबाव और दीक्षा का परिणाम ही। और यह सांस्कृतिक 'साँचा' उसी समय से काम में आने लगता है जबसे लड़कियाँ-लड़के खिलौनों से खेलना आरम्भ करते हैं। हम यह तो कह सकते हैं कि आधुनिक समाज में इस तरह के अन्तर लगातार कम होते जा रहे हैं, लेकिन अगर यह बात सच भी है तो उसका मतलब यही है कि आधुनिक सभ्यता में खेल-खिलौनों के द्वारा जो दीक्षा दी जाती है उसमें इन भेदों पर जोर नहीं दिया जाता, बल्कि कुछ दूसरे प्रकार के 'रोल' अदा करवाने का प्रशिक्षण लड़के-लड़कियों को दिया जाता है। सांस्कृतिक दृष्टि बदल गयी है। सांस्कृतिक मूल्य दूसरे हैं, लेकिन खिलौने अब भी सांस्कृतिक उपकरण हैं, बच्चे को एक विशेष समाज के लिए उपयोगी बनाने का, एक विशेष प्रकार के नागरिक का काम कर रहे हैं, एक विशिष्ट साँचे में ढालने का काम कर रहे हैं।

पारम्परिक खिलौनों की ओर ध्यान देने से और भी बहुत-सी चीज़ें स्पष्ट हो जाती हैं। खिलौनों के माध्यम से बच्चों का सम्बन्ध बाह्य या गोचर संसार से बनता और निरूपित होता हो इतना ही नहीं है, उनका आभ्यन्तर संसार भी उससे बनता है और बनाया जाता है; नाना प्रकार के पूर्वग्रहों को भी दीक्षा उन्हें मिलती है और दी जाती है। खिलौनों के सहारे बच्चों को मानव समाज या किसी देश की सभ्यता में ही दीक्षित नहीं किया जाता बल्कि जातियों, वर्गों, पेशों आदि के सारे पूर्वग्रह भी खिलौनों के माध्यम से उसके मानस में गहरे उतार दिये जाते हैं। खिलौनों के सहारे बच्चा केवल अच्छा मनुष्य ही नहीं बनता, अच्छा हिन्दुस्तानी या अंग्रेज़ या रूसी या जापानी भी बनता है और देशगत संस्कारों के साथ-साथ अपने सारे वर्गगत रुझान और पूर्वग्रह भी ओढ़ लेता है। खिलौनों के सहारे अफ़सर का बेटा अफ़सरी के पूर्वग्रह अपनाता है, व्यापारी का बेटा व्यापारी के, सिपाही का बेटा सिपाही के और किसान का बेटा किसान के। अच्छा मनुष्य या अच्छा हिन्दुस्तानी ही नहीं, अच्छा इंजीनियर, अच्छा कारीगर और अच्छा किसान बनाने में भी खिलौनों का योग होता है।

हमारे देश की पारम्परिक सभ्यता में खिलौने इतना ही नहीं करते, खेल ही खेल में यह भी सम्भव बना देते हैं कि ब्राह्मण का बेटा न केवल ब्राह्मण-मूल्य अपना ले बल्कि आजकल ब्राह्मण के सारे पूर्वग्रह भी अपना ले—उसकी लालसाएँ और दुश्चिन्ताएँ और तिकड़म, आत्म-रक्षा की युक्तियाँ आदि सब! इसी प्रकार जाट का बेटा जाट मनोवृत्ति की दीक्षा पा लेता है और बनिये का बेटा बनिये की, कायस्थ का बेटा कायस्थ की, इत्यादि। खिलौने, खेल, कहावतें, चुटकुले, गीत 'सांग' और 'तमाशा'—सारी

वाचिक और दृश्य-परम्परा एक सिलसिलेवार शिक्षाक्रम में जुड़ जाती हैं और सारे जातिगत, कर्मगत, प्रदेशगत पूर्वग्रह इस शिक्षा के अंग होते हैं। खेलों और खिलौनों के सहारे इस तरह के संस्कार पाये हुए बच्चे बड़े होकर शिक्षा या तर्क-बुद्धि के सहारे भले ही उदारतर मूल्यों को अपनाने की बात करें, उनके अनजाने उनका आचरण इस पूर्वग्रहों से नियन्त्रित और निर्धारित होता रहता है। वे बातें करते हैं 'मानव समाज' की और 'मानव न्याय' की, लेकिन व्यवहारतः पक्षधर बने रहते हैं उस अंश-समाज या वर्ग या जाति के जिस के पूर्वग्रह में वे दीक्षित हुए हैं।

यह नहीं कि ऐसा सर्वत्र या हमेशा बेईमानी या पाखण्डीपन के कारण होता है। असल में ये संस्कार इतने गहरे होते हैं और हमारा भावना-जीवन हमारे तर्क-जीवन पर इतनी आसानी से हावी हो जाता है कि जब तक कोई बहुत सतर्क होकर अपने आचरण की परीक्षा न करता रहे और पूर्वग्रहों से अपने को उबारने के लिए लगातार कठिन तपस्या न करता रहे, तब तक अपनी चेतना को उनके दबाव से बचाये रख ही नहीं सकता। वास्तव में यही इन पूर्वग्रहों की उपयोगिता भी है। अगर हम समाज को एक स्थिर और स्थायी इकाई मान सकते तो कहते कि इन्हीं पूर्वग्रहों के सहारे तो हर जाति, हर वर्ग अपना समाज-निर्दिष्ट आचरण करता रहता है, अपना 'धरम' निबाहता रहता है और समाज का उपयोगी और सहयोगी अंग बना रहता है। लेकिन समाज ऐसे स्थिर और स्थितिशील नहीं होते—और आधुनिक युग में तो हो ही नहीं सकते। बल्कि आज वैसी स्थितिशीलता को कठमुल्लापन या प्रतिगामिता या भाग्य-वादिता ही मानना होगा। तथापि पारम्परिक समाज में इस प्रकार पाये हुए पूर्वग्रहों की एक सामाजिक उपयोगिता होती थी, और लिखे हुए नियमों अथवा विधि-विधानों के सहारे बिना ही समाज का हर अंग, बिना संघर्ष के और नियम के भीतर अपना काम करता रहता था।

आज न केवल वैसी स्थिति नहीं है और ऐसे पूर्वग्रह समाज की प्रगति में बाधक है, बल्कि आज समाज में संघर्ष भी अनिवार्य है और एक सीमा तक वांछनीय भी है। आधुनिक सभ्यता के खिलौने इस आवश्यकता के दबाव के साथ बहुत कुछ बदले भी हैं और नये खिलौने बहुत दूर तक नये नागरिक के निर्माण में योग दे सकते हैं—खिलौने और खेल उन्हीं प्रवृत्तियों और कौशलों को बढ़ावा देते हैं जो आधुनिक सभ्यता के सन्दर्भ में एक अच्छे नागरिक से अपेक्षित हैं : लेकिन खेद की बात यही है कि आधुनिक सभ्यता भी बहुत महँगी और उपकरणों के भार से लदी हुई है—और उसके खिलौने भी उतने महँगे हैं, उसके खेल भी उतने जटिल उपकरण माँगते हैं। जातक कथाओं के अनुसार प्राचीन काल में श्रेष्ठी के बेटे भी धूल से खेल लेते थे और एक व्यापारी के बेटे ने धूल से खेलते हुए ही एक मुट्ठी धूल उठाकर बोधिसत्व को दान दी थी (जिसके कारण कालान्तर में उसे धरती का साम्राज्य मिला)। आज भी प्रौढ़ वय के अधिकतर लोग स्मरण करेंगे कि उनके बचपन में खेलने के लिए लम्बे-चौड़े लवाजमात की कोई ज़रूरत नहीं होती थी और कस्बों-देहातों में तो बच्चे बिना किसी भी उपकरण के अपने लिए खेल रच लेते थे। या यों कहें कि उस समय के प्रचलित खेल ही ऐसे थे कि उनके लिए साज़-सामान की ज़रूरत नहीं पड़ती थी। लेकिन आज? आज के बच्चे को वैसी स्थिति में छोड़ दीजिए तो वह अपने सामने केवल अपने को पाकर घबड़ा ही जायेगा। लगातार साज़-सामान से (या दूसरों से) घिरे रहना उसके लिए मानो अनिवार्य हो गया है—क्या यही अपने आप में आज की सभ्यता पर एक टिप्पणी नहीं है?

पचास वर्ष पहले भी जब गाँव-देहात में बच्चे आँख-मिचौनी खेलते थे तो गाते थे :

लुक छिप जाना
मकई दा दाना
राजा दा बेटा आया जे

जो स्पष्ट ही उस समय के किसान की और अनाज की वसूली के लिए निकले राजा के बेटे की मनोवृत्ति का प्रतिबिम्बन करता है। आप चाहें तो यह परिणाम भी निकाल सकते हैं—और वह सही होगा—कि किसान में अनाज को छिपाकर रखने का संस्कार इतना गहरा था कि उसे सहज प्रवृत्ति ही माना जा सकता है। लेकिन आज के सभ्य समाज के आठ-दस बच्चों को बिना साज़-सामान के छोड़ दीजिए और देखिए कि वे क्या गुल खिलाते हैं! वे सब मानो जंगल में खो जायेंगे और अकेले हो जायेंगे। और उस परिस्थिति में उन्हें शायद तोड़-फोड़ के सिवा कुछ नहीं सूझेगा। हाँ, चाबी से चलने वाले खिलौने हों या टी.वी. पर भीड़-भड़क्के के खेल हों, मुक्केबाज़ी और मार-काट या और किसी तरह की हिंसा हो तब उनका मन खूब लगा रहेगा!

आज़ादी से पहले तक विभिन्न प्रदेशों के पारम्परिक खिलौने सस्ते भी मिलते थे, सुन्दर भी होते थे, हस्तशिल्प के अच्छे नमूने भी होते थे। यात्राओं से ऐसे खिलौने लाने का चलन भी था जिससे समाज का शिशु वर्ग सामाजिक ढाँचे से परिचित होता चलता। लखनऊ के खिलौने सारे देश में प्रसिद्ध थे और कला की दृष्टि से अद्वितीय थे। जयपुर की अपनी शैली थी और वहाँ के खिलौने भी दूर-दूर तक प्रसिद्ध थे। बनारस के लकड़ी के खिलौनों की अपनी एक परम्परा थी। नाथद्वारा के खिलौने अपने ढंग के अलग थे और यही उनका विशिष्ट आकर्षण था। आन्ध्र की अपनी शैली थी और खिलौनों के अपने माध्यम थे। दक्षिण के यात्री प्रायः सरकंडे के गूदे के काँच-मढ़े खिलौने लाते थे। कर्नाटक की अपनी शैली थी। बंगाल के अपने खिलौने थे बल्कि अन्य प्रदेशों की तरह वहाँ भी एक से अधिक परम्परा और शैलियाँ थीं। ओडिसा के अपने खिलौने थे। केरल नारियल के खोल और गूँज के अपने विशिष्ट ढंग के खिलौने बनाता था। आज ये सब अजायबघरों की वस्तुएँ हो गयी हैं।

निस्सन्देह समाज बदलता है और उसे बदलना चाहिए और प्रतिमुखी होकर जीर्ण परम्पराओं के लिए बिसूरने का कोई अर्थ नहीं है। लेकिन खिलौने से बच्चे का सम्बन्ध केवल खिलौने और बच्चे तक ही सीमित नहीं है, बल्कि पूरे समाज और संस्कृति से जुड़ा हुआ है। इसलिए आज भी यह प्रश्न उठाया जा सकता है कि एक समग्र रचनात्मक अन्तःसम्बन्ध के लिए खिलौनों के बारे में जो रचनाशील दृष्टि अपेक्षित है, क्या हम उसके लिए कुछ नहीं कर सकते?

'अज्ञेय': अपनी निगाह में

कृतिकार की निगाह नहीं होती, यह तो नहीं कहूँगा। पर यह असन्दिग्ध है कि वह निगाह एक नहीं होती। एक निगाह से देखना कलाकार की निगाह से देखना नहीं है। स्थिर, परिवर्तनहीन दृष्टि सिद्धान्तवादी की हो सकती है, सुधारक-प्रचारक की हो सकती है और—भारतीय विश्वविद्यालयों के सन्दर्भ में—अध्यापक की भी हो सकती है, पर वैसी दृष्टि रचनाशील प्रतिभा की दृष्टि नहीं है।

अज्ञेय : अपनी निगाह में—इस शीर्षक के नीचे यहाँ जो कुछ कहा जा रहा है उसे इसलिए ज्यों का त्यों स्वीकार नहीं किया जा सकता। वह स्थिर उत्तर नहीं है। यह भी हो सकता है कि उसके छपते-छपते उससे भिन्न कुछ कहना उचित और सही जान पड़ने लगे। चालू मुहावरे में कहा जाये कि यह केवल आज का, इस समय का कोटेशन है। कल को अगर भाव बदल जाये तो यह न समझना होगा कि अपनी बात का खण्डन किया जा रहा है, केवल यही समझना होगा कि वह कल का कोटेशन है जो कि आज से भिन्न है।

फिर यह भी है कि कलाकार की निगाह अपने पर टिकती भी नहीं। क्यों टिके? दुनिया में इतना कुछ देखने को पड़ा है : **'क्षण-क्षण परिवर्तित प्रकृतिवेश'** जिसे उसने **'आँख भर देखा।'** इसे देखने से उसको इतना अवकाश कहाँ कि वह निगाह अपनी ओर मोड़े। वह तो जितना कुछ देखता है उससे भी आगे बढ़ने की विवशता में देता है। मन को दिलासा, पुनः आऊँगा—'भले ही बरस दिन। अनगिन युगों के बाद!'

कलाकार की निगाह, अगर वह निगाह है और कलाकार की है तो, सर्वदा सबकुछ की ओर लगी रहती है। अपने पर टिकने का अवकाश उसे नहीं रहता। निस्सन्देह ऐसे बहुत-से कलाकार पड़े हैं, जिन्होंने अपने को देखा है, अपने बारे में लिखा है। अपने बारे में लिखना तो आजकल का एक रोग है। बल्कि यह रोग इतना व्यापक है कि जिसे यह नहीं है वही मानो बेचैन हो उठता है कि कहीं मैं अस्वस्थ तो नहीं हूँ? लेखकों में कई ऐसे भी हैं जिन्होंने केवल अपने बारे में लिखा है—जिन्होंने अपने सिवा कुछ देखा ही नहीं है। लेकिन सरसरी तौर पर अपने बारे में लिखा हुआ सबकुछ एक ही मानदण्ड से नहीं नापा जा सकता, उसमें कई कोटियाँ हैं। क्योंकि देखने वाली निगाह भी कई कोटियों की है। आत्म-चर्चा करने वाले कुछ लोग तो ऐसे हैं कि जिनकी निगाह कलाकार की नहीं, व्यवसायी की निगाह है। यों आजकल सभी कलाकार न्यूनाधिक मात्रा में व्यवसायी हैं; आत्म-चर्चा आत्म-पोषण का साधन है इसलिए आत्म-रक्षा का एक रूप है। कुछ ऐसे भी होंगे जो कलाकार तो हैं लेकिन वास्तव में आत्म-मुग्ध हैं—नार्सिसस-गोत्रीय कलाकार! लेकिन अपने बारे में लिखने वालों में एक वर्ग ऐसों का भी

है जो कि वास्तव में अपने बारे में नहीं लिखते हैं—अपने को माध्यम बनाकर संसार के बारे में लिखते हैं। इस कोटि के कलाकार की जागरूकता का ही एक पक्ष यह है कि वह निरन्तर अपने देखने को ही देखता चलता है, अनवरत अपने संवेदन के खरेपन की कसौटी करता चलता है। जिस भाव-यन्त्र के सहारे वह दुनिया पर और दुनिया उस पर घटित होती रहती है उस यन्त्र की ग्रहणशीलता का वह बराबर परीक्षण करता रहता है। भाव-यन्त्र का ऐसा परीक्षण एक सीमा तक किसी भी युग में आवश्यक रहा होगा, लेकिन आज के युग में वह एक अनिवार्य कर्त्तव्य हो गया है।

तो अपनी निगाह में अज्ञेय। यानी आज का अज्ञेय ही। लिखने के समय की निगाह में वह लिखता हुआ अज्ञेय। बस इतना ही और उतने समय का ही।

अज्ञेय बड़ा संकोची और समाजभीरु है। इसके दो पक्ष हैं। समाजभीरु तो इतना है कि कभी-कभी दुकान में कुछ चीज़ें खरीदने के लिए घुसकर भी उलटे-पाँव लौट आता है क्योंकि खरीदारी के लिए दुकानदार से बातें करनी पड़ेंगी। लेकिन एक दूसरा पक्ष भी है जिसके मूल में निजीपन की तीव्र भावना है, वह जिसे अंग्रेज़ी में सेंस ऑफ़ प्राइवेसी कहते हैं। किन चीज़ों को अपने तक, या अपनों तक ही सीमित रखना चाहिए, इसके बारे में अज्ञेय की बड़ी स्पष्ट और दृढ़ धारणाएँ हैं। और इनमें से बहुत-सी लोगों की साधारण मान्यताओं से भिन्न हैं। यह भेद एक हद तक तो अंग्रेज़ी साहित्य के परिचय की राह से समझा जा सकता है : उस साहित्य में इसे चारित्रिक गुण माना गया है। मनोवेगों को अधिक मुखर न होने दिया जाये, निजी अनुभूतियों के निजीपन को अक्षुण्ण रखा जायेः 'प्राइवेट फ़ेसेज़ इन पब्लिक प्लेसेज़'। लेकिन इस निरोध अथवा संयमन के अलावा भी कुछ बातें हैं। एक सीमा है जिसके आगे अज्ञेय अस्पृश्य रहना ही पसन्द करता है। जैसे कि एक सीमा से आगे वह दूसरों के जीवन में प्रवेश या हस्तक्षेप नहीं करता है। इस तरह का अधिकार वह बहुत थोड़े लोगों से चाहता है और बहुत थोड़े लोगों को देता है। जिन्हें देता है उन्हें अबाध रूप से देता है, जिनसे चाहता है उनसे उतने ही निर्बाध भाव से चाहता है। लेकिन जैसा कि पहले कहा गया है, ऐसे लोगों की परिधि बहुत कड़ी है।

इससे गलतफ़हमी ज़रूर होती है। बहुत-से लोग बहुत नाराज भी हो जाते हैं। कुछ को इसमें मनहूसियत की झलक मिलती है, कुछ अहंमन्यता पाते हैं, कुछ आभिजात्य का दर्प, कुछ और कुछ। कुछ की समझ में यह निरा आडम्बर है और भीतर के शून्य को छिपाता है जैसे प्याज का छिलका पर छिलका। मैं साक्षी हूँ कि अज्ञेय को इन सब प्रतिक्रियाओं से अत्यन्त क्लेश होता है। लेकिन एक तो वह क्लेश भी निजी है। दूसरे इसके लिए वह अपना स्वभाव बदलने का यत्न नहीं करता, न करना चाहता है। सभी को कुछ-कुछ और कुछ को सब कुछ—वह मानता है कि उसके लिए आत्म-दान की परिपाटी यही हो सकती है। सिद्धान्ततः वह स्वीकार करेगा कि 'सभी को सब कुछ' का आदर्श इससे अधिक ऊँचा है। पर वह आदर्श संन्यासी का ही हो सकता है। या कम-से-कम निजी जीवन में कलाकार का तो नहीं हो सकता। बहुत-से कलाकार उससे भी छोटा दायरा बना लेते हैं जितना कि अज्ञेय का है और कोई-कोई तो 'कुछ को कुछ, बाकी अपने को सब कुछ' के ही आदर्श पर चलते हैं। ऐसा कोई न बचे जिसे उसने अपना कुछ नहीं दिया हो, इसके लिए अज्ञेय बराबर यत्नशील है। लेकिन सभी के लिए वह सब कुछ दे रहा है, ऐसा दावा वह नहीं करता और इस दम्भ से अपने को बचाये रखना चाहता है।

अज्ञेय का जन्म खँडहरों में शिविर में हुआ था। उसका बचपन भी वनों और पर्वतों में बिखरे हुए

महत्त्वपूर्ण पुरातत्त्वावशेषों के मध्य में बीता। इन्हीं के बीच उसने प्रारम्भिक शिक्षा पायी। वह भी पहले संस्कृत में, फिर फ़ारसी और फिर अंग्रेज़ी में। और इस अवधि में वह सर्वदा अपने पुरातत्त्वज्ञ पिता के साथ, और बीच-बीच में बाक़ी परिवार से—माता और भाइयों से—अलग, रहता रहा। खुदाई में लगे हुए पुरातत्त्वान्वेषी पिता के साथ रहने का मतलब था अधिकतर अकेला ही रहना। और अज्ञेय बहुत बचपन से एकान्त का अभ्यासी है। और बहुत कम चीज़ों में उसको इतनी अकुलाहट होती है जितनी लगातार लम्बी अवधि तक इसमें व्याघात पड़ने से। जेल में अपने सहकर्मियों के दिन-रात के अनिवार्य साहचर्य से त्रस्त होकर उसने स्वयं काल-कोठरी की माँग की थी और महीनों उसमें रहता रहा। एकान्तजीवी होने के कारण देश और काल के आयाम का उसका बोध कुछ अलग ढंग का है। उसके लिए सचमुच **'कालोह्ययं निरवधिर्विपुला च पृथ्वी'**। वह घण्टों निश्चल बैठा रहता है, इतना निश्चल की चिड़ियाँ उसके कन्धों पर बैठ जायें या कि गिलहरियाँ उसकी टाँगों पर फाँदती हुई चली जायें। पशु-पक्षी और बच्चे उससे बड़ी जल्दी हिल जाते हैं। बड़ों को अज्ञेय के निकट आना भले ही कठिन जान पड़े, बच्चों का विश्वास और सौहार्द उसे तुरन्त मिलता है। पशु उसने गिलहरी के बच्चे से तेन्दुए के बच्चे तक पाले हैं, पक्षी बुलबुल से मोर-चकोर तक; बन्दी इनमें से दो-चार दिन से अधिक किसी को नहीं रखा। उसकी निश्चलता ही उन्हें आश्वस्त कर देती है। लेकिन गति का उसके लिए दुर्दान्त आकर्षण है। निरी अन्ध गति का नहीं, जैसे तेज़ मोटर या हवाई जहाज़ की, यद्यपि मोटर वह काफ़ी तेज़ रफ्तार से चला लेता है। (पहले शौक था, अब केवल आवश्यकता पड़ने पर चला लेने की कुशलता है, शौक नहीं है।) आकर्षण है एक तरह की ऐसी लय-युक्त गति का—जैसे घुड़दौड़ के घोड़े की गति, हिरन की फलाँग, या अच्छे तैराक का अंग-संचालन, या शिकारी पक्षी के झपट्टे की या सागर की लहरों की गति। उसके लेखन में, विशेष रूप से कविता में, यह आकर्षण मुखर है। पर जीवन में भी उतना ही प्रभावशाली है। एक बार बचपन में अपने भाइयों को तैरते हुए देखकर वह उनके अंग-संचालन से इतना मुग्ध हो उठा कि तैरना न जानते हुए भी पानी में कूद पड़ा और डूबते-डूबते बचा—यानी मूर्च्छितावस्था में निकाला गया। लय-युक्त गति के साथ-साथ, उगने या बढ़ने वाली हर चीज़ में, उसके विकास की बारीक-से-बारीक क्रिया में, अज्ञेय को बेहद दिलचस्पी है : वे चीज़ें छोटी हों या बड़ी, चींटी और पक्षी हों या वृक्ष और हाथी; मानव-शिशु हो या नगर और कस्बे का समाज। वनस्पतियों और पशु-पक्षियों का विकास तो केवल देखा ही जा सकता है; शहरी मानव और उसके समाज की गतिविधियों से पहले कभी-कभी बड़ी तीव्र प्रतिक्रिया होती थी—क्षोभ और क्रोध होता था; अब धीरे-धीरे समझ में आने लगा है कि ऐसी राजस प्रतिक्रियाएँ देखने में थोड़ी बाधा ज़रूर होती हैं। अब आक्रोश को बश में करके उन गतिविधियों को ठीक-ठीक समझने और उनको निर्माणशील लीकों पर डालने का उपाय खोजने का मन होता है। पहले विद्रोह था जो विषयगत था—'सब्जेक्टिव' था। अब प्रवृत्ति है जो किसी हद तक असम्पृक्त बुद्धि से प्रेरित है। एक हद तक ज़रूर प्रवृत्ति के साथ एक प्रकार की अन्तर्मुखीनता आयी है। समाज को बदलने चलने से पहले अज्ञेय बार-बार अपने को जाँचता है कि कहाँ तक उसके विश्वास और उसके कर्म में सामंजस्य है—या कि कहाँ नहीं है। यह भी जोड़ दिया जा सकता है कि वह इस बारे में भी सतर्क रहता है कि उसके निजी विश्वासों में और सार्वजनिक रूप से घोषित (पब्लिक) आदर्श में भेद तो नहीं है? धारणा और कर्म में सौ प्रतिशत सामंजस्य तो सिद्धों को मिलता है। उतना भाग्यवान् न होकर भी अज्ञेय अन्तर्विरोध की भट्ठी पर नहीं बैठा है और इस कारण अपने भीतर एक शान्ति और आत्मबल का अनुभव करता है। शान्ति और आत्म-बल आज

के युग में शायद विलास की वस्तुएँ हैं। इसलिए इस कारण से अज्ञेय हिन्दी भाइयों और विशेष रूप से हिन्दी वाले भाइयों से कुछ और अलग पड़ जाता है और कुछ और अकेला हो जाता है।

यहाँ यह भी स्वीकार कर लिया जाये कि यहाँ शायद सच्चाई को अधिक सरल करके सामने रखा गया है; उतनी सरल वास्तविकता नहीं है। एक साथ ही चरम निश्चलता का और चरम गतिमयता का आकर्षण अज्ञेय की चेतना के अन्तर्विरोध का सूचक है। पहाड़ उसे अधिक प्रिय है या सागर, इसका उत्तर वह नहीं दे पाया है, स्वयं अपने को भी। वह सर्वदा हिमालय के हिम शिखरों की ओर उन्मुख कुटीर में रहने की कल्पना किया करता है और जब-तब उधर कदम भी बढ़ा लेता है; पर दूसरी ओर वह भागता है बराबर सागर की ओर, उसके उद्वेलन से एकतानता का अनुभव करता है। शान्त सागर-तल उसे विशेष नहीं मोहता—चट्टानो पर लहरों का घात-प्रतिघात ही उसे मुग्ध करता है। सागर में वह दो बार डूब चुका है; चट्टानों की ओट से सागर-लहर को देखने के लोभ में वह कई बार फिसलकर गिरा है और दैवात् ही बच गया है। पर मनःस्थिति ज्यों की त्यों है : वह हिमालय के पास रहना चाहता है पर सागर के गर्जन से दूर भी नहीं रहना चाहता! कभी हँसकर कह देता है : "मेरी कठिनाई यही है कि भारत का सागर तट सपाट दक्षिण में है—कहीं पहाड़ी तट होता तो—!"

क्योंकि इस अन्तर्विरोध का हल नहीं हुआ है, इसलिए वह अभी स्वयं निश्चयपूर्वक नहीं जानता है कि वह अन्त में कहाँ जा टिकेगा। दिल्ली या कोई भी शहर तो वह विश्रामस्थल नहीं होगा, यह वह ध्रुव मानता है। पर वह कूर्माचल हिमालय में होगा, कि कुमारी अन्तरीप के पास (जहाँ चट्टानें तो हैं!) या किसी समझौते के रूप में विन्ध्य के अंचल की कोई वनखण्डी जहाँ नदी-नाले का मर्मर ही हर समय सुनने को मिलता रहे—इसका उत्तर उसे नहीं मिला। उत्तर की कमी कई बार एक अशान्ति के रूप में प्रकट हो जाती है। वह 'कहीं जाने के लिए' बेचैन हो उठता है। (मुक्तिबोध का 'माइग्रेशन इनस्टिंक्ट'?) कभी इसकी सूरत निकल आती है; कभी नहीं निकलती तो वह घर ही का सब सामान उलट-पलट कर उसे नया रूप दे देता है : बैठक को शयन कक्ष, शयन को पाठागार, पाठागार को बैठक, इत्यादि। उससे कुछ दिन लगता है कि मानो नये स्थान में आ गये—फिर वह पुराना होने लगता है तो फिर सब बदल दिया जाता है! इसीलिए घर का फर्नीचर भी अज्ञेय अपने डिजाइन का बनवाता है। ये जो तीन चौकियाँ हैं न, इन्हें यों जोड़ दिया जाये तो पलँग बन जायेगा; ये जो दो डेक्स-सी दीखती हैं, एक को घुमाकर दूसरे से पीठ जोड़ दीजिए, भोजन की मेज़ बन जायेगी यदि आप फ़र्श पर नहीं बैठ सकते। वह जो पलँग दीखता है, उसका पल्ला उठा दीजिए—नीचे वह सन्दूक़ है। या उसे एक सिरे पर खड़ा कर दीजिए तो वह अलमारी का काम दे जायेगा! दीवार पर शरद् ऋतु के चित्र हैं न? सबको उलट दीजिए : अब सब चित्र वसन्त के अनुकूल हो गये—अब बिछावन भी उठाकर शीतल-पाटियाँ डाल दीजिए और सभी चीज़ों का ताल-मेल हो गया...

पुरातत्त्ववेत्ता की छाया में अकेले रहने का एक लाभ अज्ञेय को और भी हुआ है। चाहे विरोधी के रूप में चाहे पालक के रूप में, वह बराबर परम्परा के सम्पर्क में रहा है। रूढ़ि और परम्परा अलग-अलग चीज़ें हैं, यह उसने समझ लिया है। रूढ़ि वह तोड़ता है और तोड़ने के लिए हमेशा तैयार है। लेकिन परम्परा तोड़ी नहीं जाती, बदली जाती है या आगे बढ़ायी जाती है, ऐसा वह मानता है; और इसी के लिए यत्नशील है। कहना सही होगा कि वह मर्यादावान् विद्रोही है। फिर इस बात को चाहे आप प्रशंसा से कह लीजिए चाहे व्यंग्य और विद्रूप से।

एक ओर एकान्त, और दूसरी ओर एकान्त का निरन्तर बदलता हुआ परिवेश—कभी कश्मीर की

उपत्यकाएँ, कभी बिहार के देहात, कभी कोटागिरि-नीलगिरि के आदिम जातियों के गाँव, कभी मेरठ के खादर और कभी असम और पूर्वी सीमान्त के वन-प्रदेश—इस अनवरत बदलते हुए परिवेश ने अकेले अज्ञेय को आत्म-निर्भरता का पाठ बराबर दुहरवाया है। इस कारण वह जितना जैसा जिया है अधिक सघनता और तीव्रता से जिया है। 'रूप-रस-गन्ध-गान'—सभी की प्रतिक्रियाएँ उसमें अधिक गहरी हुई हैं। सिद्धान्ततः भी वह मानता है कि कवि या कलाकार ऐन्द्रिय चेतना भी उपेक्षा नहीं कर सकता। और परिस्थितियों ने उसे इसकी शिक्षा भी दी है कि ऐन्द्रिय संवेदन को कुन्द न होने दिया जाय। यह यों ही नहीं है कि आँख, कान, नाक आदि को 'ज्ञानेन्द्रियाँ' कहा जाता है। ये वास्तव में खिड़कियाँ हैं जिनमें से व्यक्ति जगत् को देखता और पहचानता है। इनके संवेदन को अस्वीकार करना संन्यास या वैराग्य का अंग नहीं है। वह पन्थ आसक्ति को छोड़ता है यानी इन संवेदनों से बँध नहीं जाता; यह नहीं है कि इनका उपयोग ही वह छोड़ देता है। जब अज्ञेय को ऐसे लोग मिलते हैं जो गर्व से कहते हैं कि 'हमें तो खाने में स्वाद का पता ही नहीं रहता—हम तो यह भी लक्ष्य नहीं करते कि दाल में नमक कम है या ज़्यादा', तो अज्ञेय को हँसी आती है। क्योंकि यह वह अस्वाद नहीं जिसे आदर्श माना गया, यह केवल एक विशेष प्रकार की पंगुता है। इसमें और इस बात पर गर्व करने में कि 'मुझे तो यह भी नहीं दीखता कि दिन है या रात' कोई अन्तर नहीं है। अगर अन्धापन या बहरापन श्लाघ्य नहीं है तो जीभ का या त्वचा का अपस्मार ही क्यों श्लाघ्य है? ज्ञानेन्द्रियों की सजगता अज्ञेय की कृतियों में प्रतिलक्षित होती है और वह मानता है होनी भी चाहिए। कम या ज़्यादा नमक होने पर भी दाल खा लेना एक बात है, और इसको नहीं पहचानना बिल्कुल दूसरी बात है।

अज्ञेय मानता है कि बुद्धि से जो काम किया जाता है उसकी नींव हाथों से किये गये काम पर है : जो लोग अपने हाथों का सही उपयोग नहीं करते उनकी मानसिक सृष्टि में भी कुछ विकृति या एकांगिता आ जाती है। यह बात काव्य-रचना पर विशेष रूप से लागू है क्योंकि अन्य सब कलाओं के साथ कोई-न-कोई शिल्प बँधा है, यानी अन्य सभी कलाएँ हाथों का भी कुछ कौशल माँगती हैं। एक काव्य-कला ही ऐसी है कि शुद्ध मानसिक कला है। प्राचीन काल में शायद इसीलिए कवि कर्म को कला नहीं गिना जाता था। अज्ञेय प्रायः ही हाथ से कुछ न कुछ बनाता रहता है और बीच-बीच में कभी तो मानसिक रचना को बिल्कुल स्थगित करके केवल शिल्प-वस्तुओं के निर्माण में लग जाता है। बढ़ईगीरी और बागवानी का उसे खास शौक है। लेकिन और भी बहुत-सी दस्तकारियों में थोड़ी बहुत कुशलता उसने प्राप्त की है और इनका भी उपयोग जब-तब करता रहता है। अपने काम के देशी काट के कपड़े भी वह सी लेता है और चमड़े का काम भी कर लेता है। थोड़े-बहुत चित्रकारी और मूर्तिकारी वह करता है। फोटाग्राफी का शौक भी उसे बराबर रहा है और बीच-बीच में प्रबल हो उठता है।

हाथों से चीज़ें बनाने के कौशल का प्रभाव ज़रूरी तौर पर साहित्य-रचना पर भी पड़ता है। अज्ञेय प्रायः मित्रों से कहा करता है कि अपने हाथ से लिखने और शीघ्र लेखक को लिखाने में एक अन्तर यह है कि अपने हाथ से लिखने में जो बात बीस शब्दों में कही जाती लिखाते समय उसमें पचास शब्द या सौ शब्द भी सर्फ़ कर दिये जाते हैं! मितव्यय कला का एक स्वाभाविक धर्म है। रंगों का, रेखा का, मिट्टी या शब्द का अपव्यय भारी दोष है। अपने हाथ से लिखने में परिश्रम किफ़ायत की ओर सहज ही जाता है। लिखाने में इसमें चूक भी हो सकती है। विविध प्रकार के शिल्प के अभ्यास से मितव्यय का—किसी भी इष्ट की प्राप्ति में कम-से-कम श्रम का—सिद्धान्त सहज-स्वाभाविक बन जाता है। भाषा के क्षेत्र में इससे नपी-तुली, सुलझी हुई बात कहने की क्षमता बढ़ती है, तर्क-पद्धति व्यवस्थित,

सुचिन्तित और क्रमसंगत होती है। अज्ञेय इन सब को साहित्य के बड़े गुण मानता है और बराबर यत्नशील रहता है कि उसका लेखन इस आदर्श से स्खलित न हो।

दूसरे की बात वह ध्यान से और धैर्य से सुनता है। दूसरे के दृष्टिकोण का, दूसरे की सुविधा का, दूसरे के प्रिय-अप्रिय का वह बहुत ध्यान रखता है—कभी-कभी ज़रूरत से ज़्यादा। नेता के गुणों में एक यह भी होता है कि अपने दृष्टिकोण को अपने पर इतना हावी हो जाने दे कि दूसरे के दृष्टिकोण की अनदेखी भी कर सके। निरन्तर दूसरे के दृष्टिकोण को देखते रहना नेतृत्व कर्म में बाधक भी हो सकता है। इसलिए नेतृत्व करना अज्ञेय के वश का नहीं है। वह सही मार्ग पहचान कर और उसका इंगित देकर भी फिर एक तरफ़ हट जायेगा, क्योंकि "दूसरों का दृष्टिकोण दूसरा है" और वह उस दृष्टिकोण को भी समझ सकता है!

'मार-मार कर हकीम' न बनाने की इस प्रवृत्ति के कारण अज्ञेय को विश्वास बहुत लोगों का मिला है। मित्र उसके कम रहे हैं, पर अपनी समस्याएँ लेकर बहुत लोग उसके पास आते हैं; ऐसे लोगों को खुलकर बात करने में कभी कठिनाई नहीं होती। सभी की सहायता की जा सके ऐसे साधन किसके पास हैं : पर धीरज और सहानुभूति से सुनना भी एक सहायता है जो हर कोई दे सकता है (पर देता नहीं)।

लेकिन इस धीरज के साथ-साथ अव्यवस्थित चिन्तन के प्रति उसमें एक तीव्र असहिष्णुता भी है। चिन्तन के क्षेत्र में किसी तरह का भी लबड़धोंधोंपन उसे सख़्त नापसन्द है और इस नापसन्दगी को प्रकट करने में वह संकोच नहीं करता। इसीलिए उसके मित्र बहुत कम हैं। हिन्दी वालों में और भी कम, क्योंकि हिन्दी साहित्यकार का चिन्तन भारतीय साहित्यकारों में अपेक्षया अधिक ढुलमुल होता है। साहित्यकार ही क्यों, हिन्दी के आलोचकों और अध्यापकों का सोचने का ढंग भी एक नमूना है।

अज्ञेय हिन्दी के हाथी का दिखाने का दाँत है। कभी-कभी उसको इस पर आश्चर्य भी होता है और खीझ भी। क्योंकि वह अनुभव करता है कि हिन्दी के प्रति उसकी आस्था अनेक प्रतिष्ठित हिन्दी वालों से अधिक है और साथ ही यह भी कि वह भी कि वह बड़ी गहराई में और बड़ी निष्ठा के साथ भारतीय है। यानी वह खाने के दाँतों की अपेक्षा हिन्दी के हाथी का अधिक अपना है। यों तो ख़ैर, दाँत ही हाथी का हो सकता है कोई ज़रूरी नहीं है कि हाथी भी दाँत का हो। लेकिन शायद ऐसा सोचना भी अज्ञेय की दुर्बलता है—यह भी 'दूसरे के दृष्टिकोण को देखना' है। वह अपने को हिन्दी का मानकर चलता है जबकि आर्थोडॉक्स हिन्दी वाला हिन्दी को अपनी मानता ही नहीं वैसा दावा भी करता है; अज्ञेय अपने को भारत का मानता है जबकि आर्थोडॉक्स भारतीय देश को अपना मानता है। हिन्दी के एक बुजुर्ग ने कहा था, "विदेशों में हिन्दी पढ़ाने के लिए तो अज्ञेय बहुत ही उपयुक्त है, बल्कि इससे योग्यतर व्यक्ति नहीं मिलेगा; लेकिन भारतीय विश्वविद्यालयों में—" और यहाँ उनका स्वर एकाएक बिल्कुल बदल गया था—"और हिन्दी क्षेत्र में—देखिए, हिन्दी क्षेत्र में हिन्दी साहित्य पढ़ाने के लिए तो दूसरे प्रकार की योग्यता चाहिए।" इस कथन के पीछे जो प्रतिज्ञाएँ हैं उनसे अज्ञेय को अपार क्लेश होता है। लेकिन—और इसे उसका अतिरिक्त दुर्भाग्य समझिए—इस दृष्टिकोण को वह समझ भी सकता है। पिछले दस-बारह वर्षों के उसके कार्य की जड़ में यही उभयनिष्ठ भाव लक्षित होता है। यह दिखाने का दाँत चालानी माल (एक्सपोर्ट कमाडिटी) के रूप में बराबर बाहर रहा है लेकिन हर बार इसलिए लौट आया है कि अन्ततोगत्वा वह भारतीय है, भारत का है और भारत में ही रहेगा।

यह समस्या अभी उसके साथ है और शायद अभी कुछ वर्षों तक रहेगी। बचपन में उसके भविष्य के विषय में जिज्ञासा करने पर उसके माता-पिता को एक ज्योतिषी ने बताया था कि "इस जातक के शत्रु अनेक होंगे लेकिन हानि इसे केवल बन्धुजन ही पहुँचा सकेंगे।" अज्ञेय नियतिवादी नहीं है लेकिन स्वीकार करता है कि चरित्र की कुछ विशेषताएँ ज़रूर ऐसी होती हैं जो व्यक्ति के भविष्य का निर्माण करती हैं। इसलिए शायद 'यह नहीं है शाप। यह अपनी नियति है' कि अनेक शत्रुओं के रहते हुए भी अज्ञेय बध्य है तो केवल अपने बन्धुओं द्वारा। ऐसा ही अच्छा है। उसी ज्योतिषी ने यह भी बताया था कि "इस जातक के पास कभी कुछ जमा-जत्था नहीं होगा, लेकिन साथ ही ज़रूरी खर्चे की कभी तंगी भी नहीं होगी—यह या तो फ़कीर होगा या राजा।" और फिर कुछ रुककर, शायद फ़कीरी की आशंका के बारे में माता-पिता को आश्वस्त करने के लिए, और 'सत्यं ब्रूयात् प्रियं ब्रूयात्' को ध्यान में रखकर, उसने एक वाक्य और जोड़ दिया था जिसकी व्यंजनाएँ अनेक हैं। "यह असल में तबीयत का बादशाह होगा।"

जी हाँ, तबीयत के अलावा और कोई बादशाहत अज्ञेय को नहीं मिली है। लेकिन वह बनी रहे तो दूसरी किसी की आकांक्षा भी उसे नहीं है।

आत्मकथा, जीवनी और संस्मरण

प्रवर्तन भाषण

विद्वानों के बीच कुछ कहने का अवसर दिया जाना एक गौरव की बात है और जिन्होंने मुझे यह गौरव प्रदान किया उनके प्रति कृतज्ञ होना स्वाभाविक है, उस कृतज्ञता को प्रकट करना सर्वथा उचित। आभार-प्रदर्शन के तुरन्त बाद यदि मैं यह कहूँ कि मैं नहीं जानता कि मुझे इस संगोष्ठी का प्रवर्तन करने का काम क्यों सौपा गया, जबकि मैं उसके लिए अयोग्य भी हूँ और जब मेरे जीवन और कर्म की प्रवृत्तियाँ भी ऐसी रही हैं कि यह काम मेरे लिए रुचिकर न हो—तो, मैं आशा करता हूँ, इसे अकृतज्ञता नहीं समझा जायेगा और न ही झूठा विनय माना जायेगा। जिस समिति ने संगोष्ठी का संयोजन किया उसके समक्ष भी मैंने अपनी अपात्रता की दुहाई देकर इस काम से मुक्ति चाही थी। पर स्वयं अपनी वकालत करने में मैं जैसे दूसरे अनेक अवसरों पर असफल होता रहा हूँ, वहाँ भी हुआ। योग्यतर सहकर्मियों की आज्ञा शिरोधार्य करके यह काम जैसा भी मुझसे बन पड़ेगा, करूँगा। यही मान लूँगा कि इस प्रकार मुझे एक ऐसा काम करने का अवसर तो मिलेगा जो अत्यन्त आवश्यक है—अर्थात् भारतीय साहित्यों के, और विशेष रूप से हिन्दी साहित्य के, एक दुर्बल तथा बहुधा उपेक्षित पक्ष की ओर ध्यान दिलाया। ऐसा तो नहीं है कि हिन्दी में आत्मकथा, जीवनी और संस्मरण ग्रन्थों का अभाव है। कुछ अत्यन्त महत्त्वपूर्ण ग्रन्थ भी हैं—और इसे साहित्य अकादेमी की सफलता ही माना जायेगा कि कई ग्रन्थों के रचयिता आज इस संगोष्ठी में भाग ले रहे हैं। उनकी अभिवन्दना करके कहूँ कि उनकी उपस्थिति ही मुझे यह साहस देती है कि मैं इस पक्ष की दुर्बलता को दुर्बलता कहकर स्वीकार कर सकूँ। समर्थ कभी अपने दुर्बल पक्ष की पहचान से नहीं कतराता : पहचानकर ही उसे मजबूत करने का उपक्रम करता है।

यों तो आत्मकथा, संस्मरण और जीवनी, तीनों विधाएँ जीवन-वृत्त से जुड़ी हुई होने के कारण साथ रखी जा सकती हैं—इस संगोष्ठी में भी रख दी गयी है। लेकिन विशेष रूप से 'जीवनी', और 'आत्म-जीवनी' में भी जो बुनियादी अन्तर है उसका बहुत अधिक महत्त्व है।

सतही तौर पर भी कह सकते हैं कि किसी दूसरे के जीवन को तटस्थ, असंपृक्त अथवा वस्तुपरक भाव से देखना आसान होता होगा; स्वयं अपने जीवन और कर्म के प्रति ऐसी तटस्थता निश्चय ही बड़ी कठिन साधना माँगती है। इतना ही नहीं, जहाँ ऐसी तटस्थता का आभास मिले वहाँ यह सन्देह भी अस्वाभाविक नहीं है कि लेखक ने कुछ तथ्य छिपा लिये हैं क्योंकि वह उनके प्रति राग-बन्ध से मुक्त नहीं हो सका है—और ये तथ्य ही वर्णित घटना को ठीक-ठीक समझने और उसका सही मोल आँकने

अगस्त 10/11/1986, साहित्य अकादमी, दिल्ली में प्रवर्तन भाषण।

में महत्त्वपूर्ण होते। तर्क के लिए यह भी कहा जा सकता है कि आत्मकथा में लेखक से ऐसी विषयी-निरपेक्षता की माँग भी क्यों करनी चाहिए? जब वह आत्मकथा आत्म-कथा है ही, तब उसमें अपनी पक्षधरता और विषयी के पूर्वग्रहों के लिए गुंजाइश रख ही ली गयी है। बल्कि आत्म-कथाओं की मूल्यवत्ता इतिहासकार के लिए भी बहुत कुछ इसीलिए तो होती है कि आत्मकथा में हम यह भी देख सकते हैं कि किसी घटना की संरचना भीतर से कैसे दीखती थी, उस घटना के घटक स्वयं अपनी स्थिति और अपने कर्म को कैसे देख रहे थे, जबकि इतिहास उन्हें केवल बाहर से देख सकता है। यह तर्क वहीं तक संगत और स्वीकरणीय होगा जहाँ आत्मकथा लेखक स्वयं इस बात को पहचानता और स्वीकारता चलता है कि वह घटना को भीतर से देख रहा है और उसकी दृष्टि एक अपरिहार्य पूर्वग्रह लिये हुए है अथवा होगी। आत्मकथा-लेखक लगातार यह प्रयत्न तो करता रह सकता है कि अपने जीवन को उस नज़रिये से भी देख सके जिससे दूसरे देखते होंगे, या ठीक उसी तरह देखना सम्भव न भी पाये तो उसे दूसरे नज़रिये को समझ तो सके। लेकिन दृष्टि की यह विशदता, समझ की यह उदारता भी आत्मकथा-लेखक को उस पूर्वग्रह से सर्वथा मुक्त नहीं कर सकती जो उसकी स्थिति में ही निहित है, जो एक तरह से आत्मकथा लिखने के संकल्प में ही कारणीभूत होता है।

सामान्य प्राणी जीवन जीना चाहता है और उसका वृत्तान्त लिखना नहीं चाहता। अवश्य ही हर किसी के जीवन में कुछ घटनाएँ अविस्मरणीय होती हैं; किन्तु स्मरण करने वाला व्यक्ति यह भी तो अनुभव करता है कि उन घटनाओं को उसी रूप में ग्रहण नहीं करेंगे। क्यों नहीं करेंगे?—क्योंकि हर किसी के जीवन में कुछ चीज़ें 'अद्वितीय' होती हैं। राग बन्ध मूलक यह आग्रह भी तो उस अद्वितीयता का एक अंग है। जो किसी दूसरे को नहीं मिला उसका साझा हम दूसरों से क्यों करना चाहें—साझा कर सकने की आशा भी किस बल पर करें?—विशेष रूप से जब उसके एक अंश को हम परायी आँखों से बचाये रखना भी चाहते हैं? क्या यह प्रवृत्ति, बल्कि अपने किसी अनुभव को अद्वितीय मानना ही, एक अहंकार का द्योतक नहीं है? मुझे याद आता है, एक बार मानवेन्द्रनाथ राय से उनके कुछ सहयोगियों ने आग्रह किया था कि वह अपनी आत्मकथा लिखें, और जवाब में उन्हें कुछ झिड़कते हुए-से कामरेड राय ने कहा था, 'मैं जानता हूँ कि मैं आत्मकथा कभी नहीं लिखूँगा।' और साथियों की आँखों में जो प्रश्न झलक आया था उसका जवाब देते हुए उन्होंने जोड़ दिया था, "आत्मकथा लिखने के लिए एक विशेष प्रकार की अहंमन्यता चाहिए जो मुझमें नहीं है।"

एक विशेष प्रकार की अहंमन्यता। हाँ, वह शायद आत्मकथा लेखक में होती है। लेकिन श्रेष्ठ आत्मकथा के लेखक में कुछ दूसरे अत्यन्त दुर्लभ गुण भी होते हैं जो बहुत दूर तक इस अहंमन्यता के प्रभाव को निरस्त कर देते हैं और एक विशिष्ट जीवन की महत्त्वपूर्ण घटनाओं को उनके विशुद्ध चमकीले पारदर्शी रूप में प्रस्तुत कर देते हैं—जिस रूप में कोई इतिहासकार उन्हें प्रस्तुत न कर सकता। इन गुणों को मैंने अत्यन्त दुर्लभ कहा; हिन्दी में ही नहीं, भारत में ही नहीं, संसार के साहित्यों में हम पाते हैं कि श्रेष्ठ आत्मकथाओं की संख्या बहुत अधिक नहीं है। गिनने चलें तो शायद बीस ऐसी आत्मकथाओं के नाम भी न गिना सकेंगे जो विश्व-साहित्य में या जातीय साहित्य में भी अपना स्थान बना गयी हों। इस सन्दर्भ में यह हमारे लिए गर्व करने की बात ही होगी कि संसार की एक दर्जन श्रेष्ठ आत्मकथाओं की सूची में एक नाम एक भारतीय आत्म-जीवनी का भी होगा। उस गर्व के साथ शायद यह सोचकर हम एक आत्म-संतोष का भाव भी जोड़ सकते हैं कि वह जीवनी हमारे ही जीवन-काल में लिखी गयी—उस जीवन को जीने वाला और उस आश्चर्यजनक दृष्टि वाला व्यक्ति हमारे बीच जिया।

गाँधी जी की आत्मकथा के साथ उनमें से कुछ नाम यहाँ गिना देना अनुचित न होगा—इस परिगणन की दूसरी कोई उपयोगिता न भी तो एक लाभ यह होगा कि एक कसौटी सामने रख दी गयी होगी—विद्वज्जन उस कसौटी की भी परख कर सकेंगे।

ईसाई सन्त आगुस्तीन सन् (353-430) की आत्मकथा

फ्रांसीसी चिन्तक ज्यां जाक् रूसो (1712-1778) की आत्मकथा

इटालीय मूर्तिकार बेन्वेन्यूतो चेल्लीनी (1500-1571) की आत्मकथा

काम विज्ञान के अंग्रेज़ अन्वेषी हैवेलॉक एलिस (1859-1939) की आत्मकथा

इंगलैण्ड के ही विख्यात गणितज्ञ, दार्शनिक बट्रैण्ड रसेल (1872-1970) की आत्मकथा

सूची के पूरी होने का न कोई दावा है न यहाँ उसकी आवश्यकता है।

ये कुछ-एक नाम इसलिए दे रहा हूँ कि जिनकी दुर्लभ गुणों की बात मैंने कही वे कुछ उभरकर सामने आ सकें। जिस अहंमन्यता की बात मैंने कही, उसका रूप भी इन उदाहरणों से स्पष्ट हो जायेगा—और यह भी सिद्ध हो जायेगा कि वह अहंमन्यता अक्षन्तव्य नहीं है, बल्कि विकासशील मानव को यदा-कदा उपलब्ध हो जाने वाले आत्म-साक्षात्कार का ही एक रूप है। इस कोटि के मानव ऐसे आत्म-साक्षात्कार के द्वारा ही युग-द्रष्टा हो जाते हैं—बल्कि मानव नियति के द्रष्टा के रूप में पहचाने जाते हैं। फ्रायड ने बीस वर्ष बाद अपनी पुस्तक को नये संस्करण के लिए प्रस्तुत करते समय उसमें कुछ न बदलने की सफ़ाई देते हुए कहा था : "Such insight as this comes but once in a Life time to a man."

एक दूसरी कोटि में ऐसे आत्म-संस्मरण अथवा मेमायर (Memoir) आते हैं जिनमें समग्र जीवन का तथ्यपूर्ण ब्यौरा देने का कोई प्रयत्न नहीं होता और जिन्हें इसलिए 'आत्मकथा' तो नहीं कहा जा सकता लेकिन जो फिर भी होते हैं आत्मकथा-मूलक ही क्योंकि उनके केन्द्र में 'आत्म' ही होता है, कोई दूसरा व्यक्ति नहीं। ऐसे आत्म-संस्मरणों का महत्त्व आत्मकथा से कुछ कम नहीं होता, क्योंकि समग्रता का लक्ष्य न रहने पर भी उनमें कभी-कभी पूरे चरित्र को आलोकित कर जाने वाली अन्तर्दृष्टि मिल जाती है, कभी ऐसे प्रेरणा-स्रोतों का उद्घाटन हो जाता है जो अन्यथा इतिहासकार द्वारा भी आलक्षित रह जाते, कभी-कभी उस अन्तःसंघर्ष का भी मार्मिक चित्र मिल जाता है जिसने व्यक्ति के चरित्र का ही निर्माण नहीं किया बल्कि हो सकता है कि पूरे युग का निर्माण करने वाली घटनाओं को प्रभावित किया हो, उन्हें विशेष दिशा दी हो। यह वर्ग वास्तव में बहुत बड़ा और वैविध्यमय है : इसमें साहित्यकार, चित्रकार, संगीतकार, वैज्ञानिक, खोजी और आविष्कर्ता, कवि, अभिनेता, सेनानी, राजनयिक, मुक्केबाज़ और खिलाड़ी—और किसी को नहीं चौंकना चाहिए यदि मैं इसी सूची में जोड़ दूँ नशेबाज़ और नयी जाति के लड़ैत।—बल्कि अब आप स्वयं कुछ और तरह के हुनरमन्दों को भी याद कर सकेंगे—सभी का अवदान रहा है। और संस्मरण लिखने वाले जो व्यक्ति स्वयं कलाकार नहीं भी रहे उनमें भी अनेक साहित्यिक रुचि के व्यक्ति होने के कारण ऐसे संस्मरण लिखे गये हैं जिनका साहित्य में विशेष स्थान बन गया है। इस वर्ग में हम आगुस्त रोदें (1840-1917) अथवा विन्सेंट वान गोख (1853-1890) के संस्मरण भी रख सकते हैं, चार्ली चैपलिन (1889-1977) और इज़ाडोरा डंकन (1878-1927) के संस्मरण भी, विन्स्टन चर्चिल (1874-1965) और एलिनोक रूजवेल्ट (1884-1962) के अथवा रवीन्द्रनाथ ठाकुर और जवाहर लाल नेहरू के संस्मरण भी। यहाँ फिर पूरी सूची देने का कोई प्रयत्न नहीं किया जा रहा है : विविध क्षेत्रों से उदाहरण लिये जा रहे हैं उस उत्तम कोटि के आत्म-साक्ष्य

के जो युग को समझने में और इतिहास लिखने में तो सहायक होता ही है, हमें स्वयं अपने संवेदन और अपनी प्रवृत्तियों को समझने का सामर्थ्य देता है, हमारी मूल्य दृष्टि को गढ़ता भी है और उसे एक नैतिक आधार भी देता है।

इस तरह के आत्म-संस्मरणों के विचार में स्वभावतः यह प्रश्न उठता है कि युग का निर्माण करने वाले या संवेदन को रूप देने वाले व्यक्तियों का जो पत्र-व्यवहार होता है उसका आत्म-कथा-साहित्य में क्या स्थान होना चाहिए।

जिस आत्म-साक्ष्य अथवा अन्तर्दृष्टि की बात मैंने की है उसके सन्दर्भ में ऐसे पत्र-व्यवहार का महत्त्व तो स्पष्ट है ही। अवश्य ही कुछ पत्र ऐसे होंगे जो मुख्यतः किसी घटना को समझने में सहायक होंगे, कुछ ऐसे होंगे जो चरित्र के प्रेरणा-स्रोतों को समझने में हमारी सहायता करेंगे। आत्म-प्रकाशन अथवा आत्म-प्रक्षेपण करने वाले इन पत्रों का ऐतिहासिक महत्त्व तो होगा ही। लेकिन कुछ पत्र ऐसे भी होंगे जो लिखने वाले के आत्मानुशासन के उस पक्ष पर भी प्रकाश डालेंगे जिनका सम्बन्ध भाषा-चेतना से, विचार-सौष्ठव से, तर्क-प्रस्तुति से, कल्पना की उर्वरता और संवाद की प्रभविष्णुता से है—उन गुणों से जिनका विचार साहित्य-शास्त्र में होता है अथवा समकालीन मुहावरे में कहें तो जिन्हें 'सौन्दर्य-गुण' माना जाता है। कुछ पत्र आत्म-तत्त्व का चिन्तन प्रस्तुत करने वाले भी होंगे—जैसे श्री अरविन्द के पत्र रहे। ऐसा पत्र-व्यवहार ठीक संस्मरण-साहित्य न भी माना जाये तो भी उसकी मर्यादा-रेखा से अधिक दूर बाहर भी नहीं रखा जा सकेगा—और बाहर रहकर भी उसके क्षेत्र को प्रभावित करता ही रहेगा।

उदाहरण के लिए एलोईज़ और पोटर आबेलार (1079-1142) के मर्म-स्पर्शी पत्र-व्यवहार को, अथवा सन्त टेरेसा (1515-1582) के पत्रों और आत्म-स्वीकारों को हम कहाँ स्थान देंगे जब हम देखते हैं कि उनका असर पीढ़ियों और शताब्दियों के पार—और हाँ, भौगोलिक सीमाओं के पार।—साहित्यों और साहित्यकारों को प्रभावित करता रहा है?

फिर ऐसे लोगों के पत्र और आत्म स्वीकार भी हैं जिन्हें हम सन्तों-सत्पुरुषों में नहीं गिनते बल्कि जो प्रसिद्ध अपराधी भी रहे—पर जिनकी आत्म-स्वीकृतियाँ केवल ऐतिहासिक दस्तावेज़ नहीं हैं बल्कि समाजों की मनोरचना को समझने में भी सहायक होती हैं? एकाएक साहित्य की कोटि में उन्हें रखने में हमें झिझक हो, पर जब हम देखें कि उन्होंने समकालीन साहित्य और साहित्यकार पर प्रभाव डाला और अपने समय की उसकी समझ का रूप निर्धारित किया—तब? प्रश्न ऐसी चीज़ों के नैतिक मूल्यांकन का नहीं, उनके प्रभाव का है।

सीमावर्ती ग्रन्थों की एक और कोटि की ओर ध्यान जाता है। मार्कुस आरेलिउस (176-217) के चिन्तनमूलक निबन्ध अथवा टोमास आ कैम्पिस (1379-1471) की धर्माचरण सम्बन्धी व्याकुल जिज्ञासाएँ भी आत्म-संस्मरण को सीमा-रेखा पर ही मँडराती रहती हैं। उन्हें केवल आत्म-संस्मरण मान लेना उनके साथ और उनमें अभिनिविष्ट ज्वलन्त सत्ता के साथ अन्याय होगा—लेकिन उनहें इस कारण संस्मरण की सीमा से बाहर निकाल देना क्या उसी सत्ता के प्रति कम अन्याय होगा जिसके प्रकाश में ही हम युग को समझ सकते हैं, अथवा मूल्य-चेतना के विकास को अर्थ दे सकते हैं? हमारे साहित्य में इससे तुलनीय आत्म-शोध के अनेक संस्मरण मिलेंगे जो दूसरों के द्वारा सुरक्षित रखे गये; वे 'आत्म-संस्मरण' नहीं हैं पर परम्परा को समृद्ध करते हैं : उनका अपना महत्त्व है।

समकालीन साहित्य में छोटे पैमाने पर गजानन मुक्तिबोध, फणीश्वरनाथ रेणु अथवा राजकमल चौधरी के आत्म-संस्मरणों और पत्रों का उल्लेख किया जा सकता है—अच्छे के लिए अथवा बुरे के लिए उनके प्रभाव देखे जा सकते हैं। परिदृश्य बहुत लम्बा नहीं है इसलिए इस बारे में कोई स्थापना करना

चाहना उचित नहीं होगा कि प्रभाव कितने टिकाऊ होंगे, लेकिन प्रभाव आज क्रियाशील हैं इस बात को अनदेखा करना भी उचित नहीं होगा।

यहीं पर एक और जाति के लेखन की चर्चा उचित होगी। ऐसा सब लेखन साहित्य की कोटि में नहीं आता—या नहीं आता था। पर हमारे युग में साहित्य और पत्रकारिता एक दूसरे के क्षेत्र में अधिकाधिक हस्तक्षेप करती हैं : इसी कारण कुछ नयी विधाएँ भी प्रकट हुई हैं जैसे जर्नलिस्टिक उपन्यास अथवा रिपोर्ताज। पत्रकारिता पत्र अथवा चिट्ठी से कितना जुड़ी रही है यह प्रश्न भी शायद उठ सकता हो, पर जर्नलिज़्म 'जर्नल' अर्थात् दैनन्दिनी से जुड़ा है और पुराने युगों में भी सैनिक अभियानों तथा यात्राओं की डायरी रखी जाती रही, पर एक सामाजिक सत्ता के रूप में डायरी का महत्त्व छपाई-यन्त्र का एक आनुषंगिक प्रभाव है। जेम्स बॉस्वेल (1740-85) तो जॉनसन की प्रसिद्ध जीवनी के कारण जीवनीकार के रूप में ही जाने जाते हैं, पर बॉस्वेल ने दैनिक टीप लेने का अभ्यास न रखा होता तो वह जीवनी सम्भव न हुई होती। और बॉस्वेल से प्रायः सौ वर्ष पहले के सैम्युएल पीप्स (1633-1703) तो संकल्पपूर्वक केवल डायरी-लेखक अथवा जर्नलिस्ट थे—और तत्कालीन समाज, लोक-संवेदन और इतिहास के लिए कितना समृद्ध भण्डार भरा है पीप्स की डायरियों में। परवर्ती युग में डायरी और जर्नल का महत्त्व बढ़ता ही गया है : जीवन की द्रुततर गति हमें न इतिहास लिखने का समय देती है न इतिहास पढ़ने का धैर्य—हम एक छोर पर ऐतिहासिक सर्वेक्षण से काम चला लेना चाहते हैं और दूसरे छोर पर डायरी का प्रबल आकर्षण हमें खींच लेता है। तथ्यों और निजी जानकारियों के जिस बोझ के नीचे हम दबे जा रहे हैं—मैंने अन्यत्र "सतह पर बढ़ती जाने वाली भीड़" का उल्लेख किया है—उसमें सतह के नीचे जीवन के अन्तःस्पन्दन का जो अधूरा और एकांगी बोध भी हमें डायरी और जर्नल के सहारे मिल जाता है, वह हमारे लिए विशेष महत्त्वपूर्ण हो जाता है। यहाँ तक कि फ़िल्मी अभिनेता के नकली जीवन की किसी दूसरे से लिखवायी हुई सच्ची-झूठी डायरी भी हम चाव से पढ़ने को तैयार रहते हैं।

आत्म-कथा, आत्म-संस्मरण, पत्र-व्यवहार, दैनन्दिनी और स्मृति-चित्र : एक महीन-सी सीमा रेखा पार करके हम स्मृति-चित्रों से उन रेखाचित्रों की ओर बढ़ सकते हैं जिनमें शबीह तो दूसरे की आँकी गयी होती है लेकिन जिनमें देखने वाले की दृष्टि का बहुत अधिक महत्त्व होता है और पूर्वग्रहों से कोई इनकार भी नहीं होता। बट्रेण्ड रसेल ने अपने एक ऐसे संग्रह को नाम से ही दिया था 'Portraits From Memory'; श्रीमती महादेवी वर्मा द्वारा लिखित अतीत के चलचित्र अथवा स्मृति की रेखाएँ हम सभी ने पढ़ी होंगी। रामवृक्ष बेनीपुरी की 'माटी की मूरतें' भी स्मरणीय हैं। गुजराती, मराठी और बांग्ला में इस विधा का अच्छा विकास हुआ है। और उर्दू में तो ऐसे स्मृति-चित्रों को एक कला-रूप की तरह विकसित किया गया—ऐसे स्मृति-चित्रों में पूर्वग्रह बार-बार सच और झूठ के बीच की विभाजन रेखा मिटाते रहते हैं और यह पता नहीं रहता कि कहाँ एक रोचक संस्मरण के रूप में बिल्कुल मनगढ़न्त चुटकुला प्रस्तुत कर दिया गया है। ऐसे रेखाचित्रों का घटनाओं के इतिहासकार के लिए विशेष उपयोग कदाचित् न हो, लेकिन एक कला-विधा के इतिहासकार के लिए तो है ही, साथ ही साहित्य अथवा कला-क्षेत्र की दलबन्दियों और पाठक-समाज की रुचियों के समाज-शास्त्रीय अध्ययन में भी महत्त्व है।

यह नहीं कि हिन्दी को ऐसे स्मरण-चित्रों और चरित्र-चित्रण की फ़न्तासियों से बहुत परहेज़ रहा है। और अब तो रंगीन पत्रिकाओं की रोचक सामग्री की भूख मिटाने के लिए ऐसे 'मणि-कांचन' योगों

के लेखकीय कारखाने ही खुल गये हैं। चरित्र-हनन की राजनीति इस स्थिति से भरपूर लाभ उठाती है अतः उसे बढ़ावा भी देती है तो क्या आश्चर्य।

जीवनी और संस्मरण के सन्दर्भ में सच और रोचक झूठ के सम्बन्ध को एक और दृष्टि से भी देखा जा सकता है। कुछ समकालीन आत्मकथाएँ पढ़कर और उन्हें कुछ समकालीन आत्मकथा-मूलक उपन्यासों के बराबर रखकर मैंने कभी कहा था कि "आत्मकथा लिखने वाले सभी लोग झूठ लिखने को बाध्य हो जाते हैं—अधिक से अधिक अधूरा सच ही वे लिख सकते हैं। पूरा सच लिखना हो तो उपन्यास ही कहीं अधि उपयुक्त माध्यम है।" बात हँसी में कही जाती रही है लेकिन है बिल्कुल सच : हँसी बात की सच्चाई को छिपाने के लिए नहीं, केवल कटुता से बचाने के लिए होती है।

अगर अपने 'निजी' अथवा 'आभ्यन्तर' सच को पूरी सच्चाई के साथ कहने के लिए आत्मकथा के बदले उपन्यास की विधा को अपनाया जा सकता है तो 'बाहर का सच' प्रभावी ढंग से कहने के लिए उपन्यास को भी आत्मकथा का रूप दिया जा सकता है। यह भी कोई नया आविष्कार नहीं है; ऐसे पुराने उदाहरण भी हैं जिनमें वास्तविक उद्देश्य अपने देश काल और सामाजिक स्थिति का चित्र प्रस्तुत करना ही रहा लेकिन रचना को रूप आत्मकथा का ही दिया गया। यह एक साहित्यिक अथवा आलंकारिक युक्ति ही है : इसके सहारे रचना 'बाहर के' अर्थात् वस्तुगत सच को अत्यन्त निकट लाकर एक अन्तरंग अनुभव की-सी मार्मिकता दे दती है। कवि बनारसीदास का अर्धकथानक एक पुराना उदाहरण है : हमारे समय में महापण्डित राहुल सांकृत्यायन इस युक्ति की प्रभविष्णुता का पूरा उपयोग करते रहे।

संस्मरणों और विशेष रूप से औपन्यासिकता के ढाँचे में ढले संस्मरणों में यात्रा-वृत्तान्तों का विशेष स्थान है। बांग्ला में शरत्चन्द्र चट्टोपाध्याय के 'श्रीकान्त' को हम उपन्यास के रूप में देखने के अभ्यस्त हैं यद्यपि लेखक ने रचना के शीर्षक में ही उसे 'भ्रमणकाहिनी' कहा है। प्रबोध सान्याल के महाप्रस्थनेर पथे अथवा मरुतीर्थ हिंगलाज को कहाँ रखना ठीक होगा—उपन्यास-गन्धी यात्रा-वृत्तान्त अथवा संस्मरण—सिक्त उपन्यास? पॉल गोगें (1848-1903) के नोआ-नोआ मार्क ट्वेन (1835-1911) के हकलबेरी फिन अथवा जैक लण्दन (1876-1916) के ट्रैवेल्स दि द ए डांकी को भी हम यहाँ याद कर सकते हैं और शायद मोहन राकेश के 'आखिरी चट्टान' तक को भी यहाँ स्मरण करना अन्याय न होगा। इसी प्रकार मराठी में गो. नी. दांडेकर की 'किसी एक की भ्रमण-गाथा' को हम कहाँ रखेंगे? नर्मदा की परिक्रमा लेखक ने अवश्य की; लेकिन कोई यात्री अपने डगों से ज़मीन नापता हुआ साथ-साथ जो मानस-यात्रा अथवा कल्पना-यात्रा करता रहा है उसका हम क्या करेंगे? बाहरी यात्रा के बिना भीतरी यात्रा नहीं है, लेकिन उसी बाहरी यात्रा पर निकले हुए दूसरे यात्रियों की अन्तार्यात्रा बिल्कुल दूसरे ही प्रदेश में हो रही होगी। इन यात्रा-वृत्तान्तों को हम सच मानें या झूठ? या कि इस प्रश्न के सहारे हम इस तथ्य तक पहुँचें कि रचना का सच एक अलग प्रकार का सच होता है?

'अर्ध-कथानक' का नाम तो मैंने प्रसंगवश ले लिया है; लेकिन यात्रा-संस्मरणों को लम्बी अन्तर्राष्ट्रीय परम्परा का विस्तार से उल्लेख नहीं करूँगा। बौद्ध युग के चीनी यात्रियों के यात्रा-वृत्तान्त और मध्यकाल के अरब, तुर्क, पुर्तगोज़ी और फ्रांसीसी यात्रियों के यात्रा-वृत्तान्त हमारे परिचित हैंः अपने ही युग के अनेक साहसिक यात्रियों और खोजियों के वृत्तान्त भी हम पढ़ते रहे हैं। महापण्डित राहुल सांकृत्यायन की 'मेरी जीवन यात्रा' के खण्ड इसी वर्ग के उज्ज्वल देशी उदाहरण हैं। इन सबको हम इतिहास की सामग्री के रूप में ही देखते हैं : साहित्यिक विधा की दृष्टि से इनका विचार नहीं करते—यद्यपि इनमें

से कुछ संस्मरण बड़े मार्मिक ढंग से चरित्र की विशेषताओं का ऐसा उद्घाटन करते हैं कि उपन्यासकार को ईर्ष्या हो सकती है।

जीवन की चर्चा मैंने जानबूझकर अन्त में रखी है। साधारणतया भारतीय साहित्यों में और विशेष रूप से हिन्दी में इस विधा का विकास अपेक्षया कम हुआ है। अच्छी जीवनियाँ दुर्लभ ही हैं। यहाँ तक कि साहित्यकारों की जीवनियाँ भी इनी-गिनी ही उल्लेखनीय होंगी। शरत्चन्द्र की श्रेष्ठ जीवनी बांग्ला में न लिखी जाकर हिन्दी में एक हिन्दी-भाषी द्वारा लिखी गयी हो, यह जिस स्थिति की ओर संकेत करता है वह सभी भारतीय भाषाओं के लिए चिन्त्य है। भारतीय संस्कृति में इतिहास का स्थान वह नहीं है जो पश्चिम में है, इतिहास की परिभाषा भी वह नहीं होगी जो पश्चिम में हिस्टरी अथवा इस्तोरिया की होगीः और सांस्कृतिक दृष्टि के इस अन्तर का एक रचनात्मक पक्ष भी है जिसकी विस्तृत चर्चा का स्थान यह नहीं है। यहाँ जो बात लक्ष्य करने की है वह यही कि ऐतिहासिक तथ्यों और ऐतिहासिक सामग्री के प्रति हमारे समाज में अभी तक एक गहरी उदासीनता का भाव है। हमारी शिक्षा पद्धति ने पश्चिम की अवधारणाएँ और परिभाषाएँ तो अपना ली हैं, शोध-पद्धतियाँ भी वही हैं : लेकिन आधार-सामग्री के प्रति उदासीनता हमारी अपनी है। किसी भी ऐतिहासिक पुरुष के हमारे बीच से ही उठते ही उसका जीवन-चरित्र किंवदन्तियों और प्रवादों और संस्मरणात्मक चुटकुलों के कुहासे में यों लपेट दिया जाता है कि कुछ ही दिनों में पहचान असम्भव हो जाती है : दूसरी ओर तथ्यों की खोज प्रतिष्ठापना के लिए जो आधार-सामग्री अपेक्षित होती उसे नष्ट हो जाने दिया जाता है। कुछ व्यक्तियों की पूजा भी होने लगती है, लेकिन उनके वास्तविक स्वरूप की झाँकी भी दुर्लभ हो जाती है। देवता के दर्शन विशेष अवसरों पर ही होते हैं और थोड़े से भाग्यवान लोगों को ही होते हैं; बाकी लोग तो देवता के रथ का शिखर देखकर ही अपने को धन्य मान लेता है। समाज और संवेदन की इस स्थिति में जो निष्ठावान् और परिश्रमी खोजी फिर भी जीवनी लिख लेते हैं वे श्रद्धा के पात्र हैं। वह श्रद्धा भी उन्हें उस मात्रा में नहीं मिलती जिसमें मिलनी चाहिए क्योंकि जो परिस्थितियाँ सामग्री की उपेक्षा करती हैं वे ही तो जीवनी-साहित्य का भी अवमूल्यन करती हैं। लेकिन हम जहाँ हैं वहाँ वह पहचानना ज़रूरी है कि बिना अच्छे प्रचुर जीवनी-साहित्य के राष्ट्र की अस्मिता भी रूपायित नहीं हो सकती, वह आत्म-बिम्ब भी नहीं बन सकता जिसकी आज सबको इतनी चिन्ता है। स्कॉटलैण्ड के एक फक्कड़ कवि ने अपनी लोक-भाषा में प्रभु से मिन्नत की थी कि वह हमें कोई ऐसी शक्ति दे दे कि हम अपने आपको वैसे देख सकें जैसे दूसरे हमें देखते हैं :

O Wad Some Powe'r the giftie gie us
To see oursel's as itheres see us

लेकिन दूसरे हमें कैसे देखते हैं यह जानने की शक्ति हमें मिल कैसे सकती है अगर हम स्वयं अपने को देखने की कोई चिन्ता नहीं करते?

कथा-भाषा : समस्या के कुछ पहलू

कथा-भाषा की समस्याओं पर मैं विविध सन्दर्भों में बहुत कुछ कह और लिख चुका हूँ जो पुस्तकों में आ चुका है और जिसे यहाँ दोहराना अनावश्यक है। यों भी शिविर में हम सब की आशा और सब का लक्ष्य यही है कि समस्याओं पर अनेक विचार-दृष्टियाँ सामने ला रखी जायें जिनसे सम्मिलित लेखकों को अपने चिन्तन में सहायता मिले। कृतिकार के लिए उसके अपने पाये हुए परिणाम और उत्तर ही काम के होते हैं, दूसरों द्वारा प्रतिष्ठापित सिद्धान्त नहीं। मेरी अपनी धारणाएँ तो हैं, पर मैं उन्हें प्रस्तुत न करके यहाँ उठाये गये प्रश्नों में से ही कुछ सूत्र उठाऊँगा, जो मैं आशा करता हूँ, विशेषतः नये लेखकों के काम आयेंगे।

मैंने दो परचे सुने। सुनते हुए पहली बात मेरे मन में यह आयी—जो पहले भी अनुभव करता रहा हूँ—कि साहित्यिक विषयों पर हम प्रायः दो तरह से चिन्तन करते हैं। एक जिसको अध्यापकीय चिन्तन कह सकते हैं, एक जिसको लेखकीय चिन्तन कह सकते हैं। (यों तो यहाँ कुछ लेखक भी अध्यापक हैं; हमारा सौभाग्य ही है कि उनमें कुछ साहित्य के अध्यापक नहीं हैं, इतिहास आदि विषय पढ़ाते हैं।) यहाँ भी लक्ष्य किया गया कि इन अध्यापक-लेखकों का चिन्तन एक तरह का था और जो अध्यापक मात्र थे उनका चिन्तन कुछ दूसरी तरह का था। हो सकता है कि लोगों को ऐसा लगे कि मुझमें कहीं अध्यापकीय चिन्तन के प्रति एक निहित अवज्ञा का भाव है। वैसी बात नहीं है। लेकिन साहित्यकार के सामने यथार्थ को लेकर एक समस्या होती है जो उसकी रचना से पहले की समस्या होती है। दूसरी अध्यापक की जो समस्या है वह रचना हो जाने के बाद की समस्या है। परिदृश्यों का यह बुनियादी अन्तर उनमें रहेगा ही; इसकी ओर हमारा ध्यान रहना चाहिए।

जब हम यह प्रश्न उठाते हैं (जैसा आज उठा) कि यदि किसी विशेष प्रकार की भाषा लिखी जाती है, आंचलिक भाषा लिखी जाती है, तो 'तमिल-भाषी उसको पढ़कर नहीं समझेगा', तो यह सोचना चाहिए कि क्या हम हिन्दी में जो रचना कर रहे हैं वह तमिल-भाषी के लिए कर रहे हैं या हिन्दी-भाषी के लिए कर रहे हैं? यह कहने में भी तमिल-भाषी के प्रति कोई अवज्ञा का भाव मेरे मन में नहीं है : तमिल-भाषी की चर्चा यहाँ करना उतना ही संगत है जितना बांग्ला-भाषी की या पंजाबी-भाषी की हो सकती है। हम जो हिन्दी लिख रहे हैं, उसको समझने में अगर पंजाबी या बंगाली को कठिनाई होगी, या तमिल-भाषी को कठिनाई होगी तो उसका कारण यह भी हो सकता है कि वह हिन्दी नहीं जानता। यदि आप कहें कि नहीं, हमारा मतलब तमिल-भाषी से नहीं, तमिल मूल के हिन्दी-भाषी से रहा, या कि

बांग्ला मूल के हिन्दी-भाषी से रहा उसी की कठिनाई की बात हम कर रहे हैं तो वहाँ भी प्रश्न यह रहेगा कि उसकी 'हिन्दीभाषिकता' की क्या कसौटी हम रख रहे हैं? एक हिन्दी को वह 'राज-भाषा' के रूप में स्वीकारता है; यह उसके साधारण और प्रशासनिक प्रयोजनों की भाषा है। उस भाषा का कामचलाऊ ज्ञान इस सन्दर्भ में काफी नहीं है। अगर तमिल-भाषी—या तमिल प्रदेश का हिन्दी-भाषी—साहित्यिक हिन्दी से परिचित है या कि साहित्यिक तमिल से परिचित है, उसे उसके साहित्य का भी संस्कार है और हिन्दी का भी ज्ञान है, तब हमें आशा करनी चाहिए कि वह वैसी हिन्दी समझ सकेगा जिसकी चर्चा हम कर रहे हैं। और अगर उसका साहित्य का संस्कार नहीं है, तो इस प्रश्न के साथ यह प्रश्न भी जुड़ जाता है कि क्या ऐसी तमिल भी वह समझ सकता? इसी प्रश्न को हम लौटाकर हिन्दी में ले आयें तो हमारे सामने प्रश्न यह होता है, और उतना संगत भी है, कि क्या हिन्दी-भाषी भी—हिन्दी मूल का हिन्दी-भाषी भी, हिन्दी साहित्य पढ़ने वाला भी—वहाँ पर अपने लिए कोई समस्या पाता है या नहीं? हम मान लेते हैं कि उसके लिए भी वहाँ समस्या पायी जाती है; और उस समस्या की चर्चा हमें करनी चाहिए। जब हम 'कथा-भाषा की समस्या' की बात करते हैं तो ये सब बातें मान लेते हैं कि ऐसे संस्कारी पाठक के लिए जो समस्या होगी वह हमारे सामने है। जहाँ पर किसी साहित्य के सम्भाव्य पाठक के साथ संवाद की स्थिति बनती ही नहीं, वहाँ का 'सम्भाव्य पाठक' हमारी चर्चा से बाहर है, वह वास्तविक पाठक है ही नहीं : कथा उसकी ओर सम्प्रेष्य नहीं होती।

हम यह सवाल उठाते हैं कि 'क्या अमुक एक रचना में भारतीय यथार्थ आया है?' यह 'भारतीय यथार्थ' क्या होता है? हम जिसे भारत कह रहे हैं उसमें अनेक प्रकार के समाज हैं, अनेक प्रकार के यथार्थ हैं। उसके अनेक प्रकार के संवेदन भी होते हैं। एक तरफ़ हम प्रेमचन्द की चर्चा में इस बात का उल्लेख करते हैं कि उन्होंने 'अठारह स्तरों की भाषा का प्रयोग किया है', यानी यथार्थ के अठारह स्तर उन्होंने प्रस्तुत किये हैं। और यह बात हम उनकी प्रशंसा में कह रहे होते हैं। दूसरी तरफ़ हम 'एक भारतीय यथार्थ' का प्रश्न उठाते हैं जिसका तुरता परिणाम यह भी निकालना चाहिए कि उन अठारहों स्तरों में से कौन-सा स्तर 'भारतीय' स्तर है। अगर अठारहों भारतीय स्तर हैं तो फिर प्रश्न का रूप बिल्कुल दूसरा हो जाता है। पाठक के नाते हम अठारहों स्तरों से समान रूप से जुड़े हुए नहीं भी हो सकते हैं। स्वाभाविक है कि हम समाज के किसी न किसी एक स्तर पर होंगे, वह ऊँचा हो, मध्य का हो, नीचे का हो; उस स्तर की भाषा से, उसके संवेदन से हमारा लगाव अधिक होगा, उसको हम ज़्यादा आसानी से या ज़्यादा अच्छी तरह समझ सकेंगे, उसके साथ अधिक सहज भाव से तादात्म्य स्थापित कर सकेंगे। यह परिस्थिति का, यथार्थ का एक अनिवार्य परिणाम है कि ऐसा होगा; यह नहीं कि हम बौद्धिक स्तर पर विचार करके, कोई निर्णय करके इस परिणाम पर पहुँचे हैं कि हम उस स्तर के संवेदन से जुड़ेंगे या कि हमें उसी से जुड़ना है। यह परिस्थिति में अनिवार्य रूप से निहित है कि उस स्तर के साथ हमारा संवेदन सहज की जुड़ेगा, बल्कि हम उससे मुक्त होने का भी प्रयत्न करते रहेंगे।

तो हम जब यथार्थ की बात करते हैं, तब एक प्रश्न मूल्य-दृष्टि का भी उठ जाता है। यथार्थ को प्रस्तुत करने की समस्या क्या एक मूल्य-दृष्टि को, या एक ही मूल्य-दृष्टि को, प्रस्तुत करने की समस्या है या कि उससे अधिक कुछ है? या कि कुछ उसके विरुद्ध भी जाती है? और 'मूल्य' शब्द को छोड़ भी दें, तो क्या वह एक दृष्टि को उपस्थित करने की समस्या है? और अगर है तो वह किसकी दृष्टि है? क्या वह कथा-लेखक की दृष्टि है, या कि लेखक कथा के जो पात्र, जो चरित्र प्रस्तुत कर रहा है उनकी

दृष्टि है, या कि जो 'ग्रहीता पक्ष' होगा उसकी दृष्टि है? इन दृष्टियों में अन्तर हो सकता है, यह बात तो हम मानकर चलते हैं। या यों कहूँ कि इसे तो हमें एक स्वयंसिद्ध बात मानकर चलना चाहिए। पर मैंने देखा कि बहस में बहुत-से ऐसे सवाल उठाये जाते हैं जो लेखकों के बीच तो 'पीछे छूट गये' मान लेने चाहिए : उन्हें पार कर चुकने पर ही हम उस सामान्य भूमि पर आते हैं जहाँ से हमारी बात शुरू होनी चाहिए। उन सब को फिर से नहीं उठाना चाहिए।

शिविर में ही एक प्रश्न एकाधिक बार उठा—एक कहानी को उदाहरण बनाकर। कहानी में एक माँ और उसके दो बेटों का उल्लेख है, जिनमें से एक बेटा पाकिस्तान से जुड़ गया है, एक हिन्दुस्तान से जुड़ा है; एक माँ है जो दोनों बेटों से जुड़ी है। कथा की इस वस्तु-स्थिति में से जो प्रश्न निकलता है वह यह नहीं है कि 'इन तीनों में से किसकी दृष्टि यथार्थ है'। यथार्थ तो सभी है। राजनीति के और समाजशास्त्री के विचार जो हों, और कथाकार उस स्तर पर जिस भी मत का हो, कथाकार के नाते उसके लिए यह बिल्कुल सम्भव है कि वह माँ की दृष्टि से कथा लिखे, या कि माँ को ही कथा कहने वाली बनाकर स्थिति को प्रस्तुत करे। तब भी उसमें बेटों की जो भी दृष्टियाँ होंगी उनकी यथार्थता का खण्डन कहीं नहीं होगा। लेकिन माँ समस्या को जिस दृष्टि से देखती है उसकी सहज प्रस्तुति वांछित होगी। उस समय कहानीकार का लक्ष्य यह होगा कि पढ़ने वाला यह पहचाने कि माँ समस्या को इस तरह देखेगी, उसके बारे में इस तरह सोचेगी। अगर जिस बेटे ने पाकिस्तान चुना, जो बेटा पाकिस्तान के साथ जुड़ गया है उसकी ओर से कथा कही जा रही होगी तो वहाँ लेखक को यह प्रमाणित करना होगा कि वह (बेटा) अपनी उस स्थिति में, अपने द्वन्द्व या समस्या को उसी रूप में देख रहा होगा; वह अपनी माँ को भी उस रूप के भीतर से देख रहा होगा। उसकी सच्चाई वही होगी। माँ की या दूसरे बेटे दृष्टि जो भी हो, उनकी सहानुभूतियाँ, उनकी व्यथा, उनके राग-बन्ध जो भी, जैसे भी, जहाँ भी हों। यह सवाल नहीं है कि इनमें से कौन-सा यथार्थ है। क्योंकि (मैं फिर दोहराता हूँ) सभी यथार्थ हैं। आप चाहें तो इस पर भी यह आपत्ति कर सकते हैं कि यह जो पूरा यथार्थ है उसमें से कहानीकार ने अमुक एक पक्ष ही क्यों चुना है? चाहें तो यह भी कह सकते हैं कि कहीं न कहीं उसका मन, उसका संवेदन पाकिस्तान की ओर झुका या कि हिन्दुस्तान की ओर झुका, और यह पक्षपात है। यह भी कहा जा सकता है कि इन दोनों से ऊपर उठकर लेखक माँ के मातृत्व या वात्सल्य के साथ जुड़ा हुआ है और इस जुड़ाव को ठीक भी मान सकते हैं—या फिर इसका विरोध भी कर सकते हैं कि वैसा नहीं होना चाहिए, कि यह वात्सल्य के साथ जुड़ जाना तो भावना के साथ जुड़ जाना है और भावना तो यथार्थ नहीं है बल्कि यथार्थ को देखने में बाधक होती है। हम को तो एक ठण्डा यथार्थ बाहर से देखना चाहिए, हम उसे बाहर से भी देखकर प्रस्तुत कर सकते हैं। उक्त कहानी के तीनों चरित्रों के जो अन्तर्द्वन्द्व हैं, यथार्थ के जो रंग हैं, उनको बाहर से भी तो प्रस्तुत किया जा सकता है। अवश्य ही कहानीकार वैसा भी कर सकता है। और, अगर करता है तो किसी को इस प्रश्न में भी रुचि हो सकती है कि ऐसा उसने क्यों किया—कि कहानीकार का मानस कैसा है? वह प्रश्न भी अपनी जगह हो सकता है। लेकिन साहित्य के ग्रहीता या पाठक के नाते—और इसलिए साहित्यिक कृतिकार के नाते—हमारे लिए प्रश्न यह रहता है कि अगर उसने वैसा चुनाव किया है तो फिर जो परिणाम उसने पाया है—अपनी प्रतिज्ञा से, अपनी ज़मीन से उठाकर हमको जो बात उसने कही है, वह हमें 'सच जैसी' जान पड़ती है या नहीं। वह 'सत्य' है या नहीं यह सवाल तो दर्शन का सवाल है; साहित्य का सवाल नहीं है। पर वह 'सच जैसी' हमें जान पड़ती है या नहीं, हमारे अपने अनुभव और ज्ञान की

कसौटी के आधार पर हमें यह लगता है या नहीं कि ज़रूर ऐसा ही हुआ होगा या कि इस परिस्थिति में तो ऐसा हुआ ही हो सकता है—यह निर्णय साहित्य के क्षेत्र का है।

यह आपत्ति फिर भी बनी रह सकती है कि साहित्यकार ने एक बहुत छोटा-सा क्षेत्र चुना; और यह सवाल उठ सकता है कि छोटा क्षेत्र क्यों चुना, बड़ा क्यों नहीं चुना? इसका एक हल्का जवाब तो यह भी हो सकता है कि 'भाई, लेखक ने जो नहीं लिखा वह तो हम पर बड़ी कृपा की कि नहीं लिखा। जो लिखा वह क्यों लिखा, यही सवाल हमें पूछना चाहिए।' लेकिन यहाँ भी यथार्थ को लेकर लेखक के लिए एक अलग प्रश्न बनता है; वास्तविक और मानसिक यथार्थ को लेकर अलग तरह के प्रश्न उठते हैं लेखक की दृष्टि से। मैं कहूँ कि एक बात हमें यह भी अपने सामने रखनी चाहिए कि जो एक समग्र यथार्थ है, भारतीय या किसी भी देश का यथार्थ है, अगर उस देश में कई वर्ग हैं, उसके समाजों में कई स्तर हैं और सच्चाई को देखने की या प्रभाव ग्रहण करने या प्रभाव डालने की, सोचने की कई तरह की प्रक्रियाएँ हैं, कई तरह के संवेदन हैं, कई तरह के भाविक और भावनामूलक झुकाव और पूर्वग्रह हैं, तो 'अ-यथार्थ' उनमें से कोई नहीं है। इतना अवश्य है कि अगर हम उसमें से एक सीमित क्षेत्र को चुनकर उसके समाज को प्रस्तुत करना चाहते हैं, तो हमने लेखक के नाते समस्या का एक रूप चुना है और फिर यथार्थ की प्रस्तुति की हमारी कसौटी यही हो जाती है कि वह जो चुनाव हमने कर लिया उसके आधार पर हमने सफल रचना की या नहीं? यानी उस अपने चुने हुए क्षेत्र के यथार्थ को उसकी समग्रता के साथ हम अपने ग्रहीता तक पहुँचा सके या नहीं, उसके मन में ऐसी प्रतिक्रिया जगा सके या नहीं, उसे यह प्रतीति करा सके या नहीं कि इस अंचल में या इस प्रदेश में या इस क्षेत्र में जीवन ऐसा ही होता है, लोग ऐसे ही सोचते हैं, घटनाओं के ऐसे ही प्रभाव होते हैं, ऐसी ही शक्तियाँ घटनाओं को प्रभावित करती हैं।

मैंने कहा कि तमिल-भाषी की हिन्दी की समझ को लेकर आपत्ति संगत नहीं होगी। प्रश्न को उतने ही विकृत रूप में यों भी रखा जा सकता लेकिन दिल्ली में रहने वाला जो हिन्दी-भाषी हमारा प्रशासक है क्या उसको भी यह भाषा समझने में कठिनाई नहीं होती? व्यंजना यह कि तब क्या हमें उसी की समझ की हिन्दी नहीं लिखनी चाहिए। वह हिन्दी तो शायद हमारे अपने लिए समझना भी और लिखना भी कठिन होगा। दिल्ली में जो हिन्दी बोली जाती है, आप में से प्रायः सभी लोगों ने सुनी होगी : वह हिन्दी नहीं है जो कि लिखी जाती है। कभी-कभी वैसी हिन्दी का आभास हम अपनी लिखित हिन्दी में देते हैं : उसका कारण होता है। कथा में उस भाषा का आभास देने से ही अगर यह पहचाना जाता है कि हाँ, ऐसी हिन्दी वह आदमी बोलता है जो अमुक पद पर या समाज के अमुक स्तर पर है, तो कथा में घटित की प्रतीति के लिए इतनी पहचान हो जाना काफ़ी होगा : उसके आगे हू-ब-हू वही भाषा हम लायें, यह आवश्यक नहीं होगा।

हम प्रेमचन्द की जो प्रशंसा करते हैं वह जहाँ तक उचित या संगत है उसका आधार यही है कि उन्होंने अलग-अलग वर्गों की भाषा का आभास हमें दिया है। कोई व्यक्ति उस समाज में वास्तव में वह भाषा नहीं बोलता था जो प्रेमचन्द ने उस समाज के एक व्यक्ति के मुँह से बुलवायी है। कई तरह की भाषाएँ उन्होंने बुलवायी हैं लेकिन उनके वर्णित समाज के किसी अंग का कोई व्यक्ति वास्तव में वह भाषा नहीं बोलता था जो उनकी कथाओं में अलग-अलग चरित्रों के मुँह में डाली जाती है और जिसको हम स्वीकार कर लेते हैं। प्रेमचन्द ने यह प्रयत्न किया (और इसके लिए प्रयत्न करना चाहिए) कि साधु भाषा के चौखटे के भीतर रहते हुए भाषा को एक वैविध्य और लचीलापन दिया जाये जिससे वह

समाज के अलग-अलग स्तरों के चरित्रों की भाषा का एक आभास हमें दे सके। यदि वह मुसलमान है तो उसकी भाषा में उर्दू-फारसी के शब्द अधिक होंगे, वर्ग या स्तर के अनुसार उसके मुहावरे में भी विशेषता होगी। इसका संकेत हमें प्रेमचन्द की भाषा में मिल जायेगा—प्रतीति के लिए यथेष्ठ संकेत। लेकिन उस समाज में मुसलमान वास्तव में जो उर्दू बोलता है, उसमें जो उर्दू, अरबी-फारसी के शब्द होते हैं वे ज़रूरी तौर पर ठीक वही शब्द नहीं होते जो प्रेमचन्द ने रखे, दूसरे शब्द होते हैं। निश्चय ही वे भी फ़ारसी-अरबी मूल के शब्द होंगे, लेकिन कथा में चरित्र के व्यवहार में कुछ दूसरे शब्द होंगे, प्रचलित शब्द शायद कुछ दूसरे होंगे। पाठक के नाते हमारे लिए इतना काफ़ी होता है कि उस समाज में ऐसी (यह नहीं, ऐसी) भाषा बोली जाती है। ठीक ये ही शब्द बोले जाते हैं यह हम नहीं कह सकते; लोक-व्यवहार की कसौटी पर प्रेमचन्द की भाषा की परीक्षा करने लगें तो शायद यही मानना होगा कि उसके उपन्यासों में किसी भी वर्ग का कोई भी आदमी वह भाषा नहीं बोलता जो उस काल में उस वर्ग का एक वास्तविक व्यक्ति बोलता था। एक भाषा के समाजशास्त्र के लिए यह कुछ महत्त्व का हो सकता है, शैली-विज्ञान के लिए भी इसका कुछ महत्त्व हो सकता है, कि हम इसका परीक्षण करें कि किसी उपन्यास के पात्रों के मुँह से जो अलग-अलग तरह की भाषा बुलवायी गयी है, वास्तविक समाज में उसी वर्ग, स्तर, स्थिति में एक वास्तविक व्यक्ति वही भाषा बोलता या उसकी भाषा कुछ भिन्न होती। हम ऐसी तुलना करें और औसत निकालें या प्रतिशत अंकों को निर्धारित करते रहें, इसका भी अपना एक उपयोग है; लेकिन इसके आधार पर हम अन्तिम रूप से यह निर्णय नहीं कर सकते कि वह भाषा वास्तविकता को, यथार्थ को प्रस्तुत करती है या नहीं। उसका हम आभास ही देते हैं। यह समस्या लगातार बनी रहती है।

दिल्ली के प्रशासक वर्ग की ओर मैंने ध्यान दिलाया। उसका एक विशेष कारण और भी है।

कथा के लिए हम चाहें तो एक अंचल को चुन सकते हैं और उस अंचल के समाज के कई स्तरों का जीवन अपनी रचना में प्रस्तुत कर सकते हैं। यह प्रयत्न कर सकते हैं कि उस अंचल के उस समाज में अलग-अलग स्तरों पर जैसी भाषा बोली जाती है उसका ऐसा आभास पाठकों को दें कि उसे प्रतीति हो जाये कि यह आंचलिक जीवन का एक प्रामाणिक चित्र है। इसके लिए हम शब्दों के चुनाव में, मुहावरे के चुनाव में, शब्दों और ध्वनियों की विकृतियों के चुनाव में कुछ ऐसा प्रयत्न करेंगे कि यह आभास हो, ऐसा पाठक को लगे कि हाँ, उस समाज के उस वर्ग में ऐसी ही भाषा बोली जाती होगी; कि अमुक व्यक्ति अमुक प्रकार की भाषा बोल रहा है तो ज़रूर वह उस अंचल में अमुक स्तर का व्यक्ति होगा, आदि। यह आंचलिक विभाजन यथार्थ के आभास का एक रास्ता है; उपन्यास की एक प्रवृत्ति है।

एक दूसरी भी प्रवृत्ति हम जानते हैं कि हमारे समाज में एक वर्ग ऐसा है जो किसी एक क्षेत्र या अंचल के साथ जुड़ा हुआ नहीं है, सारे देश में फैला हुआ है। अभी तक स्थिति यही है कि जिन्हें शिक्षित कहा जाता है सभी की शिक्षा का मुख्य माध्यम अंग्रेज़ी रहा है, सोचने का माध्यम तो अंग्रेज़ी रहा ही। ऐसे बहुत-से लोग इस देश में हैं जिनके सोचने का संस्कार अंग्रेज़ी के माध्यम से हुआ। ये हिन्दी में भी सोचते हैं तो उनके सोचने का ढंग अलग होता है। ऐसा नहीं है कि यह सोच केवल 'मानसिक यथार्थ' है, उनका सारा जीवन-व्यवहार उस सोच के साथ बँधा हुआ होता है। उनका भाषा-व्यवहार भी उसी के साथ बँधा है। वह सोच उनके जीवन का एक अंग है और वह भाषा-प्रदेश का अतिक्रमण कर गया है। यह हमारे समाज का एक अलग स्तर है और इसके व्यक्ति को हम सब अलग पहचान सकते हैं। कह सकते हैं कि यह एक अन्तर्भाषिक यानी इस अर्थ में एक भारतीय स्तर

हो गया है हमारे समाज का। इसके लोग उस अलग तरह से सोचते हैं, उसी तरह से सोचकर अपने संवेदनों का नया संस्कार या कि नियन्त्रण करते हैं और उसी के आधार पर उनके कर्म चलते हैं।

अब अगर आप चाहें तो यह कह सकते हैं कि यह वर्ग या यह समाज वास्तविकता से जुड़ा हुआ नहीं है; यद्यपि उनका जो जीवन है वह उनके लिए वास्तविक नहीं है, यह कहने वाले हम कौन होते हैं? हमारा क्या अधिकार है यह कहने का कि जिस भाषा में वे सोचते हैं, जिस भाषा में वे प्रेम करते हैं, मार खाने पर जिस भाषा में वे गाली देते हैं वह भाषा उनके जीवन से जुड़ी हुई नहीं है? उनका जीवन घटिया है, छिछला है, पूरे समाज का प्रतिनिधित्व नहीं करता, आदि बहुत-कुछ हम कह सकते हैं, वह भाषा उनके लिए वास्तविक नहीं है, यह हम कैसे कह सकते हैं? बल्कि यह भी कैसे कह सकते हैं कि वह भाषा हमारे लिए वास्तविक नहीं है जबकि हमारे जीवन की वास्तविकताएँ उन्हीं के सोच के द्वारा नियन्त्रित हो रही हैं?

इस समाज का शिक्षित व्यक्ति, वह मूलतः तमिल-भाषी हो या बांग्ला-भाषी हो, पंजाबी हो या महाराष्ट्र का हो या गुजराती हो, उसके सोचने का ढंग वही है। उसकी भाषा भी वही है—उसे जो भी नाम दे दें। अगर हम इस समाज के व्यक्तियों को चुनकर अपनी कथा में प्रस्तुत करते हैं तो यह जो 'सामाजिक यथार्थ' है इसका हम क्या करेंगे? यह तो कह सकते हैं कि यह केवल एक स्तर है या केवल ऊपर का स्तर है। हम उस लेखक को गाली भी दे सकते हैं जिसने कथा के लिए ऊपर का स्तर चुना और जो इसलिए नीचे के स्तरों की उपेक्षा कर रहा है, कथा-भाषा की समस्या से तो हमारा छुटकारा नहीं होता : उस समाज की एक यथार्थ स्थिति है और हमारी भाषा से वह अलग या कि ऊपर उठा हुआ है—चाहे उन लोगों का यह दुर्भाग्य ही रहा हो कि वे किसी एक भाषा से नहीं जुड़े या जुड़े तो एक विदेशी भाषा की खिचड़ी से जुड़े। उनके सोचने का, जीने का ढंग एक है और उस स्तर के जीवन के साथ वैसा ही चरित्र उस उपन्यास में सच्चा जान पड़ता है, "हाँ, इस समाज में ऐसे लोग होते हैं; ऐसा ही सोचते हैं, ऐसे ही बोलते हैं, ऐसे ही जीते हैं।"

भारतीय चरित्र के नाम पर यह कहने का अधिकार तो हमें है कि जिसको हमने भारतीय जान-मान लिया है वह ऐसा व्यक्ति नहीं है। यह कहने का भी अधिकार है कि ये अल्पसंख्यक लोग हैं; यद्यपि बहुत दूर तक इस देश का भाग्य-निर्णय (या कहें दुर्भाग्य निर्णय!) ऐसे ही लोगों के हाथ में है जो इस तरह के अल्पसंख्यक हैं, ऐसा नकली जीवन जीने वाले हैं। पर सवाल यह है कि अगर हम उनका चरित्र प्रस्तुत करते हैं तो वहाँ पर यथार्थ की प्रस्तुति की और सम्प्रेषण की माँग यही है कि वह चरित्र उस स्तर के प्रति सच्चा हो। अगर वह वैसा नहीं होता, और हम साधु हिन्दी के मोह में, या किसी अंचल की भाषा के मोह में, या उस स्तर की भाषा के अपने अज्ञान के कारण, एक दूसरी भाषा में उनका जीवन प्रस्तुत करते हैं तो न केवल उस समाज के अंग रूपी व्यक्ति को यह लगेगा कि हम लोगों का जीवन ऐसा नहीं है यह सच्चा नहीं है बल्कि दूसरे स्तरों के, साधारण समाज के भी लोग पहचानेंगे कि इस स्तर के लोग इस तरह नहीं बोलते, सोचते, इस तरह नहीं जीते। उन्हें वास्तविकता की प्रतीति नहीं होगी। वह यथार्थ की सच्ची प्रस्तुति नहीं होगी। यह आलोचना तो संगत हो सकती है कि उपन्यासकार ने समाज का या कि पूरे यथार्थ का एक छोटा-सा हिस्सा ही लिया। इस आधार पर आप उस लेखक का तिरस्कार करना चाहते हैं, तो कर सकते हैं; लेकिन वह यथार्थ नहीं है, इस आधार पर नहीं कर सकते जबकि उसने स्वयं जानते-बूझते वही चुना है और आपको धोखे में भी नहीं रखा है। जो उसने चुना, जो उसकी प्रतिज्ञा थी, उसके आधार पर उसने अपना काम किया या नहीं, यह एक

कसौटी है; और आपकी किसी दूसरी ही कसौटी के आधार पर उसे क्या काम करना चाहिए था, यह बिलकुल दूसरी चीज़ है। जो आपकी समझ में उसे करना चाहिए था वह उसने किया या नहीं इसका भी आप निर्णय कर सकते हैं। लेकिन जो उसने स्वयं कहा कि मैं यह कर रहा हूँ वह उसने किया या नहीं, उसे वह कर पाया या नहीं, यह यह कसौटी दूसरी है। आप अपनी पसन्द पढ़ने के लिए कुछ भी चुन सकते हैं, चाहें तो एक ही तरह के उपन्यास पढ़ते रह सकते हैं, दूसरी तरह का न पढ़ें तो नहीं भी पढ़ सकते हैं। लेकिन अगर पढ़ते हैं तो उसमें यथार्थ कहाँ तक आया है, उसकी प्रतीति कैसे हुई है, उसकी इस कसौटी की उपेक्षा नहीं होनी चाहिए।

आप जो भी चुनते हैं वह अपनी समस्याएँ साथ लाता है। समस्या यहाँ आती है कि हम अपने समाज, जिसको हम भारतीय समाज कहते हैं, उसके अनेक प्रदेशों के जीवन को भी अपनाना और प्रस्तुत करना चाहते हैं और अनेक स्तरों को भी अपनाना और प्रस्तुत करना चाहते हैं। समस्या यहीं से पैदा होती है। अगर हम बात को यहाँ तक लाकर छोड़ देते हैं तो हम जो प्रश्न हमारे सामने आना चाहिए उससे बिदक रहे हैं। सवाल यही है कि हम समाज के किसी भी अंग को छोड़ना नहीं चाहते, पूरा प्रस्तुत करना चाहते हैं; सम्भाव्य पाठकों के भी किसी वर्ग को छोड़ना नहीं चाहते, सभी वास्तविक और सम्भाव्य पाठकों के सामने उसे प्रस्तुत करना चाहते हैं। और क्यों कि ऐसा करना चाहते हैं इसलिए हमारे सामने ये समस्याएँ आती हैं। एक वह समस्या थी जिसका सामना प्रेमचन्द ने किया, एक रूप वह था जिसका सामना 'रेणु' ने किया। एक उससे भिन्न समस्या है जिसका सामना या कि निरूपण मनोहर श्याम जोशी ने किया है। बम्बइया भाषा का एक रूप बहुत पहले उदयशंकर भट्ट ने 'सागर, लहरें और मनुष्य' में प्रस्तुत किया था। वास्तव में लोग हैं जो वह भाषा बोलते हैं। वह 'साधु हिन्दी' तो नहीं है, लेकिन बम्बई में रहने वाले हिन्दी-भाषी भी वैसी भाषा बोलने लगते हैं और दूसरी भाषा बोलने वाले हिन्दी बोलने वालों के साथ बोलते समय वैसी हिन्दी का प्रयोग करने लगते हैं। देश से बाहर भी ऐसे लोग हैं जो कि भारतीय मूल के थे या उस प्रदेश के थे जिसको हम हिन्दी-भाषी मानते हैं; जब वे बाहर गये तब हिन्दी की कोई न कोई बोली अपने साथ ले गये थे। फिर, जैसा प्रवासियों में प्रायः हो जाता है, वहाँ पर या तो उनकी भाषा का विकास रुक गया और वे वही भाषा बोलते रह गये जो यहाँ सौ-पचास वर्ष पहले प्रचलित थी। ऐसे लोग प्रायः मानते हैं कि जो भाषा वे भारत से लेकर गये थे वही भाषा लेकर वे लौट भी सकते हैं। पर अपने क्षेत्र में तो भाषा रुकी नहीं रहती, बदलती जाती है। कोई प्रवासी उसी समाज में लौटकर नहीं आ सकता, वह भाषा लेकर आता है तो उसकी हँसाई भी हो सकती है जैसी कि वी. एस. नेपाल की हुई थी स्वयं उनके गाँव में, जिसका क्षोभ वह कभी क्षमा नहीं कर पाये।

तो ये सब उसी यथार्थ की प्रस्तुति के पहलू हैं जो हमारे सामने आते जायेंगे। यह कह देना कि 'इनमें से अमुक ही यथार्थ है, बाकी यथार्थ नहीं है, लेखक के नाते अपनी समस्या से कतराना है। सबका सब यथार्थ ही है : हम चाहें तो उसमें से एक सीमित अंश ही प्रस्तुत करना चाह सकते हैं। लेकिन जितना ही हम उस सीमित रूप को प्रस्तुत करने से आगे बढ़कर यथार्थ को विस्तार में प्रस्तुत करना चाहेंगे उतनी ही ये समस्याएँ और विकट रूप में सामने आयेंगी। समस्या इसी बात से उठ सकती है कि हम ने अपने पात्र कहाँ से चुने हैं। अगर हम आज उन लोगों को लेकर एक ऐतिहासिक उपन्यास भी लिखने लगें जिनके पिता या दादा या पूर्वज यहाँ से मजदूरी करने के लिए विदेशों में चले गये थे, वहाँ बस गये हैं और आज प्रवासी भारतीय हैं—अगर हम उनका जीवन प्रस्तुत करना चाहेंगे तो

भी भाषा की बड़ी समस्या हमारे सामने आयेगी। हमारे राजनीतिक विचार चाहे जो कुछ हों, हम किसी भी 'इज़्म' के समर्थक या विरोधी हों, यह समस्या हमारे सामने आयेगी। वे लोग यहाँ से जो एक भाषा लेकर गये थे। उससे उनका नाता इसलिए टूट गया कि वे उस समाज से कट गये थे जिसमें भाषा लगातार बदल रही थी और उनके लिए अपनी भाषा की रक्षा का भाव प्रधान हो गया था, भाषा के विकास का नहीं रहा था। लेकिन इसके बावजूद एक विकास हुआ जो स्वतन्त्र विकास था; एक खिचड़ी भाषा वहाँ पर बनी, जिस खिचड़ी के लिए चावल तो वे यहाँ से ले गये थे लेकिन दाल उन्हें वहाँ से मिली। वहाँ की खिचड़ी भी यहाँ की खिचड़ी से अलग बनी। उसी भाषा या उसी बोली का यहाँ जो विकास हुआ वह दूसरा हुआ।

ऐसा प्रवासी देश लौटकर आता है तो उसे कष्ट भी हो सकता है—स्वप्न भंग का दारुण कष्ट। स्वप्न भी यथार्थ का अंग है—प्रत्येक व्यक्ति के स्वप्न भी उसके यथार्थ के अंग हैं क्योंकि जैसा जीवन वह जीता है उसी से बहुत दूर तक उसके स्वप्न भी नियन्त्रित होते हैं। अमुक प्रकार का जीवन जीने वाला फिर अमुक प्रकार के स्वप्न देखता है। (इसके बाहर भी स्वप्न होते हैं, ऐसा मैं मानता हूँ लेकिन उस कोटि के स्वप्नों की चर्चा करना विषयान्तर हो जायेगा) अगर ऐसे लौटते प्रवासी की व्यथा भी हम प्रस्तुत करना चाहेंगे और उसके अंचल के साथ—बाकी सारे देश को छोड़कर, जहाँ से वह गया था केवल उस अंचल के साथ ही—जोड़कर उसका जीवन प्रस्तुत करना चाहेंगे, तो भी यह समस्या हमारे सामने आयेगी। स्वयं उसके लिए भी अगर हम उपन्यास लिखेंगे—उसी के जीवन का उपन्यास उसी के लिए लिखेंगे—तो भी हमारे सामने यह समस्या आयेगी। क्योंकि हमारी भाषा वह नहीं समझ सकेगा। एक समस्या यहाँ से निकलेगी कि हमारा चरित्र कहाँ से आया है और एक समस्या यहाँ से निकलेगी कि हम उसकी कथा किसको सुनाना चाहते हैं। फिर कई समस्याएँ इससे भी निकलेंगी कि वह चरित्र कब आया है (और कब गया था), और हम कथा कब सुना रहे हैं। ये सभी भाषा की समस्याएँ हैं और सामने रहेंगी; लेखक के नाते बार-बार हमें इस चीज़ को सामने रखना चाहिए। इसलिए जैसा मैंने पहले भी कहा, हम अपना यथार्थ कहीं से भी चुनें, किसी देश से चुनें, किसी काल से चुनें, जब एक बार हमने चुन लिया तो 'क्यों वहाँ से चुना' इसकी परीक्षा लेखक की परीक्षा हो जायेगी, साहित्य की परीक्षा नहीं होगी। लेकिन उस चुनाव के बाद साहित्य के समाने प्रश्न यह हो जायेगा कि उस देश-काल को वह कहाँ तक सच्चाई का आभास देता हुआ प्रस्तुत कर पाता है, कहाँ तक उन चरित्रों को सच्चा बनाता है और उस पाठक या कि श्रोता के लिए सच्चा बनाता है जिनके सामने वह उनको रख रहा है। साहित्यकार की समस्या का बुनियादी रूप यही है। किसी तरह के भी राजनीतिक विचार अपना लेने से यह समस्या टलती नहीं है। उसका रूप ज़रूर थोड़ा-सा बदल जाता है, लेकिन इस समस्या से छुटकारा किसी भी राजनीतिक विचारधारा के व्यक्ति को नहीं मिलता, समाज में किसी तरह की भी मान्यता या दृष्टि रखने वाले को नहीं मिलता। यह समस्या रचना मात्र के सम्प्रेषण मात्र की समस्या है। जहाँ से हम सामग्री लेते हैं और ज़हाँ तक हमें वह पहुँचानी है दोनों ही हमारे लिए प्रासंगिक हैं और दोनों बदल रहे हैं, लगातार बदले जा रहे हैं और उनके बदलने की दिशा या गति अलग-अलग भी होती है इसलिए वे एक-दूसरे से अधिक दूर भी हटते जाते हैं—बहुत-सी चीज़ों में एक-दूसरे के निकटतर आते हैं, बहुत-सी चीज़ों में दूर हटते जाते हैं। हम लगातार इस परिवर्तन को पहचानते हुए एक सेतु बनाने का प्रयत्न करते हैं—हम ऐसी नदी के ऊपर सेतु बनाने का प्रयत्न करते हैं जो रोज़ अपना पाट बदल देती है, एक जगह से हटकर दूसरी जगह चली जाती है और हमारा आज

बनाया हुआ सेतु बेकार हो जाता है, कल हमें दूसरा सेतु बनाना पड़ता है इसलिए कि नदी दूसरी जगह पहुँच गयी है। साहित्यकार की भाषा-समस्या यही है।

कुछ एक उदाहरण हमने लिये; कुछ दूसरे उदाहरण भी ले सकते हैं। कुछ उदाहरण लेते हुए हम इस बात के विचार से परे चले जाते हैं कि कोई लेख भारतीय है या नहीं। अगर हम भाषा के दर्शन की बात उठाते हैं, या विज्ञान की चर्चा करते हैं, तो विज्ञान और दर्शन दोनों ऐसी चीजें हैं जो एक तरफ़ देश से जुड़ी हुई रहती हैं तो दूसरी तरफ़ उससे ऊपर भी उठती हैं। देश से ऊपर उठने का प्रयत्न ही उनकी एक मूल प्रेरणा होती है। विज्ञान भारतीय या विलायती नहीं होता; उसके उपयोग वैसे हो सकते हैं। उपयोग अलग-अलग तरह के इसलिए होंगे कि उपयोग करने वाले देशों के या स्वयं वैज्ञानिक के भी प्रयोजन अलग-अलग होंगे। विज्ञान की उपलब्धियों को समस्याओं के निराकरण में लगाया जा सकता है। वे समस्याएँ भी अलग-अलग होंगी और किन समस्याओं की ओर वैज्ञानिक का ध्यान जायेगा इसके उत्तर भी अलग होंगे क्योंकि उसका संवेदन भी अलग हो सकता है। इसलिए विज्ञान के उपयोग तो देशों की आवश्यकताओं के साथ, देशों के पूर्वग्रहों के साथ जुड़े हुए भी हो सकते हैं, लेकिन विज्ञान वैसा नहीं होगा। इसी प्रकार बहुत-सी चीज़ें ऐसी होंगी जो कि कथा-रचना के कर्म मात्र के साथ जुड़ी हुई हैं। देश में हो या विदेश में हो, किसी भी काल में हो, इस तरह की समस्याएँ तो सब जगह होंगी और अगर उस समस्या का सफलता के साथ सामना करने का उदाहरण हमें एक देश से मिलता है, दूसरे से नहीं मिलता, तो जहाँ से मिलता है वहीं से ग्रहण करना चाहिए, फिर वह देश कोई भी हो। उसके बाद लौटकर फिर हम यहाँ तक भी पहुँच सकते हैं कि इस तरह की समस्या तो हमारे लेखक के सामने भी थी, उसने यह पहले क्यों नहीं देखी या कि इसका कोई उपाय पहले क्यों नहीं सोचा? ऐसा हो तो दूसरे ने जो सफलता प्राप्त की उससे कुछ शिक्षा-निर्देश हमें मिलता है या कुछ सहायता मिलती है तो वह हमारे लिए केवल इसलिए अग्राह्य नहीं होनी चाहिए कि वह सफलता दूसरे देश की थी। दूसरी ओर हमारे देश की समस्या, हमारी समस्या, सबसे पहले है। उसकी उपेक्षा हमें कभी नहीं करनी चाहिए। हमें यह भूल नहीं जाना चाहिए कि हमारी समस्या हमारी समस्या के रूप में ही हमारे सामने आये तभी हम उसको वास्तव में हल कर सकेंगे। दूसरों से हमें उसे पहचानने में सहायता मिल सकती है, उसका हल खोजने में भी मिल सकती है, लेकिन हल हम उसको तभी करेंगे जब हम उसको अपनी समस्या के रूप में पहचानेंगे।

आरम्भ में मैंने अध्यापकीय और लेखकीय दृष्टि के अन्तर की बात की थी। आलोचना में तो यह बात और भी स्पष्ट हो जाती है। यहाँ एक राजनीतिक आलोचना दृष्टि की बात करना शायद असंगत न होगा। राजनीतिक वादों के कारण अपने को सीमित करने वाली एक आलोचना-दृष्टि भी है। उसके सामने कसौटी केवल यही रह जाती है कि हमारी राजनीति की अमुक एक आवश्यकता के अनुरूप यह साहित्य है या नहीं? अगर नहीं है तो यह अच्छा नहीं है; अगर उसके अनुरूप है, हमारे राजनीतिक उद्देश्य को आगे बढ़ाने में योग देता है तो यह प्रशंसनीय है, ऐसा हो सकता है कि दो दिन बाद उनकी राजनीतिक आवश्यकता बदल जाये—तो दो दिन बाद वे उसी पुस्तक की बुराई करने लगें जिसकी आज वह प्रशंसा कर रहे हैं। ऐसे आलोचकों को इसमें संकोच भी नहीं है। हमें ही यह समझना चाहिए कि उनके निर्णयों के आधार दूसरे हैं; वे साहित्यकार के नहीं हो सकते। आखिर उनकी आलोचना इतना ही तो कहती है कि "इस रचना से हमारे तत्कालीन हितों की सिद्धि नहीं होती।" और यह बयान उनके तात्कालिक हितों के बारे में अधिक है, रचना के मूल्य के बारे में कम।

हो सकता है कि ऐसे भी लेखक हों जो किसी अनुभव से गुज़रते हुए पहले ही यह सोचते हैं कि "मैं इस अनुभव को—यहाँ मैं एक शब्द गढ़ लूँ—अमुक प्रकार से अनुभवूँगा क्योंकि मेरे राजनीतिक विचार अमुक प्रकार के हैं।" वास्तव में ऐसा होता है कि नहीं, मैं नहीं जानता। क्योंकि अनुभव की गति हमारे सुतर्कित विचारों की गति से कहीं अधिक तेज़ होती है। पहले जो कुछ हमने सोच रखा है उससे एक हद तक ही अनुभव प्रभावित होता है। लेकिन अनुभव होता है और लगभग साथ-साथ—लगभग साथ लेकिन फिर भी अनिवार्यतः उसके कुछ पीछे ही—हम उसका मूल्यांकन करते हैं। अपनी स्मृति के अपने पुराने अनुभवों के आधार पर हम मूल्यांकन करते हैं और लगातार अनुभव को बदलते भी चल सकते हैं, उसका संशोधन भी करते चल सकते हैं। इसमें एक विरोधाभास भी है। लेकिन अनुभव अपनी जगह है और उसका मूल्यांकन अपनी जगह। और अनुभव के बाद हम अनुभव और उसके मूल्यांकन के बीच की दूरी को कम-से-कम कर दे सकते हैं, लेकिन एक अनिवार्य दूरी तो बनी रहती है।

मैंने अभी स्मृति की बात की। मैं समझता हूँ कि हमारी स्मृति कैसे काम करती है इसका थोड़ा और विचार लेखक के नाते उपयोगी है। हम सभी जानते हैं, अपने बचपन के बहुत-से अनुभव हम याद करते हैं और बहुत पुराने अनुभव ऐसे होते हैं जो हमें कल की घटना की तरह याद आते हैं; दूसरी ओर ऐसी बहुत-सी घटनाएँ होती हैं जो कल हुई हों पर आज उनको याद करते हुए लगता है कि बहुत पुरानी हो गयीं। यह जो काल की संरचना में एक व्यतिक्रम होता है, यह भी हमारी स्मृति लाती है। ऐसा चाहे इसलिए होता हो कि जब हम बचपन की स्मृतियाँ ग्रहण करते हैं तब उनकी छाप एक कोरी पटिया पर पड़ती है और इसलिए वह बहुत गहरी पड़ जाती है; और काफ़ी बाद में जब हम नये अनुभव ग्रहण करते हैं, तब उनकी छाप हल्की पड़ती है क्योंकि जिस पटिया पर पड़ती है उस पर बहुत कुछ पहले लिखा हुआ होता है। यह भी कारण हो सकता है, और भी बहुत-से कारण हो सकते हैं। लेकिन कारण जो हों, वास्तविकता यह है और हम सब जानते हैं कि हमारी स्मृति लगातार हमारे काल के बोध को ऐतिहासिक क्रम से तोड़कर रचती है। एक और अद्भुत बात हमारी स्मृति करती है। जब हम याद करने बैठते हैं—और प्रायः बड़े-बूढ़ों की स्मृति के साथ हमने देखा भी होगा—तो कई घटनाओं को जोड़कर फिर एक क्रम लगा देते हैं। अपनी ऐतिहासिक बुद्धि से जब हम यह जानते हैं कि इस क्रम में कहीं गड़बड़ी हो गयी है, या दूसरी कई घटनाओं की याद दिलाये जाने पर हमें मानना पड़ता है कि इस क्रम से घटना नहीं हुई थी, दूसरे क्रम से हुई थी, तब हम अपने स्मृति-क्रम में संशोधन कर लेते हैं। यह संशोधन हम इतिहास के आधार पर कर सकते हैं। यहाँ तक तो ठीक। यहाँ तक हम को कठिनाई नहीं होती है। कठिनाई तब होती है, चमत्कार तब होता है, जब वही व्यक्ति जिसकी स्मृति का हमने इतिहास के आधार पर संशोधन किया, अगली बार जब उस घटना को 'याद' करता है तो उस संशोधित रूप में याद करता है! अर्थात् स्मृति भी अपना संशोधन कर लेती है एक बाहरी ज्ञान के आधार पर। अब हम कहें कि किसी को अगर घटना एक रूप में याद थी, तो उसकी याद के बाहर की जो चीज़ हम लाये वह तो उसकी याद में था ही नहीं और उसने केवल घटना के इतिहास का नहीं अपनी याद का भी संशोधन कर लिया और ऐसा कैसे हो सकता है भला? लेकिन हम लगातार ऐसा करते हैं। यह स्मृति की एक अद्भुत शक्ति है कि वह याद भी करती है, लगातार याद का संशोधन, सम्पादन, रूपान्तरण भी करती चलती है। जो कुछ हम ग्रहण करते हैं पिछले अनुभव के आधार पर उसका अनुभव करके प्रक्रिया को भी प्रभावित करते हैं। स्मृति हमारे अनुभव-यन्त्र का एक अंग है। हमारे अनजाने भी वह काम करती है और हमारे जानते-देखते अपना रूप भी वह बदल लेती है! लेखक

के नाते हमारे लिए इस प्रक्रिया को जानना महत्त्व का है क्योंकि जो चीज़ हमें प्रस्तुत करनी है उसको सच्चाई से सच्चाई बनाने के लिए इस प्रक्रिया का ज्ञान आवश्यक है।

स्मृति की बात को भाषा के साथ कैसे जोड़ेंगे? इसमें फिर वे समस्याएँ आ जायेंगी। क्योंकि जिसकी स्मृति का आधार हम ले रहे हैं वह अगर पचास साल पहले की भाषा बोलने वाला है या उस गाँव की भाषा में सोच रहा है जहाँ से उसका परिवार शहर में आकर बस गया, लेकिन हम स्वयं शहर की भाषा बोल रहे हैं, तो फिर हमारे परिवार के भीतर भी एक समस्या आ जायेगी। समस्या यह नहीं होगी कि 'तमिल-भाषी कैसे समझेगा'। समस्या यही होगी कि हमारे गाँव का संवेदन लेकर शहर में आया हुआ हमारी बात कैसे समझेगा जिनका संवेदन शुरू से ही शहर का संस्कार लिये हुए है? एक ही परिवार के भीतर यह समस्या हो जायेगी। दशकों की जो हम चर्चा करते हैं उसमें भी भाषा की एक समस्या निहित है। साठोत्तरी पीढ़ी की भाषा से सत्तरोत्तरी पीढ़ी की भाषा अलग हो जाती है। उनको आपस में बातचीत करने में कठिनाई हो जाती है। मुहावरे में ही नहीं, संवेदन के प्रकार या स्वभाव में, अनुभव के क्षेत्र में जो परिवर्तन आ गया—केवल पूर्वापरता के कारण से भी जो परिवर्तन आ गया है वे सब भाषा में समस्या का कारण बनते हैं। दस साल पहले और दस साल बाद—पहले का बाद वाले को और बाद का पहले वाले को जिस दृष्टि से देखता है, वे दृष्टियाँ इसलिए भी अलग-अलग होती हैं कि एक पहले का है, एक बाद का है; एक पीछे देख रहा है एक आगे देख रहा है। इससे भी एक समस्या उत्पन्न होती है जो फिर सम्प्रेषण की समस्या बन जाती है। जब पीढ़ियाँ आपस में बात करती हैं तो यह समस्या सामने आती है। बाप-बेटों की बातचीत में कथा-लेखक दो मुहावरों और दो संवेदन-संस्कारों का निर्वाह करता है। पर समस्या उन दो तक सीमित नहीं है, क्योंकि उन दो पीढ़ियों की बात उन दोनों से अलग पाठकों की दो या अधिक पीढ़ियों के लिए प्रयुक्त की जा रही है और उन के द्वारा संवेद्य होनी चाहिए।

कथा-भाषा की कुछ समस्याओं की चर्चा मैंने की है। ऐसा लग सकता है कि मैंने केवल समस्याएँ उठायी हैं, उनके समाधान नहीं सुझाये। लेखकों के बीच लेखक का काम रचना-कर्म की समस्याओं की चेतना विकसित करना ही है, समस्याओं का निराकरण करना नहीं। क्योंकि एक लेखक की समस्या का निराकरण दूसरा लेखक नहीं कर सकता। रचना-कर्म की शर्त ही यह है कि कोई किसी दूसरे के कुएँ से पानी नहीं पी सकता : हर प्यासा अपना कुआँ आप खोदता है। और इतना ही नहीं, वह पहले से खोदकर कुआँ नहीं रख सकता, प्यास लगने पर ही कुआँ खोदता है।

छन्द-बोध : आधुनिक स्थितियाँ

छन्द की बात आचार्य या अध्यापक जिस तरह करता है, और तो और, समकालीन कविता का आलोचक भी ठीक उसी ढंग से नहीं करेगा। यह तो कहने की ज़रूरत ही नहीं कि मैं इन कोटियों में से किसी में अपने को नहीं रखता। लेकिन अनकही और निहित बात से आगे बढ़कर इस अवसर पर मुझे इस बात पर बल देना उपयोगी जान पड़ता है कि मैं कवि के नाते ही समकालीन कविता और उसके छन्द का विचार करना चाहता हूँ। यानी मेरा यह आग्रह है कि आप बराबर यह स्मरण रखें कि मैं जिन अनुभवों से गुज़रा हूँ और अब भी गुज़र रहा हूँ उनके भीतर से ही बात कर रहा हूँ, उनके बाहर खड़ा होकर तटस्थ भाव से नहीं।

मैंने जब लिखना आरम्भ किया तब के सभी सिद्ध कवि छन्द-शास्त्र में निष्णात होते थे। आज वह परिस्थिति नहीं है। मेरी युवावस्था में ही अनेक प्रकार का निरंकुश व्यवहार प्रारम्भ हो गया था और 'छन्द के बन्ध' तोड़कर कविता को मुक्त करने की एक रोमानी भंगिमा बड़े कवियों ने भी अपनायी थी। निस्सन्देह ये बड़े कवि एक ओर ऐसी कविता लिखते थे जिसे 'मुक्त छन्द' कहा जा सकता या छन्द-मुक्त माना जाता तो दूसरी ओर ऐसी कविता भी लिखते और सुनाते रहते थे जो कुछ अतिरिक्त बन्धन भी मानती हुई चलती थी—जो पिंगल द्वारा निर्धारित नियमों-बन्धनों के अलावा संगीत शास्त्र के बन्धनों का भी स्वेच्छा से निर्वाह करती चलती थी। बाल कृष्ण शर्मा 'नवीन' तो अपने फक्कड़ और अराजक स्वभाव के कारण स्वच्छन्दतावादी भंगिमा, अपनाते हुए पद भी लिखते थे और उन्हें राग में बाँध कर सुनाते थे। 'निराला' के बीच की अवधि स्वच्छन्दता भी बरती, अराजक विद्रोही मुद्रा भी अपनायी, हिन्दी, उर्दू भाषा, व्यवहार, व्याकरण और छन्द-शास्त्र को चुनौती दी; लेकिन अन्त तक उन्होंने न तो छन्द का साथ छोड़ा और न कविता को राग में बाँधकर सुनाने को हेय समझा। निस्सन्देह सुमित्रानन्दन पन्त के साथ 'निराला' की तुलना से यह बात स्पष्ट हो जायेगी कि 'निराला' छन्द की आधार-भित्ति हमेशा संगीत के सुर को ही मानते रहे और 'पन्त' ने भाषा के स्वर को प्रधानता दी। दोनों कवि इस बात को पहचानते भी थे और इस पहचान की निर्भ्रान्तता ने ही दोनों की कविता को उसका विशेष रसास्वाद दिया है। यह दुःख की बात है कि परवर्ती आलोचकों की तो कौन कहे, कवियों में भी दोनों की विशेषताओं की उतनी स्पष्ट पहचान नहीं है जितनी इन कवियों को स्वयं थी। आज बँधे हुए छन्द लिखने वाले भी हैं, गीतकार भी हैं—'नवगीत'-कार—ग़ज़लगो भी हैं और छन्द को, लय को, व्याकरण को अमान्य कर अकविता को लेकर लयगन्धी गद्य और ठेठ गद्य तक सभी तरह के 'पद्य' लिखने वाले कवि भी हैं। लेकिन आज लिखने वाले अधिकतर कवियों से यदि पूछा जाये कि "आपने अगर छन्द

छोड़ा तो वास्तव में क्या छोड़ा?" अथवा प्रश्न को यों रखा जाये कि "छन्द छोड़ने के बाद भी आप आज जो लिखते हैं वह अगर गद्य नहीं है, कविता है, तो वे कौन-से लक्षण हैं जो उसे गद्य से अलग करते हैं? छन्द छोड़कर भी वह कौन-सी चीज़ है जो आपने नहीं छोड़ी—या जो आपने नयी अपनायी?" तो शायद ही कोई कवि इसका स्पष्ट और सुतर्कित उत्तर दे सकेगा। जबकि यह स्पष्ट है कि यही एक आधारभूत प्रश्न है, यही कसौटी है जिस पर कविता के कवितापन की परख हो सकती है।

छन्द को छोड़ने या तोड़ने वाले कवि लय की बात करते हैं। लय की बात करना सही और उचित है। लेकिन अपनी बात का विस्तार करते हुए वे ऐसी भी बातें कह जाते हैं जो उन्हीं की बातों को काट देती हैं। मैं तो समझता हूँ कि 'अर्थ की लय' भी ऐसी ही एक बात है। यह नहीं कि अर्थ की लय होती नहीं या हो सकती नहीं। जहाँ चिन्तन का सातत्य है, विचार की संरचना है, वहाँ रचना-सौष्ठव के अपने नियम हैं। वहाँ अर्थ की लय की बात संगत है—लेकिन वहाँ वह काव्य के विचार से बाहर की, चिन्तन-जगत् की बात है जबकि छन्द का विचार करते समय हम भाषा और शब्द का विचार कर रहे होते हैं। छन्द के विचार में यह कहना कि 'अर्थ की लय होती है' उतना ही सही और सही होते हुए भी अप्रासंगिक है जितना यह कहना कि 'चिन्तन का भी एक छन्द होता है।'

हम लोगों ने—हम लोगों अर्थात् मेरे समकालीन अथवा छायावादोत्तर नये कवियों ने—'नयी कविता' के कवियों ने नहीं, सभी नये कवियों ने बोलचाल की भाषा के प्रति एक नया रुख अपनाया था। साहित्यिक भाषा और बोलचाल की भाषा के भेद को हम मिटा देना चाहते थे। और यह बात केवल शब्दावली की नहीं थी। बोलचाल में आने वाले कोई भी शब्द त्याज्य नहीं थे तो संस्कृत या अरबी, फ़ारसी मूल के शब्द भी उस कारण से त्याज्य नहीं थे। बोलचाल की भाषा का आग्रह सरल भाषा का आग्रह नहीं था, सहज भाषा का आग्रह था। सरल भाषा का आग्रह भाषा को कितना असहज और नकली बना दे सकता है, यह हम हिन्दुस्तानी के आन्दोलन की प्रगति और परिणति में देख चुके थे। सरल कही जाने वाली यह भाषा किसी के भी बोलचाल की भाषा नहीं थी—उसके पक्ष में अधिक से अधिक यही कहा जा सकता था कि वह सभी के लिए एक-सी असहज हो गयी है—सभी के दिलों से एक-सी दूरी पर चलती है। ऐसी 'निर्वैयक्तिक' भाषा राजनीति के काम की भले ही बनायी जा सकती हो, कविता के काम की कभी नहीं हो सकती थी। इतना ही नहीं, वह इस अर्थ में भी एक प्रतिगामी प्रवृत्ति थी कि वह छायावाद की रचनात्मक उपलब्धियों को भी मिटा देना चाहती थी। छायावाद में द्विवेदी युग की जिस ऐतिहासिक अथवा वृत्तात्मक निर्वैयक्तिकता से भाषा का उद्धार किया था, उसे एक नया निजत्व दिया था, निजी भावों के सम्प्रेषण की सम्भावना पैदा की थी, यह कृत्रिम हिन्दुस्तानी उरो एक बार फिर नष्ट किये दे रही थी। हम उस निजता और विशेष सम्प्रेषण की सम्भावना से लाभ उठाते हुए बोलचाल के निकटतर आना चाहे रहे थे; दूसरी ओर यह भाषा बोलचाल की निर्विशेषता से भी नाता तोड़ती हुई उसी निजता को असम्भव बनाये दे रही थी। कोई आश्चर्य नहीं कि हिन्दी के किसी भी सर्जनाशील साहित्यकार के गले से वह भाषा नीचे नहीं उतरी—'प्रेमचन्द' के भी नहीं जो सिद्धान्तः एक लम्बे समय तक हिन्दुस्तानी के हामी रहे थे।

बोलचाल की भाषा का आधार लेते हुए हम लोगों ने स्वभावतः बलाघात या स्वराघात का महत्त्व पहचाना जो कि लय का एक आधारभूत तत्त्व है। इससे पहले स्वर अथवा बलाघात की ऐसी चेतना नहीं थी, न शास्त्र में उसका विचार हुआ था। यह नहीं कि पहले के कवि स्तर के मामले में ग़लती करते थे या दोष पहचानते नहीं थे। वाचिक परम्परा में शायद शास्त्रीय विचार का उतना महत्त्व भी नहीं था जितना श्रुति-संस्कार का और इसमें सन्देह नहीं कि द्विवेदी युग के अथवा छायावाद काल के

कवियों के कान आज के कवियों की अपेक्षा कहीं अधिक सधे हुए थे। श्रुति-संस्कार की विशेषताओं का उल्लेख मैं 'पन्त' और 'निराला' के सन्दर्भ में कर चुका हूँ। यहाँ शायद यह जोड़ लेना भी उचित हो कि छायावाद के कवियों में 'पन्त' ही अंग्रेज़ी रोमांटिक कविता से सबसे अधिक परिचित थे; उसकी विशेषताओं को भी उन्होंने बारीकी से पहचाना था और इससे स्वर की जो नयी पहचान बनी थी उसका उन्होंने अपनी कविता में रचनात्मक उपयोग भी किया था। परवर्ती तो सभी कवि उन्नीसवीं-बीसवीं शती की अंग्रेज़ी कविता से न्यूनाधिक मात्रा में परिचित रहे। स्वर और बलाघात के क्षेत्र में अंग्रेज़ी में जो नया चिन्तन और नये प्रयोग हुए उससे भी इन कवियों को कुछ नये संस्कार मिले। जो आलोचक इस नयी स्वर-चेतना को नहीं समझते थे, अथवा जो विदेश के प्रभाव से विकसित होने वाली पहचान के भी विरोधी थे, उन्होंने इन सब नयी प्रवृत्तियों को 'पश्चिम की नकल' कहकर उसकी खिल्ली उड़ायी। पर नकल अपनी जगह थी, दृष्टि का नया उन्मीलन अपनी जगह। पारम्परिक छन्द-शास्त्र का आग्रह करने वाले नये काव्य के छन्द का विश्लेषण भी नगण-मगण और मात्राएँ गिनकर ही करना चाहते थे यद्यपि यह बिल्कुल स्पष्ट था कि नये काव्य में माप के आधारों में स्वराघात की गिनती का, चल यति का और गतिमान तुकों का बहुत अधिक महत्त्व हो गया है और गणों की कोई गिनती उस माप का आधार अब नहीं बन सकती। न ही मात्राओं की गिनती भर से काम चल सकता है क्योंकि मात्रा का विचार स्वराघात का विचार नहीं करता। एक ही मामूली-सा शब्द ले लीजिए—मटकना। इसे दो तरह पढ़ सकते हैं—मटक्-ना और मट्-कना। दोनों रूप हिन्दी में प्रचलित हैं और अलग-अलग अर्थ रखते हैं—यानी वास्तव में दो अलग-अलग शब्द हैं। मात्रा के विचार से दोनों पाँच-पाँच मात्रा के शब्द हैं। लेकिन जिस कविता में स्वराघात का विचार रखा गया होगा उसमें यह बात अत्यन्त महत्त्वपूर्ण हो जायेगी कि लय की दृष्टि से पाँच मात्रा का यह टुकड़ा ठीक कहाँ पर आता है—क्योंकि वह स्थान ही इसका निर्णय कर देगा कि आपको यह शब्द किस तरह पढ़ना होगा। यह मटकना से आपका आशय मिट्टी के कसोरे का है लेकिन लय का दबाव आपको उसे बलाघात को स्थानान्तरित करके उस रूप में पढ़ने को बाध्य करता है जिससे अर्थ बदल जाता है, तो स्पष्ट ही यहाँ अर्थ और लय की टकराहट होगी या कि और भी स्पष्ट कहें तो यह लय का दोष होगा। यह एक बहुत ही स्थूल उदाहरण मैंने दिया है लेकिन इसकी पड़ताल की जा सकती है कि बलाघात के स्थानान्तरण से कैसे लय बदल जाती है—अर्थात् आधुनिक अर्थ में कैसे छन्द बदल जाता है। क्योंकि लय ही तो एक चीज़ थी जिसे 'छन्द के बन्ध' तोड़ने वाले कवियों ने भी छोड़ा नहीं था।

लय के विचार में बलाघात के अलावा एक और तत्त्व का भी विशेष महत्त्व है जिसकी ओर हम लोगों का ध्यान उस स्थिति में जाना और भी अनिवार्य हो गया था जिसमें हमने लय के सिवा दूसरे सब सहारे छोड़ दिये थे। लय के इस पक्ष की पहचान के लिए शायद थोड़ी देर के लिए साहित्यशास्त्र के क्षेत्र से बाहर जाकर सामान्य जीवन की ओर देखना भी उपयोगी हो।

हम अपने हृदय की धड़कन साधारण स्वस्थ अवस्था में नहीं सुनते। लेकिन उत्तेजना, चिन्ता या तनाव की स्थिति में वह धड़कन हमें सुनायी देने लगती है। जब सुनायी देती है तब यह भी हो सकता है कि धड़कन केवल अधिक ज़ोर से होने लगी हो, यह भी हो सकता है कि उसकी गति भी तीव्रतर हो गयी हो; और इससे उलटा यह भी हो सकता है कि गति में अवरोध का अनुभव हो रहा हो अथवा वह असग हो गयी हो। इसे यों भी कह सकते हैं कि दिल की धड़कन तभी सुनायी देती है जब उसकी सामान्य सुस्त लय में कोई व्यतिक्रम हो रहा हो। क्या इस बात को काव्य के क्षेत्र में लाकर यों कहा जा सकता है कि लय का श्रेष्ठ निर्वाह वहाँ है—कि छन्द का उत्तम रूप वह है—जहाँ लय की गति

हठात् हमारा ध्यान अपनी ओर आकृष्ट न करे—इतनी सहज हो कि आलक्षित बहती चले? 'छद्' का एक अर्थ है ढकना या आवृत्त करना—क्या छन्द वही नहीं है जिसकी ओट में लय अदृश्य गति से बहती है?

शरीर की संरचना से भी एक दूसरा उदाहरण भी ले सकते हैं। हमारे शरीर की कोई भी हरकत मानो एक जुड़वाँ हरकत होती है। चलते समय हम दाहिना पैर आगे बढ़ाते हैं तो बायीं भुजा अपने आप आगे बढ़ती है; बायें पैर के साथ दाहिनी भुजा। यह सहज और स्वाभाविक गति है जिसमें हम परिवर्तन तो ला सकते हैं लेकिन वह चेष्टित होगा, कष्ट-साध्य और थकाने वाला होगा। दाहिने पैर के साथ दाहिना हाथ बढ़ाना और बायें के साथ बायाँ इसमें तो श्रम है ही; लेकिन अगर हम चलते समय केवल पैर हिलाना चाहें और बाँहों को बिल्कुल निश्चल रखना चाहें तो उसमें भी श्रम है। यानी श्रम न करना भी श्रम-साध्य होता है जब वह लय की सहजता के प्रतिकूल जाता है। हम खड-खड़े भी जब शरीर को ढीला छोड़ते हैं तो कमर एक तरफ़ जाती है, धड़ दूसरी तरफ; मस्तक दूसरी धड़ से विपरीत उसी दिशा में झुकता है जिसमें कमर जाती है। इस प्रकार समभंग विश्रान्ति की एक अवस्था है, त्रिभंग दूसरी; एक से दूसरी स्थिति में जाते हुए शरीर एक सहज लय अपनाता है जिसमें आत्म-चेतना नहीं होती।

निश्चय ही लय की असहजता भी विशेष स्थितियों में काम्य हो सकती है। जहाँ तनाव अथवा उत्तेजना दर्शाना भी अभीष्ट हो वहाँ कवि जानबूझकर वैसी असम लय का प्रयोग कर सकता है और इस प्रकार छन्द की गति को भावों की गति के अनुरूप चलाकर भावों के सम्प्रेषण को और प्रभावी बना सकता है। लेकिन ध्यान में रखने की बात यह है कि कोई भी गति मानो अपनी समतोल एक प्रतिगति का आह्वान करती है। यह सममात्रिकता अथवा सममिति (Symmetry) का एक साधारण नियम है जो हर वस्तु-संरचना और हर रूप-संरचना और हर गति-संरचना में लागू होता है। जीव-भौतिकी और जीव-रसायन तक में हम देखते हैं कि अणु के बनने में भी यह सिद्धान्त काम करता है—बनते हुए अधूरे अणु में सममिति का यह दबाव ही उसकी शेष संरचना का रूप निर्धारित कर देता है। आनुवंशिकी में भी हम इस सिद्धान्त को काम करते देख सकते हैं। संगीत और काव्य में ही नहीं, गणित और तारा-भौतिकी में ही नहीं, सृष्टि-मात्र में यह शक्ति सहज रूप से काम करती है।

क्या ऐसा सोचा जा सकता है कि छन्द में और सब कुछ छोड़कर हम लय पर आ टिकते हैं; और फिर लय के विचार में छँटनी करते हुए अन्ततोगत्वा इस सममात्रिकता या सममिति के सिद्धान्त तक पहुँचते हैं—कि सममात्रिकता ही वह देहरी है जिसके इस पार लय है और काव्य है; उस पार गद्य है और सूचना है? मैं नहीं जानता कि यह बात इस ढंग से पहले सोची या कही गयी है या नहीं। लेकिन सोचता हूँ कि नटराज शिव को जब नृत्य और संगीत का ही नहीं, सभी कलाओं का आदि-देवता माना गया तो उसमें कहीं-न-कहीं यह बात का बोध अवश्य था कि लय के बिना सृष्टि नहीं है और यह सममिति ही लय का आधार है। शिव ही सृष्टि की लय के नियन्ता और अनुशासता हैं; इसलिए वह सर्जनारत मानव के लिए भी सबसे पहले वन्द्य हैं। **'वागर्थप्रतिपत्तये जगतः पितरौ वन्दे पार्वती-परमेश्वरौ।'**

मैंने अभी नटराज को लय का नियन्ता और अनुशासता कहा। यह बात केवल काल के सम्बन्ध में नहीं है जिसके आधार पर उसे महाकाल के साथ जोड़ा जा सकता। निश्चय ही लय का विचार काल तत्त्व के विचार से अलग नहीं हो सकता। लेकिन अनुशासन का विचार भी काल-तत्त्व-चिन्तन के साथ जुड़ा हुआ है और शायद समकालीन कवि को इस बात पर भी विचार करना चाहिए कि कवि-कर्म केवल शब्द के अनुशासन के साथ जुड़ा हुआ नहीं है बल्कि उससे अधिक और गहरे में काल के

अनुशासन के साथ भी जुड़ा हुआ है। शायद लय के नये विचार के लिए काल के इस अनुशासन के नये बोध का ही सबसे अधिक महत्त्व है।

मैंने पहले कहा कि समकालीन कवि के नाते हम बोलचाल की भाषा के निकटतम रहना चाहते हैं। यह भी शायद सममात्रिकता के सिद्धान्त का एक पहलू ही है कि इस आग्रह के साथ-साथ लय के एक सूक्ष्मतर अनुशासन की आवश्यकता का भी हमें बोध होता है। कविता में अनुशासन क्यों होता है, क्यों आवश्यक है और वह किस चीज़ का अनुशासन है, इस सवाल का भी सीधा जवाब परिभाषा के सहारे न देकर कुछ दूसरे सवाल उठाकर देना कवि के लिए उपयोगी हो सकता है। अपने सामान्य प्रयोजन हम साधारण बोलचाल में कहते हैं और तब हम यही कोशिश करते हैं कि हमारी बात जल्दी-से-जल्दी दूसरे तक पहुँच जाये लेकिन कविता में हमारा प्रयत्न मानो इससे ठीक उलटा होता है। कविता स्वरों की गति को ही नहीं, भाव-सम्प्रेषण की गति को भी धीमा करती है। ऐसा क्यों? कवि का उद्देश्य यह नहीं है कि उसकी बात समझने में अधिक समय लगे। क्योंकि कविता के प्रयोजन साधारण बोलचाल के प्रयोजनों से अलग हैं, भिन्न स्वभाव के हैं, अनिवार्यतया बहुस्तरीय हैं, इसलिए गति का यह नियन्त्रण या अनुशासन आवश्यक होता है। जिस दूसरे तक बात पहुँचायी जाती है, कविता का जो सहृदय है, उस तक जो बात पहुँचती है उसमें भावों के इस अनुशासन का भी एक बोध होता है—वह भी सम्प्रेष्य है इस सूक्ष्मतर अनुशासन के दोतरफ़ा बोध के कारण ही कविता में ऐसा बहुत कुछ कहा जा सकता है जो साधारण बोलचाल में नहीं कहा जाता अथवा जिसे कहते संकोच होता है—जिसमें भावातिरेक या अतिरंजना या भावुकता जान पड़ती है बल्कि जो अश्लील भी जान पड़ सकता है। लय का अनुशासन ही उसे सम्भव बनाता है कि कविता ऐसा बहुत कुछ सम्प्रेषित कर सके जो साधारण भाषा-व्यवहार में सम्प्रेष्य नहीं होता। कविता में यह इसीलिए सम्भव होता है कि उसमें बराबर साथ-साथ यह बोध भी जागता है और जगाया जाता रहता है—सम्प्रेष्य का अंग होता है—कि कहीं भी मर्यादा का उल्लंघन नहीं हो रहा है, बात अनुशासित ढंग से ही कही जा रही है।

क्या ऐसा कहा जा सकता है कि लय वह मर्यादा है जो इस सूक्ष्मतर और अदृश्य अनुशासन की पहचान को सम्प्रेषित करती है—जिस पहचान के कारण हम बोलचाल की शब्दावली के बावजूद कविता की भाषा को साधारण व्यवहार की भाषा से अलग पहचानते हैं, काव्य की संरचना पहचानते हैं?

तब क्या बात को यों कहा जा सकता है कि छन्द भावों की वह मर्यादा है जिसका बोध प्रकट अथवा अप्रकट रूप से दूसरे तक पहुँच जाता है और जो सम्प्रेषित भावों की व्यवस्था और संरचना का बोध करा देती है?

सहजता और मर्यादा। जिन दो दृष्टियों से मैंने लय के सम्बन्ध में अपने विचार आपके सामने रखने का प्रयत्न किया है उन्हें एक विरोधाभास में जोड़कर कहूँ कि सबसे सीधी गति वही होती है जो सीधी न होकर सममिति पर आधारित एक गोलाई लिये हुए हो—यह गोलाई ही उसकी सहजता है। चलने में भी जिसे हम सीधे चलना कहते हैं उसमें किसी अवयव की कोई गति सीधी नहीं होती बल्कि एक गोलाई लिये हुए होती है—या उसे सीधा रखने के लिए विशेष प्रयास करना पड़ता है अर्थात् वह सहज नहीं रहती—जैसा फ़ौजी मार्च में होता है।

मैंने यह प्रयत्न किया है कि लय और छन्द के विचार में उन चीज़ों को आधार न बनाया जाये जिन्हें हमने छोड़ दिया अथवा जिन्हें छोड़ देने के पक्ष में हम थे जैसे वर्णों, चरणों अथवा मात्राओं की गणना या तुक और तुकान्त पंक्तियाँ। लय के विचार को यति के विचार से अलग नहीं किया जा सकता लेकिन नयी संकल्पना में यति स्थिर नहीं रहती; वह श्वास के और अर्थ के स्वाभाविक विश्राम

के साथ स्थानान्तरित होती है और इस प्रकार अधिक परोक्ष रूप से स्वराघात और बलाघात के साथ जुड़ जाती है।

एक तीसरी बात का विचार भी हमें करना चाहिए। प्रायः सभी नये कवि लोक-धुनों की ओर मुड़े और सभी ने इन पर आधारित प्रयोग किये। क्यों? क्या इसका कारण यह नहीं था कि एक तरफ़ तो वे लोकगीतों में वैसी मुक्ति अथवा स्वच्छन्दता का व्यावहारिक रूप देख रहे थे जो उन्हें काम्य थीं; और दूसरी तरफ़ इन लोक-धुनों के सहारे ही वे अपने को उन लाभों से वंचित हो जाने से बचा भी सकते थे जो 'छन्द के बन्ध' तोड़ने पर उनसे छिन जाते थे? नयी कविता की एक उपधारा के रूप में—अथवा आपका आग्रह हो तो कह लीजिए समान्तर एक धारा के रूप में—'नव गीत' का जो विकास हुआ वह इस दोहरी प्रवृत्ति को उदाहृत करता है। 'छन्द के बन्ध' उसने भी छोड़े, या यों कहें कि उन्हें छोड़ना उसने भी स्वीकार कर लिया। लेकिन उसके साथ पद की गेयता के सम्पूर्ण परित्याग से होने वाली क्षति की पूर्ति के लिए उसने लोग-धुनें अपनायीं।

हिन्दी के कवि को परम्परा से एक छूट मिली हुई थी लय की आवश्यकता के अनुसार गुरु को लघु करके पढ़ने की। मात्रिक छन्द में लघु को गुरु नहीं किया जा सकता था, लेकिन गुरु को आवश्यकतानुसार लघु करने का अधिकार ब्रजभाषा के कवि ने बराबर बनाये रखा। और वर्ण वृत्तों में तो मात्रा का विचार होता ही नहीं था इसलिए उनमें कहीं-कहीं लघु को गुरु का वज़न भी दिया जा सकता था। ये रियायती अधिकार लोक-काव्य में हमेशा बने रहे; लोक-काव्य में तो इसके अलावा भी बहुत-सी छूट रही। उर्दू कविता में भी यह अधिकार बहुत-कुछ बना रहा। लेकिन उत्तर द्विवेदी युग में एकाएक यह माना जाने लगा कि यह हिन्दी कविता के स्वभाव से बाहर की चीज़ है : जहाँ इस अधिकार का उपयोग दीखा वहाँ उसे 'उर्दू का प्रभाव' माना गया। यह एक भ्रान्त और निराधार कल्पना थी : लेकिन ऐसी कल्पना हुई क्यों? द्विवेदी युग के हिन्दी के छन्द-निष्णात कवियों ने—विशेष रूप से श्री नाथूराम 'शंकर' अथवा श्री मैथिलीशरण गुप्त ने—स्वेच्छा से यह अधिकार छोड़ दिया। इतना ही नहीं उन्होंने स्वेच्छा से ही और भी कई कठिन नियमों का निर्वाह करते हुए रचना कर दिखायी। जिन रचनाओं में ऐसा हुआ वे सब श्रेष्ठ काव्य का प्रमाण थीं ऐसा नहीं था। लेकिन छन्द, भाषा और मुहावरे पर—और तुक पर—कवि के सम्पूर्ण अधिकार का प्रमाण तो वे प्रस्तुत करती ही थीं। कवि के लिए न सही, काव्य, भाषा और छन्द के अभ्यासों के लिए इनसे अच्छे प्रतिमान और गुरु नहीं हो सकते थे। उनकी इस असाधारण क्षमता का ही परिणाम यह हुआ कि हिन्दी कविता के उन पारम्परिक रियायती अधिकारों और प्रयोगों को हिन्दी से बाहर का मान लिया गया जिन्हें इन आचार्यों ने अपनाया नहीं था। नये काव्य ने इन रियायतों का फिर से उपयोग किया है लेकिन उनसे लाभ उठाने वाले कुछ कवि भी ऐसा समझते हैं कि इसकी सम्भावना उर्दू ने पैदा की; उन्हें मानो यह याद ही नहीं रहा कि हिन्दी की परम्परा में तो यह बराबर थी और लोक-काव्य में अक्षुण्ण चली आयी थी।[1]

---

1. यहाँ प्रस्तुत लेख वास्तव में दो वक्तव्यों का जोड़ है। ऊपर का वक्तव्य बोध गया के लेखक शिविर में दिया गया और टेप से प्रतिटंकित किया गया है; दूसरा भाग वह वक्तव्य है और इसके एक वर्ष बाद बरगीनगर के लेखक शिविर में दिया गया था। परिस्थितिवश कुछ बातों की आवृत्ति हो गयी थी और सन्दर्भ के लिए आवश्यक थी। ऐसे अंश आवृत्ति बचाने के लिए काट दिये गये हैं, पर अधिक परिवर्तन वक्तव्यों में नहीं किया गया—उन्हें विवेचनात्मक लेख का रूप न देकर कवियों के आपसी संवाद के रूप में बना रहने देना अधिक उपयोगी जान पड़ा। इस कारण कहीं-कहीं आवृत्ति का आभास पाठकों को मिलेगा जो आशा है सम्य होगा।

—ले.

2[1]

लेखकों की गोष्ठियों और लेखक शिविरों में जब समकालीन कविता की चर्चा होती है तो आरम्भ में ही यह स्वीकार कर लिया जाता है कि छन्द दूसरी चीज़ है और लय दूसरी; यहाँ से आरम्भ करके ही यह कहा जाता है कि आधुनिक कविता ने छन्द छोड़ दिया अथवा 'छन्द के बन्ध' तोड़ दिये लेकिन लय नहीं छोड़ी। बात निश्चय ही सत्य है; इसे स्वीकार करके चलना सर्वथा उचित है। लेकिन इस स्वीकार के बाद भी बात जब आगे बढ़ती है तो प्रायः दोनों को पर्यायवाची मान लिया जाता है। हमारे दो शिविरों में भी ऐसा ही हुआ है और इस भूल का संशोधन अभी तक नहीं हुआ। विद्वज्जन यह भी कह गये कि 'गद्य का भी एक छन्द होता है।' मेरी समझ में यह बात या तो कहनी नहीं चाहिए या जिस विशेष अर्थ में कही जा सकती है उसे स्पष्ट करके कहनी चाहिए। गद्य की एक लय होती है यह मान लेने में तो मुझे कठिनाई नहीं है, लेकिन गद्य का एक छन्द होता है यह मैं बिना पारिभाषिक व्याख्या के स्वीकार नहीं करूँगा।

यहाँ इस आपत्ति से यह तो स्पष्ट ही है कि मैं छन्द और लय को अलग कर रहा हूँ। लेकिन कहाँ अथवा कैसे उन्हें अलग कर रहा हूँ, इसको फिर से स्पष्ट करना उपयोगी होगा—बल्कि शायद आवश्यक भी है।

छन्द की चर्चा में प्रायः उन चीज़ों का उल्लेख होता है जिन्हें हमने अर्थात् समकालीन कवियों ने छोड़ दिया। ये चीज़ें पहले छन्द का अंग मानी जाती थीं; एक-एक करके हम पहचानते गये कि इनके बिना भी हमारा काम चलता है। लेकिन लय पर आकर हम लोग अटक गये : हमने माना कि इसके बिना काम नहीं चलता—अर्थात् अगर कविता है तो लय है; अगर लय नहीं है तो काव्य और गद्य में भेद का आधार नहीं रहता। मैंने कहा कि हम लय पर आकर अटक गये, लेकिन आज शायद ऐसे कवि अनेक होंगे जो लय को भी उतना ही फ़ालतू अथवा **डिसपैंसेबल** मानते हैं जितना और सब चीज़ों को। पता नहीं वे उक्ति को भी क्यों डिसपैंसेबल नहीं मान लेते हैं! या कम-से-कम यह क्यों नहीं पूछते कविता लिखना ही क्यों आवश्यक है? वे यह तो कह देते हैं कि जिन परिस्थितियों में पहले कविता लिखी जाती थी उनमें से आज कोई नहीं बची है। मान लें कि ऐसा है, तो इससे इतना परिणाम तो निकाला जा सकता है कि उन परिस्थितियों में जैसी कविता लिखी गयी आज की कविता वैसी नहीं हो सकती, नहीं होनी चाहिए। लेकिन क्या यह भी सच है कि जिन परिस्थितियों में कविता लिखनी चाहिए या कविता सार्थकता होती है उनमें से आज कोई नहीं बची। और अगर ऐसा है तो क्या कारण है कि आज भी कविता लिखी जाती है? क्यों आज भी कोई कविता लिखना चाहे? दूसरी ओर अगर दलील यह है कि आज की परिस्थितियाँ विशेष हैं और उसमें विशेष प्रकार की कविता होनी चाहिए, तो उन विशेषताओं की परिगणना होनी चाहिए, उनके लक्षणों का विचार होना चाहिए।

मान लीजिए, हम विचार को यहीं से आरम्भ करना चाहें कि हमारा आज का जीवन बिल्कुल अलग ढंग का है, कि पहले की कोई बात हमारे लिए संगत या प्रासंगिक नहीं है, तो क्या ऐसा कोई आरम्भ-बिन्दु चुना जा सकता है? अवश्य ही हमारे संवेदन में बहुत-सा परिवर्तन आया। लेकिन क्या ऐसा कहा जा सकता है कि हमारा संवेदन बुनियादी तौर पर वैदिक काल के भारतीय मनुष्य के संवेदन से इतना अलग हो गया है कि दोनों के बीच संवाद की और समवेदना की, सहानुभव की कोई

1. यह वक्तव्य बरगीनगर के लेखक शिविर में दिया गया। —ले.

सम्भावना नहीं बची—कि एक के लिए दूसरा वास्तव में अप्रासंगिक है? यदि ऐसा है तो या तो हमें अपने लिए 'मनुष्य' से इतर कोई प्रजातीय नाम सोचना चाहिए या फिर वैदिक काल के मनुष्य को ही मनुष्येतर कोई प्रजातीय नाम देना चाहिए। दोनों को ही मनुष्य कहना, मनुष्य मानना और पहचानना ही सिद्ध करता है कि हम देखते और मानते हैं कि उनका संवेदन भी मानवीय था जैसा कि हमारा भी है। परिस्थितियाँ बदलीं लेकिन उन परिवर्तनों को हम एक ऐतिहासिक सन्दर्भ में रख सकते हैं; वह ऐतिहासिक सन्दर्भ ही वैदिक मानव और आधुनिक भारतीय को एक समग्र इकाई में जोड़ता है। ऐसा न होता तो वैदिक मानव के अनुभव हमारे लिए अप्रासंगिक ही नहीं अर्थहीन हो गये होते।

ऐतिहासिक सन्दर्भों को बिल्कुल छोड़कर या एक तरफ़ रखकर हम विचार का आरम्भ यहाँ से भी कर सकते हैं कि हमारी परिस्थिति तो अद्वितीय है, अपूर्व है; ऐसी पहले कभी किसी की हुई ही नहीं; कि हमारी समस्याएँ भी अद्वितीय और अभूतपूर्व हैं और इसलिए अतीत का विचार करने की हमें कोई ज़रूरत ही नहीं है। हम जो कविता लिखते हैं उसके प्रेरणा-स्रोत भी दूसरी सब कविता से अलग है; उनकी खोज में अतीत की ओर जाने की कोई ज़रूरत नहीं है और अपने प्रेरणा-स्रोतों की खोज के लिए हमें केवल अपने समकालीन जीवन की ओर देखना चाहिए। इस प्रतिज्ञा से आरम्भ करके भी हमें छन्द और लय नाम की चीज़ों के विचार में (दोनों को अलग-अलग रखते हुए भी) इस सवाल का सामना तो करना ही होगा कि इनका विचार तो दूसरी सब कलाओं में भी होता है, और समकालीन अन्य कलाओं में भी होता है; तब वे कौन से तत्त्व हैं जो छन्द और लय के सामान्य विचार में संगत और अनिवार्य होते हैं और कहाँ पर काव्य में छन्द और लय का विचार संगीत अथवा चित्रकला या मूर्तिकला में (या स्थापत्य में भी) छन्द और लय के विचार से अलग हो जाता है? और कला के अन्तर्गत साहित्येतर कलाओं की ही बात क्यों करें, दूसरी साहित्य-विधाओं की भी तो बात हो सकती है। उपन्यास में भी तो छन्द या लय होती है या मानी जाती है : यदि हम इस बात को मानते हैं कि उपन्यास में भी छन्द होता है, लय होती है, तो वहाँ छन्द और लय से हमारा आशय क्या है? अगर वहाँ छन्द और लय की परिभाषा काव्य में छन्द और लय की परिभाषा से अलग है, तो उस अन्तर का निरूपण हम कैसे करते हैं? और अगर हम नहीं मानते कि उपन्यास में भी लय-छन्द होता है, तो हमें यह सिद्ध करने के लिए युक्तियाँ प्रस्तुत करनी होंगी कि उपन्यास में ये गुण नहीं होते, नहीं हो सकते और जो मानते हैं कि होते हैं वे भूल करते हैं।

उपन्यास को हम साधारणतया दूसरी साहित्य-विधाओं से अलग करते हैं : इस बात पर भी विचार करना होगा कि यह कहाँ तक संगत है अथवा नहीं है। छन्द और लय के विस्तृत विवेचन में ये सभी प्रश्न उठेंगे और समकालीन काव्यरार्जक को उनके बारे में अपनी कोई राय तो बनानी ही होगी, भले ही वह उसकी वकालत करना अनावश्यक समझे।

अभी उन सब प्रश्नों को न उठाकर हम अपने साधारण जीवन से ही आरम्भ करें। हमारी ऐतिहासिक चेतना का भी आधार तो हमारा वर्तमान का बोध ही होता है—वर्तमान का अनुभव और उसकी परख ही तो विवेचन की आधार-भूमि है। लगातार अपना जीवन जीते हुए हम पाते हैं कि हमारा जीवन अनुभवों का एक अन्तहीन क्रम है जिसमें कोई अनुक्रम, कोई तारतम्य, कोई रूप या कोई संरचना हमें नहीं दीखती; कि अपना जीवन जीते हुए हम स्वयं ही लगातार अपने अनुभवों को, अपने जीवन को अर्थवान् बनाने के लिए उनको किसी संरचना में ढालते चलते हैं, उन्हें कोई रूपाकार देते चलते हैं। यहाँ कोई आपत्ति कर सकता है कि आज ऐसे भी लेखक हैं—विशेष रूप से उपन्यास और नाटक के क्षेत्र में, और ये विधाएँ ही हमारे अनुभव का वृत्तान्त प्रस्तुत करती हैं—जिन्होंने **एबसर्ड**

उपन्यास या नाटक लिखे हैं। ऐसे लेखक हैं तो, लेकिन इने-गिने ही और उनकी संख्या बहुत बड़ी कभी नहीं होगी; क्योंकि अन्ततः हम इस बात को अन्तिम रूप से स्वीकार नहीं कर सकेंगे कि हमारा जीवन अर्थहीन है। परिस्थितियाँ लगातार ऐसा रूप लेती रहेंगी कि हमारा जीवन हमें अर्थहीन जान पड़ने लगे—और उन परिस्थितियों में लगातार हमारी स्मृति और हमारी चेतना जीवन के अर्थ की खोज करती चलेगी, जीवन को अर्थ देती चलेगी क्योंकि वही स्मृति और चेतना का स्वभाव है। हम जीवन मात्र को, सत्ता को, सदा के लिए अनिवार्य रूप से **एबसर्ड** नहीं मान सकेंगे, नहीं मानेंगे।

तो हम लगातार अपने जीवन के अनुभवों के एक आकारहीन भण्डार को, घटनाओं के एक अव्यवस्थित प्राचुर्य को लगातार किसी क्रम में बैठाते चलेंगे, उस में किसी व्यवस्था की अवधारणा करते चलेंगे, किसी रूपाकार की सृष्टि करते चलेंगे जिससे हमारा अपना जीवन और अनुभव हमें अर्थवान् जान पड़े—लय-युक्त अथवा छन्द-युक्त जान पड़े। हम लगातार अनुभवों के एक छन्दहीन समूह अथवा ढेर से आरम्भ करते हुए उन अनुभवों को एक तरकीब देते हुए, उन्हें एक छन्द में ढालते हुए चलते हैं।

जब हम कहते हैं कि फूल का भी एक छन्द होता है—मैंने भी लिखा है **'छन्द है यह फूल, पत्ती प्रास'** और हजारीप्रसाद जी भी प्रायः ऐसी बात कहते थे और अपनी बात को पुष्ट करने के लिए रवीन्द्रनाथ ठाकुर का प्रमाण भी देते थे—फूल का भी एक छन्द होता है ऐसा कहते समय हम जिस छन्द की बात करते हैं वह क्या है? छन्द की एक नयी और समकालीन परिभाषा करते हुए हम कह सकते हैं कि जो भी चीज़ ऐसी है, जो भी गुण और लक्षण ऐसे हैं जिनके आधार पर हम रूप की, किसी रूपाकार के पहचान तक पहुँचते हैं वही उस रूपाकार का छन्द है। फूल से हटकर हम अमूर्त रूपाकारों की ओर आयें : ऐसा हो सकता है कि हमारे सामने वाक्यों का एक समूह हो जिन में प्रत्येक वाक्य सार्थक हो लेकिन जिनसे आपस में कोई तारतम्य लक्षित न हो। तब वहाँ छन्द नहीं होगा। लेकिन उन्हीं वाक्यों को हम एक अनुक्रम, एक तारतम्य ऐसा दे सकते हैं कि उस अनुक्रम की भी एक संगति हमें दीखे, विचारों के अथवा युक्तियों के प्रवाह में एक दीप्ति, एक शोभा हमें दीखे और एक समग्रता अथवा समग्रता की ओर बढ़ती हुई एक संरचना की पहचान हमें मिले। ऐसी पहचान हमें एक समग्र रूपाकार की उद्‌भावना तक ले जाती है। तब हम कहते हैं कि बात का, वाक्यों के उस समूह का एक छन्द है।

मैं समझता हूँ कि मैं बात को ऐसे ढंग से रख पाया हूँ और यही मेरा प्रयत्न भी था, कि हम किसी भी कला के सन्दर्भ में इसकी परख कर सकें। चित्रकला में भी यह बात सही पायी जायेगी। वहाँ भी बहुत-सी वस्तुओं या तत्त्वों के जमाव में से चित्रकार हमें एक रूपाकार के पहचान की ओर प्रेरित कर रहा होगा।

यहाँ मैं कुछ आलोचकों को मुँह बिचकाकर व्यंग्यपूर्वक यह कहते हुए देख सकता हूँ कि "हाँ, एक रूपवादी यह नहीं कहेगा तो और क्या कहेगा।" लेकिन आप मेरी युक्ति की ओर न देखकर स्वयं अपने जीवन की ओर देखिए; अपने अनुभवों के प्रति स्वयं अपने रवैये को देखिए। मानवीय चेतना का यह स्वभाव है कि यह केवल छाप को ग्रहण नहीं करती, वह प्रत्येक अनुभव को किसी तारतम्य में रखती या जोड़ती चलती है, अनवरत संरचना करती चलती है, एक समग्रता की, एक रूपाकार की पहचान करती चलती है या करने का प्रयत्न करती चलती है। जब-जब ऐसी कोई संरचना की पहचान हमें होती है तब-तब उसका एक छन्द हमें मिलता है। इसी अर्थ में जहाँ भी रचना है, जहाँ भी एक रूपाकार की सृष्टि हुई है, हम पा सकते हैं कि वहाँ छन्द है। यह बात हम सभी कलाओं के, प्रत्येक

कला की प्रत्येक विधा के बारे में कह सकते हैं; सर्जनामात्र के बारे में कह सकते हैं। उपन्यास में भी इसीलिए छन्द की चर्चा संगत है। उपन्यास में घटनाओं की एक संरचना होती है। हमारे सामान्य जीवन में जो घटनाएँ होती हैं उन सब में कोई अनुक्रम अथवा तारतम्य हमें नहीं दीखता—यह मानते हुए भी कि हेतु और हेतुमत् का एक अनिवार्य सम्बन्ध हम बहुधा पहचान लेते हैं—कभी-कभी ही ऐसा होता है कि घटना को उसके कारण के साथ हम नहीं जोड़ पाते। सामान्य जीवन में भी जब हम अपने जीवन की घटनाओं के प्रति सजग होते हैं, उनमें एक अर्थवत्ता पाना चाहते हैं, तब उसमें किसी संरचना की अवधारणा हमारा विवेक ही करता है। उपन्यास में—सर्जनात्मक वृत्तान्त में—सर्जक घटनाओं के अन्तहीन बिस्तार में से कुछ घटनाएँ चुनता है, उनको क्रम में लगाता है और एक पूरेपन की रचना करता है। उपन्यास वर्णित घटनाओं को एक समग्रता भी देता है और इतर घटनाओं से अलग भी कर देता है जिसके कारण हम एक समग्र रूपाकार की पहचान कर सकते हैं। उपन्यास का आरम्भ होता है, उसका अन्त होता है; घटनाओं की एक उठान हमें दीखती है, तनाव का एक उतार भी, या एक से अधिक उतार-चढ़ाव हम देखते हैं और सभी एक परिणति अथवा निष्पादन की ओर ले जाते हैं। यह तो नहीं है कि उपन्यास के चरित्र उपन्यास से पहले नहीं थे अथवा औपन्यासिक घटनाएँ पहले की किसी घटना से जुड़ी हुई नहीं रही होंगी, एक वृत्तरहित शून्य से आरम्भ हो रही होंगी, न ही उपन्यास के अन्त में घटना-वृत्त अन्तिम रूप से समाप्त हो जाता है—चरित्रों का जीवन आगे भी चलता रहता है, उनके जीवन में आगे घटनाएँ होती ही रही होंगी जिन्हें हमारी कल्पना अग्राह्य अथवा अमान्य नहीं कर देती। बल्कि ऐसे भी उपन्यास होते हैं जिन्हें 'खुले अन्त वाला' उपन्यास कहा जा सकता है, जिनके अन्त में कई सम्भावनाएँ बनी रह जाती हैं और उपन्यासकार किसी एक सम्भावना का पक्षधर बनकर हमारे सामने नहीं आता—उपन्यास का आगे का क्रम हमारी कल्पना पर छोड़ देता है। इसके बावजूद एक सर्जनात्मक संरचना और रूपाकार की पहचान हमें होती है, और उपन्यास की घटना-वस्तु को आगे-पीछे के सारे घटना-संसार से अलग करके हम उसे देखते-पहचानते हैं। कहानी में तो आदि, मध्य और अन्त का महत्त्व और भी अधिक होता है; कहानी में एक और भी निर्भ्रान्त स्पष्ट रूपाकार की पहचान आवश्यक होती है। इस सन्दर्भ में कविता भी एक घटना होती है और उसका भी एक ऐसा रूपाकार होता है जिसमें अन्त का विशेष महत्त्व होता है; जिसमें कविता उस अन्त की ओर बढ़ती हुई भी दीखती है। मैं पहले भी यह प्रश्न उठा चुका हूँ कि 'रचना का पूरा हो जाना' क्या होता है, हम कैसे जानते हैं कि कविता 'पूरी' हो गयी? जहाँ रचना में रूपाकार की पहचान हमें मिल जाती है, जहाँ उसकी संरचना को हमारा संवेदन आत्मसात् कर लेता है, वहीं पर रचना पूरी होती है। हम जान लेते हैं कि इससे आगे और कुछ कहना आवश्यक नहीं है बल्कि रूपाकार को कुछ विकृत ही करेगा।

कविता हम पढ़ते या सुनते हैं तब हम पहले से यह नहीं जान रहे होते कि कवि हमें किधर या कहाँ तक ले जा रहा है। छपी हुई कविता में तो हमें पन्ने पर अक्षरों की एक आकृति दीखती भी है और हम जानते हैं कि अमुक पंक्ति के साथ अथवा अमुक शब्द के साथ उसकी समाप्ति होती है। लेकिन 'समाप्ति' और 'पूरापन' अलग-अलग चीज़ें हैं। और वाचिक प्रस्तुति में तो हम उतना भी नहीं देख सकते—संरचना की पहचान संवेदन के जगत् में ही बनती है। श्रोता की सहायता के लिए कवि अथवा काव्य-वाचक इतना ज़रूर करता है कि श्रोता को बता देता है कि 'यह अन्तिम छन्द है'—कि अगले एक पद के वाचन की कालावधि में आपको एक समग्र रूपाकार की पहचान बना लेनी होगी।

यह पहचान कविता के छन्द की पहचान है। जिस बिन्दु पर आकर समग्र रूपाकार हमारे सामने

स्पष्ट हो जाता है और एक स्वायत्त संरचना के रूप में खड़ा हो जाता है, उसी बिन्दु पर रचना पूरी हो गयी होती है और उससे आगे उसमें कुछ जोड़ा नहीं जा सकता—कुछ जोड़ना शब्दों का अपव्यय होगा। और इस पहचान के बाद उसमें से कुछ छोड़ा भी नहीं जा सकता—कुछ छोड़ना या काटना उस समग्रता को खण्डित करना होगा।

मैंने कलाओं को जिस सामान्य विचार की बात की है उसके सन्दर्भ में इस कसौटी की भी जाँच हो सकती है। हर कला के क्षेत्र में हम इस निरूपण को सही पायेंगे। एक रूपाकार होता है, एक समग्रता होती है, एक स्वायत्त संरचना होती है। हर रचना में छन्द होता है यह कहना इसी अर्थ में सार्थक है।

कविता के क्षेत्र में रूपाकार की पहचान के लिए, उसकी ओर बढ़ने के लिए जो कई रास्ते हो सकते थे उनमें एक रास्ता यह हो सकता था—एक रास्ता यह था—कि हम वर्ण अथवा मात्राएँ गिनते थे, पंक्तियों की लम्बाई नापते थे, उनकी कुल संख्या निर्धारित करते थे और उनके भीतर तुक अथवा टेक का विचार करते थे। जो भी आकार कवि को रचना या गढ़ना है, वह इतनी पंक्तियों में पूरा जो जायेगा और प्रत्येक पंक्ति में इतने वर्ण अथवा इतनी मात्राएँ होंगी और अमुक-अमुक स्थल पर विश्राम होगा; चार-चार पंक्तियों के पदों की पाँच बार आवृत्ति में वह आकार पूरा हो जायेगा या चौदह पंक्तियों में पूरा होगा जिनके आठ और छः पंक्तियों के दो भाग होंगे, या छः पंक्तियों में पूरा होगा जिनमें चार और दो का विभाजन होगा, इत्यादि—वे सब व्यवस्थाएँ रूपाकारों की पहचान की व्यवस्थाएँ थीं। वास्तविक परम्परा में, काव्य के श्रुतिगत ग्रहण और आस्वादन की स्थिति में, इसका विशेष महत्त्व था क्योंकि इसके सहारे सहृदय में वे पूर्वानुमान और अपेक्षाएँ जगायी जा सकती थीं जिनकी पूर्ति और शमन पूरेपन के उस बोध में योग देता है जिसका उल्लेख मैंने किया है।

हमारे जीवन की परिस्थितियाँ बदलीं, जीवन में तनाव बढ़ गया, ऐसी बातें तो हम कहते हैं और वे सही भी हैं; लेकिन काव्य के क्षेत्र में उनका क्या असर हुआ, क्यों और कैसे हुआ, काव्य में कैसे समान्तर विकास और परिवर्तन हुआ, इसके ब्यौरे में हम नहीं जाते। हमारी जानकारी का क्षेत्र बहुत बढ़ा है। हमारे अनुभवों का क्षेत्र भी एक तरफ़ बहुत बढ़ा है तो दूसरी तरफ़ इस अर्थ में संकलित भी हुआ है कि प्रतिमानीकरण के कारण सम्भाव्य अनुभवों में से कुछ ही हमें उपलब्ध होते हैं। (तनाव का एक कारण यह भी है कि सम्भावनाओं की पहचान के साथ अपेक्षाएँ भी बढ़ी हैं जबकि उपलब्धियों के रास्ते सबके लिए नहीं खुले हैं।) यान्त्रिक जीवन के विकास ने बहुत-सी नयी ध्वनियों का भी प्रक्षेप हमारे जीवन में कर दिया है। अनेक नयी ध्वनियाँ हमारे सामान्य जीवन का अंग बन गयी हैं और एक से एक विरूप और विकृत ध्वनियों के बीच जीने को हम बाध्य हैं। मैंने कहा कि चुनाव करना व्यवस्था की तलाश करना तथा संरचना की अवधारणा करना हमारी चेतना का स्वभाव है, कि ऐसा करती हुई वह वस्तु-जगत् को अनुभव—जगत् के साथ जोड़ती है, वास्तविकता को ग्राह्य बनाती है। वस्तु-जगत् में आ गयी अनेक नयी चीज़ों की पहचान के साथ अनिवार्य था कि हम नये रूपाकारों की भी उद्‌भावना करें। हमारे आस-पास अनन्त संसार बिखरा हुआ है; लेकिन उसमें से हम जब और जहाँ तक रूपों को पहचानते चलते हैं तब और उस हद तक उस संसार को अपना संसार बनाते चलते हैं। वस्तु-जगत् को इस प्रकार आप्त अनुभव-जगत् में परिणत करते चलना हमारे चेतन जीवन की, हमारे संवेदन-यन्त्र के गतिमान होने की एक अनिवार्य शर्त है। हमारा मन भी इसी तरह चलता है—तथा अराजक भण्डार में सब चीज़ों को तरतीब से लगाता रहता है, व्यवस्था देता है और अर्थवत्ता की सृष्टि करता है। हमारी

स्मृति भी लगातार अपने ज़खीरे का व्यवस्थित भण्डारण करती है, बिम्बों को क्रम और तारतम्य देती है, उनको संशोधित भी करती चलती है; केवल पूर्वापरता का ही नहीं, वरीयता का भी विचार करती हुई उन्हें एक संरचना देती चलती है। हमारे एक संवेदनशील प्राणी होने का यह एक अनिवार्य परिणाम ही नहीं, उसका एक अनिवार्य तर्क है।

आधुनिक जीवन की परिस्थितियों में हम इसे कैसे अनदेखा कर सकते थे कि ध्वनियों के अनुक्रम, योग, मात्रिक चरण और वर्णिक चरण जो हमें पहले से मिले आये थे और जिनके सहारे हम काव्य में समग्र रूपाकार की सृष्टि करते थे, वे अब काफ़ी नहीं रहे? पिंगल ने हमें गणितीय प्रस्तार की बहुत सम्भावनाएँ दी थीं जिसमें से कुछ का ही उपयोग हमारा काव्य अब तक कर पाया था। फिर भी हम यह देखने को बाध्य थे कि छन्द की अवधारणा हम जहाँ तक ले गये हैं उसके बाहर भी छन्द होते हैं और हो सकते हैं, उनके द्वारा भी संरचनाओं की पहचान हो सकती है और उनके माध्यम से रूपाकारों तक पहुँचना भी हमें अपने लिए सम्भव बनाना होगा। ऐसी स्थिति में जो बँधे हुए छन्द हमारे परिचित थे उनसे सन्तुष्ट रहना हमारे लिए असम्भव हो गया था : उससे भिन्न प्रकार के छन्द हमारे लिए आवश्यक हो गये थे। जो उपलब्ध है वह नाकाफ़ी है, इसे पहचानते ही अपने से यह पूछना हमें ज़रूरी जान पड़ा कि उस भण्डार में क्या है जो निष्प्रयोजन हो गया है और जिसे हम छोड़ दे सकते हैं, क्या बचता है जो आज भी हमारे काम का है, जिसे हम आज के सन्दर्भ में धन मानकर उसका न्यास कर सकते हैं। हमने पाया, या मान लिया, कि वर्ण या मात्राएँ गिनना अनावश्यक भी हो सकता है; कि तीन-तीन वर्णों के चरण बनाना गति का एक कृत्रिम और कष्टसाध्य ही नहीं बल्कि कष्टदायक नियन्त्रण है। साथ ही हमने यह भी पाया कि लय को हम नहीं छोड़ सकते—भले ही उसकी परिभाषा में कुछ संशोधन हमें करना पड़े।

लय की व्याप्ति की बात मैं कर चुका हूँ, उसे दोहराना अनावश्यक है। सहज गति की बात भी मैं कर चुका हूँ और उसे ऊर्जा के सहज धर्म के साथ जोड़ चुका हूँ। लेकिन नयी परिस्थितियों में हम यह पहचानने को बाध्य हुए—और हमारे जीवन की स्थितियाँ इस बाध्यता को और तीखी धार दे रही थीं—कि लय में विषमता का अपना अर्थ और महत्त्व होता है, कि आयास और तनाव का भी शब्द, अर्थ और लय के तारतम्य में एक योग होता है। विश्राम की सम स्थितियों में हम हृद्गति नहीं सुनते, लेकिन तनाव की या उद्वेग की कोई भी स्थिति उसे हमारी पहचान के क्षेत्र में ले आती है। बढ़ी हुई या असम धड़कन का बोध हमें फिर उद्वेग और तनाव की पहचान की ओर ले जाता है, जो हमें फिर तनाव के कारणों पर काबू पाकर विश्राम की सम स्थिति की ओर बढ़ने की प्रेरणा देती है। यह सारी प्रक्रिया हमारे लय-बोध का अंग है। क्या काव्य में इस प्रक्रिया का पर्याय नहीं है, नहीं होना चाहिए? इस सूक्ष्मतर और बृहत्तर लय-बोध को हम काव्य से काटकर अलग कैसे कर सकते हैं और क्यों करें? बल्कि इसके विपरीत क्या यही उचित नहीं है कि एक अधिक विकसित लय-बोध का भरपूर उपयोग करके हम काव्य में अर्थ की एक सघनता की ओर बढ़ सकें?

बोध का कोई भी विस्तार किसी एक क्षेत्र तक सीमित नहीं रहता। लय का नया बोध भी सभी कलाओं में प्रकट हुआ और काव्य के समान्तर प्रभाव सभी में लक्षित हुए। यहाँ तक कि हम आज यह भी कह सकते हैं कि लय का विचार वास्तव में तनाव का और तनाव के पैटर्न का विचार है—जीवन में भी, काव्य में भी, चित्रकला और मूर्तिकला में भी। और, हाँ, आधुनिक संगीत में भी।

कविता के पड़ताल में हम एक प्रश्न यह पूछ सकते हैं कि हमारे अनुभव में क्या नया आया,

उससे पुराना क्या-क्या अनावश्यक या परिहार्य हो गया और यह नयी परिस्थिति कहाँ तक हमारी काव्य-रचना में प्रतिबिम्बित होती है। अगर हम इस परिणाम पर पहुँचते हैं—या इस प्रतिज्ञा से आरम्भ करते हैं—कि हमारा अनुभव हमें जो दिखा और सिखा रहा है उसमें, और जो कविता लिखी जाती हम देख रहे हैं उसमें, कहीं जोड़ या सामंजस्य नहीं है, तो हम या तो कविता को अस्वीकार कर सकते हैं या पलटकर यह सवाल भी पूछ सकते हैं कि कहीं हमारा सारा अनुभव ही तो ग़लत नहीं है? यद्यपि यह सम्भावना हम आसानी से स्वीकार नहीं कर सकेंगे—क्योंकि अगर अनुभव ही ग़लत है तो फिर विवेचन का आधार हमारे पास क्या है? इसलिए हमें यह प्रश्न पूछना होगा कि अगर कोई तारतम्य हमें नहीं दीखता तो क्या इसका मतलब यह है कि हमारी रचना उन चुनौतियों का सामना नहीं कर सकी, नहीं करती रही, जो हमारे अनुभव ने हमारे सामने रखी थी? मैं समझता हूँ कि आज प्रश्न को हमें इसी रूप में रखना चाहिए। अनुभव को प्रामाणिक मानकर उसी की कसौटी पर रचना की जाँच करनी चाहिए।

और यदि हम अपने अनुभव को प्रमाण मानकर चलते हैं तो इस सन्दर्भ में पश्चिम के उदाहरण प्रस्तुत करना अथवा पश्चिम के कवियों और चित्रकारों की दुहाई देना अनावश्यक हो जाता है। यह तो बिल्कुल सम्भव है कि पश्चिम के कवियों और चित्रकारों ने नयी परिस्थितियों में कुछ चीज़ों को पहचाना हो और यह पहचान उनकी कलाकृतियों में प्रतिबिम्बित हुई हों—ऐसे प्रभावों की ऐसी पहचान जो हमारे अनुभव का अंग नहीं बनी। जब हम उनकी कलाकृतियों का, उनके साहित्य का अवलोकन और मूल्यांकन करेंगे तो निश्चय ही इस पहचान का विचार हमें करना होगा। लेकिन जब तक यह पहचान हमारे अपने अनुभव का अंग नहीं है और हमारे अनुभव द्वारा प्रमाणित नहीं होती, तब तक उसे केवल ओढ़कर उसके आधार पर रचना करने चलना केवल आत्म-प्रवंचना है—या दूसरों को बरगलाना है।

यह तो हो सकता है कि दूसरों के अनुभवों और दूसरों पर उनके प्रभावों का विचार करते-करते हमारे अनुभव-यन्त्र में भी कुछ परिवर्तन आ जायें और हम भी उनकी तरह अनुभव करने लगें। यह भी हो सकता है कि दूसरों के अनुभवों का विचार करते हुए हम इस परिणाम पर पहुँचें कि यद्यपि आज हमारी स्थिति ठीक वही नहीं है जो उनकी है तथापि हम अनिवार्य गति से उसी दिशा में बढ़ रहे हैं और कल वही स्थिति हमारी हो जायेगी। इस पूर्वानुमान और अपेक्षा के कारण भी हमारा अनुभव-यन्त्र प्रभावित हो सकता है। लेकिन जो अनुकरण में किया गया या लाचारी में किया गया वह सर्जना तो नहीं है। और हम यह मान भी लें कि अनुकरण में कोई आत्यन्तिक बुराई नहीं है या कि पूर्वानुमान हितकर भी हो सकता है तो भी यह बात तो बनी रहेगी कि अनुभव ओढ़ा नहीं जा सकता। आचरण की परिपाटियाँ ओढ़ी जा सकती हैं और लाभ भी दे सकती होंगी, लेकिन अनुभव के बारे में यह बात सच नहीं होगी : अनुभव या तो अपना है या नहीं है।

फिर एक प्रश्न और भी है। दूसरों के जो गुण हमें दीखते हैं उनका अनुकरण हम करें, ठीक है। दूसरों को कल जो अच्छाइयाँ प्राप्त होने वाली हैं उनकी हम अपेक्षा रखें, उन्हें पहले ही ओढ़ भी लें, यह भी हो सकता है—क्योंकि यथासमय वे हमारी स्थिति में भी प्रकट हो ही जायेंगी। लेकिन दूसरों की जो गलतियाँ हैं, उनके जो रोग हैं, जो दुर्भाग्य हैं, उनको भी हम ओढ़ लें और ओढ़कर धीरे-धीरे अपना बनाने का प्रयत्न करें, यह क्यों? अगर अनिवार्य परिस्थितिवश भविष्य में ये रोग और दुर्भाग्य हमारे भी हो जाने वाले हैं, तो भी जब वे हमारे अनुभव में आ जायेंगे और हम पहचानेंगे कि वे हमारे अनुभव के अंग हैं, तब उनके परिणाम भी हम भुगत लेंगे। लेकिन उनके दुःख को, उनके सन्त्रास को, उनके ऐतिहासिक संगठन को, और उनके आत्म-निर्वासन तथा अजनबीपन को हम इसके बावजूद ओढ़ लें

कि वे हमारी परिस्थितियों का अंग नहीं हैं, और उन्हें ओढ़कर फिर बार-बार उनकी नकल करते हुए उनकी बातों को इतनी बार दोहराएँ कि हमें ऐसा आभास होने लगे कि हमारा भी अनुभव ऐसा ही है और हम भी उसी तरह सन्त्रस्त हैं—यह तो बहुत बड़ी मूर्खता होगी। कह सकते हैं कि यह हमारा दुर्भाग्य है कि हम ऐसी मूर्खता करने को बाध्य हैं, और पश्चिम की ऐसी कोई लाचारी नहीं है वह हमारी मूर्खता का अनुकरण करे। ऐसा भाग्यवाद जिनको स्वीकार है वे अपनी जानें। मुझे तो न यह तर्क स्वीकार है न ऐसी मूर्खता की कोई लाचारी मैं देखता हूँ।

यों तो हम जिस तरह का जीवन जी रहे हैं, यन्त्र का प्रभाव जिस तरह हमारे जीवन में बढ़ रहा है, पश्चिमी यन्त्र-प्रौद्योगिकी से बहुत से यन्त्र और प्रभाव हमारे जीवन में आये हैं, आयेंगे, आते रहेंगे; उनके आधार पर यहाँ भी बहुत-सा विकास होता रहेगा जो कि यन्त्र के तर्क से ही होगा। यन्त्र का और यान्त्रिक दक्षता का तर्क जो वहाँ है वही यहाँ भी है—वह पूर्व और पश्चिम का भेद नहीं मानता। अगर यहाँ का कोई यन्त्र कुछ पिछड़ा हुआ या परिमाण में छोटा है तो ऐसा नहीं है कि उसका तर्क वहाँ के यन्त्र से भिन्न होगा; इतना ही है कि वह वहाँ के कुछ पिछड़े हुए या छोटे यन्त्र का तर्क होगा।

यन्त्र के प्रभाव की बात हो रही है तो लय के सन्दर्भ में भी उसका उल्लेख करते हुए एक उदाहरण भी प्रस्तुत कर दूँ। यन्त्र के कारण जो परिवर्तन हमारे जीवन में आये, हमारा लय-बोध कहाँ तक उनसे प्रभावित हुआ और वे कहाँ हमारे काव्य में प्रतिबिम्बित हुए? 'मदन वात्स्यायन' की पाँचवें दशक में लिखी गयी कविता इसका रोचक और प्रभावशाली उत्तर देती है। 'मदन वात्स्यायन'—श्री लक्ष्मीनिवास सिंह—बिहार के एक बहुत बड़े रासायनिक कारखाने में फ़ोरमैन और निरीक्षक का काम करते रहे थे और लगातार मशीनों की गड़गड़ाहट के बीच रहते रहे थे। इनमें कुछ मशीनें स्वयंचालित भी थीं; उनके साथ निरीक्षक का काम केवल उन घड़ियों और माप-यन्त्रों को देखते रहना था जो बताती थीं कि स्वयंचलित प्रक्रिया में कहाँ किस चीज़ की आवश्यकता है या होने वाली है; इन यन्त्रों से सूचना पाकर कोई न कोई बटन दबा-घुमाकर उन्हें उपाय कर देना होता था कि स्वयंचालित व्यवस्था किसी व्याघात के बिना चलती रह सके। घण्टों बैठे-बैठे इन घड़ियों को देखते रहने और बटन दबा-घुमा देने के अलावा उनका कोई काम नहीं था। बाकी सारा समय वह उस गड़गड़ाहट में डूबे रह सकते थे, रहते थे, जो कारखाने की प्रक्रियाओं का एक अंग थीं। उसी गड़गड़ाहट के बीच, उसी लय में फ़ोरमैन लक्ष्मीनिवास सिंह अर्थात् कवि 'मदन वात्स्यायन' ने कुछ कविताएँ लिखी थीं। ये कविताएँ 'प्रतीक' में छपी थीं और 'दूसरा सप्तक' में 'मदन वात्स्यायन' के चयन का अंग भी हैं। लेकिन यहाँ प्रयोजनीय बात यह है कि लय की इस विशेषता को ध्यान में रखते हुए ही हमने उनकी श्रव्य प्रस्तुति का एक प्रयोग किया। कविताओं के वाचन के साथ पृष्ठभूमि में मशीनों की गड़गड़ाहट सुनायी देती थी—विभिन्न कारखानों से मशीनों की विभिन्न लय-गतियों का ध्वन्यंकन इसके लिए किया गया था। कविता की लय के परिवर्तनों के साथ-साथ मशीनों की गड़गड़ाहट की लय भी बदलती थी, लेकिन लय सर्वत्र थी और अपनी असन्दिग्ध पहचान बनाती थी—और यह पहचान कविता के शब्दों को एक नयी अर्थवत्ता देती थी। इस प्रयोग का श्रोता-वर्ग में दूर-दूर तक प्रभाव हुआ। लय के प्रयोगों के समझने में, लय की नयी अवधारणा करने में इस प्रयोग ने महत्त्व का काम किया : नयी लय का उसने प्रत्यक्ष अनुभव कराया था : और 'प्रत्यक्ष को प्रमाण क्या?'

मैंने कहा कि हम पहचान रहे थे कि हम ज़्यादा तनाव की ज़िन्दगी जीते हैं और उससे एक विषम लय का भी बोध होता है। वह पुराने कवियों को नहीं था, इसका अर्थ यह नहीं है कि उनका

स्वर-संवेदन कमजोर था, अर्थ यह है कि वे हम से अधिक भाग्यवान् थे और उन परिस्थितियों में नहीं पड़े थे जो हमारी है। ऐसी स्थितियाँ तो उनके जीवन में भी आती थीं जिनमें दिल की धड़कन उन्हें सुनायी देने लगे या उसकी गति असम हो जाये; लेकिन लगातार ऐसे अमानवीय तनावों के बीच रहकर इस तरह की विषम लयों का सामना करते रहना उनकी लाचारी नहीं थी और हमारी है। हमारे सामने यह प्रश्न आता है कि इन नयी लयों की पहचान हमें कैसे हो, कैसे हमारी अपनी रचना में उतरे। लेकिन अनुभव के इस साक्ष्य के अलावा एक और बात भी ध्यान में रखने की है। जैसा मैंने पहले भी ज़ोर देकर कहा है, कविता कविता में से ही निकलती है : जीवनानुभव में ही नहीं, कविता के क्षेत्र में भी हमने पहचाना कि भावों का, काव्यगत अनुभवों का भी तनाव घटता-बढ़ता है, कभी संकुल और कभी विरल होता है। जिन अनुभवों से हम गुज़रते हैं, जो भाव हमारे भीतर उमड़ते हैं, वे भी कभी बड़ी तेज़ी से होते हैं और कभी बड़ी धीमी गति से। अतएव अगर हम अपनी लय को अपने भावों के, अपने अनुभव के साथ जोड़ना चाहते हैं, तो उस लय के भीतर भी ऐसी सम्भावना होनी चाहिए कि कभी एकाएक उसमें सघनता आये और कभी विरलता। इसका भी कोई उपाय हमारे पारम्परिक वर्णवृत्त या मात्रिक छन्द हमें नहीं देते थे—या बड़े सीमित रूप में देते थे। हम यही कर सकते थे कि छन्द ही ऐसा चुनें जिसकी गति द्रुत अथवा विलम्बित हो; एक बार छन्द चुन लेने के बाद सम्भावनाएँ बहुत सीमित हो जाती थीं। कुछ लोगों ने फिर भी पारम्परिक छन्दों की मर्यादा के भीतर रहते हुए ऐसे उपाय खोजने का प्रयत्न किया; कुछ ने इसके लिए बाहर जाने का जोखिम भी उठाया।

संक्रमण के प्रारम्भिक दशकों के वाद-विवाद में 'रबड़ छन्द' की व्यंग्यपूर्ण चर्चा स्मरण की जा सकती है। रबड़ छन्द के लिए 'निराला' की भी खिल्ली उड़ायी गयी थी। लेकिन छन्द में रबड़ का-सा लचकीलापन तो कवि का काम्य था। कवि लय की ऐसी गति की खोज में था जो भावों के घटते-बढ़ते, अटकते, बदलते तनाव के साथ बदल सके। यह दूसरी बात है कि कुछ कवि कुशल थे और उन्हें अपने प्रयोगों में सफलता मिली; कुछ कुशल नहीं थे और अपनी खोज में कहीं भटक गये। महत्त्व की बात यह है कि लय सम्प्रेष्य वस्तु के तनाव के हर परिवर्तन के साथ बदल सकने का लचकीलापन भी चाहती थी, पर निरी अराजकता भी नहीं चाहती थी क्योंकि एक संयमन के बिना तो सृष्टि ही नहीं है। उतने ही महत्त्व की बात यह भी है कि छन्द भी मुक्ति चाहता था, फिर भी वह रूपाकार और उसकी पहचान के साथ जुड़ा हुआ था क्योंकि वही तो छन्द हैः 'मुक्त छन्द' इसलिए कि वह 'मुक्त रूपाकार' की पहचान के साथ जुड़ना चाहता है।

मैं जानता हूँ कि मैं छन्द की नयी अवधारणा कर रहा हूँ, छन्द के अर्थ का विस्तार कर रहा हूँ। ऐसा इसलिए कि इससे हमें एक ऐसी परिभाषा मिलती है जो सभी कलाओं पर लागू हो सकती है, केवल काव्य तक सीमित नहीं रहती। नयी अवधारणा से मेरा आशय यह नहीं है कि पहले की अवधारणाएँ उससे कट जाती हैं। मेरी बात पहले कही गयी बातों से जुड़ती भी है, उनका विस्तार करती है। हमारी परम्परा में बराबर यह कोशिश भी रहती कि हम ऐसे आधारों और सिद्धान्तों को खोजें जो सभी कलाओं पर लागू हों, सभी को समझने में हमारी सहायता करें। भारतीय परम्परा में वरीयता यद्यपि सदैव वाक् हो ही दी गयी, वाणी की कला को प्राथमिकता देते हुए विचार और विवेचन काव्य से ही आरम्भ हुए, तथापि लगातार रूप-सौष्ठव के ऐसे नियमों की खोज होती रही जो दूसरी कलाओं पर भी लागू हों। ऐसा ही उचित भी है। पश्चिम में भी अठारहवीं शती तक यह स्थिति थी कि रूप-सौष्ठव के, सौन्दर्य के शास्त्र का विचार पहले काव्य को लेकर होता था और काव्य-चिन्तन से मिलने वाले नियमों

को दूसरी कलाओं पर जाँच कर देखा जाता था—आवश्यकतानुसार विभिन्न कलाओं के लिए संशोधन अथवा अपवाद की व्यवस्था होती थी। तब से वहाँ नया चिन्तन चित्रकला अथवा मूर्तिकला के क्षेत्र में हुआ, नये नियम भी वहीं बने और फिर धीरे-धीरे कवियों के परिचित हुए, काव्य में स्वीकृत या संशोधित हुए। पश्चिम के सभी नये आन्दोलन मूर्तिकला अथवा चित्रकला में शुरू हुए और वहाँ से कविता के क्षेत्र में आये। हम लोगों ने तो अकारण ही पश्चिम की नकल में यह स्थिति ओढ़ ली—जैसा कि हमने और भी अनेक क्षेत्रों में किया था। हम भी दूसरी कलाओं के नियम कविता पर आरोपित करने लगे जबकि हमारी अपनी स्थिति में—कला-चेतना और काव्य-चेतना के क्षेत्र में—ऐसा कोई विकास या परिवर्तन नहीं हुआ था जो इसे आवश्यक बना दे। हो सकता है कि आज यह बात उतनी सच न रही हो। लेकिन यह बात तो आज भी सच है कि छन्द को रूपाकार की पहचान के साथ जोड़ना होगा, और लय का विचार इस प्रकार करना होगा कि उसके दोनों पक्ष हमारे सामने उजागर हो सकें—वह जो सभी कलाओं के लिए समान महत्त्व रखता है और वह जो काव्य के लिए विशिष्ट हैं।

मैंने कई कवियों को जो गीत भी लिखते हैं और नये ढंग का मुक्त छन्द या कि छन्द-मुक्त कविता भी लिखते हैं, यह कहते हुए सुना है कि 'जब वे गीत लिखते हैं तब तो छन्द उन्हें आवश्यक जान पड़ता है, लेकिन उसके बाहर कविता में छन्द की उन्हें कोई आवश्यकता नहीं जान पड़ती, न ही लय का विचार वे करते हैं।' ऐसा हो कैसे सकता है, मेरी समझ में नहीं आता। जो कुछ मैंने कहा है उसमें कुछ भी सार है तो यह बात स्पष्ट भी हो जानी चाहिए कि ऐसा हो ही नहीं सकता। अगर आप किसी एक समग्र रूपाकार तक पहुँचना चाहते हैं तो छन्द की आवश्यकता होगी ही होगी। यह ज़रूर है कि छन्द की परिभाषा में कुछ संशोधन होगा, छन्द का विचार दूसरे ढंग से होगा। लेकिन कवि अगर किसी समग्र आकार तक पहुँचता है, कोई ऐसी चीज़ पाता है जिसके आधार पर यह बोध हो कि 'यहाँ रचना पूरी हो गयी', और ऐसी पहचान स्वयं ही नहीं करता बल्कि दूसरे तक सम्प्रेष्य भी बनाता है, तो मानना होगा कि उस रचना में छन्द है और वह छन्द इष्ट था। और यदि वह नहीं है, एक पूरे रूपाकार की सम्प्रेष्य पहचान नहीं बनी, तो वहाँ कविता भी नहीं हुई, भले ही कितनी भी सच्ची या चमत्कारी बात कही गयी हो।

एक बात और भी कहना चाहता हूँ यद्यपि वह अन्यत्र कई बार कह चुका हूँ। श्रव्य रूप पर—वाचिक सम्प्रेषण पर मैंने बार-बार ज़ोर दिया है और इसका विश्लेषण किया है कि सम्प्रेषण की स्थितियाँ बदलने के साथ-साथ काव्य भी कैसे बदलता है। वाचिक सम्प्रेषण की स्थिति में छन्द एक दृश्य रूप में हमारे सामने नहीं आता था, जैसे कि छपी हुई कविता में आता है। उस स्थिति में कवि के लिए ऐसा संकेत देना उचित अथवा आवश्यक होता था कि जिस समग्रता या सम्पूर्णता की बात मैंने कही है उसकी पहचान अब श्रोता को बना लेनी है। कवि-सम्मेलनों और मुशायरों में समां बँध जाने पर भी कवि या शाइर क्यों ऐसी सूचना देना आवश्यक मानता है कि 'यह अन्तिम छन्द है?' क्यों वह उस मुग्ध और विभोर अवस्था में व्याघात उपस्थित करता है? इसीलिए कि यड वास्तव में व्याघात नहीं है; एक इशारा है कि जो समग्रता रचना में है, जिस समग्र रूपाकार की सर्जना कवि ने की है, वह अगले छन्द के बाद पूरी हो जाती है—श्रोता को स्वयं उसे पहचान लेना होगा। उसे एकाएक झटका न लगे, वह अधर में लटका-सा न रह जाये, इसीलिए उसे रूपाकार की स्वतन्त्र पहचान बना लेने के लिए उतनी अवधि दे दी जाती है। श्रव्य सम्प्रेषण की आवश्यकताओं की सही पहचान ही इस प्रथा का आधार है। छपी हुई कविता में ऐसा कोई संकेत आवश्यक नहीं होता क्योंकि एक आकृति तो दृश्य

रूप में पाठक के सामने होती है। कविता पढ़ना आरम्भ करने से पहले भी वह अपेक्षाओं की एक संरचना बना चुका होता है। इन बातों का मैंने अन्यत्र विस्तार से विचार किया है; यहाँ सब बातें न दोहराकर एक महत्त्वपूर्ण बात का उल्लेख कर दूँ कि संरचना का विचार भी नया विचार है जो छपी हुई कविता अथवा कविता के दृश्य रूप के साथ जुड़ा हुआ है। शुद्ध श्रव्य में—वाचिक सम्प्रेषण की स्थितियों में—संरचना के विचार की कोई आवश्यकता नहीं थी—कह सकते हैं कि संरचना ही वहाँ नहीं थी। प्रस्तुति के दौरान ही रूप रचा जाता था; उससे अलग कोई संरचना नहीं होती थी।

सम्प्रेषण की नयी परिस्थितियाँ काव्य में जो नये परिवर्तन लाती हैं, रूप के, छन्द के, लय के विचार में उनको भी सामने रखना चाहिए क्योंकि इन सबके परिवर्तन उनसे जुड़े हुए हैं, उन्हीं के कारण हुए हैं। परिस्थितियों के परिवर्तन और रचना के रूपों और विधाओं के परिवर्तन समान्तर रखकर ही हम परिवर्तन की प्रक्रिया को ठीक-ठीक समझ सकते हैं, नयी प्रवृत्तियों की सार्थकता पहचान सकते हैं। ऐसी पहचान न बने और परिवर्तन होते जायें ऐसा तो हो सकता है। लेकिन वैसा होने पर जब तक कोई दूसरा ऐसी पहचान करके प्रभाव और परिणाम का, हेतु और हेतुमत् का सम्बन्ध हमें नहीं समझाएगा, तब तक परिवर्तन की पूरी सार्थकता भी हम पर प्रकट न होगी।

मैंने कोशिश की है कि समकालीन कविता के छन्द के विचार में किसी तरह के मतवाद का सहारा न लूँ, साथ ही प्राचीन को न तो अमान्य करते हुए न उसे मानने का आग्रह करते हुए बात आपके सामने रखूँ। एक समग्रता की तलाश की बात मैंने की है। रचना की भी एक समग्रता होती है, पूरे काव्य की भी एक समग्रता होती है। और किसी भी युग की कला मात्र की एक समग्रता होती है। सभी कलाओं में जितनी भी रचनाएँ हुईं उनकी भी एक समग्रता होती है—सब में एक जुड़ाव और अन्तरावलम्बन होता है। हम कोई नियम खोजें, अनुमान करके फिर किसी सामान्य नियम की अवधारणा की ओर बढ़ें, तो लगातार इन दूसरे बृहत्तर सन्दर्भों में भी उन नियमों की जाँच करते हुए ही हमें बढ़ना चाहिए। जिन सिद्धान्तों पर हम पहुँचेंगे, जिन नियमों की अवधारणा करेंगे, वे जहाँ तक इस तरह के विस्तार में भी अपने को प्रमाणित कर सकेंगे उतने ही वे अच्छे और सार्वभौम नियम होंगे। और जहाँ वे अपने को प्रमाणित नहीं कर सकेंगे वहाँ हमें निर्मम होकर उन्हें छोड़ देने, बदलने या उनमें संशोधन करने के लिए तैयार रहना चाहिए। कवि नियन्ता नहीं है, स्रष्टा है; लेकिन सृष्टि नियम के बाहर नहीं जाती।

❖❖❖